LE SUPPLÉANT

PRINCE HARRY

LE SUPPLÉANT

*Traduit de l'anglais
par Nathalie Bru et Santiago Artozqui*

Fayard

Couverture :
Photo de couverture : Ramona Rosales
Photo de quatrième de couverture : Martin Keen/PA Images
Design de couverture : Christopher Brand
Adaptation française : Nuit de Chine

Le prince Harry souhaite apporter son soutien à des organisations caritatives britanniques en reversant une partie des recettes générées par les ventes du *Suppléant*. Le duc de Sussex a fait un don de 1,5 million de dollars à Sentebale, une organisation qu'il a cofondée avec le prince Seeiso en hommage à leurs mères respectives. Elle vient en aide aux enfants vulnérables et à tous les jeunes gens au Lesotho et au Botswana atteints par le VIH/SIDA. Le prince Harry fera également un don de 300 000 livres Sterling à l'organisation à but non lucratif WellChild, qu'il parraine en tant que membre de la famille royale depuis quinze ans. WellChild aide les enfants et les jeunes gens souffrant de graves problèmes de santé à recevoir des soins à domicile plutôt qu'en milieu hospitalier chaque fois que cela est possible.

Ce livre est la traduction originale,
publiée pour la première fois en France,
de l'ouvrage de langue anglaise :
SPARE
Publié par Random House, une marque
et division de Penguin Random House LLC, New York.

© Prince Harry, duc de Sussex, 2023.
Tous droits réservés.
© Librairie Arthème Fayard, 2023, pour la traduction française.

ISBN : 978-2-213-72504-8
Dépôt légal : janvier 2023

Pour Meg et Archie et Lili... et, bien sûr, ma mère.

Le passé n'est jamais mort. Il n'est même jamais passé.
WILLIAM FAULKNER

Nous étions convenus de nous retrouver quelques heures avant l'enterrement. Dans les jardins de Frogmore, devant la vieille ruine gothique. Je suis arrivé le premier.

J'ai regardé autour de moi – personne.

J'ai consulté mon portable – aucun texto, aucun message.

Ils ont dû prendre du retard, ai-je songé en m'adossant au muret de pierre.

J'ai rangé mon téléphone et je me suis exhorté : Reste calme.

Un temps d'avril typique. Plus tout à fait l'hiver ; pas encore le printemps. Les arbres étaient dénudés, mais l'air était doux. Le ciel était gris, mais les tulipes commençaient à éclore. La lumière était pâle, mais les eaux indigo du lac serpentant dans les jardins scintillaient.

Comme c'est beau, tout ça, ai-je pensé. Et comme c'est triste.

Autrefois, il y a bien longtemps, cet endroit était ma demeure, et aurait dû le rester à jamais. Mais ça n'avait été, en fin de compte, qu'une brève escale parmi d'autres.

Quand ma femme et moi avons pris la fuite, craignant pour notre santé mentale et notre sécurité, je n'étais pas sûr de revenir un jour. C'était en janvier 2020. À présent, quinze mois plus tard, j'étais de retour, seulement quelques jours après avoir découvert à mon réveil trente-deux appels en absence sur mon portable et après une brève conversation, le cœur battant à tout rompre, avec Grand-mère : *Harry... Grand-père est parti.*

Le vent s'est levé, l'air s'est rafraîchi. Les épaules contractées, je me frottais les bras pour me réchauffer, regrettant d'avoir mis cette chemise blanche trop légère. J'aurais dû garder mon costume d'enterrement. J'aurais dû prendre un manteau. Je me suis tourné dos au vent et j'ai aperçu du coin de l'œil la ruine gothique dressée derrière moi, qui n'était pas plus gothique en réalité que le London Eye – l'œuvre d'un architecte malin ; une mise en scène. Comme tant de choses ici, ai-je songé.

M'éloignant du muret, je suis allé m'asseoir sur un petit banc de bois. J'ai de nouveau vérifié mon téléphone, puis levé les yeux, scrutant le chemin à droite et à gauche.

Mais où ils sont ?

Une nouvelle bourrasque. Bizarre à quel point ce vent me rappelait Grand-père. Son allure perpétuellement hivernale, peut-être. Ou son sens de l'humour glacial. Une scène en particulier m'est revenue en mémoire. C'était pendant un week-end de chasse, des années auparavant. Un de mes copains lui avait demandé, juste pour faire la conversation, ce qu'il pensait de ma nouvelle barbe, qui avait suscité une certaine inquiétude au sein de la famille et une vive controverse dans la presse. « La reine devrait-elle obliger le prince Harry à se raser ? » Grand-père avait toisé mon copain, puis s'était tourné vers moi, fixant mon menton, et son visage s'était fendu d'un diabolique petit sourire moqueur. *Ah, parce que vous appelez ça une barbe, vous ?*

Tout le monde avait éclaté de rire. Être ou ne pas être barbu, telle était la question, mais pour Grand-père en tout cas, on ne pouvait jamais l'être assez. *Laisse-toi donc pousser une bonne grosse barbe bien drue de Viking !*

Je repensais aux opinions tranchées de Grand-père, à ses nombreuses passions – l'attelage, les barbecues, le tir, la bonne chère, la bière. Cette façon qu'il avait d'embrasser la *vie*. Il avait ça en commun avec ma mère. C'est peut-être la raison pour laquelle il l'aimait tant. Bien avant qu'elle devienne la princesse Diana, à l'époque où elle n'était encore que Diana Spencer, enseignante de maternelle et petite amie secrète du prince Charles, mon grand-père était le premier à monter au créneau pour chanter ses louanges. Selon certains, c'est même lui qui avait été à l'initiative du mariage de mes parents. Si c'est vrai, alors on pourrait dire que Grand-père est en quelque sorte la Cause Originelle de tout mon univers. Sans lui, je n'existerais pas.

Et mon grand frère non plus.

Peut-être que notre mère, elle en revanche, serait encore là. Si elle n'avait pas épousé Papa...

Je me suis souvenu d'une conversation que nous avions eue en tête à tête, Grand-père et moi, peu après son quatre-vingt-dix-septième anniversaire. Il pensait à la fin. Il n'était plus en état de s'adonner à ses passions, m'avait-il confié. Mais ce qui lui manquait le plus, c'était de travailler. Sans le travail, disait-il, tout s'effondre. Il ne semblait pas triste – il était prêt, tout simplement. *Il faut savoir quand le moment est venu de s'en aller, Harry.*

Je regardais, au loin, la mince ligne d'horizon crénelée que formaient les caveaux et les monuments bordant le domaine de Frogmore. Le cimetière royal. Dernière demeure pour tant des nôtres, au premier rang desquels la reine Victoria. Mais aussi la fameuse Wallis Simpson, ainsi que son mari plus célèbre encore, l'ancien roi Edward, mon arrière-grand-oncle. Après avoir renoncé au trône plutôt que de renoncer à Wallis, il avait pris la route de l'exil, et tous deux avaient passé le restant de leurs jours à fomenter leur retour définitif en Grande-Bretagne – obsédés qu'ils étaient l'un comme l'autre par l'idée d'être enterrés ici. La reine, ma grand-mère, avait accédé à leur requête. Mais elle avait fait en sorte qu'ils soient inhumés à l'écart du reste de la famille, sous un platane légèrement avachi. Ultime remontrance, peut-être. Ultime exil, qui sait. Je me demandais ce que Wallis et Edward pouvaient bien penser aujourd'hui de tous leurs petits stratagèmes. Tout cela avait-il eu la moindre importance au bout du compte ? Je me demandais si eux-mêmes se posaient la question. Continuaient-ils, flottant dans quelque royaume éthéré, à ruminer leurs décisions, ou étaient-ils désormais dans un grand nulle part, ne pensant plus à rien ? Se pouvait-il d'ailleurs qu'il n'y ait vraiment rien, après ? La conscience, comme le temps, s'arrête-t-elle ? À moins peut-être, me disais-je, oui, à moins qu'ils soient toujours là, ici même, près de la fausse ruine gothique, ou juste à côté de moi, écoutant en douce chacune de mes pensées. Et dans ce cas... *peut-être que ma mère aussi ?*

J'ai été immédiatement saisi, comme à chaque fois que je pense à elle, d'une bouffée d'espoir, une brusque décharge d'énergie.

Et de chagrin, comme un coup de poignard.

Ma mère me manquait tout le temps, mais ce jour-là, au seuil de cet angoissant rendez-vous à Frogmore, ce manque était plus profond que jamais, et je ne savais pas au juste pourquoi. Comme tant d'autres choses quand il s'agit d'elle, c'était de l'ordre de l'indicible.

Ma mère avait beau être une princesse, et tenir son prénom d'une déesse, ces deux termes m'ont toujours semblé faibles, impropres. Les gens la comparaient souvent à telle icône ou telle sainte, de Nelson Mandela à Mère Teresa en passant par Jeanne d'Arc, mais ce genre de comparaisons, si élogieuses et affectueuses soient-elles, manquaient de très loin leur cible. Ma mère, l'une des femmes les plus connues de la planète, et l'une des plus aimées, échappait à toute description, voilà la pure et simple vérité. Et pourtant... comment une personne si difficile à appréhender par les mots du quotidien pouvait-elle demeurer si réelle, si physiquement présente, si merveilleusement vivante dans mon esprit ? Comment se pouvait-il que je la voie, aussi distinctement que je voyais ce cygne là-bas qui s'approchait maintenant de moi, glissant sur les eaux indigo du lac ? Comment se pouvait-il que son rire résonne encore à mes oreilles, aussi clair que le chant des oiseaux dans les arbres dépouillés ? Il y avait tant de choses dont je ne me souvenais pas, car j'étais très jeune au moment de sa mort, mais le simple fait que j'aie plein de souvenirs d'elle tenait véritablement du miracle. Son sourire dévastateur, son regard vulnérable, sa passion puérile pour le cinéma, la musique, les fringues, les bonbons – et pour nous. Oh, comme elle nous aimait, mon frère et moi. D'un amour *obsessionnel*, ainsi qu'elle l'avait elle-même confié à un journaliste.

Eh bien, tu sais quoi, Maman ? Moi aussi.

Sans doute était-elle omniprésente pour la même raison qu'elle était indescriptible – parce qu'elle était lumineuse, une lumière pure et éblouissante, or comment décrire précisément ce qu'est la lumière ? Einstein lui-même s'y est cassé les dents... Récemment, des astronomes ont perfectionné leurs plus gros télescopes, puis les ont braqués sur une minuscule crevasse au fin fond du cosmos, et ils ont réussi à entrevoir une sphère d'une beauté à couper le souffle, qu'ils ont baptisée Earendel, un mot qui signifie Étoile du matin en vieil anglais. À plusieurs milliards de kilomètres de distance, et sûrement éteinte depuis bien longtemps, Earendel est plus proche du Big Bang, du moment de la Création, qu'elle ne l'est de notre

Voie lactée – et pourtant elle demeure visible à nos yeux de mortels en raison de son éclat phénoménal, étourdissant.

Voilà ce qu'était ma mère.

Voilà pourquoi je continuais de la voir, de sentir sa présence, en permanence, mais tout particulièrement en ce jour d'avril à Frogmore.

Et aussi parce que j'avais repris son étendard. J'étais venu dans ces jardins parce que je voulais la paix. Plus que tout au monde. Pour ma famille, et pour moi-même – mais aussi pour elle.

On oublie parfois combien ma mère s'est battue pour la paix. Elle a fait plusieurs fois le tour du monde, traversé des champs de mines, serré dans ses bras des malades du sida, consolé des orphelins de guerre, œuvrant sans cesse pour apporter la paix à quelqu'un, quelque part, et je savais qu'elle aurait désespérément voulu – non, qu'elle *voulait* – que règne la paix entre ses deux garçons, et entre nous deux et Papa. Et dans toute la famille.

Depuis des mois, les Windsor étaient en guerre. Nous avions connu de nombreux conflits internes, par intermittence, au fil des siècles, mais cette fois, c'était différent. La rupture était publique, et elle menaçait de prendre un tour irrémédiable. Alors, même si j'étais rentré à la maison spécifiquement et uniquement pour les funérailles de Grand-père, j'en avais profité pour organiser ce rendez-vous secret avec mon frère aîné, Willy, et mon père, pour parler de la situation.

Pour trouver une solution.

Mais à présent, après avoir regardé une fois de plus mon téléphone et scruté les environs, je commençais à me dire : Peut-être qu'ils ont changé d'avis. Peut-être qu'ils ne viendront pas.

L'espace d'une demi-seconde, j'ai envisagé de renoncer et d'aller me promener seul dans les jardins, ou de rentrer à la maison, où tous mes cousins étaient en train de boire et d'échanger des anecdotes sur Grand-père.

Et puis, enfin, je les ai aperçus. Épaule contre épaule, ils se dirigeaient vers moi, l'air lugubre, presque menaçant. Parfaitement alignés côte à côte. J'ai senti mon estomac me tomber dans les talons. En temps normal, ils auraient dû être en train de se chamailler pour une vétille ou une autre, mais là, ils semblaient marcher d'un seul et même pas – ligués.

Une pensée m'a traversé l'esprit : Attends, on est parti pour quoi, là, une petite promenade en famille... ou un duel ?

Je me suis levé du banc de bois, approché d'un pas hésitant, un timide sourire aux lèvres – qu'ils ne m'ont pas rendu. Mon cœur s'est mis à cogner dans ma poitrine. Respire à fond, me suis-je dit.

Outre la peur, j'étais dans une sorte d'état de conscience aiguë, et de vulnérabilité extraordinairement intense – des émotions que j'avais déjà éprouvées à d'autres moments-clés de ma vie.

Quand j'avais marché derrière le cercueil de ma mère.

Quand j'étais parti au combat pour la première fois.

Quand j'avais dû faire un discours alors que j'étais en pleine crise d'angoisse.

La même impression de m'être lancé dans une quête, sans savoir si je serais à la hauteur mais tout aussi conscient qu'il n'y avait pas moyen de reculer. Que le Destin était en marche.

D'accord, Maman, me suis-je dit en accélérant le pas, on y va. Souhaite-moi bonne chance.

Nous nous sommes rejoints au milieu de l'allée. *Willy ? Papa ? Bonjour.*

Harold.

La froideur implacable de cet accueil.

Nous avons pivoté pour former une ligne droite, puis nous sommes mis à marcher sur le chemin gravillonné menant au petit pont de pierre noyé sous le lierre.

La façon dont nous nous étions ainsi alignés de manière naturellement synchrone, la façon dont nous avions adopté le même pas mesuré, tête baissée, sans parler de la proximité de toutes ces tombes – comment ne pas penser à l'enterrement de Maman ? Je me suis enjoint de ne pas y songer, de me concentrer sur le craquement agréable de nos pas sur le gravier, sur la façon dont les mots s'échappant de nos lèvres s'envolaient dans le vent comme des volutes de fumée.

Britanniques que nous sommes, Windsor que nous sommes, nous avons commencé à papoter de tout et de rien, de la pluie et du beau temps. Nous avons échangé nos impressions sur les funérailles de Grand-père. Il avait lui-même tout planifié à l'avance, jusque dans les moindres détails, nous sommes-nous remémoré avec un léger sourire contrit.

Une conversation anodine. Insignifiante au possible. Nous ne parlions que de sujets sans importance, et je n'attendais qu'une seule chose : qu'on aborde enfin la raison essentielle de ce rendez-vous, me demandant pourquoi ça prenait si longtemps, et comment diable mon frère et mon père pouvaient paraître si calmes.

J'ai regardé autour de moi. Nous avions déjà parcouru un bon bout de chemin et nous trouvions à présent au beau milieu du cimetière royal, cerné par les cadavres plus encore que le prince Hamlet. Du reste, n'avais-je pas moi-même exprimé un jour mon souhait d'être enterré ici ? Quelques heures avant mon départ pour le front, mon secrétaire personnel m'avait signifié que je devais spécifier l'endroit où ma dépouille reposerait. *Si le pire devait advenir, Votre Altesse Royale... la guerre étant chose fort incertaine...*

Plusieurs options s'offraient à moi. La chapelle Saint-Georges ? Le caveau royal de Windsor, où l'on installait en ce moment même Grand-père ?

Non, j'avais choisi ces jardins, parce qu'ils étaient beaux, et parce qu'ils semblaient paisibles.

Alors que nous nous trouvions pour ainsi dire pile au-dessus du visage de Wallis Simpson, Papa s'est lancé dans une mini-conférence sur tel illustre personnage ici, tel royal cousin là-bas, toutes les éminences de jadis, ducs et duchesses, lords et ladies, qui résidaient désormais sous cette pelouse. Féru d'histoire depuis toujours, il avait mille choses à nous enseigner ; je commençais à craindre qu'il y en ait pour des heures, et qu'il y ait un contrôle à la fin de la leçon. Dieu merci, il s'est interrompu, et nous avons continué à fouler l'étendue d'herbe le long du lac pour atteindre un charmant petit bosquet de jonquilles.

C'est là, enfin, que nous avons abordé les choses sérieuses.

J'ai tenté d'expliquer mon point de vue. Je n'étais pas au top. D'abord, toujours en proie à une grande nervosité, je luttais pour garder le contrôle de mes émotions, tout en m'efforçant de m'exprimer de manière succincte, précise. Et puis, je m'étais juré de ne pas laisser ce rendez-vous dégénérer et virer à la dispute pour la énième fois. Mais je n'ai pas tardé à comprendre que ça ne dépendait pas que de moi. Papa et Willy avaient leur rôle à jouer, et ils étaient venus prêts à en découdre. Chaque fois que j'avançais une nouvelle explication, déroulais une nouvelle série d'arguments, l'un ou l'autre – ou les deux – me coupait la parole. Willy, en particulier, ne voulait rien entendre. Après plusieurs rebuffades de sa part, nous avons commencé à nous répondre coup pour coup, à nous jeter à la figure certains reproches autour desquels nous tournions en boucle depuis des mois – des années. La conversation s'est envenimée au point que Papa a fini par y mettre le holà en levant les mains. *Ça suffit !*

Il s'est interposé entre nous, nous fixant tour à tour – nos visages cramoisis de colère. *S'il vous plaît, les garçons – ne faites pas de mes dernières années un calvaire.*

Sa voix semblait rauque, fragile. Vieille, pour tout dire.

J'ai de nouveau pensé à Grand-père.

D'un coup, quelque chose a basculé en moi. J'ai regardé Willy – je l'ai *vraiment* regardé, pour la première fois peut-être depuis notre enfance. Tout m'est apparu en bloc : l'expression contrariée qu'il affectait depuis toujours face à moi ; son inquiétante calvitie, plus avancée que la mienne ; sa fameuse ressemblance avec Maman, qui se dissipait avec le temps. Avec l'âge. Par certains aspects, il était mon miroir ; par d'autres, il était mon exact contraire. Mon frère bien-aimé, mon meilleur ennemi – comment avions-nous pu en arriver là ?

Je me sentais soudain assailli par une immense fatigue. J'avais envie de rentrer chez moi, et je comprenais tout à coup à quel point ce concept – « chez moi » – était devenu compliqué. Ou peut-être l'avait-il toujours été. Embrassant d'un geste du bras les jardins, la ville qui s'étendait au-delà, la nation tout entière, j'ai dit : *Willy, tout ça, ici, c'était censé être chez nous. L'endroit où on était censés passer toute notre vie.*

Tu es parti, Harold.

Oui – et tu sais très bien pourquoi.

Non, je ne sais pas.

Tu... tu ne sais pas ?

Non, je t'assure, je ne sais pas.

Je me suis redressé. Je n'en croyais pas mes oreilles. Que nous ne soyons pas d'accord pour dire qui était responsable de cette situation, ou comment les choses auraient pu tourner différemment, passe encore, mais l'entendre affirmer qu'il ignorait totalement les raisons pour lesquelles j'avais fui le pays qui m'avait vu naître – le pays pour lequel j'avais combattu, pour lequel j'avais été prêt à me sacrifier – ma patrie, ma Terre Natale ? Expression piégée s'il en est... L'entendre affirmer qu'il ne comprenait pas pourquoi ma femme et moi en étions arrivés à une telle extrémité – partir en courant, notre enfant sous le bras, et tout quitter, notre maison, nos amis, nos meubles ? Vraiment ?

J'ai levé les yeux vers les arbres. *Tu ne sais pas !*

Harold... *Je t'assure que non.*

Je me suis tourné vers Papa. Son regard disait : *Moi non plus.*

Ça alors, ai-je pensé. Peut-être qu'ils ne savent réellement pas. C'était sidérant. Mais c'était peut-être vrai.

Et s'ils ne savaient pas pourquoi j'étais parti, peut-être était-ce tout simplement parce qu'ils ne savaient pas qui j'étais. Du tout.

Et peut-être ne l'avaient-ils jamais vraiment su.

Pour être honnête, peut-être que je ne le savais pas non plus.

À cette idée, un frisson m'a parcouru, et je me suis soudain senti terriblement seul.

Mais ça m'a aussi donné un coup de fouet. Je me suis dit : *Il faut que je leur explique.*

Comment leur expliquer ?

Je ne peux pas. Ça serait trop long.

Et puis ils ne sont manifestement pas disposés à écouter.

Pas maintenant, en tout cas. Pas aujourd'hui.

Alors voilà :

Papa ? Willy ?

Tout le monde ?

Je vais vous expliquer.

Première partie
Dans les ténèbres qui m'enserrent

1.

Il y a toujours eu des histoires.
On évoquait à voix basse, de temps à autre, tous ces gens à qui Balmoral n'avait pas réussi. Cette très ancienne reine, par exemple, qui, folle de chagrin, s'était recluse dans ce château et juré de ne jamais en ressortir. Ou encore cet ancien Premier ministre, réputé pour sa politesse irréprochable, qui avait qualifié de « surréaliste » cet endroit « totalement flippant ».

Toutefois, je ne crois avoir eu vent de ces histoires que plus tard. Ou alors, si je les entendais, peut-être refusais-je de leur accorder le moindre crédit. Pour moi, Balmoral était tout simplement le Paradis. Un lieu à mi-chemin entre Disneyland et une clairière sacrée où se réunissaient les druides. J'étais toujours trop occupé à pêcher, à chasser, à dévaler « la colline » pour remarquer que quelque chose clochait dans le feng shui du vieux château.

Ce que j'essaie de dire, c'est que j'étais heureux là-bas.

Il est même bien possible que je n'aie jamais été aussi heureux qu'en cette magnifique journée d'été à Balmoral : le 30 août 1997.

Nous étions au château depuis une semaine et avions prévu d'y rester une de plus. Comme l'année précédente, et comme celle d'avant. Balmoral était en soi une micro-saison, un interlude de deux semaines dans les Highlands écossais pour marquer la transition entre la fin de l'été et le début de l'automne.

Grand-mère était là elle aussi. Naturellement. Elle passait la majeure partie de l'été à Balmoral, tous les ans. Et Grand-père. Et Willy. Et Papa. Toute la famille, à l'exception de Maman, parce que Maman ne faisait plus partie de la famille. Elle avait déguerpi, ou bien elle s'était fait chasser, selon les points de vue – tout dépendait de qui répondait à cette question. Moi, je ne la posais jamais, à personne. Quoi qu'il en soit, elle passait les vacances ailleurs. En Grèce, d'après les uns. Non, en Sardaigne, disaient les autres. Mais non, voyons, affirmait encore quelqu'un d'autre, votre mère est à Paris ! Peut-être était-ce elle-même qui nous l'avait dit. Quand elle avait appelé plus tôt dans la journée pour nous parler ? Hélas, ce souvenir m'est inaccessible, remisé, avec un million d'autres, derrière une muraille mentale infranchissable. Quel sentiment atroce et frustrant de les savoir juste là, de l'autre côté, à portée de main – mais cette muraille est toujours trop haute, trop épaisse. Imprenable.

Un peu comme les tourelles de Balmoral.

Où qu'elle fût, j'avais compris que Maman était avec son nouvel *ami*. C'était le mot que tout le monde utilisait. Pas petit ami, ni amant. Ami. Un type plutôt sympa, trouvais-je pour ma part. Willy et moi avions tout récemment fait sa connaissance. En fait nous étions là, avec Maman, quelques semaines plus tôt, lors de leur première rencontre, à Saint-Tropez. Nous passions des vacances formidables, rien que tous les trois, hébergés dans la villa de je ne sais quel vieux monsieur. On riait, on chahutait en permanence – la norme, chaque fois que nous étions ensemble, Maman, Willy et moi, mais cet été-là plus encore que d'habitude. Tout avait été divin pendant ces quelques jours à Saint-Tropez. Le temps était radieux, la nourriture délicieuse. Maman souriait.

Comble du bonheur : il y avait des jet-skis.

À qui appartenaient-ils ? Aucune idée. Mais je me souviens très clairement d'une virée en mer à bord de ces engins. Willy et moi nous sommes aventurés dans la partie la plus profonde du chenal, tournant en rond en guettant l'arrivée des paquebots, puis nous servant des vagues gigantesques qu'ils laissaient dans leur traîne comme de tremplins pour nous envoler. Je ne sais pas trop comment nous nous sommes débrouillés pour ne pas nous briser le cou.

Est-ce à notre retour, après cette folle expédition en jet-ski, que l'ami de Maman avait fait son apparition ? Non, sans doute juste avant. *Bonjour, tu dois être Harry.* Les cheveux noirs de jais, la peau tannée, un sourire d'une blancheur étincelante. *Comment vas-tu ? Je m'appelle bla bla bla.* Et il s'était mis à nous faire du gringue, à nous et à Maman. Surtout à Maman. Tout particulièrement à Maman. Deux gros cœurs rouges à la place des yeux.

Il la ramenait un peu, c'est vrai. Mais, de fait, il était plutôt sympa. Il avait offert un cadeau à Maman. Un bracelet en diamants. Apparemment, ça lui avait plu. Elle le portait souvent. Et puis je n'avais plus pensé à ce type.

Du moment que Maman est heureuse, avais-je dit à Willy, et il m'avait répondu qu'il était bien d'accord.

2.

Passer du soleil de Saint-Tropez au ciel plombé de nuages de Balmoral avait été un choc. Je garde un vague souvenir de cette sensation physique, même si je ne me rappelle pas grand-chose d'autre de cette première semaine au château. Ce dont je suis à peu près sûr, c'est que nous passions presque tout notre temps dehors. On avait la passion des grands espaces dans ma famille, surtout Grand-mère, qui était de mauvaise humeur si elle n'avait pas son bol d'air frais tous les jours. Mais ce que nous faisions dehors, ce que nous disions, portions, mangions, je ne parviens pas à m'en souvenir. Nous avons rejoint le château depuis l'île de Wight à bord du yacht royal, paraît-il ; sa toute dernière traversée. C'était sans doute merveilleux.

Ce qui reste gravé dans ma mémoire, en revanche, c'est le décor. Les bois touffus. La colline pelée, grignotée par les cerfs. La lande striée par les méandres de la rivière Dee. Le mont Lochnagar dressé à l'horizon, éternellement moucheté de neige. Les paysages, la géographie, l'architecture – voilà les repères auxquels se raccroche ma mémoire. Des dates ? Désolé, il faudrait que je retrouve mes vieux agendas. Des dialogues ? Je ferai de mon mieux mais ne pourrais jurer de rien, surtout quand il s'agit des années 1990. Mais interrogez-moi sur n'importe quel endroit où j'ai mis les pieds – un château, un cockpit, une salle de classe, une cabine de luxe, une chambre, un palais, un jardin, un pub – et je peux vous reconstituer le décor jusqu'au plus petit clou à tapis.

Comment se fait-il que tout ce que j'ai vécu s'organise ainsi dans ma mémoire ? Est-ce une affaire de génétique ? La conséquence du traumatisme ? Un mélange un peu monstrueux des deux, à la Frankenstein ? Est-ce le soldat en moi, pour qui n'importe quel espace est un potentiel champ de bataille à examiner sous toutes les coutures ? Est-ce ma nature foncièrement casanière, en rébellion contre une existence nomade forcée ? Ou est-ce encore l'expression d'une peur viscérale à l'idée que le monde n'est rien d'autre qu'un labyrinthe géant, et qu'il ne faut jamais se hasarder dans un labyrinthe sans une carte pour se repérer ?

Toujours est-il que ma mémoire fonctionne ainsi, procédant de son propre chef en quelque sorte, glanant et triant à son gré, et les choses dont je me souviens, la façon dont je m'en souviens, sont tout aussi véridiques que les faits prétendument objectifs. La chronologie, les relations de cause à effet – ce genre de considérations ne sont le plus souvent que des fables dont nous nous berçons pour raconter le passé. *Le passé n'est jamais mort. Il n'est même jamais passé.* Quand, récemment, je suis tombé sur cette citation sur le site BrainyQuotes.com, ça m'a fait comme un électrochoc. J'ai pensé : Faulkner ? Putain, mais c'est qui encore, celui-là ? Et c'est quoi son lien de parenté avec les Windsor ?

Bref : Balmoral. Je ferme les yeux et je revois l'entrée principale, l'encadrement boisé des fenêtres, le large portique et les trois marches de granite tacheté de gris et de noir menant à l'imposant portail en bois de chêne couleur whisky, maintenu ouvert la plupart du temps par une lourde pierre incurvée et devant lequel était souvent posté un valet de pied en livrée rouge ; à l'intérieur, l'immense hall d'entrée, son sol en pierre blanche constitué de carreaux gris en forme d'étoiles, et l'énorme cheminée, son magnifique manteau de bois sombre orné de gravures chantournées ; sur le côté, une espèce de buanderie, et à gauche, près des grandes fenêtres, les hameçons, les bâtons de marche, les bottes en caoutchouc et les épais cirés – une quantité invraisemblable de cirés, car l'été pouvait être humide et froid en Écosse, mais plus mordant encore dans ce recoin sibérien –, et puis la porte en bois marron clair ouvrant sur le corridor, le tapis rouge foncé, le papier peint crème, orné d'un motif d'oiseaux dorés, en relief, comme des lettres en braille, et les nombreuses pièces auxquelles permettait d'accéder ce corridor, chacune dédiée à une activité bien spécifique, salon pour se détendre, pour lire, pour regarder la télé ou pour prendre le thé, et une pièce réservée aux livres, que j'aimais pour la plupart comme des oncles attentionnés ; enfin l'aile principale du château, bâtie au XIXe siècle, presque à l'endroit exact où se dressait jadis un autre château, datant du XIVe siècle, à quelques générations de distance d'un autre prince Harry, qui s'était exilé lui aussi puis, de retour, s'était débarrassé de tout et de tout le monde autour de lui. Mon lointain ancêtre. Mon âme jumelle, diraient certains. Mon homonyme, à tout le moins. Né le 15 septembre 1984, j'ai été baptisé Henry Charles Albert David de Galles.

Mais, dès le premier jour, tout le monde m'a appelé Harry.

Au cœur de cette partie du château se trouvait le grand escalier. Vertigineux, impressionnant, rarement utilisé. Pour monter dans sa chambre au deuxième étage, suivie de près par ses corgis, Grand-mère préférait l'ascenseur.

Les corgis aussi.

Près de l'ascenseur de Grand-mère, derrière deux portes battantes rouges ouvrant sur un palier moquetté de tissu écossais vert, un petit escalier autour duquel s'enroulait une lourde rampe de fer forgé menait au deuxième étage, où trônait une statue de la reine Victoria. Je m'inclinais toujours en passant devant elle. *Votre Majesté !* Willy aussi. On nous avait appris à observer ce rituel, mais je l'aurais fait de toute façon. J'avais une immense affection pour « la grand-mère de l'Europe », et pas seulement parce que Grand-mère l'aimait beaucoup, ni parce que Papa avait voulu me prénommer en l'honneur de son mari (Maman avait mis son veto). Victoria avait connu le grand amour et de grands bonheurs – mais son existence s'était déroulée pour l'essentiel sous le signe de la tragédie. Son père, le prince Edward, duc de Kent et de Strathearn, avait la réputation d'être un sadique sexuel que rien n'excitait autant que de voir des soldats se faire fouetter, et son mari bien-aimé, Albert, était mort sous ses yeux. Sans compter qu'elle s'était fait tirer dessus pas moins de huit fois, en huit occasions différentes, par sept sujets différents, au cours de son long règne solitaire.

Pas une seule de ces balles n'avait atteint sa cible. Rien ne pouvait abattre Victoria.

Une fois passé la statue, les choses se compliquaient un peu. Les portes étaient toutes identiques, les pièces enchâssées les unes dans les autres. Il était facile de se perdre. On risquait à tout moment d'ouvrir la mauvaise porte et de se retrouver nez à nez avec Papa en train de s'habiller avec l'aide de son valet. Ou pire, en train de faire le poirier – cet exercice de gymnastique, prescrit par son kiné, était le seul remède efficace contre le mal de dos et les douleurs à la nuque qui lui empoisonnaient l'existence, dus principalement à de vieilles blessures du temps où il jouait au polo. Il se livrait quotidiennement à cet exercice, en caleçon, s'appuyant contre un mur ou suspendu à une barre comme un acrobate aguerri. À peine avait-on posé le petit doigt sur la poignée qu'on l'entendait implorer derrière la porte : *Non ! Non ! N'ouvrez pas ! Par pitié, mon Dieu, n'ouvrez pas !*

Il y avait cinquante chambres à Balmoral ; on avait partitionné l'une d'elles pour Willy et moi. Les adultes l'appelaient la nursery. Willy avait la moitié de la chambre la plus vaste – un lit double, un grand lavabo, un placard avec des portes-miroirs, une magnifique fenêtre donnant sur la cour, la fontaine, la statue en bronze d'un chevreuil. Mes quartiers à moi étaient beaucoup plus petits, moins luxueux. Je n'ai jamais demandé pourquoi. Je m'en fichais. Mais c'est aussi que je n'avais pas besoin de poser la question. De deux ans mon aîné, Willy était l'Héritier ; moi, le Suppléant.

Ce n'était pas seulement la presse qui parlait de nous en ces termes – même si elle ne s'en privait pas. Papa, Maman et Grand-père les employaient souvent, eux aussi. Et même Grand-mère. L'Héritier et le Suppléant – aucun jugement dans ces sobriquets, mais aucune ambiguïté non plus. J'étais l'ombre, la doublure, le plan B. J'avais été expressément conçu au cas où il arriverait malheur à Willy. Mon rôle était de soutenir, de distraire, de faire diversion et, si nécessaire, de fournir les pièces de rechange. Un rein, peut-être. Une transfusion de sang. Un bout de moelle osseuse. On me l'a fait comprendre de manière explicite dès le tout début de mon existence, et répété avec de plus en plus d'insistance depuis. J'avais vingt ans la première fois que j'ai entendu l'anecdote selon laquelle Papa aurait dit à Maman, le jour de ma naissance : *Merveilleux ! Voilà, tu m'as donné un Héritier et un Suppléant – mon boulot est terminé.* C'était une blague. Sans doute. Cela dit, quelques minutes à peine après avoir lâché cette boutade, Papa s'était, paraît-il, éclipsé pour aller au théâtre avec sa petite amie. Comme quoi. Bien souvent, rien ne révèle mieux la vérité qu'une plaisanterie.

Je ne m'en formalisais pas. Ça ne me faisait ni chaud ni froid. L'ordre de succession était comme la météo, ou la position des planètes, ou le cycle des saisons. À quoi bon se tracasser pour des choses aussi immuables, se laisser tourmenter par un destin gravé dans le marbre ? Être un Windsor, ça voulait dire apprendre certaines vérités éternelles, puis les bannir définitivement de votre esprit. Ça voulait dire *absorber* les paramètres fondamentaux de votre identité, savoir d'instinct qui vous étiez – c'est-à-dire, à tout jamais, le simple corollaire de ce que vous n'étiez pas.

Je n'étais pas Grand-mère.
Je n'étais pas Papa.
Je n'étais pas Willy.
J'étais le troisième dans l'ordre de succession.

Tous les enfants, au moins une fois dans leur vie, se sont rêvés prince ou princesse. Alors, Suppléant ou pas, ce n'était déjà pas si mal d'être un prince *pour de vrai*. Et puis tenir résolument son rang pour soutenir ceux qu'on aime, n'était-ce pas la définition même de l'honneur ?

De l'amour ?

Comme lorsqu'on s'inclinait en passant devant Victoria ?

3.

ATTENANTE À MA CHAMBRE se trouvait une petite pièce ronde faisant office de salon. Une table ronde, un miroir mural, un bureau, une cheminée avec des coussins tout autour de l'âtre. Dans un coin au fond, une grande et massive porte en bois qui donnait sur une salle de bains. Deux lavabos en marbre qui avaient l'air de prototypes du tout premier lavabo jamais inventé. Tout, à Balmoral, était ancien, ou conçu pour le paraître. Le château était un terrain de jeu, un pavillon de chasse, mais aussi un décor de théâtre.

La pièce maîtresse de la salle de bains était une baignoire à pattes de lion, et même l'eau crachotée par ses robinets semblait d'un autre temps. Pas forcément en mal, cela dit. Une eau aussi ancienne que celle du lac où Merlin avait aidé Arthur à trouver son épée magique. Une eau marron clair, comme du thé à peine infusé, ce qui ne manquait jamais de susciter l'inquiétude des invités de passage pour le week-end. *Pardonnez-moi, mais j'ai l'impression qu'il y a un petit problème d'eau dans ma salle de bains ?* Papa souriait et les rassurait : il n'y avait rien à craindre – bien au contraire, cette eau était filtrée et adoucie par la tourbe écossaise. *Elle provient directement de la colline, et vous allez avoir la chance de goûter à l'un des plus grands plaisirs de l'existence – un bain des Highlands.*

Selon vos préférences, votre bain des Highlands pouvait être aussi glacial que l'océan Arctique ou aussi chaud que s'il était tout droit sorti d'une bouilloire ; la robinetterie du château était d'une sensibilité extrême. À titre personnel, rien ne me procurait plus de plaisir que de me tremper dans un bain brûlant en regardant au-dehors par les meurtrières du château, où des archers, imaginais-je, avaient jadis monté la garde. Je levais les yeux vers le ciel étoilé, ou contemplais les jardins en bas, enclos de murets en contrebas, me laissant aller à des rêveries où je flottais au-dessus de la grande pelouse, aussi lisse et verte qu'un tapis de billard, entretenue par un bataillon de jardiniers. Cette pelouse était si parfaite, le moindre brin d'herbe si minutieusement tondu, que Willy et moi nous sentions coupable d'y poser le pied, et plus encore de la traverser à vélo. Mais nous le faisions quand même, tout le temps. Un jour, nous avions organisé une grande course avec notre cousine ; nous étions sur des quads, elle sur un kart. Nous nous amusions comme des petits fous – jusqu'au moment où elle s'était emplafonnée contre un réverbère. Coup de malchance inouï – le seul réverbère à des milliers de kilomètres à la ronde. Nous nous tordions de rire, même si le réverbère, récemment fabriqué dans le tronc d'un arbre provenant des forêts toutes proches, s'était brisé net et était tombé sur elle. Elle avait eu de la chance de s'en sortir presque sans une égratignure.

Le 30 août 1997, je ne me suis pas éternisé à contempler la pelouse. Willy et moi avons pris notre bain du soir en quatrième vitesse, enfilé nos pyjamas à la hâte, puis foncé dans le salon pour nous planter devant la télé. Des valets de pied sont arrivés, nous apportant notre dîner sur des plateaux, chaque assiette recouverte d'une cloche en argent. Ils ont posé les plateaux sur des dessertes en bois, puis échangé quelques plaisanteries avec nous, comme à leur habitude, avant de nous souhaiter bon appétit.

Valets, porcelaine anglaise – tout cela paraît bien raffiné, et l'était sans aucun doute, mais sous ces précieuses cloches, il n'y avait que de la nourriture de gamins. Bâtonnets de poisson pané, hachis parmentier, poulet rôti, petits pois.

Mabel, notre gouvernante – et ancienne gouvernante de Papa –, nous a rejoints. Tandis que nous attaquions notre festin, nous avons entendu Papa sortir de la salle de bains et traverser le couloir en chaussons. Il tenait à la main son « sans-fil » – c'est ainsi qu'il appelait son lecteur CD portatif, sur lequel il aimait écouter ses « livres d'Histoire » quand il prenait son bain. Papa était réglé comme du papier à musique ; alors, en l'entendant passer, nous en avons déduit qu'il devait être presque huit heures du soir.

Une demi-heure plus tard, nous avons perçu les premiers bruits des adultes qui commençaient à descendre au rez-de-chaussée, comme tous les soirs, puis les premiers bêlements des cornemuses accompagnant leur migration. Pendant les deux heures suivantes, les adultes seraient retenus prisonniers dans le Donjon Dînatoire, obligés de rester assis autour de cette longue table, obligés de plisser les yeux pour se voir dans la faible lueur du candélabre dessiné par le prince Albert, obligés de se tenir raides comme des piquets devant des assiettes en porcelaine et des verres en cristal disposés avec une précision mathématique par les domestiques (qui se servaient à cette fin de mètres ruban), obligés d'ingurgiter des œufs de caille et du turbot, obligés de faire la conversation, de parler de choses insignifiantes, engoncés dans leurs plus élégantes tenues. Cravate noire, brodequins noirs, pantalon écossais. Peut-être même devaient-ils porter le kilt.

Je me disais : Quelle plaie d'être un adulte !

Papa a passé une tête dans le salon avant de gagner la salle à manger. Il était en retard, mais il a ostensiblement pris le temps de soulever l'une des cloches en argent – *Miam, j'aimerais bien manger la même chose !* – et de humer longuement nos plats. Il passait son temps à tout renifler. La nourriture, les roses, nos cheveux. Sans doute a-t-il été un chien limier dans une autre vie. Peut-être avait-il contracté cette habitude parce qu'il était très difficile de percevoir la moindre odeur sous son propre parfum. *Eau Sauvage.* Il s'en barbouillait les joues, le cou, la chemise. Une senteur florale, avec une note sous-jacente plus corsée, comme du poivre ou de la poudre à canon. Ce parfum venait de Paris. C'était marqué sur le flacon. Et ça m'a fait penser à Maman.

Oui, Harry, Maman est à Paris.
Le divorce avait été officiellement prononcé un an auparavant. Presque jour pour jour.
Soyez sages, les garçons.
Oui, Papa.
Ne vous couchez pas trop tard.
Il est parti. Son parfum est resté.

Willy et moi avons fini de dîner, regardé encore un peu la télé, puis avons commencé à chahuter comme nous en avions l'habitude avant d'aller nous coucher. Nous nous sommes postés en haut d'un escalier de service pour épier les adultes à la dérobée, dans l'espoir d'attraper au vol un gros mot ou une anecdote salée. Nous avons dévalé les couloirs de long en large, sous l'œil sévère d'une dizaine de têtes de cerfs empaillés accrochées aux murs. À un moment, nous sommes tombés sur le cornemuseur attitré de Grand-mère. Le visage chiffonné en forme de poire, les sourcils broussailleux, kilt en tweed autour de la taille, il l'accompagnait partout où elle allait, parce qu'elle adorait le son de la cornemuse, comme Victoria en son temps – alors qu'Albert, paraît-il, trouvait cet instrument « barbare ». L'été à Balmoral, Grand-mère demandait à ce qu'il joue pour elle à son réveil et avant le dîner.

Sa cornemuse ressemblait à une espèce de pieuvre ivre morte, avec des tuyaux d'argent ciselé et d'acajou en guise de tentacules. Nous avions déjà vu cet engin auparavant, très souvent, mais ce soir-là, il nous a proposé de le prendre dans nos mains. Et de l'essayer.

Vraiment ?
Allez-y.

Nous n'avons réussi à en tirer que quelques couinements pitoyables. Nous n'avions pas assez de souffle. Le cornemuseur, lui, avait un coffre large comme une barrique de whisky. Il faisait grincer et brailler son instrument à pleins poumons.

Nous l'avons remercié pour cette petite leçon particulière, lui avons souhaité une bonne soirée, et sommes remontés dans la nursery, où Mabel a supervisé les rituels du soir – brossage des dents, débarbouillage. Puis : au dodo.

Mon lit était haut. Je devais sauter pour m'y coucher et rouler sur le flanc pour atteindre le milieu affaissé du matelas. J'avais chaque fois l'impression d'escalader une étagère puis de dégringoler dans une tranchée. Le linge de lit était raide de propreté, d'une blancheur déclinée en plusieurs nuances. Draps blancs d'albâtre. Couverture crème. Édredon coquille d'œuf. (Brodés, pour la plupart, du sigle ER – *Elizabeth Regina*.) Tendus comme une peau de tambour, si expertement repassés qu'on y distinguait sans mal la trace des trous et des accrocs rapiécés au fil du siècle passé.

Je me suis blotti dans mon lit, la couverture tirée jusqu'au menton, parce que je n'aimais pas être dans le noir. Non – j'avais *horreur* du noir. Comme Maman, de son propre aveu. C'est elle qui m'avait transmis cette peur de l'obscurité, me disais-je, de même que j'avais hérité de son nez, de ses yeux bleus, de son amour pour les gens, de sa haine de la suffisance, de l'hypocrisie et du snobisme. Je me revois, enfoui sous ma couverture, les yeux grands ouverts dans le noir, à l'affût des stridulations des insectes et du hululement des chouettes. Ai-je imaginé des ombres glissant le long des murs ? Ai-je gardé les yeux fixés sur la mince raie de lumière au sol, qui était toujours là parce que j'insistais pour qu'on laisse la porte entrouverte ? Combien de temps s'est-il écoulé avant que je finisse par m'endormir ? Autrement dit, combien de temps mon enfance a-t-elle encore duré, et dans quelle mesure ai-je pu encore en profiter, la savourer, avant que soudain, émergeant des brumes du sommeil, je me rende compte que...

Papa ?

Il était debout à côté du lit, les yeux baissés. Il ressemblait, avec sa chemise de nuit blanche, à un spectre dans une pièce de théâtre.

Oui, mon cher enfant.

Il a esquissé un demi-sourire, le regard fuyant.

Il ne faisait plus noir dans la chambre. Il ne faisait pas jour non plus. Un étrange entre-deux, une pénombre presque terreuse, un peu comme l'eau dans la vieille baignoire.

Il m'a regardé d'une drôle de façon, comme jamais encore il ne m'avait regardé. Un regard où se lisait... de la peur ?

Qu'est-ce qui se passe, Papa ?

Il s'est assis au bord du lit. Il a posé une main sur mon genou. *Mon cher enfant, Maman a eu un accident de voiture.*

Je me rappelle avoir pensé : Accident... Bon, d'accord. Mais elle va bien ? N'est-ce pas ?

Je me souviens très clairement de cette pensée qui a fusé dans mon esprit. Et je me souviens d'avoir patiemment attendu que Papa me confirme que oui, Maman allait bien. Et je me souviens que ce n'est pas ce qu'il a fait.

Quelque chose a basculé en moi. J'ai commencé à supplier en silence, Papa, Dieu, ou les deux : *Non, non, non.*

Le regard de Papa s'égarait dans les plis des vieilles couvertures, des draps et de l'édredon. *Il y a eu des complications. Maman a été gravement blessée et on l'a emmenée à l'hôpital, mon cher enfant.*

Il m'appelait toujours « mon cher enfant », mais il n'arrêtait pas de le répéter à présent. D'une voix douce. Il avait l'air en état de choc.

Oh. À l'hôpital ?

Oui. Elle a été blessée à la tête.

A-t-il évoqué des paparazzis ? A-t-il dit qu'elle avait été pourchassée ? Je ne crois pas. Je ne pourrais pas en jurer, mais sans doute pas. Les paparazzis étaient un tel problème pour Maman, pour tout le monde, que ça allait sans dire.

J'ai pensé de nouveau : Blessée... mais elle va bien. On l'a emmenée à l'hôpital, ils vont lui soigner la tête, et puis on ira la voir. Aujourd'hui. Ce soir, au plus tard.

Ils ont tout essayé, mon cher enfant. Elle ne s'en est pas sortie, j'en ai bien peur.

Ces mots se sont fichés dans mon esprit comme des fléchettes sur une cible. C'est très exactement ainsi qu'il m'a annoncé la nouvelle, ça, j'en suis sûr. *Elle ne s'en est pas sortie.* Et alors j'ai eu l'impression que le temps s'arrêtait.

Non. Ce n'était pas une *impression*. Plus rien ne relevait de l'*impression*. Tout, de manière parfaitement distincte, indubitable, irrévocable, s'est arrêté.

Ce que je lui ai dit ensuite, je n'en ai pas le moindre souvenir. Il est possible que je n'aie rien dit du tout. Ce dont je me souviens, avec une clarté stupéfiante, c'est que je n'ai pas pleuré. Pas la moindre larme.

Papa ne m'a pas serré dans ses bras. Il n'était déjà pas très démonstratif en temps normal – comment aurait-il pu laisser libre cours à ses émotions dans un moment si dramatique ? Mais il a posé de nouveau sa main sur mon genou, et il a dit : *Ça va aller.*

C'était déjà beaucoup, venant de lui. Paternel, optimiste, gentil. Et totalement faux.

Il s'est levé et il est parti. Je ne me rappelle pas comment j'ai su qu'il était déjà allé dans la chambre d'à côté, qu'il avait déjà prévenu Willy, mais je le savais.

Je suis resté là, allongé dans mon lit, ou assis. Je ne me suis pas levé. Je ne suis pas allé faire ma toilette ou faire pipi. Je ne me suis pas habillé. Je n'ai pas appelé Willy ou Mabel. Après avoir passé plus de deux décennies à essayer de reconstituer ce matin-là dans ma mémoire, j'en suis arrivé à une seule et inévitable conclusion : j'ai dû rester dans cette chambre, plongé dans le silence et la solitude, jusqu'à 9 heures précises, au moment où le cornemuseur s'est mis à jouer dehors.

J'aimerais me rappeler ce qu'il a joué. Mais ça n'a peut-être aucune importance. Ce qui importe dans la cornemuse, c'est la tonalité, pas la mélodie. Vieux de plusieurs millénaires, cet instrument est conçu pour amplifier ce qu'on a déjà dans le cœur. Si vous êtes d'humeur rieuse, la cornemuse décuple votre envie de rire. Si vous êtes en colère, elle fait bouillir votre sang deux fois plus. Et si vous êtes dévasté par le chagrin, même si vous n'avez que douze ans et que vous n'avez pas conscience d'être dévasté par le chagrin, la cornemuse peut vous rendre fou.

4.

C'ÉTAIT UN DIMANCHE. Alors, comme d'habitude, nous sommes allés à l'église.

Crathie Kirk. Murs de granite, grande toiture en pin d'Écosse, vitraux offerts jadis par Victoria, peut-être en guise d'expiation suite à l'émoi qu'elle avait suscité en fréquentant ce lieu de culte. Le chef suprême de l'Église anglicane, assister à la messe dans une paroisse de l'Église d'Écosse – ça avait fait tout un scandale, je n'ai jamais trop compris pourquoi.

J'ai vu des photos de nous franchissant le seuil de l'église ce jour-là, mais elles n'éveillent en moi aucun souvenir. Le prêtre a-t-il dit quelque chose ? Rendu la situation encore plus insoutenable ?

L'ai-je écouté, ou suis-je resté là, les yeux rivés sur le dossier du banc devant moi, à penser à Maman ?

Sur le trajet du retour à Balmoral – deux minutes à peine en voiture –, quelqu'un a suggéré que nous fassions halte. Les gens avaient commencé à se rassembler devant le portail du château depuis le début de la matinée ; certains déposaient des objets. Des peluches, des fleurs, des petits mots. Un geste de reconnaissance de notre part aurait été le bienvenu.

Nous nous sommes garés sur le côté et nous sommes descendus de la voiture. Je ne voyais rien – rien qu'une mosaïque de petits points colorés. Des fleurs. Et encore des fleurs. Je n'entendais rien – rien qu'un cliquetis rythmique de l'autre côté de la route. La presse. J'ai attrapé la main de mon père, pour me rassurer, mais je me suis aussitôt maudit d'avoir fait ce geste, qui a déclenché une nouvelle explosion de flashs en rafales.

Je leur avais donné exactement ce qu'ils voulaient. De l'émotion. Du drame. De la souffrance.

Ils nous mitraillaient – encore, et encore, et encore.

5.

QUELQUES HEURES PLUS TARD, PAPA EST PARTI À PARIS. Accompagné par les sœurs de Maman, Tante Sarah et Tante Jane. Il fallait qu'ils en sachent plus à propos de l'accident, a dit quelqu'un. Et il fallait qu'ils organisent le rapatriement du corps de Maman.

Le corps. Les gens n'arrêtaient pas d'employer ce terme. Ça me faisait l'effet d'un coup de poing à la gorge, et puis d'abord ça n'était qu'un horrible mensonge, parce que Maman n'était pas morte.

J'en avais brusquement l'intuition. Désœuvré, errant dans le château et me parlant à moi-même, j'avais été pris d'un doute, qui n'avait pas tardé à se transformer en inébranlable conviction. Toute cette histoire n'était qu'une mascarade – et pour une fois, ce n'étaient pas les gens de mon entourage, ou la presse, qui l'avaient mise en scène, mais Maman elle-même. *Elle est malheureuse, elle est pourchassée, harcelée, tout le monde ment à son propos, tout*

le monde lui ment. Alors elle a fait croire à un accident pour faire diversion et s'enfuir.
Cette révélation m'a coupé le souffle ; j'étais submergé par le soulagement.
Mais bien sûr ! Tout ça n'est qu'une ruse pour lui permettre de démarrer une nouvelle vie ! À l'heure qu'il est, c'est sûr, elle doit être en train de louer un appartement à Paris, ou d'arranger un bouquet de fleurs dans le chalet qu'elle a acheté en secret quelque part au sommet des Alpes suisses. Bientôt, très bientôt, elle enverra quelqu'un nous chercher, Willy et moi. C'est évident ! Comment ai-je pu ne pas comprendre dès le début ? Maman n'est pas morte ! Elle se cache !
Je me sentais tellement mieux.
Et puis le doute s'est immiscé.
Attends un peu... Maman ne nous ferait jamais un truc pareil. Un chagrin aussi atroce, impossible qu'elle ait permis ça, et encore moins qu'elle en soit directement responsable.
Mais le soulagement a repris le dessus : *Elle n'avait pas le choix. C'était son seul espoir de retrouver sa liberté.*
Et de nouveau le doute : *Maman ne se cacherait pas, c'est une combattante.*
Et de nouveau le soulagement : *C'est sa façon à elle de se battre. Elle va revenir. Forcément. Dans deux semaines, c'est mon anniversaire.*
Mais Papa et mes tantes sont revenus en premier. Sous l'œil des caméras de toutes les chaînes de télé. Le monde entier les a regardés descendre de l'avion sur le tarmac de la base de la Royal Air Force de Northolt. Un de ces reportages était même accompagné de musique : quelqu'un qui chantait un psaume d'une voix éplorée. On nous avait empêchés de regarder la télé, Willy et moi, mais je crois que nous l'avons quand même entendu.
Les jours qui ont suivi se sont déroulés dans un grand vide. Personne ne disait rien. Nous restions retranchés à l'intérieur du château. C'était comme si nous étions enfermés dans une crypte – mais une crypte dans laquelle tout le monde était en pantalon écossais et vaquait à ses occupations quotidiennes. Quand les gens parlaient, je ne les entendais pas. La seule voix que j'entendais, c'était la mienne, dans ma tête, qui ne cessait de débattre avec elle-même.

Elle est partie.
Non, elle se cache.
Elle est morte.
Non, elle fait semblant *d'être morte.*

Et puis, un matin, le moment est venu. Retour à Londres. Je n'ai aucun souvenir de ce trajet. Sommes-nous rentrés en voiture ? À bord de l'avion royal ? Je revois les retrouvailles avec Papa, et les tantes, et ce moment crucial avec Tante Sarah, même s'il demeure nimbé de brouillard, pas tout à fait clair dans la chronologie des événements, sans doute. Parfois, je crois me souvenir qu'il a eu lieu tout de suite, pendant ces horribles premiers jours de septembre ; parfois, ma mémoire le situe beaucoup plus loin, des années plus tard.

En tout cas, ça s'est passé comme ça :

William ? Harry ? Tante Sarah a quelque chose pour vous, les garçons.

Elle s'est avancée vers nous, deux minuscules boîtes bleues dans les mains. *C'est quoi ?*

Ouvrez-les.

J'ai soulevé le couvercle de ma boîte bleue. À l'intérieur... un papillon de nuit ?

Non.

Une moustache ?

Non plus.

Qu'est-ce que... ?

Ses cheveux, Harry.

Tante Sarah nous a expliqué que, à Paris, elle avait coupé deux mèches sur la tête de Maman.

Voilà. C'était la preuve. *Elle est vraiment partie.*

Mais aussitôt le doute rassurant est revenu à la charge, l'incertitude, comme une bouée de sauvetage : *Non, ça pourrait être les cheveux de n'importe qui.* Maman, avec sa belle chevelure blonde intacte, était toujours là, quelque part.

Je le saurais, autrement. Mon corps le saurait. Mon cœur le saurait. Et ni l'un ni l'autre ne savent quoi que ce soit de ce genre.

Il n'y avait de place, dans l'un comme dans l'autre, que pour une seule chose : l'amour infini que je lui vouais depuis toujours.

6.

Willy et moi circulions parmi la foule rassemblée devant le palais de Kensington, souriant, serrant des mains. Comme deux candidats en campagne électorale. Des centaines et des centaines de mains tendues en permanence sous notre nez, les doigts souvent humides.

À cause de quoi ? me suis-je demandé.

Et puis j'ai compris : ils pleuraient.

Le contact de toutes ces mains me rebutait. Et je détestais plus encore le sentiment qu'elles faisaient naître en moi. La culpabilité. Pourquoi tous ces gens étaient-ils en larmes, alors que moi je n'en versais pas une seule – depuis le début ?

J'aurais voulu pleurer, et j'avais essayé, parce que la vie de Maman était tellement horrible qu'elle avait éprouvé le besoin de disparaître, de monter ce stratagème extravagant. Mais je n'y arrivais pas. Peut-être m'étais-je trop parfaitement, trop profondément imprégné de l'éthos familial, selon lequel il était interdit de pleurer – quelles que soient les circonstances.

Je me souviens de ces montagnes de fleurs autour de nous. Je me souviens que j'éprouvais un chagrin indicible et que je témoignais pourtant d'une politesse sans faille auprès de tous ces gens. Je me souviens des vieilles dames qui disaient : *Oh, comme il est bien élevé, le pauvre petit !* Je me rappelle avoir murmuré merci, cent fois, mille fois, merci à vous d'être venus, merci pour vos paroles, merci à vous d'être restés campés là pendant plusieurs jours. Je me rappelle avoir consolé des gens prostrés, effondrés, comme s'ils avaient personnellement connu Maman, mais je pensais aussi : sauf que vous ne la connaissiez pas. Vous faites comme si... *mais vous ne la connaissiez pas.*

Ou plutôt... vous ne la *connaissez* pas. Au présent.

Après ce bain de foule, nous sommes rentrés dans le palais. Nous avons franchi deux grandes portes noires pour accéder aux appartements de Maman, traversé un long couloir puis pénétré dans une pièce sur la gauche. À l'intérieur, un grand cercueil. Marron foncé, en bois de chêne anglais. Je me souviens – à moins peut-être que ce ne soit mon imagination – qu'il était drapé... *de l'Union Jack* ?

J'étais fasciné par ce drapeau. Peut-être parce que je jouais aux petits soldats depuis ma plus tendre enfance. Peut-être à cause de mon patriotisme précoce. Ou peut-être parce que j'entendais tout le monde pérorer depuis des jours à ce sujet – le drapeau, le drapeau, le drapeau. On ne parlait que de ça. Il y avait eu une levée de boucliers parce qu'on n'avait pas mis le drapeau en berne au château de Buckingham. Or l'Étendard royal n'était *jamais* en berne – on levait les couleurs quand Grand-mère était là, et on les baissait quand elle n'était pas là, point final. Mais ça, tout le monde s'en fichait. L'unique obsession des gens était de voir un signe officiel de deuil, et ils étaient furieux de n'en voir aucun. Ou disons plutôt que les journaux britanniques avaient tout fait pour attiser cette fureur – ce qui leur permettait au passage de détourner l'attention de leur responsabilité dans la disparition de Maman. Je me souviens d'un gros titre en particulier, directement adressé à Grand-mère : « Montrez-nous que ça vous touche ». Belle ironie de la part de ces monstres, ceux-là mêmes qui étaient tellement « touchés » par le sort de Maman qu'ils l'avaient pourchassée jusque dans un tunnel dont elle n'était jamais ressortie.

J'avais entendu la version « officielle » des événements : des paparazzis s'étaient lancés aux trousses de Maman dans les rues de Paris ; la Mercedes à bord de laquelle elle se trouvait s'était engouffrée dans un tunnel, avait percuté un mur ou un pilier en béton, et elle était morte, ainsi que son ami et le chauffeur.

Debout devant le cercueil recouvert du drapeau, je me demandais : Maman est-elle une patriote ? Qu'est-ce qu'elle pense de la Grande-Bretagne, en vrai ? Est-ce que quelqu'un s'est jamais soucié de lui poser la question ?

Quand est-ce que je pourrai lui poser moi-même la question ?

Je ne me souviens ni de ce que les membres de la famille ont fait à ce moment-là, ni des mots qu'ils ont pu échanger, ou adresser directement au cercueil. Je ne me rappelle pas la moindre conversation entre Willy et moi ; je me souviens en revanche que les gens autour de nous disaient que « les garçons » avaient l'air « pétrifiés » par le choc. Personne ne prenait la peine de murmurer, comme si le choc nous avait non seulement pétrifiés mais aussi rendus sourds.

Il a été question des funérailles, qui auraient lieu le lendemain. Il était prévu au départ que le cercueil défile dans les rues, tiré par

un attelage de la King's Troop, tandis que Willy et moi serions juste derrière, suivant le cortège à pied. C'était beaucoup demander à deux jeunes garçons. Certains adultes étaient horrifiés. Le frère de Maman, Oncle Charles, s'était mis dans une colère noire. *Vous ne pouvez pas obliger ces enfants à marcher derrière le cercueil de leur mère ! C'est de la barbarie !*
Un autre plan avait alors été échafaudé. Willy défilerait seul. Il avait quinze ans après tout. *Laissons le petit en dehors de tout ça.* Laissons le Suppléant sur le banc de touche. Pour son bien. Ce nouveau plan a été soumis en haut lieu.
La réponse a été immédiate.
Il fallait que les deux princes soient là. Pour susciter la compassion, j'imagine.
Oncle Charles était furieux. Mais pas moi. Je ne voulais pas que Willy traverse une telle épreuve sans moi. Si les rôles avaient été inversés, il n'aurait pas voulu – il n'aurait même jamais accepté – que je sois seul.
Ainsi, le lendemain matin, aux premières heures, nous nous sommes mis en marche, tous ensemble. Oncle Charles à ma droite, Willy à sa droite, suivis de Grand-père. Et, à ma gauche, Papa. J'ai tout de suite remarqué à quel point Grand-père paraissait serein, comme s'il s'acquittait d'une obligation royale comme une autre. Je voyais ses yeux, distinctement, parce qu'il regardait droit devant lui. Comme tous les autres. Sauf moi, qui gardais les yeux baissés sur la route. Tout comme Willy.
Je me souviens d'une sensation d'engourdissement. Je me souviens de mes poings serrés. Je me rappelle m'être débrouillé pour que Willy soit toujours là, dans un coin de mon champ de vision, et d'avoir puisé beaucoup de force dans sa présence. Mais je me souviens surtout des sons – le bruit métallique des brides et le martèlement des sabots des six chevaux bruns luisant de transpiration, le grincement des roues de l'affût de canon qu'ils tiraient. (Une relique de la Première Guerre mondiale, avais-je cru comprendre, ce qui semblait assez approprié, tant il est vrai que Maman, même si elle avait toujours prôné la paix, avait souvent dû monter au front et livrer bataille, que ce soit contre les paparazzis ou contre Papa.) Je crois que tous ces sons resteront gravés dans ma mémoire jusqu'à la fin de mes jours, tant ils étaient en décalage avec le silence

absolu qui régnait dans les rues à cet instant. Pas un seul bruit de moteur, pas le moindre camion, pas le moindre chant d'oiseau. Pas même une voix humaine, ce qui paraissait impossible au vu des deux millions de personnes qui s'étaient amassées pour voir passer le cortège. Seul signe trahissant que nous défilions au milieu d'un canyon formé d'êtres humains : quelques pleurs ici ou là.

Vingt minutes plus tard, nous sommes arrivés à l'abbaye de Westminster. Les uns après les autres, nous avons pris place sur un long banc. La cérémonie a commencé par une série de lectures et d'élégies, puis culminé avec l'apparition d'Elton John. Il s'est levé lentement, raide, tel l'un des grands rois enterrés sous l'abbaye depuis des siècles qui aurait soudain ressuscité. Il s'est avancé, assis au piano à queue installé devant l'autel. Y a-t-il quelqu'un au monde qui ne sache pas qu'il a alors chanté « Candle in the Wind », dans une version spécialement réarrangée pour Maman ? Je n'arrive pas à savoir si les notes qui résonnent dans ma tête proviennent de ce moment vécu ou des images que j'en ai vues par la suite. À moins qu'elles soient un simple vestige de cauchemars récurrents. Mais je garde un souvenir très précis, indubitable : celui de l'instant où la chanson a atteint son apogée, et où j'ai commencé à avoir des picotements dans les yeux et que mes larmes ont failli couler.

Failli.

Vers la fin de la cérémonie, Oncle Charles a pris la parole, mettant à profit le temps qui lui avait été imparti pour descendre tout le monde en flammes – la famille, la nation, la presse –, tous ceux qui avaient harcelé Maman au point de la tuer. On aurait presque cru voir les gens dans l'abbaye, et la nation tout entière, fléchir sous le coup, heurtés de plein fouet. La vérité fait mal. Puis, huit Gardes gallois se sont approchés pour soulever l'énorme cercueil plombé, à présent drapé de l'Étendard royal, ce qui constituait un écart protocolaire absolument inouï. (En réponse à la pression populaire, le drapeau avait été mis en berne ; pas l'Étendard royal, bien sûr, mais l'Union Jack – un compromis inédit.) L'Étendard royal était exclusivement réservé aux membres de la famille royale, or Maman, à ce qu'on m'avait dit, n'en faisait plus partie. Est-ce que ça voulait dire qu'elle avait été pardonnée ? Par Grand-mère ? Apparemment. Mais c'étaient là des questions que je n'arrivais pas bien à formuler moi-même, et encore moins à poser aux adultes autour de moi, tandis que le cercueil quittait lentement l'abbaye puis glissait à l'arrière d'un corbillard noir. Nous avons dû attendre un long moment avant que le convoi funèbre s'ébranle pour traverser au ralenti les rues de Londres, envahies par la foule la plus immense qu'ait jamais vue cette ville immémoriale – il y avait deux fois plus de monde que le jour où l'on avait fêté la fin de la Seconde Guerre mondiale. Le convoi est passé devant le palais de Buckingham, remontant Park Lane en direction des faubourgs, jusqu'à Finchley Road, puis Hendon Way, puis le pont routier de Bent Cross, puis la rocade nord, puis la M1 jusqu'à la sortie 15a, puis vers le nord en direction de Harlestone, avant de franchir enfin le portail en fer forgé du domaine d'Oncle Charles.

Althorp.

Willy et moi avons suivi l'essentiel de ce parcours à la télé. Nous nous trouvions déjà à Althorp. On s'était dépêché de nous expédier là-bas en avance, même s'il s'est avéré qu'il n'y avait aucune raison de se presser. Non seulement le cortège avait fait un long détour, mais il avait été ralenti plusieurs fois à cause des gens qui lançaient des brassées de fleurs sur le corbillard, obstruant le système de ventilation, de sorte que le moteur était en surchauffe. Le véhicule devait sans cesse se ranger sur le côté afin de permettre au garde du corps de descendre pour dégager le pare-brise. Ce garde du corps était Graham. Willy et moi l'aimions beaucoup. Nous le surnommions Crackers, à cause des biscuits Graham Crackers. Nous trouvions ça hilarant.

Quand le corbillard est enfin arrivé à Althorp, ils ont de nouveau sorti le cercueil et l'ont transporté de l'autre côté de l'étang, empruntant un pont en fer forgé vert, installé à la hâte par des ingénieurs de l'armée, jusqu'à une petite île, où ils l'ont posé sur une plateforme. Willy et moi avons franchi le pont à notre tour pour rejoindre l'île. D'après certains témoins, on avait croisé les mains de Maman sur sa poitrine et placé entre elles une photo de Willy et moi, peut-être les deux seuls hommes qu'elle avait vraiment aimés. Ceux qu'elle avait le plus aimés en tout cas, sans le moindre doute. Notre sourire l'accompagnerait pour l'éternité dans les ténèbres, et c'est peut-être cette image, tandis qu'on ôtait le drapeau et qu'on descendait le cercueil au fond du trou, qui a fini par me faire craquer. Secoué de sanglots, le menton tremblant, je me suis mis à pleurer de manière incontrôlable, le visage enfoui entre mes mains.

J'avais honte d'enfreindre l'éthos familial, mais je ne pouvais plus retenir mes larmes.

C'est pas grave, me rassurais-je, c'est pas grave. Il n'y a pas de photographes.

Et puis je ne pleurais pas parce que je croyais que ma mère était dans ce trou. Ou même dans ce cercueil. Je me suis promis que jamais je n'y croirais, quoi qu'on me dise.

Non, je pleurais à la seule idée que ce soit possible.

Ce serait une tragédie tout bonnement insupportable, me disais-je, si c'était pour de vrai.

7.

ET PUIS TOUT LE MONDE EST PASSÉ À AUTRE CHOSE. La famille a repris le travail, et moi le chemin de l'école, comme chaque année à la fin des vacances d'été.

Retour à la normale, disaient les gens d'un ton enjoué.

Depuis le siège passager de l'Aston Martin décapotable de Papa, de fait, on aurait pu croire que rien n'avait changé. Ludgrove School, nichée dans la campagne émeraude du Berkshire, ressemblait toujours autant à une église rurale. (Il me revient d'ailleurs en mémoire que la devise de l'école était une citation de l'Ecclésiaste : « Tout ce que ta main trouve à faire, fais-le avec ta force. ») Cela dit, je ne connais pas beaucoup d'églises rurales qui puissent s'enorgueillir de quatre-vingts hectares de bois et de prairies, de terrains de sport et de courts de tennis, de laboratoires scientifiques et de chapelles. Sans parler d'une bibliothèque richement fournie.

Si on voulait me trouver, en ce mois de septembre 1997, la bibliothèque aurait été le dernier endroit où chercher. Mieux valait aller voir du côté des bois. Ou des terrains de sport. J'essayais de rester constamment en mouvement, de m'occuper.

J'étais en outre, la plupart du temps, seul. J'aimais bien la compagnie des autres, j'étais d'un naturel sociable, mais à ce moment-là, je ne voulais personne autour de moi. J'avais besoin d'espace.

Ce qui toutefois, à Ludgrove, n'était pas une mince affaire, avec une bonne centaine de garçons vivant en promiscuité. Nous mangions ensemble, faisions notre toilette ensemble, dormions ensemble, parfois à dix par chambrée. Tout le monde savait tout sur tout le monde, jusque dans les détails les plus intimes – qui était circoncis et qui ne l'était pas, par exemple (dans notre jargon, nous étions ainsi répartis en deux camps : les Chauves et les Casqués).

Pourtant, je ne crois pas qu'aucun de mes camarades ait jamais fait la moindre allusion à ma mère au début de ce nouveau semestre. Par respect ?

Par crainte, plus probablement.

Pour ma part, en tout cas, je me gardais bien d'en parler à qui que ce soit.

Peu après la rentrée est arrivé le jour de mon anniversaire. Le 15 septembre 1997. J'avais treize ans. La tradition à Ludgrove voulait qu'il y ait un gâteau, des glaces, et j'avais la permission de choisir deux parfums. J'ai choisi cassis.

Et mangue.

Le parfum préféré de Maman.

Les anniversaires étaient toujours de grandes occasions à Ludgrove, car tous les élèves, et la plupart des professeurs, étaient d'une gourmandise sans bornes. On allait jusqu'à se battre pour être assis à côté de l'élu du jour – à la place où on était assuré d'avoir la première et la plus grosse part de gâteau. Je ne me rappelle plus qui a décroché le pompon cette année-là et gagné le droit de s'asseoir à côté de moi.

Fais un vœu, Harry !

Vous voulez que je fasse un vœu ? Très bien. Je voudrais que ma mère...

Et alors, surgissant de nulle part...

Tante Sarah ?

Un paquet entre les mains. *Ouvre-le, Harry.*

J'ai déchiré le papier cadeau, arraché le ruban. J'ai regardé à l'intérieur.

Qu'est-ce que... ?

C'est ta maman qui te l'a achetée. Juste avant...

Tu veux dire à Paris ?

Oui. Paris.

C'était une Xbox. J'étais fou de joie. J'adorais les jeux vidéo.

Voilà ce qu'on raconte, en tout cas. Cette anecdote revient souvent dans les divers témoignages qu'on a pu recueillir à mon propos, si bien qu'il faudrait la prendre pour parole d'évangile, mais je ne sais absolument pas si elle est vraie. Maman avait été blessée à la tête, avait dit Papa, mais c'était peut-être moi qui avais le cerveau endommagé ? Par un mécanisme de défense, très probablement, ma mémoire n'enregistrait plus tout à fait la réalité comme avant.

8.

EXCEPTION FAITE DE SES DEUX DIRECTEURS – M. Gerald et M. Marston, figures de légende à Ludgrove –, l'école était gérée principalement par des femmes. Nous les appelions les matrones. Toutes les marques de tendresse dont nous étions gratifiés, jour après jour, venaient d'elles. Les matrones nous câlinaient, nous embrassaient, soignaient nos bobos, essuyaient nos larmes (du moins pour ceux d'entre nous qui en versaient ; depuis ce jour où je m'étais effondré devant la tombe de Maman, je n'avais pas pleuré une seule fois). Elles se plaisaient à jouer les mères de substitution. Les Mamans-Loin-des-Mamans, comme elles disaient d'un ton guilleret, ce qui avait toujours été un peu bizarre, et d'autant plus troublant pour moi à présent, parce que Maman avait disparu, mais aussi parce que les matrones étaient soudain devenues… attirantes.

J'avais le béguin pour Miss Roberts. J'étais certain qu'un jour, je l'épouserais. Je me souviens aussi de deux Miss Lynn. Miss Lynn Majeure et Miss Lynn Mineure. Elles étaient sœurs. Je m'étais amouraché de la deuxième. Elle aussi, me disais-je, je l'épouserais un jour.

Trois fois par semaine, après le dîner, les matrones aidaient les plus jeunes d'entre nous à faire leur toilette du soir. Je revois la longue rangée de baignoires blanches, dans lesquelles les garçons étaient allongés comme des petits pharaons, chacun attendant que son assistante personnelle vienne lui laver les cheveux. (Pour les garçons plus âgés, ceux qui avaient déjà atteint la puberté, il y avait deux autres baignoires, dans une pièce séparée, derrière une porte jaune.) Les matrones défilaient devant les baignoires, les bras chargés de brosses à poils durs et de savonnettes au parfum floral. Chacun avait sa serviette à son nom, brodée de son matricule scolaire. Je portais le numéro 116.

Après avoir shampooiné un garçon, les matrones lui inclinaient la tête en arrière et lui rinçaient lentement les cheveux, avec la plus exquise délicatesse.

Terriblement troublant.

Elles étaient également préposées à une tâche cruciale : l'épouillage. Les infestations de poux étaient monnaie courante. Il ne se passait pas une semaine sans que l'un ou l'autre d'entre nous ne se retrouve les cheveux grouillant de bestioles, devenant aussitôt la cible de toutes les moqueries – *Gnac, gnac, gnac, il a des morbacs !* Une des matrones arrivait aussitôt à la rescousse : agenouillée devant le malheureux, elle lui enduisait le cuir chevelu de lotion puis enlevait les poux, un par un, avec un peigne spécial.

Désormais âgé de treize ans, j'étais exempté de toute assistance hygiénique. Mais je comptais toujours sur les matrones pour me border dans mon lit le soir, et je chérissais toujours le moment où elles venaient nous réveiller le matin. C'étaient les premiers visages que nous voyions, tous les jours. Elles entraient en trombe dans les dortoirs et ouvraient les rideaux à toute volée. *Bonjour les garçons !* Les yeux encore embués de sommeil, je levais la tête et distinguais une silhouette cernée d'un halo de lumière...

Est-ce que c'est... se pourrait-il que... ?

Mais non, jamais.

La matrone à laquelle j'avais le plus souvent affaire s'appelait Pat. Contrairement aux autres, elle n'était pas attirante pour un sou. Pat était froide. Pat était petite, terne, accablée, les cheveux gras tombant sur des yeux empreints d'une perpétuelle lassitude. Pat ne semblait connaître aucun plaisir dans l'existence, même si deux choses lui procuraient immanquablement une intense satisfaction – surprendre un élève dans un endroit où il n'était pas censé se trouver, et mettre un terme à nos chahuts. Avant chaque bataille de polochons, l'un de nous se postait en sentinelle près de la porte. Si Pat approchait (ou les directeurs), il avait pour instruction de nous prévenir en criant : *KV ! KV !* Du latin, me semble-t-il. D'après les uns, ça voulait dire : V'là la dirlo ! Selon d'autres : Attention !

Quoi qu'il en soit, dès qu'on entendait ce mot, on avait intérêt à battre en retraite le plus vite possible. Ou à faire semblant de dormir.

Seuls les nouveaux, ou les imbéciles, allaient voir Pat quand ils avaient un problème. Ou pire : une coupure. Elle ne mettait pas de pansement : elle tapotait la blessure du bout du doigt, ou l'aspergeait d'un truc qui faisait deux fois plus mal. Ce n'était pas une sadique ; simplement, elle semblait incapable d'empathie. Ce qui était d'autant plus étrange qu'elle-même en savait long sur la souffrance. Pat avait plus d'une croix à porter.

La plus pénible, apparemment, c'étaient les douleurs chroniques que lui infligeaient ses genoux – perclus d'arthrose – et sa colonne vertébrale – toute tordue. Elle avait du mal à marcher ; les escaliers étaient pour elle une torture. Elle les descendait à reculons, avec une extrême lenteur. Nous l'attendions souvent en bas des marches pour faire les pitres dans son dos, à grand renfort de gesticulations et de grimaces.

Est-il besoin de préciser lequel d'entre nous se livrait à ce genre de facéties avec le plus d'enthousiasme ?

Nous n'avions jamais peur de nous faire attraper. Pat était une tortue, et nous, des petites grenouilles. N'empêche, il arrivait de temps à autre que la tortue ait un coup de chance et parvienne à saisir l'un de ces garnements par le paletot. Aha ! On pouvait alors être sûr et certain que le pauvre allait passer un sale quart d'heure.

Ce qui ne nous empêchait pas de continuer à nous moquer d'elle, chaque fois qu'elle descendait les escaliers. Le jeu en valait la chandelle, rien que pour le plaisir, en ce qui me concernait, non pas de tourmenter la malheureuse Pat, mais de faire rire mes copains. C'était si agréable de faire rire les autres, surtout quand moi-même je n'avais plus ri depuis des mois.

Peut-être que Pat le savait. Parfois elle se retournait, me voyait faire le mariole – et se mettait à rire, elle aussi. Comble de joie. J'adorais faire rigoler mes camarades, mais rien n'égalait le bonheur de provoquer l'hilarité de Pat, elle qui semblait toujours si triste.

9.

ON APPELAIT ÇA LE JOUR DES BONBECS. C'était le mardi, le jeudi et le samedi, je crois. Aussitôt après le déjeuner, nous nous mettions en file indienne, le long du mur, et nous nous dévissions le cou pour apercevoir, au bout du couloir, la table à bonbecs, recouverte d'une montagne de sucreries. Munchies, Skittles, Mars, sans oublier le meilleur – les Opal Fruits. (J'ai été scandalisé quand on les a rebaptisés Starburst. Hérésie totale. C'était comme si la Grande-Bretagne changeait de nom.)

La seule vue de cette table à bonbecs nous faisait défaillir et saliver. Nous parlions du shoot de sucre qui nous attendait comme des fermiers évoquent la pluie annoncée par la météo au terme d'un long épisode de sécheresse. De mon côté, j'avais mis au point une technique pour en décupler les effets. Je prenais tous mes Opal Fruits et les malaxais ensemble pour en faire une énorme boule que je me coinçais ensuite au fond d'une joue. À mesure qu'elle fondait, tout le sang qui circulait dans mes veines se transformait en une cascade mousseuse de dextrose. *Tout ce que ta main trouve à faire, fais-le avec ta force.*

À l'opposé du jour des bonbecs, il y avait le jour du courrier. Chacun d'entre nous devait s'asseoir et écrire une lettre à ses parents. Même quand nous étions dans les meilleures dispositions, c'était une corvée. Je me souvenais à peine du temps où Papa et Maman n'étaient pas encore divorcés, de sorte que leur écrire sans faire allusion à leurs différends, à leur séparation compliquée, exigeait la finesse d'un diplomate de carrière.

Cher Papa, Comment va Maman ?
Hmm. Non.
Chère Maman, Papa dit que tu n'as pas…
Non plus.

Mais après la disparition de Maman, le jour du courrier est devenu pour moi une épreuve impossible à surmonter.

Les matrones, m'a-t-on raconté, m'ont demandé d'écrire une « dernière » lettre à Maman. Je me rappelle vaguement avoir voulu protester, leur dire qu'elle était toujours en vie, mais je m'en suis abstenu, de peur qu'elles me prennent pour un fou. Et puis à quoi bon ? Maman finirait par lire cette lettre un jour, quand elle sortirait de sa cachette, alors ce n'était pas une perte de temps.

J'ai dû gribouiller quelques banalités – elle me manquait, tout se passait bien à l'école, ce genre de choses. J'ai dû ensuite plier ma lettre en deux et la donner à la matrone. Je me souviens d'avoir aussitôt regretté de ne pas avoir pris cet exercice plus au sérieux. J'aurais voulu sonder mes émotions en profondeur, confier à ma mère tout ce qui me pesait sur le cœur, en particulier les remords que j'éprouvais suite à notre dernière conversation au téléphone. Elle avait appelé en début de soirée, le jour de l'accident, mais j'étais en train de chahuter avec Willy et mes cousins, et je n'avais pas envie d'arrêter. Alors j'avais coupé court à la discussion. Impatient de repartir jouer et courir dans tous les sens, j'avais expédié ce coup de fil avec Maman. J'aurais voulu lui demander pardon. J'aurais voulu trouver les mots pour lui dire à quel point je l'aimais.

Je ne savais pas que trouver les mots serait le travail de plusieurs décennies.

10.

U<small>N MOIS PLUS TARD</small> sont arrivées les vacances d'automne. J'allais enfin rentrer à la maison.

Sauf que non. Pas du tout.

Papa, apparemment, ne voulait pas que je passe toutes les vacances à errer comme une âme en peine dans les couloirs du palais Saint James, où il résidait la plupart du temps depuis qu'il était séparé de Maman, et où Willy et moi le rejoignions chaque fois que c'était son tour de s'occuper de nous. Il avait peur que je fasse des bêtises, livré à moi-même dans cet immense palais. Il avait peur que je tombe par hasard sur un journal, que j'entende quelque chose à la radio. Il avait peur, surtout, qu'on me prenne en photo par une fenêtre ouverte, ou pendant que je jouais aux petits soldats dans les jardins. Il imaginait des journalistes m'aborder pour me parler, me bombarder de questions. *Eh, Harry, est-ce que ta maman te manque ?* La nation tout entière était plongée dans un chagrin hystérique – mais l'hystérie de la presse avait carrément viré à la psychose.

Et pour couronner le tout, Willy ne serait pas là pour veiller sur moi. Il était à Eton.

Alors Papa, qui devait partir en voyage professionnel, m'a annoncé qu'il allait m'emmener avec lui. En Afrique du Sud.
En Afrique du Sud, Papa ? Pour de vrai ?
Oui, mon cher enfant. Johannesburg.
Il avait une rencontre prévue avec Nelson Mandela, et aussi... les Spice Girls ?
J'étais fou de joie. Et sidéré. Les Spice Girls, Papa ? Il m'a expliqué qu'elles devaient jouer en concert à Johannesburg, et qu'elles en profiteraient pour rendre visite à Nelson Mandela afin de lui présenter leurs respects. Ah d'accord, me suis-je dit, génial, voilà pourquoi *les Spice Girls* seront là... Mais nous alors ? Je ne comprenais pas. Et je ne suis pas sûr que Papa aurait voulu que je comprenne.

La vérité, c'est que l'entourage de Papa espérait qu'une photo de lui aux côtés du dirigeant politique le plus adulé de la planète et du groupe féminin le plus populaire de la planète lui vaudrait les louanges de la presse, dont il avait cruellement besoin. Depuis la disparition de Maman, tout le monde lui tombait dessus. Les gens lui reprochaient le divorce – et tout ce qui s'était ensuivi. Sa cote de popularité dans le monde était descendue en dessous de la barre des dix pour cent. Dans les îles Fidji, pour ne citer qu'un seul exemple, on avait supprimé un jour férié autrefois décrété en son honneur.

Mais quel que soit le motif officiel de ce voyage, je m'en fichais. J'étais content de l'accompagner. D'aller ailleurs, loin de la Grande-Bretagne. Et, mieux encore, de passer du temps avec Papa, qui avait l'air un peu absent.

Il l'avait d'ailleurs toujours été. Il donnait l'impression de ne jamais avoir été tout à fait prêt à devenir père – les responsabilités, la patience, la disponibilité. Lui-même, malgré son amour-propre particulièrement développé, l'aurait reconnu. Mais père célibataire ? Papa n'était pas taillé pour un tel rôle.

À sa décharge, il faisait de son mieux. Le soir, je criais du haut des escaliers : *Je vais me coucher, Papa !* Il répondait toujours avec entrain : *J'arrive tout de suite, mon cher enfant !* Et, fidèle à sa parole, quelques minutes plus tard, il était assis au bord de mon lit. Il n'oubliait jamais que j'avais peur du noir et restait à mon chevet en me caressant le visage jusqu'à ce que je m'endorme. C'est l'un de mes souvenirs les plus chers – ses mains sur mes joues, mon front, et m'apercevoir en rouvrant les yeux qu'il n'était plus là, envolé comme par magie, non sans avoir pris soin auparavant de laisser la porte de ma chambre entrouverte.

En dehors de ces éphémères moments privilégiés, toutefois, notre relation se résumait à une sorte de cohabitation. Papa avait du mal à communiquer, à écouter, à partager un moment d'intimité en tête à tête. Parfois, après un dîner interminable, je montais dans ma chambre et trouvais une lettre posée sur mon oreiller. Il m'écrivait à quel point il était de fier de moi parce que j'avais fait ceci ou réussi cela. Je souriais, glissais la lettre sous mon oreiller, mais je me demandais aussi pourquoi il ne m'avait pas dit ça plus tôt, quand nous étions assis face à face.

Voilà pourquoi j'étais si heureux à la perspective de passer plusieurs jours à ses côtés sans aucune restriction de temps.

Mais la réalité a tôt fait de me rappeler à l'ordre. Il s'agissait d'un voyage professionnel pour Papa. Et pour moi aussi. Le concert des Spice Girls serait ma première apparition publique depuis les funérailles, et j'avais intuitivement compris, en entendant des bribes de conversations autour de moi, que les gens étaient dévorés de curiosité à l'idée de voir comment j'allais. Je ne voulais pas décevoir, mais j'aurais aussi voulu qu'ils s'en aillent tous. Je me rappelle être descendu de l'avion sur le tapis rouge, sourire figé aux lèvres – et tout à coup, je n'avais qu'une seule envie : être dans mon lit au palais Saint James.

À côté de moi se trouvait Baby Spice, juchée sur d'énormes chaussures à plateforme blanches en plastique. J'avais les yeux rivés sur ses talons de trente centimètres ; elle était focalisée sur mes joues, qu'elle n'arrêtait pas de pincer. Qu'il est poupon ! Qu'il est mignon ! Puis Posh Girl a surgi et m'a attrapé la main. Un peu plus loin, j'ai aperçu Ginger Spice, la seule fille du groupe dont je me sentais un tant soit peu proche – une rouquine, comme moi. Elle avait en outre défrayé la chronique tout récemment en arborant une minijupe aux couleurs de l'Union Jack. *Pourquoi y a-t-il un Union Jack sur le cercueil ?* Les Spice Girls me faisaient des mamours, me disaient des choses auxquelles je ne comprenais rien tout en badinant avec les journalistes, qui m'interpellaient en criant. *Harry, par ici, Harry, Harry, comment allez-vous, Harry ?* Des questions qui n'étaient pas des questions. Des questions qui étaient des pièges. Des questions qu'on me lançait au visage comme autant de poignards. Les journalistes se fichaient éperdument de savoir comment j'allais – ils essayaient simplement de m'arracher quelques mots sensationnels pour en faire leurs choux gras.

Criblé par les flashs, la mâchoire crispée, je ne disais rien.

Si les appareils photo m'intimidaient, ils mettaient les Spice Girls au comble de l'extase. Oui, oui, mille fois oui – voilà leur réaction chaque fois qu'un flash se déclenchait. Tant mieux pour moi. Plus elles occupaient le devant de la scène, plus je pouvais me fondre dans le décor. Je me souviens qu'elles ont commencé à parler à la presse de leur musique et de leur mission. Je ne savais pas que les Spice Girls avaient une mission, mais l'une d'elles a comparé leur croisade contre le sexisme à la lutte de Mandela contre l'apartheid.

Enfin, quelqu'un a dit que le concert allait bientôt commencer. *Allez, filez. Suivez votre père.*

Le concert ? Papa ?

Inconcevable. Et encore plus incroyable pendant le concert proprement dit. Mais je l'ai vu, de mes yeux vu – Papa jouant le jeu, hochant la tête et tapant du pied en rythme :

If you want my future, forget my past
If you wanna get with me, better make it fast

Ensuite, à la sortie du concert, nouvelle avalanche de flashs. Et cette fois, pas de Spice Girls pour détourner l'attention. Rien que Papa et moi.

J'ai tendu le bras pour lui prendre la main – m'accrocher à lui.

Je me souviens du sentiment qui m'a traversé à cet instant, aussi éblouissant que la lumière des flashs : l'amour que j'avais pour lui.

Le besoin que j'avais de lui.

11.

L E LENDEMAIN MATIN, Papa et moi sommes allés nous installer dans un magnifique chalet au bord d'un fleuve sinueux.

Au KwaZulu-Natal. Je connaissais cet endroit, où les Tuniques rouges et les guerriers zoulous s'étaient affrontés durant l'été 1879. J'avais entendu toutes les histoires, les légendes, et j'avais vu le film *Zoulou* un nombre incalculable de fois. Mais j'allais à présent devenir un expert patenté, a dit Papa. Il nous avait fait asseoir sur des fauteuils pliants devant un feu de cheminée pour écouter un historien de renommée mondiale, David Rattray, nous raconter cette bataille.

C'est peut-être la première leçon de toute ma vie à laquelle j'aie vraiment prêté attention.

Les hommes qui avaient combattu ici, a dit M. Rattray, étaient des héros. Dans les deux camps – tous des héros. Les Zoulous étaient féroces, de véritables sorciers armés d'une courte lance appelée *iklwa* – terme dérivé du bruit de succion qu'elle produisait lorsqu'on l'arrachait à la poitrine d'un ennemi tué. Et pourtant les soldats britanniques, qui n'étaient que cent cinquante, avaient réussi à vaincre les quatre mille guerriers zoulous ; cet improbable exploit, passé dans les mémoires sous le nom de la bataille de Rorke's Drift, était aussitôt entré dans la mythologie britannique. Onze soldats furent décorés de la Victoria Cross – le plus grand nombre de médailles jamais décernées en une seule bataille à un seul régiment. Deux autres soldats, qui avaient contenu l'assaut des Zoulous pendant une journée entière avant Rorke's Drift, furent les premiers à être décorés de la Victoria Cross à titre posthume.

Posthume, Papa ?
Eh bien... oui.
Ça veut dire quoi ?
Après... enfin tu comprends.
Après quoi ?
Après leur mort, mon cher enfant.

Bien que cette bataille fît la fierté de nombreux sujets du Royaume, Rorke's Drift était une pure émanation de l'impérialisme, du colonialisme, du nationalisme – bref, c'était du vol, pur et simple. La Grande-Bretagne avait violé la frontière d'une nation pour l'envahir et tenter de se l'approprier, ce qui signifiait que le sang précieux de la fine fleur de l'armée britannique avait été versé en vain ce jour-là, aux yeux de certaines personnes, dont M. Rattray. Il n'escamotait pas cette question épineuse, n'hésitant pas, quand il le fallait, à condamner sans ambages l'attitude des Britanniques.

(Les gens du coin le surnommaient le Zoulou blanc.) Mais j'étais trop jeune : je l'entendais, mais sans l'entendre en réalité. Peut-être avais-je vu *Zoulou* à de trop nombreuses reprises ; peut-être avais-je moi-même livré trop de batailles pour de faux avec mes petites Tuniques rouges en plomb. Ma vision de la guerre, et de la Grande-Bretagne, s'accommodait mal de ces informations pour moi inédites. Alors je me focalisais entièrement sur les moments du récit qui mettaient en relief les démonstrations de courage viril, la puissance britannique, et ce qui aurait dû m'horrifier ne m'inspirait au contraire que de l'exaltation.

De retour à la maison, j'ai songé que ce voyage avait été en tout point fantastique. Non seulement une formidable aventure, mais l'occasion de nouer un vrai lien avec Papa. Dorénavant, c'était sûr, la vie allait être complètement différente.

12.

La plupart de mes professeurs étaient des âmes charitables et me fichaient une paix royale ; ils comprenaient ce que je traversais et ne voulaient pas en rajouter à mon fardeau. M. Dawson, l'organiste de la chapelle, était d'une extrême gentillesse. M. Little, le professeur de percussions, avait une patience infinie. Cloué dans un fauteuil roulant, il arrivait en cours à bord de sa camionnette, et il nous fallait une éternité pour l'aider à en sortir et à rejoindre la salle de classe, puis il fallait lui laisser le temps de remonter dans sa camionnette à la fin du cours, si bien que celui-ci ne durait en tout et pour tout que vingt minutes. Je ne m'en plaignais pas, et, en retour, M. Little ne me reprochait jamais de ne pas faire de grands progrès dans le maniement de mes baguettes de tambour.

D'autres, en revanche, étaient sans pitié à mon égard. Mon prof d'histoire, par exemple, M. Hughes-Games.

Jour et nuit, depuis le petit pavillon où il résidait, près des terrains de sport, on entendait les jappements stridents de ses deux pointers, Tosca et Beade. Ils étaient magnifiques, le pelage tacheté, les yeux gris, et M. Hughes-Games les choyait comme ses enfants. Une photo d'eux, dans un cadre en argent, trônait sur son bureau – ce qui expliquait, entre autres raisons, que de nombreux élèves le trouvent un tantinet excentrique. Aussi avais-je été proprement stupéfait de découvrir que M. Hughes-Games pensait que c'était *moi*, la bête curieuse. Que pouvait-on imaginer de plus étrange, m'avait-il dit un jour, qu'un prince britannique aussi nul en histoire britannique ?

Cela dépasse mon entendement, Wales. C'est de vos ancêtres qu'il est question – cela n'a-t-il donc aucune signification pour vous ?

Pas la moindre, monsieur.

J'aimais bien l'histoire britannique, pourtant – *en théorie*. Certaines anecdotes m'intriguaient. Je savais deux ou trois choses sur la signature de la Magna Carta, par exemple – juin 1215, à Runnymede –, mais c'était uniquement parce que j'étais passé un jour en voiture avec Papa devant le lieu exact où s'était déroulé cet événement. Au bord du fleuve. Très bel endroit, parfait pour signer un traité de paix, m'étais-je dit. Mais les menus détails de la conquête normande ? Ou les tenants et les aboutissants des bisbilles entre Henry VIII et le pape ? Ou les différences entre la première et la deuxième croisade ?

Pitié.

Le problème a atteint son paroxysme un jour où M. Hughes-Games nous entretenait de Charles Edward Stuart, ou Charles III, selon le titre qu'il s'était décerné à lui-même. Prétendant au trône. M. Hughes-Games avait des idées bien arrêtées sur ce personnage, et tandis qu'il nous en faisait part, écumant de rage, moi, je regardais bêtement mon stylo et j'essayais de ne pas piquer du nez.

Soudain, M. Hughes-Games a interrompu son récit et posé une question sur la vie de Charles. La réponse tombait sous le sens, pour peu qu'on ait ouvert son manuel. Personne ne l'avait fait.

Wales – vous devez certainement savoir ça.

Pourquoi moi ?

Parce que c'est votre famille !

Éclats de rire.

J'ai baissé la tête. Mes camarades savaient que je faisais partie de la famille royale, bien sûr. Et quand il leur arrivait de l'oublier, ne fût-ce qu'une demi-seconde, mon garde du corps omniprésent (et armé) ainsi que les policiers en faction çà et là sur le domaine de l'école se faisaient un plaisir de le leur rappeler. M. Hughes-

Games avait-il vraiment besoin pour autant de le crier sur tous les toits ? Était-il vraiment indispensable d'employer ce mot si chargé – famille ? Aux yeux de ma famille, j'étais une entité nulle. Le Suppléant. Je ne m'en plaignais pas, mais je n'avais pas non plus besoin de m'étendre sur le sujet. Mieux valait, selon moi, ne pas trop penser à certaines réalités, comme la règle cardinale à observer lors des voyages officiels : Papa et William ne devaient jamais monter à bord du même avion, afin de prévenir tout risque de voir le premier et le deuxième membre de la famille royale dans l'ordre de succession disparaître en même temps en cas d'accident. Moi, tout le monde se souciait comme d'une guigne de savoir avec qui je voyageais ; le Suppléant pouvait être sacrifié. Je le savais, je savais où était ma place – alors à quoi bon me fatiguer à étudier le sujet ? À quoi bon mémoriser le nom de tous les suppléants qui m'avaient précédé ? C'était absurde.

Et puis à quoi bon se plonger dans les ramifications de mon arbre généalogique alors qu'elles menaient toutes à la même branche brisée – Maman ?

À la fin du cours, je me suis approché du bureau de M. Hughes-Games et je lui ai demandé de bien vouloir arrêter.

Arrêter quoi, Wales ?

De me mettre dans l'embarras, monsieur.

Ses sourcils ont bondi jusqu'à la base de son crâne, comme deux oiseaux effrayés.

Il aurait été cruel, ai-je argumenté, qu'il s'adresse à n'importe quel autre garçon en particulier comme il le faisait avec moi, qu'il pose à n'importe quel autre élève de Ludgrove des questions aussi directes sur son arrière-arrière-arrière-truc-muche.

M. Hughes-Games s'est mis à grommeler d'un air offusqué. Il avait passé les bornes, il le savait. Mais il était têtu.

C'est pour votre bien, Wales. Plus je vous interroge, plus vous apprendrez.

Quelques jours plus tard, cependant, au début du cours, M. Hughes-Games a sorti le calumet de la paix – sa propre Magna Carta, en quelque sorte. Il m'a donné une règle en bois sur laquelle étaient gravés, des deux côtés, les noms de tous les monarques britanniques depuis Harold en 1066. (Une « règle » – à bon entendeur.) Toute la dynastie royale, jusqu'à Grand-mère. Il m'a dit que je pouvais la garder dans mon pupitre, et m'y référer à tout moment en cas de besoin.

Mince alors, ai-je dit. Merci.

13.

Tard le soir, après l'extinction des feux, nous sortions parfois en catimini dans les couloirs. C'était une entorse caractérisée au règlement, mais je me sentais seul, loin de chez moi, sans doute angoissé et déprimé, et je ne supportais pas de rester enfermé dans mon dortoir.

Un des professeurs, chaque fois qu'il me prenait en flagrant délit, me punissait d'un coup monumental sur le crâne, toujours avec un exemplaire de la bible. L'édition à couverture rigide. *Très* rigide. Je me sentais affreusement mal, chaque fois qu'il me frappait ainsi – pour moi, pour lui, et pour la bible. Mais dès le lendemain, je recommençais mes frasques.

Quand je n'errais pas dans les couloirs, j'errais dans le domaine qui entourait l'école, en général avec mon meilleur ami, Henners. Son vrai prénom était Henry, comme moi, mais je l'avais toujours appelé Henners, et lui m'appelait Haz.

Maigrichon, dépourvu du moindre muscle, et les cheveux perpétuellement dressés sur la tête comme s'ils se rendaient devant l'ennemi, Henners était le garçon le plus gentil du monde. Dès qu'il souriait, tout le monde fondait. (C'est le seul de mes camarades qui ait évoqué Maman devant moi après sa disparition.) Mais ce sourire irrésistible et ce naturel affable dissimulaient un autre aspect de sa personnalité : Henners n'était pas le dernier pour faire le zouave.

Juste derrière le domaine de l'école, séparée par une clôture basse, se trouvait une gigantesque ferme où l'on pouvait venir soi-même faire sa cueillette. Un jour, Henners et moi avons sauté par-dessus et atterri tête la première dans des plants de carottes. Des plants de carottes à perte de vue. Et juste à côté, de grosses fraises bien juteuses. Nous nous sommes empiffrés, levant de temps à autre la tête, comme des suricates, pour être sûrs que la voie était libre. Chaque fois que je mange une fraise, c'est comme si j'étais de nouveau là-bas, au milieu de ces plantations, avec l'adorable Henners.

Quelques jours plus tard, nous sommes repartis en expédition. Mais cette fois, à peine avions-nous sauté par-dessus la clôture pour rentrer, la panse bien remplie, que nous avons entendu quelqu'un nous interpeller en criant.

Nous marchions sur un petit chemin de terre, en direction des courts de tennis ; lentement, nous nous sommes retournés. C'était un prof de l'école.

Vous là-bas ! Arrêtez-vous !
Bonjour, monsieur.
Qu'est-ce que vous fichez là, tous les deux ?
Rien, monsieur.
Vous êtes allés à la ferme.
Pas du tout !
Montrez-moi vos mains.

Nous avons obtempéré. Flagrant délit. Nos paumes étaient cramoisies. Il a réagi comme si c'était du sang.

Je ne sais plus à quelle punition nous avons eu droit. Un coup de bible sur la caboche ? Deux heures de colle ? Un petit tour dans le bureau de M. Gerald ? Ce que je sais, c'est que je m'en fichais. Ludgrove ne pouvait m'infliger aucune torture plus cruelle que celle qui me tourmentait de l'intérieur.

14.

M. Marston patrouillait souvent dans le réfectoire, une clochette à la main, qui me faisait penser aux petites cloches qu'on trouve parfois sur le comptoir d'accueil dans les hôtels. *Ding – vous avez une chambre de libre ?* Il l'agitait chaque fois qu'il cherchait à attirer l'attention de tel ou tel groupe de garçons. On l'entendait tinter en permanence – et elle était parfaitement inutile.

Les enfants abandonnés se fichent bien d'une clochette.

Souvent, M. Marston était pris d'une irrésistible envie de faire une annonce en plein milieu des repas. Il commençait à parler et personne n'écoutait, ni même ne baissait la voix, et alors il agitait sa clochette.

Ding.

La centaine de garçons rassemblés continuaient de parler et de rire.

Il l'agitait plus fort.

Ding ! Ding ! Ding !

Il échouait systématiquement à imposer le silence, et à chaque coup de clochette, son visage devenait de plus en plus rouge. *Les garçons ! Voulez-vous bien M'ÉCOUTER ?*

Non – telle était la réponse. Tout simplement. Ce n'était pas possible. Ce n'était cependant pas un manque de respect de notre part, mais une bête question d'acoustique. Nous ne l'entendions pas. Le réfectoire résonnait beaucoup trop, et nous étions beaucoup trop absorbés dans nos conversations.

Mais M. Marston ne l'entendait pas de cette oreille. Il avait l'air soupçonneux, comme si l'indifférence avec laquelle nous réagissions à ses coups de clochette relevait d'un vaste complot ourdi par l'ensemble des élèves. Je ne sais pas pour les autres, mais en ce qui me concerne, je n'étais partie prenante d'aucun complot. Et M. Marston était loin de m'inspirer de l'indifférence. C'était même tout le contraire : je ne pouvais pas détacher mes yeux de cet homme. Je me demandais souvent ce qu'une telle scène aurait bien pu inspirer à un témoin extérieur – cent gamins en train de bavasser sous le nez d'un adulte agitant frénétiquement, vainement, une minuscule clochette en laiton.

Un véritable asile de fous ; or il se trouve qu'il y avait un vrai hôpital psychiatrique non loin de l'école, un peu plus bas sur la route. Broadmoor. Quelque temps avant mon arrivée à Ludgrove, un patient s'en était échappé et avait assassiné un enfant dans un village des environs. Suite à ce drame, Broadmoor s'était équipé d'une sirène d'alerte, qu'ils faisaient régulièrement retentir pour en tester le bon fonctionnement. On aurait dit les trompettes du Jugement dernier. Ou la clochette de M. Marston dopée aux stéroïdes.

J'en ai parlé un jour à Papa. Il a hoché la tête d'un air grave. Il avait récemment visité une institution similaire, dans le cadre de son travail caritatif. Les patients étaient pour la plupart inoffensifs, m'a-t-il assuré. Mais l'un d'entre eux sortait du lot. Un type qui prétendait être le prince de Galles.

Papa m'a raconté qu'il avait levé un doigt en guise d'avertissement et sévèrement réprimandé l'imposteur. *Allons, mon ami.*

Vous ne pouvez pas être le prince de Galles – le prince de Galles, c'est moi !
Le patient avait levé le doigt à son tour. *Impossible ! C'est moi, le prince de Galles !*
Papa aimait raconter des anecdotes, et celle-ci était l'une des meilleures de son répertoire. Il concluait toujours par une petite note philosophique : si ce malade mental était authentiquement convaincu d'être celui qu'il prétendait être, tout autant que Papa lui-même, alors cela soulevait de Grandes Questions. Qui pouvait dire lequel d'entre nous était sain d'esprit ? Comment pouvait-on être sûr de ne pas être *soi-même* un malade mental, irrémédiablement perdu dans son délire et conforté dans ses illusions par l'indulgence de ses amis et de sa famille ? *Qui sait si je suis vraiment le prince de Galles ? Qui sait si je suis même ton véritable père ? Peut-être que ton vrai père est à Broadmoor, mon cher enfant !*

Cette plaisanterie le faisait beaucoup rire, même si elle n'avait absolument rien de drôle, compte tenu de la rumeur en vogue à l'époque selon laquelle mon père biologique était en réalité l'un des anciens amants de Maman : le major James Hewitt. Cette rumeur était en partie fondée sur le fait que le major Hewitt avait les cheveux d'un roux flamboyant, mais elle relevait aussi d'une forme de sadisme. Les lecteurs des tabloïds étaient tout émoustillés à l'idée que le fils cadet du prince Charles ne soit pas l'enfant du prince Charles en réalité. Ils ne se lassaient pas de cette « blague », allez savoir pourquoi. Peut-être trouvaient-ils une forme de consolation à leur propre existence à se dire que la vie d'un jeune prince prêtait à rire.

Peu importe que ma mère n'ait rencontré le major Hewitt que bien longtemps après ma naissance – cette histoire était trop belle pour qu'ils y renoncent. La presse y revenait sans cesse, brodait autour, et il se disait même que certains journalistes cherchaient à se procurer un échantillon de mon ADN pour en apporter la preuve – c'est à ce moment-là que j'ai compris pour la première fois que, après avoir tourmenté ma mère jusqu'à la forcer à se cacher, ils ne tarderaient pas à s'en prendre à moi.

Aujourd'hui encore, dans n'importe quelle biographie, n'importe quel portrait de moi dans tel quotidien ou tel magazine, il est question du major Hewitt et de son éventuelle paternité, et cette hypothèse est évoquée avec le plus grand sérieux – jusqu'au récit de la scène où Papa avait fini par me prendre à part pour m'expliquer, les yeux dans les yeux, que non, le major Hewitt n'était pas mon vrai père. Une scène sensationnelle, poignante, émouvante – et inventée de toutes pièces. Si Papa avait une quelconque opinion au sujet du major Hewitt, il la gardait pour lui.

15.

MA MÈRE A DÉCLARÉ UN JOUR qu'il y avait toujours eu trois personnes dans son mariage. Cette phrase est devenue légendaire. Mais le compte n'y était pas.

Elle avait laissé deux personnes en dehors de l'équation : Willy et moi.

Nous ne comprenions pas ce qui se passait entre elle et Papa, mais nous avions une assez bonne intuition, nous sentions la présence de l'Autre Femme, parce que nous en subissions les effets collatéraux. Willy soupçonnait depuis longtemps l'existence de cette Autre Femme, ce qui le tourmentait et le plongeait dans la plus grande confusion, et quand ces soupçons se sont confirmés, il s'est senti terriblement coupable de n'avoir rien fait ni rien dit plus tôt.

Pour ma part, je crois que j'étais trop jeune pour me douter de quoi que ce soit. Mais je ne pouvais pas ne pas sentir que quelque chose n'allait pas à la maison – le manque de stabilité, le manque de chaleur et d'amour.

Depuis la disparition de Maman, l'équation penchait fortement en faveur de Papa. Il était libre désormais de voir l'Autre Femme, ouvertement, aussi souvent qu'il le désirait. Mais la voir ne lui suffisait pas. Papa voulait officialiser la situation. Il voulait être au-dessus de tout reproche. Et la première chose à faire pour atteindre cet objectif, c'était d'impliquer « les garçons ».

À commencer par Willy. Il avait déjà croisé l'Autre Femme, un jour, par hasard, au palais, mais cette fois, c'est une convocation formelle qu'il a reçue, à Eton, pour une rencontre privée au sommet. À Highgrove, je crois. Pour le thé, si je me souviens bien. Ça s'était bien passé, m'a-t-il laissé entendre par la suite, mais sans entrer dans les détails. Il m'a simplement fait comprendre que l'Autre Femme,

Camilla, avait fait des efforts, ce qu'il avait apprécié – et c'est tout ce qu'il a bien voulu me dire.

Puis mon tour est venu. Je me suis dit : Ce n'est rien. Comme une piqûre. Ferme les yeux, et ce sera fini avant même que tu t'en rendes compte.

Je garde de cette rencontre le vague souvenir d'une Camilla aussi calme (ou assommée d'ennui) que moi. Aucun de nous deux n'accordait beaucoup d'intérêt à ce que l'autre pouvait penser. Elle n'était pas ma mère, et je n'étais pas son principal obstacle. Pour le dire autrement, je n'étais pas l'Héritier. Le bref moment que nous avons passé ensemble était une pure formalité.

Je me demande de quoi nous avons bien pu parler. D'équitation, probablement. Camilla adorait les chevaux, et moi, je savais monter. Je ne vois pas trop à quel autre sujet nous avons pu nous raccrocher.

Je me rappelle m'être demandé, juste avant notre rencontre, si elle serait méchante avec moi. Si elle serait comme toutes les horribles marâtres des contes de fées. Il s'est avéré que non. Comme Willy, je lui en ai été sincèrement reconnaissant.

Enfin, une fois ces entrevues un peu forcées derrière nous, nous avons eu droit à un dernier entretien, avec Papa.

Alors, les garçons, qu'est-ce que vous en pensez ?

Nous en pensions qu'il méritait d'être heureux. Oui, Camilla avait joué un rôle crucial dans l'échec du mariage de nos parents, et oui, cela voulait dire aussi qu'elle avait joué un rôle dans la disparition de notre mère, mais nous comprenions qu'elle avait été prise au piège, comme tout le monde, emportée par la déferlante des événements. Nous ne lui reprochions rien ; nous étions même tout à fait disposés à lui pardonner, pour peu qu'elle fasse le bonheur de Papa. Nous voyions bien que, comme nous, il n'était pas heureux. Les signes ne trompaient pas : les regards perdus dans le vide, les soupirs désolés, la frustration qui se lisait en permanence sur son visage. Nous ne pouvions avoir aucune certitude à ce sujet, parce que Papa ne parlait jamais de ses sentiments, mais à force de repérer les petits détails qu'il laissait échapper par inadvertance ici et là, nous avions fini par nous faire de lui, au fil des années, un portrait assez précis.

Par exemple, Papa nous a avoué un jour, à peu près à cette même période, qu'il avait été « persécuté » durant son enfance.

Grand-mère et Grand-père, pour l'endurcir, l'avaient expédié en pension à Gordonstoun, où il s'était fait horriblement malmener. Les souffre-douleurs préférés des brutes de Gordonstoun, nous a-t-il raconté, étaient des garçons de nature sensible, artistique, ceux qui passaient leur temps le nez dans les livres – autrement dit : Papa. Ses qualités étaient précisément ce qui appâtait ses tortionnaires. Je me rappelle l'avoir entendu murmurer d'une voix sinistre : *J'ai bien cru que je n'y survivrais pas.* Comment s'en était-il sorti ? En rasant les murs, en s'accrochant à son ours en peluche, qu'il possédait toujours, après toutes ces années. Il ne se séparait jamais de Teddy. Le pauvre animal était dans un état pitoyable, les bras cassés, effiloché, troué et rapiécé de partout. Il ressemblait sans doute, me disais-je, à Papa lui-même quand ses bourreaux en avaient fini avec lui. Teddy illustrait, avec plus d'éloquence que Papa n'en aurait jamais été capable, toute la solitude de son enfance.

Willy et moi étions d'accord : Papa méritait mieux. Et, désolé Teddy, mais il avait besoin de quelqu'un à ses côtés – une vraie compagne. Voilà pourquoi, quand il nous l'a demandé, Willy et moi lui avons promis que Camilla serait chaleureusement accueillie au sein de la famille.

La seule chose que nous souhaitions en contrepartie, c'est qu'il ne l'épouse pas. Vous n'avez pas besoin de vous remarier, avons-nous tenté de le convaincre. Un mariage déclencherait une controverse. La presse sauterait sur l'occasion. Cela inciterait le pays tout entier, le monde tout entier, à évoquer de nouveau Maman, à comparer Maman et Camilla, et personne n'avait intérêt à ça. Encore moins Camilla.

Nous vous soutenons, lui avons-nous dit. Nous acceptons Camilla, lui avons-nous dit. *Mais s'il vous plaît, ne l'épousez pas. Contentez-vous d'être ensemble, Papa.*

Il n'a pas répondu.

Mais elle, si. Immédiatement. Peu de temps après nos présentations sommaires, elle s'est lancée dans une opération de longue haleine, entrant en campagne pour accéder au statut d'épouse et, au bout du compte, à la Couronne. (Avec la bénédiction de Papa, présumions-nous.) Des rumeurs ont commencé à circuler, dans tous les journaux, sur la conversation privée qu'elle avait eue avec Willy, étayées par des détails très précis, que Willy ne leur avait bien évidemment pas fournis.

Ces fuites ne pouvaient venir que de la seule autre personne présente lors de cette rencontre.

Et elles avaient été manifestement *orchestrées* par le nouvel expert en relations publiques que Camilla avait convaincu Papa d'engager.

16.

Au début de l'automne 1998, après avoir terminé ma scolarité à Ludgrove au printemps, je suis entré à Eton.

Un choc phénoménal.

Eton, l'école de garçons la plus prestigieuse au monde, faisait tout pour provoquer ce choc, à mon avis. Cela devait faire partie intégrante, dès l'origine, de son cahier des charges, peut-être même des instructions données à ses premiers architectes par le fondateur de l'institution, mon ancêtre Henry VI. Il envisageait Eton comme une sorte de temple sacré, un lieu saint, et il voulait en conséquence que tous les visiteurs soient éblouis et pris de vertiges en pénétrant dans cet endroit, qu'ils soient aussi impressionnés que de pauvres pèlerins réduits à quia par l'humilité.

Dans mon cas, mission accomplie.

(Henry était allé jusqu'à doter l'école d'inestimables artefacts religieux, notamment une partie de la couronne d'épines du Christ. Eton, comme l'a dit un jour un grand poète, était « la sainte ombre portée de Henry ».)

Au fil des siècles, la mission de l'école avait un peu perdu en piété, mais l'enseignement était d'autant plus rigoureux. Ce n'était pas pour rien qu'Eton se présentait elle-même non pas comme une école mais comme... l'École. Pour les initiés, il n'y avait tout simplement pas d'autre choix possible. Pas moins de dix-huit Premiers ministres avaient été formés dans le moule de ses salles de classe, ainsi que trente-sept récipiendaires de la Victoria Cross. Pour les élèves brillants, c'était le Paradis ; pour un certain garçon qui ne l'était pas du tout, ça ne pouvait être que le Purgatoire.

La situation m'est apparue avec une indéniable clarté, dès mon tout premier cours de français. À ma grande stupéfaction, le prof a passé tout le cours à parler uniquement en français, avec un débit d'une rapidité confondante. Il devait penser, je ne savais pas trop pourquoi, que nous le parlions tous couramment.

Peut-être était-ce le cas de tous les autres. Mais moi ? Parler couramment français ? Parce que je ne m'en étais pas trop mal sorti à l'examen d'entrée ? *Au contraire, mon ami !**

Après le cours, je suis allé voir le prof pour lui expliquer qu'il y avait un terrible malentendu et que je n'étais pas dans la bonne classe. Il m'a dit de me détendre et m'a promis que je rattraperais le niveau en un rien de temps. Il ne comprenait pas ; il avait foi en moi. Alors je suis allé trouver mon maître d'internat, je l'ai supplié de me rétrograder dans une classe de niveau inférieur, là où on parlait plus lentement et où on apprenait à un rythme de tortue, là où se trouvaient les élèves *exactement comme moi**.

Il a bien voulu. Mais c'était un pansement sur une jambe de bois.

Je me suis hasardé deux ou trois fois à me confier à un professeur, ou à un camarade, à leur dire que j'étais non seulement dans la mauvaise classe mais aussi dans la mauvaise école. Que j'étais complètement dépassé. On me répondait toujours la même chose : *Ne t'inquiète pas, ça va aller. Et puis n'oublie pas que ton frère est là, lui aussi, tu peux compter sur lui !*

Mais ce n'était pas moi qui oubliais. Willy m'avait donné pour instruction de faire comme si on ne se connaissait pas.

Quoi ?

Tu ne me connais pas, Harold. Et je ne te connais pas.

Ces deux dernières années, m'a-t-il expliqué, Eton avait été son sanctuaire. Pas de petit frère pour lui coller aux basques, le harceler de questions, s'incruster dans son entourage. Il était en train de forger sa propre vie, et il n'était pas disposé à y renoncer.

Tout ça n'était pas très nouveau, à vrai dire. Willy avait toujours détesté quand quelqu'un commettait la grave erreur de nous considérer comme un lot. Il détestait quand Maman nous habillait de la même façon. (Pour ne rien arranger, elle avait des goûts assez extrêmes en matière de vêtements pour enfants ; nous ressemblions souvent aux jumeaux d'*Alice au pays des merveilles*.) De mon côté, c'était à peine si je remarquais ce genre de choses. Je me fichais complètement des fringues, les miennes ou celles des autres. Du

---

* En français dans le texte.

moment qu'on ne nous obligeait pas à porter un kilt, avec cet inquiétant petit couteau glissé dans la chaussette et l'arrière-train exposé aux courants d'air, tout m'allait. Mais pour Willy, c'était une véritable torture de porter le même blazer que moi, les mêmes shorts étriqués. Et à l'idée que nous fréquentions désormais la même école, il était à l'agonie.

Je lui avais dit de ne pas s'inquiéter. *Je ferai comme si je ne t'avais jamais vu de ma vie.*

Mais Eton n'allait pas faciliter les choses. Pensant bien faire, on nous a attribué une chambre dans le même foutu bâtiment. Manor House.

Au moins, j'étais au rez-de-chaussée.

Willy était tout en haut, avec les élèves plus âgés.

17.

BON NOMBRE DES SOIXANTE PENSIONNAIRES de Manor House m'ont aussi bien accueilli que Willy. Ce qui me troublait, cependant, c'était moins leur indifférence que leur *aisance*. Même ceux de mon âge se comportaient comme s'ils étaient nés dans cette école. Tout n'avait pas été rose à Ludgrove, mais là-bas au moins, j'avais mes repères, je savais comment faire tourner Pat en bourrique, comment faire le plein de bonbecs, comment survivre au jour du courrier. Au fil du temps, à force de débrouillardise, j'avais réussi à me hisser au sommet de la pyramide de Ludgrove. À présent, à Eton, j'étais de nouveau tout en bas.

Obligé de tout reprendre à zéro.

Pire encore : sans mon meilleur ami, Henners. Il était parti poursuivre ses études dans un autre établissement.

Je ne savais même pas comment m'habiller le matin. Le règlement voulait que tous les Etoniens portent un manteau noir queue-de-pie, une chemise blanche sans col, un faux-col blanc rigide accroché à la chemise par un bouton-pression, sans oublier le pantalon à rayures, les lourds godillots noirs et une cravate qui n'en était pas vraiment une – on aurait dit une espèce de bande de tissu pliée à l'intérieur du col blanc amovible. Telle était la tenue formelle, comme ils appelaient ça, sauf qu'elle était plus funèbre que formelle. Et ce n'était pas par hasard : nous étions censés porter en permanence le deuil de Henry VI. (Ou celui du roi George, fervent soutien de l'école, qui invitait souvent ses jeunes recrues à venir prendre le thé au château – ou une histoire dans ce genre-là.) Certes, Henry était mon arrière-arrière-arrière-arrière-arrière-arrière-grand-père, et j'étais sincèrement navré qu'il soit mort, et que sa disparition ait pu chagriner tous ceux qui l'aimaient, mais je n'allais pas non plus me verser des cendres sur la tête vingt-quatre heures sur vingt-quatre pour lui. N'importe qui aurait rechigné à la perspective de funérailles prolongées jusqu'à la fin des temps, mais pour un garçon qui venait de perdre sa mère, c'était comme se prendre tous les jours un grand coup de pied là où je pense.

Premier matin. J'ai mis une éternité à attacher mon pantalon, boutonner mon gilet et plier correctement mon faux-col avant de passer enfin la porte de ma chambre. J'étais dans tous mes états, paniqué à l'idée d'être en retard, ce qui m'obligerait à inscrire mon nom dans un grand cahier, le Livre des Retardataires – une des nombreuses nouvelles traditions que j'allais devoir apprendre, en même temps qu'une longue liste d'expressions et de mots inédits. Un cours n'était plus un cours, mais une *div*. Les profs n'étaient plus des profs, mais des *beaks*. Quant aux cigarettes, il fallait les appeler des *tabbages*. (Et, apparemment, tout le monde à Eton était atteint de *tabbagisme* aigu.) Les *chambers* était le nom donné à la réunion quotidienne, en milieu de matinée, au cours de laquelle les *beaks* discutaient de leurs étudiants, en particulier de ceux qui posaient problème. J'ai entendu plus d'une fois mes oreilles siffler à l'heure des *chambers*...

J'ai décidé que mon truc à moi, à Eton, ce serait le sport. Les élèves sportifs étaient divisés en deux catégories : les « têtes sèches » et les « têtes mouillées ». Les têtes sèches jouaient au criquet, au foot, au rugby ou au polo. Les têtes mouillées pratiquaient l'aviron, la voile ou la natation. J'étais dans le camp des têtes sèches – ce qui ne m'empêchait pas de me mouiller de temps à autre. Je pratiquais tous les sports de ma catégorie, même si mon préféré était le rugby. Un sport magnifique, qui me fournissait en outre une excuse en or pour courir et tout démolir sur mon passage. Le rugby me permettait de donner libre cours à ma colère – la « tornade rousse », comme disaient certains de mes camarades. Et puis j'avais une plus grande tolérance que les autres à la douleur, ce qui faisait de moi un adversaire redoutable sur le terrain. Personne ne savait comment réagir face à un gamin qui *cherchait* à se faire mal, pour que sa souffrance extérieure soit à la hauteur de celle qu'il éprouvait à l'intérieur.

Je me suis fait des copains. Ça n'a pas été facile. J'avais des exigences assez spécifiques. J'avais besoin de quelqu'un qui ne me charrie pas parce que j'appartenais à la famille royale, quelqu'un qui ne ferait même pas la moindre allusion au fait que j'étais le Suppléant. J'avais besoin de quelqu'un qui me traite de façon normale, ce qui voulait dire ignorer le garde du corps armé qui dormait au bout du couloir et dont la mission consistait à empêcher qu'on me kidnappe ou qu'on m'assassine. (Sans parler du traceur électronique et du bouton d'alarme que je portais sur moi en permanence.) Tous les copains que je me suis faits répondaient à ces critères.

Parfois, nous nous évadions tous ensemble pour rejoindre le pont de Windsor, qui enjambait la Tamise entre Eton et Windsor. Plus précisément, nous allions nous installer sous le pont, où nous pouvions fumer nos *tabbages* en toute tranquillité. Mes copains semblaient adorer le côté transgressif de ces escapades, alors que pour ma part j'étais simplement en mode pilote automatique. Bien sûr, ça me plaisait bien d'en griller une après un bon McDo – comme tout le monde. Mais quitte à sécher les cours, j'aurais encore préféré aller sur le parcours de golf du château de Windsor, histoire de faire quelques trous et de boire deux ou trois bières.

Au lieu de quoi, comme un robot, je prenais chaque cigarette qu'on me proposait, et bientôt, avec la même désinvolture mécanique, je suis passé au niveau supérieur : les joints.

18.

CE SPORT NÉCESSITAIT une batte, une balle de tennis et un mépris total pour notre intégrité physique. Il y avait quatre joueurs : un lanceur, un batteur, et deux défenseurs stationnés à mi-couloir, chacun un pied dans le corridor et l'autre dans une chambre. Pas forcément l'une des nôtres. Nous dérangions souvent d'autres élèves en train d'essayer de travailler. Ils nous suppliaient d'aller ailleurs.

Désolés, répondions-nous. C'est *notre* travail à *nous*.

Le radiateur figurait le guichet comme au cricket. Nous débattions sans cesse des règles du jeu. À quel moment pouvait-on considérer qu'une interception était valide ? Près du mur ? Oui, interception validée. Près d'une fenêtre ? Non, hors-jeu. Une main, un rebond ? Moitié dehors.

Un jour, l'un des membres les plus athlétiques de notre fine équipe a fait un plongeon acrobatique pour tenter d'intercepter une balle particulièrement retorse et a percuté de plein fouet un extincteur d'incendie fixé au mur. Sa langue s'est fendue en deux. Après cet incident, qui avait laissé sur la moquette une grosse tache de sang indélébile, il aurait semblé logique que nous déclarions le match terminé.

Eh bien pas du tout.

Quand nous n'étions pas occupés à jouer au cricket dans les couloirs, nous glandions dans nos chambres. Nous étions devenus experts dans l'art d'affecter des postures d'une indolence suprême. L'idée était de donner l'impression qu'on n'avait aucun but dans l'existence, qu'on ne consentait à lever le petit doigt que pour faire quelque chose de mal ou, mieux encore, quelque chose de stupide. Vers la fin de mon premier semestre à Eton, nous avons battu un record de stupidité.

Quelqu'un a dit que mes cheveux étaient une catastrophe. Comme l'herbe sur la lande.

Ben... qu'est-ce que tu veux que j'y fasse ?

Je vais t'arranger ça.

Toi ?

Ouais. Je vais te raser la tête.

Hmm. Ça sentait la mauvaise idée.

Mais je voulais jouer le jeu. Le mec prêt à tout. Le mec marrant.

D'accord.

Quelqu'un est allé chercher les ciseaux. Un autre m'a fait asseoir dans un fauteuil. Après une vie entière à pousser de la manière la plus saine et naturelle qui soit, mes cheveux ont dégringolé de mon crâne avec une rapidité confinant à l'allégresse. Quand mon coiffeur d'un jour a eu terminé, j'ai baissé les yeux et j'ai vu une dizaine de petites pyramides rousses sur le sol, comme des volcans vus du ciel ; j'ai tout de suite compris que je venais de commettre une erreur monumentale.

J'ai couru me regarder dans le miroir. Mes soupçons se sont confirmés. J'ai poussé un hurlement horrifié.

Mes copains aussi ont hurlé. De rire.

Je me suis mis à m'agiter dans tous les sens, complètement paniqué. J'aurais voulu remonter le temps. Ramasser tous ces cheveux par terre et me les recoller sur la tête. Me réveiller de ce cauchemar. Ne sachant plus à quel saint me vouer, j'ai enfreint la règle sacrée, le commandement suprême auquel il ne fallait jamais, au grand jamais, désobéir – j'ai monté les escaliers quatre à quatre pour aller voir Willy dans sa chambre.

Évidemment, Willy ne pouvait rien pour moi. J'espérais juste qu'il me dirait que ce n'était pas grave – du calme, ne t'en fais pas, Harold. Au lieu de quoi il a rigolé comme les autres. Je le revois assis à son bureau, plongé dans un manuel, ricanant tandis que je palpais les reliefs de mon crâne à moitié chauve.

Harold, qu'est-ce que tu as fait ?

Quelle question. On aurait dit Stewie des *Griffin*. Ça crevait les yeux, non ?

Tu n'aurais pas dû faire ça, Harold !

D'accord, super, merci pour l'info.

Il a ajouté deux ou trois remarques tout aussi inutiles et je suis parti.

Mais je n'avais pas encore atteint le sommet du ridicule. Quelques jours plus tard, à la une d'un tabloïd, le *Daily Mirror*, je m'affichais avec ma nouvelle coupe de cheveux.

Titre : « Harry le Skinhead ».

Comment avaient-ils eu vent de cette histoire ? Aucune idée. Un de mes camarades avait dû le dire à quelqu'un qui l'avait rapporté à la presse. Personne n'avait pris de photo, Dieu merci. Mais ils avaient improvisé. L'image illustrant la une était une version « générée par ordinateur » du Suppléant avec la boule à zéro. Un mensonge. Pire encore qu'un mensonge, à vrai dire.

J'avais une tête atroce, certes, mais quand même pas à ce point-là.

19.

Je ne pensais pas que les choses pouvaient empirer. Quelle terrible erreur de la part d'un membre de la famille royale, quand on connaît les médias, d'imaginer que les choses ne peuvent pas empirer. Quelques semaines plus tard, je faisais de nouveau la une du même tabloïd.

« HARRY A EU UN ACCIDENT. »

Je m'étais fracturé un os du pouce en jouant au rugby – trois fois rien, mais à lire l'article, on aurait dit que j'étais entre la vie et la mort. Ça aurait été de mauvais goût dans n'importe quelle circonstance, mais un an à peine après le prétendu accident de Maman ?

Franchement, les gars.

J'avais affaire à la presse britannique depuis toujours, mais ils ne m'avaient encore jamais visé personnellement. Depuis la mort de Maman, ils étaient même convenus de respecter un accord tacite : *Pas touche aux enfants.*

Qu'on les laisse grandir tranquilles.

Apparemment, cet accord était désormais caduc, puisque j'étais bel et bien là, en pleine page, exposé comme une espèce de plante rare. Ou comme un crétin fini. Ou les deux.

Et aux portes de la mort.

J'ai relu l'article plusieurs fois. En dépit du sous-texte sinistre – il y a quelque chose qui cloche chez le prince Harry –, j'étais sidéré par le ton employé : goguenard. Ma vie n'était qu'un motif de rigolade aux yeux de ces gens. Pour eux, je n'étais pas un être humain. Je n'étais pas un gamin de quatorze ans qui essayait vaille que vaille de faire front dans l'adversité. J'étais un personnage de dessin animé, une marionnette qu'ils pouvaient manipuler et railler à leur guise. Et tant pis si leurs railleries rendaient plus difficile encore ma situation, provoquaient à mes dépens l'hilarité de mes camarades, et celle du monde entier par la même occasion. Ils mettaient un enfant au supplice ? Et alors ? Tout cela était justifié parce que j'étais de sang royal, et pour eux, être de sang royal signifiait que je n'étais pas un individu à part entière. Dans les siècles passés, les hommes et les femmes de la famille royale avaient le statut de divinités ; aujourd'hui, c'étaient de misérables insectes. Comme il était amusant de leur arracher les ailes !

Le bureau de Papa a porté plainte, exigé des excuses publiques, accusé le journal de harcèlement à l'encontre de son fils cadet.

La presse lui a répondu d'aller se faire voir.

Avant de reprendre le cours normal de ma vie, j'ai relu cet article une dernière fois. Tout était étonnant dans ce papier, mais le plus confondant, c'était sa médiocrité. J'étais un mauvais élève, incapable de tourner une phrase à peu près correctement, et pourtant même moi, j'étais assez instruit pour voir que ce torchon était rédigé par les derniers des illettrés.

Un exemple. Après avoir expliqué que j'avais été grièvement blessé et que j'étais à l'article de la mort, ils s'empressaient de préciser à leurs lecteurs que la nature exacte de mes blessures ne pouvait pas être révélée, parce que la famille royale le leur avait expressément interdit. (Comme si elle avait la moindre influence sur ces monstres.) « Pour vous rassurer, nous sommes en mesure d'affirmer que les blessures de Harry ne sont PAS graves. Mais l'accident a été jugé suffisamment sérieux pour qu'il soit hospitalisé. Mais nous pensons que vous avez le droit de savoir si un héritier du trône a été impliqué dans un accident, quel qu'il soit, même minime, si des blessures en ont résulté. »

Ces deux « mais » d'affilée, cette suffisance nombriliste, l'incohérence et la vacuité de ces mots, leur nullité crasse. Ce misérable paragraphe avait été prétendument rédigé – ou gribouillé, plutôt – par un jeune journaliste dont j'ai très vite oublié le nom.

Je ne pensais pas que je retomberais un jour sur cet article ou sur son auteur. Un type qui écrivait comme ça ? Je ne lui prédisais pas une longue carrière dans le journalisme.

20.

JE NE SAIS PLUS QUI A UTILISÉ L'EXPRESSION EN PREMIER. Quelqu'un de la presse, sans doute. Ou l'un de mes profs. Peu importe – elle est restée, et a circulé. J'avais désormais mon rôle bien à moi au sein du Grand Mélodrame Royal. Longtemps avant que j'aie atteint l'âge de boire de la bière (légalement), c'était devenu un dogme.

Harry ? Oui, c'est le sale gosse de la famille.

Cette expression est devenue le ressac dans lequel je me débattais pour ne pas me noyer, le vent contraire auquel j'étais constamment exposé, le jugement quotidien auquel je ne pouvais pas me dérober.

Je ne voulais pas être le sale gosse. Je voulais être noble. Je voulais être quelqu'un de bien, travailler dur, grandir et donner un sens à ma vie. Mais à la moindre faute, au moindre faux-pas, au moindre revers, ils revenaient à la charge avec cette même vieille étiquette, les mêmes condamnations publiques, tant et si bien que le monde entier a fini par tenir pour acquis que j'étais, intrinsèquement, un sale gosse.

Les choses auraient peut-être été différentes si j'avais été un élève brillant. Mais ce n'était pas le cas, et tout le monde le savait. Mes résultats scolaires étaient de notoriété publique. Le Commonwealth tout entier était au fait de mes difficultés à Eton, qu'on imputait essentiellement au fait que je n'avais pas le niveau des autres élèves.

Mais personne n'a jamais envisagé l'*autre* cause probable.

Maman.

L'étude, la concentration exigent d'avoir l'esprit clair et paisible, or le mien, durant toute mon adolescence, était en guerre permanente contre lui-même. Je devais sans cesse lutter contre ses démons les plus noirs, ses peurs les plus profondes – ses souvenirs les plus tendres. (Plus tendre était le souvenir, plus cuisante était la souffrance.) J'avais mis au point des stratégies pour y parvenir, certaines saines, d'autres moins, mais toutes très efficaces en tout cas, et chaque fois que j'étais dans l'incapacité d'y recourir – quand j'étais obligé de rester assis seul devant un livre, par exemple –, je perdais tous mes moyens. Naturellement, je cherchais à éviter ce genre de situations.

Je cherchais, à tout prix, à éviter de me retrouver seul devant un livre.

J'ai été frappé de prendre conscience, à un moment, que le système éducatif était tout entier fondé sur la mémoire. Une liste de noms, une colonne de chiffres, une formule mathématique, un magnifique poème – pour retenir tout cela, il fallait le télécharger dans la partie du cerveau dévolue au stockage des informations, mais c'était précisément cette partie qui bloquait. Ma mémoire était parcellaire depuis la disparition de Maman, et à dessein : je ne voulais pas y remédier, parce que se souvenir, c'était souffrir.

Oublier, c'était trouver l'apaisement.

Il est également possible que je garde un souvenir erroné de cette lutte que je livrais à l'époque contre ma mémoire, justement, car je me rappelle que j'étais parfaitement capable de mémoriser *certaines* choses – des scènes entières d'*Ace Ventura* ou du *Roi lion*, par exemple. Il m'arrivait souvent de les réciter, devant mes copains ou pour moi-même. Et puis, il y a cette photo de moi, assis dans ma chambre, à mon bureau escamotable, sur lequel, au milieu des cases de rangement et d'une montagne de papiers en vrac, trône une photo de Maman dans un cadre en argent. Donc bon. J'ai beau me souvenir clairement que je ne voulais pas me souvenir d'elle, je m'efforçais aussi, vaillamment, de ne pas l'oublier.

Si c'était pénible pour moi d'être le sale gosse, l'idiot de la famille, pour Papa c'était la source d'une véritable angoisse, car cela voulait dire que j'étais tout le contraire de lui.

Ce qui le perturbait le plus, c'était de voir à quel point je fuyais les livres. Papa n'aimait pas les livres – il les révérait. Surtout Shakespeare. Il avait une passion pour *Henry V*. Il se comparait lui-même au prince Hal. Il y avait eu de nombreux Falstaff dans sa vie, comme Lord Mountbatten, son grand-oncle adoré, et Laurens van der Post, l'irascible acolyte intellectuel de Carl Jung.

Un jour – je devais avoir six ou sept ans à l'époque –, Papa était allé prononcer à Stratford un discours enflammé pour défendre la cause shakespearienne. À l'endroit même où le plus grand écrivain anglais de tous les temps était né et mort, il avait dénoncé un système éducatif qui négligeait les pièces de Shakespeare, la progressive disparition du Barde dans les salles de classe britanniques et plus généralement dans la conscience collective nationale. Il avait illustré ce vibrant plaidoyer de nombreuses citations tirées de *Hamlet*, *Macbeth*, *Othello*, *La Tempête*, *Le Marchand de Venise* – enchaînant les tirades par brassées, comme autant de pétales arrachés à ses rosiers pour les jeter au visage de son auditoire. Une véritable démonstration, elle-même assez théâtrale, mais qui n'avait rien de vain. Il avait un message bien précis à transmettre : Vous devriez tous être capables d'en faire autant. Vous devriez tous connaître ces citations par cœur. Elles constituent notre héritage commun, et nous devrions les chérir, les préserver, au lieu de quoi nous les laissons dépérir.

J'ai toujours eu conscience que Papa était consterné à l'idée que je fasse partie de la horde des ignares en la matière. Et j'ai bien essayé de changer. J'ai ouvert *Hamlet*. Hmm... Un prince esseulé, obsédé par la mort d'un de ses parents et qui voit l'autre s'éprendre de l'usurpateur occupant sa place sur le trône... ?

J'ai refermé le livre. Non, merci bien.

Papa n'a jamais rendu les armes. Il passait de plus en plus de temps sur son domaine de Highgrove, dans le Gloucestershire, dont les cent quarante hectares étaient situés à quelques encablures à peine de Stratford, où il se faisait un devoir de m'emmener régulièrement. Nous débarquions à l'improviste et assistions à la pièce de Shakespeare qui se jouait à ce moment-là – peu importe laquelle, ça lui était égal. Ça m'était égal aussi, mais pour des raisons différentes.

Quelle que soit la pièce, pour moi, c'était une torture.

La plupart du temps, je ne comprenais absolument rien à l'intrigue ni même aux paroles prononcées par les acteurs sur scène. Et quand, par miracle, je comprenais enfin quelque chose, c'était encore pire. Ces mots me brûlaient. Me troublaient. Pourquoi diable aurais-je eu envie d'entendre parler d'un royaume endeuillé, « portant sur le front la marque de la douleur » ? Cela ne faisait que me rappeler le mois d'août 1997. Pourquoi aurais-je voulu méditer sur le fait immuable que « tout ce qui vit doit mourir, passant de l'état de nature à l'éternité » ? Je n'avais pas le temps de me soucier de l'éternité.

La seule et unique œuvre littéraire que je me rappelle avoir aimée, et même adorée, était un bref roman américain. *Des souris et des hommes* de John Steinbeck. Il était à notre programme en *div* d'anglais.

Contrairement à Shakespeare, je n'avais pas besoin de sous-titres pour comprendre Steinbeck. Il écrivait dans une langue simple, directe. Mieux encore, il ne s'étalait pas. *Des souris et des hommes* : cent cinquante petites pages.

Et surtout, l'intrigue était divertissante. Deux mecs, George et Lennie, en vadrouille sur les routes californiennes, à la recherche d'un endroit où se poser, un endroit rien qu'à eux, essayant d'échapper au carcan de leur condition. Ni l'un ni l'autre ne brillent par leur génie, mais dans le cas de Lennie, le problème ne semble pas se résumer à un QI inférieur à la moyenne. Il garde en permanence une souris morte dans sa poche, qu'il caresse du pouce – pour se réconforter. Il y a aussi un petit chien – qu'il aime tellement qu'il finit par le tuer.

C'était une histoire d'amitié, de fraternité, de loyauté, dont les thématiques résonnaient en moi. George et Lennie me faisaient penser à Willy et moi. Deux potes, deux nomades, qui traversaient les mêmes épreuves et s'épaulaient mutuellement. Comme dit Steinbeck à un moment, à travers la bouche d'un de ses personnages : « Un gars, ça a besoin de quelqu'un – pour être auprès de lui. Un gars ça devient cinglé s'il a personne. »

C'était si vrai. J'aurais voulu partager ça avec Willy.

Dommage pour moi, il continuait de faire comme s'il ne me connaissait pas.

21.

ÇA DEVAIT ÊTRE AU DÉBUT DU PRINTEMPS 1999. Je devais être rentré d'Eton pour le week-end.

À mon réveil, Papa était assis au bord de mon lit. Il m'a annoncé que j'allais retourner en Afrique.

En Afrique, Papa ?
Oui, mon cher enfant.
Pourquoi ?

C'était toujours le même sempiternel problème, m'a-t-il expliqué. Les vacances de Pâques se profilaient et il fallait bien qu'on me case quelque part pendant ces deux semaines. Donc, l'Afrique. Le Botswana, plus exactement. Un safari.

Un safari ! Avec vous, Papa ?

Non. Hélas, il ne serait pas du voyage, cette fois. Mais Willy, oui.

Oh, chouette.

Et quelqu'un de très spécial, a-t-il ajouté, qui serait notre guide en Afrique.

Qui ça, Papa ?
Marko.

Marko ? Je le connaissais à peine, mais j'avais entendu parler de lui, en bien. C'était le garde du corps personnel de Willy, et ce dernier semblait très attaché à lui. Tout le monde, d'ailleurs, semblait l'apprécier. De tous les gens qui étaient au service de Papa, Marko était, de l'avis général, le meilleur. Le plus intraitable, le plus dur à cuir, le plus impressionnant.

Ancien du régiment de la Garde galloise. Grande gueule. Un homme, un vrai, jusqu'au bout des ongles.

J'étais tellement surexcité à la perspective de ce safari sous la houlette de Marko que je ne sais pas comment j'ai réussi à tenir jusqu'aux vacances. Je ne me souviens même pas de ces dernières semaines de cours, à vrai dire. Il y a un grand trou noir dans ma mémoire, juste après le moment où Papa m'a annoncé la nouvelle, puis la lumière revient et je monte à bord d'un jet de la British Airways avec Marko, Willy et Tiggy – une de nos gouvernantes. Notre *nanny* préférée, pour être exact, même si Tiggy ne supportait pas qu'on l'appelle comme ça. Si quelqu'un s'avisait d'employer ce terme devant elle, elle montrait les crocs. *Je ne suis pas la* nanny, *je suis votre amie !*

Maman, hélas, ne voyait pas les choses ainsi. À ses yeux, Tiggy n'était pas une *nanny*, mais une rivale. Il est de notoriété publique qu'elle la soupçonnait de se préparer à prendre sa place. (Maman considérait-elle Tiggy comme sa Suppléante à elle ?) Et en tout état de cause, cette femme par laquelle elle craignait d'être détrônée occupait désormais bel et bien sa place – c'était terrible vis-à-vis de Maman. Chaque fois que Tiggy me serrait dans ses bras ou me caressait la tête, j'aurais dû, en toute logique, éprouver une pointe de culpabilité, me faire l'effet d'un traître, mais je n'ai aucun souvenir d'avoir jamais ressenti cela. Je me souviens seulement que j'étais fou de joie de me trouver à bord de cet avion avec Tiggy à côté de moi qui me disait d'attacher ma ceinture.

Nous avons atterri à Johannesburg, puis embarqué dans un petit coucou à hélices pour rallier Maun, la plus grande ville du nord du Botswana. Là-bas, nous avons été accueillis par un groupe de guides de safari, qui nous ont fait grimper dans un convoi de Land Cruisers décapotables, et nous avons aussitôt pris la route vers les vastes paysages sauvages du Delta de l'Okavango – sans doute l'un des plus beaux endroits au monde, comme je n'allais pas tarder à le découvrir.

On dit souvent de l'Okavango qu'il s'agit d'un fleuve, mais c'est un peu comme si on disait que le château de Windsor est une simple maison. Immense delta à l'intérieur des terres, en plein milieu du Kalahari, l'un des plus grands déserts de la planète, le bas de l'Okavango est complètement asséché pendant une bonne partie de l'année. Mais à la fin de l'été, il commence à se remplir des eaux de crue en amont – d'abord sous la forme de toutes petites gouttes, quand il se met à pleuvoir dans les hautes terres angolaises, qui en s'accumulant forment un ruisseau, puis un cours d'eau, lequel transforme peu à peu le delta non pas en un fleuve mais en une *dizaine* de fleuves. Vu du ciel, on dirait les cavités d'un cœur en train de se remplir de sang.

Et avec l'eau vient la vie. Des animaux à profusion – sans doute l'exemple de biodiversité le plus saisissant au monde – viennent là s'abreuver, se baigner, se reproduire. Comme si l'arche de Noé surgissait tout à coup, puis chavirait, déversant tous ses passagers.

Quand nous sommes arrivés aux abords de cet endroit paradisiaque, j'en ai eu le souffle coupé. Des lions, des zèbres, des girafes, des hippopotames – ce n'était pas possible, je devais être en train de rêver. Enfin nous sommes parvenus à destination – notre campement pour la semaine à venir. Il y avait foule sur place, d'autres guides, des pisteurs, au moins une dizaine de personnes. Tout le monde se tapait dans la main, s'étreignait, nous interpellait. *Harry, William, je vous présente Adi !* (Vingt ans, les cheveux longs, joli sourire.) *Harry, William, je vous présente Roger et David.*

Et au centre de tout ce beau monde, Marko, tel un agent de la circulation, qui donnait des directives, charriait, embrassait, criait à tout-va, et qui riait, qui riait sans cesse.

En un rien de temps, il avait établi le campement. De grandes tentes de toile vertes, des fauteuils en tissu confortables, installés en cercles – dont un, gigantesque, autour d'un feu de camp bordé de pierres. Quand je repense à ce voyage, c'est vers ce feu que se dirige en premier ma mémoire – comme mon corps maigrichon l'avait fait alors. C'est là que nous nous rassemblions à intervalles réguliers tout au long de la journée. Le matin dès le réveil, puis à midi, au crépuscule – et, surtout, après le dîner. Nous plongions les yeux dans les flammes, puis les levions vers l'univers au-dessus de nos têtes. Les étoiles ressemblaient à des étincelles échappées des braises rougeoyantes.

L'un des guides appelait ce feu la télé du désert.

Oui, ai-je dit, chaque fois qu'on jette une nouvelle bûche dedans, c'est comme si on changeait de chaîne.

Ça a fait rire tout le monde.

Le feu, ai-je remarqué, avait un effet hypnotique, narcotique, sur tous les adultes de notre groupe. Les visages s'adoucissaient dans sa lueur orangée, les langues se déliaient. Puis, quand l'heure se faisait plus tardive, ils sortaient les bouteilles de whisky, et la nuit prenait un nouveau cap.

Les rires devenaient... plus sonores.

Je songeais : *Encore, s'il vous plaît, j'en veux encore plus*. Plus de feu, plus de conversations, plus d'éclats de rire tonitruants. J'avais toujours eu peur de l'obscurité, et je découvrais que l'Afrique avait un remède à m'offrir.

Le feu de camp.

22.

Marko, le membre le plus imposant de notre groupe, était aussi le plus bruyant. Il y avait une sorte de lien direct entre sa corpulence et l'amplitude de ses beuglements. De même qu'il semblait y avoir un lien entre le volume de sa voix et la couleur de ses cheveux. J'étais roux, et ça me complexait, mais Marko l'était encore plus que moi et il en était fier.

Je le regardais bouche bée et je me disais : *Apprends-moi à être comme ça, moi aussi*.

Mais Marko n'avait pas la fibre enseignante. Constamment en mouvement, constamment dans l'action, il adorait des tas de choses – la nourriture, les voyages, la nature, les armes à feu, nous –, mais transmettre son savoir et sa sagesse n'était pas vraiment son truc. Il préférait mener par l'exemple. Et s'amuser. Ce grand type roux était un festival de Mardi gras à lui tout seul, et si vous aviez envie de vous mêler au carnaval, formidable ; sinon, pas de problème non plus. Je me suis demandé plus d'une fois, en le regardant engloutir son dîner, vider d'un trait son verre de gin, s'époumoner à raconter une énième blague ou taper dans le dos d'un autre pisteur, pourquoi il n'y avait pas plus de gens comme lui dans le monde.

Pourquoi n'étaient-ils pas plus nombreux à au moins *essayer* d'être comme lui ?

J'aurais voulu demander à Willy ce que ça faisait d'avoir un type pareil à ses côtés pour s'occuper de lui, le guider, mais apparemment la règle d'Eton restait en vigueur au Botswana : Willy était manifestement déterminé à m'ignorer ici, dans le bush, tout autant qu'à l'école.

La seule chose qui me tracassait chez Marko, c'était son passé dans la Garde galloise. Parfois, durant ce voyage, je l'observais et soudain je revoyais ces huit Gardes gallois en uniforme rouge, le cercueil sur leurs épaules, descendre la travée centrale de l'abbaye... Je me forçais alors à me rappeler que Marko n'était pas là ce jour-là. Et à me rappeler que, de toute façon, ce cercueil était vide.

Tout allait bien.

Quand Tiggy « suggérait » que j'aille me coucher, toujours avant les autres, je ne râlais pas. Les journées étaient longues, la tente était un cocon bienvenu. La toile avait une agréable odeur de vieux livres, le sol était tapissé de peaux d'antilopes très douces, mon lit recouvert d'une couverture africaine douillette. Pour la première fois depuis des mois, des années, je sombrais instantanément dans le sommeil, aidé par la lueur du feu de camp contre la paroi de la tente, les voix des adultes de l'autre côté et les bruits des animaux dans le lointain. Des cris, des bêlements, des rugissements – ils faisaient un vacarme de tous les diables à la nuit tombée ; c'était l'heure où ils s'agitaient le plus. Leur heure de pointe. Plus la nuit avançait, plus ils étaient bruyants. Je trouvais ça apaisant. Et hilarant : même quand les animaux s'en donnaient à cœur joie, j'entendais le rire de Marko par-dessus leurs cris.

Un soir, juste avant de m'endormir, je me suis fait une promesse : je vais trouver un moyen de faire marrer ce type.

23.

Comme moi, Marko avait un faible pour le sucre. Comme moi, il raffolait tout particulièrement du pudding (ou « pud », comme il disait). Alors, j'ai eu l'idée de mettre du Tabasco dans son pudding.

Au début, il hurlerait. Puis il comprendrait que c'était une blague, et il se mettrait à rire. Il serait plié en deux ! Et quand il s'apercevrait que c'était moi, il s'esclafferait de plus belle.

J'avais hâte.

Le lendemain soir, alors que tout le monde avait déjà commencé à dîner, je suis sorti à pas furtifs de la tente où nous prenions nos repas. J'ai rejoint la cuisine, cinquante mètres plus loin sur le sentier, et versé une tasse entière de Tabasco dans le bol de pudding de Marko (au pain et au beurre – la recette préférée de Maman). Les cuisiniers m'ont vu, mais je leur ai fait signe de ne rien dire en posant un doigt sur mes lèvres. Ils ont gloussé.

Je suis retourné discrètement dans la tente en adressant un clin d'œil à Tiggy. Je l'avais déjà mise dans la confidence et elle trouvait mon petit canular absolument génial. Je ne sais plus si j'avais aussi prévenu Willy. Probablement pas. Je savais qu'il n'aurait pas approuvé.

Je ne tenais pas en place, comptant les minutes jusqu'à ce que le dessert arrive, me mordant l'intérieur des joues pour ne pas pouffer de rire.

Soudain, quelqu'un s'est exclamé : *Ouah !*

Et un autre : *Putain, mais qu'est-ce que... !*

Nous nous sommes tous retournés comme un seul homme. Juste devant la tente entrouverte, la queue d'un animal, d'une couleur fauve, ondulait.

Un léopard !

Tout le monde s'est figé. Sauf moi. J'ai fait un pas vers lui.

Marko m'a retenu en m'aggripant l'épaule.

Le léopard s'est éloigné, telle une ballerine, sur le sentier où je me trouvais encore quelques instants plus tôt.

Je me suis retourné. Tous les adultes se regardaient, bouche bée. *Putain de merde*. Puis ils se sont tournés vers moi. *Meeeeeerde*.

Ils pensaient tous à la même chose, imaginant les gros titres dans la presse britannique.

« Le prince Harry déchiqueté par un léopard. »

Le monde entier aurait été sous le choc. Des têtes seraient tombées.

Moi, je ne pensais à rien de tout ça. Je ne pensais qu'à Maman. Ce léopard était *clairement* un signe d'elle, un messager qu'elle m'avait envoyé pour me dire :

Tout va bien. Et tout ira bien.

En même temps, je songeais aussi : Quelle horreur !

Et si Maman était enfin sortie de sa cachette à ce moment-là – pour découvrir que son petit dernier s'était fait dévorer vivant ?

24.

EN TANT QUE MEMBRE DE LA FAMILLE ROYALE, il fallait apprendre à maintenir un écart constant entre soi-même et le reste de la Création, en toutes circonstances. Même au contact de la foule, il fallait veiller à toujours observer une distance discrète entre Vous et Eux. La distance, c'était bien. La distance, c'était la sécurité. La distance, c'était la survie. Garder ses distances était un principe intrinsèque à votre statut royal, comme le fait de devoir régulièrement sortir sur le balcon pour saluer les gens agglutinés devant le palais de Buckingham, entouré de votre famille.

Bien entendu, cette distance était également de rigueur au sein même de la famille. Peu importe l'intensité des liens d'affection, il y avait une ligne de démarcation qu'il ne fallait jamais franchir, par exemple entre monarque et enfant. Ou entre Héritier et Suppléant. Une frontière physique, mais aussi émotionnelle. Ce n'était pas seulement Willy et son besoin revendiqué qu'on le laisse respirer ; le même genre de prohibition avait cours chez nos aînés, qui avaient une tolérance proche de zéro à l'égard de tout contact physique. Pas d'étreintes, pas d'embrassades, pas de petites marques de tendresse. Ici et là, à la rigueur, un très léger frôlement de la joue du bout des doigts... dans les grandes occasions.

Mais en Afrique, rien de tout cela. En Afrique, les distances étaient abolies. Toutes les créatures se mêlaient librement les unes aux autres. Seul le lion se déplaçait la tête haute, seul l'éléphant s'avançait d'un pas impérial – et encore, même eux n'étaient pas aussi hautains. Ils étaient quotidiennement en contact direct avec leurs sujets. Ils n'avaient pas le choix. Oui, il y avait des prédateurs et des proies, la vie pouvait être cruelle, brutale et brève, mais à mes yeux d'adolescent ce royaume sauvage ressemblait à la quintessence de la démocratie. À une utopie.

Sans oublier les grandes démonstrations d'affection des pisteurs et des guides, qui serraient tout le monde dans leurs bras et faisaient des *high five* à tout bout de champs.

Cela dit, ce n'était peut-être pas la simple proximité entre tous ces êtres vivants qui me plaisait. C'était peut-être aussi leur incroyable profusion. En quelques heures à peine, j'étais passé d'un endroit aride, stérile, mortifère, à une terre gorgée d'humidité, fourmillante et fertile. C'était peut-être ça que je désirais plus que tout – la vie.

Il était peut-être là, le vrai miracle que j'ai découvert dans l'Okavango en avril 1999.

Je ne crois pas avoir osé cligner une seule fois des yeux pendant toute cette semaine de peur d'en perdre une miette. Je ne crois pas avoir cessé une seule seconde d'afficher un sourire béat, même dans mon sommeil. Si je m'étais retrouvé soudain catapulté à l'ère jurassique, je ne pense pas que j'aurais été plus émerveillé – et il n'y avait pas que les T-Rex qui me fascinaient. J'adorais tout autant les créatures les plus minuscules. Et les oiseaux. Grâce à Adi, de loin le guide le plus chevronné de notre groupe, j'ai appris à reconnaître les vautours charognards, les hérons pique-bœufs, les guêpiers carmin, les pygargues vocifères, rien qu'en les regardant tournoyer dans le ciel. Même les insectes étaient passionnants. Adi m'a appris à vraiment les *voir*. Regarde, me disait-il, observe les différentes espèces de scarabées, admire la beauté des larves, ou encore l'architecture baroque des termitières – les plus grandes structures de tout le règne animal, après celles érigées par les hommes.

Tellement de choses à apprendre, Harry. À contempler.

C'est vrai, Adi, tu as raison.

Chaque fois que je partais en expédition avec lui, chaque fois que nous croisions une carcasse fraîche grouillante de vers ou assaillie par les chiens sauvages, chaque fois que nous tombions sur un gros tas de bouses d'éléphants, véritable montagne d'où sortaient des champignons et dont la forme évoquait le chapeau-claque du Renard dans *Oliver Twist*, Adi ne se pinçait jamais le nez. *Le grand cycle de la vie, Harry.*

De toutes les créatures environnantes, la plus majestueuse, affirmait mon guide, était l'eau. L'Okavango était vivant, lui aussi. Avec son père, Adi l'avait parcouru de long en large quand il était petit, sans rien d'autre sur le dos que leurs sacs de couchage. Il connaissait le fleuve comme sa poche, et il ressentait à son égard un attachement confinant à la passion romantique. Sa surface était une joue immaculée sur laquelle il posait souvent la main pour la caresser délicatement.

Mais l'Okavango lui inspirait tout autant un effroi mêlé de respect. Dans ses entrailles, disait-il, rôdait la mort. Des crocodiles affamés, des hippopotames mal lunés – ils étaient tous tapis là, dans l'obscurité, guettant le moindre faux-pas de notre part. Les hippopotames étaient à eux seuls responsables de la mort de cinq cents personnes par an ; Adi me le serinait sans cesse pour que je me rentre bien ça dans le crâne, et aujourd'hui encore, après toutes ces années, je l'entends me mettre en garde : *Ne t'approche jamais des eaux sombres, Harry.*

Un soir, autour du feu de camp, tous les guides et les pisteurs se sont mis à parler du fleuve, rivalisant d'anecdotes d'une voix tonitruante, racontant comment ils l'avaient exploré, traversé, à la nage, en bateau, les moments de frayeur qu'ils avaient connus. J'ai entendu mille histoires ce soir-là, sur le mysticisme du fleuve, l'aspect sacré du fleuve, l'étrangeté du fleuve.

À propos d'étrangeté... Il flottait autour du feu une odeur de marijuana.

Les voix étaient de plus en plus fortes, les anecdotes de plus en plus hautes en couleur.

J'ai demandé si je pouvais essayer.

Tout le monde est tombé de sa chaise. *Putain, ça va pas, non ?*

Willy m'a lancé un regard horrifié.

Mais je n'ai pas lâché le morceau. J'ai plaidé ma cause. J'avais *de l'expérience*, leur ai-je dit.

Tous les regards se sont braqués sur moi. *Ah oui ?*

Henners et moi nous étions récemment dégotté deux packs de six de Smirnoff Ice et nous les avions éclusés jusqu'à nous mettre la tête à l'envers, me suis-je vanté. Et puis Tiggy me laissait toujours prendre une petite gorgée de sa flasque quand on partait à la chasse. (Du gin à la prune – elle ne s'en séparait jamais.) Je m'en suis tenu là, cependant, me disant qu'il valait mieux ne pas divulguer toute l'étendue de mon expérience.

Les adultes ont échangé des regards entendus. Puis l'un d'eux a haussé les épaules, roulé un nouveau joint, et me l'a passé.

J'ai tiré une taffe. Je me suis aussitôt mis à tousser, pris de haut-le-cœur. La beuh africaine était beaucoup plus forte que celle d'Eton. Par contre, elle faisait moins d'effet.

Mais au moins, j'étais un homme.

Non. J'étais toujours un petit bébé de rien du tout.

En fait de « joint », ce n'étaient que quelques brins de basilic roulés dans une feuille jaunie de papier à cigarette.

25.

Hugh et Emilie étaient de vieux amis de Papa. Ils vivaient dans le Norfolk, et nous allions souvent passer une ou deux semaines chez eux, pendant les vacances scolaires et pendant l'été. Ils avaient quatre fils, entre les pattes desquels on nous lâchait, Willy et moi, comme des chiots au milieu d'une meute de pit-bulls.

Nous jouions. Un jour à cache-cache, le lendemain à l'épervier. Mais quel que soit le jeu, ce n'était jamais qu'un prétexte à des mêlées géantes, et quelle que soit la mêlée, il n'y avait jamais de vainqueurs, parce qu'il n'y avait pas de règles. Tirer les cheveux de l'adversaire, lui planter un doigt dans l'œil, lui tordre le bras, l'étrangler – tout était bon pour gagner et on ne faisait pas de quartiers dans la maison de campagne de Hugh et Emilie.

Comme j'étais le plus jeune et le plus petit, c'était toujours moi qui prenais le plus de coups. Mais c'était aussi moi le plus hargneux, moi qui en redemandais toujours plus, et je récoltais ce que j'avais semé : œil au beurre noir, ecchymoses violacées, lèvres tuméfiées. Et ça ne me posait aucun problème. Bien au contraire. Peut-être voulais-je me donner des airs de gros dur. Peut-être voulais-je tout simplement ressentir *quelque chose*. Quelles que soient mes motivations, ma philosophie en la matière était basique : *Encore !*

Nous donnions souvent à nos empoignades le nom de célèbres batailles historiques. La maison de Hugh et Emilie devenait le décor d'une reconstitution de Waterloo, de la Somme, de Rorke's Drift. Je nous revois tous les six donner l'assaut en hurlant : *Zoulous !*

Les lignes de front coïncidaient souvent avec les liens de sang, mais pas systématiquement. Ce n'était pas toujours les Windsor contre les Autres. Il nous arrivait de mélanger les équipes, de changer de camp. Parfois je me battais aux côtés de Willy, parfois contre lui. Mais peu importaient les alliances, il était fréquent qu'un ou deux des fils de Hugh et Emilie finissent par retourner leur veste pour s'attaquer à Willy. Je l'entendais crier à l'aide, et la tornade rousse volait aussitôt à son secours, les yeux injectés de sang comme si une veine avait éclaté derrière mes orbites. Je ne me contrôlais plus, je ne pensais plus qu'au salut de ma famille, de mon pays, de ma tribu, et je me précipitais tête baissée sur quelqu'un, n'importe qui, tout le monde. Un ouragan de coups de pied et de coups de poing s'abattait ; je tapais, j'étranglais, j'écartelais l'ennemi à tout-va.

Les fils de Hugh et Emilie ne pouvaient pas lutter contre une telle furie. Personne n'aurait pu.

Arrêtez-le, il est fou !

Je ne sais pas si mes talents de guerrier étaient vraiment efficaces. Mais je parvenais toujours à faire suffisamment diversion pour que Willy échappe à ses assaillants. Il vérifiait qu'il n'avait rien de cassé, s'essuyait le nez, puis se jetait de nouveau dans la mêlée. Quand l'arrêt des combats était enfin décrété, et que nous quittions le champ de bataille clopin-clopant, j'étais submergé par un puissant élan d'affection à son égard, et je sentais bien que c'était réciproque, mais Willy avait aussi l'air un peu mal à l'aise. Je faisais la moitié de sa taille et la moitié de son poids. J'étais le petit frère : c'était lui qui était censé me protéger, pas l'inverse.

Au fil des années, nos combats ont gagné en intensité. Nous avons commencé à utiliser des projectiles de notre confection. Nous nous bombardions à coups de chandelles romaines, avec des lance-roquettes fabriqués dans des tubes de balles de golf ; nous organisions des batailles nocturnes au cours desquelles deux d'entre nous devaient défendre un fortin en pierre au centre du champ de bataille. Aujourd'hui encore, je garde en mémoire l'odeur de fumée et le sifflement aigu des projectiles se dirigeant droit vers l'ennemi, qui n'avait pour toute protection qu'une doudoune, des gants en laine, parfois (rarement) un masque de ski.

La course aux armements s'est emballée. Évidemment. Les pistolets à grenaille n'ont pas tardé à faire leur apparition. Nous tirions à bout portant. Comment est-il possible que personne n'ait jamais été estropié ? Que personne n'ait jamais perdu un œil ?

Un jour, nous marchions tous les six dans les bois près de leur maison, en quête d'écureuils et de pigeons à trucider. Nous sommes tombés sur une vieille Land Rover de l'armée. Willy et les garçons ont souri.

Vas-y, Harold, grimpe, démarre, et nous on te tire dessus.
Avec quoi ?
Fusil de chasse.
Non merci.
Nous, on charge nos armes. Alors soit tu montes là-dedans et tu traces, soit on te canarde sur place, c'est toi qui vois.

J'ai sauté derrière le volant et j'ai démarré en trombe.

Quelques instants plus tard – *bang*. Une rafale de plomb sur le pare-chocs arrière.

J'ai poussé un cri et enfoncé l'accélérateur.

Il y avait un chantier, quelque part sur leur domaine (Hugh et Emilie faisaient construire une nouvelle maison). C'est devenu le site de ce qui restera sans nul doute la plus épique de toutes nos batailles. La nuit tombait. L'un des frères, retranché entre les murs de la maison vide, essuyait un feu nourri. Quand il a battu en retraite, nous l'avons bombardé de missiles.

Et puis… il a disparu.

Où est Nick ?

Nous avons allumé une lampe de poche. Pas de Nick.

Nous avons avancé, à pas prudents, et découvert un énorme trou dans le sol, comme une espèce de puits carré, près du site de construction. Nous nous sommes penchés pour jeter un œil à la lumière de la lampe. Tout au fond, allongé sur le dos, Nick gémissait. Nous sommes tous tombés d'accord : ce petit salopard avait de la veine d'être encore en vie.

L'occasion était trop belle, avons-nous aussitôt ajouté.

Nous avons allumé des pétards – des gros –, et nous les avons balancés dans le trou.

26.

Quand il n'y avait pas d'autres garçons dans les parages, pas d'ennemi commun contre lequel se liguer, Willy et moi nous en prenions l'un à l'autre.

Ça se produisait la plupart du temps sur la banquette arrière de la voiture, quand Papa nous emmenait quelque part. À la campagne, par exemple. Ou à la pêche au saumon. Un jour, en Écosse, alors que nous faisions route vers les rives de la Spey, on a commencé à se chamailler, et bientôt la situation a dégénéré en véritable pugilat – on s'est sauté à la gorge et les coups se sont mis à pleuvoir.

Papa s'est brusquement rangé sur le bas-côté et a crié à Willy de descendre.

Moi ? Mais pourquoi moi ?

Papa n'a pas daigné donner plus d'explications. *Sors !*

Willy s'est tourné vers moi, furieux. Il avait toujours l'impression qu'on me passait tout. Il est sorti de la voiture, il a rejoint à grandes enjambées exaspérées le véhicule des gardes du corps, juste derrière nous, il est monté et il a bouclé sa ceinture. (Nous n'avons plus jamais oublié de mettre notre ceinture après la disparition de Maman.) Le convoi s'est remis en branle.

De temps à autre, je tournais la tête pour jeter un coup d'œil par la vitre arrière.

Je distinguais, derrière nous, la silhouette du futur roi d'Angleterre, en train de ruminer sa vengeance.

27.

La première fois que j'ai tué un être vivant, Tiggy s'est exclamée : *Bien joué, mon chéri !*

Elle a plongé ses longs doigts fins à l'intérieur du cadavre, sous la fourrure déchiquetée du lapin, les a ressortis tout poisseux de sang et m'en a tendrement barbouillé le front, les joues et le nez. *Voilà*, a-t-elle ensuite déclaré de sa voix rugueuse, *tu es désormais initié.*

Le rituel du sang – une tradition immémoriale. Une marque de respect à l'égard de la créature tuée ; un acte de communion pour le tueur. Et aussi une façon de consacrer le passage de l'enfant à... pas l'homme, non. Pas tout à fait. Mais presque.

Depuis ce jour-là, en dépit de mon torse glabre et de ma voix encore haut perchée, je considérais, ayant été adoubé par le rituel du sang, que j'étais devenu un vrai chasseur. Mais ce n'est qu'aux alentours de mon quinzième anniversaire qu'on m'a informé que j'allais être véritablement initié à l'art de la chasse.

La chasse au cerf.

Ça s'est passé à Balmoral. L'aube, les collines noyées dans la brume, les vallons perlés de bruine. Mon guide, Sandy, avait mille ans. On aurait dit qu'il avait chassé le dinosaure dans sa jeunesse. Un vrai vieux de la vieille, comme Willy et moi appelions les types dans son genre. Tout était vieux chez lui : sa manière de parler, son odeur, son accoutrement. Veste de camouflage défraîchie, pull vert élimé, chaussettes en tweed de Balmoral piquetées de bardanes, bottes de randonnée en Gore-Tex. Et, posée sur le crâne, une casquette plate en tweed classique, trois fois plus âgée que moi, brunie par la transpiration depuis des temps antédiluviens.

Ce jour-là, j'ai passé la matinée à crapahuter à ses côtés sur la lande, à patauger dans les tourbières. Ma proie est apparue. Nous nous rapprochions toujours plus, un centimètre après l'autre, puis nous nous sommes immobilisés alors que le cerf était tout près, en train de brouter l'herbe sèche. Sandy a vérifié que nous étions toujours bien sous le vent.

Sans dire un mot, il a pointé un doigt vers moi, puis vers mon fusil. Maintenant.

Il s'est écarté en roulant sur le côté pour me laisser de l'espace.

Il a braqué ses jumelles sur la cible. J'entendais le bruit râpeux de sa respiration ; j'ai visé, appuyé sur la détente. Une brève détonation, comme un coup de tonnerre. Puis : silence.

Nous nous sommes relevés, approchés. Quand nous sommes arrivés à la hauteur du cerf, j'ai éprouvé un immense soulagement. Il avait déjà les yeux voilés. Ce qu'on redoutait toujours, c'était que la pauvre bête soit simplement blessée et qu'elle disparaisse au fond des bois, où elle souffrirait dans la solitude pendant plusieurs heures. Les yeux du cerf sont devenus de plus en plus vitreux ; Sandy s'est alors agenouillé, il a sorti son couteau de chasse étincelant, a saigné le cerf en lui entaillant la jugulaire, puis il lui a ouvert le ventre. Il m'a fait signe de m'agenouiller à côté de lui. Je me suis agenouillé. J'ai cru que nous allions nous mettre à prier.

Sandy m'a lancé : *Plus près !*

Je me suis rapproché ; j'étais si près de lui à présent que je sentais ses aisselles. Il a délicatement glissé une main derrière ma nuque, et je me suis dit qu'il allait me serrer contre lui, pour me féliciter. *C'est bien, mon grand.* Au lieu de quoi, il m'a brusquement plongé la tête à l'intérieur de la carcasse du cerf.

J'ai essayé de me dégager, mais Sandy a continué d'appuyer, m'enfonçant plus loin encore. J'étais choqué par sa force inouïe. Et par l'odeur infernale. Mon petit déjeuner faisait le grand huit dans mon estomac. *Oh non, pitié, non, par pitié, je ne veux pas vomir à l'intérieur du bide d'un cerf crevé.* Une minute plus tard, je ne sentais plus rien – parce que je ne pouvais plus respirer. Les narines et la bouche pleines de sang et de boyaux, baignant dans une tiédeur nauséabonde.

Ah bon, d'accord, ai-je songé, c'est donc ça la mort. Le rituel du sang ultime.

Pas du tout ce que j'avais imaginé.

J'ai arrêté de me débattre. Ciao, tout le monde.

Sandy m'a alors tiré en arrière.

Mes poumons se sont remplis d'air frais matinal. J'ai commencé à m'essuyer le visage, dégoulinant de sang, mais Sandy m'a saisi la main pour m'en empêcher. *Non, mon p'tiot, non.*

Quoi ?

Laisse sécher, mon p'tiot ! Laisse sécher !

Nous avons prévenu par radio les soldats postés dans la vallée. On allait nous envoyer des chevaux. En attendant, nous nous sommes mis au boulot : il fallait « *gralloch* » le cerf – un mot de vieil écossais pour désigner son éviscération. Nous avons enlevé l'estomac, jeté les morceaux inutiles sur la colline – les faucons et les buses s'en feraient un festin –, découpé le foie et le cœur, tranché le pénis, en faisant bien attention à ne pas sectionner l'urètre pour éviter de se prendre une grande giclée d'urine, d'une puanteur telle que même dix bains des Highlands n'en seraient pas venus à bout.

Les chevaux sont arrivés. Nous avons harnaché notre cerf « *gralloché* » sur le dos d'un cheval de trait blanc pour l'expédier au garde-manger, puis nous sommes rentrés au château, épaule contre épaule.

Le sang a séché sur mon visage, la nausée s'est dissipée, et je me suis soudain senti gonflé de fierté. J'avais traité ce cerf avec dignité, comme on me l'avait appris. Une seule balle, en plein cœur. Outre le fait que l'animal n'avait pas souffert, cette mort instantanée avait préservé la viande. Si je l'avais simplement blessé, ou si je l'avais même laissé nous repérer, son cœur se serait emballé, son sang se serait rempli d'adrénaline, et ses steaks et ses filets auraient été immangeables. Il n'y avait pas la moindre trace d'adrénaline dans ce sang sur mon visage – preuve de mes talents de tireur.

J'avais également témoigné du respect envers la Nature. Contrôler le nombre d'individus était un moyen de sauvegarder l'espèce, car les cerfs restants auraient ainsi suffisamment de nourriture pour tenir l'hiver.

Enfin, j'avais rempli mon office auprès de la communauté. Un grand cerf dans le garde-manger, c'était l'assurance que les gens de Balmoral auraient quantité de bonne viande à manger.

On m'avait inculqué toutes ces vertus dès la petite enfance, mais j'en avais désormais fait l'expérience ; j'en portais la marque physique sur mon visage. Je n'avais pas la fibre religieuse, mais ce « masque de sang » me faisait un peu l'effet d'un baptême. Papa, lui, était très pieux ; il priait tous les soirs. Mais ce jour-là, à cet instant précis, moi aussi, je me suis senti proche de Dieu. Quand on aime la Nature, disait toujours Papa, il fallait savoir tantôt la laisser tranquille, tantôt s'occuper d'elle ; et s'occuper d'elle signifiait contenir ; et contenir signifiait tuer. Tout cela relevait d'une forme de vénération religieuse.

Arrivés au garde-manger, Sandy et moi avons ôté nos tenues de chasse et nous sommes mutuellement examinés pour être sûrs que nous n'avions pas attrapé de tiques. Ces bestioles pullulaient sur les cerfs qui peuplaient les bois, et si jamais l'une d'elles s'accrochait à votre jambe, elle pouvait s'enfoncer profondément dans votre chair et même finir par vous remonter jusqu'aux couilles. Un pauvre garde-chasse avait ainsi récemment contracté la maladie de Lyme.

J'étais en panique. Je prenais la moindre tache de rousseur pour un signe funeste. *C'est une tique, là ? Et là ?*
Non, mon p'tiot, non !
Je me suis rhabillé.
Je me suis tourné pour dire au revoir à Sandy et le remercier de m'avoir fait vivre cette expérience. J'avais envie de lui serrer la main, de lui donner l'accolade. Mais une petite voix au fond de moi me chuchotait :
Non, mon p'tiot. Non.

28.

W ILLY AUSSI AIMAIT LA CHASSE, et c'est le prétexte qu'il a utilisé cette année-là pour ne pas venir avec nous à Klosters. Il préférait rester sur le domaine de Grand-mère dans le Norfolk, huit mille hectares que nous adorions : Sandringham.

J'aime mieux tirer des perdrix, a-t-il dit à Papa.

Pur mensonge. Papa ne savait pas qu'il mentait, mais moi oui. La seule et unique raison pour laquelle Willy voulait rester à la maison, c'est qu'il ne supportait pas l'idée de devoir affronter le Mur.

Avant d'aller skier à Klosters, nous étions obligés de marcher jusqu'à un endroit bien précis au pied de la montagne et de nous planter là devant soixante-dix photographes, alignés sur trois ou quatre rangées de gradins – le Mur. Ils braquaient leurs objectifs, hurlaient nos noms et nous mitraillaient, tandis que nous plissions les yeux et piétinions en écoutant Papa répondre à leurs questions débiles. Le Mur était le prix à payer pour avoir le droit de passer une heure de tranquillité sur les pistes. Ils nous fichaient la paix uniquement si nous nous prêtions au rituel du Mur.

Papa n'aimait pas le Mur – c'était de notoriété publique –, mais Willy et moi l'avions carrément en horreur.

Willy resterait donc à la maison pour se défouler sur les perdrix. Je serais bien allé avec lui, si j'avais pu, mais je n'étais pas assez grand pour avoir mon mot à dire.

En l'absence de Willy, Papa et moi avons dû affronter seuls le Mur, ce qui a rendu les choses encore plus désagréables que d'habitude. Je suis resté collé à Papa tandis que les appareils photo crépitaient. Ça m'a fait repenser aux Spice Girls. Et à Maman, qui détestait aller à Klosters, elle aussi.

C'est à cause de ça qu'elle se cache, me suis-je dit. À cause de ce genre de trucs. Toutes ces conneries.

Mais si Maman détestait cet endroit, ce n'était pas uniquement à cause du Mur. Quand j'avais trois ans, Papa et un de ses amis avaient eu un horrible accident là-bas, sur les pistes. Une énorme avalanche. Papa s'en était sorti de justesse – mais pas son ami. Il était mort enseveli, étouffé par cette muraille de neige. Maman parlait souvent de lui, les larmes aux yeux.

Après le Mur, j'ai pris sur moi pour essayer de profiter du reste de la journée. J'adorais skier, et je skiais bien. Mais depuis que Maman avait resurgi dans mes pensées, j'étais moi-même enseveli sous une avalanche d'émotions. Et d'interrogations. *Est-ce que c'est mal si je m'amuse dans un endroit que Maman déteste ? Est-ce que c'est méchant de ma part vis-à-vis d'elle si je m'éclate aujourd'hui sur ces pistes ? Est-ce que je suis un mauvais fils parce que je suis trop content de prendre le télésiège tout seul avec Papa ? Est-ce que Maman comprendra qu'elle me manque, et Willy aussi, mais qu'en même temps je suis heureux d'avoir Papa pour moi tout seul pendant quelques heures ?*

Comment lui expliquerais-je tout ça quand elle reviendrait ?

Peu de temps après cette escapade à Klosters, j'ai parlé à Willy de ma théorie au sujet de Maman, comme quoi, en réalité, elle se planquait quelque part. Il m'a confié que lui aussi, au début, il avait échafaudé une théorie du même genre. Mais il avait fini par y renoncer.

Elle est partie, Harold. Elle ne reviendra pas.

Non, non, non – je refusais d'entendre ça. *Willy, elle disait tout le temps qu'elle aurait voulu disparaître ! Tu l'as entendue, toi aussi !*

Oui, c'est vrai, elle disait ça. Mais, Harold, elle ne nous aurait jamais fait un truc pareil.

Je m'étais dit exactement la même chose, lui ai-je rétorqué. *Mais elle ne peut pas non plus être morte, Willy ! Ça non plus, elle ne nous l'aurait jamais fait !*

Ce n'est pas faux, Harold.

29.

Descendant la longue allée, nous avons croisé les poneys de trait blancs de Grand-mère, traversé le parcours de golf, passant devant le green où la reine mère avait un jour réussi un trou en un coup, le policier dans sa guérite (bref salut au garde à vous), puis, après avoir franchi quelques ralentisseurs et un petit pont de pierre, nous avons débouché sur une paisible route de campagne.

Papa, derrière le volant, regardait le paysage droit devant lui en plissant les yeux. *Magnifique soirée, n'est-ce pas ?*

Balmoral. Été. 2001.

Sur une colline escarpée, nous avons emprunté une petite route venteuse, passant devant la distillerie de whisky, puis nous sommes redescendus dans les prés aux moutons, envahis par les lapins – ceux du moins qui avaient eu la chance de nous échapper. Nous en avions tiré une belle quantité ce matin-là. Quelques minutes plus tard, nous avons bifurqué sur un sentier de terre battue pour atteindre un enclos à chevreuils, quatre cents mètres plus loin. Je suis sorti de la voiture pour ouvrir la clôture cadenassée. Puis, enfin, comme nous étions sur une voie privée, loin de toute circulation, j'ai eu le droit de conduire. J'ai sauté derrière le volant, appuyé sur l'accélérateur et mis en pratique tout ce que j'avais appris avec Papa depuis des années, souvent assis sur ses genoux. Nous nous sommes frayé un chemin dans les bruyères violettes pour nous enfoncer dans les replis de cette vaste lande écossaise. À l'horizon, guettant notre arrivée tel un vieil ami, se dressait Lochnagar et sa cime enneigée.

Nous avons franchi le dernier pont de bois, sur lequel les pneus en tressautant faisaient entendre une sorte de douce petite berceuse, associée depuis toujours dans mon esprit à l'Écosse. *Da dong, da dong... da dong, da dong.* En contrebas, les fumées éparses d'un brûlage éteint par une récente averse. Des nuées de moucherons. Entre les arbres, dans les ultimes lueurs du jour, on devinait la silhouette de cerfs majestueux qui nous observaient. Nous avons débouché sur une grande clairière ; à droite, un vieux pavillon de chasse en pierre ; à gauche, le ruisseau glacé qui s'enfonçait dans les bois pour rejoindre le fleuve. Nous étions enfin arrivés. Inchnabobart !

Nous avons couru à l'intérieur du pavillon. La chaleur de la cuisine ! La vieille cheminée ! Je me suis précipité vers les vieux coussins rouges près du garde-feu et j'ai humé le parfum émanant de l'énorme pyramide de rondins de bouleau argenté empilés à côté de l'âtre. Je ne connais pas d'odeur plus enivrante ou réconfortante. Grand-père, arrivé une demi-heure avant nous, était déjà en train de s'occuper du grill, derrière le pavillon. Debout au milieu d'un épais nuage de fumée qui le faisait larmoyer, coiffé d'une casquette plate qu'il ôtait de temps à autre pour s'essuyer le front ou chasser une mouche, il retournait les filets de chevreuil grésillants avec une immense pince, puis mettait à cuire un chapelet de saucisses du Cumberland. En temps normal, je l'aurais supplié de nous préparer une bonne grosse plâtrée de sa spécialité, les spaghettis à la bolognaise. Mais ce soir-là, je ne sais pas pourquoi, je ne lui ai pas demandé.

La spécialité de Grand-mère, c'était la sauce pour la salade. Elle en préparait une énorme bolée. Puis elle allumait les bougies et tout le monde prenait place sur les chaises en bois dont la paille grinçait quand on s'asseyait. Nous avions souvent un invité lors de ces repas, telle ou telle personnalité célèbre ou éminente. Il m'est arrivé plus d'une fois de parler de la cuisson du gibier ou de la fraîcheur du soir avec un Premier ministre ou un évêque. Mais ce soir-là, c'était un simple dîner en famille.

Mon arrière-grand-mère est arrivée. J'ai bondi de ma chaise pour lui offrir mon bras. Je ne manquais jamais de faire ce geste – Papa me l'avait inculqué avec insistance –, mais ce soir, je voyais bien que Gan-Gan avait vraiment besoin d'aide. Elle venait de fêter son 101e anniversaire et elle avait l'air fragile.

Mais toujours aussi classe, cela dit. Habillée en bleu, je me rappelle, tout en bleu. Gilet bleu, jupe écossaise bleue, chapeau bleu. C'était sa couleur préférée.

Elle a demandé un martini. Quelques instants plus tard, quelqu'un lui a apporté un verre rempli de gin. Je l'ai regardée prendre une petite gorgée en évitant adroitement la rondelle de citron qui flottait à la surface, et sur une impulsion subite j'ai décidé de me joindre à elle. Je n'avais jamais bu un cocktail en présence de ma famille, alors ce serait un véritable événement ; un petit geste rebelle.

Mais ma rébellion est tombée complètement à plat. Personne n'a rien dit. Personne n'a rien remarqué. Sauf Gan-Gan. Elle semblait soudain toute requinquée, amusée de me voir jouer à l'adulte avec mon gin-tonic à la main.

Je me suis assis à côté d'elle. Notre conversation, légère et joyeuse au début, a bientôt pris une autre tournure. Plus profonde. Il y avait un vrai lien entre nous. Gan-Gan me parlait et m'écoutait sérieusement ce soir-là. Je n'en revenais pas. Je me demandais pourquoi. Était-ce dû au gin ? Aux dix centimètres que j'avais pris depuis l'été précédent ? Mon mètre quatre-vingt-trois faisait désormais de moi l'un des membres les plus grands de la famille. Gan-Gan, de son côté, s'était tassée ; je faisais maintenant trois têtes de plus qu'elle.

J'aimerais me souvenir précisément de ce dont nous avons parlé. J'aurais aimé lui poser plus de questions, et noter ses réponses. Elle avait été la reine des Années de Guerre. Elle vivait à Buckingham à l'époque des bombardements nazis. (Le palais avait été directement touché à neuf reprises.) Elle avait dîné avec Churchill, le Churchill héros de guerre. Elle-même faisait montre autrefois d'une éloquence toute churchillienne. Elle avait déclaré un jour, tout le monde s'en souvenait, que peu importe la gravité de la situation, elle ne quitterait jamais l'Angleterre, jamais, et ça lui avait valu l'adoration de tout le peuple britannique. Et la mienne. J'aimais mon pays, et je trouvais admirable cette volonté intransigeante de ne jamais partir.

Bien entendu, elle avait fait d'autres déclarations restées tout aussi célèbres – mais pas pour les mêmes raisons. Elle appartenait à une autre époque, et porter la couronne lui avait procuré une satisfaction que certains trouvaient inconvenante. Tout ça m'était complètement indifférent. C'était ma Gan-Gan, point final. Elle était née trois ans avant l'invention du premier avion, et pourtant, le jour de son centième anniversaire, je l'avais encore vue jouer du bongo. Me tenant la main comme si j'étais un chevalier de retour de croisade, elle me parlait avec amour, avec humour et, ce soir-là, le temps de cette soirée magique, avec respect.

J'aurais voulu l'interroger sur son mari, le roi George VI, qui était mort jeune. Ou sur son beau-frère, le roi Edward VIII, qu'elle haïssait, paraît-il. Il avait renoncé au trône par amour. Gan-Gan croyait à l'amour, mais la Couronne passait avant tout. Elle avait également, avais-je encore entendu dire, le plus grand mépris pour la femme qu'il avait choisie.

J'aurais voulu l'interroger sur ses lointains ancêtres de Glamis, la terre de Macbeth.

Elle avait tout vécu, tout connu ; il y avait tant à apprendre d'elle ; mais je n'étais pas assez mature, malgré ma soudaine poussée de croissance, ou pas assez courageux, malgré le gin.

Mais j'ai quand même réussi à la faire rire. Normalement, c'était le boulot de Papa ; il avait un talent inégalé pour provoquer l'hilarité de Gan-Gan. C'était sans doute l'une des personnes au monde – peut-être *la* personne au monde – qu'il aimait le plus. Je me rappelle l'avoir vu lancer de brefs regards dans notre direction, manifestement ravi que je parvienne à faire glousser de rire sa chouchoute.

À un moment, j'ai parlé à Gan-Gan d'Ali G, le personnage inventé par Sacha Baron Cohen. Je lui ai appris à dire *Booyakasha*, à claquer des doigts comme Sacha. Elle n'y arrivait pas, elle n'avait pas la moindre idée de ce que j'étais en train de lui raconter, mais ça l'amusait follement d'essayer de faire ce geste, de prononcer ce mot. Chaque fois qu'elle le répétait – *Booyakasha !* –, elle poussait un petit cri, ce qui faisait sourire tout le monde. Ça me faisait tout drôle ; j'étais enchanté, électrisé. Ça me donnait l'impression… d'appartenir à quelque chose.

Ces gens étaient ma famille – une famille dans laquelle, au moins le temps d'une soirée, j'avais un vrai rôle.

Et ce rôle, pour une fois, n'était pas celui du sale gosse.

30.

Q<small>UELQUES SEMAINES PLUS TARD</small>, j'étais de retour à Eton.

Je me souviens de deux portes bleues, presque de la même couleur que les kilts de Gan-Gan. Ces portes lui auraient plu, ai-je songé en passant devant, ce jour-là.

C'étaient les portes du salon télé, l'un de mes sanctuaires.

Presque tous les jours, juste après le déjeuner, mes copains et moi foncions là-bas regarder un épisode des *Voisins* ou de *Summer Bay* avant d'aller nous défouler sur les terrains de sport. Mais ce jour du mois de septembre 2001, le salon était plein à craquer, et ce n'était pas pour regarder une sitcom.

C'était pour regarder les infos.

Et les infos montraient un cauchemar.
Des immeubles en feu ?
Oh, la vache, c'est où ?
New York.
Je me dévissais le cou pour voir l'écran derrière la foule amassée dans le salon. J'ai demandé au garçon à ma droite ce qui se passait.
Il m'a répondu que les États-Unis étaient attaqués.
Des terroristes s'étaient crashés avec des avions contre les Tours jumelles à New York.
Les gens... sautaient. Du haut des tours, à cinq cents mètres du sol.
Nous étions de plus en plus nombreux. Tout le monde avait les yeux rivés sur l'écran, se mordait les lèvres, se rongeait les ongles, tendait l'oreille. Dans le silence le plus total, sidérés et confus comme les gamins que nous étions, nous regardions le seul monde que nous avions jamais connu disparaître, englouti sous des nuages de fumée toxique.
C'est la Troisième Guerre mondiale, a murmuré quelqu'un.
Quelqu'un d'autre est allé ouvrir les portes bleues pour laisser entrer d'autres élèves. Ça n'arrêtait pas de défiler.
Personne ne disait rien.
Tant de chaos, tant de souffrance.
Qu'est-ce qu'on va faire ? Qu'est-ce qu'on peut faire ?
Qu'est-ce qu'on va nous demander de faire ?
Quelques jours plus tard, j'ai eu dix-sept ans.

31.

C'ÉTAIT SOUVENT LA PREMIÈRE CHOSE que je me disais le matin en me réveillant : *C'est peut-être pour aujourd'hui.*
Après le petit déjeuner : *C'est peut-être ce matin qu'elle va réapparaître.*
Après le déjeuner : *C'est peut-être cet après-midi.*
Cela faisait quatre ans, après tout. Depuis le temps, c'était sûr, elle avait dû se poser quelque part, s'inventer une nouvelle vie, une nouvelle identité. *Peut-être qu'elle va enfin refaire surface, aujourd'hui, donner une conférence de presse – le monde entier*

sera stupéfait. Après avoir répondu aux questions hurlées par les journalistes éberlués, elle se pencherait vers le micro : *William ! Harry ! Si vous m'entendez, venez, je suis là !*

La nuit, je faisais des rêves incroyablement élaborés. Toujours plus ou moins le même, en fait, avec de légères variantes dans le scénario et les costumes. Parfois elle orchestrait un retour triomphal ; parfois je tombais sur elle par hasard. Au coin de la rue. Dans un magasin. Elle était toujours déguisée. Une perruque blonde. Ou de grosses lunettes de soleil. Mais je la reconnaissais toujours.

Je m'approchais et je murmurais : *Maman ? C'est toi ?*

Avant qu'elle ait pu répondre, m'expliquer où elle était passée pendant tout ce temps, pourquoi elle n'était pas revenue, je me réveillais en sursaut.

Je regardais autour de moi, accablé par le poids de la déception.

Ce n'était qu'un rêve. Une fois de plus.

Mais je me disais alors : *Ça veut peut-être dire... que c'est pour aujourd'hui ?*

J'étais comme ces fanatiques religieux persuadés que la fin du monde arrivera tel ou tel jour précis. Et une fois que la date est passée, sans aucun événement notable, leur foi demeure intacte.

J'ai dû mal interpréter les signes. Ou mal regarder le calendrier.

J'imagine qu'au fond de mon cœur, je connaissais la vérité. L'illusion – Maman se cachait, elle allait bientôt revenir – n'était pas réelle au point de me rendre entièrement aveugle à la réalité. Mais elle était suffisamment puissante pour me permettre de repousser le chagrin. Je n'avais toujours pas fait mon deuil, je n'avais toujours pas versé la moindre larme – sauf ce fameux jour, devant sa tombe –, je n'avais toujours pas accepté les faits. Une partie de mon cerveau savait, mais une autre demeurait complètement imperméable, et ces deux parties étaient tellement inconciliables que le parlement de ma conscience était irrémédiablement divisé, polarisé, paralysé. Et c'était très exactement ce que je souhaitais.

Parfois je m'admonestais : *Tout le monde semble persuadé que Maman est morte, point final, alors tu ferais peut-être mieux de te mettre au pas.*

Mais je songeais aussitôt : *J'y croirai quand on m'en aura apporté la preuve.*

Seule une preuve irréfutable, me disais-je, me permettrait de faire enfin le deuil, de pleurer, et de passer à autre chose.

32.

JE NE ME SOUVIENS PAS comment nous nous sommes procuré de l'herbe. Grâce à l'un de mes copains à Eton, sans doute. Ou peut-être plusieurs. Chaque fois que nous en avions, notre petit bataillon allait se retrancher dans une minuscule salle de bains au dernier étage de la résidence, où nous nous mettions en formation de manière étonnamment méthodique et rigoureuse : le fumeur à califourchon sur la cuvette des toilettes à côté de la fenêtre ; un deuxième adossé au lavabo, un troisième et un quatrième assis dans la baignoire, les jambes ballant par-dessus le rebord, attendant leur tour. On tirait une ou deux taffes, on expulsait la fumée par la fenêtre, puis tout le monde changeait de position et fumait à tour de rôle jusqu'à ce que le joint soit fini. Puis nous redescendions dans l'une de nos chambres pour rigoler comme des baleines en regardant un ou deux épisodes d'une nouvelle série animée. *Les Griffin.* Je me sentais inexplicablement proche de Stewie, prophète sans honneur.

Je savais que c'était mal. Je savais que c'était irresponsable. Mes copains le savaient aussi. Nous en parlions souvent, alors même que nous étions défoncés – à quel point c'était idiot de gâcher la chance que nous avions d'étudier à Eton. Un jour, nous avons même conclu un pacte. Au début de la période des examens, nous avons fait le serment de renoncer complètement à la fumette, du jour au lendemain, et ce jusqu'à la fin de la toute dernière épreuve. Mais le lendemain soir, couché dans mon lit, j'ai entendu mes copains glousser et murmurer dans le couloir. Ils se dirigeaient vers la salle de bains. *Putain, c'est pas vrai, ils ont déjà rompu le pacte !* Je suis sorti de mon lit et je les ai rejoints. Nous nous sommes mis en position et avons commencé à tourner – baignoire, lavabo, toilettes – en hochant la tête à mesure que les effets de la beuh se faisaient sentir.

Quels crétins nous étions de croire que nous pouvions changer. Passe le oinj, gros.

Un soir, assis sur les toilettes, j'ai tiré une longue taffe et j'ai levé les yeux vers la lune, puis j'ai contemplé le domaine autour de l'école. J'ai aperçu plusieurs officiers de la police de Thames Valley en train de patrouiller. On les avait postés là à cause de moi. Mais leur présence ne me procurait pas un sentiment de sécurité ; plutôt celui d'être en cage.

Au-delà de cet horizon, en revanche, oui, j'aurais pu me sentir à l'abri. Tout était calme et paisible *là-bas*, loin d'eux. J'ai songé : Comme c'est beau. Tant de tranquillité dans le vaste monde... pour certains, en tout cas. Pour ceux qui étaient libres de partir en quête de cette tranquillité.

C'est alors que j'ai vu quelque chose fuser sur la pelouse. Puis se figer sous la lumière orangée d'un réverbère. Je me suis immobilisé moi aussi, et j'ai tendu le cou pour mieux voir par la fenêtre.

Un renard ! *Il me regarde droit dans les yeux ! Vous avez vu ça, les mecs ?*

Hein, quoi ?

Non, rien.

J'ai murmuré au renard : *Salut, mon pote. Ça roule ?*

Eh, mon gars, mais qu'est-ce que tu racontes ?

Rien, rien.

C'était peut-être la beuh – c'était *sûrement* la beuh –, mais je me suis senti soudain extraordinairement proche de ce renard. Plus connecté à lui que je ne l'étais à mes copains autour de moi dans cette salle de bains, aux autres élèves d'Eton – et même aux Windsor, tout là-bas dans leur lointain château. J'avais l'impression que ce petit renard, comme le léopard au Botswana, était porteur d'un message à moi seul destiné, en provenance d'un autre royaume. Ou du futur, peut-être.

Si seulement je savais qui l'avait envoyé.

Et quel était ce message.

33.

CHAQUE FOIS QUE JE RENTRAIS À LA MAISON, JE ME CACHAIS. Je me cachais en haut, dans la nursery. Je me cachais en m'absorbant dans mes nouveaux jeux vidéo. Pendant des heures, je jouais à Halo en ligne contre un Américain qui se faisait appeler Prophète et qui ne me connaissait que sous mon pseudo : BillandBaz.

Je me cachais dans les sous-sols de Highgrove, en général avec Willy.

On avait baptisé notre planque le Club H. Les gens pensaient souvent que le H signifiait Harry, mais en réalité c'était le H de Highgrove.

Ces caves avaient autrefois servi d'abri anti-aérien. Pour rejoindre ces profondeurs, il fallait passer une lourde porte blanche au rez-de-chaussée, descendre une volée de marches de pierre en pente raide, se frayer un chemin à tâtons sur un sol de pierre humide, descendre encore trois marches, traverser un long couloir sous une voûte très basse, passer devant plusieurs celliers où Camilla gardait ses meilleures bouteilles de vin, puis longer un grand congélateur et plusieurs débarras remplis de tableaux, d'équipements de polo et d'objets tous plus absurdes les uns que les autres, cadeaux de divers gouvernements et potentats étrangers (personne n'en voulait, mais on ne pouvait pas les offrir à quelqu'un d'autre ou en faire donation, ni même les jeter ; on se contentait donc de les étiqueter soigneusement puis de les remiser là pour l'éternité). Juste après le dernier débarras, deux portes vertes, avec des petites poignées en laiton ; et derrière ces portes, le Club H. Il n'y avait pas de fenêtres, mais les murs de brique, peints en blanc, atténuaient l'atmosphère claustrophobe. Et puis nous avions confortablement aménagé notre repaire avec des éléments de mobilier chipés ici et là dans les diverses résidences royales. Un tapis persan, des canapés rouges du Maroc, une table en bois, un jeu de fléchettes électrique. On avait aussi installé une énorme stéréo. Le son n'était pas génial, mais puissant. Dans un coin, une desserte à bouteilles, bien fournie, là encore grâce à d'astucieux emprunts, de sorte qu'il flottait en permanence une légère odeur de bière et d'autres alcools – qu'un gros ventilateur en bon état de marche compensait toutefois en laissant filtrer de l'extérieur une odeur de fleurs. L'air frais des jardins de Papa, aux senteurs de lavande et de chèvrefeuille, était constamment brassé dans la pièce.

Le week-end, Willy et moi débutions en général la soirée par un petit tour au pub du coin, où nous nous jetions deux ou trois verres, quelques pintes de Snake Bite, avant de retrouver un groupe de copains et de les ramener au Club H. Nous n'étions jamais plus de quinze – mais jamais moins non plus, je ne sais trop par quel mystère.

Des noms me reviennent, portés par le ressac de ma mémoire. Badger. Casper. Nisha. Lizzie. Skippy. Emma. Rose. Olivia. Chimp. Pell. On s'entendait tous très bien – parfois même plus que ça, si affinités. Ça se bécotait dans les coins, assez innocemment, et ça buvait aussi – moins innocemment. Du rhum-coca ou de la vodka, en général dans des petits verres à moutarde, et généreusement allongés de Red Bull.

Nous finissions souvent éméchés, parfois ivres morts ; mais jamais personne n'a apporté ou consommé de drogue dans notre tanière, pas une seule fois. Nos gardes du corps n'étaient jamais très loin, ce qui tempérait nos ardeurs, mais il n'y avait pas que ça. Nous avions conscience des limites à ne pas franchir.

Le Club H était la planque idéale pour un ado, mais surtout pour celui que j'étais alors. Quand je voulais être au calme dans mon coin, le Club H m'en donnait la possibilité. Quand j'avais envie de faire la fête, le Club H était l'endroit le plus sûr pour me lâcher. Quand je voulais être seul, quoi de mieux qu'un abri anti-aérien perdu au beau milieu de la campagne anglaise ?

Willy était sur la même longueur d'onde. Il me paraissait souvent plus serein dans cette pièce que n'importe où ailleurs. Et c'était pour lui un soulagement, je crois, d'être quelque part où il n'éprouvait pas le besoin de faire semblant de ne pas me connaître.

Quand nous étions seuls en bas, tous les deux, nous jouions, nous écoutions de la musique. Nous discutions. Avec Bob Marley, Fatboy Slim, DJ Sakin ou Yomanda en bruit de fond, Willy essayait parfois de parler de Maman. Le Club H semblait le seul lieu au monde où ce sujet tabou pouvait être abordé sans crainte.

Sauf qu'il y avait un problème. Je ne voulais pas. Chaque fois qu'il se hasardait sur cette voie... je changeais de sujet.

Ça le frustrait. Et moi, je refusais de voir qu'il était frustré. Ou, plus probablement, je n'étais même pas en mesure de le remarquer.

Cet aveuglement, cette fermeture à toute émotion, n'était pas un choix délibéré de ma part. J'étais tout simplement incapable de faire autrement. Je n'étais pas prêt. Loin de là.

L'un des sujets sur lesquels on pouvait en revanche s'étendre sans problème, c'était le bonheur d'être soustraits aux regards. Nous en discutions à longueur de temps : quel plaisir, quel luxe, de pouvoir passer une heure ou deux en toute intimité, loin des yeux indiscrets de la presse. Cet endroit était notre seul et unique véritable havre de paix, nous disions-nous. Là où aucun de ces types ne pourrait jamais nous trouver.

Et puis si : un jour, ils ont fini par nous dénicher.

À la toute fin de l'année 2001, Marko est venu me voir à Eton. Nous nous sommes retrouvés un midi dans un café en plein centre-ville. J'étais ravi. Entre autres d'avoir un prétexte pour sécher les cours, passer un moment loin de l'école. Je rayonnais de joie.

Mais non. Marko, l'air grave, m'a dit qu'on n'était pas là pour rigoler.

Qu'est-ce qui se passe, Marko ?
On m'a demandé de vérifier si c'était vrai, Harry.
Quoi donc ?

Je soupçonnais qu'il s'agissait de mon dépucelage. Un épisode tout récent, et peu glorieux, avec une femme plus âgée. Elle aimait les chevaux, passionnément, et elle m'avait traité un peu comme un jeune étalon. Un rapide débourrage, une petite tape sur la croupe et hop, elle m'avait renvoyé au paddock. Un détail, parmi tous ceux – nombreux – qui avaient fait de cette expérience un désastre : ça s'était passé dehors, dans un champ d'herbe, derrière un pub plein à craquer.

Manifestement, quelqu'un nous avait vus.
Si c'était vrai quoi, Marko ?
Que tu te drogues, Harry.
Hein ?

Apparemment, la rédactrice en chef du plus gros tabloïd britannique avait récemment téléphoné au bureau de mon père pour dire qu'elle était en possession d'éléments « prouvant » que je me droguais dans divers endroits, notamment au Club H. Ainsi que dans un local à vélos à l'arrière d'un pub (pas celui où j'avais perdu ma virginité). Le cabinet de mon père avait aussitôt demandé à Marko d'organiser un rendez-vous en toute discrétion avec l'un des lieutenants de cette rédactrice en chef, dans une chambre d'hôtel sordide, et le lieutenant en question lui avait exposé les éléments dont disposait le tabloïd. Et à présent Marko me les exposait à moi.

Il m'a redemandé si c'était vrai.

Mensonges, ai-je dit. Rien que des mensonges.

Il a passé en revue, une par une, les « preuves » avancées par la rédactrice en chef. Je les ai toutes contestées. Faux, faux, faux. Les faits, les détails, tout était faux.

Puis j'ai interrogé Marko à mon tour. Putain, mais c'est qui cette journaliste ?

Une immonde saloperie, ai-je découvert. Tous ceux qui la connaissaient s'accordaient sur ce point : cette femme était un furoncle purulent planté dans la raie du cul de l'humanité, doublé d'une journaliste de merde. Mais rien de tout ça n'avait la moindre importance, parce qu'elle avait réussi, à force de coups tordus, à accéder à un poste de pouvoir, et ces derniers temps elle avait décidé d'utiliser ce pouvoir... contre moi. Elle s'était lancée à la chasse au Suppléant, sans détour et sans remords. Elle ne s'arrêterait que le jour où mes couilles seraient clouées au mur de son bureau.

Je ne comprenais rien. *Pour des conneries d'ado de rien du tout, Marko ?*

Non, mon grand, non.

D'après cette journaliste, a-t-il dit, j'étais un *junkie*.

Un *quoi ?*

Et que ça nous plaise ou non, telle était la teneur de l'article qu'elle comptait publier.

J'ai rétorqué qu'elle pouvait se mettre son article là où je pense. J'ai demandé à Marko de retourner la voir et de lui dire qu'elle avait tout faux.

Il m'a promis qu'il le ferait.

Quelques jours plus tard, il m'a appelé pour me dire qu'il avait tenu parole, mais que la journaliste ne l'avait pas cru. Et maintenant, elle s'était juré d'avoir la peau de Marko en plus de la mienne.

Papa va faire quelque chose, ai-je dit, c'est sûr. Il va mettre un terme à tout ça.

Long silence.

Non, a dit Marko. Le cabinet de Papa avait décidé d'opter pour une approche... différente. Au lieu de demander à cette journaliste de rappeler ses chiens, le Palais allait jouer la politique de la conciliation. En mode total Chamberlain[1].

Marko m'a-t-il expliqué pourquoi ? Ou est-ce moi qui ai compris par la suite que le cerveau à l'œuvre derrière cette stratégie nauséabonde était le conseiller récemment engagé par Papa à la demande expresse de Camilla, celui-là même qui avait fait fuiter les détails de nos rendez-vous privés avec elle ? Ce *spin doctor*, m'a dit Marko, avait décrété que la meilleure façon de résoudre la situation – merci docteur ! – était de me sacrifier. Me jeter aux chiens permettrait de faire d'une pierre deux coups : non seulement la journaleuse serait contente, mais en plus cette histoire redorerait le blason de Papa. Dans toute cette histoire dégueulasse, ce petit jeu de chantage et de stratagèmes, le conseiller voyait une occasion inespérée, un merveilleux prix de consolation pour Papa : désormais il ne serait plus, aux yeux du monde, le mari infidèle, mais le pauvre père célibataire démuni face à son rejeton drogué jusqu'à la moelle.

34.

JE SUIS RETOURNÉ À ETON et j'ai essayé de mettre toute cette histoire à distance, de me concentrer sur mes études.

De garder mon calme.

J'écoutais en boucle mon CD de prédilection pour m'apaiser : *Les Sons de l'Okavango*. Quarante pistes : Criquets. Babouins. Orage. Tonnerre. Oiseaux. Lions et hyènes en train de dévorer une proie. Le soir, j'éteignais la lumière et j'appuyais sur PLAY. Ma chambre devenait alors un affluent de l'Okavango. Il n'y avait que comme ça que j'arrivais à trouver le sommeil.

Au bout de quelques jours, mon entrevue avec Marko s'est dissipée dans mon esprit, commençant à prendre les allures d'un simple cauchemar.

Mais à mon réveil, un matin, le vrai cauchemar m'a rattrapé.

Une pleine page en une : « La Honte – Harry se drogue ».

Janvier 2002.

---

1. Référence à Neville Chamberlain, Premier ministre du Royaume-Uni de 1937 à 1940, connu pour sa « politique d'apaisement » vis-à-vis de l'Allemagne nazie, qui le conduisit à signer les accords de Munich en 1938. (Toutes les notes sont des traducteurs.)

À l'intérieur du tabloïd, sur pas moins de sept pages, étaient exposés tous les mensonges dont m'avait parlé Marko, et bien d'autres encore. Non seulement j'étais présenté comme un junkie patenté, mais l'article affirmait également que je sortais tout juste d'une cure de désintox. *Une désintox !* La journaliste avait mis la main sur des photos de Marko et moi en train de visiter un centre de désintoxication en banlieue, quelques mois plus tôt – le genre de choses que je faisais régulièrement dans le cadre de mes actions caritatives en qualité de prince –, et elle avait détourné ces clichés pour qu'ils servent d'illustrations visuelles à son récit mensonger et calomnieux.

J'ai éprouvé un choc en voyant ces photos et en lisant l'article. J'étais écœuré, horrifié. J'imaginais tout le monde, mes compatriotes partout dans le pays, en train de lire ces bobards – et d'y croire. J'entendais les gens dans le Commonwealth tout entier en train de jaser à mon propos.

Mince alors, quel déshonneur pour ce gamin.
Son pauvre papa – après tout ce qu'il a déjà traversé ?

Surtout, j'étais dévasté à l'idée que tout cela était en partie l'œuvre de ma propre famille, de mon propre père et de ma future belle-mère. Ils avaient cautionné ces absurdités, pris le risque de ruiner ma vie... pour faciliter un peu la leur.

J'ai appelé Willy. Je ne trouvais pas les mots. Lui non plus. Il compatissait avec moi, et plus encore. (*Ça craint, Harold.*) Par moments, j'avais l'impression qu'il était même plus furieux que moi, parce qu'il était au courant de certains détails sur le *spin doctor* et les négociations secrètes qui avaient conduit au sacrifice public du Suppléant.

Et pourtant, dans le même souffle, il me disait qu'il n'y avait rien à faire. C'était comme ça. C'était Papa. C'était Camilla. C'était la vie au sein de la famille royale.

C'était notre vie.

J'ai téléphoné à Marko. Lui aussi m'a témoigné son soutien.

Je lui ai redemandé comment s'appelait cette journaliste. Il a répondu, et ce nom s'est gravé dans ma mémoire, mais depuis toutes ces années, je ne l'ai pas prononcé une seule fois et je préfère ne pas l'écrire ici. Par charité pour le lecteur, mais aussi pour moi-même. Et puis est-ce vraiment pure coïncidence si le nom de la femme qui affirmait que j'avais été en désintox (« *rehab* ») est l'anagramme parfait de... *Rehabber* Kooks[1] ? N'est-ce pas l'univers qui m'envoie un message ?

Et qui suis-je pour ne pas l'écouter ?

Pendant plusieurs semaines, la presse a continué à faire ses choux gras des calomnies de cette folle furieuse, y ajoutant diverses anecdotes inédites de leur propre cru et tout aussi mensongères quant à mes prétendues frasques au Club H. Notre petit repaire d'ados somme toute bien innocent était soudain devenu le lupanar de Caligula.

Un jour, au cours de cette période, une amie très proche de Papa est venue à Highgrove, accompagnée de son mari. Papa m'a demandé de leur faire visiter les lieux. Je leur ai proposé un tour des jardins, mais ils se fichaient comme d'une guigne des plants de lavande et de chèvrefeuille de Papa.

La femme a demandé d'une voix frémissant d'impatience : *Où est le Club H ?*

Une fidèle lectrice de tous ces nobles journaux.

Je l'y ai conduite, j'ai ouvert la porte et j'ai pointé le doigt vers le bas des marches plongées dans le noir.

Elle a pris une profonde inspiration et elle a souri. *Oh, ça sent même l'herbe !*

Mais ce n'était pas vrai. Ça sentait la terre humide, la pierre et la mousse. Ça sentait les fleurs coupées, la terre brute – avec un vague relent de bière, peut-être. Une odeur agréable, purement organique, mais cette femme avait succombé au pouvoir de la suggestion. Même quand je lui ai juré qu'il n'y avait pas d'herbe, que jamais personne n'avait consommé la moindre espèce de drogue dans cette pièce, elle m'a adressé un clin d'œil.

J'ai bien cru qu'elle allait me demander de lui en vendre un sachet.

35.

NOTRE FAMILLE NE S'AGRANDISSAIT PLUS. Pas de nouveau mariage à l'horizon, ni de nouveau bébé. La famille de mes tantes et de

---

1. Littéralement, « la tarée de la désintox ».

mes oncles, Sophie et Edward, Fergie et Andrew, était au complet. Même chose pour Papa, bien évidemment. Nous étions entrés dans une période de stagnation.

Mais à ce moment-là, en 2002, il m'est soudain apparu, il nous est apparu à tous, que notre famille n'était pas si statique que ça, après tout. Nos rangs allaient... se réduire.

La princesse Margaret et Gan-Gan n'étaient pas en grande forme.

Je ne connaissais pas bien la princesse Margaret, que j'appelais Tante Margo. C'était ma grand-tante, certes, nous avions 12,5 % d'ADN en commun, nous passions les jours fériés les plus importants ensemble, et pourtant, c'était presque une inconnue pour moi. Comme la plupart des Britanniques, j'avais surtout entendu parler d'elle. Je connaissais les grandes lignes de sa triste existence. Ses histoires d'amour passionnées et contrariées par le Palais. Ses tendances autodestructrices et les épisodes exubérants qui avaient défrayé la chronique. Un mariage précipité, qui semblait voué à l'échec dès le départ et qui s'était encore plus mal terminé que ce qu'on aurait pu croire. Les petits mots fielleux de son mari éparpillés dans la maison, dressant la liste impitoyable de tout ce qui n'allait pas chez elle. *Vingt-quatre raisons pour lesquelles je te hais !*

Dans mon enfance, elle ne m'inspirait aucun sentiment particulier, sinon une certaine pitié et un malaise prononcé. Elle avait un regard noir à faire faner les plantes dans leur pot. La plupart du temps, quand elle était dans les parages, je gardais mes distances. Quand nos chemins se croisaient, ce qui était rarissime, quand elle daignait remarquer ma présence et m'adresser la parole, je me demandais si elle avait une quelconque opinion à mon sujet. J'avais l'impression que non. Ou alors, à en juger par la sécheresse et la froideur de sa voix, que cette opinion n'était pas très reluisante.

Et puis un jour, à Noël, elle a elle-même dissipé le mystère. Toute la famille s'était réunie le soir du réveillon pour ouvrir les cadeaux, comme chaque année – tradition germanique qui avait survécu à l'anglicisation de notre nom de famille, quand nous avions délaissé le patronyme des Saxe-Cobourg-Gotha pour prendre celui des Windsor. Nous étions à Sandringham, dans un immense salon ; sur une longue table recouverte d'une nappe blanche avaient été disposés des petits bristols blancs à nos noms. La coutume voulait que chacun, au début de la soirée, repère sa place et aille se positionner devant son tas de cadeaux. Puis, soudain, tout le monde se mettait à ouvrir les paquets au même moment. Les membres de la famille s'en donnaient alors à cœur joie, parlaient tous en même temps, tiraient sur les rubans et arrachaient les papiers-cadeaux.

Debout devant ma pile, j'ai choisi d'ouvrir le plus petit en premier. J'ai lu sur l'étiquette : *De la part de Tante Margo.*

J'ai levé les yeux et lancé : *Merci, Tante Margo !*

J'espère que ça te plaira, Harry.

J'ai déchiré le papier. C'était...

Un stylo bille ?

Moi : *Oh. Un stylo bille. Waouh.*

Elle : *Oui. Un stylo bille.*

Moi : *Merci beaucoup.*

Mais ce n'était pas n'importe quel stylo bille, m'a-t-elle alors fait remarquer. Il y avait une petite gomme en forme de poisson accrochée dessus.

Moi : *Oh. Un stylo bille* poisson *! Ah d'accord...*

Je me suis dit : Quelle froideur.

De temps à autre, à mesure que je grandissais, je songeais que Tante Margo et moi aurions dû être proches. Nous avions tant de choses en commun. Deux Suppléants. Sa relation avec Grand-mère n'était pas exactement similaire à la mienne avec Willy, mais c'était comparable. La rivalité exacerbée, la compétition intense (du fait de l'aîné, en grande partie), tout cela m'était familier. Par ailleurs, Tante Margo m'évoquait aussi Maman par certains aspects. Des personnalités rebelles, l'une comme l'autre, et qui avaient la réputation d'être des sirènes. (Pablo Picasso comptait parmi les nombreux hommes à qui Margo avait inspiré une véritable obsession.) Alors la première pensée qui m'a traversé l'esprit, début 2002, quand j'ai appris qu'elle était malade, c'était que j'aurais voulu avoir plus de temps pour la connaître. Mais il était bien trop tard pour ça. Elle n'était presque plus autonome. Après s'être grièvement brûlé les pieds en prenant un bain, elle s'est retrouvée en fauteuil roulant et a connu dès lors un déclin, paraît-il, très rapide.

Quand elle est morte, le 9 février 2002, j'ai pensé que ça allait être un coup très dur pour Gan-Gan, qui déclinait elle aussi.

Grand-mère a essayé de la convaincre de ne pas assister aux funérailles. Mais Gan-Gan s'est extirpée de son lit, et quelques jours plus tard, elle a fait une mauvaise chute.

C'est Papa qui m'a dit qu'elle devait désormais garder le lit dans sa demeure de Royal Lodge, l'immense maison de campagne où elle passait la moitié de son temps depuis ces cinquante dernières années, quand elle n'était pas à Clarence House, sa résidence principale. Le Royal Lodge était situé à cinq kilomètres au sud du château de Windsor ; ce bâtiment faisait toujours partie du Grand Parc de Windsor, du Domaine de la Couronne, mais, comme le château, il avait un pied dans un autre monde. Des plafonds d'une hauteur vertigineuse. Une allée gravillonnée serpentant sereinement à travers des jardins luxuriants.

Construit peu de temps après la mort de Cromwell.

J'étais rassuré d'apprendre que Gan-Gan était là-bas, dans cet endroit que je savais cher à son cœur. Elle était tranquillement couchée dans son lit, m'a dit Papa, et elle ne souffrait pas.

Grand-mère était souvent à son chevet.

Quelques jours plus tard, à Eton, j'étais en train de réviser quand le téléphone a sonné. J'aimerais me rappeler à qui appartenait la voix à l'autre bout du fil ; un membre officiel de la Cour, je crois. Je me souviens que c'était juste avant Pâques ; il faisait un temps magnifique, l'air était doux et la lumière du jour inondait ma chambre, y déversant ses couleurs vives.

Votre Altesse Royale, la reine mère est morte.

Scène suivante : Willy et moi, quelques jours plus tard. Costumes noirs, visages fermés, impression de déjà-vu. Nous marchions à pas lents derrière l'affût de canon au son des cornemuses – des centaines de cornemuses. Cette musique me ramenait dans le passé.

Je me suis mis à trembler.

La même horrible procession, du palais à l'abbaye de Westminster. Puis nous avons grimpé dans une voiture et rejoint le cortège en centre-ville – Whitehall, puis le Mall, jusqu'à la chapelle Saint-Georges.

Je n'ai pas arrêté, ce matin-là, de lever les yeux vers le cercueil de Gan-Gan, sur lequel avait été posée la couronne. Ses trois mille diamants et sa croix ornée de joyaux étincelaient au soleil du printemps. Au centre de la croix, un diamant de la taille d'une balle de cricket. Et pas n'importe quel diamant ; le plus gros du monde, un monstre de 105 carats appelé le Koh-i-Nor. Le plus gros diamant jamais vu de mémoire d'homme. « Acquis » par l'Empire britannique à l'époque de son apogée. Volé, prétendaient certains. J'avais entendu dire qu'il exerçait un étrange pouvoir de fascination, et qu'il était maudit. Des hommes s'étaient battus, des hommes étaient morts pour ce diamant – cette malédiction, d'après la légende, ne touchait que les hommes.

De sorte que seules les femmes avaient le droit de le porter.

36.

ÉTRANGE, APRÈS UN TEL CHAGRIN, de simplement... *faire la fête.* Mais quelques mois plus tard ont eu lieu les célébrations du jubilé d'or. Le cinquantième anniversaire du règne de Grand-mère.

Quatre jours durant, en cet été 2002, Willy et moi avons passé presque tout notre temps à enfiler smokings et tenues d'apparat et à monter à bord de grosses voitures noires qui nous emmenaient ici ou là pour assister à une fête, un défilé, une réception ou un gala.

La Grande-Bretagne était en liesse. Les gens dansaient dans les rues, chantaient du haut des toits et des balcons. Tout le monde arborait d'une manière ou d'une autre l'Union Jack. Dans une nation connue pour sa réserve, c'était une étonnante manifestation de joie débridée.

Étonnante à mes yeux, en tout cas. Grand-mère, elle, ne semblait pas particulièrement surprise. Elle était même si peu surprise que c'en était surprenant en soi. Non pas qu'elle n'ait éprouvé aucune émotion. Au contraire, j'ai toujours pensé que Grand-mère ressentait les mêmes émotions que le commun des mortels ; simplement, elle savait les contrôler mieux que les autres.

Je me suis souvent retrouvé à ses côtés ou derrière elle lors du week-end du jubilé, et je songeais : Si tout ça la laisse de marbre, alors sa réputation d'imperturbable sérénité est bel et bien méritée. Auquel cas, me disais-je encore, peut-être que je suis un enfant trouvé ? Parce que, pour ma part, j'avais les nerfs à fleur de peau.

Il y avait plusieurs raisons à cela, mais la cause principale de ma nervosité avait à voir avec un scandale qui menaçait d'éclater.

Juste avant le jubilé, j'avais été convoqué par l'un des officiels de la Cour dans son petit bureau, et il m'avait demandé de but en blanc : *Harry – est-ce que vous consommez de la cocaïne ?*

Le fantôme de mon déjeuner avec Marko est aussitôt revenu me hanter.

Quoi ? Est-ce que je... ? Comment pouvez-vous... ? Non !

Hmm. Bon. Se pourrait-il qu'une photo traîne quelque part ? Est-il possible qu'il y ait quelqu'un, quelque part, qui possède une photo de vous en train de prendre de la cocaïne ?

Mon Dieu, non ! C'est ridicule ! Pourquoi ?

Il avait été contacté, m'a-t-il alors expliqué, par un journaliste affirmant être en possession d'une photo montrant le prince Harry en train de sniffer un rail.

Il ment. Ce n'est pas vrai.

Je vois. Quoi qu'il en soit, ce journaliste est disposé à remiser cette photo dans son coffre-fort et à ne plus jamais l'en sortir. Mais, en contrepartie, il souhaiterait s'entretenir avec vous et vous expliquer que ce que vous faites est très grave. Il veut vous donner quelques conseils.

Ah. Tordu. Et sournois. Diabolique, même, parce que si j'accepte cet entretien, ça revient à admettre que je suis coupable.

Tout à fait.

Je me suis dit : Après Rehabber Kooks, ils veulent tous me tomber dessus. Elle a marqué un point, et maintenant ses rivaux jouent des coudes pour être le prochain à m'enfoncer.

Quand est-ce que tout cela va finir ?

J'ai tenté de me rassurer : ce journaliste n'avait rien du tout, il essayait juste de m'appâter. Il devait avoir eu vent d'une rumeur et il cherchait à la confirmer. Reste droit dans tes bottes, me suis-je dit, puis j'ai demandé à l'officiel de ne pas se laisser prendre au bluff, de réfuter catégoriquement ces accusations et de refuser la proposition. De refuser, surtout, l'entrevue demandée par ce journaliste.

Il est hors de question que je cède au chantage.

L'officiel a hoché la tête. Affaire classée.

Bien sûr... je prenais bel et bien de la cocaïne à cette époque. Dans la maison de campagne de quelqu'un, pendant un week-end de chasse, on m'avait proposé un rail, et j'en avais consommé en d'autres occasions depuis. Ce n'était pas si amusant que ça, et ça ne me mettait pas particulièrement dans le même état d'euphorie que tous les autres autour de moi apparemment, mais ça me faisait éprouver quelque chose de *différent*, et c'était tout l'intérêt pour moi. Éprouver. Me sentir différent. J'étais un gamin de dix-sept ans profondément malheureux, prêt à essayer presque tout et n'importe quoi pour m'extraire de cette torpeur.

C'est en tout cas ce que je me disais. À cette époque, je me mentais à moi-même aussi facilement que j'avais menti à l'officiel.

Mais je comprenais à présent que le jeu n'en valait pas la chandelle. Le risque que je prenais était bien plus grand que la satisfaction que pouvait me procurer la coke. La menace d'un scandale, la perspective d'entacher le jubilé d'or de Grand-mère et de me retrouver à couteaux tirés avec les fous de la presse – tout ça n'en valait pas la peine.

Le bon côté des choses, c'est que j'avais bien joué mes cartes. Après que j'ai refusé de mordre à l'hameçon, le journaliste ne s'est plus manifesté. Comme je le soupçonnais, il n'y avait pas de photo, et dès lors que sa petite arnaque avait fait long feu, il avait disparu des radars. (Enfin, pas tout à fait... Il a fini par refaire surface, à Clarence House, pour s'immiscer dans les bonnes grâces de Camilla et Papa dont il est devenu proche.) J'avais honte d'avoir menti. Mais j'éprouvais aussi une certaine fierté. Au pied du mur, confronté à une crise terriblement effrayante, je n'avais certes pas gardé mon sang-froid, comme savait si bien le faire Grand-mère, mais, au moins, j'avais réussi à m'inspirer de sa sérénité. J'avais puisé *un peu* de son superpouvoir, de son stoïcisme héroïque. J'étais navré d'avoir raconté des bobards à l'officiel de la Cour, mais si j'avais agi autrement, les conséquences auraient été dix fois pires.

Alors... bien joué ?

Peut-être n'étais-je pas un enfant trouvé, après tout.

37.

L<small>E MARDI, AU POINT CULMINANT DES FESTIVITÉS DU JUBILÉ</small>, des millions de personnes sont venues voir Grand-mère quitter le palais pour aller à l'église. Une messe spéciale en son honneur. Elle était montée avec Grand-père à bord d'un carrosse en or – tout en or, scintillant jusqu'au dernier boulon. Portières en or, roues en or, toit en or et même une couronne en or pour parachever le tableau, brandie par trois statuettes d'angelots coulées dans l'or le plus éclatant. Ce carrosse avait été fabriqué treize ans avant la guerre d'indépendance, et il était toujours aussi fringant. Tandis qu'il conduisait Grand-mère et Grand-père à fond de train dans les rues de la ville, on entendait au loin un chœur impressionnant entonner à pleins poumons l'hymne du couronnement. *Rejoice ! Rejoice !* Et tout le monde se réjouissait en effet… Même pour les antimonarchistes les plus endurcis, il était difficile de ne pas avoir la chair de poule.

Un déjeuner officiel avait été organisé ce jour-là, il me semble, ainsi qu'un grand dîner, mais la fête était déjà un peu retombée. De l'avis unanime, le principal événement avait eu lieu la veille au soir, dans les jardins du palais de Buckingham – un concert donné par quelques-uns des plus grands musiciens de ce siècle. Paul McCartney avait chanté « Her Majesty » ; Brian May, perché sur le toit, avait joué « God Save the Queen ». C'est fantastique, s'était-on extasié de toutes parts. Et le fait que Grand-mère donne d'elle-même une image si moderne, à l'écoute de son temps, qu'elle ait pu autoriser – et même accueillir avec enthousiasme – cette déferlante de rock dans l'enceinte du palais royal, relevait pour ainsi dire du miracle.

Assis juste derrière elle, je ne pouvais m'empêcher de penser la même chose. À la voir taper du pied et bouger en rythme avec la musique, j'avais envie de la serrer dans mes bras – même si c'était inconcevable, bien entendu. Inenvisageable. Jamais je n'avais fait un tel geste, et je n'imaginais pas pouvoir jamais le faire, en quelque circonstance que ce soit.

Une fameuse anecdote raconte qu'un jour Maman avait essayé de serrer Grand-mère dans ses bras. En réalité, elle avait plutôt tenté une accolade en se penchant vers elle, à en croire les témoins de la scène ; Grand-mère s'était alors esquivée afin d'éviter tout contact, et elles s'étaient retrouvées toutes les deux dans une situation embarrassante, à murmurer des excuses en détournant les yeux. Chaque fois que j'essayais de me représenter cette scène, ça m'évoquait un vol à la tire raté, ou un placage maladroit au niveau de la cheville au rugby. Je me suis demandé, tandis que Grand-mère continuait de dodeliner de la tête en écoutant Brian May, si Papa avait jamais essayé, lui aussi. Sans doute pas. Quand il avait cinq ou six ans, Grand-mère l'avait laissé pour partir en tournée officielle à l'étranger, un voyage de plusieurs mois, et à son retour, elle s'était contentée de lui serrer fermement la main. Ce qui n'était déjà pas si mal, comparé aux marques d'affection qu'il avait reçues de la part de Grand-père. Ce dernier était si distant, si occupé à voyager et à travailler en permanence, qu'il avait à peine posé les yeux sur Papa pendant les premières années de sa vie.

À mesure que le concert se prolongeait, j'ai commencé à être envahi par la fatigue. J'avais mal au crâne à cause du volume de la musique et du stress accumulé au cours des semaines passées. Grand-mère, de son côté, ne trahissait pas le moindre signe de lassitude. Son énergie était intacte. Elle continuait de bouger et de battre du pied.

Soudain, en l'observant plus attentivement, j'ai remarqué quelque chose dans ses oreilles. Un objet... en or ?

Comme le carrosse en or.

Comme les angelots en or.

Je me suis penché. Non, ce n'était peut-être pas de l'or, en réalité. C'était plutôt jaune.

Oui, c'était bien ça. Des boules Quiès jaunes.

J'ai baissé les yeux en souriant. Quand j'ai relevé la tête, j'ai regardé avec amusement Grand-mère en train de se trémousser en rythme sur une musique qu'elle n'entendait pas, ou qu'elle avait trouvé un moyen subtil et astucieux de... tenir à distance. De contrôler.

Plus que jamais, à cet instant précis, j'aurais voulu pouvoir serrer ma grand-mère dans mes bras.

38.

J'AI EU UNE CONVERSATION AVEC PAPA CET ÉTÉ-LÀ, sans doute à Balmoral, ou peut-être à Clarence House, où il avait désormais établi sa résidence de manière plus ou moins permanente. Il avait emménagé là peu après la mort de Gan-Gan, et où qu'il soit, j'étais avec lui.

Quand je n'étais pas à Manor House.

À l'approche de la fin de ma dernière année à Eton, Papa voulait parler avec moi de la façon dont j'envisageais la suite. La plupart de mes copains iraient à l'université. Willy était déjà à St. Andrews, où il faisait des étincelles. Henners venait d'obtenir son A-Level[1] à Harrow School et prévoyait d'aller à Newcastle.

Et toi, mon cher enfant ? Est-ce que tu as réfléchi... à ton avenir ?

Eh bien oui. J'y avais réfléchi. Depuis plusieurs années, j'évoquais, avec le plus grand sérieux, la possibilité de travailler à la station de ski de Lech am Arlberg, où Maman nous emmenait autrefois. J'en gardais des souvenirs merveilleux. Plus spécifiquement, je voulais travailler au restaurant de fondue dans le centre-ville que Maman adorait. Cette fondue était si bonne qu'elle pouvait changer votre vie. (Oui, c'était une idée vraiment folle.) Mais, ce jour-là, j'ai dit à Papa que j'avais renoncé à ce projet absurde, et il a poussé un soupir de soulagement.

À la place, j'envisageais à présent de devenir moniteur de ski...

Papa s'est de nouveau raidi. *Hors de question.*

OK.

Long silence.

Dans ce cas, pourquoi pas... guide de safari ?

Non, mon cher enfant.

Ça n'allait pas être facile.

Une partie de moi avait vraiment envie de faire quelque chose qui sorte radicalement des sentiers battus, qui ferait bondir de surprise tout le monde, dans ma famille et dans le pays tout entier – *Hein ? Quoi ? Mais qu'est-ce que c'est que ce délire ?* Une partie de moi avait envie de tout envoyer balader, de disparaître – comme Maman. Et comme d'autres princes avant moi. Je me rappelais vaguement l'histoire de ce type en Inde, par exemple, il y a très longtemps, qui, un beau jour, avait tout simplement claqué la porte du palais pour aller passer le reste de sa vie assis sous un banian. On avait lu un texte là-dessus à l'école. Ou, du moins, on aurait dû.

Mais une autre partie de moi était animée d'une ambition dévorante. Les gens partaient du principe que le Suppléant ne pouvait

---

1. Équivalent du baccalauréat.

ou ne devait pas avoir la moindre ambition. Que les membres de familles royales, de manière générale, n'avaient aucun désir de carrière, aucune préoccupation d'ordre professionnel. Vous faites partie des têtes couronnées, vous n'avez pas à lever le petit doigt, les autres s'occupent de tout à votre place, alors pourquoi s'inquiéter ? Mais le fait est que je m'inquiétais beaucoup : je voulais tracer mon propre chemin, trouver un sens à ma vie dans ce monde. Je ne voulais pas devenir l'un de ces parasites oisifs qui passaient leur temps à siroter des cocktails sous le regard consterné des autres et que tout le monde évitait dans les réunions de famille. Il y avait eu beaucoup de spécimens de ce genre dans la mienne, depuis des siècles.

Papa lui-même aurait pu en devenir un. On l'avait toujours dissuadé de travailler, m'a-t-il dit. On lui avait expliqué que l'Héritier devait « ne pas trop s'agiter », rester tranquillement dans son coin afin de ne pas faire de l'ombre au monarque en place. Mais il s'était rebellé, il avait écouté sa petite voix intérieure et découvert qu'il adorait travailler.

Il voulait la même chose pour moi.

C'est pourquoi il ne m'a pas poussé à aller à l'université. Il savait que ce n'était pas dans mon ADN. Ce qui ne veut pas dire que j'étais opposé par principe à l'idée de faire des études supérieures. L'université de Bristol, par exemple, me paraissait assez séduisante. J'avais compulsé tous les documents relatifs à cette institution et même envisagé de m'y inscrire pour étudier l'histoire de l'art (un cursus qui attirait beaucoup de jolies filles). Mais je ne me voyais pas passer des années entières le nez dans des bouquins. Et mon directeur d'études à Eton non plus. Il me l'avait dit en toute franchise : *Vous n'avez pas le profil universitaire, Harry.* Et Papa abondait à présent dans son sens. Ce n'était un secret pour personne, m'a-t-il dit d'une voix pleine d'indulgence, que je n'étais pas « l'érudit de la famille ».

Cette remarque était dénuée de toute malveillance. N'empêche, ça m'a vexé.

Nous avons continué à discuter, à passer en revue toutes mes options, et, par élimination, nous avons fini par tomber sur l'armée. Ça paraissait sensé. C'était raccord avec mon désir de sortir des sentiers battus, de disparaître. Intégrer les rangs de l'armée me permettrait de me soustraire à la curiosité incessante du public et de la presse. Mais cela me permettrait également d'exaucer mon vœu de faire mes preuves.

Et puis ça correspondait aussi très bien à ma personnalité. Petit, je jouais tout le temps aux soldats de plomb. J'avais passé des milliers d'heures à planifier et à livrer des batailles épiques avec mes figurines au palais de Kensington et dans les jardins de Highgrove conçus par Rosemary Verey. Et j'abordais la moindre partie de paintball comme si l'avenir du Commonwealth tout entier en dépendait.

Papa a souri. *Oui, mon cher enfant. Je crois que l'armée est exactement ce qui te conviendrait.*

Mais d'abord..., a-t-il ajouté.

Des tas de jeunes gens prenaient une année sabbatique après leurs études, sans trop y réfléchir, comme si ça allait de soi. Papa, cependant, considérait cette année sabbatique comme l'une des expériences les plus formatrices dans la vie d'un homme.

Va explorer le monde, mon cher enfant ! Pars à l'aventure.

Alors je suis allé voir Marko pour discuter avec lui du genre d'aventure dans laquelle je pourrais m'embarquer. Dans un premier temps, nous sommes tombés d'accord sur l'Australie. Six mois de travail dans une ferme.

Excellent.

Ensuite, pour la seconde moitié de l'année, direction l'Afrique. J'ai dit à Marko que j'aimerais participer à la lutte contre le sida. Je n'ai pas eu besoin de préciser que ce serait une façon pour moi de rendre hommage à Maman, de reprendre le flambeau en poursuivant le travail qu'elle avait accompli dans ce domaine.

Marko a pris le temps de faire quelques recherches, puis il est revenu me voir et il a dit : le Lesotho.

Jamais entendu parler, ai-je dû admettre.

Il m'a expliqué. Un pays enclavé. Magnifique. Frontalier de l'Afrique du Sud. D'immenses besoins, beaucoup de travail à faire.

J'étais fou de joie. Un plan – enfin !

Peu de temps après, je suis allé rendre visite à Henners. Un week-end à Édimbourg. Automne 2002. Nous avons mangé ensemble dans un restaurant et je lui ai parlé de mes projets. *Super, Haz !* Lui aussi prenait une année sabbatique, qu'il passerait en Afrique de l'Est. En Ouganda, si je me souviens bien. Dans une école rurale. Pour le moment, toutefois, il s'était dégoté un travail à mi-temps – à Ludgrove. Il était « larbin » (terme ludgrovien pour désigner un « homme à tout faire »). C'était un chouette boulot, m'a-t-il dit. Il était entouré de gamins et passait son temps à réparer des tas de trucs ici ou là dans les bâtiments de l'école.

Sans oublier, ai-je ajouté pour le charrier : *Fraises et carottes à gogo !*

Mais il parlait sérieusement. *Ça me plaît d'enseigner, Haz.*

Oh.

Nous avons parlé avec enthousiasme de l'Afrique et échafaudé des plans pour nous voir là-bas. Après l'Ouganda, après l'université, Henners s'engagerait sans doute lui aussi dans l'armée. Il intégrerait le régiment des Green Jackets. Ce n'était pas vraiment un choix ; sa famille avait servi sous l'uniforme depuis des générations. Nous avons parlé de possibles retrouvailles là-bas aussi. Un jour, peut-être, nous sommes-nous dit, nous serions côte à côte pour aller au combat ou aider des gens à l'autre bout de la planète.

L'avenir. Nous nous sommes demandé à voix haute ce qu'il nous réservait. J'étais inquiet à ce propos, contrairement à Henners. Il ne prenait pas cette question au sérieux – il ne prenait jamais rien au sérieux. Il faut prendre la vie comme elle vient, Haz. Du Henners dans le texte. Il avait toujours été comme ça. J'enviais sa sérénité.

Pour l'heure, cependant, il avait prévu d'aller faire un tour dans un casino d'Édimbourg. Il m'a demandé si je voulais me joindre à lui. Ah non, désolé, lui ai-je dit, impossible. Je ne pouvais pas prendre le risque d'être vu dans un casino. Ça provoquerait un énorme scandale.

Dommage, a-t-il répondu.

Nous avons trinqué en nous promettant de nous reparler très bientôt.

Deux mois plus tard, un dimanche matin – juste avant Noël 2002. J'ai dû apprendre la nouvelle par téléphone, même si je n'ai qu'un très vague souvenir d'avoir tenu le combiné dans ma main et entendu ce qu'on m'annonçait à l'autre bout du fil. Henners et un autre garçon s'étaient plantés en voiture contre un arbre en sortant d'une soirée près de Ludgrove. Si j'ai du mal à me souvenir de ce coup de téléphone, en revanche je me rappelle parfaitement la réaction que j'ai eue. La même que le jour où Papa m'avait raconté ce qui était arrivé à Maman. *Ah, d'accord... Henners a eu un accident. Mais il est à l'hôpital, n'est-ce pas ? Il va s'en sortir ?*

Non. Il ne s'en était pas sorti.

Quant à l'autre garçon – qui était derrière le volant –, il avait été grièvement blessé.

Willy et moi sommes allés à l'enterrement. Une petite église de paroisse, au bout de la rue dans laquelle Henners avait grandi. Je me souviens des centaines de personnes amassées sur les bancs en bois qui grinçaient. Je me rappelle, après la cérémonie, avoir fait la queue pour serrer dans mes bras les parents de Henners, Alex et Claire, et ses frères, Thomas et Charlie.

Il me semble avoir entendu des gens parler de l'accident à voix basse pendant que nous attendions notre tour.

Il y avait du brouillard, vous comprenez...
Ils n'allaient pas loin...
Mais ils allaient où ?
Et à une heure pareille ? En pleine nuit ?
Ils étaient à une fête et la sono était pourrie !
Alors ils sont partis en chercher une autre.
Non !
Ils allaient emprunter un lecteur CD à un copain. Pas très loin, vous voyez...
Du coup ils n'ont pas mis leur ceinture...

Exactement comme Maman.

La différence, c'est que, cette fois, je ne pouvais pas inventer une histoire de disparition. Henners était mort. Indiscutablement.

Et, autre différence, ils ne roulaient pas si vite que ça.

Parce que personne ne les pourchassait.

Trente kilomètres heure, max, a dit quelqu'un.

Et pourtant la voiture était allée s'encastrer dans un vieil arbre.

Les vieux, a expliqué quelqu'un, sont beaucoup plus durs que les jeunes.

39.

Ils ne voulaient pas me laisser quitter Eton sans que je sois monté sur scène. C'est ce qu'ils m'ont dit : je devais absolument jouer dans l'une de leurs pièces en costumes avant qu'ils consentent à signer mon bon de sortie et à me rendre ma liberté.

Ça paraît ridicule, mais le théâtre est une affaire on ne peut plus sérieuse à Eton. Le département d'art dramatique monte plusieurs spectacles par an, et celui de fin d'année est le plus important de tous.

En cette fin de printemps 2003, c'était Shakespeare. *Beaucoup de bruit pour rien.*

On m'a confié le rôle de Conrad. Un personnage secondaire. Un grand buveur, entre autres caractéristiques, pour ne pas dire un ivrogne, ce qui a donné un prétexte tout trouvé à la presse pour sous-entendre que moi aussi j'étais porté sur la bouteille.

Tiens tiens... Un rôle taillé à sa mesure, non ?

Les articles se sont écrits tout seuls.

Le prof de théâtre d'Eton n'a fait aucun commentaire de ce genre en me confiant le rôle. Il m'a juste indiqué que je jouerais Conrad – *Amuse-toi, Harry* –, et je ne me suis pas posé la moindre question sur ses motivations. De toute façon, je n'aurais rien dit, même si je l'avais soupçonné de se foutre de moi, parce que je n'avais qu'une seule envie : quitter Eton. Et pour quitter Eton, il fallait que je monte sur scène.

Entre autres choses, j'ai appris en travaillant sur cette pièce que c'était faire fausse route – et réducteur – de se focaliser sur l'alcoolisme de Conrad. C'était un personnage assez fascinant en réalité. Loyal, mais faible. Intelligent, mais influençable. Surtout, c'était un acolyte, un complice, dont la fonction principale était de faire rire le public de temps à autre. Je n'ai eu aucun mal à endosser ce rôle, et j'ai découvert, pendant les filages, que j'avais un talent insoupçonné. Être membre de la famille royale et monter sur scène, au fond, ce n'était pas si différent. Le contexte n'était pas le même, mais dans les deux cas, il s'agissait de jouer un rôle.

Le soir de la première, dans un Farrer Theatre plein à craquer, mon père s'est assis pile au milieu du public, et personne n'a autant profité du spectacle que lui ce soir-là. Pour lui, c'était un rêve qui devenait réalité : son fils dans une pièce de Shakespeare, et il en a eu pour son argent. Il rugissait, pleurait de rire, applaudissait à tout rompre. Mais, bizarrement, jamais au bon moment. Toujours avec un temps de retard. C'était inexplicable. Il restait impassible quand tout le monde autour de lui s'esclaffait. Il s'esclaffait quand tout le monde autour de lui restait impassible. Non seulement il se faisait remarquer, mais c'était terriblement perturbant. Les spectateurs ont cru que Papa était un figurant, qu'il faisait partie de la mise en scène. *Mais c'est qui ce type là-bas qui se bidonne alors qu'il n'y a rien de drôle ? Oh mais c'est... le prince de Galles ?*

Après la représentation, Papa est venu en coulisses et s'est répandu en compliments. *Tu as été formidable, mon cher enfant.*

Mais j'étais incapable de dissimuler ma contrariété.

Qu'est-ce qu'il y a, mon cher enfant ?

Papa, vous n'avez pas arrêté de rire quand il ne fallait pas !

Il était abasourdi. Et moi aussi. Comment était-il possible qu'il ne s'en soit pas rendu compte ?

J'ai fini par comprendre ce qui s'était passé. Un jour, il m'avait raconté que, quand il avait mon âge et qu'il avait joué lui aussi dans une pièce de Shakespeare à l'école, Grand-père était venu assister à la représentation et s'était comporté exactement de la même manière. Riant systématiquement quand il ne fallait pas. Se donnant lui-même en spectacle. Papa cherchait-il à imiter son propre père ? Parce qu'il ne savait pas comment s'y prendre autrement pour jouer son propre rôle de parent ? Ou était-ce l'expression de quelque chose de plus subliminal, une sorte de gène récessif ? Chaque génération est-elle condamnée à répéter malgré elle les fautes de la précédente ? J'aurais bien aimé le savoir, et j'aurais pu poser la question, mais ce n'était pas le genre de sujet dont on pouvait discuter avec Papa. Ou avec Grand-père. Alors j'ai mis ça dans un coin de ma tête et je me suis concentré sur les aspects positifs de cette soirée.

Papa est là, me suis-je dit, et il est fier, et ça, ce n'est pas rien. Tous les enfants n'avaient pas cette chance.

Je l'ai remercié d'être venu et je l'ai embrassé sur les deux joues.

Comme le dit Conrad : *Ne pouvez-vous tirer aucun parti de votre mécontentement ?*

40.

J'AI TERMINÉ MA SCOLARITÉ À ETON EN JUIN 2003, grâce à de nombreuses heures de travail acharné – et à des cours particuliers que Papa m'avait organisés. Ce n'était pas un mince exploit pour un garçon aussi peu studieux que moi, aussi limité et distrait ; je n'irais pas jusqu'à dire que j'étais fier de moi, parce que c'était quelque chose dont j'étais tout bonnement incapable, mais franchir ce cap m'a permis de faire taire en moi, provisoirement, la petite voix intérieure qui ne cessait de s'autocritiquer.

Et puis j'ai été accusé d'avoir triché.

Une prof d'arts plastiques a prétendu détenir des preuves de mon délit – qui se sont révélées fausses. Il s'est avéré qu'il n'y avait rien du tout, et j'ai été lavé de tout soupçon par le comité des examens. Mais le mal était fait. Les accusations sont restées.

J'étais dévasté. Je voulais diffuser un communiqué, tenir une conférence de presse, dire au monde entier : J'ai travaillé ! Je n'ai pas triché !

Le Palais s'y est opposé. Dans cette affaire, comme d'habitude, les autorités de la Couronne s'en sont rigoureusement tenues à la devise familiale : *Ne jamais se plaindre, ne jamais s'expliquer.* Surtout si le plaignant était un garçon de dix-huit ans.

J'ai donc été obligé de ravaler mon indignation et de rester muet face aux accusations de la presse qui me traitait tous les jours de tricheur et de crétin. (À cause d'un projet d'arts plastiques ! Comment peut-on même « tricher » en arts plastiques ?) C'est ainsi que je me suis retrouvé affublé d'un nouveau titre : Prince Débilo. Tel était mon nouveau rôle, que j'étais forcé d'assumer comme j'avais été forcé d'endosser celui de Conrad, contre mon gré, sans même avoir mon mot à dire. La différence, c'est que nous n'avons joué *Beaucoup de bruit pour rien* que trois fois. Ce nouveau rôle risquait de me coller à la peau jusqu'à la fin de mes jours.

Le prince Harry ? Ah oui, pas très fute-fute, celui-là...

Pas foutu de réussir l'examen le plus basique sans tricher, à ce qu'il paraît !

J'en ai parlé à Papa. J'étais désespéré.

Il a dit ce qu'il disait toujours.

Mon cher enfant, ne lis pas ces articles, c'est tout.

Lui-même ne les lisait jamais. Il lisait tout le reste, de Shakespeare aux rapports officiels sur le changement climatique, mais jamais la presse. (Il regardait les infos de la BBC, mais la plupart du temps il finissait par balancer rageusement la télécommande contre l'écran.) Le problème, c'est que tout le monde lisait ces journaux. Tout le monde dans ma famille prétendait les ignorer, comme Papa, mais au moment même où ils étaient en train de vous expliquer les yeux dans les yeux qu'ils y étaient complètement indifférents, des domestiques en livrée s'affairaient autour d'eux pour leur apporter tous les titres de la presse britannique sur des plateaux en argent, aussi minutieusement disposés que des scones avec leur petit pot de marmelade.

41.

La ferme s'appelait Tooloombilla. Ses propriétaires étaient les Hill.

Noel et Annie. Des amis de Maman. (Annie était sa colocataire à l'époque où elle avait commencé à fréquenter Papa.) Marko m'a aidé à retrouver leur trace et a réussi à les convaincre de m'engager comme apprenti pendant l'été, sans rémunération.

Les Hill avaient trois enfants. Nikki, Eustie et George. L'aîné, George, avait le même âge que moi, mais il paraissait plus vieux, peut-être à force d'avoir travaillé pendant des années dans la fournaise du soleil australien. Quand je suis arrivé, j'ai appris que George serait mon mentor, mon patron – mon directeur d'études, en quelque sorte. Même si Tooloombilla n'avait rien à voir avec Eton.

Cet endroit ne ressemblait à rien de ce que j'avais connu jusqu'ici.

Je venais d'une contrée verdoyante. La ferme des Hill était une ode à la couleur marron. Je venais d'un endroit où chacun de mes gestes était surveillé, consigné et soumis au jugement d'autrui. La ferme des Hill était si vaste et si éloignée de tout que je ne voyais jamais personne de toute la journée, à part George. Et un wallaby de temps à autre.

Surtout, je venais d'un pays au climat tempéré, pluvieux, froid. Sur la ferme des Hill, il faisait chaud. Très chaud.

Je n'étais pas sûr de pouvoir résister à une chaleur pareille. Le climat de l'Outback – l'arrière-pays australien – était incompréhensible pour moi, et mon corps semblait incapable de s'y adapter. Comme Papa, la seule idée de me retrouver exposé à la chaleur m'accablait ; comment aurais-je pu supporter un four à l'intérieur d'un haut-fourneau à l'intérieur d'un réacteur nucléaire juché au sommet d'un volcan en éruption ?

La situation n'était pas idéale pour moi ; elle était pire encore pour mes gardes du corps. Les pauvres – c'était la mission la moins enviable qu'ils auraient pu se voir confier. Sans compter que leur logement était extrêmement spartiate – une dépendance à l'autre bout du domaine. Je les voyais rarement et je les imaginais souvent là-bas, assis en caleçon devant un ventilateur bruyant, en train de retoucher leur CV en grommelant.

Les Hill avaient accepté de m'héberger dans la résidence principale, un joli petit bungalow à bardeaux blancs avec une volée de marches en bois menant à une grande véranda. La porte d'entrée émettait un grincement chaque fois qu'on l'ouvrait, une espèce de miaulement de chaton, et claquait bruyamment chaque fois qu'on la laissait se refermer toute seule. Elle était dotée d'une solide moustiquaire – les moustiques australiens étant aussi gros que des oiseaux. Le premier soir, pendant le dîner, je n'entendais que le claquement rythmique de ces créatures vampiriques venant se cogner contre les mailles serrées de cette moustiquaire.

Il n'y avait pas grand-chose d'autre à entendre. L'ambiance était un peu bizarre autour de la table ; tout le monde essayait de faire comme si j'étais un simple apprenti fermier, et non pas un prince, comme si nous ne pensions pas tous à Maman, qui avait tant aimé Annie autrefois, et qu'Annie avant tant aimée elle aussi. Je sentais bien qu'Annie avait envie de parler d'elle, mais, comme lorsque j'étais avec Willy, je m'en sentais incapable. Alors j'ai englouti mon dîner, louant avec effusion les talents de cuisinière de la maîtresse de maison et demandant à être resservi, tout en me triturant la cervelle pour trouver un sujet de conversation anodin. Mais aucun ne me venait à l'esprit. La chaleur avait déjà commencé à me griller les neurones.

Quand je m'endormais, ces premières nuits dans l'immense plaine aride, le visage de Marko m'apparaissait et je lui demandais d'une voix inquiète : *Dis donc, mon vieux, tu es sûr qu'on a bien fait de choisir cet endroit ?*

42.

Le travail, comme d'habitude, s'est révélé le remède à tous les problèmes. Un labeur difficile, harassant, ininterrompu, voilà ce que les Hill avaient à m'offrir ; il y avait énormément à faire, et je n'en avais jamais assez. Plus je travaillais dur, moins je souffrais de la chaleur et plus il devenait facile de parler – ou de ne rien dire – quand nous nous retrouvions à table pour les repas.

Mais il ne s'agissait pas simplement de travail. Être apprenti sur une ferme exigeait de l'endurance, assurément, mais aussi une certaine sensibilité. C'était tout un art. Il fallait savoir chuchoter à l'oreille des animaux. Il fallait savoir déchiffrer le ciel et la terre.

Il fallait aussi être un cavalier émérite. J'étais venu en Australie croyant m'y connaître en équitation, mais les Hill étaient des Huns, tous nés sur un cheval. Noel était le fils d'un joueur de polo professionnel. (Il avait été l'ancien entraîneur de polo de Papa.) Il suffisait à Annie de caresser le museau d'un cheval pour savoir ce qu'il pensait. Et George montait plus facilement en selle que la plupart des gens dans leur lit.

La journée de travail commençait habituellement au milieu de la nuit. Quelques heures avant l'aube, George et moi sortions d'un pas titubant nous atteler aux premières tâches de la journée, essayant d'abattre le plus de travail possible avant que le soleil monte dans le ciel. Aux premières lueurs, nous sellions nos chevaux et galopions jusqu'à la lisière des seize mille hectares du domaine des Hill (deux fois plus étendu que celui de Balmoral) pour procéder au regroupement – c'est-à-dire déplacer le bétail d'un endroit à un autre. Nous partions à la recherche des quelques vaches qui s'étaient égarées pendant la nuit pour les ramener dans le troupeau. Nous en faisions grimper d'autres dans une remorque pour les transporter vers une partie différente du domaine. La plupart du temps, je ne comprenais pas bien au juste pourquoi nous déplacions telles ou telles vaches, mais j'avais saisi l'essentiel de la manœuvre :

Les vaches avaient besoin d'espace.

Je les comprenais.

Chaque fois que George et moi trouvions quelques-unes de ces fuyardes, la petite troupe rebelle nous donnait pas mal de fil à retordre. Il était vital de faire en sorte qu'elles restent groupées. Si jamais elles se dispersaient, nous serions dans la mouise jusqu'au cou. Il nous faudrait des heures pour les rassembler, et la journée serait fichue. Si l'une d'elles s'enfuyait et disparaissait dans un bosquet, par exemple, George et moi devions la poursuivre à bride abattue. De temps en temps, en pleine chevauchée, une branche basse nous éjectait de la selle et on se retrouvait étendus les quatre fers en l'air, assommés. Puis on reprenait nos esprits et on s'assurait qu'on n'avait rien de cassé, aucun signe d'hémorragie interne, sous le regard indifférent du cheval.

Le plus important, c'était de se débrouiller pour que le regroupement ne s'éternise pas. Les longues courses-poursuites fatiguaient les vaches, qui perdaient du coup de leur masse graisseuse et donc de leur valeur marchande. Le gras, c'était de l'argent, et la marge d'erreur était particulièrement étroite dans le cas des vaches australiennes, qui, par nature, n'étaient pas très grasses. L'eau était rare, l'herbe était rare, et le peu qu'il y en avait était souvent ratiboisé par les kangourous, que George et sa famille considéraient un peu comme d'autres considèrent les rats.

La manière dont George parlait aux bêtes égarées me sidérait et me faisait rire. Il les haranguait, les houspillait et les insultait – leur réservant une insulte en particulier que peu de gens au monde prononcent de toute leur vie. George, lui, répétait ce mot toutes les cinq minutes. La plupart des gens plongent sous la table dès qu'ils entendent ce juron, mais pour George c'était une sorte de couteau suisse linguistique – ses usages étaient multiples. (Et, prononcé avec l'accent australien, ce mot avait presque quelque chose de charmant.)

George possédait des dizaines d'autres pépites à son lexique. Par exemple, une *gras-dub'* était une vache bien en chair, prête pour l'abattoir. Un *bouvion* était un jeune taureau qui aurait dû être castré mais ne l'avait pas encore été. Un *sevron* était un veau qu'on venait de séparer de sa mère. Une *clopine* était une pause cigarette. On ne mangeait pas – on *croûtait*. J'ai passé pas mal de temps, en cette fin d'année 2003, juché sur la selle d'un cheval, à surveiller un sevron tout en m'accordant une petite clopine en attendant l'heure de croûter.

Parfois difficile, parfois assommant et répétitif, le regroupement du bétail pouvait aussi se révéler à l'occasion une expérience chargée en émotions. Les jeunes femelles étaient les plus dociles, elles obéissaient au doigt et à l'œil, mais les jeunes mâles se fichaient éperdument des ordres qu'on leur donnait, et surtout ils n'aimaient pas être séparés de leur mère. Ils geignaient, mugissaient, parfois même ils se ruaient sur vous. Un brusque coup de corne pouvait vous estropier ou vous sectionner une artère. Mais je n'avais pas peur. J'éprouvais plutôt... une forme de compassion. Et j'avais l'impression que les taurillons le sentaient.

La seule chose que je refusais de faire, la seule et unique tâche qui me rebutait, c'était la castration. Chaque fois que George sortait sa longue lame étincelante, je levais les mains en l'air. *Non, mon vieux, désolé, je peux pas.*

Comme tu veux.

À la fin de la journée, je prenais une douche brûlante, dévorais un dîner gargantuesque, puis George et moi allions nous asseoir sur la véranda, histoire de nous rouler quelques cigarettes et d'écluser quelques bières bien fraîches. Parfois, nous écoutions de la musique sur son petit lecteur CD, qui me rappelait le « sans-fil » de Papa. Ou celui de Henners. *Ils allaient emprunter un lecteur CD à un copain...* Souvent, nous nous contentions de rester assis là, les yeux perdus dans l'immensité du paysage. Le terrain était si plat, sans la moindre aspérité, qu'on voyait se former au loin les orages plusieurs heures avant qu'ils atteignent la ferme, l'horizon illuminé par les premiers éclairs arachnéens. À mesure que la foudre se rapprochait, de plus en plus forte, le vent s'engouffrait dans la maison et soulevait les rideaux. Puis une lumière blanche aveuglante envahissait brièvement toutes les pièces. Les premiers coups de tonnerre faisaient trembler les meubles. Et enfin, le déluge. George soupirait. Ses parents soupiraient. La pluie, ça voulait dire de l'herbe. Donc du gras pour les vaches. Donc de l'argent.

Mais même s'il ne pleuvait pas, c'était tout aussi bien, car après une tempête de vent, le ciel dégagé se déployait dans toute sa splendeur piquetée d'étoiles. Le doigt tendu, je montrais à George ce que les guides au Botswana m'avaient montré. *Tu vois l'étoile bril-*

lante là-bas, tout près de la lune ? C'est Vénus. Et là-bas, c'est la constellation du Scorpion – c'est depuis l'hémisphère sud qu'on la distingue le mieux. Et là, ce sont les Pléiades. Là-bas, c'est Sirius – l'étoile la plus brillante de tout le firmament. Et là, Orion : l'étoile du Chasseur. On en revient toujours à ça, pas vrai ? Qui pourchasse et qui se fait pourchasser...

Comment ça, Harry, qu'est-ce que tu racontes ?

Non, rien, mon vieux, laisse tomber.

Ce qui me fascinait par-dessus tout à propos des étoiles, c'était leur éloignement. La lumière qu'elles émettaient avait jailli des centaines de siècles auparavant. Autrement dit, quand on observait une étoile, c'était le passé qu'on entrevoyait, une époque où personne, de tous ceux que vous connaissiez et aimiez, n'existait encore.

Ou n'était mort.

Ou n'avait disparu.

George et moi rentrions nous pieuter vers huit heures et demie. Nous étions souvent si éreintés que nous ne prenions même pas la peine de nous déshabiller. Je n'avais plus peur de l'obscurité – au contraire, je m'y plongeais avec délices. Je dormais comme une souche et me réveillais en pleine forme, complètement régénéré. Perclus de courbatures, mais prêt à remonter en selle.

Il n'y avait pas de jour chômé. Entre le travail acharné, la chaleur accablante et les vaches récalcitrantes, ça n'arrêtait pas, et j'étais exténué, chaque jour un peu plus amaigri et incapable d'aligner trois mots. Même mon accent britannique avait souffert de ce régime. Six semaines après mon arrivée en Australie, je ne parlais plus du tout comme Willy et Papa. Plutôt comme George.

Et je m'habillais un peu comme lui aussi. J'ai bientôt pris l'habitude de porter un chapeau de cow-boy en feutre souple comme le sien. De me balader avec l'un de ses vieux fouets en cuir accroché à la ceinture.

Enfin, pour parachever cette nouvelle identité, j'ai acquis un nouveau surnom. *Spike.* Harry le Hérisson.

Voilà comment c'est arrivé. Mes cheveux ne s'étaient jamais vraiment remis de la petite séance de tonte à laquelle les avaient soumis mes copains à Eton. Certaines mèches poussaient droit sur mon crâne comme de l'herbe en été, d'autres restaient obstinément aplaties, comme du foin couché sur lequel on aurait vaporisé de la laque. George pointait souvent du doigt ma chevelure en disant : *Sacrée pagaille là-haut* ! Mais lors d'un bref séjour à Sydney pour assister à la coupe du monde de rugby, j'avais fait une apparition officielle au zoo de Taronga, et on m'avait demandé de poser pour une photo à côté d'un échidné, une drôle de créature à mi-chemin entre le hérisson et le fourmilier, entièrement recouverte de longs piquants rigides qui lui avaient valu d'être baptisée Spike par les gardiens du zoo. Sur le dos de cette pauvre bête, c'était une sacrée pagaille, comme aurait dit George.

Bref, cet animal me ressemblait. Beaucoup. Et quand George a découvert cette photo de moi avec Spike, il a éclaté de rire.

Haz – cette bestiole a les mêmes tifs que toi !

Dès lors, il ne m'a plus jamais appelé que par ce nom : Spike. Et mes gardes du corps n'ont pas tardé à prendre le pli. Spike est même devenu mon nom de code quand ils communiquaient par radio. Certains sont allés jusqu'à faire imprimer des T-shirts, qu'ils enfilaient quand ils étaient de service : *Spike 2003*.

Il n'a pas fallu longtemps pour que mes copains en Angleterre aient vent de ce nouveau sobriquet, qu'ils ont aussitôt adopté. Je suis *devenu* Spike – quand je n'étais pas Haz, ou Baz, ou Prince Bouseux, ou Cher Enfant, ou Maigrichon, comme m'appelaient certains employés du Palais. Mon identité avait toujours été un problème… épineux ; mais entre la demi-douzaine de noms officiels que je portais et la demi-douzaine de surnoms dont on m'avait affublé, c'était désormais un casse-tête vertigineux, digne d'un palais des glaces.

En général, peu m'importait comment on m'appelait. La plupart du temps, je me disais : Je me fiche bien de savoir qui je suis, du moment que je suis quelqu'un d'autre, quelqu'un de différent – tout sauf le prince Harry. Mais un colis officiel arrivait alors en provenance de Londres, de Buckingham, et j'étais aussitôt rattrapé par mon ancien moi, mon ancienne vie, la vie d'un membre de la famille royale.

Le colis arrivait le plus souvent par la poste, mais parfois c'était un nouveau garde du corps qui venait me le remettre en mains propres. (Toutes les deux semaines, il y avait une rotation des gardes du corps, ce qui leur permettait, chacun son tour, de se reposer et de voir leur famille.) À l'intérieur, des lettres de Papa, des documents officiels et des mémos sur telle ou telle association caritative pour laquelle je m'étais engagé. Le tout adressé à : s.a.r. le prince henry de galles.

Un jour, j'ai reçu une série de notes émanant du service des relations publiques du Palais, à propos d'une affaire délicate. L'ancien majordome de Maman avait écrit ses mémoires, censés raconter « toute la vérité » – mais la vérité, c'est qu'il ne racontait rien du tout. C'était une version des événements exclusivement destinée à le dédouaner et à le mettre en valeur. Autrefois, ma mère avait cru trouver en ce majordome un véritable ami en qui elle avait implicitement toute confiance. Nous aussi. Et maintenant ça. Il profitait de sa disparition pour se faire du pognon. Mon sang n'a fait qu'un tour. Je voulais sauter dans le premier avion pour rentrer à la maison et lui dire ses quatre vérités. J'ai appelé Papa et lui ai annoncé que je rentrais immédiatement. Je suis à peu près certain que c'est la seule et unique conversation que j'ai eue avec lui durant mon séjour en Australie. Il m'en a dissuadé – et Willy, que j'ai appelé ensuite, a fait de même.

La seule chose qu'on pouvait faire, m'ont-ils dit tous les deux, c'était de diffuser un communiqué officiel condamnant la publication de ce livre.

Et c'est ce qu'on a fait. Ou plutôt ce qu'*ils* ont fait. Je n'ai pas eu mon mot à dire dans la rédaction de ce communiqué. (Personnellement, j'y serais allé beaucoup plus fort.) Ils dénonçaient la trahison du majordome en des termes choisis et feutrés, exprimant le souhait d'organiser un entretien avec lui afin de percer à jour ses motivations et d'examiner plus avant ses prétendues révélations.

Le majordome nous a répondu par voie de presse : il était tout à fait disposé à venir discuter avec nous. Mais pas dans une optique constructive. Comme il le confiait à un journaliste dans une interview : « Je serais ravi de pouvoir leur dire ma façon de penser. »

Nous dire *à nous* sa façon de penser *à lui* ?

J'avais hâte d'y être. Je comptais les jours.

Bien entendu, la confrontation n'a jamais eu lieu.

Sur le moment, je n'ai pas compris pourquoi ; je me suis dit que le Palais avait dû préférer mettre tout ça sous le tapis.

Je me suis dit : C'est bien dommage…

Cet homme est resté dans mon esprit le *bouvion* égaré qui a réussi à nous filer entre les doigts, cet été-là.

43.

JE NE ME RAPPELLE PAS comment j'ai appris que quelqu'un avait essayé de s'introduire par effraction dans la ferme. C'est peut-être George qui me l'a dit. Pendant que nous regroupions les bêtes.

Je me rappelle en revanche que c'est la police locale qui a appréhendé l'intrus et l'a fait déguerpir.

Décembre 2003.

Les policiers étaient satisfaits. Mais moi, j'étais inquiet. Je savais ce qui allait arriver. Les paparazzis étaient comme des fourmis. Il n'y en avait jamais qu'un seul.

Et ça n'a pas loupé : dès le lendemain, deux autres ont réussi à se faufiler sur le domaine.

Il était temps de partir.

Je devais tant aux Hill ; je ne voulais pas les rembourser en gâchant leur vie. Je ne voulais pas que par ma faute ils se retrouvent privés du seul bien encore plus précieux que l'eau – la tranquillité. Je les ai remerciés pour ces neuf semaines, parmi les plus belles de toute mon existence, et je suis rentré chez moi. Je suis arrivé juste avant Noël.

Le soir même, je suis allé en boîte. Et le lendemain soir aussi. Et le soir suivant. La presse me croyait toujours en Australie, et j'ai décidé que leur ignorance me donnait carte blanche.

Un soir, j'ai rencontré une fille ; nous avons discuté en buvant quelques verres. Je ne savais pas que c'était une « fille de la page trois » (tel était le terme, misogyne et déshumanisant, communément employé pour désigner les jeunes femmes qui apparaissaient seins nus en troisième page du *Sun* de Rupert Murdoch). Si je l'avais su, ça n'aurait fait aucune différence pour moi. Elle était drôle et intelligente.

J'ai quitté la boîte de nuit dissimulé sous une casquette de base-ball. Il y avait des paparazzis partout. Carte blanche, tu parles... J'ai essayé de me fondre dans la foule, marchant d'un pas décontracté, escorté par mon garde du corps. Nous avons traversé St James's

Square et grimpé à bord d'une voiture de police banalisée. À peine avions-nous démarré qu'une Mercedes aux vitres fumées a fait une brusque embardée sur le trottoir et frôlé notre véhicule ; il s'en est fallu de peu qu'elle n'emboutisse la portière arrière. Nous l'avons vue débouler ; le conducteur ne regardait pas la route, trop occupé à essayer de nous prendre en photo. Le prince Harry a failli se faire tuer par un paparazzi inconscient – voilà ce qu'auraient dû raconter les journaux le lendemain matin. Au lieu de quoi il n'était question que de la rencontre et d'un prétendu baiser entre le prince Harry et une playmate. Les commentaires horrifiés allaient bon train : le Suppléant en couple avec... une fille de mauvaise vie.

Le troisième dans la lignée des prétendants au trône, avec... *elle* ?

Le snobisme et le mépris de classe perceptibles dans ces articles étaient à vomir. L'angle choisi, complètement à côté de la plaque, était confondant.

Mais toute cette histoire a décuplé ma joie et mon soulagement : j'avais réussi à leur échapper. Une fois de plus.

Année sabbatique, deuxième partie.

Quelques jours plus tard, je montais dans un avion à destination du Lesotho.

Mieux encore : on m'avait accordé le droit d'emmener un copain.

Mon idée, autrefois, avait été de partir avec Henners.

C'est finalement à George que j'ai demandé de m'accompagner.

44.

L E Lesotho était un endroit magnifique. Mais aussi l'un des plus misérables du monde. C'était l'épicentre de la pandémie de sida, et en 2004, le gouvernement venait de déclarer officiellement le pays en état de catastrophe sanitaire. Des dizaines de milliers de personnes avaient déjà succombé à la maladie, et la nation prenait peu à peu les allures d'un gigantesque orphelinat. Ici et là, on croisait sans cesse de très jeunes enfants en train de courir dans les rues, livrés à eux-mêmes, le regard perdu.

Où est mon papa ? Où est ma maman ?

George et moi avons décidé de prêter main-forte à diverses associations caritatives ainsi que dans des écoles. Nous étions tous deux bouleversés par la gentillesse de tous ceux que nous rencontrions, leur résilience, leur noblesse d'âme, leur courage et l'entrain inextinguible qu'ils affichaient malgré toutes leurs souffrances. Nous avons travaillé aussi dur que dans la ferme en Australie, avec joie et énergie. Nous avons bâti des écoles. Nous avons réparé des écoles. Nous avons mis la main à la pâte, mélangé le gravier, déversé le ciment – nous nous sommes démenés partout où l'on pouvait avoir besoin de nous.

C'est dans le même esprit que j'ai accepté, un jour, de faire quelque chose qui aurait été impensable en d'autres circonstances : donner une interview. Si je voulais vraiment attirer l'attention sur les conditions de vie qui régnaient dans ce pays, je n'avais pas le choix : il fallait que je coopère avec la presse tant redoutée.

Mais il ne s'agissait pas simplement de coopérer. Ce serait la première fois de toute ma vie que je me retrouverais seul face à un journaliste.

Un matin, nous nous sommes donné rendez-vous sur une colline herbeuse. Il a commencé par me demander : Pourquoi cet endroit ? Pourquoi celui-ci plutôt qu'un autre ?

J'ai répondu que les enfants au Lesotho étaient dans une situation terrible, et que j'adorais les enfants, que je les comprenais, alors il était tout naturel pour moi de vouloir les aider.

Il a enchaîné. Pourquoi aimais-je tant les enfants ?

J'ai hasardé l'explication qui me paraissait la plus plausible : À cause de mon incroyable immaturité ?

C'était désinvolte de ma part, mais le journaliste s'est contenté de glousser et il est passé à la question suivante. Le sujet de l'enfance m'avait ramené à la mienne, et c'était la porte ouverte pour aborder la seule chose qui l'intéressait vraiment en réalité – lui comme tous les autres.

Est-ce que, dans de telles circonstances, vous pensez beaucoup à... elle ?

J'ai tourné la tête, regardé vers le bas de la colline et répondu en balbutiant : *Malheureusement ça fait longtemps maintenant... euh... enfin pas pour moi mais pour la plupart des gens... ça fait longtemps qu'elle est morte, mais les trucs qui sont sortis... ç'a été dur... tous les trucs qui sont sortis, toutes ces cassettes...*

Je faisais allusion aux enregistrements qu'avait réalisés ma mère avant sa mort, presque une confession, et qui venaient de fuiter dans la presse – pile au bon moment pour coïncider avec la publication des mémoires du majordome. Sept ans après l'avoir harcelée au point de l'obliger à disparaître, ils ne l'avaient toujours pas lâchée et ils continuaient de l'insulter – ça n'avait aucun sens. En 1997, la nation tout entière semblait avoir pris conscience de ce qui s'était passé, ce qui avait déclenché une vague collective de remords et de réflexion au sein de la population britannique. Tout le monde, à l'époque, s'accordait à dire que la presse était une meute de monstres ; même ceux qui la lisaient acceptaient leur part de responsabilité. Nous devions tous nous comporter mieux que ça, disaient la plupart des gens. Aujourd'hui, tant d'années plus tard, tout était oublié. L'histoire se répétait jour après jour, et j'ai dit au journaliste que c'était « consternant ».

Cette déclaration n'avait rien de fracassant. Mais c'était la toute première fois que l'un des deux princes parlait publiquement de Maman. J'étais stupéfait d'être le premier. C'était toujours Willy qui faisait les choses en premier, dans tous les domaines, et je me suis demandé comment il allait réagir – lui et le reste du monde, mais surtout Papa. (Pas bien, m'a confié Marko par la suite. Papa était catégoriquement opposé à ce que je m'exprime sur ce sujet ; il ne voulait pas que ses fils parlent de leur mère, redoutant que cela puisse susciter de l'émoi, détourner l'attention de son travail et, peut-être, jeter sur Camilla une lumière peu flatteuse.)

Pour finir, avec une indifférence bravache totalement contrefaite, j'ai haussé les épaules et j'ai dit au journaliste : *Les mauvaises nouvelles, ça vend. Pas besoin d'aller chercher plus loin.*

À propos de mauvaises nouvelles... le journaliste a enchaîné en évoquant le dernier scandale en date que j'avais provoqué.

La fille de la page trois, évidemment.

Il a dit que *certaines personnes se demandaient* si j'avais bien retenu la leçon après mon petit séjour en désintox. M'étais-je vraiment « converti » ? Je ne sais plus si c'est le terme qu'il a employé, *converti*, mais il est apparu dans au moins un article.

Fallait-il donc que Harry se convertisse ?

Harry l'Hérétique ?

La tornade rousse s'est immédiatement réveillée en moi, voilant mon regard au point que je ne distinguais presque plus le type en face de moi. J'ai baragouiné je ne sais quoi à propos du fait de ne pas être quelqu'un de normal – le journaliste a failli tomber de sa chaise. *Ah, voilà, nous y sommes !* Il la tenait enfin, son histoire, l'accroche qui ferait mouche dans la presse. J'ai cru voir ses yeux se révulser en pâmoison.

Et c'était *moi* le junkie ?

Je lui ai expliqué ce que je voulais dire par « normal ». Non, je ne menais pas une vie normale, parce que c'était tout simplement impossible. *Même mon père me rappelle sans cesse que, malheureusement, Willy et moi ne pouvons pas être des gens normaux.* J'ai dit au journaliste que personne à part Willy ne comprenait ce que ça faisait de vivre confiné entre les parois de ce bocal surréaliste, dans lequel les faits et gestes les plus normaux étaient traités comme quelque chose d'anormal, et où l'anormalité était la norme de notre quotidien.

Voilà ce que j'essayais de dire, ce que j'avais commencé à dire, mais à cet instant, j'ai de nouveau tourné la tête et regardé autour de moi. La pauvreté, la maladie, les orphelins – la mort. Rien n'avait la moindre importance, en regard de tout ça. Au Lesotho, quelles que soient les épreuves que vous traversiez, vous étiez bénis des dieux, comparé à tous ces gens. Je me suis senti submergé tout à coup par la honte, et je me suis demandé si le journaliste avait suffisamment de jugeote pour ressentir la même chose. Nous étions assis là, au sommet de cette colline, surplombant toute cette misère, et nous étions en train de parler d'une playmate ? Franchement.

Après l'interview, j'ai retrouvé George et nous avons bu une bière ensemble. Plusieurs bières. Des litres de bière.

Je crois que c'est ce même soir que j'ai fumé un sac entier de beuh.

Je ne vous le recommande pas.

Mais c'était peut-être un autre soir, cela dit, je ne sais plus trop. Difficile d'être précis quand il est question d'un sac entier de beuh.

45.

GEORGE ET MOI AVONS QUITTÉ LE LESOTHO pour nous rendre au Cap, où nous attendaient des copains, ainsi que Marko.
Mars 2004.

Nous étions hébergés dans la résidence du consul général et, un soir, nous avons évoqué la possibilité d'organiser un dîner avec quelques invités. Seul petit problème : nous ne connaissions personne au Cap.

Sauf que... non, ce n'était pas tout à fait exact. J'avais rencontré quelqu'un, des années auparavant, une fille originaire d'Afrique du Sud. Au Berkshire Polo Club.

Chelsy.

Je me souvenais qu'elle était...

Différente.

J'ai cherché dans mes contacts et j'ai retrouvé son numéro.

Appelle-la, m'a dit Marko.

Vraiment ?

Pourquoi pas ?

À ma grande surprise, c'était toujours le bon numéro. Et elle a répondu.

D'une voix bredouillante, je lui ai rappelé qui j'étais et je lui ai dit que j'étais là, au Cap – à tout hasard, si elle avait envie qu'on se revoie... ?

J'ai senti une hésitation dans sa voix. Comme si elle n'était pas sûre que ce soit bien moi. Décontenancé, j'ai tendu mon portable à Marko, qui lui a confirmé que c'était bien moi, que cette invitation était sincère et que ce serait une soirée sans chichis – aucune inquiétude à avoir. Rien de contraignant. Ce serait peut-être même assez amusant.

Elle a demandé si elle pouvait venir avec une amie. Et son frère.

Bien sûr ! Plus on est de fous...

Quelques heures plus tard, elle était là. La porte s'est ouverte, Chelsy est apparue – ma mémoire ne m'avait pas trahi. Elle était vraiment... *différente*. C'est le mot qui m'était venu à l'esprit la première fois que je l'avais rencontrée, et qui s'est une fois de plus immédiatement imposé à moi à cet instant, puis tout au long de la soirée, pendant le barbecue. Différente.

Contrairement à la plupart des gens que je connaissais, elle semblait se moquer éperdument des apparences, des bonnes manières et du protocole, de mon appartenance à la famille royale. Contrairement à la plupart des filles que j'avais rencontrées jusqu'à présent, elle ne donnait pas l'impression de s'imaginer avec une couronne sur la tête dès l'instant où elle m'avait serré la main. Elle semblait immunisée contre cette maladie répandue qu'on appelait parfois le « syndrome du trône ». C'était une réaction similaire à celle que provoquent les acteurs et les musiciens chez certaines personnes – à ceci près que, dans leur cas, la cause première de ce phénomène était leur talent. Moi, je n'en avais aucun – on me l'avait suffisamment fait comprendre –, de sorte que les diverses réactions des gens en ma présence n'avaient en réalité strictement rien à voir avec moi. Ça tenait uniquement à ma famille, à mon titre, et ces réactions me gênaient donc beaucoup, parce qu'elles étaient totalement imméritées. Je rêvais depuis toujours de savoir ce que ça faisait de rencontrer une femme qui ne me regarde pas avec des yeux grands comme des soucoupes à la seule mention de mon titre royal ; une femme devant laquelle ce serait moi au contraire qui écarquillerais les yeux et à qui je pourrais dévoiler mon esprit, mon cœur. Avec Chelsy, ça semblait réellement possible. Non seulement mon statut ne l'intéressait pas le moins du monde, mais ça paraissait même ne lui inspirer qu'un ennui abyssal. *Oh, alors comme ça, tu es un prince ? Tu m'en diras tant...*

Elle ne savait rien de ma biographie, et elle en savait encore moins sur ma famille. Grand-mère, Willy, Papa – hein ? quoi ? qui ça ? Mieux, son absence de curiosité à ce sujet était totale. Elle n'était sans doute même pas au courant pour ma mère ; elle devait être trop jeune pour se rappeler les événements tragiques de l'été 1997. Je n'avais aucun moyen d'en être sûr et certain, évidemment, parce que – et c'est tout à son honneur – Chelsy et moi n'en avons pas parlé. Nous avons plutôt discuté de ce que nous avions en commun : l'Afrique. Chelsy était née et avait grandi au Zimbabwe, vivait aujourd'hui au Cap, et elle aimait le continent africain de toute son âme. Son père possédait une grande ferme d'élevage, et c'était le centre de son univers. Même si ses années à l'internat de Stowe en Grande-Bretagne avaient été heureuses, elle avait toujours profité des vacances pour rentrer chez elle en quatrième vitesse.

Je lui ai dit que je la comprenais. Je lui ai parlé des séjours en Afrique qui avaient changé ma vie, de ces premiers voyages qui m'avaient tant appris. Je lui ai parlé de l'étrange apparition du léopard. Elle a hoché la tête. Elle aussi me comprenait. *Génial. Oui, c'est tout à fait le genre d'expériences que réserve l'Afrique, si tu es prêt à les vivre. Si tu en es digne.*

À un moment, au cours de la soirée, je lui ai dit que j'allais bientôt rejoindre l'armée. Je n'ai pas réussi à déchiffrer sa réaction. Peut-être n'en avait-elle aucune ? En tout cas, ça ne semblait pas rédhibitoire.

Puis je lui ai dit que George, Marko et moi nous apprêtions à partir le lendemain pour le Botswana. Nous y retrouverions Adi et quelques autres, pour une grande expédition sur le fleuve. *Ça te dit ?*

Elle a eu un petit sourire timide et elle a pris le temps de réfléchir. Sa copine et elle avaient d'autres projets...

Oh. Dommage.

Mais elles annuleraient leurs plans, a-t-elle fini par me dire. Elles seraient ravies de venir avec nous.

46.

Nous avons passé trois jours à nous balader, à rire, à boire et à nous mêler aux animaux. Et pas que des animaux sauvages. Par hasard, nous avons rencontré un dresseur de serpents, qui nous a montré son cobra, son serpent à sonnette. Il les a enroulés autour de ses épaules et les a fait onduler le long de ses bras – une petite démonstration rien que pour nous.

Plus tard, ce soir-là, Chelsy et moi avons échangé notre premier baiser sous les étoiles.

George, de son côté, était tombé fou amoureux de la copine de Chelsy.

Quand l'heure est venue pour elles de repartir en Afrique du Sud, pour George de regagner le bercail australien et pour Marko de rentrer à Londres, les adieux ont été déchirants.

Soudain, je me suis retrouvé seul dans le bush avec Adi.

Et maintenant, on fait quoi ?

Nous avons entendu parler d'un campement, non loin de là où nous nous trouvions. Deux cinéastes réalisaient un documentaire sur la faune sauvage, et nous avons été invités à passer les voir.

Nous avons sauté à bord d'une Land Cruiser et nous avons bientôt atterri au milieu d'une grande fête trépidante en pleine savane. Tout le monde buvait et dansait, affublé de masques d'animaux étranges fabriqués avec des bouts de carton et de tuyaux. Un carnaval à la mode Okavango.

Les organisateurs de cette joyeuse débauche étaient un couple d'une trentaine d'années : Teej et Mike. Les cinéastes en question, ai-je deviné. Ils étaient même patrons d'une boîte de prod, et propriétaires de ce campement. Je me suis présenté et je les ai félicités, impressionné par la nouba du feu de dieu qu'ils avaient réussi à organiser dans un tel endroit. Ils m'ont dit en riant qu'ils allaient sûrement en payer le prix fort le lendemain.

Ils devaient tous deux se lever aux aurores pour leur travail.

Je leur ai demandé si je pouvais les suivre. J'aurais adoré voir comment se déroulait le tournage.

Ils m'ont regardé, puis se sont tournés l'un vers l'autre. Ils savaient qui j'étais, et si c'était déjà assez surprenant pour eux de tomber sur moi dans le bush – l'idée de m'enrôler dans leur équipe de tournage paraissait encore plus improbable.

Mike a fini par déclarer : *Bien sûr que vous pouvez venir. Mais je vous préviens, c'est du boulot. Porter des caisses très lourdes, transbahuter des caméras...*

J'ai vu à leur expression qu'ils pensaient qu'on en resterait là.

J'ai souri et j'ai dit : *Super, j'ai hâte !*

Ils étaient éberlués. Et ravis.

C'était comme un coup de foudre. Réciproque.

Teej et Mike étaient africains. Lui, de Nairobi ; elle, du Cap, mais elle était née en Italie. Elle avait passé les premières années de son enfance à Milan et était particulièrement fière de ses racines milanaises, qui constituaient la source de sa sensibilité artistique, disait-elle – et cette déclaration était à peu près la seule entorse à la modestie que Teej s'autorisait. Elle parlait italien quand elle était petite, mais elle disait avoir oublié cette langue depuis, hélas. Sauf qu'elle ne l'avait pas oubliée du tout. Chaque fois qu'elle avait dû subir une opération à l'hôpital, elle avait choqué tout son entourage en se mettant à parler couramment italien au moment de sortir des brumes de l'anesthésie.

Mike avait grandi dans une ferme et avait appris à monter à cheval et à marcher quasiment en même temps. Le hasard avait voulu que son plus proche voisin soit l'un des tout premiers cinéastes à avoir réalisé des documentaires sur les animaux sauvages. Dès qu'il avait une minute de libre, Mike fonçait le voir pour l'assaillir de questions. C'est ainsi qu'il avait trouvé sa vocation, son voisin l'avait aussitôt compris et l'avait aidé à poursuivre dans cette voie.

Teej et Mike étaient tous les deux talentueux, brillants et passionnés par la vie sauvage. J'aurais voulu passer autant de temps que possible avec eux, pas seulement au cours de ce voyage mais de manière plus générale. Le problème, c'est que je n'étais pas sûr qu'ils voudraient bien.

Je surprenais souvent Teej en train de m'observer, de me jauger, un étrange sourire aux lèvres – comme si j'étais moi-même un animal sauvage qui avait débarqué tout à trac dans leur campement. Mais au lieu de me chasser ou de se servir de moi, comme tant d'autres à sa place l'auraient fait, elle s'approchait et... me câlinait. Les nombreuses années qu'elle avait passées à observer les animaux l'avaient rendue sensible à la sauvagerie, qu'elle révérait et considérait comme une vertu, et même comme un droit fondamental. De tous les gens que j'avais jamais rencontrés, Mike et Teej étaient les premiers à tenir en estime ce qu'il pouvait encore y avoir de sauvage en moi, ce qui n'avait pas encore été abîmé par le chagrin – et par les paparazzis. Ils étaient scandalisés à l'idée que les autres veuillent à tout crin oblitérer les derniers vestiges de cette part sauvage, qu'ils ne cherchent qu'une seule chose : me mettre en cage.

À un moment, pendant cette expédition, ou peut-être la suivante, je leur ai demandé comment ils s'étaient rencontrés. Ils ont souri d'un air coupable.

Par un ami commun, a marmonné Mike.

Un rendez-vous arrangé, a murmuré Teej.

Ils s'étaient donné rendez-vous dans un petit restaurant. Quand Mike est arrivé, Teej était déjà attablée. Dos à la porte, elle ne pouvait pas le voir ; elle a seulement entendu sa voix, mais avant même de se retourner, elle a tout de suite su, rien qu'au ton, au timbre de cette voix, et au changement soudain de l'atmosphère dans le restaurant, qu'elle était cuite.

Le dîner s'est passé à merveille et, le lendemain, Teej est allée prendre le café chez Mike. Elle a failli s'évanouir en entrant chez lui. Tout en haut, sur une étagère de sa bibliothèque, elle a repéré un livre écrit par son propre grand-père, Robert Ardrey, scientifique, essayiste et écrivain légendaire (il avait été nommé aux Oscars pour le scénario de *Khartoum*). Outre les ouvrages de son grand-père, Mike possédait tous les livres préférés de Teej, *classés exactement dans le même ordre que chez elle*. Elle a plaqué une main sur sa bouche. Une telle synchronicité ne pouvait pas être un hasard. C'était un signe. Elle n'est jamais retournée chez elle – sauf pour faire ses valises. Mike et Teej ne s'étaient plus quittés depuis ce jour.

Ils m'ont raconté cette histoire autour du feu de camp. Avec Marko et les autres, le feu de camp était un moment essentiel de la journée, incontournable, mais avec Teej et Mike, c'était un moment sacro-saint. On buvait tout autant et on se racontait le même genre d'histoires fascinantes, mais il y avait quelque chose en plus, de l'ordre du rituel. Il y a peu d'endroits où je me suis senti aussi proche de la vérité, ou aussi vivant.

Ça n'a pas échappé à Teej. Elle voyait bien à quel point j'étais à l'aise avec eux. Elle m'a dit : *Je crois que ton corps est né en Grande-Bretagne, mais que ton âme est née ici, en Afrique.*

C'est peut-être le plus beau compliment qu'on m'ait jamais fait.

Au bout de ces quelques jours passés à marcher avec eux, manger avec eux, tomber amoureux d'eux, je me sentais envahi par une intense sensation de paix intérieure.

Et par l'envie tout aussi intense de revoir Chelsy.

Que faire ? me demandais-je. Comment m'y prendre ? Comment retourner au Cap sans que la presse l'apprenne et vienne tout gâcher ?

Adi a trouvé la solution : On n'a qu'à y aller en voiture !

En voiture ? Euh… Bon, d'accord. Formidable !

Ce n'était qu'à deux jours de route, après tout…

Nous avons sauté dans un véhicule et nous avons roulé non-stop en buvant du whisky et en nous gavant de chocolat pour garder les yeux ouverts. Je suis arrivé devant la porte de Chelsy pieds nus, débraillé, un bonnet crasseux sur la tête, le visage sale et fendu d'un sourire jusqu'aux oreilles.

Elle a eu un sursaut... puis elle a éclaté de rire.
Et ensuite... elle a ouvert la porte un peu plus grand.

47.

Chels et moi avons appris une leçon importante. L'Afrique, c'était l'Afrique... mais la Grande-Bretagne était toujours la Grande-Bretagne.

Dès notre arrivée à Heathrow, les paparazzis ont surgi.

C'était toujours pénible pour moi, mais pas surprenant. Pendant quelques années, après la disparition de Maman, ils m'avaient à peu près laissé tranquille, mais désormais ils me traquaient en permanence. J'ai conseillé à Chelsy de voir ça comme une espèce de maladie chronique – quelque chose qui pouvait se gérer.

Mais elle n'était pas certaine d'avoir envie de souffrir d'une maladie chronique.

Je lui ai dit que je comprenais. Sa réaction était parfaitement normale. Mais c'était comme ça, c'était ma vie, et si elle voulait la partager avec moi d'une manière ou d'une autre, elle n'aurait pas d'autre choix que de l'accepter.

On s'habitue, ai-je menti.

Dès lors, je me suis dit que les chances pour que je revoie Chels étaient de cinquante-cinquante, peut-être soixante-quarante. Selon toute probabilité, la presse, une fois de plus, allait me faire perdre une personne à laquelle je tenais. J'ai tenté de me rassurer : pas grave, de toute façon ce n'était pas vraiment le moment pour me lancer dans une histoire sérieuse.

J'avais du travail.

Pour commencer, j'allais devoir passer l'examen d'entrée à la Royal Military Academy de Sandhurst.

Les épreuves duraient quatre jours, et ça n'avait rien à voir avec les examens à Eton. Il fallait potasser un peu, rédiger deux trois trucs, bien sûr, mais pour l'essentiel, il s'agissait de tests visant à estimer votre niveau d'endurance psychologique et votre aptitude à diriger des troupes.

Il s'est avéré... que je possédais ces deux qualités. J'ai été reçu brillamment.

J'étais aux anges. Mes problèmes de concentration, le traumatisme de la disparition de ma mère – rien de tout cela n'est entré en ligne de compte. Rien de tout cela n'est venu s'interposer entre moi et l'Armée britannique. C'était même tout le contraire : je me suis rendu compte que ces paramètres jouaient en ma faveur. L'armée *cherchait* précisément des jeunes gens comme moi.

Vous dites, mon garçon ? Parents divorcés ? Mère décédée ? Deuil ou traumatisme psychologique non résolu ? Mais venez donc !

L'annonce de ma réussite à l'examen était accompagnée de ma convocation sous les drapeaux – dans plusieurs mois. Ce qui me laissait tout le loisir de réfléchir, faire le point sur ma vie, solder quelques comptes, et mieux encore, passer du temps avec Chels… si elle le voulait bien.

C'était le cas. Elle m'a invité au Cap, pour rencontrer ses parents.

J'y suis allé et ils m'ont tout de suite plu. Impossible de ne pas les aimer. Ils étaient portés sur les histoires drôles, le gin-tonic, la bonne bouffe et la chasse. Le père de Chels était un colosse, large d'épaules et doux comme un gros nounours, mais c'était un mâle alpha, aucun doute là-dessus. Sa mère était menue, elle savait écouter comme personne, et elle était encline à vous serrer passionnément dans ses bras à tout bout de champ. Je ne savais pas ce que l'avenir me réservait, et je ne voulais pas faire de plans sur la comète, mais j'ai songé : Si on m'avait demandé de décrire les beaux-parents idéaux, je n'aurais pas pu trouver mieux.

48.

IL DEVAIT Y AVOIR UN PARFUM DE ROMANCE DANS L'AIR. Alors même que j'entamais une nouvelle histoire d'amour, Papa a annoncé qu'il avait décidé de se marier. Il avait demandé à Grand-mère sa permission, et elle la lui avait donnée. À contrecœur, disait-on.

Willy et moi avons eu beau le supplier de ne pas faire ça, Papa était déterminé. Nous lui avons serré la main et souhaité tout le bonheur du monde. Sans rancune. Nous avons compris qu'il allait enfin être avec la femme qu'il aimait, la femme qu'il avait toujours aimée, la femme que le Destin avait peut-être prévue pour lui depuis le début. Même si nous éprouvions une certaine amertume, une certaine tristesse à la perspective de cet événement qui allait un peu plus encore reléguer Maman dans un passé révolu, nous voyions bien que nos sentiments n'avaient aucune incidence.

Et puis le couple que formaient Papa et Camilla nous inspirait de la compassion. On avait rarement vu histoire d'amour aussi contrariée. Pendant des années, on les avait empêchés de vivre la relation qu'ils désiraient tant, et aujourd'hui, alors que le bonheur leur tendait les bras... de nouveaux obstacles se mettaient en travers de leur chemin. D'abord, la controverse autour de la cérémonie. Les officiels de la Cour n'en démordaient pas : il faudrait que ce soit un mariage strictement civil, car Papa, en tant que futur chef suprême de l'Église anglicane, ne pouvait épouser devant Dieu une femme divorcée. Cela a déclenché un débat houleux quant au choix du lieu. Si la cérémonie devait se dérouler au château de Windsor, ce que souhaitaient les deux fiancés, alors il faudrait, dans un premier temps, que Windsor soit officiellement habilité à accueillir des mariages, auquel cas n'importe quel citoyen britannique pourrait dès lors choisir de se marier au château. Tout le monde était contre.

Il a donc été décidé que la cérémonie aurait lieu à l'hôtel de ville de Windsor.

Et puis le pape est mort.

Je ne comprenais pas, et j'ai posé la question à Willy : *Mais c'est quoi le rapport entre la mort du pape et le mariage de Papa ?*

Il se trouve que les deux événements étaient étroitement liés. Papa et Camilla ne voulaient pas se marier le jour des funérailles du souverain pontife. Mauvais karma. Mauvaise presse. Et, plus prosaïquement, Grand-mère voulait que Papa la représente à l'enterrement.

Il a donc fallu changer de plan, une fois de plus.

Ça traînait à n'en plus finir – en tendant bien l'oreille, on entendait des clameurs et des soupirs de désespoir partout dans les couloirs du palais. Mais on ne savait pas qui se lamentait ainsi : les organisateurs du mariage ou Camilla (ou Papa).

Outre le fait que j'étais désolé pour eux, je ne pouvais pas m'empêcher de penser qu'une sorte de force cosmique (Maman ?) conspirait pour faire obstacle à leur union au lieu de la bénir. Tous ces atermoiements – c'était peut-être l'univers qui exprimait sa désapprobation ?

Quand le mariage a fini par avoir lieu – sans Grand-mère, qui avait décidé de ne pas y assister –, cela a eu un effet cathartique, même pour moi. Debout près de l'autel, j'ai gardé la tête baissée pendant presque toute la cérémonie, les yeux rivés au sol, comme pendant les funérailles de Maman, mais je lançais de temps à autre de longs coups d'œil discrets aux jeunes mariés, et chaque fois je me disais : Tant mieux pour vous.

Mais je songeais aussi : Adieu.

Je savais, sans le moindre doute possible, que ce mariage allait éloigner Papa de nous. Pas de manière concrète, ni délibérée ou malveillante, mais il s'éloignerait, c'était sûr et certain. Il entrait dans un nouvel espace – le cercle hermétiquement fermé et insulaire de son couple. Willy et moi verrions beaucoup moins souvent Papa, prédisais-je, et cela m'inspirait des sentiments ambivalents. Je n'étais pas spécialement ravi de perdre un deuxième parent, pour ainsi dire, et je ne savais trop quoi penser de cette nouvelle belle-mère dont j'étais persuadé qu'elle m'avait récemment sacrifié sur l'autel de sa propre image publique. Mais je voyais bien que Papa avait retrouvé le sourire ; difficile de ne pas le voir, et plus difficile encore d'ignorer la cause de ce bonheur retrouvé : Camilla. Je souhaitais plein de choses, mais j'ai été surpris de m'apercevoir, à l'occasion de ce mariage, que l'une des choses que je souhaitais le plus, encore et toujours, c'était que mon père soit heureux.

Bizarrement, je souhaitais même que Camilla soit heureuse elle aussi.

Peut-être que son bonheur la rendrait moins dangereuse ?

D'après certains articles parus dans la presse, Willy et moi sommes sortis en catimini pour accrocher une pancarte JUST MARRIED à l'arrière de leur voiture. Mais je ne crois pas. J'aurais pu accrocher une pancarte qui aurait dit : SOYEZ HEUREUX. Si j'y avais pensé sur le moment.

En revanche, je me rappelle avoir songé, en les regardant partir : Ils sont heureux. Ils sont vraiment heureux.

Bon sang, si seulement nous pouvions tous être heureux.

49.

Autour de cette même période, juste avant le mariage, ou peut-être juste après, je suis parti avec Willy dans un camp d'entraînement de l'unité des forces spéciales de la Royal Navy. Ce n'était pas un vrai entraînement militaire. Juste un endroit où « faire joujou à la guerre », comme on disait entre nous. C'était de la rigolade, mais c'était aussi une tradition, solennellement respectée depuis des temps immémoriaux.

Notre famille avait toujours entretenu des liens étroits avec l'armée britannique. Cela se traduisait tantôt par une visite officielle, tantôt par un déjeuner informel. Parfois, un entretien en privé avec des soldats de retour du front. Mais ça voulait dire aussi parfois prendre part à des exercices rigoureux. Faire soi-même ce que faisaient quotidiennement les soldats – ou essayer, tout du moins – était la meilleure façon de leur témoigner notre respect.

On se livrait à ce genre d'exercices toujours loin des regards de la presse. L'armée préférait que cela reste secret – et la famille royale aussi, ô combien.

C'est Maman qui nous avait emmenés, Willy et moi, accomplir nos tout premiers devoirs militaires – « la maison de la mort » dans un camp du Herefordshire. On nous avait conduits tous les trois dans une pièce et donné pour instruction de ne pas bouger. Puis toutes les lumières se sont éteintes. Une escouade de soldats est entrée à grands coups de pied dans la porte. Ils ont balancé des grenades assourdissantes et nous ont foutu une trouille bleue, ce qui était précisément le but. Ils voulaient nous apprendre comment réagir « si jamais » nos vies se retrouvaient en danger.

Si jamais ? Ça nous a bien fait marrer. *Vous avez vu le courrier qu'on reçoit ?*

Mais ce jour-là, avec Willy, ce n'était pas la même histoire. Beaucoup plus physique et actif. Il ne s'agissait pas de nous apprendre quoi que ce soit, plutôt de faire monter notre adrénaline. Nous avons traversé la baie de Poole Harbour en fonçant sur nos hors-bords, « pris d'assaut » une frégate, grimpé sur des échelles de cordes en acier tout en tirant avec des MP5 9 mm chargés de cartouches de paintball. À un moment, on nous a demandé de descendre à toute vitesse une volée de marches en métal pour rejoindre la cale de la frégate. Quelqu'un a éteint toutes les lumières, pour pimenter un peu l'exercice, j'imagine. Dans le noir le plus complet, alors qu'il me restait quatre marches à descendre, je suis tombé et j'ai atterri pile sur mon genou gauche, qui est venu s'empaler tout droit sur un boulon fixé au sol.

La douleur m'a submergé.

J'ai réussi tant bien que mal à me relever pour terminer l'exercice. Mais à la fin, quand nous avons sauté dans l'eau depuis l'héliport du bateau, je me suis rendu compte que mon genou ne répondait plus. Ma jambe ne bougeait plus. Quand je suis sorti de l'eau et que j'ai enlevé ma combinaison étanche, Willy a baissé les yeux et il est devenu tout pâle.

Mon genou pissait le sang.

Les premiers secours sont arrivés dans la minute.

Quelques semaines plus tard, le Palais a annoncé que mon incorporation dans l'armée était reportée. *Sine die.*

La presse a voulu savoir pourquoi.

Le service des relations publiques du Palais a répondu : *Le Prince Harry s'est blessé au genou en jouant au rugby.*

Quand j'ai lu ça dans la presse, la jambe surélevée et entourée d'une poche de glace, j'ai éclaté de rire. Je n'ai pas pu m'empêcher d'éprouver un infime mais intense sentiment de jubilation à voir les journalistes, pour une fois, colporter *malgré eux* un mensonge sur mon compte.

Toutefois, ils n'ont pas tardé à se venger. Ils ont commencé à raconter que j'avais *peur* d'entrer dans l'armée, que je voulais échapper au service et que j'avais inventé de toutes pièces cette histoire de genou blessé pour gagner du temps.

J'étais, affirmaient-ils, un lâche.

50.

Un copain de Willy organisait une fête pour son anniversaire. À la campagne, dans la région du Gloucestershire. Mais ce n'était pas une simple fête – c'était une soirée costumée, avec un thème passablement gênant. « Colons et indigènes ». Les invités étaient *instamment priés* de se déguiser en conséquence.

Janvier 2005.

Je n'aimais pas les fêtes costumées. Et je ne supportais pas les soirées à thème. Pour son dernier anniversaire, ou celui d'avant, Willy en avait fait une sur le thème « *Out of Africa* ». J'avais trouvé ça agaçant et consternant. Chaque fois que j'avais été en Afrique, je portais des shorts et des tee-shirts, à la rigueur un *kikoi* de temps en temps. *Ça t'ira comme ça, Willy ?* Mais cette fois, c'était pire encore. Mille fois pire.

Je ne possédais pas le moindre vêtement indigène ou colonial dans ma garde-robe. Je vivais avec Papa et Camilla, tantôt à St. James, tantôt à Highgrove, toutes mes affaires tenaient dans une simple valise que je trimballais d'un endroit à l'autre, si bien que je me fichais royalement de la façon dont je m'habillais. La plupart du temps, on aurait dit que j'avais enfilé le premier truc qui m'était tombé sous la main en me réveillant dans une pièce mal éclairée et en désordre. Alors une soirée déguisée, *et à thème* – pour moi, c'était un cauchemar.

Non merci. Hors de question.

Mais Willy a insisté. *On va te trouver quelque chose à te mettre, Harold.*

Sa nouvelle petite amie a promis de nous donner un coup de main.

J'aimais bien cette fille. Elle était insouciante, douce, gentille. Elle avait passé son année sabbatique à Florence, elle s'intéressait à l'art et à la photographie. Et aux fringues. Elle avait une véritable passion pour les fringues.

Elle s'appelait Kate. Je ne sais plus quel costume elle avait choisi pour elle-même, indigène ou colonial, mais elle avait aidé Willy à se déguiser en… une espèce de félin. Justaucorps moulant avec (est-ce possible ? ou est-ce ma mémoire qui me joue encore des tours ?) une longue queue élastique recourbée dans le dos. Il a essayé sa tenue devant nous ; on aurait dit le fils caché de Tigrou et de Barychnikov. Kate et moi, écroulés de rire, nous sommes bien foutus de lui. Il était ridicule, surtout devant le miroir à trois faces. Mais le but de la soirée, ont-ils dit tous les deux, était précisément d'avoir l'air le plus ridicule possible.

J'aimais voir Kate rire. J'aimais encore plus la faire rire. Et j'étais plutôt bon à ce petit jeu. Mon côté déconneur revendiqué était en phase avec le sien, qu'elle prenait pour sa part grand soin de dissimuler. Chaque fois que je m'inquiétais à l'idée que Kate soit celle qui finirait par me prendre Willy, je me consolais en pensant à tous les fous rires que nous aurions ensemble, et je me disais que tout irait pour le mieux dans le meilleur des mondes une fois que j'aurais trouvé à mon tour une petite amie sérieuse qui pourrait se joindre à nos parties de rigolade. Ce serait peut-être Chelsy.

Peut-être que mon déguisement ferait rire Kate, me disais-je.

Encore fallait-il le choisir. En quoi Harold serait-il déguisé ? C'est devenu notre sujet de conversation numéro un.

Le jour dit, on a décidé que j'irais dans un village voisin, Nailsworth, où il y avait un magasin de farces et attrapes bien connu. J'étais sûr de trouver quelque chose là-bas.

Mes souvenirs deviennent un peu plus confus, même si certains détails me reviennent avec une clarté indubitable. L'odeur dans ce magasin est inoubliable. Je me rappelle ce mélange capiteux d'humidité et de moisi, avec quelque chose d'autre qui flottait dans l'air de manière sous-jacente, indéfinissable émanation d'une pièce hermétiquement close où étaient rangés des centaines de pantalons que des milliers d'êtres humains avaient portés au fil de plusieurs décennies.

J'ai parcouru ces interminables rangées de portants, examiné les costumes suspendus, sans rien trouver qui me convienne. Comme je n'avais plus beaucoup de temps, j'ai fini par m'arrêter sur deux choix possibles.

Un uniforme de pilote de l'armée de l'air britannique.

Et un uniforme nazi couleur sable.

Avec un brassard à croix gammée.

Et une casquette plate.

J'ai appelé Willy et Kate pour leur demander leur avis.

L'uniforme nazi, ont-ils répondu de concert.

Je l'ai loué, ainsi qu'une fausse moustache pour en rajouter une couche dans le ridicule, et je suis rentré à la maison. J'ai essayé mon costume. Kate et Willy ont hurlé de rire. C'était encore pire que le justaucorps léopard ! Cent fois plus grotesque !

Et, une fois encore, c'était précisément le but.

Mais la moustache n'était pas tout à fait taillée comme il faut, alors j'ai coupé les extrémités pour lui donner une allure hitlérienne plus réaliste. Puis j'ai enfilé un pantalon de treillis.

Quand nous sommes arrivés à la soirée, mon déguisement n'a fait tiquer personne. Tous les indigènes et les colons ne se préoccupaient que d'une chose : boire comme des trous et se peloter. Personne ne m'a remarqué, et j'ai vécu ça comme une petite victoire personnelle.

Quelqu'un, en revanche, a pris des photos. Quelques jours plus tard, cette même personne, se disant qu'il y avait là une opportunité de se faire un peu d'argent, ou de provoquer un scandale, a contacté un journaliste. *Combien pour des photos récentes d'une soirée où se trouvaient de jeunes membres de la famille royale ?* La plus croustillante était censée être celle de Willy en justaucorps.

Mais le journaliste en a repéré une autre. Euh, pardon ? C'est quoi, ça ? Le Suppléant ? Déguisé en nazi ?

Ils ont rapidement négocié, d'après des témoignages qu'on m'a rapportés. Ils se sont entendus sur un prix de cinq mille livres sterling, et quelques semaines plus tard, la photo a fait le tour du monde à la une de tous les journaux, sous des titres fracassants.

« Heil Harry ! »

« Harry le Nazi. »

« Un roi gammé. »

Une véritable tempête médiatique s'est aussitôt déchaînée, à laquelle j'ai souvent cru que je ne survivrais pas. Et j'avais l'impression de l'avoir bien mérité. Par moments, au cours des semaines et des mois qui ont suivi, je me suis dit que j'allais mourir de honte.

En découvrant ces photos, les gens se demandaient en général : Mais qu'est-ce qui a bien pu lui passer par la tête ? Et la réponse la plus simple à cette question était : Rien du tout. Quand je les ai vues, j'ai immédiatement compris que mon cerveau s'était mis en veille, qu'il était peut-être même en mode veille depuis un certain temps. J'aurais voulu frapper à la porte de tous les foyers britanniques pour expliquer aux gens : Je n'ai pas réfléchi. Je ne pensais pas à mal. Mais ça n'aurait fait aucune différence. La sentence est vite tombée, et elle était impitoyable. J'étais soit un néo-nazi, soit un débile mental.

J'ai d'abord cherché conseil auprès de Willy. Il était désolé pour moi, mais il n'avait pas grand-chose d'autre à me dire. Ensuite, j'ai appelé Papa. À ma grande surprise, il était serein. Au début, ça m'a paru louche. Je me suis dit qu'il voyait peut-être dans cet énième scandale une nouvelle occasion de redorer son propre blason auprès de l'opinion publique. Mais il m'a parlé avec une telle tendresse, une compassion tellement sincère, que j'étais décontenancé. Et reconnaissant.

Il ne s'est pas appesanti sur les faits. *Mon cher enfant, comment as-tu pu faire une bêtise pareille ?* J'avais les joues en feu. *Je sais, je sais.* Mais il a aussitôt mis ça sur le compte de l'inexpérience et de l'inconscience ; lui-même se rappelait avoir autrefois été vilipendé pour des erreurs de jeunesse, m'a-t-il dit, et ce n'était pas juste, parce que la jeunesse était par définition une période de la vie où on manquait de maturité. Tu es encore en train de grandir, de mûrir, d'apprendre, a-t-il dit. Il n'a certes pas énuméré les humiliations de ce temps-là, mais je savais. Ses conversations les plus intimes avaient été dévoilées au grand jour, ses moindres remarques déplacées avaient été rapportées de manière disproportionnée. On était allé interroger ses anciennes petites amies, dont les confidences sur ses prouesses amoureuses s'étaient retrouvées étalées à la une des tabloïds et même dans des livres. L'humiliation, il connaissait.

Il m'a assuré que toute cette histoire allait vite retomber, que l'outrage et la honte se dissiperaient. Je lui ai su gré de vouloir me rassurer, même si – ou peut-être parce que – je savais que c'était faux. La honte ne s'effacerait jamais. Et il n'y avait aucune raison pour qu'elle s'efface.

Jour après jour, le scandale gagnait en ampleur. J'étais cloué au pilori dans les journaux, à la radio, à la télé. Certains élus du Parlement ont réclamé ma tête. L'un d'eux a déclaré qu'on devrait me bannir à vie de Sandhurst.

D'après les collaborateurs de Papa, pour que l'affaire se tasse, il fallait prendre les devants. Il fallait en passer par une forme d'expiation publique, d'une manière ou d'une autre.

D'accord, ai-je dit. Et le plus tôt sera le mieux.

Alors Papa m'a envoyé voir un saint homme.

51.

UNE BARBE, DES LUNETTES, un visage creusé de rides et des yeux sombres empreints de sagesse. C'était le Grand Rabbin de Grande-Bretagne, voilà tout ce que je savais. Mais j'ai tout de suite vu qu'il était plus que ça. Figure intellectuelle éminente, philosophe des religions et prolifique écrivain, auteur de plus d'une vingtaine d'ouvrages, il avait passé une bonne partie de son séjour terrestre à observer le monde autour de lui et à réfléchir aux causes profondes du chagrin, du mal et de la haine.

Il m'a offert une tasse de thé, puis il est entré dans le vif du sujet. Il n'a pas mâché ses mots. Il a condamné mon comportement. Il n'était pas dépourvu de gentillesse, mais il se devait de me parler en toute franchise. Et je devais en passer par là. Il a aussi replacé mon geste idiot dans un contexte historique. Il m'a parlé des six millions de morts, des communautés exterminées. Les Juifs, les Polonais, les opposants politiques, les intellectuels, les homosexuels. Les enfants, les bébés, les vieillards assassinés et réduits en cendres.

À peine quelques dizaines d'années plus tôt.

J'étais arrivé chez lui honteux. Je ressentais à présent une autre émotion – une haine intense dirigée contre moi-même.

Mais ce n'était pas l'intention du rabbin. En tout cas, il n'avait pas l'intention de me laisser repartir dans cet état. Il m'a exhorté à ne pas être accablé par mon erreur, mais à m'en servir. Il a fait montre à mon égard de cette qualité propre aux vrais grands sages – le pardon. Les gens font des bêtises, m'a-t-il assuré, disent des bêtises, mais cela ne signifie pas nécessairement que c'est dans leur nature intrinsèque. C'était en cherchant l'expiation, a-t-il dit, que je montrais ma vraie nature. En cherchant l'absolution.

Pour autant qu'il en avait la capacité, et l'autorité, il me donnait son absolution. Il m'accordait son pardon. Il m'a dit de relever la tête et de poursuivre mon chemin, de mettre à profit cette expérience pour contribuer à rendre le monde meilleur. D'en tirer une leçon que je pourrais transmettre à mon tour. J'ai songé que ces paroles auraient plu à Henners. Lui qui aimait tant transmettre et enseigner.

Pourtant, quoi que je fasse, des voix s'érigeaient, de plus en plus nombreuses, de plus en plus hargneuses, pour réclamer qu'on m'interdise d'intégrer les rangs de l'armée. Mais les hauts gradés tenaient bon. Si le prince Harry avait été soldat au moment où il s'est déguisé en Führer, ont-ils déclaré, il serait passé en conseil de discipline.

Mais il ne fait pas encore partie de l'armée, ont-ils ajouté.

Alors s'il veut se comporter comme un crétin, libre à lui.

52.

IL SERAIT DORÉNAVANT notre nouveau secrétaire personnel : il s'appelait Jamie Lowther-Pinkerton. Mais je ne me rappelle pas que Willy et moi l'ayons jamais appelé autrement que : JLP.

On aurait pu tout aussi bien l'appeler Marko II. Ou peut-être Marko 2.0. Il avait été engagé pour remplacer ce dernier, mais il était aussi censé nous assister de manière plus officielle, plus détaillée et plus permanente que notre cher ami.

Tout ce que Marko avait fait pour nous hors du cadre de ses fonctions, la sollicitude, les encouragements, les conseils qu'il nous avait prodigués, JLP le ferait désormais, nous a-t-on informés, à titre officiel. Du reste, c'était Marko lui-même qui avait repéré JLP et qui l'avait recommandé à Papa, puis qui l'avait formé. Alors il avait déjà toute notre confiance, dès le départ. C'était un type bien, nous avait assuré Marko, et ce sceau d'approbation comptait plus que n'importe quel autre à nos yeux.

JLP était d'un calme olympien et légèrement guindé. Il portait des boutons de manchette en or étincelants ainsi qu'une chevalière également en or, symboles de sa probité, de sa fiabilité et de sa foi inébranlable en une certaine forme d'éthique et de loyauté. On avait l'impression que, même le matin du Jugement dernier, JLP n'oublierait pas de boutonner ces amulettes avant de sortir de chez lui.

En dépit de ces apparences impeccablement lisses et soignées, JLP était un vrai dur, un pur produit des plus prestigieuses écoles militaires britanniques, ce qui voulait dire, entre autres choses, qu'il n'était pas là pour plaisanter. Il ne racontait pas de conneries et il ne fallait pas lui en raconter – et tout le monde dans notre entourage en était manifestement conscient. Quand les autorités britanniques avaient décidé de lancer une vaste offensive contre un cartel de drogue colombien, c'est à JLP qu'elles avaient confié la direction des opérations. Quand l'acteur Ewan McGregor avait entrepris de traverser la Mongolie, la Sibérie et l'Ukraine à moto, un périple de trois mois pour lequel il avait dû apprendre à survivre en conditions extrêmes, c'est vers JLP qu'il s'était tourné.

La principale qualité de JLP à mes yeux était son respect inconditionnel pour la vérité, son infaillible rectitude en la matière. Il était l'exact contraire de ces gens qu'on croisait si souvent dans les instances gouvernementales ou dans les couloirs du palais. Alors, peu de temps après sa prise de fonction auprès de Willy et moi, je lui ai demandé s'il pouvait m'aider à me procurer certains documents secrets afin de lever le voile sur un pan de la vérité – la vérité, en l'occurrence, sur l'accident de voiture de Maman.

Il a baissé les yeux et détourné la tête. Certes, il travaillait pour Willy et moi, mais il se souciait de nous également, et il se souciait de la tradition, du protocole et de la hiérarchie. Il lui semblait que ma requête allait à l'encontre de tous ces paramètres. Il a grimacé et froncé les sourcils – ou du moins le peu qu'il en avait. Puis, lissant du plat de la main les quelques touffes de cheveux couleur charbon qu'il lui restait au-dessus des tempes, il m'a dit que, s'il me donnait accès aux documents en question, cela risquait d'être très perturbant pour moi. *Vraiment très perturbant, Harry.*

Oui. Je sais. C'est un peu le but, en fait.

Il a hoché la tête. *Ah. Hmm. Je vois.*

Quelques jours plus tard, il m'a emmené dans un minuscule bureau du palais St. James desservi par un escalier de service et m'a tendu une grande enveloppe beige rigide. Il m'a dit qu'il avait décidé de ne pas me montrer *tous* les documents consignés dans les archives de la police. Il les avait passés en revue et avait laissé de côté les plus... « difficiles ». *Pour votre bien.*

J'étais frustré. Mais je n'ai pas protesté. Si JLP pensait que certaines choses étaient trop dures à voir pour moi, alors c'est qu'elles devaient l'être.

Je l'ai remercié de chercher à me protéger.

Il a dit qu'il me laissait regarder tout ça tranquillement, et il est sorti de la pièce.

J'ai pris plusieurs grandes respirations, puis j'ai ouvert l'enveloppe.

Des photos de la scène. À l'extérieur du tunnel où s'était produit l'accident. L'objectif dirigé vers l'entrée du tunnel.

Des photos plus rapprochées. Quelques mètres à l'intérieur du tunnel.

Des photos encore plus rapprochées. L'objectif braqué vers le fond et la sortie du tunnel.

Et enfin... des photos en gros plan de la Mercedes réduite en miettes, qui avait pénétré dans le tunnel aux environs de minuit, d'après l'enquête, et n'en était jamais ressortie.

J'ai d'abord cru que toutes ces photos avaient été faites par la police elle-même. Mais je n'ai pas tardé à m'apercevoir que bon nombre d'entre elles, pour ne pas dire la majorité, avaient été prises en réalité par les paparazzis et d'autres photographes présents sur les lieux, à qui la police française avait confisqué leurs appareils. Certaines photos avaient été prises quelques instants à peine après l'accident, d'autres beaucoup plus tard. Sur certaines, on apercevait des policiers qui quadrillaient les lieux ; sur d'autres, des badauds qui s'étaient rassemblés et qui observaient la scène, bouche bée. Il se dégageait de tous ces clichés une impression de chaos, une atmosphère révoltante de grand carnaval.

Puis j'ai découvert d'autres photos, plus détaillées, plus nettes, plus rapprochées, prises à l'intérieur de la Mercedes. On voyait le corps inanimé de l'ami de Maman, dont je savais désormais qu'il était son petit ami en réalité. On voyait son garde du corps, qui avait survécu à l'accident, même s'il en avait conservé de graves séquelles. Et on voyait le chauffeur, avachi sur le volant. C'était lui qu'on désignait souvent comme étant responsable de l'accident, parce qu'il avait apparemment de l'alcool dans le sang, et parce qu'il était mort et ne pouvait pas témoigner de sa version des faits.

Enfin, je suis tombé sur les photos de Maman. Il y avait des lumières partout autour d'elle, une sorte d'aura, comme des halos. Des lumières très étranges. Dorées. De la même couleur que ses cheveux. Je ne savais pas d'où venaient toutes ces lumières ; j'avais beau imaginer toutes les explications possibles, même les plus surnaturelles, je n'arrivais pas à définir leur origine.

Et quand j'ai enfin compris, mon ventre s'est noué.

Des flashs. C'étaient les flashs d'appareils photo. Et, au milieu de ces flashs, la trace fantomatique de visages, et de moitiés de visages – ceux des paparazzis, réfractés et démultipliés à l'infini sur toutes les surfaces métalliques et les vitres. Ces hommes qui l'avaient prise en chasse... ils n'avaient pas cessé de la mitrailler alors même qu'elle gisait là, entre les sièges, inconsciente, ou à demi consciente, et dans leur frénésie, ils s'étaient pris en photo les uns les autres par mégarde. Aucun d'entre eux ne semblait se préoccuper d'elle, chercher à lui porter secours, ou même à la réconforter tout simplement. Ils n'avaient qu'un seul objectif : la mitrailler, encore et encore.

Je ne savais pas. Je n'avais pas imaginé. On m'avait dit que Maman avait été prise en chasse par des paparazzis, qu'ils s'étaient lancés à ses trousses comme une meute de chiens enragés, mais je n'avais jamais osé penser que, comme des chiens enragés, ils s'étaient également repus de son corps sans défense. Je n'avais pas conscience, jusqu'à cet instant, que la dernière chose qu'avait vue Maman sur cette terre, c'était un flash d'appareil photo.

À moins que... J'ai regardé Maman de plus près sur les photos : on ne discernait aucune blessure apparente. Elle était avachie, elle était inanimée, mais à part ça, elle avait l'air... indemne. Complètement indemne. Sa veste noire, sa chevelure flamboyante, son teint radieux – les médecins, à l'hôpital où elle avait été emmenée, n'avaient pu s'empêcher de remarquer à quel point elle était belle. J'ai continué à regarder ; j'essayais de faire monter les larmes, mais j'étais incapable de pleurer, parce qu'elle était si belle, et si vivante.

Peut-être que les photos laissées de côté par JLP étaient plus radicales. Peut-être qu'elles montraient la mort de manière plus frontale. Mais je ne me suis pas attardé sur cette possibilité. J'ai refermé l'enveloppe et j'ai décrété : *Elle se cache.*

J'avais voulu voir ces documents parce que je cherchais des preuves, or ce dossier ne prouvait rien, sinon que Maman avait eu un accident de voiture, dont elle semblait être sortie relativement indemne, tandis que ceux qui la pourchassaient continuaient de la harceler. Et c'était tout. Je n'avais découvert aucune preuve, mais de nouveaux motifs pour alimenter ma rage. Dans ce petit bureau, assis devant cette maudite enveloppe cartonnée, un voile rouge est tombé devant mes yeux. Sauf que, cette fois, il n'était pas annonciateur d'une simple tornade, mais d'un véritable tsunami.

53.

J'AVAIS PRIS UN PETIT SAC DE VOYAGE avec quelques affaires personnelles, ainsi qu'une planche à repasser de taille standard, que je trimballais avec désinvolture, coincée sous le bras, comme une planche de surf. L'armée m'avait spécifiquement instruit d'en apporter une. Dorénavant, il ne devrait pas y avoir le moindre pli sur mes chemises et mes pantalons.

Je m'y connaissais en repassage à peu près autant qu'en pilotage de tank, sinon moins. Mais ça, désormais, c'était le problème de l'armée. *J'étais* désormais le problème de l'armée.

Je leur souhaitais bien du courage.

Papa aussi. C'est lui qui m'a accompagné à Camberley, dans le Surrey, à la Royal Military Academy de Sandhurst.

Mai 2005.

Il s'est mis légèrement à l'écart et m'a regardé épingler le badge rouge à mon nom, WALES, puis signer. Il a dit aux journalistes combien il était fier.

Puis il m'a tendu la main. *Vas-y, mon cher enfant.*

Petite photo souvenir. Clic.

J'ai été incorporé dans une section composée de vingt-neuf jeunes gens, hommes et femmes. Le lendemain, à la première heure, après avoir enfilé nos nouveaux treillis, nous avons pénétré à la queue leu leu dans une salle très ancienne, vieille de plusieurs centaines d'années. On y sentait tout le poids de l'histoire, comme un parfum se dégageant des murs lambrissés telle de la vapeur. Nous avons récité un serment à la reine. *Je jure allégeance à la Couronne et à mon pays...* Le type juste à côté de moi m'a donné un petit coup de coude dans les côtes. *Chiche, tu dis Mamie au lieu de reine !*

C'est la dernière fois, pendant les cinq semaines à venir, qu'il s'est hasardé – lui ou qui que ce soit d'autre – à faire une blague. On ne plaisantait pas dans ce camp d'entraînement.

Camp d'entraînement – le terme est bien anodin pour décrire l'expérience qui nous attendait. Nous avons été poussés jusqu'aux ultimes limites de nos forces – physiques, mentales et spirituelles. Nous avons été conduits – ou traînés, plutôt – au-delà des frontières de ce dont nous nous croyions capables, et un peu plus loin encore, par un flegmatique petit bataillon de charmants sadiques appelés les sergents-chefs. Des hommes bâtis comme des armoires à glace, à la voix de stentor, virils à l'extrême – mais tous escortés d'un petit chien minuscule. Je n'ai jamais compris la raison de la présence de ces chiens, je n'en ai trouvé d'explication nulle part et je serais bien incapable d'en deviner une. Quoi qu'il en soit, c'était très bizarre de voir ces colosses dopés à la testostérone, et chauves pour la plupart, faire des mamours à leur bichon, leur shih tzu ou leur carlin.

Je serais tenté de dire que nous aussi, ils nous traitaient comme des chiens – sauf qu'ils traitaient beaucoup mieux les leurs. Ils ne nous disaient jamais, à nous : *C'est bien, ça, mon grand !* Ils nous hurlaient dessus, le nez collé à notre visage, empestant l'aftershave, et ils ne nous lâchaient jamais la bride, pas une seule seconde. Ils nous humiliaient, nous harcelaient, criaient et ne faisaient pas mystère de leur objectif : nous briser.

Et s'ils n'y parvenaient pas – alléluia ! Bienvenue dans l'armée ! S'ils y parvenaient, encore mieux. Mieux valait en passer par là maintenant. Mieux valait que ce soient *eux* qui nous brisent plutôt que l'ennemi.

Ils disposaient de tout un éventail de techniques. La contrainte physique, l'intimidation psychologique – et même... l'humour ? Une fois, je me souviens, un sergent-chef m'a pris à part. *M. Wales, j'étais de garde un jour au château de Windsor, avec mon bonnet à poil sur la tête, quand soudain un gamin est arrivé et a balancé des gravillons sur mes bottes ! Et ce gamin... c'était VOUS !*

Il plaisantait, mais je ne savais pas trop si je devais rire, et je n'étais pas sûr que ce soit vrai. Sa tête ne me disait rien, et de toute façon je ne me rappelais pas avoir jamais balancé des gravillons sur un garde du palais. Mais *au cas où* cette anecdote était véridique, je lui présentais mes excuses en lui disant que j'espérais que nous pourrions mettre cet incident derrière nous.

Deux semaines après notre arrivée à Sandhurst, plusieurs cadets avaient déjà déclaré forfait. À notre réveil, leurs lits étaient faits et tous leurs effets personnels avaient disparu. Personne ne leur en a tenu rigueur. Tout le monde n'était pas taillé pour affronter une épreuve pareille. Certains de mes camarades avouaient à voix basse, le soir avant l'extinction des feux, qu'ils craignaient d'être les prochains.

Ce n'était pas mon cas. De manière générale, ça se passait plutôt bien pour moi. Le camp d'entraînement n'était pas une partie de campagne, mais je n'ai jamais été ébranlé dans ma conviction que j'étais exactement là où je devais être. Ils ne peuvent pas me briser, me disais-je. Peut-être parce que je l'étais déjà ?

Et puis, quoi qu'on nous fasse subir, ça se déroulait loin des regards curieux de la presse, de sorte que j'avais l'impression d'être en vacances. Ce camp me rappelait le Club H. Les sergents-chefs avaient beau nous en faire baver, il y avait toujours, toujours cette précieuse compensation : pas de paparazzis. Rien ne pouvait vraiment m'atteindre dans un endroit où la presse ne pouvait pas venir me dénicher.

Mais ça a tout de même fini par arriver. Un journaliste du *Sun* a trouvé le moyen de s'introduire en douce et il a baguenaudé un moment dans l'enceinte du camp, une fausse bombe à la main, pour essayer de prouver – quoi ? Personne ne l'a jamais su. Le *Sun* a déclaré que leur journaliste, en jouant ainsi au flâneur égaré, cherchait à révéler les failles dans la sécurité du camp, à montrer que le prince Harry était en danger.

Mais le plus flippant dans cette histoire, c'est que certains lecteurs ont vraiment cru à leurs conneries.

54.

Tous les jours au réveil, à cinq heures du matin, nous devions avaler une grande bouteille d'eau. Une bouteille de l'armée, en plastique noir, héritée de la guerre des Boers. Le moindre liquide versé là-dedans prenait instantanément un goût de vieux plastique. Et de pisse. De pisse tiède. Du coup, après avoir ingurgité le contenu de la bouteille, quelques instants avant de partir faire notre petit jogging matinal, certains d'entre nous s'écroulaient par terre et vomissaient direct.

Aucune importance. Le lendemain matin, il fallait recommencer, boire ces litres d'eau au goût de pisse et de plastique puis sortir courir après avoir dégobillé.

Oh, ces séances de jogging... On courait en permanence. Sur une piste de stade. Sur la route. Dans les bois. Dans les prés. Parfois avec un sac de quarante kilos sur le dos, parfois avec une énorme bûche dans les bras. On courait, on courait et on courait encore, jusqu'à en tomber dans les pommes – il n'était pas rare qu'on s'évanouisse même en pleine course, et qu'on reste alors étendu sur le carreau pendant un moment, complètement dans les vapes, les jambes continuant à tricoter dans le vide, comme un chien endormi en train de rêver qu'il pourchasse un écureuil.

Entre deux joggings, on grimpait à la corde, on se précipitait à toute volée contre des murs ou les uns contre les autres. Le soir, nous étions perclus de douleurs indicibles, jusqu'à la moelle. Une pulsation profonde et lancinante. Le seul moyen de survivre à ces souffrances, c'était de s'en déconnecter, d'obliger votre cerveau à croire qu'elles ne vous concernaient pas. De vous dissocier de vous-même. Les sergents-chefs disaient que ça faisait partie de leur Grand Projet. Tuer le Moi.

Une fois que nous y serions parvenus, nous serions tous sur la même longueur d'onde. Nous formerions véritablement Une Troupe.

À mesure que l'identité personnelle s'efface, nous promettaient-ils, la notion de Service prend le relais et passe au premier plan.

Votre régiment, votre pays – vous n'aurez plus que ça dans la caboche, bande de troufions. Et ça sera amplement suffisant.

Je ne savais pas vraiment ce que les autres cadets pensaient de tout ça, mais moi, ça m'allait très bien, j'étais partant sur toute la ligne. Le moi ? J'étais plus que disposé à me débarrasser de ce poids mort. Mon identité ? Je vous la laisse bien volontiers.

Je comprenais que l'expérience soit rude pour quelqu'un qui tenait à son moi, à son identité. Mais ce n'était pas mon cas. J'étais ravi de sentir que, lentement mais sûrement, je devenais une pure essence, débarrassée de toutes ses impuretés, réduite à ses seules fonctions vitales.

Un peu comme ce que j'avais vécu à Tooloombilla. En plus intense.

J'avais l'impression que c'était un immense cadeau que me faisaient les sergents-chefs, le Commonwealth.

Et je leur en étais reconnaissant. Le soir, avant de m'écrouler de sommeil, je me sentais empli de gratitude.

55.

Au bout de ces cinq premières semaines, alors que cette période d'entraînement touchait à son terme, les sergents-chefs se sont radoucis. Un peu. Ils ne nous hurlaient plus dessus autant qu'avant. Ils nous traitaient désormais comme des soldats.

En tant que tels, cependant, il fallait maintenant qu'on apprenne ce qu'était la guerre. Comment la mener, comment la gagner. Ce qui supposait, entre autres, de rester assis dans une salle de classe pour écouter des cours abrutissants d'ennui. Le mieux, c'étaient les exercices de simulation de combat, pendant lesquels on nous faisait la démonstration des mille et une façons dont on pouvait se faire tuer, ou pas, selon la façon dont on réagissait.

Ces exercices étaient désignés par l'acronyme CBRN. Chimique, biologique, radiologique, nucléaire. On s'entraînait à enfiler une combinaison de protection, à l'enlever, à la nettoyer pour la débarrasser de toute trace des divers poisons et substances avec lesquels l'ennemi était susceptible de nous attaquer, de nous bombarder ou de nous asperger. On creusait d'innombrables tranchées, on mettait des masques, on se recroquevillait en position fœtale, on répétait pendant des heures et des heures en prévision de l'Apocalypse.

Un jour, les sergents-chefs nous ont rassemblés devant un bâtiment en brique rouge transformé en chambre à gaz lacrymogène. Ils nous ont donné l'ordre d'entrer à l'intérieur et ils ont ouvert le gaz. Nous avons ôté, puis remis, puis ôté de nouveau nos masques. Si vous n'étiez pas assez rapide, vous vous en preniez une bonne grosse dose plein la bouche et les poumons. Mais on ne pouvait pas toujours réagir avec assez de rapidité, ce qui était précisément le but de l'exercice, de sorte que tout le monde a fini par inhaler du gaz à un moment ou un autre. Ce genre d'entraînement était censé nous préparer à la guerre ; à mes yeux, il s'agissait plutôt de se préparer à la mort. Tout, dans notre formation militaire, tournait autour de la mort. Comment l'éviter, mais aussi comment l'affronter, sans détour.

Il paraissait donc tout naturel, presque inévitable, qu'ils nous fassent grimper un jour dans un bus pour nous emmener au cimetière militaire de Brookwood, où, debout devant les sépultures, nous avons écouté quelqu'un réciter un poème.

« Tombés au champ d'honneur ».

Écrit avant les conflits les plus atroces du XXe siècle, on y décelait encore la trace d'une certaine innocence.

Ceux-là ne vieilliront pas,
Comme nous autres vieillirons qui sommes encore là...

C'était frappant de constater à quel point nos premières expériences d'entraînement étaient ponctuées, rehaussées de poésie. La gloire de la mort, la beauté de la mort, la nécessité de la mort – on nous bourrait le crâne de ce genre de concepts tout en nous apprenant à esquiver la mort. Tantôt ce message nous était communiqué de manière explicite, tantôt il nous sautait directement au visage. Chaque fois qu'on nous rassemblait dans la chapelle, nous levions les yeux et tombions sur cette inscription, gravée dans la pierre : *Dulce et decorum est pro patria mori.*

Il est doux et honorable de mourir pour sa patrie.

Cette formule, attribuée à un exilé de la Rome antique, avait été reprise par un jeune soldat britannique qui était mort pour son pays. Reprise de manière ironique – mais ça, personne ne nous l'avait précisé. C'était sans ironie aucune, en tout cas, qu'elle avait été gravée dans ces blocs de pierre.

Je préférais encore la poésie aux cours d'histoire. Et de psychologie. Et de stratégie militaire. Je grince des dents au seul souvenir de ces longues heures passées assis sur ces chaises rigides de Faraday Hall et de Churchill Hall, à lire des manuels et mémoriser des dates, analyser des batailles célèbres, écrire des dissertations sur les concepts de stratégie militaire les plus ésotériques. C'était ça, pour moi, l'épreuve la plus pénible de ma formation à Sandhurst.

Si j'avais eu le choix, j'aurais encore préféré rempiler pour cinq semaines supplémentaires de supplices physiques.

Il m'est arrivé plus d'une fois de m'assoupir en plein cours dans la salle de Churchill Hall.

Vous, là, M. Wales ! Vous dormez !

On nous avait conseillé, si jamais on piquait du nez, de se lever et de sauter sur place, pour se donner un coup de fouet en faisant circuler le sang. Mais cette technique avait quelque chose d'un peu trop insolent. En vous levant, vous faisiez comprendre sans ambages à vos instructeurs que leurs cours étaient à mourir d'ennui. Et dans quelles dispositions seraient-ils alors à votre égard au moment de noter votre prochain devoir ?

Les semaines défilaient à un rythme effréné. La neuvième semaine – ou était-ce la dixième ? –, nous avons appris à nous servir d'une baïonnette. Un matin d'hiver. Un champ à Castlemartin, au Pays de Galles. Les sergents-chefs ont mis une musique punk rock infernale, à plein volume, pour exciter notre instinct animal, et nous avons commencé à nous ruer sur des mannequins en sacs de sable, baïonnette en avant, pour les pourfendre en hurlant : *CRÈVE ! CRÈVE !*

Quand le coup de sifflet retentissait, que l'exercice était « terminé », certains gars étaient incapables de s'arrêter. Ils continuaient de lacérer rageusement leur mannequin. Bref aperçu de la face la plus sombre de la nature humaine. Alors tout le monde éclatait de rire et faisait comme si personne n'avait rien vu.

Au programme de la douzième semaine – ou la treizième ? –, tir au fusil et lancer de grenade. J'étais bon tireur. Habitué à canarder des lapins, des pigeons et des écureuils à coups de calibre .22 depuis l'âge de douze ans.

Mais à Sandhurst, j'ai fait des progrès.

De gros progrès.

56.

À LA FIN DE L'ÉTÉ, on nous a envoyés au Pays de Galles pour nous livrer à un exercice particulièrement brutal : la Longue Randonnée. Une expédition pendant laquelle nous allions devoir marcher, crapahuter et sauter non-stop pendant plusieurs jours dans un paysage de campagne désert et vallonné, harnachés de divers équipements pesant à peu près le poids d'un jeune adolescent. Et comme si cela ne suffisait pas, une canicule historique s'était abattue sur l'Europe tout entière cet été-là, et nous avons commencé notre périple au pic de l'épisode, le jour plus chaud de l'année.

Un vendredi. L'exercice, nous a-t-on informés, durerait jusqu'au dimanche soir.

Le samedi, à la fin de la journée, pendant notre seul moment de repos autorisé, nous avons dormi dans des sacs de couchage sur un chemin de terre. Deux heures plus tard, nous avons été réveillés par le tonnerre et une averse torrentielle. J'étais dans un groupe de cinq personnes ; nous nous sommes levés et nous avons ouvert grand la bouche, la tête en arrière, pour boire les gouttes de pluie. Ça nous a fait un bien fou. Mais nous étions trempés. Et il était temps de nous remettre en route.

Marcher ainsi, mouillé jusqu'aux os, sous la pluie battante, nous demandait à présent des efforts d'une tout autre ampleur. Nous n'arrêtions pas de grommeler, d'ahaner, de haleter, de glisser. Peu à peu, j'ai commencé à me sentir gagné par le découragement.

Nous nous sommes brièvement arrêtés à un point de rendez-vous, et là, j'ai ressenti une brûlure au niveau des pieds. Je me suis assis par terre, j'ai retiré ma botte et ma chaussette droites, et toute la plante du pied est partie avec.

Le pied des tranchées.

Le soldat à côté de moi a secoué la tête. *Merde. Tu peux pas continuer.*

J'étais dégoûté. Mais aussi, je dois bien l'admettre, un peu soulagé.

Nous étions sur une route de campagne. Dans un champ, non loin de là, était postée une ambulance. Je l'ai rejointe en traînant la patte. Quand ils m'ont vu approcher, les infirmiers m'ont porté à l'arrière du véhicule. Ils ont examiné mes pieds et le verdict est tombé : fin de l'expédition pour moi.

J'ai hoché la tête, abattu.

Les autres membres de mon équipe s'apprêtaient à repartir. *Salut, les gars. On se retrouve au camp.*

Mais à ce moment-là est arrivé l'un de nos instructeurs. Le sergent-chef Spence. Il a demandé à me parler. D'un bond, je suis descendu de l'arrière de l'ambulance et je l'ai rejoint près d'un arbre en boitillant.

Adossé à l'arbre, il s'est adressé à moi d'une voix calme et posée. C'était la première fois depuis des mois qu'il ne me hurlait pas dessus.

M. Wales, c'est la dernière ligne droite. Il ne vous reste littéralement que neuf ou dix kilomètres à faire, c'est tout. Je sais, je sais, vous avez les pieds en compote, mais je vous conseille de ne pas renoncer. Je sais que vous en êtes capable. Et vous le savez aussi.

Continuez. Vous ne vous le pardonnerez jamais si vous baissez les bras maintenant.

Et il s'est éloigné.

Je suis reparti cahin-caha vers l'ambulance, et j'ai demandé aux infirmiers de me filer tout le velcro à l'oxyde de zinc dont ils disposaient. J'ai emmailloté mes pieds, en serrant bien fort, puis je les ai enfoncés de nouveau dans mes bottes.

Grimper, descendre, avancer – j'ai continué de marcher en m'efforçant de penser à autre chose pour oublier la douleur. Nous approchions d'un cours d'eau. L'eau glacée agirait comme un baume miraculeux, pensais-je. Mais pas du tout. Je ne sentais qu'une seule chose : les rochers dans le lit du ruisseau qui s'enfonçaient dans ma chair à vif.

Les six derniers kilomètres ont été les pas les plus difficiles que j'ai jamais faits sur cette planète. Quand nous avons franchi la ligne d'arrivée, j'étais tellement soulagé que je me suis mis à hyperventiler.

Une heure plus tard, de retour au camp, tout le monde s'est changé et a enfilé des baskets. Pendant plusieurs jours, nous nous sommes traînés d'un baraquement à l'autre comme des vieillards.

Mais des vieillards pleins de fierté.

À un moment, je me suis approché clopin-clopant du sergent-chef Spence, et je l'ai remercié.

Il m'a adressé un petit sourire, puis il a tourné les talons.

57.

J'ÉTAIS ÉPUISÉ, je me sentais un peu seul, mais j'étais dans une forme éblouissante, comme jamais auparavant dans ma vie ; mes pensées et ma vision des choses étaient plus affûtées que jamais. J'éprouvais un sentiment proche de celui que décrivent les gens qui rentrent dans les ordres. Tout me semblait illuminé.

Comme dans un monastère, chaque cadet avait sa propre cellule. Elle devait être impeccablement rangée, à tout moment de la journée. Nos petits lits faits au cordeau. Nos bottes noires cirées à la perfection – brillantes comme de la peinture laquée. La porte légèrement entrouverte – en permanence. On avait le droit de la

fermer pour la nuit, mais les sergents-chefs pouvaient débarquer n'importe quand – et ils ne s'en privaient pas.
Certains s'en plaignaient. *Et notre vie privée alors ?*
Ça me faisait bien rire. La vie privée ? Kézako ?
À la fin de chaque journée, je passais un long moment, assis dans ma cellule monacale, à polir mes bottes en crachant dessus, en les frottant jusqu'à ce que je puisse y voir se refléter mon crâne tondu. Quel que soit l'établissement dans lequel j'atterrissais, décidément, je me retrouvais toujours avec une coupe de cheveux abominable.
Puis j'envoyais des textos à Chels. (On m'avait autorisé à garder mon portable, pour des raisons de sécurité.) Je lui racontais comment ça se passait au camp d'entraînement, je lui disais qu'elle me manquait. Après quoi je prêtais mon téléphone à d'autres cadets pour qu'ils puissent envoyer des messages à leur petit(e) ami(e).
Et ensuite : extinction des feux.
Pas de problème. Je n'avais plus du tout peur du noir.

58.

C'ÉTAIT DÉSORMAIS OFFICIEL. Je n'étais plus le prince Harry. J'étais le second lieutenant Wales des Blues and Royals, le deuxième plus ancien régiment de l'armée britannique, qui faisait partie de la Household Cavalry – les officiers chargés de la sécurité du monarque.

La cérémonie de « passation », comme on disait, a eu lieu le 12 avril 2006.

Papa et Camilla, Grand-père, Tiggy et Marko étaient là.

Et, bien sûr, Grand-mère.

Cela faisait plusieurs dizaines d'années qu'elle n'avait pas assisté à un défilé de promotion ; sa présence était donc un immense honneur. Son visage s'est éclairé d'un grand sourire quand je suis passé devant elle en uniforme.

Et Willy a fait le salut militaire. Lui aussi était à Sandhurst à présent. Il était un camarade soldat. (Il avait commencé après moi parce qu'il était d'abord allé à l'université.) Cette fois, il ne pouvait pas se comporter comme il l'avait toujours fait chaque fois que nous nous étions retrouvés dans la même institution ; il ne pouvait pas faire semblant de ne pas me connaître – ç'aurait été un geste d'insubordination.

Pendant un bref instant, le Suppléant était supérieur à l'Héritier.

Grand-mère a passé les troupes en revue. Quand elle est arrivée à ma hauteur, elle a dit : *Oh... Bonjour.*

J'ai souri. Et rougi.

Après la cérémonie, l'orchestre a joué « Auld Lang Syne », puis l'adjudant a monté les marches de l'Ancien Collège, juché sur son cheval blanc.

Pour clore les festivités, un déjeuner avait été organisé dans l'enceinte de l'Ancien Collège. Grand-mère a fait un merveilleux discours. À la fin de la journée, les adultes sont partis, et la fête a pu commencer pour de bon. Une nuit de beuverie et de fous rires. Chels était ma cavalière. Une deuxième « passation » a eu lieu ce soir-là, si je puis dire. Je me suis réveillé le lendemain avec le sourire jusqu'aux oreilles et une gueule de bois carabinée.

Prochaine étape, ai-je annoncé à mon reflet dans le miroir en me rasant : l'Irak.

Plus précisément, le sud de l'Irak. Mon unité devait se rendre là-bas pour prendre la relève d'une autre qui était sur le départ après plusieurs mois en mission de reconnaissance approfondie. Un travail dangereux, au cours duquel il fallait constamment slalomer entre les EEI (Engin Explosif Improvisé) et les snipers. Rien que le mois précédent, dix soldats britanniques avaient été tués. Quarante depuis les six derniers mois.

J'ai sondé mon âme. Je n'avais pas peur. J'étais résolu. J'étais déterminé. Mais il y avait autre chose : la guerre, la mort, les risques que je pouvais encourir là-bas – tout valait mieux que de rester en Grande-Bretagne, ce pays qui, pour moi, était en soi une sorte de champ de bataille permanent. Tout récemment encore, des articles avaient paru dans la presse à propos d'un message vocal que m'avait laissé Willy en se faisant passer pour Chels. D'autres rapportaient que j'avais demandé à JLP de m'aider à rédiger une dissertation à Sandhurst. Il se trouve que ces deux histoires, pour une fois, étaient vraies ; la question n'était pas là ; en revanche, comment les journalistes avaient-ils eu accès à des informations d'ordre aussi privé ?

Tout ça me rendait complètement parano. Willy aussi. Au point que, repensant aux prétendus délires paranoïaques de Maman, nous en venions à les considérer d'un œil différent.

Nous avons commencé à épier les moindres faits et gestes des gens les plus proches de notre entourage, à douter de nos amis les plus fidèles – et des amis de nos amis. Avec qui avaient-ils discuté ? À qui s'étaient-ils confiés ? Personne n'était au-delà de tout soupçon, parce que personne ne pouvait l'être. Nous étions méfiants même à l'égard de nos gardes du corps, eux que nous avions toujours vénérés. (C'était d'autant plus un comble que moi-même j'en étais un désormais – le garde du corps de la reine.) Ils avaient toujours été pour nous comme des grands frères. Mais à présent, ils étaient aussi des suspects.

Pendant une fraction de seconde, j'ai même douté de Marko. C'est dire à quel point la méfiance nous avait contaminés. Personne n'y échappait. Quelqu'un – à moins qu'ils n'aient été plusieurs –, dans notre cercle le plus intime, filait des tuyaux à la presse sur Willy et moi, et nous étions bien obligés de nous interroger sur chacune et chacun de nos proches.

Quel soulagement ce sera, me disais-je, de rejoindre une authentique zone de guerre, où rien de tout cela ne viendrait parasiter mes pensées au quotidien.

Par pitié, envoyez-moi sur un vrai champ de bataille, là où, au moins, les règles du combat sont claires et nettes.

Là où le sens de l'honneur veut encore dire quelque chose.

Deuxième partie
Debout bien que blessé

1.

En février 2007, le ministère de la Défense britannique a annoncé au monde qu'on m'envoyait servir en Irak, pour prendre le commandement d'un escadron de blindés légers le long de la frontière, à proximité de Bassora. C'était officiel. Je partais au front.

Les Britanniques ont réagi bizarrement. La moitié d'entre eux étaient furieux et trouvaient abominable de mettre en danger la vie du plus jeune des petits-fils de la reine. Ils jugeaient mal avisé qu'on envoie un membre de la famille royale, suppléant ou pas, sur un théâtre d'opération. (Ça n'était pas arrivé une seule fois en vingt-cinq ans.)

L'autre moitié, en revanche, applaudissait des deux mains. Pourquoi Harry devrait-il avoir droit à un traitement de faveur ? On n'allait tout de même pas gâcher l'argent des contribuables en formant un soldat pour ne rien en faire ensuite !

S'il doit mourir, qu'il meure, tel était leur avis.

L'ennemi partageait clairement ce sentiment. Avec plaisir, allez-y, disaient les insurgés qui faisaient tout pour propager la guerre civile dans le pays, envoyez-nous le garçon.

Un de leurs chefs s'est même fendu d'une invitation en bonne et due forme : « Nous attendons, avec grande impatience, l'arrivée du jeune et beau prince gâté... »

Ils disaient avoir des projets pour moi. Ils me kidnapperaient et, pour la suite, ils décideraient plus tard : torture, demande de rançon, exécution...

Puis, en contradiction manifeste avec sa première idée, l'auteur de l'invitation concluait par la promesse que le beau prince serait rendu à sa grand-mère « sans ses oreilles ».

Je me souviens qu'en entendant cela, j'ai senti le haut de mes pavillons chauffer. Et ça m'a rappelé ce jour où un ami m'avait suggéré de me faire recoller chirurgicalement les oreilles, pour prévenir ou corriger la malédiction familiale. À quoi j'avais catégoriquement répondu non.

Plusieurs jours après, un autre chef des insurgés a évoqué ma mère. Il m'a conseillé de suivre son exemple, de m'éloigner de ma famille. *Rebelle-toi contre les impérialistes, Harry.*

Sans quoi, a-t-il prévenu, « le sang d'un prince coulera dans notre désert ».

L'idée que Chels puisse entendre ça aurait pu m'inquiéter, mais la presse la harcelait tant depuis le début de notre relation qu'elle s'était complètement coupée de l'information. Pour elle, les journaux n'existaient pas et Internet était zone interdite.

Rien n'échappait à l'armée, en revanche. Deux mois après avoir annoncé mon départ pour l'Irak, le chef d'état-major, le général Richard Dannatt, est brusquement revenu sur sa décision. En plus des menaces publiques de la part des chefs des insurgés, le renseignement britannique venait d'apprendre qu'on avait fait circuler ma photo dans un groupe de snipers irakiens, en leur précisant que j'étais « la mère de toutes les cibles ». C'étaient des snipers d'élite : ils avaient récemment abattu six soldats de chez nous. La mission était donc tout bonnement devenue trop dangereuse, pour moi et pour quiconque aurait eu la malchance de se trouver à mes côtés. J'étais devenu, pour reprendre l'expression du général Dannatt et d'autres, un « aimant à balles ». Tout ça, disait-il, à cause de la presse. Dans sa déclaration publique destinée à annoncer l'annulation de mon affectation, il s'en est vertement pris au travail des journalistes, à la surmédiatisation, à leurs conjectures folles, qui avaient eu pour effet d'« exacerber » le niveau de menace.

Le bureau de Papa a également publié un communiqué selon lequel j'étais « très déçu », ce qui n'était pas vrai. J'étais anéanti. Lorsque je l'ai appris, je me trouvais à Windsor Barracks avec mes hommes. Il m'a fallu quelques minutes pour reprendre mes esprits, après quoi je leur ai annoncé la mauvaise nouvelle. Nous venions de passer des mois à voyager, à nous entraîner ensemble, des mois pendant lesquels nous étions devenus frères d'armes, mais à partir de maintenant, ils seraient seuls.

Je ne m'apitoyais pas simplement sur mon sort. Je m'inquiétais pour mon équipe. Quelqu'un d'autre allait devoir faire mon boulot, et pour toujours j'allais vivre avec mes questions, avec ma culpabilité : et si cette personne n'était pas à la hauteur ?

La semaine suivante, plusieurs journaux ont annoncé que j'étais tombé dans une profonde dépression. Un ou deux ont cependant assuré que c'était moi qui étais à l'origine de cette brusque volte-face concernant mon affectation. Harry le lâche, de nouveau. Ils racontaient que j'avais, en secret, supplié mes supérieurs de mettre un terme à tout ça.

2.

J'AI HÉSITÉ À QUITTER L'ARMÉE. Quel intérêt y avait-il à rester si je ne pouvais pas être soldat ?

J'en ai longuement discuté avec Chels. Elle était tiraillée. D'un côté, elle était incapable de cacher son soulagement. De l'autre, elle savait à quel point je tenais à être là pour mon équipe. Elle savait que je m'étais longtemps senti persécuté par la presse, et que l'armée avait été ma seule planche de salut, mon exutoire.

Elle savait aussi que j'avais foi en la Mission.

J'en ai longuement discuté avec Willy. Lui non plus ne savait trop que penser de tout ça. En tant que soldat, il compatissait. Mais en tant que frère ? En tant qu'aîné à l'esprit de compétition exacerbé ? Il ne parvenait pas à regretter complètement que les choses aient tourné ainsi.

La plupart du temps, Willy et moi n'avions rien à faire de toutes ces histoires absurdes d'Héritier et de Suppléant. Mais de temps en temps, je déchantais en me rendant compte qu'en un sens, tout ça comptait beaucoup pour lui. Professionnellement, personnellement, il était soucieux de la place que j'occupais, de ce que je faisais.

Faute d'en trouver ailleurs, j'ai cherché du réconfort dans la vodka Red Bull. Et le gin tonic. On m'a photographié à l'époque entrant et sortant à des heures indues d'un grand nombre de pubs, de boîtes de nuit, de soirées privées.

Découvrir au réveil une photo de moi en une d'un tabloïd était tout sauf agréable. Mais le pire, c'était le son du déclencheur quand elle était prise. Ce clic horrible par-dessus mon épaule, dans mon dos ou dans un coin de mon champ de vision ; à chaque fois, je frémissais et mon cœur s'emballait, mais après Sandhurst, ça m'a fait le même effet qu'un fusil qu'on arme ou que la lame jaillissant d'un cran d'arrêt. Et dans la foulée, un peu plus pénible encore, un peu plus traumatisant, il y avait le flash aveuglant.

Super, je me suis dit. L'armée m'a rendu plus apte à reconnaître les menaces, à les *sentir* et à secréter de l'adrénaline, et maintenant elle me rejette.

J'étais au trente-sixième dessous.

Les paparazzis, étrangement, l'avaient compris. Plus ou moins à ce moment-là, ils ont commencé à me frapper avec leurs appareils photos, délibérément, pour me provoquer. Ils me frôlaient, me donnaient une petite gifle, me bousculaient, ou me flanquaient même carrément une beigne, en espérant me voir me révolter, en espérant que je riposte, car la photo n'en serait que meilleure et plus lucrative. En 2007, un cliché de moi se vendait dans les trente mille livres. De quoi pouvoir verser un apport pour un appartement. Mais une photo de moi me montrant agressif en prime, et c'était un apport pour une maison à la campagne.

Une fois, je me suis battu, et les médias en ont fait leurs choux gras. Je m'en suis tiré avec le nez en patate, mon garde du corps était livide. *Tu as rendu ces paparazzis riches, Harry ! T'es content ?*

Content ? Je lui ai répondu que non, je n'étais pas content.

Les paparazzis avaient toujours été grotesques, mais depuis que j'avais atteint l'âge adulte, ils étaient devenus pires. On le voyait à leurs yeux, à leurs gestes. Ils étaient plus déterminés, ils s'étaient radicalisés, comme les jeunes hommes en Irak s'étaient radicalisés. Leurs mollahs à eux, c'étaient leurs rédacteurs en chef, ceux-là mêmes qui avaient fait le serment de s'amender après la mort de Maman. Ils avaient promis publiquement de ne plus jamais lancer leurs photographes dans des courses-poursuites, et à présent, dix ans plus tard, les vieilles habitudes étaient de retour. Ce n'étaient plus leurs photographes à eux, disaient-ils pour se justifier, ils passaient désormais contrat avec des agences spécialisées – bonnet blanc et blanc bonnet. Car en définitive, les décideurs de presse continuaient à inciter et à généreusement récompenser des voyous et des losers qui traquaient les moindres faits et gestes de la famille royale, ou de quiconque avait la malchance d'être jugé assez célèbre ou digne d'intérêt.

Et tout le monde semblait s'en foutre. Je me souviens d'un jour où, en sortant d'une boîte de nuit, j'ai été assailli par vingt paparazzis. D'abord ils m'ont cerné moi, puis la voiture de police dans laquelle j'étais assis, ils se jetaient sur le capot, une capuche sur la tête et le visage caché derrière l'écharpe d'un club de football, l'uniforme des terroristes aux quatre coins du monde. J'ai rarement eu aussi peur de ma vie, mais je savais que personne ne s'en souciait. C'est le prix à payer, disaient les gens, même si je n'ai jamais compris ce qu'ils voulaient dire par là.

Le prix à payer pour quoi ?

J'étais particulièrement proche de l'un de mes gardes du corps, Billy. Je l'appelais Billy le Roc, parce qu'il était solide, parce qu'on pouvait vraiment compter sur lui. Un jour, il s'est jeté sur une grenade que quelqu'un dans la foule avait lancée dans ma direction. Par chance, ce n'était pas une vraie. J'ai promis à Billy que je ne bousculerais plus jamais aucun paparazzi. Pour autant, je ne pouvais pas non plus aller tranquillement au-devant de leurs embuscades. Alors, un jour, à la sortie d'une boîte de nuit, je lui ai dit : *Il va falloir me fourrer dans le coffre de la voiture, Billy.*

Il m'a regardé, abasourdi. *T'es sérieux ?*

Il n'y a que comme ça que je ne serai pas tenté de m'en prendre à eux, et ils ne pourront pas faire du fric sur mon dos.

Du gagnant-gagnant.

Je n'ai pas dit à Billy que ma mère faisait ça, elle aussi.

Et ce fut le début entre nous d'une étrange routine. En sortant d'un pub ou d'une boîte de nuit en 2007, dans une ruelle ou un parking couvert, je grimpais dans le coffre, laissait Billy le refermer et je restais là, allongé dans le noir, les mains croisées sur la poitrine, pendant qu'un autre garde du corps et lui me ramenaient chez moi. Je me sentais comme dans un cercueil. Ça m'allait.

3.

POUR MARQUER LE DIXIÈME ANNIVERSAIRE de la mort de notre mère, Willy et moi avons organisé un concert en son honneur.

Les bénéfices seraient reversés à ses associations caritatives préférées, ainsi qu'à une nouvelle que je venais de créer – Sentebale. Laquelle avait pour mission de lutter contre le sida au Lesotho, en particulier chez les enfants. (En langue Sesotho, *sentebale* signifie myosotis, la fleur préférée de Maman.)

Le temps de l'organisation du concert, Willy et moi avons été imperturbables. Concentrés sur la mission. *C'est l'anniversaire de sa mort, tout ça, on doit le faire, il y a un million de détails à régler, point barre.* L'endroit devait être suffisamment grand (le stade de Wembley), les billets mis en vente au juste prix (quarante-cinq livres), et les artistes de premier plan (Elton John, Duran Duran, P. Diddy). Mais en coulisses, le soir de l'événement, en regardant tous ces visages, en sentant pulser l'énergie dans la salle, tout cet amour contenu pour notre mère, ce manque, nous nous sommes effondrés.

Puis Elton est arrivé sur scène. Il s'est assis au piano et le public est devenu dingue. Je lui avais demandé de chanter « Candle in the Wind », mais il a refusé, il ne voulait pas se montrer morbide. À la place, il a choisi : « Your Song ».

I hope you don't mind
That I put down in words
How wonderful life is while you're in the world

Il l'a chantée le sourire aux lèvres et une étincelle dans les yeux, rayonnant de bons souvenirs. Willy et moi avons essayé d'avoir la même énergie, mais des photos de Maman ont commencé à se succéder sur l'écran derrière lui. Chacune plus radieuse que la précédente. Nous n'étions plus effondrés : nous étions dévastés.

Alors que le morceau s'achevait, Elton John s'est levé d'un bond et nous a présentés. *Leurs Altesses Royales, le prince William et le prince Harry !* Jamais nous n'avions entendu un tel tonnerre d'applaudissements. On nous avait applaudis dans les rues, à des matchs de polo, dans des défilés, à l'opéra, mais pas encore dans un lieu où le son prenait une telle ampleur, ni dans un contexte aussi lourd. Willy est monté sur la scène le premier, je l'ai suivi, tous les deux avec un blazer sur une chemise ouverte, habillés comme pour un bal de lycée. Nous étions horriblement nerveux. Nous n'étions pas accoutumés à prendre la parole en public, quel que soit le sujet, et encore moins à propos de Maman. (Même en privé, parler d'elle n'était pas dans nos habitudes.) Mais face à 65 000 personnes, plus 500 millions d'autres derrière leur écran dans 140 pays, nous étions paralysés.

Peut-être est-ce pour cela que nous n'avons... rien dit ? Je regarde la vidéo maintenant et c'est une évidence. C'était l'occasion rêvée, peut-être même la *seule*, de la décrire, d'aller chercher au fond de nos cœurs les mots qui rappelleraient au monde ses qualités immenses, la magie qu'elle portait en elle, qu'on ne croise qu'une fois tous les mille ans – et sa disparition. Mais nous ne l'avons pas fait. Je ne suis pas en train de suggérer qu'il aurait fallu un hommage en grande pompe, mais peut-être un petit truc personnel ?

Nous n'avons rien offert de tel.

C'était encore trop vif, trop frais.

La seule vraie chose que j'ai dite, venue du fond de mon cœur, je l'ai adressée à mon équipe. *J'aimerais aussi en profiter pour saluer tous les gars de l'escadron A de la Household Cavalry qui servent en Irak en ce moment ! J'aimerais être là-bas avec vous. Je suis désolé que ça ne soit pas possible ! Mais nous aimerions tous les deux vous dire à vous et à tous les autres soldats en opération en ce moment : Soyez prudents !*

4.

QUELQUES JOURS PLUS TARD, je suis parti au Botswana avec Chels. Nous logions chez Teej et Mike. Adi était là aussi. C'était la première fois que ces quatre personnes qui comptaient beaucoup pour moi étaient réunies. C'était comme présenter Chels à Maman, Papa et mon grand frère. Une étape importante, on le savait tous.

Heureusement, ils l'ont adorée. Et elle aussi a compris pourquoi je les trouvais exceptionnels.

Un après-midi, alors qu'on se préparait pour une balade, Teej a commencé à m'asticoter.

Prends un chapeau !

Ouais, ouais.

Et de la crème solaire ! Des tonnes de crème solaire ! Tu vas frire, Spike, avec ta peau pâle.
D'accord, d'accord.
Spike...
Ouiii M'man !

C'est sorti comme ça. Je me suis figé. Teej s'est figée. Mais je n'ai pas corrigé. Teej avait l'air choquée, mais aussi touchée. Comme moi. À compter de ce jour, je l'ai toujours appelée *M'man*. Ça faisait du bien. À tous les deux. Même si j'ai bien pris soin, toujours, de m'en tenir à M'man, sans jamais l'appeler Maman.

Il n'y avait qu'une seule Maman.

L'atmosphère était gaie, dans l'ensemble. Mais il y avait, en toile de fond, une sorte de tension permanente. Ça se voyait à la quantité d'alcool que j'ingurgitais.

À un moment donné, Chels et moi sommes partis en bateau sur la rivière, et je me rappelle surtout des verres de Southern Comfort et de sambuca (Sambuca Gold le jour, Sambuca Black la nuit). Je me souviens aussi que je me réveillais le matin le nez collé à l'oreiller, avec l'impression que ma tête n'était plus reliée à mon cou. C'était pour m'amuser, bien sûr, mais aussi ma façon de gérer la colère et la culpabilité de ne pas être en Irak – avec mes hommes. Et je gérais mal. Chels et Adi, Teej et Mike ne disaient rien. Peut-être parce qu'ils ne voyaient rien. Je le dissimulais probablement plutôt bien. De l'extérieur, ma consommation d'alcool donnait sans doute l'impression que je faisais la fête. Et moi-même, je me disais que c'était ça. Mais quelque part au fond de moi, je savais.

Quelque chose devait changer. Je ne pouvais pas continuer comme ça.

Dès mon retour en Grande-Bretagne, j'ai demandé à voir mon commandant, le colonel Ed Smyth-Osbourne.

Je l'admirais. Et il me fascinait. Il n'était pas de la même trempe que les autres hommes. Maintenant que j'en parle, aucun des êtres humains que j'avais rencontrés n'était fait de la même trempe que lui. Les ingrédients de base étaient différents. Ferraille, paille de fer, sang de lion. Physiquement aussi, il se distinguait. Il avait un visage long, comme la tête d'un cheval mais sans la douceur équine, et une touffe de poils caractéristique sur chaque joue. De grands yeux calmes, capables de sagesse et de stoïcisme. Mes yeux à moi, par contraste, étaient encore injectés de sang, vestiges de ma débauche au bord de l'Okavango, et j'étais incapable de les garder sur un point fixe en lui parlant.

Colonel, il faut que je trouve le moyen de repartir en mission, sans quoi je vais devoir quitter l'armée.

Je ne suis pas sûr que le colonel Ed ait cru à ma menace. Je ne suis pas sûr d'y avoir cru non plus. Mais d'un point de vue politique, diplomatique, stratégique, il ne pouvait pas se permettre de l'ignorer. En termes de relations publiques, un prince dans ses rangs était un gros atout, un outil efficace de recrutement. Il ne pouvait pas ignorer le fait que, si je partais, ses supérieurs lui en feraient peut-être porter la responsabilité, tout comme leurs propres supérieurs, et ainsi de suite jusqu'au sommet.

En même temps, ce jour-là, j'ai surtout vu chez lui une grande humanité. Le type comprenait. En tant que soldat, il compatissait. L'idée d'être tenu à l'écart d'une bagarre le faisait frémir. Il voulait vraiment aider.

Harry, il y a peut-être une solution...

L'Irak, m'a-t-il dit, était définitivement hors de question. Hélas. *Impossible de revenir là-dessus, j'en ai peur.* Mais l'Afghanistan était peut-être une option.

J'ai froncé les sourcils. *L'Afghanistan ?*

Il a marmonné que c'était « l'option la plus sûre ».

Mouais... la plus sûre...

C'était quoi ce baratin ? L'Afghanistan était incroyablement plus dangereux que l'Irak. À l'époque, la Grande-Bretagne avait sept mille soldats déployés là-bas et tous les jours, ils étaient engagés dans des combats parmi les plus violents depuis la Seconde Guerre mondiale.

Mais qui étais-je pour le faire remarquer ? Si le colonel Ed jugeait l'Afghanistan plus sûr et qu'il était prêt à m'y envoyer, parfait.

Et quel poste j'occuperais en Afghanistan, Colonel ?

FAC. Contrôleur aérien avancé.

J'ai eu l'air intrigué.

Un poste très convoité, m'a-t-il expliqué. Les contrôleurs aériens avancés avaient pour tâche d'orchestrer toutes les capacités aériennes, de protéger les troupes au sol, de lancer les raids – sans parler des missions de secours, de rapatriement sanitaire, et ainsi de suite.

La fonction n'était pas neuve, bien sûr, mais dans cette guerre d'un nouveau genre, elle était devenue vitale.

Pourquoi, mon colonel ?

Parce que ces foutus talibans sont partout et nulle part !

Il m'a expliqué qu'ils étaient impossibles à localiser. Les lieux étaient trop escarpés, trop loin de tout. Des montagnes et des déserts semés de tunnels et de grottes – autant courir après des chèvres. Ou des fantômes. Il fallait la vue perçante d'un oiseau.

Comme les talibans n'avaient pas de forces aériennes, pas un seul avion, c'était facile. Le ciel était à nous, les Britanniques, ainsi qu'aux Américains. Et les FAC nous permettaient d'accentuer cet avantage. Si un escadron en patrouille avait besoin d'être informé des menaces alentours, par exemple, le FAC se mettait en contact avec les pilotes de drones, les pilotes de chasse, les hélicoptères, pour créer une image à 360 degrés de la zone de combats sur son puissant ordinateur portable.

Et si, tout d'un coup, ce même escadron essuyait des tirs, le contrôleur aérien consultait le menu – Apache, Tornado, Mirage, F-15, F-16, A-10 – et commandait l'appareil le mieux adapté à la situation, ou le meilleur parmi ceux qui étaient disponibles, qu'il guidait ensuite jusqu'à l'ennemi. Avec leurs équipements de pointe, les FAC ne faisaient pas simplement pleuvoir le feu sur les têtes ennemies, ils le posaient là comme une couronne.

Puis il m'a expliqué qu'il était proposé à tous les FAC de monter à bord d'un Hawk pour faire l'expérience d'être dans les airs.

Quand le colonel Ed s'est enfin tu, j'avais l'eau à la bouche.

D'accord, mon colonel. Je pars quand ?

Pas si vite.

Le poste était en or. Tout le monde le voulait. Il allait donc falloir agir. Et la tâche était complexe. Toute cette technologie et une telle responsabilité exigeaient un long entraînement.

Chaque chose en son temps, m'a-t-il dit. J'allais devoir passer par un processus de certification exigeant.

Où ça, mon colonel ?

À la RAF Leeming.

Dans... les Yorkshire Dales ?

5.

Début de l'automne. Murs de pierre sèche, patchwork de prairies, moutons grignotant les pentes verdoyantes. Montagnes de calcaire spectaculaires, rochers escarpés et éboulis. Et dans toutes les directions, des tourbières splendides. Ce paysage n'est pas aussi célèbre que celui, plus à l'ouest, de Lake District, mais il est tout de même d'une beauté à couper le souffle et a inspiré certains des plus grands artistes britanniques. Wordsworth, par exemple. J'avais réussi à esquiver la lecture de ses poèmes à l'école, mais à présent, je me disais que s'ils avaient été composés ici, ils ne pouvaient être qu'excellents.

Ma présence ici, debout en haut d'une falaise surplombant cet endroit que j'essayais de détruire, me faisait l'effet d'un sacrilège.

Bien sûr, la destruction en question était imaginaire. Je n'ai pas bombardé un seul vallon. Pourtant, tous les soirs, j'avais l'impression que si. J'étudiais l'Art de la Destruction, et la première chose que j'avais apprise était qu'il y avait dans toute destruction de la créativité. Tout débutait par l'imagination. Avant de détruire quoi que ce soit, il fallait se figurer le résultat en pensée, et je commençais à devenir très doué pour voir un enfer fumant à la place de ces vallons.

Tous les jours, c'était la même routine. Lever aux aurores. Un verre de jus d'orange, un bol de porridge, un petit déjeuner anglais complet, et puis le terrain. Alors que les premières lueurs de l'aube inondaient l'horizon, j'étais en lien avec un avion, le plus souvent un Hawk. Quand il atteignait son point de départ, à huit miles nautiques, je lui communiquais la cible, et donnais le signal. L'appareil faisait demi-tour et se lançait. Je le guidais à travers les airs, au-dessus de la campagne, en me servant de divers points de repères. Un bois en forme de L. Un fossé en forme de T. Une grange argentée. On m'avait donné comme instructions de commencer par des gros, puis de passer à des moyens et ensuite à des petits. On m'avait dit : Imagine-toi le monde comme une hiérarchie.

Vous avez dit hiérarchie ? Ça, je crois, c'est dans mes cordes.

Chaque fois que j'indiquais un point de repère, le pilote répondait : *Affirmatif*.

Ou bien : *En visuel*. Ça me plaisait.

J'aimais les rythmes, la poésie, le chant méditatif de l'ensemble. Et je trouvais des significations plus profondes à l'exercice. Souvent, je songeais : c'est ça le jeu, non ? Faire en sorte que les gens voient le monde tel que nous, nous le voyons. Afin qu'ils nous le renvoient ensuite sous cette forme.

Habituellement, le pilote volait bas, à cinq cent pieds du sol, au niveau du soleil levant, mais il arrivait que je l'envoie encore plus bas et que je le mette en pop-up. Il filait vers moi à la vitesse du son avant de tirer sur le manche pour redresser sa trajectoire de quarante-cinq degrés. Je commençais alors une nouvelle série de descriptions, lui donnais de nouveaux détails. Quand il arrivait au sommet de sa trajectoire, quand il basculait ses ailes, quand il se stabilisait et que l'effet de la force G négative se faisait sentir, il voyait le monde exactement tel que je l'avais dépeint.

Et brusquement, il s'écriait : *Cible dans le viseur !* Puis : *In dry !*

Et je répondais : *Clear dry.*

Les bombes n'étaient alors plus que des esprits qui fondaient dans les airs.

Puis j'attendais, l'oreille tendue vers les fausses explosions.

Les semaines ont filé sans que je m'en aperçoive.

6.

UNE FOIS TERMINÉE ma formation de contrôleur aérien avancé, je devais me préparer à partir au front, ce qui signifiait qu'il me fallait maîtriser vingt-huit « contrôles » de combat différents.

Un contrôle était en gros une interaction avec un aéronef. Chacun consistait en un scénario, une petite pièce de théâtre. Imaginez, par exemple, deux avions entrant dans un espace aérien. *Bonjour, ici Dude Zero One et Dude Zero Two. Nous sommes deux F-15 avec deux PGM à bord, plus une JDAM, on a quatre-vingts minutes de jeu devant nous et on est en ce moment à deux miles nautiques à l'est de votre position, on attend les ordres…*

Il me fallait comprendre précisément ce qu'ils disaient et savoir leur répondre dans leur jargon, avec la même précision.

Malheureusement, je n'allais pas pouvoir faire ça dans une zone d'entraînement normale. Car ces zones normales, comme Salisbury

Plain, étaient trop exposées. Quelqu'un finirait par m'apercevoir, préviendrait la presse et c'en serait fini de ma couverture : retour à la case départ. Le colonel Ed et moi avons donc décidé que j'allais plutôt me former à ces contrôles dans un coin retiré du monde... un coin du genre de...

Sandringham.

L'idée, quand elle nous est venue, nous a fait tous les deux sourire. Puis franchement rire.

Personne n'irait s'imaginer le prince Harry en train de s'entraîner au combat là-bas – dans la résidence de campagne de Grand-mère.

J'ai pris une chambre dans un petit établissement non loin, l'hôtel Knights Hill. Je connaissais l'endroit depuis toujours, nous étions passés devant des millions de fois. C'était là que nos gardes du corps étaient logés quand nous allions voir Grand-mère à Noël. Cent livres la chambre standard.

L'été, l'hôtel était fréquenté par des ornithologues amateurs et accueillait des réceptions de mariage. Mais en automne, comme c'était alors le cas, il était vide.

L'intimité des lieux m'enchantait, et elle aurait été totale sans la vieille femme au pub attenant à l'hôtel. Laquelle me dévisageait, les yeux ronds, chaque fois que je passais.

Seul, *presque* anonyme, je voyais mon existence réduite à une seule tâche qui me passionnait. J'étais fou de joie. J'essayais de ne pas le dire à Chelsy le soir, quand je l'appelais, mais c'était le genre de bonheur difficile à cacher.

Je me souviens d'une conversation tendue. Qu'est-ce qu'on fabriquait ? Où est-ce qu'on allait ?

Elle savait que je tenais à elle. Mais elle avait l'impression d'être transparente. *Tu ne m'as pas en visuel.*

Elle savait combien je tenais à partir au front. Comment ne pouvait-elle pas me pardonner d'être un peu détaché ? J'étais interloqué.

Je lui ai expliqué que c'était ce dont j'avais besoin, ce que j'avais toujours voulu faire, que je devais y mettre tout mon cœur et toute mon âme. Et si, en conséquence, j'avais moins de cœur et moins d'âme à consacrer au reste et aux autres, eh bien... j'étais désolé.

7.

Papa savait que j'habitais à Knights Hill, il savait ce que j'y faisais. Il se trouvait pour sa part à deux pas, à Sandringham, pour une longue visite. Pourtant, il n'est jamais passé me voir. Pour me laisser respirer, j'imagine.

Et puis il n'était toujours pas sorti de sa phase lune de miel, même si le mariage remontait déjà à deux ans.

Un jour, cependant, en regardant le ciel, il a aperçu un Typhoon qui volait à basse altitude le long de la digue et il a compris que c'était probablement moi. Il a sauté dans son Audi pour me rejoindre.

Il m'a trouvé dans les marais, juché sur un quad, en train de communiquer avec le Typhoon à quelques miles de là. Pendant que j'attendais de voir apparaître l'avion au-dessus de nos têtes, nous avons bavardé un peu. Il m'a dit qu'il voyait que je devenais bon à ce nouveau boulot. Et surtout que je travaillais dur, ce qui l'enchantait.

Papa avait toujours été un bosseur. Il croyait au travail. Tout le monde doit *travailler*, disait-il souvent. Il mettait pour sa part tant d'acharnement à essayer de sauver la planète que son labeur était aussi une sorte de religion. Depuis des décennies, il s'escrimait à sonner l'alerte sur le dérèglement climatique, sans jamais flancher, malgré les moqueries cruelles des médias qui voyaient en lui un prophète de mauvais augure. Tard le soir, il était très souvent dans son bureau, entouré de grandes piles de sacs postaux bleus – son courrier. Et plus d'une fois, Willy et moi l'y avons trouvé la tête sur ses papiers, profondément endormi. Nous lui secouions l'épaule et il se redressait, une lettre collée au front.

Il croyait au travail et il croyait aussi à la magie des vols aériens. Étant lui-même pilote d'hélicoptère, il aimait me voir donner des directives à ces avions qui filaient au-dessus des plaines marécageuses à des vitesses impossibles. J'ai fait remarquer que les bons citoyens de Wolferton ne partageaient pas son enthousiasme. Ils ne trouvaient pas exactement jubilatoire de voir passer des appareils de dix tonnes rugissant au-dessus de leurs toits de tuiles. La RAF Marham avait reçu des dizaines de plaintes. Sandringham était censée être une zone d'exclusion aérienne.

Tous recevaient comme réponse : Ainsi va la guerre.

J'adorais que Papa soit là, j'adorais sentir sa fierté et le soutien que me procuraient ses éloges, mais il fallait que je me remette au boulot. J'étais en plein contrôle, je ne pouvais pas dire au Typhoon de bien vouloir patienter un petit instant.

Oui, oui, mon cher enfant, au boulot.

Et il est parti. Alors que sa voiture s'éloignait sur le chemin, j'ai dit au Typhoon : *Nouvelle cible. Audi grise. Sur le sentier direction sud-est depuis ma position. Vers une grande grange en tôle orientée est-ouest.*

Le Typhoon a suivi Papa et survolé son Audi à basse altitude, manquant faire voler les vitres en éclats.

Mais il l'a finalement épargné. Sur mes ordres.

Il est allé réduire en miettes une grange en tôle.

8.

L'ANGLETERRE était en demi-finale de la Coupe du monde de rugby de 2007. Personne ne l'avait vu venir. Personne n'avait cru au talent de l'Angleterre au cours de cette saison, et voilà qu'ils étaient à deux doigts de l'emporter. Des millions de Britanniques étaient gagnés par la fièvre du rugby, et j'en faisais partie.

Alors quand on m'a invité à assister au match, en ce mois d'octobre, je n'ai pas hésité. J'ai répondu oui sans hésiter.

Bonus : cette année-là, la demi-finale avait lieu à Paris – et je n'y étais jamais allé.

Les organisateurs m'ont fourni un chauffeur, et mon premier soir dans la Ville Lumière, je lui ai demandé s'il connaissait le tunnel où ma mère...

J'ai regardé ses yeux s'écarquiller dans le rétroviseur.

Irlandais, il avait un visage doux et avenant qui trahissait ce qu'il pensait : *C'est quoi ce bordel ? J'ai pas signé pour ça, moi.*

Le tunnel s'appelle Pont de l'Alma, lui ai-je dit.

Oui, oui. Il connaissait.

Je veux le traverser.

Vous voulez traverser le tunnel.

À 110 km/h – pour être précis.

110.

Oui.

La vitesse exacte à laquelle roulait la voiture de Maman, selon la police, au moment de l'accident. Et non 200, comme l'avait d'abord rapporté la presse.

Le chauffeur s'est tourné vers la banquette arrière. Billy le Roc a acquiescé avec gravité. *On le fait.* Billy a prévenu le chauffeur que s'il révélait à qui que ce soit ce que nous lui avions demandé, on lui ferait passer un sale quart d'heure.

Le chauffeur a acquiescé, il avait compris.

Et nous nous sommes mis en route, slalomant dans la circulation, longeant le Ritz où Maman avait pris son dernier repas avec son petit ami, ce soir d'août-là. Puis nous avons atteint l'entrée du tunnel, la bosse dans le bitume censée avoir fait sortir la Mercedes de sa route.

Mais il n'y avait presque rien. Nous l'avons à peine sentie.

Quand la voiture est entrée dans le tunnel, penché vers l'avant, j'ai regardé la lumière devenir d'un orange aqueux, les poteaux en béton défiler sur notre passage. Je les ai comptés, j'ai compté les battements de mon cœur, et quelques secondes plus tard, nous étions déjà ressortis, à l'autre bout.

Je me suis adossé au siège. Doucement, j'ai dit : *C'est tout ? Ce n'est... rien. Juste un tunnel tout droit.*

Je l'avais toujours imaginé comme un endroit traître, dangereux par nature, mais ça n'était qu'un court tunnel tout simple.

Aucune raison que quelqu'un meure ici.

Le chauffeur et Billy n'ont rien répondu.

J'ai regardé par la vitre : *Encore.*

Le chauffeur m'a regardé dans le rétroviseur. *Encore ?*

Oui, s'il vous plaît.

Alors, de nouveau, nous l'avons traversé.

Ça suffit. Merci.

Ça avait été une très mauvaise idée. En vingt-trois ans d'existence, j'avais eu des tas de très mauvaises idées, mais celle-ci était particulièrement mal avisée. Je m'étais convaincu que je voulais tourner la page, mais c'était faux. Au fond de moi, j'espérais ressentir dans ce tunnel ce que j'avais ressenti quand JLP m'avait remis les dossiers de police – de l'incrédulité. Du doute. Au lieu de quoi, cette nuit-là, tous les doutes ont disparu.

Elle est morte, je me suis dit. *Mon Dieu, elle est vraiment partie pour de bon.*

J'ai trouvé de quoi tourner la page, comme je prétendais le vouloir. J'en ai trouvé plus qu'il n'en fallait. Et à présent, je ne pourrais plus jamais l'effacer.

Je pensais que traverser ce tunnel en voiture permettrait de mettre fin à la douleur, à la décennie d'incessante douleur, ou qu'elle la ferait cesser au moins quelque temps. Au lieu de quoi, je venais d'en ouvrir l'Acte II.

Il n'était pas loin d'une heure du matin. Le chauffeur nous a déposés, Billy et moi, dans un bar, où j'ai bu plus que de raison. Des potes étaient là et j'ai bu avec eux, j'ai cherché la bagarre à certains d'entre eux. Quand le pub nous a mis dehors, quand Billy le Roc m'a escorté jusqu'à l'hôtel, je l'ai asticoté lui-aussi. Je lui ai grogné sous le nez, lui suis tombé dessus, lui ai donné une tape sur la tête.

Il a à peine réagi. Il s'est contenté de froncer les sourcils, comme un parent ultra-patient.

Alors je l'ai giflé de nouveau. Je l'aimais, mais j'étais déterminé à lui faire mal.

Il m'avait déjà vu dans cet état-là. Une fois, peut-être deux. Je l'ai entendu dire à un autre garde du corps : *Il est pénible, ce soir.*

Pénible ? Tu veux du pénible ? Tiens, voilà du pénible.

Billy et l'autre garde du corps m'ont ramené dans ma chambre et jeté sur mon lit sans que je sache trop comment. Mais dès qu'ils sont partis, je me suis relevé.

J'ai balayé la chambre du regard. Le soleil commençait tout juste à se lever. Je suis sorti dans le couloir. Il y avait un garde du corps sur une chaise à côté de la porte, mais il dormait à poings fermés. Sur la pointe des pieds, je suis passé devant lui pour rejoindre l'ascenseur et j'ai quitté l'hôtel.

De toutes les règles qui gouvernaient ma vie, celle-ci était considérée la plus inviolable. Ne jamais quitter ses gardes du corps. Ne jamais s'aventurer seul dehors, nulle part, et encore moins dans une ville étrangère.

J'ai marché le long de la Seine. J'ai regardé les Champs-Élysées au loin. Je me suis arrêté au pied d'une grande roue. Je suis passé devant de petits étals de bouquinistes, devant des gens qui buvaient des cafés et mangeaient des croissants. Je fumais, le regard toujours dans le vague. Je me souviens vaguement que certains me reconnaissaient et me dévisageaient, mais heureusement, il n'y avait pas encore de smartphones à l'époque. Personne ne m'a arrêté pour me prendre en photo.

Plus tard, après avoir dormi, j'ai appelé Willy pour lui raconter ma nuit.

Je ne lui ai rien appris. Ce tunnel, il l'avait traversé, lui aussi.

Il devait venir à Paris pour la finale du rugby. Nous avons décidé de le faire ensemble.

Après, nous avons discuté de l'accident, pour la première fois. Nous avons évoqué la récente enquête judiciaire. Une fumisterie, nous étions d'accord là-dessus. Le dernier rapport écrit était une insulte. Fantaisiste, un gruyère au niveau de la logique et truffé d'erreurs factuelles grossières. Il soulevait plus de questions qu'il n'en résolvait.

Mais comment ? nous sommes-nous dit. Après toutes ces années et tout cet argent ?

Pour couronner le tout, le résumé des conclusions, selon lequel le chauffeur de Maman était ivre et donc seul responsable de l'accident, était aussi commode qu'absurde. Même s'il avait bu, même rond comme une queue de pelle, il n'aurait pas eu de problème à franchir ce court tunnel.

Sauf s'il était poursuivi par des paparazzis qui l'avaient aveuglé.

Pourquoi ces paparazzis n'étaient-ils pas plus franchement incriminés ?

Pourquoi n'étaient-ils pas en prison ?

Qui les avait envoyés ? Et pourquoi ces derniers n'étaient-ils pas eux aussi sous les verrous ?

Pourquoi en effet – sinon à cause de la corruption et de dissimulations ?

Willy et moi étions d'accord sur tous ces points, comme sur la marche à suivre. Nous allions publier une déclaration, demander ensemble la réouverture de l'enquête. Peut-être organiser une conférence de presse.

Les hautes instances nous en ont dissuadés.

9.

UN MOIS PLUS TARD, depuis la RAF Brize Norton, j'ai embarqué dans un C-17. Il y avait des douzaines d'autres soldats dans l'avion, mais j'étais le seul passager clandestin. Avec l'aide du colonel Ed et de JLP, j'étais discrètement monté à bord et m'étais faufilé dans une alcôve derrière le cockpit.

Pour les vols de nuit, l'alcôve en question était équipée de couchettes pour l'équipage. Pendant que les gros moteurs se lançaient et que l'avion vrombissait sur la piste, j'étais allongé sur l'une des couchettes du bas, mon sac à dos en guise d'oreiller. Quelque part au-dessous, en soute, il y avait mon sac militaire où j'avais soigneusement rangé trois pantalons de camouflage, trois T-shirts propres, une paire de lunettes de protection, un matelas gonflable, un petit carnet et un tube de crème solaire. C'était plus qu'assez. Honnêtement, je n'avais rien laissé derrière moi d'indispensable à ma vie, mis à part quelques bijoux de Maman, sa mèche de cheveux dans la petite boîte bleue et la photo d'elle dans un cadre en argent qui était posée sur mon bureau à Eton – objets précieux que j'avais mis en lieu sûr. Et, évidemment, j'emportais mes armes. Mon 9 mm et mon SA80A avaient été remis à un employé à la mine sévère qui les avait rangés sous clé dans un coffre en métal, lui aussi placé en soute. J'éprouvais leur absence avec d'autant plus d'intensité que, pour la première fois de ma vie, hormis cette promenade titubante dans les rues de Paris, je m'aventurais dans le vaste monde sans gardes du corps armés à mes côtés.

Le vol n'en finissait plus. Sept heures ? Neuf heures ? Je n'aurais pas su dire. On aurait dit une semaine. J'ai essayé de dormir, mais j'avais trop de choses en tête. J'ai passé la majeure partie du temps les yeux grands ouverts. À fixer le lit au-dessus de moi. À fixer mes pieds. J'écoutais les moteurs, j'écoutais les autres soldats à bord avec moi. Je rejouais le film de ma vie. Je pensais à Papa et à Willy. Je pensais à Chels, aussi.

Les journaux racontaient que nous nous étions séparés. (Un gros titre : « HARRY L'ARISTO S'EST FAIT LARGUER. ») La distance, nos buts différents dans la vie, c'était trop. Rester ensemble était déjà difficile dans le même pays, alors avec mon départ au front, c'était devenu impossible. Bien sûr, rien de tout ça n'était vrai. Nous n'étions pas séparés. Ses au revoir avaient été tendres et touchants, et elle m'avait promis de m'attendre.

Elle était capable d'ignorer toutes les autres histoires parues dans les médias sur la façon dont j'avais réagi à la rupture. On disait m'avoir vu dans un pub, où j'avais avalé cul sec quelques douzaines de vodkas avant de m'engouffrer en chancelant dans une voiture qui m'attendait. Un journal a même demandé à la mère d'un soldat récemment tué au combat son sentiment sur mon ivresse publique.

(Elle était contre.)

Au moins, me suis-je dit, si je meurs en Afghanistan, je ne verrais plus ces gros titres mensongers, je ne lirais plus toutes ces affabulations honteuses me concernant.

Pendant ce vol, j'ai beaucoup pensé à ma mort. Que signifierait-elle ? Est-ce que ça m'importait ? J'ai essayé de visualiser mes funérailles. S'agirait-il de funérailles officielles ? De funérailles privées ? Je tentais d'imaginer les gros titres : *Au revoir, Harry*.

Quelle image laisserais-je derrière moi ? Une image taillée pour l'histoire ? Pour les journaux ? Ou bien se souviendrait-on de moi tel que j'étais vraiment ?

Willy marcherait-il derrière mon cercueil ? Et Grand-père et Papa ?

Avant mon départ, JLP m'a fait asseoir et m'a dit qu'il fallait que je mette à jour mon testament.

Mon testament ? Ah bon ?

S'il arrivait quelque chose, m'a-t-il expliqué, il fallait que le Palais sache ce que je voulais qu'on fasse de mes quelques possessions, et où je souhaitais être... inhumé. Il m'a posé ces questions simplement, calmement, comme on demande à quelqu'un où il aimerait déjeuner. Mais c'était son cadeau. La vérité, brute de décoffrage, car l'esquiver n'avait pas de sens.

J'ai détourné le regard. Je ne voyais pas vraiment où j'aimerais passer l'éternité. Je ne trouvais pas d'endroit que je jugeais sacré, mis à part Althorp, peut-être, et c'était hors de question. Alors j'ai dit : Frogmore Gardens ?

C'était magnifique et un peu à l'écart. Paisible.

JLP a acquiescé d'un signe. Il s'en occuperait.

Entre réflexions et souvenirs, j'ai réussi à m'endormir quelques minutes, et quand j'ai ouvert les yeux, nous descendions sur Kandahar.

C'était l'heure du gilet pare-balles. L'heure du Kevlar.

J'ai attendu que tout le monde soit sorti, puis des gars des Forces Spéciales sont apparus dans l'alcôve. Ils m'ont tendu mes armes et un flacon de morphine, à conserver constamment sur moi. Nous

nous trouvions à présent en un lieu où la douleur, les blessures et les traumatismes étaient monnaie courante. Ils m'ont fait descendre de l'avion et embarqué en vitesse dans un 4X4 aux vitres noires et aux sièges poussiéreux. Nous avons filé vers un autre coin de la base, où nous nous sommes engouffrés dans un préfabriqué.

Vide. Pas une âme qui vive.

Où est tout le monde ? Bon sang, on a signé la paix pendant que j'étais dans les airs ou quoi ?

Non, toute la base était en mission.

J'ai balayé les lieux du regard. Apparemment, ils étaient partis en plein repas. Les tables étaient couvertes de cartons de pizzas à moitié vides. J'ai essayé de me rappeler ce que j'avais mangé dans l'avion. Rien. Alors j'ai commencé à me gaver de pizza froide.

J'ai passé mon test sur zone, la dernière barrière à franchir, la dernière mesure destinée à prouver que je savais comment faire le boulot. Peu après, je suis monté dans un Chinook qui m'a emmené dans un avant-poste plus petit, à environ soixante-dix kilomètres. La base opérationnelle avancée Dwyer. Un nom à rallonges pour ce qui n'était pas grand-chose d'autre qu'une fortification en sacs de sable.

Un soldat couvert de sable, justement, est venu à ma rencontre et m'a dit qu'il avait reçu l'ordre de me faire visiter les lieux.

Bienvenue à Dwyer.

Merci.

J'ai demandé à qui l'endroit devait son nom.

À un de nos hommes. Mort au combat. Son véhicule a sauté sur une mine.

Le petit tour du propriétaire a révélé un endroit encore plus spartiate qu'il n'en donnait l'impression depuis l'hélicoptère. Pas de chauffage, à peine quelques ampoules, peu d'eau. Il y avait certes l'eau courante : mais les tuyaux étaient la plupart du temps bouchés ou gelés. Il y avait aussi un bâtiment censé être « les douches », mais on m'a prévenu : vous y pénétrez à vos risques et périls.

En gros, m'a dit mon guide, oubliez l'idée d'être propre. Essayez surtout de ne pas prendre froid.

Pourquoi ? Il fait si froid que ça ici ?

Il a gloussé.

Dwyer hébergeait une cinquantaine de soldats, principalement de l'artillerie et de la Household Cavalry. Je les ai rencontrés par deux ou par trois. Ils avaient tous les cheveux sable, pas couleur sable mais couverts de vrai sable. Leur visage, leur cou, leurs cils – même chose. On aurait dit des filets de poissons qu'on aurait enduits de panure avant de les frire.

Je n'ai pas mis plus d'une heure à leur ressembler.

Tout et tout le monde à Dwyer était soit couvert d'une couche de sable, soit saupoudré de sable, soit peint couleur sable. Et derrière les tentes en toile sable, les sacs de sable et les murs de sable, s'étendait un immense océan… de sable. Du sable fin, très fin, pareil à du talc. Les gars passaient le plus clair de leur temps à contempler ce sable. Alors, la visite achevée, mon lit de camp attribué et après avoir mangé un bout, j'ai fait pareil.

Nous nous racontions que nous scrutions l'horizon à la recherche d'une présence ennemie, et c'était le cas, sans doute. Mais contempler tant de grains de sable sans aussi penser à l'éternité était impossible. Tout ce sable qui bougeait, virevoltait, tourbillonnait, vous sentiez qu'il vous disait quelque chose sur votre recoin microscopique au milieu du cosmos. Tu n'es que poussière et tu retourneras à la poussière… tu n'es que sable et tu retourneras au sable. Même quand je m'installais sur mon lit de camp en métal pour sombrer dans le sommeil, le sable continuait d'occuper mes pensées. Je l'entendais dehors, je l'entendais se chuchoter des choses à lui-même. Je sentais un grain sur ma langue. Dans mon œil. J'en rêvais.

Et quand je me réveillais, j'en avais une cuillerée entière dans la bouche.

10.

Au centre de Dwyer, il y avait une aiguille plus haute que le reste, pareille à une Colonne de Nelson de fortune. Des dizaines de flèches y étaient clouées, qui pointaient dans toutes les directions, chacune portant le nom au pinceau de l'endroit dont un soldat de la base était originaire.

Sydney Australie 11 624 kilomètres
Glasgow 5 880 kilomètres
Bridgewater Somerset 5 809 kilomètres

Ce premier matin, en passant devant, une idée m'a traversé l'esprit. Moi aussi, je devrais peut-être y inscrire où j'habitais.
Clarence House 5 561 kilomètres
Ça ferait rire.
Mais non. Je n'avais pas plus envie de me faire remarquer de mes camarades d'escouade que nous ne tenions tous à attirer l'attention des talibans. Je voulais plus que tout me fondre dans la masse.

L'une des flèches pointait vers « les canons », deux énormes obusiers de 105 mm derrière les douches hors service. Ils étaient mis à contribution tous les jours ou presque, plusieurs fois par jour, ils envoyaient des obus massifs qui dessinaient une parabole dans les airs vers les positions talibanes. Le bruit nous figeait le sang et nous grillait le cerveau. (Une fois, au moins cent obus ont été tirés en une seule journée.) Je savais que pour le restant de mes jours, j'entendrais des vestiges de ce son ; il résonnerait quelque part au sein de mon être pour l'éternité. Je n'oublierai jamais non plus, quand les obusiers se taisaient enfin, cet immense silence.

11.

La salle des opérations de Dwyer était une boîte emballée dans un camouflage désert. Le sol était un puzzle d'épaisses plaques de plastique noir emboîtées les unes aux autres. Il faisait un bruit bizarre quand on marchait dessus. Le cœur de la pièce, comme d'ailleurs de l'ensemble du camp, était le mur principal, sur lequel trônait une carte géante de la province d'Helmand, percée de punaises (jaune, orange, vert, bleu) représentant chacune une unité.

Le caporal de cavalerie Baxter m'a accueilli. Plus vieux que moi, il était roux lui aussi. Nous avons échangé un sourire triste et quelques mots ironiques sur notre appartenance commune à la Ligue des Gentlemen Poil de Carotte et à la Fraternité des Dégarnis. Le haut de son crâne se clairsemait rapidement, comme le mien.

Je lui ai demandé d'où il était originaire.
Comté d'Antrim.
Irlandais, alors ?
Tout à fait.

Son intonation m'a fait comprendre qu'on pouvait le chambrer à ce sujet. C'est donc ce que j'ai fait et il m'a renvoyé la balle en riant, mais je lisais de l'hésitation dans ses yeux bleus. *Mince alors, je me fous de la gueule d'un prince.*

On s'est mis au boulot. Il m'a montré plusieurs radios rangées sous la carte le long d'un bureau. Il m'a montré le terminal Rover : un petit ordinateur portable replet avec les points cardinaux dessinés au pochoir le long des bords. *Ces radios sont vos oreilles. Ce Rover, c'est vos yeux.* Grâce à eux, je dessinerais une image du champ de bataille qui me permettrait d'essayer de contrôler ce qui s'y passait, au sol et dans les airs. En un sens, je serais comme les contrôleurs aériens de Heathrow : je passerais mon temps à guider des aéronefs dans un sens et dans l'autre. Mais souvent, le boulot ne serait pas aussi glamour : je serais un vigile qui surveillerait d'un regard las les images de douzaines de caméras installées partout, des avions de reconnaissances aux drones. Et mon seul combat serait contre le sommeil.

Je vous en prie. Asseyez-vous, lieutenant Wales.

Je me suis éclairci la gorge et je me suis assis. J'ai fixé le Rover. Encore et encore.

Les minutes passaient. Je montais le son des radios. Puis je le baissais.

Baxter a gloussé. *C'est ça notre travail. Bienvenue à la guerre.*

12.

L<small>E</small> R<small>OVER PORTAIT UN AUTRE NOM</small>, parce que tout dans l'armée devait avoir un autre nom.

Kill TV, la télé qui tue.

Comme dans :

Tu fais quoi ?

Je mate un peu de Kill TV.

C'était censé être ironique, sans doute. Mais c'était clairement de la publicité mensongère. Parce que la seule chose qu'on tuait avec, c'était le temps.

On surveillait un camp abandonné suspecté d'avoir été utilisé par les talibans.

Rien.
On surveillait un réseau de tunnels suspecté d'avoir été utilisé par les talibans.
Rien.
On surveillait une dune. Et une autre dune.
Plus rasoir que de surveiller de la peinture qui sèche ? Surveiller le désert... *qui reste désert.* Je me demandais comment Baxter n'était pas devenu fou.
Alors je lui ai posé la question.
Il m'a répondu qu'après des heures de rien, il finissait par se passer quelque chose. La difficulté, c'était de rester sur le qui-vive pour ne pas rater *ça.*
Si la Kill TV se distinguait par sa monotonie, la Kill Radio, elle, ne se taisait jamais. De tous les postes le long du bureau s'échappait un brouhaha de voix permanent, dans une douzaine d'accents, britannique, américain, hollandais, français, sans parler des caractères qu'elles dénotaient.
J'ai entrepris d'essayer d'associer les accents aux indicatifs. Les pilotes américains étaient Dude (mec). Les pilotes hollandais, Rammit. Les Français, Mirage, ou Rage. Les Anglais, Vapor (vapeur).
Les hélicoptères Apache étaient surnommés Ugly (laid).
Mon indicatif personnel était Widow Six Seven (veuve six sept).
Baxter m'a dit de prendre un micro, pour dire bonjour. Me présenter. C'est ce que j'ai fait, et le brouhaha s'est changé en gazouillis, toutes les voix ont braqué leur attention sur moi. Des oisillons demandant la becquée. Avec pour nourriture des informations.
Vous êtes qui ? Qu'est-ce qui se passe là-bas ? Je vais où ?
En plus de ces informations, ils s'adressaient le plus souvent à moi pour que je leur octroie des permissions. Permission de pénétrer dans mon espace aérien, permission de le quitter. Le règlement interdisait tout survol aux pilotes sans l'assurance que la manœuvre était sans risque, qu'aucun combat ne faisait rage, qu'aucun tir d'obusier ne partait de Dwyer. En d'autres termes, est-ce que notre zone d'opérations restreintes était chaude ou froide ? Tout dans la guerre tournait autour de cette question binaire. Les hostilités, la météo, l'eau, les repas – chaud ou froid ?

J'aimais ce rôle, gardien de la zone d'opérations restreintes. J'aimais l'idée de travailler en étroite collaboration avec les pilotes de chasse, être les yeux et les oreilles d'hommes et de femmes si qualifiés, leur dernier lien avec la terre ferme, leur alpha et leur oméga. J'étais… la Terre.

Le besoin qu'ils avaient de moi, leur dépendance, créait des liens instantanés. Des émotions étranges circulaient, de drôles d'intimités se tissaient.

Salut, Widow Six Seven.
Salut, Dude.
Ça va comment, aujourd'hui ?
Tranquille, pour l'instant, Dude.

Nous étions potes instantanément. Des camarades. Ça se sentait.

Une fois qu'ils en avaient fini avec moi, je les transférais au FAC de Garmsir, une petite ville en bordure de rivière non loin de là.

Merci, Widow Six Seven. Bonne nuit.
Bien reçu, Dude. Fais gaffe à toi.

13.

Tous les pilotes qui demandaient la permission de traverser mon espace aérien ne le faisaient pas forcément pour passer tranquillement au-dessus de nos têtes, certains filaient comme des flèches et dans ce cas, ils avaient un besoin urgent de connaître les conditions au sol. Chaque seconde comptait. Des vies étaient entre mes mains. Paisiblement assis à un bureau, un soda et un Bic à la main (*Oh, un stylo bille. Wahou.*), j'étais en même temps au cœur de l'action. C'était grisant, ce pour quoi je m'étais entraîné, mais aussi tout à fait terrifiant. Peu avant mon arrivée, un contrôleur aérien s'était trompé d'un chiffre en lisant des coordonnées à un F-15 américain, avec pour résultat qu'au lieu de s'abattre sur l'ennemi, une bombe perdue s'est abattue sur les forces britanniques. Trois soldats ont été tués, deux autres ont été horriblement mutilés. Aucun mot et aucun chiffre sorti de ma bouche n'était sans conséquence. Nous « apportions du soutien », c'était l'expression consacrée, mais je constatais à quel point il s'agissait d'un euphémisme. Au même titre que les pilotes, il nous arrivait parfois de causer la mort et, plus encore qu'avec la vie, pour la mort, il fallait être précis.

Je l'avoue : j'étais heureux. C'était un travail important, un travail patriotique. Je me servais de compétences acquises et affinées dans les Dales, à Sandringham, et jusque dans mon enfance. Même à Balmoral. Il y avait un lien évident entre mes traques avec Sandy et mon travail ici, maintenant. J'étais un soldat britannique sur un champ de bataille, enfin – un rôle pour lequel je m'étais préparé toute ma vie.

J'étais aussi Widow Six Seven. J'avais eu de nombreux surnoms, mais celui-ci était le premier qui me faisait davantage l'effet d'un pseudonyme. Je pouvais vraiment me *cacher* derrière lui. Pour la première fois, je n'étais qu'un nom parmi d'autres noms, et un nombre parmi d'autres nombres. Sans titre. Et sans garde du corps. *Est-ce que c'est comme ça que les autres gens se sentent tous les jours ?* Je savourais la normalité, je m'y vautrais avec délice, tout en réfléchissant à la distance qu'il m'avait fallu parcourir pour la connaître. Au centre de l'Afghanistan, en plein cœur de l'hiver, de la nuit, de la guerre, m'adressant à une personne située douze mille pieds au-dessus de ma tête – à quel point une vie est-elle anormale pour que ce soit là qu'on puisse se sentir normal pour la première fois ?

Après chaque action venait une accalmie, parfois plus difficile à gérer d'un point de vue psychologique. L'ennui était l'ennemi et nous le combattions en jouant au rugby, un rouleau de papier toilettes entouré de plusieurs épaisseurs de ruban adhésif en guise de ballon, ou en faisant du jogging sur place. Nous faisions aussi mille pompes et avions fabriqué un équipement de musculation de fortune en collant des caisses en bois au bout de barres de métal. Nos duvets devenaient des sacs de frappe. Nous lisions des livres, organisions des marathons d'échecs, dormions comme des loirs. J'ai vu des hommes adultes passer douze heures par jour au lit.

Et nous mangions. Sans arrêt. Il y avait une vraie cuisine à Dwyer. Des pâtes. Des frites. Des fayots. Nous avions droit à trente minutes de téléphone par semaine. La carte téléphonique s'appelait Paradigme et au dos figurait un code, qu'on tapait sur le clavier. Un robot à la belle voix féminine annonçait combien de minutes il nous restait. Et puis...

C'est toi, Spike ?
Chels.
Votre vie d'avant, à l'autre bout du fil. Le son vous coupait toujours le souffle. Penser à tout ce qu'on avait laissé là-bas n'était jamais facile, pour toute une série de raisons complexes. Et l'*entendre* était un coup de poignard dans la poitrine.
Quand je n'appelais pas Chels, j'appelais Papa.
Comment vas-tu, mon cher enfant ?
Ça va, ça va. Tu sais ce que c'est.
Mais il m'a demandé d'écrire plutôt que d'appeler. Il adorait mes lettres.
Il m'a dit qu'il préférait largement une lettre.

14.

PARFOIS JE ME DISAIS que je passais à côté de la vraie guerre et ça m'inquiétait. Serais-je en ce moment assis dans sa salle d'attente ? Je craignais que la vraie guerre soit en train de se produire un peu plus loin dans la vallée ; je voyais les épais nuages de fumée, les gerbes soulevées par les explosions provenant pour la plupart d'une zone située dans et autour de Garmsir. Un endroit d'une importance stratégique capitale. Un point de passage critique, un port à partir duquel le ravitaillement, notamment en armes, partait vers les talibans. Et un point d'entrée pour les nouveaux combattants. On leur confiait un AK-47 et une poignée de balles avant de les envoyer vers nous par un labyrinthe de tranchées. C'était le rite initiatique, que les talibans appelaient leur « baptême du sang ».
Sandy et Tiggy travaillaient-ils pour les talibans ?
Cela arrivait souvent. Une recrue des talibans apparaissait, nous tirait dessus, et nous répondions par des tirs vingt fois plus nourris. Toutes les recrues talibanes qui survivaient à ce barrage se trouvaient aussitôt promues, puis on les envoyaient se battre et mourir dans une ville plus grande, comme Gereshk ou Lashkar Gah, que certains surnommaient Lash Vegas. La plupart, cependant, ne survivaient pas. Les talibans laissaient pourrir leurs corps là. J'ai vu des chiens affamés grands comme des loups faire disparaître plus d'une recrue du champ de bataille.

J'ai commencé à supplier mes supérieurs de me sortir d'ici. Quelques autres ont fait de même, mais pour des raisons différentes. Moi, je les implorais de m'envoyer plus près du front. *Envoyez-moi à Garmsir.*

Le soir de Noël 2007, ma requête a enfin été approuvée. J'allais remplacer un soldat qui rentrait au pays à la base opérationnelle avancée de Dehli, installée dans une école désaffectée de Garmsir.

Une petite cour en gravier, un toit de tôle ondulée. L'établissement, selon quelqu'un, avait été une université agricole. Une madrasa selon un autre. Pour l'heure, en tout cas, elle faisait partie du Commonwealth britannique. Et c'était mon nouveau chez moi.

C'était aussi celui d'une compagnie de Gurkhas.

Recrutés au Népal, dans les villages les plus reculés des contreforts de l'Himalaya, les Gurkhas avaient combattu dans toutes les guerres britanniques des deux derniers siècles, et ils s'étaient distingués dans chacune. Féroces comme des tigres, ils n'abandonnaient jamais, si bien qu'ils occupaient une place spéciale dans l'armée britannique comme dans mon cœur. Depuis tout petit, j'entendais parler d'eux : l'un des premiers uniformes que j'avais portés était un uniforme Gurkha. À Sandhurst, lors des exercices militaires, les Gurkhas jouaient l'ennemi, ce qui avait toujours quelque chose d'un peu ridicule vu combien ils étaient appréciés.

Après les exercices, il y avait toujours un Gurkha pour venir vers moi avec une tasse de chocolat chaud. Ils vénéraient la royauté. Un roi, à leurs yeux, était divin. (Leur propre roi était considéré comme la réincarnation du dieu hindou Vishnu.) Un prince, par conséquent, n'était pas loin derrière. Je l'avais senti étant enfant, et à présent, je le sentais à nouveau. Quand je passais dans Delhi, tous les Gurkhas s'inclinaient. Ils m'appelaient *saab*.

Oui, saab. Non, saab.

Je les suppliais : s'il vous plaît, arrêtez. Je suis juste le lieutenant Wales. Juste Widow Six Seven.

Ils riaient. *Aucune chance, saab.*

Ils n'auraient pas non plus imaginé m'autoriser à me rendre seul quelque part. Il fallait aux membres de la famille royale une escorte royale. Souvent, quand je me rendais au mess, ou aux toilettes, je sentais brusquement la présence d'une ombre sur ma droite. Puis d'une autre sur ma gauche. *Hello, saab.* Bien que touchant, c'était embarrassant. Je les adorais, autant que les adoraient les Afghans, qui leur vendaient des poulets et des chèvres en quantité et plaisantaient souvent avec eux sur la façon de les cuisiner. L'armée parlait beaucoup de « gagner le cœur et l'esprit » des Afghans ou, dit autrement, de les convertir à la démocratie et à la liberté, mais seuls les Gurkhas semblaient y parvenir.

Quand ils ne m'escortaient pas, ces derniers s'employaient à m'engraisser. La nourriture était la langue par laquelle ils montraient leur amour. Et même si chacun d'entre eux se considérait comme un chef cinq étoiles, ils avaient tous la même spécialité. Le curry de chèvre.

Je me souviens de ce jour où j'ai entendu des rotors. J'ai levé la tête. Toute la base a levé la tête. Un hélicoptère descendait lentement. Et dans un filet suspendu aux patins, il y avait une chèvre. Un cadeau de Noël pour les Gurkhas.

L'hélicoptère s'est posé dans une gerbe de poussière et un homme en a sauté, chauve, vaguement blond, l'officier britannique incarné.

Il m'était aussi vaguement familier.

Je connais ce gars-là ! me suis-je exclamé à haute voix.

J'ai claqué des doigts. *Mais oui, ce bon vieux Bevan !*

Il avait travaillé pour Papa quelques années. Il nous avait même accompagnés un hiver à Klosters. (Je me suis souvenu qu'il skiait en veste Barbour, si typiquement aristocratique.) À présent, apparemment, il était le second du commandant de brigade. Et à ce titre, il livrait des chèvres au nom du commandant de nos Gurkhas bien-aimés.

Je n'en revenais pas de tomber sur lui, mais il n'était pour sa part que légèrement surpris – et à peine intéressé. Il était trop préoccupé par ses chèvres. En plus de celle du filet, durant tout le vol, il en avait gardé une entre ses genoux, et il la menait maintenant à un Gurkha au bout d'une laisse, comme un cocker anglais.

Pauvre Bevan. Je voyais qu'il s'était attaché à cette bête et qu'il n'était du tout pas prêt pour la suite.

Le Gurkha a sorti son khukuri et a tranché le cou de l'animal.

La tête marron et barbue est tombée au sol comme ces rouleaux de papier toilettes dont nous nous servions en guise de ballon.

Après quoi le Gurkha a recueilli le sang dans une tasse d'un geste expert. Rien ne serait gâché.

Pour la seconde chèvre, il m'a tendu son khukuri et m'a demandé si je voulais officier.

J'avais en Angleterre plusieurs de ces couteaux. Tous des cadeaux des Gurkhas. Je savais les manier. Mais j'ai dit non, non merci, pas ici, pas maintenant.

Je ne sais pas trop pourquoi. Peut-être parce qu'on tuait déjà assez partout autour de moi. Je me suis souvenu du jour où j'avais dit à George qu'il était absolument hors de question pour moi de couper des couilles. Quelle était ma limite ?

La souffrance, c'était ça ma limite. Je n'avais pas envie de jouer les Henri VIII avec cette chèvre, surtout parce que je ne maîtrisais pas le geste, et si je ratais mon coup, la pauvre bête souffrirait.

Le Gurkha a hoché la tête. *Comme vous voulez, saab.*

Et la lame du khukuri a fendu l'air dans sa main.

Même après que la tête de la chèvre a heurté le sol, je m'en souviens, ses yeux jaunes ont continué de cligner.

15.

Ma mission à Delhi était semblable à celle de Dwyer. Seuls les horaires étaient différents. À Dehli, j'étais toujours d'astreinte. Nuit et jour. Constamment.

La salle des opérations était une ancienne salle de classe. Comme tout le reste, manifestement, en Afghanistan, l'école qui hébergeait le camp avait été bombardée – poutres en bois qui pendaient, bureaux renversés, sol jonché de documents et de livres – mais la salle des opérations avait des airs de Ground Zero. Un lieu de désastre. Le côté positif : la nuit, les nombreux trous dans les murs offraient une vue magnifique sur les étoiles.

Je me souviens d'un service en particulier. Il était environ une heure du matin. J'ai demandé son code à un pilote en vol, afin de le rentrer dans mon Rover pour voir son *feed*.

Le pilote a répondu d'un ton acerbe que j'étais en train de me planter.

Comment ça me planter ?

C'est pas le Rover, c'est le Longhorn.

Le Long quoi ?

T'es nouveau, pas vrai ?

Il m'a décrit le Longhorn, une machine dont personne n'avait jugé bon de me parler. J'ai regardé autour de moi et je l'ai trouvée. Une grosse mallette noire couverte de poussière. Je l'ai époussetée et allumée. Le pilote m'a guidé pour la rendre opérationnelle. Je ne savais pas pourquoi, dans son cas, c'était le Longhorn qui était exigé et non le Rover, mais je n'allais pas me risquer à lui demander et à l'énerver davantage.

D'autant que l'expérience nous avait rapprochés. À partir de ce moment-là, nous sommes devenus potes, lui et moi.

Son indicatif était Magic.

Je passais souvent la nuit entière à discuter avec lui. Son équipage et lui aimaient parler, rire, manger. (Je me souviens vaguement d'eux se goinfrant de crabes frais un soir.) Ce qu'ils aimaient par-dessus tout, c'étaient les farces. Après une sortie, Magic a dézoomé sa caméra et m'a dit de regarder. Je me suis rapproché. La vue qu'il avait de la courbe de la terre à vingt mille pieds était stupéfiante.

Lentement, il a fait pivoter l'objectif.

Une paire de seins a envahi mon écran.

Un magazine porno.

Ah, tu m'as eu, Magic.

Certains pilotes étaient des femmes. Les échanges avec elles étaient différents. Un soir, je me suis retrouvé discutant avec une pilote britannique qui me disait à quel point la lune était magnifique.

Elle est pleine. Tu devrais voir ça, Widow Six Seven.

Je la vois. Par l'un des trous dans mon mur. C'est joli.

Brusquement, la radio s'est réveillée : un chœur de cris perçants. Les gars à Dwyer qui nous disaient de « prendre une chambre ». Je me suis senti rougir. J'espérais que la pilote ne s'était pas imaginée que je la draguais. J'espérais qu'elle n'allait pas se mettre à le penser. Et par-dessus tout, j'espérais qu'elle et tous les autres pilotes n'allaient pas découvrir qui j'étais et aller raconter à la presse britannique que je me servais de la guerre pour rencontrer des femmes. J'espérais que la presse ne la traiterait pas ensuite comme ils avaient traité toutes les autres filles avec qui j'avais été en contact.

La pilote et moi, cependant, avons surmonté ce bref instant de malaise et avons fait du bon boulot ensemble avant la fin de ce service. Elle m'a aidée à surveiller un bunker taliban, en plein cœur du no man's land, non loin des murs de Delhi. La caméra thermique captait quelque chose autour du bunker... des formes humaines. Une douzaine, sans doute. Peut-être quinze.

Des talibans, pour sûr, avons-nous dit. Qui d'autres pourrait bouger dans ces tranchées ?

J'ai parcouru la checklist pour m'en assurer. Schémas de vie, comme l'armée l'appelait. Vous voyez des femmes ? Vous voyez des enfants ? Des chiens ? Des chats ? Y a-t-il quoi que ce soit qui indiquerait que la cible se trouve à proximité d'un hôpital ? D'une école ?

Des civils ?

Non. Non pour toute la liste.

Des talibans et rien que des talibans.

J'ai prévu une frappe pour le lendemain. On m'a confié la mission de la mener à bien avec deux pilotes américains. Dude Zero One et Dude Zero Two. Je les ai briefés sur la cible, je leur ai dit que je voulais une JDAM (munition d'attaque directe conjointe) d'une tonne. Je me suis demandé pourquoi on utilisait ce mot compliqué. Pourquoi ne pas s'en tenir à « bombe » ? Peut-être parce que ça n'était pas une bombe ordinaire ; elle était équipée de systèmes de guidage radar. Et elle était lourde. Aussi lourde qu'un rhinocéros noir.

Pour une poignée de combattants talibans, la requête standard était une bombe de 225 kilos. Mais je pensais que ça ne serait pas assez pour pénétrer les bunkers fortifiés que j'avais sur mon écran.

Les contrôleurs aériens avancés trouvaient toujours que 225 kilos, ça n'était pas assez, c'est vrai. Nous voulions systématiquement la bombe d'une tonne. Soit on le fait bien, soit on ne fait rien, comme on disait toujours. Mais dans ce cas précis, j'étais fermement convaincu qu'il fallait absolument y aller fort. La structure du bunker résisterait à tout le reste. Je voulais non seulement cette JDAM d'une tonne sur le bunker, mais aussi qu'un deuxième avion suive avec un 20 mm pour arroser les tranchées qui en partaient et cueillir les gars à la sortie.

Négatif, a dit Dude Zero One.

Les Américains ne voyaient pas l'intérêt d'une si grosse bombe.

On préfère lâcher deux bombes de 225 kilos, Widow Six Seven.

Pas très américain de leur part.

J'étais convaincu que j'avais raison, et je voulais défendre mon point de vue, mais j'étais nouveau et je manquais de confiance en moi. C'était mon premier raid aérien. Alors je me suis contenté d'un :

Reçu cinq sur cinq.

31 décembre. Je tenais les F-15 à distance, à environ huit kilomètres, de façon à ce que le bruit n'effraie pas les cibles. Quand les conditions m'ont parues au poil, que tout était calme, je les ai faits venir.

Widow Six Seven, on est prêts.
Dude Zero One, Dude Zero Two, allez-y.
On y va.

Ils ont filé vers la cible.

Sur mon écran, j'ai regardé les viseurs des pilotes se positionner sur le bunker.

Une seconde.

Deux.

Un éclair blanc. Un grand boum. Les murs de la salle des opérations ont tremblé. Une pluie de poussière et de pierres est tombée du plafond.

J'ai entendu la voix de Dude Zero One : *Delta Hotel* (dans le mille). *J'attends pour le BDA* (évaluation des dommages).

Des panaches de fumées se sont élevés dans le désert.

Quelques instants plus tard... comme je le craignais, des talibans sont sortis en courant de la tranchée. J'ai grogné dans mon Rover et j'ai quitté la salle, furieux.

Dehors, il faisait froid, le ciel était bleu électrique. J'entendais Dude Zero One et Dude Zero Two loin au-dessus de ma tête, qui s'éloignaient. J'entendais l'écho de leurs bombes. Puis le silence s'est installé.

Tous ne s'en sont pas tirés, me suis-je dit pour me consoler. Dix, au moins, ne sont pas sortis de cette tranchée.

Mais une bombe plus grosse aurait fait le boulot pour de vrai.

La prochaine fois, ai-je décidé. La prochaine fois, je ferai confiance à mes tripes.

16.

J'AI ÉTÉ PROMU, si l'on peut dire. À un petit poste de guet au-dessus du champ de bataille. Pendant un bon moment, ce poste avait rendu fous les talibans. Il était à nous, ils le voulaient, et s'ils ne parvenaient pas à s'en emparer, ils étaient déterminés à le détruire. Au cours des mois précédant mon arrivée, ils l'avaient attaqué un nombre incalculable de fois.

Je m'y trouvais depuis à peine quelques heures quand ils ont remis ça.

Crépitement des AK-47, balles qui sifflent aux oreilles, comme si quelqu'un jetait des ruches par nos fenêtres. Quatre Gurkhas étaient avec moi et ont lancé un missile Javelin en direction des tirs.

Puis ils m'ont dit d'aller m'asseoir derrière la mitrailleuse. *Montez, saab !*

J'ai grimpé dans le nid, saisi les grosses poignées. J'ai mis mes bouchons d'oreille et visé à travers le filet qui pendait à la fenêtre. J'ai pressé la détente. Un train m'a traversé la poitrine. Le son faisait lui aussi penser à une locomotive. *Tchuk tchuk tchuk tchuk.* Le fusil crachait ses balles à travers le désert, et les douilles volaient comme du popcorn autour du poste de guet. Je n'avais jamais tiré à la mitrailleuse. Sa puissance me stupéfiait.

Droit devant moi, il y avait des terres agricoles abandonnées, des fossés, des arbres. J'ai tout arrosé. J'ai avisé un vieux bâtiment surmonté de deux dômes pareils à des yeux de grenouille. J'ai arrosé ces dômes.

Parallèlement, Dwyer a commencé à tirer ses obus.

C'était le chaos.

J'ai peu de souvenirs de la suite, mais je n'en ai pas besoin – c'est en vidéo. La presse était là, à côté de moi, qui filmait. Je détestais leur présence, mais on m'avait ordonné de les emmener. En retour de quoi, ils avaient accepté un embargo sur les images et les infos me concernant jusqu'à ce que je quitte le pays.

Combien d'hommes a-t-on tués ? voulait savoir la presse.

Impossible d'en être sûrs.

Un certain nombre, avons-nous dit.

Je croyais rester longtemps à ce poste de guet. Mais peu après, on m'a envoyé plus au nord, à la base opérationnelle avancée

Edinburgh. J'ai voyagé caché dans un Chinook, allongé au milieu des sacs postaux qu'il transportait. Quarante minutes plus tard, j'en sortais pour patauger dans de la boue jusqu'aux genoux. *Quand diable avait-il plu ?* On m'a conduit à mes quartiers dans une maison en sacs de sable. Un lit minuscule.

Et un colocataire. Un officier des transmissions estonien.

Nous avons bien accroché. Il m'a offert l'un de ses badges en cadeau de bienvenue.

À sept kilomètres de là se trouvait Musa Qala, ville qui fut un temps une place forte talibane. Nous l'avions reprise en 2006, après certains des combats les plus violents du dernier demi-siècle pour les soldats britanniques. Plus de mille talibans avaient été faits prisonniers. Mais malgré le lourd tribut, du fait de notre négligence, la ville avait de nouveau rapidement été perdue. Nous venions alors de la reprendre, et nous étions déterminés à la garder.

C'était un sale boulot. Un de nos hommes venait d'être emporté par l'explosion d'un EEI (Engin Explosif Improvisé).

Sans compter qu'en ville et aux alentours, tout le monde nous haïssait. Les gens du coin ayant coopéré avec nous avaient été torturés, leurs têtes plantées au bout de piques le long des murs de la ville.

Ce n'était pas ici que nous allions gagner des cœurs et des esprits.

17.

JE SUIS PARTI EN PATROUILLE. Après avoir quitté la base, j'ai traversé Musa Qala avec un convoi de tank Scimitar jusqu'à l'extérieur de la ville. La route passait par un oued, dans lequel nous n'avons pas tardé à tomber sur un EEI.

C'était la première fois que j'en croisais un.

Et c'était à moi d'appeler les démineurs. Une heure plus tard, le Chinook est arrivé. Je lui ai trouvé un endroit sûr où atterrir et j'ai lancé une grenade fumigène pour le lui signaler et lui indiquer le sens du vent.

Une équipe de démineurs en est sortie et s'est approchée de la bombe artisanale. Un travail lent et méticuleux. Ça leur prenait un temps fou. Temps pendant lequel nous étions tous complètement à découvert. Nous nous attendions à un contact imminent avec les talibans ; nous entendions autour de nous le vrombissement de motos. Des éclaireurs talibans, sans aucun doute. Ils enregistraient notre position. Si les motos s'approchaient trop près, nous tirions au pistolet de détresse pour les éloigner.

Au loin, on apercevait des champs de pavots, pareils à de grands coquelicots. Le regard tourné dans leur direction, j'ai songé au fameux poème. *Dans les champs de Flandre, les coquelicots fleurissent...* En Grande-Bretagne, le coquelicot était un symbole du souvenir. Ici, le pavot était juste la monnaie du royaume. Tous ces pavots deviendraient bientôt de l'héroïne, dont la vente financerait les balles que les talibans nous destinaient, et les EEI laissés à notre attention sous les routes et dans les oueds.

Comme celui-ci.

Les démineurs l'ont enfin fait exploser. Un nuage champignon a jailli, on ne peut plus saturé de poussière.

Puis, leur matériel remballé, ils sont partis et nous avons continué vers le nord, nous enfonçant toujours plus profondément dans le désert.

18.

Nous avons garé nos véhicules en carré, ce que nous appelions un port. Le lendemain, et le surlendemain, ainsi que les jours suivants, nous nous sommes aventurés autour de la ville pour des patrouilles.

Montrez votre présence, nous disait-on.

Restez en mouvement.

Décontenancez les talibans. Déstabilisez-les.

Le cœur de la mission, cependant, était de soutenir une offensive américaine en cours. Le grondement des avions américains était constant au-dessus de nos têtes, tout comme les explosions dans un village voisin. Nous travaillions main dans la main avec eux, engageant fréquemment le combat avec les talibans.

Un jour ou deux après avoir établi notre port, postés sur les hauteurs, nous regardions des bergers au loin. Sur des kilomètres et des kilomètres, nous ne voyions que ces bergers et leurs moutons.

Une scène à première vue tout à fait innocente. Mais les bergers s'approchaient dangereusement des Américains et les rendaient nerveux. Ces derniers avaient lancé plusieurs tirs d'avertissement. Et, forcément, ils avaient fini par en toucher un qui était à moto. Impossible de dire, de l'endroit où nous nous trouvions, si c'était volontaire ou accidentel. Les moutons se sont dispersés et les Américains ont embarqué les bergers.

Après leur départ, j'ai rejoint le champ avec quelques soldats fidjiens et ramassé la moto. Je l'ai nettoyée et mise de côté. Je m'en suis occupé. Quand les Américains ont relâché le berger après avoir soigné sa blessure et l'avoir interrogé, il est venu vers nous.

Il était stupéfait que nous ayons récupéré l'engin.

Plus stupéfait encore que nous l'ayons nettoyée.

Et il a failli s'évanouir quand nous la lui avons rendue.

19.

Le lendemain, ou le surlendemain peut-être, trois journalistes se sont joints à notre convoi. On m'a donné l'ordre de les emmener sur le champ de bataille, de leur servir de guide – étant sous-entendu que l'embargo sur leur reportage avait toujours cours.

Je me trouvais dans un Spartan, en tête du convoi, les journalistes cachés à l'intérieur. Ils n'arrêtaient pas de sortir la tête, de me casser les pieds. Ils voulaient être au grand air, prendre des photos, filmer. Mais c'était trop dangereux. Les Américains étaient encore en train de nettoyer la zone.

J'étais dans la tourelle quand un journaliste m'a tapoté la jambe, pour me demander une fois de plus la permission de sortir.

J'ai soupiré : *D'accord. Mais attention aux mines. Et ne vous éloignez pas.*

Tous l'ont suivi avec leurs caméras et leurs appareils photos.

Quelques instants plus tard, les gars devant nous ont essuyé des tirs. Les balles sifflaient au-dessus de nos têtes.

Les journalistes, paralysés, m'ont regardé d'un air désemparé.

Ne restez pas plantés là ! Remontez !

Je n'avais jamais voulu de leur présence, mais je voulais encore moins qu'il leur arrive quelque chose sous ma responsabilité. Je ne voulais pas la mort d'un journaliste à mon actif. Une ironie insupportable.

Étaient-ce des heures ou des jours plus tard que nous avons appris que les Américains avaient lancé un missile Hellfire sur le village voisin ? Il y a eu beaucoup de blessés. Un garçon a été sorti du village le long de la crête dans une brouette, ses jambes pendant par-dessus bord. En lambeaux.

Les deux hommes qui poussaient la brouette venaient droit sur nous. Je n'aurais pas su dire qui ils étaient pour le garçon. De la famille ? Des amis ? Une fois arrivés, ils n'ont pas su nous expliquer. Aucun ne parlait anglais. Mais il était clair que le garçon était dans un sale état et nos secouristes l'ont pris en charge aussitôt.

Un interprète essayait de le calmer, tout en s'efforçant de se faire expliquer ce qui s'était passé par ceux qui l'accompagnaient.

C'est arrivé comment ?

Les Américains.

Alors que je m'approchais, un sergent qui en était à son sixième service en Afghanistan m'a interrompu. *Non, boss, vous ne voulez pas voir ça. Sinon vous ne pourrez plus vous le sortir de la tête.*

J'ai reculé.

Quelques minutes plus tard, un sifflement, puis un autre. Une énorme explosion derrière nous.

Je l'ai sentie jusque dans mon cerveau.

J'ai regardé autour de moi. Tout le monde était à plat ventre. Sauf moi, et deux autres.

Ça venait d'où ?

Quelques-uns de nos gars ont désigné un point au loin. Ils bouillaient d'envie de riposter et m'ont demandé la permission.

Oui !

Mais les talibans qui avaient fait feu avaient déjà disparu. Nous avions laissé filer notre chance.

Nous avons attendu que l'adrénaline descende un peu, que le sifflement dans nos oreilles cesse. Il a fallu un long moment. Je me souviens d'un de nos hommes qui n'arrêtait pas de répéter : *Putain, c'est passé près.*

Pendant des heures, nous avons essayé de recoller les morceaux, de comprendre ce qui s'était produit. Certains d'entre nous croyaient que les Américains avaient blessé ce garçon, pour d'autres, il n'était qu'un pion dans une feinte classique des talibans. L'épisode de la brouette aurait été une comédie destinée à nous garder sur la colline, distraits et immobiles, afin que les talibans puissent s'occuper de nous. C'était l'ennemi qui avait mis dans cet état le garçon dans la brouette, avant de s'en servir d'appât.

Pourquoi le garçon et les hommes ont-ils accepté ?
Parce que sans ça, on les tuerait.
Et tous leurs proches avec.

20.

ON VOYAIT AU LOIN les lumières de Musa Qala. Février 2008. Nos tanks étaient alignés pour former un port et nous mangions des dîners en sachets, sans assiette, en parlant à voix basse.

Après le repas, aux alentours de minuit, je suis allé me brancher à la radio. Assis à l'arrière d'un Spartan, la grande porte ouverte, j'avais baissé la tablette-bureau et prenais des notes sur ce que j'entendais, avec pour unique source de lumière une ampoule faiblarde dans une cage métallique. Même les étoiles dans le désert brillaient d'un éclat plus vif et paraissaient plus proches.

Comme la radio était branchée sur la batterie du Spartan, de temps en temps, je démarrais le moteur afin de la recharger. Faire du bruit ne me plaisait pas, je craignais d'attirer l'attention des talibans, mais je n'avais pas le choix.

Un peu plus tard, j'ai mis de l'ordre dans le Spartan et attrapé un thermos de chocolat chaud pour m'en servir une tasse qui ne m'a pas réchauffé. Rien ne me réchauffait. Le désert pouvait être glacial. Je portais un treillis sable, des bottes sable, une doudoune verte, un bonnet de laine – et je grelottais quand même.

J'ai monté le son de la radio, essayé de saisir les voix derrière les interférences. Rapports de mission. Infos sur les livraisons de courrier. Messages du réseau des groupes de combat, dont aucun ne concernait mon escadron.

Il devait être à peu près une heure du matin quand j'ai entendu des gens parler de Red Fox.

Zero Alpha, l'officier commandant, disait à quelqu'un que Red Fox ci et Red Fox ça... J'ai pris deux ou trois notes, avant de m'interrompre pour lever la tête vers les étoiles quand je les ai entendus mentionner... l'escadron C.

Les voix disaient que ce Red Fox avait des ennuis.

J'en ai déduit que ce Red Fox était une personne. Avait-elle fait quelque chose de mal ?

Non.

D'autres lui préparaient-ils un sale coup ?

Oui.

À en juger par le ton des voix, Red Fox allait être assassiné. J'ai avalé une gorgée de chocolat les yeux sur la radio, stupéfait. Je venais de comprendre sans le moindre doute possible que Red Fox, c'était moi.

À présent, les voix disaient de manière plus explicite que la couverture de Red Fox était tombée, qu'il était exposé à l'ennemi, qu'il fallait l'exfiltrer immédiatement.

Putain, ai-je marmonné. Putain, putain, *putain*.

J'ai pensé à Eton. Au renard que j'avais aperçu, défoncé, par la fenêtre des toilettes. C'était donc vraiment un messager du futur, finalement. *Un jour, tu seras seul dans la nuit, traqué comme moi... on verra si tu aimes ça.*

Le lendemain, en patrouille, j'étais complètement parano, angoissé à l'idée qu'on pourrait me reconnaître. J'avais enroulé un *shemagh* autour de mon visage et je portais aussi un masque de ski au verre noir ; les sens en alerte, j'avais le doigt rivé à la détente de mon fusil mitrailleur.

À la tombée du jour, les forces spéciales sont venues me chercher. Deux Apache avec qui je discutais par radio escortaient leur Chinook. Elles m'ont emmené en hélico à travers la vallée, jusqu'à la base opérationnelle avancée Edinburgh. Nous nous sommes posés dans le noir complet. Je me suis précipité dans la base à l'aveugle, puis dans une tente en toile verte, où il faisait plus noir encore.

J'ai entendu un grincement.

Une petite lumière s'est allumée.

Face à moi, un homme vissait une petite ampoule dans une douille qui pendait du toit.

Le colonel Ed.

Son long visage avait l'air plus long encore que dans mon souvenir, et il portait un long pardessus vert, qu'on aurait dit tout droit sorti de la Première Guerre mondiale. Il m'a briefé sur la situation. Un magazine australien avait vendu la mèche, annoncé au monde entier que j'étais en Afghanistan. Le magazine était de seconde zone, c'était donc d'abord passé sous les radars, mais l'information avait fini par être reprise par une tête de nœud en Amérique, qui l'avait postée sur son pauvre site Internet, après quoi tous les cafards s'étaient engouffrés dans la brèche. C'était partout dans la presse maintenant. Le prince Harry se trouvait dans la province d'Helmand : le secret le moins bien gardé de toute la voie lactée.

Donc... vous partez.

Le colonel Ed s'est excusé. Il savait que ce n'était pas comme ça, ni maintenant, que j'aurais voulu que mon tour de service se termine. Mais en même temps, il tenait à ce que je sache que j'avais eu de la veine d'être resté si longtemps, car ses supérieurs insistaient pour me retirer des combats depuis des semaines. J'avais échappé aux hautes instances, ainsi qu'aux talibans, et j'avais réussi à me ménager un séjour d'une durée tout à fait respectable au bilan impeccable. Bravo, m'a-t-il dit.

J'étais à deux doigts de le supplier de me laisser rester, mais je voyais bien que les chances étaient nulles. Ma présence ferait courir des risques sérieux à tout mon entourage. Le colonel Ed inclus. Maintenant que les talibans savaient que j'étais dans le pays, et plus ou moins à quel endroit, ils mettraient toute leur énergie à me tuer. L'armée ne voulait pas que je meure, mais comme un an plus tôt, elle voulait surtout que personne d'autre ne meure à cause de moi.

Je partageais ce sentiment.

J'ai serré la main du colonel Ed et quitté la tente. J'ai pris mes quelques affaires et fait mes au revoir, avant de remonter dans le Chinook dont le moteur tournait toujours.

En moins d'une heure, j'étais de retour à Kandahar.

Je me suis douché, rasé et préparé à embarquer dans un gros avion en partance pour l'Angleterre. D'autres soldats attendaient avec moi. Mais ils étaient d'une autre humeur que la mienne. Eux jubilaient : ils rentraient chez eux.

J'ai fixé le sol.

Nous avons tous fini par nous apercevoir que l'embarquement était beaucoup plus long que d'ordinaire.

Qu'est-ce qui se passe ? demandait-on impatiemment.

Un membre de l'équipage a expliqué que nous attendions un dernier passager.

Qui ?

Ils étaient en train de mettre en soute le cercueil d'un soldat danois.

Tout le monde s'est tu.

Au moment du décollage, le rideau à l'avant de l'avion s'est brièvement entrouvert. J'ai aperçu trois types sur des lits médicalisés. Ôtant ma ceinture de sécurité, j'ai remonté l'allée : trois soldats britanniques grièvement blessés. Je me souviens que l'un d'eux avait été atrocement mutilé par un EEI. Un autre était emballé des pieds à la tête dans du plastique. Bien qu'inconscient, il serrait entre ses doigts une éprouvette dans laquelle se trouvaient les éclats d'obus retirés de son cou et de son crâne.

J'ai demandé au médecin qui les accompagnait s'ils allaient survivre. Il n'en savait rien. Et même s'ils survivaient, m'a-t-il dit, ils n'étaient pas au bout de leur peine.

Je m'en suis voulu d'avoir été si centré sur moi-même. J'ai passé le restant du vol à songer à tous ces jeunes hommes et toutes ces jeunes femmes qui rentraient dans le même état qu'eux, et à tous ceux qui ne rentreraient jamais. J'ai pensé à tous ces gens en Grande-Bretagne qui ne savaient rien de cette guerre – par choix. Beaucoup étaient contre, mais rares étaient ceux qui s'y intéressaient ne serait-ce qu'un peu. Je me suis demandé pourquoi. Qui était chargé de la leur raconter ?

Ah oui, ai-je songé. Les médias.

21.

J'AI ATTERRI LE 1ᵉʳ MARS 2008. L'entretien obligatoire avec la presse me privait pour l'heure d'un vrai repas. Après une grande inspiration, je me suis présenté au journaliste qui avait été choisi, j'ai répondu à ses questions. Il employait un mot que je ne supportais pas : « héros ». *Les héros, ce sont les gars dans l'avion. Et ceux qui sont toujours à Dehli, Dwyer et Edinburgh.*

Quand je suis sorti de la salle, Willy et Papa m'attendaient. Willy m'a pris dans ses bras, je crois. Et il me semble avoir embrassé Papa sur les deux joues. Il m'a peut-être aussi... pressé l'épaule ?

De loin, tout le monde aurait pris ça pour des retrouvailles de famille normales, mais pour nous, c'était une démonstration physique d'affection flamboyante et sans précédent.

Puis ils m'ont tous les deux regardé les yeux écarquillés. J'avais l'air épuisé. Hagard.

Tu parais plus vieux, a commenté Papa.

Je le suis.

Dans l'Audi de Papa, nous avons filé vers Highgrove. Pendant le trajet, nous avons discuté à voix très basse, comme dans une bibliothèque.

Comment ça va, Harold ?

Je sais pas trop. Et toi ?

Pas mal.

Kate, ça va ?

Ça va.

J'ai raté des trucs ?

Non. La routine.

J'ai baissé la vitre et regardé défiler le paysage. Mes yeux avaient du mal à absorber tant de couleur, tant de vert. J'ai inspiré une grande bouffée d'air frais en me demandant ce qui était un rêve : les mois passés en Afghanistan ou ce trajet en voiture ? Les obusiers de Dwyer, les chèvres décapitées, le gamin dans la brouette – était-ce la réalité ? Ou est-ce que la réalité, c'étaient ces sièges en cuir moelleux et le parfum de Papa ?

22.

J'AI EU DROIT À UN MOIS DE PERMISSION. J'en ai passé les premiers jours avec des potes. Ils avaient entendu dire que j'étais rentré, ils m'ont appelé et m'ont proposé de sortir boire un verre.

D'accord, mais juste un.

Un lieu baptisé le Cat and Custard Pot. Moi : assis dans un coin sombre, sirotant un gin tonic. Eux : riant, bavardant et lancés dans tout un tas de projets de voyages et de vacances.

Tous tellement bruyants. Avaient-ils toujours été ainsi ?

Ils me disaient que j'étais taiseux. Oui, ai-je répondu, oui, sans doute.

Pourquoi ?
Comme ça.
Je n'avais pas envie de parler, c'était tout.
Je me sentais en décalage, distant. De temps en temps, je sentais monter une sorte d'angoisse. Et à d'autres moments, de la colère. *Eh oh, les gens, vous avez une idée de ce qui se passe à l'autre bout du monde ?*
Un jour ou deux plus tard, j'ai appelé Chels et je lui ai proposé qu'on se voie. L'ai suppliée. Elle était à Cape Town.
Elle m'a invité à la rejoindre.
Oui, me suis-je dit. C'est ça qu'il me faut. Un jour ou deux avec Chels et sa famille.
Nous sommes partis voir la bande au Botswana dans la foulée. Première halte d'un jour ou deux chez Teej et Mike. Grandes embrassades sur le pas de la porte : ils s'étaient fait un sang d'encre pour moi. Puis ils m'ont nourri, Mike m'offrait verre sur verre et j'étais à l'endroit que j'aimais le plus au monde, sous mon ciel préféré, si heureux qu'à un moment donné, je me suis demandé si je n'avais pas les larmes aux yeux.
Chels et moi avons ensuite loué une barge aménagée pour remonter le fleuve. La *Kubu Queen*. Nous nous préparions des plats simples, nous dormions à la belle étoile sur le pont supérieur. Les yeux sur la Ceinture d'Orion, sur la Petite Ourse, j'essayais de décompresser, mais c'était dur. La presse avait eu vent de notre voyage et les paparazzis étaient là, constamment, à nous mitrailler dès qu'on s'approchait du rivage.
Au bout d'une semaine environ, nous sommes retournés à Maun pour dîner une dernière fois avec Teej et Mike avant notre départ. Tout le monde est allé se coucher tôt, mais je suis resté avec Teej, à qui j'ai un peu parlé de la guerre. Juste un peu. Pour la première fois depuis que j'étais rentré d'Afghanistan.
Willy et Papa m'avaient posé des questions. Mais pas comme Teej l'avait fait.
Chelsy non plus. Est-ce qu'elle évitait le sujet parce qu'elle n'appréciait toujours pas que je sois parti ? Ou parce qu'elle savait que ce serait dur pour moi d'en parler ? Je n'étais pas sûr et j'avais la sensation qu'elle non plus, que nous n'étions ni l'un ni l'autre sûrs de rien.

J'ai évoqué ces questionnements avec Teej.
Elle tient à moi, ai-je dit. *Elle m'aime, je crois. Mais elle n'aime pas ce avec quoi je suis livré, elle n'aime pas ce qu'être membre de la famille royale implique, la presse, le reste... sauf que rien de tout ça ne va disparaître. Du coup, il reste quoi comme espoir ?*

Teej m'a demandé franchement si je me voyais marié à Chels.

J'ai tenté de lui livrer le fond de ma pensée. J'aimais l'insouciance et l'authenticité de Chels. Elle ne s'inquiétait pas de savoir ce que les autres pensaient d'elle. Elle portait des mini-jupes et des bottes hautes, dansait avec abandon, buvait autant de tequila que moi, et j'adorais tout ça... mais malgré moi, je m'inquiétais de ce que Grand-mère en penserait. Ou les Britanniques. Et je ne voulais surtout pas voir Chels changer pour leur plaire.

J'avais terriblement envie d'être un mari, d'être un père... mais je n'étais pas sûr. *Il faut être fait d'un certain bois pour supporter cette attention permanente, Teej, et je ne sais pas si Chels en est capable. Je ne sais pas si j'ai envie de lui demander ça.*

23.

DEPUIS NOTRE RETOUR EN GRANDE-BRETAGNE, les journaux n'arrêtaient plus. Ils racontaient que nous avions filé à Leeds, dans l'appartement que Chels partageait avec deux filles hors campus, deux filles à qui je faisais confiance, et surtout, qui me faisaient confiance ; que je m'étais discrètement glissé chez elle coiffé d'une casquette de baseball sous la capuche d'un sweat-shirt, et que ça les avait toutes les deux bien fait rire ; que cela me plaisait tant de me faire passer pour un étudiant, de sortir manger des pizzas ou de boire des coups dans les pubs, que je regrettais presque d'avoir fait l'impasse sur l'université... Sauf que ça n'était qu'un tissu de mensonges.

Je ne suis allé chez Chels à Leeds que deux fois.

Je connaissais à peine ses colocataires.

Et jamais je n'avais regretté ma décision de ne pas faire d'études.

Mais les journaux étaient de pire en pire. Ils vendaient maintenant des élucubrations, des fantasmes, sans jamais cesser de me traquer et de me harceler, moi et mon entourage. Chels s'est plainte que des paparazzis la suivaient entre les cours ; elle m'a demandé de faire quelque chose.

Je lui ai promis d'essayer. Je lui ai dit combien j'étais désolé.

De retour à Cape Town, elle m'a appelé pour me raconter qu'elle avait toujours des gens collés aux basques et que ça la rendait folle. Elle ne comprenait pas comment ils étaient au courant de tous ses déplacements. Elle pétait un câble. J'en ai parlé à Marko, qui m'a conseillé de demander au frère de Chels de jeter un œil sous sa voiture.

Et bien sûr : un mouchard.

Si Marko et moi avions pu dire à son frère exactement quoi chercher et où, c'était parce qu'elle n'était pas la première, beaucoup autour de moi y avaient déjà eu droit.

Chels m'a de nouveau avoué qu'elle n'était pas sûre d'être prête à endurer ça. Passer sa vie traquée ?

Qu'est-ce que je pouvais lui répondre ?

Elle me manquerait terriblement. Mais je comprenais tout à fait son désir de liberté.

Si j'avais le choix, je ne voudrais pas non plus de cette vie.

24.

ON L'APPELAIT FLACK.

Elle était drôle. Et gentille. Et cool. J'ai fait sa connaissance dans un restaurant lors d'un dîner avec quelques copains, plusieurs mois après que Chels et moi nous étions séparés.

Spike, je te présente Flack.

Salut. Tu fais quoi dans la vie, Flack ?

Elle bossait à la télé. Elle était présentatrice.

Désolé, ai-je dit. *Je ne suis pas très télé.*

Elle n'était pas froissée que je ne l'aie pas reconnue, et ça m'a plu. Elle n'avait pas un ego démesuré.

Même après toutes ses explications, j'avais encore un doute. *C'est quoi ton nom complet, rappelle-moi ?*

Caroline Flack.

Plusieurs jours après, nous nous sommes revus pour dîner et jouer aux cartes. Soirée poker chez Marko, à Bramham Gardens.

Au bout d'une heure environ, caché sous l'un des chapeaux de cowboy de Marko, je suis sorti bavarder avec Billy le Roc. Arrivé devant l'immeuble, j'ai allumé une cigarette et tourné la tête vers la droite. Et là, derrière une voiture garée... deux paires de pieds.

Et deux têtes se sont dressées.

Peu importe qui ils étaient, grâce au chapeau de Marko, ils ne m'ont pas reconnu. J'ai pu tranquillement aller prévenir Billy dans sa voiture de police : *Démons à trois heures.*

Hein ? Non !

Comment ils ont pu savoir, Billy ?

On se demande.

Personne ne sait que je suis là. Ils me pistent, tu crois ? Mon téléphone est sur écoute ? Celui de Flack ?

Billy a bondi de la voiture et disparu au coin de la rue pour prendre les deux paparazzis par surprise. Il les a engueulés. Mais ils lui ont répondu sur le même ton. Sûrs d'eux. Se croyant tout permis.

Ce soir-là, ils n'ont pas eu le cliché qu'ils voulaient – maigre victoire. Mais peu de temps après, ils ont réussi à me prendre en photo avec Flack, et la presse s'est déchaînée. En quelques heures, une meute avait dressé le camp devant la maison des parents de Flack, de ses amis, de sa grand-mère. Un journal l'avait présentée comme « ma gâterie prolo », parce qu'elle avait un jour bossé dans une usine ou un truc du genre.

Seigneur, m'étais-je dit, est-on à ce point un pays d'insupportables snobs ?

J'ai continué à voir Flack de temps à autre, mais on ne se sentait plus libres. Je crois que si l'on n'a pas laissé tomber, c'était parce qu'on appréciait vraiment d'être ensemble, et parce qu'on ne voulait pas s'écraser face à ces enfoirés. Mais la relation était salie, irrémédiablement, si bien que nous avons fini l'un comme l'autre par nous dire que ça ne valait pas les soucis ni le harcèlement.

Surtout pour sa famille.

Alors on s'est dit au revoir. Au revoir et bonne chance.

25.

J'AI ACCOMPAGNÉ JLP à un cocktail organisé au palais de Kensington avec le général Dannatt.

Quand nous avons frappé à la porte de ses appartements, j'étais encore plus tendu qu'à mon départ pour l'Afghanistan.

Le général et sa femme, Pippa, nous ont accueillis chaleureusement et m'ont félicité pour mon temps là-bas.

J'ai souri, puis froncé les sourcils. Oui, m'ont-ils dit. Ils étaient désolés que tout ait tourné court.

La presse – ils fichent tout en l'air, n'est-ce pas ?
Oh que oui.

Le général m'a servi un gin tonic et nous avons pris place dans des fauteuils. En sentant la première grande gorgée de gin descendre dans ma gorge, sans réfléchir, j'ai lâché qu'il fallait que j'y retourne. Qu'il fallait que je réalise un service complet.

Le général m'a regardé fixement. *Ah, je vois. Eh bien, dans ce cas...*

Réfléchissant à voix haute, il s'est mis à énumérer les options, à analyser les implications politiques et les conséquences de chacune.

Et si vous deveniez... pilote d'hélicoptère ?

Waouh. Je me suis laissé basculer contre le dossier du fauteuil. Je ne l'avais jamais envisagé. Peut-être parce que Willy et mon père – ainsi que Grand-père et Oncle Andrew – étaient tous pilotes. J'avais toujours tenu à suivre ma voie à moi, à faire mes trucs à moi, mais le général Dannatt disait que c'était la meilleure option. La seule même. Je serais plus à l'abri, si l'on peut dire, au-dessus de la mêlée, dans les nuages. Et ceux qui serviraient avec moi aussi. Même si la presse apprenait que j'étais retourné en Afghanistan, même si les journalistes déconnaient à nouveau – ou plutôt *quand* ils déconneraient à nouveau – qu'est-ce que cela pourrait bien faire ? Les talibans apprendraient peut-être où j'étais, mais bonne chance à eux pour me pister dans le ciel.

Combien de temps pour devenir pilote, Général ?
Environ deux ans.

J'ai secoué la tête. *Trop long, mon général.*

Il a haussé les épaules. *Il faut ce qu'il faut. Et pour de bonnes raisons.*

Il m'a expliqué qu'il y avait beaucoup de cours théoriques.

Bon sang. À chaque tournant, la vie était déterminée à me renvoyer sur les bancs de l'école.

Je l'ai remercié en lui disant que j'allais y penser.

26.

Sauf que j'ai passé cet été 2008 sans y penser. Je ne pensais pas à grand-chose, mis à part aux trois soldats blessés qui se trouvaient avec moi dans l'avion de retour. Je voulais que d'autres pensent à eux et parlent d'eux. Trop peu de gens songeaient aux soldats britanniques qui rentraient du champ de bataille, et trop peu en parlaient.

Je passais la moindre minute libre à essayer de faire en sorte que ça change.

Le reste du temps, le Palais se chargeait de remplir mon calendrier. On m'a envoyé en Amérique, mon premier voyage officiel là-bas. (J'étais allé une fois dans le Colorado faire du rafting et visiter Disney World avec Maman). JLP était associé à l'organisation de l'itinéraire, et il savait exactement à quoi je voulais occuper mon temps. Je voulais rendre visite à des blessés de guerre et je voulais déposer une couronne sur le site du Word Trade Center. Je voulais aussi rencontrer les familles de ceux qui avaient péri le 11 septembre 2001. Et grâce à lui, j'ai pu tout faire.

Le voyage ne m'a pas laissé de grands souvenirs, mis à part ceux-là. Je me souviens vaguement de la grande pagaille partout où j'allais, des discussions exaltées concernant ma mère, en grande partie dues à son amour des États-Unis et à ses visites historiques, mais ce qui me reste par-dessus tout, ce sont ces moments passés avec les blessés de guerre, les visites des cimetières militaires et mes conversations avec les familles submergées par le chagrin.

Je tenais leur main et d'un signe de tête, je leur disais : *Je sais*. Je crois que ça nous a fait du bien à tous. Le chagrin est plus facile à encaisser s'il est partagé.

Je suis retourné en Grande-Bretagne plus convaincu que jamais que nous devions nous mobiliser plus pour tous ceux qui étaient touchés par la guerre contre le terrorisme. J'en faisais trop – beaucoup trop. J'étais exténué et je ne le savais pas. Souvent, le matin, je me réveillais faible et épuisé. Mais je ne voyais pas comment ralentir, tant de gens demandaient de l'aide. Tant de gens souffraient.

Plus ou moins à cette époque, j'ai entendu parler d'une nouvelle organisation britannique : Help for Heroes. J'adorais ce qu'ils faisaient, leur travail de sensibilisation à la détresse des soldats. Willy et moi nous sommes rapprochés d'eux. *Que peut-on faire ?*

Juste une chose, nous ont répondu les fondateurs, parents d'un soldat britannique. *Accepteriez-vous de porter notre bracelet ?*

Bien sûr ! Nous l'avons porté lors d'un match de football, et Kate aussi. Les retombées ont été incroyables : les demandes de bracelets ont atteint des sommets, les dons ont afflué. Le début d'une longue et riche relation. Et, de surcroît, un rappel viscéral du pouvoir de notre implication.

Pourtant, j'ai continué à œuvrer principalement dans l'ombre. Je passais bon nombre de mes journées à l'hôpital de Selly Oak et à Headley Court, à discuter avec des soldats, à écouter leurs histoires, à essayer de leur apporter quelques instants de paix ou un éclat de rire. Je n'ai jamais rien dit à la presse et je n'ai laissé le Palais le faire qu'une seule fois, je crois. Je ne voulais pas de journaliste à un kilomètre à la ronde lors de ces rencontres beaucoup moins légères qu'elles n'en avaient l'air, parfois douloureusement intimes.

Vous étiez aussi dans la province d'Helmand ?

Oh, oui.

Vous avez perdu des hommes ?

Oui.

Je peux aider ?

Vous le faites déjà, vieux.

Je me suis tenu au chevet d'hommes et de femmes dans un état terrible, et souvent avec leurs familles. Un jeune était bandé de la tête aux pieds, en coma artificiel. Sa mère et son père étaient là. Ils m'ont confié qu'ils tenaient un journal de ses progrès ; ils ont voulu que je le lise. Après l'avoir fini, avec leur permission, j'y ai écrit quelques mots qu'il pourrait lire à son réveil. Puis nous nous sommes étreints et, quand nous nous sommes dit au revoir, nous étions presque une famille.

Pour finir, je me suis rendu en visite officielle dans un centre de rééducation où j'ai fait la connaissance d'un des soldats qui se trouvait dans l'avion avec moi. Ben. Il m'a raconté comment un EEI lui avait arraché le bras gauche et la jambe droite. Un jour de canicule, a-t-il précisé. Il courait, il a entendu une explosion et s'est senti décoller de plusieurs mètres dans les airs.

Il se rappelait avoir *vu* sa jambe séparée de son corps.

Il m'a raconté tout cela avec un léger sourire aux lèvres, plein de courage.

Le jour précédant ma visite, il avait reçu sa nouvelle prothèse de jambe. J'ai baissé les yeux. *Très racée, vieux. Elle a l'air sacrément costaud !* On saura bientôt, a-t-il dit. Son programme de rééducation prévoyait qu'il grimpe et descende un mur d'escalade le jour-même.

Je suis resté pour voir.

Il a fixé son baudrier, attrapé une corde et, en se dandinant, il est monté. Arrivé en haut, il a poussé un cri de joie avant de nous saluer d'un geste, puis de redescendre.

Je n'en revenais pas. Je n'avais jamais été aussi fier – d'être Britannique, d'être soldat, d'être son frère d'armes. Je le lui ai dit. Je lui ai dit que je voulais lui payer une bière pour le féliciter d'être arrivé en haut. Non, plutôt une caisse entière de bières.

Il a ri. *Ça ne se refuse pas, vieux !*

Il a mentionné vouloir courir un marathon.

Je lui ai dit que s'il le faisait – le jour où il le ferait –, je serais sur la ligne d'arrivée.

27.

VERS LA FIN DE CET ÉTÉ-LÀ, je suis parti au Botswana chez Teej et Mike. Ils avaient récemment fait un boulot magistral sur la série *Planet Earth* de David Attenborough, ainsi que sur d'autres films pour la BBC, et tournaient maintenant un film important sur les éléphants. Confrontés à la réduction de leur habitat et à la sécheresse, plusieurs troupeaux fuyaient en Namibie à la recherche de nourriture, droit dans les bras de centaines de braconniers armés de AK-47. Teej et Mike espéraient que leur film alerterait sur le massacre en cours.

Je leur ai demandé si je pouvais aider. Ils n'ont pas hésité. *Bien sûr, Spike.*

Ils m'ont proposé de m'engager comme caméraman. Je ne serais pas rémunéré mais j'apparaîtrais au générique.

Dès le premier jour, ils ont remarqué à quel point j'avais changé. Non que j'aie jamais été tire-au-flanc – du tout –, mais il était clair que l'armée m'avait appris à suivre les consignes. Ils n'ont jamais eu à me répéter les choses deux fois.

Souvent, au cours du tournage, nous allions sillonner le bush dans leur pick-up et, en regardant autour de moi, je me disais : C'est tellement bizarre, toute ma vie j'ai détesté les photographes, parce qu'ils vous volent votre liberté, et me voilà maintenant photographe, en train de me battre pour défendre la liberté d'animaux majestueux. Et moi-même, je m'en sens plus libre.

Plus ironique encore : j'ai filmé des vétérinaires en train d'implanter des puces de localisation sur ces animaux. (Ces puces aideraient les chercheurs à mieux comprendre leurs habitudes migratoires.) Jusqu'alors, je n'avais pas eu avec ce genre de dispositif les expériences les plus heureuses.

Un jour, nous avons filmé un véto qui endormait au fusil un énorme éléphant mâle, pour l'équiper d'un collier de traçage. Mais l'animal, qui avait la peau si épaisse que la flèche anesthésiante l'avait à peine effleuré, a recouvré ses esprits et s'est enfui.

Mike m'a crié : *Attrape la caméra, Spike ! Cours !*

L'éléphant fuyait dans les broussailles denses, la plupart du temps le long d'un chemin de sable, mais pas toujours. Le véto et moi faisions de notre mieux pour le suivre. La vitesse de l'animal était incroyable. Il n'a ralenti qu'au bout de huit kilomètres, puis il s'est arrêté. J'ai gardé mes distances et quand le véto m'a rattrapé, je l'ai regardé tirer une autre flèche. Le gros bonhomme a fini par s'effondrer.

Quelques instants plus tard, Mike est arrivé dans son pick-up vrombissant. *Beau boulot, Spike !*

J'étais hors d'haleine, les mains sur les genoux, dégoulinant de sueur.

Mike a baissé les yeux, horrifié. *Spike, et tes chaussures, elles sont où ?*

Ah... ouais. Je les ai laissées dans le pick-up. Je me suis dit que je n'avais pas le temps de les récupérer.

Tu as couru huit kilomètres... dans les broussailles... pieds nus ?

J'ai rigolé. *Tu m'as demandé de courir. Comme tu disais, l'armée m'a appris à suivre les consignes.*

28.

Au tout début de l'année 2009, une vidéo est devenue virale. Moi, en uniforme de cadet, trois ans plus tôt, en compagnie d'autres cadets.

Dans un aéroport. Chypre, peut-être ? Ou alors attendant notre avion pour Chypre ?

C'était moi qui l'avais tournée. Histoire de tuer le temps avant d'embarquer, pour faire l'andouille, j'avais filmé tout le monde, avec un petit commentaire sur chacun, et quand je suis arrivé à mon bon copain Ahmed Raza Kahn, un Pakistanais, j'ai dit : *Ah, et voilà notre petit pote paki.*

J'ignorais que *paki* était une insulte. Enfant, j'avais entendu beaucoup de monde employer le mot sans que ça fasse sourciller personne, et je ne m'étais jamais dit de ces gens qu'ils étaient racistes. Je ne connaissais rien non plus sur les préjugés inconscients. J'avais vingt et un ans, je nageais dans une bulle de privilèges et pour moi, ce mot était comme le « *Aussie* » qu'on employait pour les Australiens. Innocent.

J'avais envoyé le petit film à un autre cadet qui préparait une vidéo de fin d'année. Depuis, il avait circulé, passant d'un ordinateur à l'autre, pour finalement tomber entre les mains d'un individu qui l'avait vendu à *News of the World*.

Les condamnations passionnées n'ont pas tardé à suivre.

Je n'avais rien appris, disait-on.

Je n'avais pas gagné une once de maturité depuis la débâcle « Harry le Nazi », disait-on.

Le prince Harry est le pire des abrutis, disait-on, pas seulement fêtard invétéré – mais raciste par-dessus le marché.

Le chef des Tory a dénoncé mon comportement. Un ministre est allé s'acharner sur moi à la télé. L'oncle d'Ahmed m'a publiquement condamné sur la BBC.

J'étais à Highgrove, à regarder la fureur pleuvoir, sonné.

Le bureau de mon père a publié des excuses en mon nom. Je voulais le faire moi aussi, mais à la Cour, on m'a conseillé de m'abstenir.

Pas la meilleure stratégie, monsieur.

Qu'ils aillent au diable avec leur stratégie. Je me fichais bien de la stratégie. Je ne voulais pas que les gens me prennent pour un raciste. Je ne voulais pas *être* un raciste.

Et par-dessus tout, je pensais à Ahmed. J'ai pris contact avec lui directement, pour m'excuser. Il m'a dit qu'il savait que je n'étais pas raciste. Que ce n'était rien.

Mais ce n'était pas rien. Et face à son pardon, à son élégance tranquille, je me suis senti encore plus mal.

29.

Alors que la controverse continuait de prendre de l'ampleur, j'ai été envoyé à la RAF Barkston Heath. Drôle de moment pour commencer une formation de pilote, drôle de moment pour me former à quoi que ce soit, d'ailleurs. Mes piètres capacités de concentration étaient devenues plus piètres encore. Mais je me suis dit qu'après tout, c'était peut-être aussi le meilleur moment. Je voulais fuir l'humanité, fuir la planète, et, faute de fusée, peut-être qu'un avion ferait l'affaire.

Avant de m'autoriser à piloter quoi que ce soit, cependant, l'armée allait devoir s'assurer que j'avais ce qu'il fallait. Pendant plusieurs semaines, ils m'ont palpé le corps, testé l'esprit.

Pas de consommation de drogue, ont-ils conclu. Ils avaient l'air surpris.

Et, nonobstant les vidéos suggérant le contraire, pas complètement crétin non plus.

Alors... poursuivez.

Mon premier avion serait un Firefly, ont-ils dit. Jaune vif, ailes fixes, monomoteur.

Une machine simple, selon mon premier instructeur de vol, le sergent-major Booley.

Simple ? me suis-je dit en montant à bord. Il n'avait pas l'air si simple que ça.

Je me suis tourné vers Booley, je l'ai étudié. Lui non plus n'était pas simple. Petit, robuste, tout en muscle, il avait combattu en Irak et dans les Balkans, ce qu'il avait vu et traversé aurait dû l'endurcir, mais ses mobilisations en zone de combat ne semblaient pas l'avoir affecté. C'était au contraire un homme très doux.

Et il fallait qu'il le soit. Car préoccupé comme je l'étais, j'arrivais à nos sessions totalement distrait, et cela se voyait. Je m'attendais sans arrêt à ce qu'il perde patience, se mette à m'engueuler, mais il ne l'a jamais fait. Au contraire, après l'une de nos sessions, il m'a même invité à faire un tour à moto dans la campagne. *Allons nous vider la tête, lieutenant Wales.*

Ça a marché. Parfaitement. Et la moto, une superbe Triumph 675, est venue me rappeler à point nommé ce que j'attendais de ces leçons de pilotage. Vitesse et puissance.

Et liberté.

Puis nous nous sommes aperçus que nous n'étions pas libres : la presse, qui nous avait suivis jusqu'ici, nous a mitraillés devant la maison de Booley.

Après une période de prise en main au sol, destinée à me familiariser avec ses commandes, nous avons enfin fait décoller le Firefly. Lors de l'un de nos premiers vols ensemble, sans prévenir, Booley a brusquement coupé les moteurs. L'aile gauche a flanché, sensation nauséeuse de désordre, d'entropie, et après plusieurs secondes qui ont paru des décennies, il a redémarré l'appareil et remis les ailes à niveau.

Je l'ai dévisagé. *Mais qu'est-ce qui vous... ?*

Était-ce une tentative de suicide avortée ?

Non, m'a-t-il dit doucement. C'était l'étape suivante dans ma formation. En vol, un nombre incalculable de choses peuvent mal tourner, m'a-t-il expliqué, et il devait me montrer quoi faire – ainsi que comment le faire.

Rester calme.

Pendant le vol suivant, il m'a refait le coup. Mais cette fois, il n'a pas redémarré. Pendant que l'avion partait en vrille vers la terre, il m'a dit : *Maintenant.*

Maintenant quoi ?

C'est à VOUS... faites-le.

Des yeux, il m'a désigné les commandes. Je les ai empoignées, j'ai relancé le moteur et repris le contrôle de l'appareil à ce qui m'a paru être la toute dernière seconde.

J'ai regardé Booley, prêt à recevoir ses félicitations.

Rien. C'est à peine s'il a réagi.

Au fil du temps, Booley recommencerait plusieurs fois, il couperait le moteur, nous lancerait en chute libre. Et, dans un assourdissant fracas de craquements métalliques et de bruit blanc, il se tournerait tranquillement vers sa gauche et me dirait : *Maintenant.*

Maintenant ?

Vous avez le contrôle.

J'ai le contrôle.

Je remettais les gaz, je ramenais l'avion sans encombre à la base, sans tambours ni trompettes. Sans même qu'on en parle vraiment. Dans le cockpit de Booley, pas de médaille pour qui fait simplement son boulot.

Enfin, par un matin clair, après plusieurs tours de routine au-dessus du terrain d'aviation, nous avons atterri en douceur et Booley a sauté de l'avion comme s'il était en feu.

Qu'est-ce qui se passe ?

C'est pour maintenant, lieutenant Wales.

Maintenant quoi ?

Le lâcher solo.

Oh. OK.

Et j'ai décollé. (Après m'être assuré que mon parachute était bien attaché.) J'ai survolé une ou deux fois le terrain, en me parlant du début à la fin : *Pleins gaz. Garde la roue sur la ligne blanche. Soulève... doucement ! Penche le nez. Ne cale pas ! Monte. Stabilise. OK, maintenant t'es dans le sens du vent. Appelle la tour de contrôle. Vérifie tes repères au sol.*

Préparation à l'atterrissage.

Réduit la puissance !

Amorce la descente dans le virage.

Voilà, régulier maintenant.

Par-là, aligne-toi, aligne !

Trajectoire de vol de trois degrés, le nez sur les touches du piano.

Demande la permission d'atterrir.

Pointe l'appareil vers où tu veux qu'il se pose...

J'ai négocié un atterrissage sans incident et dégagé la piste. Un spectateur lambda y aurait vu le vol le plus sans intérêt de l'histoire de l'aviation. Pour ce qui me concernait, en revanche, c'était l'un des plus merveilleux moments de mon existence.

Étais-je pilote, à présent ? À peine. Mais j'étais sur les bons rails.

J'ai sauté de l'avion et je me suis dirigé vers Booley. Bon sang, j'avais envie de lui taper dans la main pour célébrer ma victoire ! De lui proposer d'aller boire des coups, mais c'était hors de question.

Il y avait une chose que je refusais absolument : lui dire au revoir. C'était pourtant l'étape obligée suivante. J'avais volé solo, l'heure était venue de passer à la suite.

Maintenant, pour reprendre le mot que Booley affectionnait tant.

30.

À LA BASE DE LA ROYAL AIR FORCE À SHAWBURY, j'ai découvert que les hélicoptères étaient bien plus complexes que les Firefly.

Même les vérifications avant le décollage étaient plus longues.

J'ai contemplé la galaxie de boutons et d'interrupteurs et je me suis dit : *Comment est-ce que je vais retenir tout ça ?*

Pourtant, j'ai réussi. Le lendemain, sous le regard vigilant de mes deux nouveaux instructeurs, les sergents-majors Lazel et Mitchell, j'ai appris à me servir de tous.

Très vite, nous avons décollé, les rotors battant les nuages gelés, l'une des plus incroyables sensations physiques dont on puisse faire l'expérience. Le vol dans sa forme la plus pure, à de nombreux points de vue. La première fois où nous sommes montés, dans une verticale parfaite, je me suis dit : *Je suis né pour ça.*

Mais faire *voler* l'hélicoptère, comme je l'ai appris, n'était pas le plus dur. Le plus dur, c'était le vol stationnaire. Au moins six longues leçons étaient consacrées à cette seule tâche qui, si elle m'avait d'abord paru facile, s'est avérée presque impossible. En fait, plus on pratiquait, plus ça paraissait hors d'atteinte.

La principale raison en était un phénomène nommé « singes du stationnaire ». Juste au-dessus du sol, un hélicoptère est la proie d'une convergence diabolique de facteurs : vent, courants ascendants, gravité. Il commence par osciller, se balance, avant de tanguer franchement puis de faire des embardées – comme si des singes invisibles tiraient sur les deux patins où ils se seraient suspendus.

Pour le poser, il faut parvenir à se débarrasser de ces singes, et il n'existe qu'une manière d'y arriver : les ignorer.

Plus facile à dire qu'à faire. Encore et encore, les singes se montraient plus forts que moi, et ce n'était qu'une piètre consolation de voir que les autres pilotes en formation ne s'en tiraient pas mieux. Ces petits enfoirés, ces gremlins invisibles, occupaient nos conversations. Nous les détestions, nous redoutions la honte et la colère d'être une fois de plus vaincus par eux. Aucun d'entre nous ne parvenait à trouver comment rétablir l'équilibre de l'appareil pour le poser sans abîmer le fuselage. Ou sans rayer les patins. Quitter la zone d'atterrissage en laissant derrière soi une longue trace sur le tarmac était la pire des humiliations.

Le jour de notre lâcher solo, nous étions tous des boules de nerfs. *Les singes, les singes*, le seul mot qu'on entendait près de la bouilloire et de la cafetière. Quand mon tour est venu, une fois à bord, j'ai prié et demandé l'autorisation de décoller. *Accordé.* J'ai mis les gaz, quitté le sol, décrit quelques boucles autour du terrain, sans problèmes, mis à part les vents forts.

L'heure avait sonné.

Huit cercles étaient dessinés sur l'aire de trafic. Il fallait se poser dans l'un d'eux. À gauche, il y avait un bâtiment de brique orange percé de grandes fenêtres derrière lesquelles les autres pilotes et les élèves attendaient leur tour. Je savais qu'ils étaient tous là-bas, à me regarder, et j'ai senti les singes s'installer. L'hélico tanguait. *Cassez-vous*, je criais, *foutez-moi la paix !*

Concentré sur les commandes, j'ai réussi à poser l'hélicoptère à l'intérieur de l'un des cercles.

Je suis retourné dans le bâtiment et, fier comme un coq, j'ai repris ma place à la fenêtre pour regarder les autres. En nage mais tout sourire.

Plusieurs élèves ont dû lâcher l'affaire ce jour-là. L'un d'eux s'est posé sur un carré d'herbe à proximité. Un autre chancelait tellement quand il a touché terre que des camions citerne et une ambulance ont accouru sur les lieux.

Quand il est entré dans le bâtiment, j'ai vu dans ses yeux exactement ce que j'aurais ressenti si j'avais été à sa place.

Une part de lui aurait vraiment préféré s'écraser et prendre feu.

31.

À L'ÉPOQUE, JE VIVAIS DANS LE SHROPSHIRE AVEC WILLY, qui lui aussi était élève pilote. Il avait trouvé un cottage à dix minutes de la base, sur la propriété de quelqu'un, et m'avait invité à m'y installer. À moins que je me sois invité tout seul ?

Le cottage était confortable, mignon, au bout d'une étroite route de campagne et derrière de grands arbres feuillus. Le réfrigérateur était plein de repas sous vide envoyés par les cuisiniers de Papa. Poulet en sauce et riz, curry de bœuf. Il y avait, à l'arrière de la maison, de belles écuries, qui expliquaient l'odeur de cheval dans toutes les pièces.

Nous étions tous les deux contents de l'arrangement : c'était la première fois que nous vivions ensemble depuis Eton. C'était chouette. Mieux encore, nous étions ensemble pour assister à l'écroulement triomphal de l'empire médiatique Murdoch – un moment clé. Après des mois d'enquêtes, une bande de reporters et de journalistes employés par le plus vulgaire des journaux de Murdoch avaient enfin été identifiés, menottés, arrêtés et inculpés pour le harcèlement de personnalités politiques, de célébrités – et de la famille royale. La corruption était enfin révélée et les sanctions allaient suivre.

Parmi les sales types dont les pratiques allaient bientôt être affichées au grand jour figurait The Thumb[1], ce journaliste qui avait publié il y a longtemps un article sans queue ni tête sur ma blessure au pouce à Ludgrove. Si je m'étais bien remis, The Thumb n'avait jamais fait amende honorable. Au contraire, ses méthodes n'avaient fait qu'empirer. Il avait gravi les échelons du monde médiatique et était devenu rédacteur en chef, avec toute une équipe d'autres Thumb sous ses ordres, dont beaucoup s'employaient à mettre autant de téléphones sur écoute qu'ils le pouvaient. Des pratiques de toute évidence criminelles, dont The Thumb assurera, risiblement, n'avoir jamais rien su.

Qui plongeait aussi ? Rehabber Kooks ! La méprisable journaliste qui avait inventé ma soi-disant cure de désintoxication – elle avait été « démissionnée ». Deux jours plus tard, les flics l'ont arrêtée.

---
1. *The thumb* : le pouce.

Quel soulagement quand nous l'avons appris ! Pour nous, et pour notre pays.

Les autres n'allaient pas tarder à subir le même sort, tous les comploteurs, les harceleurs et les menteurs. Ils allaient bientôt tous perdre leur boulot et leur fortune mal-acquise, amassée au cours de l'une des vagues d'activité criminelle les plus folles de l'histoire britannique.

L'heure de la justice était venue.

J'étais aux anges. Willy aussi. C'était un bonheur sans nom de voir nos soupçons enfin confirmés et nos plus proches amis mis hors de cause, de savoir que nous n'avions pas été complètement paranos. Il se passait vraiment des trucs pas nets. Nous avions été trahis, comme nous l'avions toujours suspecté, mais pas par nos gardes du corps ou nos meilleurs potes. Non. Par ces fouilles-merdes de Fleet Street, de nouveau. Et par la police de Londres, qui n'avait inexplicablement pas su faire son boulot, en refusant encore et encore de mener l'enquête et d'arrêter des hors-la-loi patentés.

Pourquoi ? Telle était la question. Pots-de-vin ? Collusion ? Peur ?

Nous le saurions bientôt.

Le public était horrifié. Si les journalistes se permettaient d'utiliser les pouvoirs considérables qui leur étaient conférés à des fins malveillantes, la démocratie était dans un bien piètre état. Si ces mêmes journalistes étaient, de surcroît, autorisés à passer outre les mesures nécessaires à la sécurité des personnalités et des membres du gouvernement, ils finiraient par servir d'exemple aux terroristes. Et ce serait la foire d'empoigne. Plus personne ne serait en sécurité.

Des générations durant, les Britanniques avaient dit avec un petit sourire ironique : bien sûr que nos journaux sont des torchons – mais on y peut quoi ? Ils ne riaient plus à présent. Et tout le monde était d'accord : il fallait agir.

Des râles d'agonie s'échappaient même de l'hebdomadaire dominical le plus populaire de tous, le *News of the World* de Murdoch – le coupable en chef dans le scandale des écoutes. On doutait maintenant de sa survie. Les annonceurs parlaient de quitter le navire, les lecteurs de boycotter le titre. Était-ce possible ? Le bébé de Murdoch – son grotesque bébé de cirque à deux têtes – allait-il enfin pousser son dernier souffle ?

Était-ce le commencement d'une nouvelle ère ?

Étrange. Si tout cela nous mettait, Willy et moi, d'humeur joyeuse, nous n'en parlions en fait pas beaucoup. Dans ce cottage, nous avons beaucoup ri, nous avons passé de supers moments à discuter de tout un tas de choses, mais rarement de celle-là. Trop douloureux ? Je me demande. Ou prématuré ? Peut-être qu'on ne voulait pas se porter malheur, qu'on n'osait pas sabrer le champagne avant d'avoir vu des photos de Rehabber Kooks et de The Thumb partageant une cellule.

Ou peut-être que, sous la surface, il y avait de la tension entre nous. Une tension que je peinais à saisir. Pendant que nous partagions ce cottage, nous avons accepté, chose rare, une interview conjointe dans un hangar à avions de Shawbury, au cours de laquelle Willy s'est longuement épanché sur mes petits défauts. Harry est un sagouin, a-t-il dit. Harry ronfle.

Je lui ai décoché un regard noir. Il plaisantait, là !

Je nettoyais toujours derrière moi, et je ne ronflais pas. De toute façon, nos chambres étaient séparées par des murs épais, donc même si je ronflais, il ne pouvait pas l'entendre. Tout cela faisait glousser les journalistes, mais je suis intervenu : *Il ment ! Il ment !*

Et ils ont ri de plus belle. Willy aussi.

Je riais avec eux, d'ailleurs, parce qu'on se charriait souvent comme ça, mais avec le recul, je ne peux pas m'empêcher de me demander si autre chose était en jeu. Je m'entraînais pour partir au front, comme Willy avait voulu le faire, mais le Palais avait sabordé ses projets. Le Suppléant ? Pas de problème, laissez-le courir sur un champ de bataille comme un poulet sans tête si ça lui chante.

Mais l'Héritier ? Non.

Willy se formait donc maintenant pour être pilote secouriste, ce qui le frustrait peut-être sans qu'il n'en dise rien. Auquel cas, il se trompait. Je trouvais qu'il faisait un boulot remarquable, un boulot vital, qui toutes les semaines sauvait des vies. J'étais fier de lui, et plein de respect pour tout le cœur et le dévouement qu'il mettait dans sa préparation.

Pourtant, j'aurais dû deviner ce qu'il ressentait. Je connaissais trop bien le désespoir d'être retiré d'un combat qu'on se préparait à livrer depuis des années.

32.

De Shawbury, je suis parti pour Middle Wallop. Je savais à présent piloter un hélicoptère, l'armée le reconnaissait, mais restait à apprendre le pilotage tactique. En faisant autre chose en même temps. Beaucoup d'autres choses. Lire une carte, localiser une cible, lancer des missiles, communiquer par radio et pisser dans un sac. Gérer plusieurs choses à la fois dans les airs à 140 nœuds : pas donné à tout le monde. Avoir l'esprit affuté comme un Jedi exigeait un remodelage de mon cerveau, un recâblage de mes synapses, et dans cette opération massive de reprogrammation neuronale, mon Yoda serait Nigel.

Alias Nige.

C'est à lui qu'a été confiée la tâche peu enviable de devenir mon quatrième instructeur – sans doute le plus important.

L'appareil sur lequel nous allions opérer était l'Écureuil – nom d'usage du petit hélicoptère monomoteur de fabrication française sur lequel les élèves britanniques s'exerçaient. Mais Nige s'intéressait moins à l'Écureuil dans lequel nous étions assis qu'aux écureuils dans ma tête. Ces écureuils-là étaient les ennemis de toujours de la concentration, m'assurait Nige. À mon insu, ils avaient pris leurs quartiers dans ma conscience. Plus sournois que les singes, ils étaient aussi bien plus dangereux.

La seule manière de s'en débarrasser, insistait-il, était une discipline de fer. Dompter sa tête exigeait beaucoup plus de temps et de patience que de dompter un hélicoptère.

Du temps et de la patience, me dis-je impatiemment. Je n'ai ni l'un ni l'autre en grande quantité. Bon, Nige, on y va ou quoi ?

Pour y parvenir, a ajouté Nige, il faut aussi savoir s'aimer – ce qui se manifeste par de l'assurance. *De l'assurance, lieutenant Wales. Croyez en vous – tout est là.*

Je comprenais, mais je ne pouvais pas m'imaginer pour autant mettre ça en pratique. Car en vérité, je ne croyais pas en moi ; je ne croyais pas en grand-chose de manière générale, et en moi moins que tout. À chaque erreur, c'est-à-dire souvent, je me montrais très dur avec Harry. C'était comme si mon cerveau se grippait façon moteur en surchauffe, la tornade rousse déboulait et je ne réfléchissais plus, je ne fonctionnais plus.

Non, me disait Nige d'une voix douce chaque fois que ça arrivait. *Ne laissez pas une seule erreur ruiner le vol, lieutenant Wales.*

C'est pourtant ce que j'ai fait – souvent.

Parfois, la haine que je m'inspirais débordait sur Nige. Après m'en être pris à moi-même, je m'en prenais à lui. *Et puis merde, allez-y, vous, prenez les commandes !*

Il secouait la tête. *Lieutenant Wales, je ne vais pas toucher aux commandes. Nous allons nous poser et c'est vous qui allez le faire, nous parlerons de tout ça après.*

Il avait une volonté herculéenne. Il ne payait pourtant pas de mine. Taille moyenne, carrure moyenne, cheveux gris acier bien coiffés sur un côté. Il portait une combinaison verte aussi impeccable que les verres de ses lunettes. C'était un civil qui avait fait carrière dans la Navy, un gentil grand-père qui adorait la voile – un chouette type. Mais il avait le cœur d'un putain de ninja.

Et c'était un ninja qu'il me fallait à l'époque.

33.

Au fil des mois, Nige le Ninja a réussi à me montrer comment piloter un hélicoptère en faisant d'autres choses, d'innombrables autres choses, et en éprouvant en plus un sentiment qui n'était pas loin de l'amour-propre. C'étaient des leçons de pilotage, mais avec le recul, j'y vois plutôt des leçons de vie, petit à petit semées d'un plus grand nombre de bonnes expériences que de mauvaises.

Bonne ou mauvaise, cependant, chaque session de quatre-vingt-dix minutes dans l'Écureuil-Dojo de Nigel me mettait sur les rotules. Une fois posé, je me disais : *J'ai besoin d'une sieste.*

Mais d'abord : débrief.

C'est là que Nige le Ninja m'en faisait vraiment voir, parce qu'il ne mâchait pas ses mots. Il parlait franchement et blessait allègrement. Je devais entendre certaines choses, et il se fichait bien de savoir sur quel ton il me les assénait.

Je me braquais.

Il insistait.

Je lui disais « Je vous déteste » avec les yeux.

Il insistait encore.

Je disais : *Ouais, c'est bon, j'ai compris.*
Il insistait toujours.
Je n'écoutais plus.
Pauvre Nige... il insistait.
C'était, je m'en rends compte maintenant, l'une des personnes les plus honnêtes que j'ai connues, et concernant la vérité, il détenait un secret que la plupart des gens ne sont pas prêts à accepter : *en général*, elle fait mal. Il voulait que je croie en moi, mais sans que ça passe par de fausses promesses ou de faux compliments. La voie royale vers la compétence était pavée de franchise.

Pour autant, il n'était pas catégoriquement opposé aux compliments. Un jour, presque en passant, il m'a dit que j'étais visiblement sans... peur. *On dirait que mourir, si je puis dire lieutenant Wales, ne vous inquiète pas outre mesure.*

C'est vrai.

Je lui ai expliqué que, depuis mes douze ans, je n'avais plus peur de la mort.

Il a acquiescé d'un signe. Il avait compris. Nous sommes passés à autre chose.

34.

NIGEL A FINI PAR ME LÂCHER LA MAIN, par me libérer comme un oiseau blessé qui avait retrouvé ses ailes, et avec sa certification, l'armée m'a prononcé apte à piloter des Apache.

Sauf que non... c'était un piège. Je n'allais pas piloter des Apache. J'allais m'asseoir dans une pièce sans fenêtre et lire tout ce qu'il y avait à lire sur les Apache.

Je me suis dit : Peut-on faire plus cruel ? Me promettre un hélicoptère et remplacer ça par des devoirs ?

Le cours a duré trois mois, pendant lesquels j'ai failli devenir fou. Tous les soirs, je me traînais jusqu'à ma chambre-cellule au mess des officiers et vidais mon sac sur un pote au téléphone, ou sur mon garde du corps. J'ai même envisagé de laisser tomber. Je disais d'un ton acerbe à qui voulait l'entendre qu'en plus, je n'avais jamais voulu piloter des Apache. Je voulais piloter un Lynx. C'était plus facile à apprendre et je pourrais retourner au front plus vite.

Mais mon officier commandant, le colonel David Meyer, a calmé mes ardeurs. *Aucune chance, Harry.*

Pourquoi, mon colonel ?

Parce que vous avez une expérience de terrain opérationnelle dans la reconnaissance, vous étiez un très bon contrôleur aérien avancé, et vous êtes un sacré pilote. Ce sera donc des Apache.

Mais...

Je vois à la façon dont vous pilotez, à la façon dont vous analysez le sol, que vous êtes fait pour ça.

Fait pour ça ? Le cours était une torture !

Mais tous les jours, j'étais à l'heure. Je me présentais avec mes classeurs pleins d'informations sur les moteurs des Apache et j'écoutais les leçons, je luttais comme un dingue pour ne pas perdre le fil. J'essayais de m'appuyer sur tout ce que mes instructeurs de vol, de Booley à Nige, m'avaient appris, et je traitais la salle de classe comme un avion qui tombait. Mon boulot : reprendre le contrôle.

Et puis un jour... c'était fini. Ils ont dit que j'allais être enfin autorisé à boucler ma ceinture dans un authentique Apache.

Pour... les manœuvres au sol.

Vous plaisantez, là ?

Quatre leçons, ont-ils dit.

Quatre leçons... sur les manœuvres au sol ?

En fait, quatre leçons étaient à peine assez pour absorber tout ce qu'il y avait à savoir pour manœuvrer au sol cet énorme oiseau. J'avais l'impression, pendant les exercices, que l'appareil était juché sur des échasses, posé sur un lit de gélatine. Il y avait des jours où je me demandais sincèrement si j'allais réussir, si tout ce chemin que j'avais parcouru allait trouver sa fin ici, avant même d'avoir réellement commencé.

J'attribuais une partie de mes difficultés à la disposition des sièges. Dans le Firefly, dans l'Écureuil, l'instructeur se trouvait toujours à côté de moi. Il lui suffisait de tendre le bras pour corriger aussitôt mes erreurs, ou pour me montrer comment faire. Booley mettait la main sur les commandes, ou Nige sur les pédales, et je les imitais. Je me rendais compte que, dans la vie, j'avais presque tout appris comme ça, par l'exemple. Plus que la plupart des gens, j'avais besoin d'un guide, d'un gourou... d'un partenaire.

Mais dans l'Apache, l'instructeur était soit complètement devant, soit complètement derrière – invisible.
J'étais seul.

35.

La disposition des sièges est peu à peu devenue secondaire. Jour après jour, l'Apache me semblait moins étranger, et certains jours, il devenait même agréable.

J'apprenais à y être seul, à penser seul, à fonctionner seul. J'apprenais à communiquer avec cette grosse bête méchante et magnifique, à parler sa langue, à l'écouter quand elle parlait. J'apprenais à coordonner les actions de mes mains avec celles de mes pieds. J'apprenais à apprécier le miracle qu'était cette machine : incroyablement lourde et pourtant capable d'une souplesse de danseur. L'hélicoptère à la fois le plus leste et le plus technologiquement complexe au monde. Je voyais pourquoi seule une poignée de personnes étaient capables de le piloter, et pourquoi former chacune d'entre elles coûtait des millions.

Et puis... l'heure est arrivée de faire tout ça de nuit.

Nous avons commencé avec un exercice appelé « le sac », qui était exactement ce que son nom promettait. Les vitres de l'Apache étaient couvertes de telle sorte qu'on se sentait comme à l'intérieur d'un sac en papier kraft. Seuls les instruments et les jauges étaient en mesure de nous communiquer des données sur les conditions à l'extérieur de l'appareil. Inquiétant et perturbant – mais efficace. On était contraint de développer une sorte de don de double vue.

Puis nous avons emmené l'Apache dans la vraie nuit, tourné autour de la base, avant de lentement nous en éloigner. J'étais un peu tremblant la première fois que nous avons survolé la plaine de Salisbury, avec ses vallées désertes et ses bois où j'avais rampé et où je m'étais traîné pendant les premiers exercices. J'ai ensuite survolé des zones plus peuplées. Et puis : Londres. La Tamise chatoyant dans l'obscurité. Le London Eye qui faisait des clins d'œil aux étoiles. Le parlement, Big Ben et les palais. Je me suis demandé si Grand-mère était là et si elle était réveillée. Les corgis se préparaient-ils à dormir pendant que je décrivais ces courbes magnifiques au-dessus de leurs têtes fatiguées ?

Le drapeau était-il hissé ?

Dans l'obscurité, j'ai appris à bien maîtriser le monocle, l'élément le plus étonnant et le plus emblématique de la technologie de l'Apache. Un capteur dans le nez de l'appareil transmettait des images au cockpit via un câble branché au monocle accroché à mon casque, devant mon œil droit. Par ce monocle me parvenait tout ce que j'avais besoin de savoir sur le monde extérieur. Tous mes sens étaient réduits à ce petit portail. Au début, ça me faisait le même effet que si j'écrivais avec les orteils ou respirais par l'oreille, puis c'est devenu une seconde nature. Mystique, même, pour finir.

Un soir, en survolant Londres, aveuglé, j'ai cru une demie seconde que j'allais tomber dans la Tamise. J'ai vu des couleurs vives, surtout du vert émeraude, avant de comprendre peu après que quelqu'un au sol nous avait braqué son stylo laser dessus. J'étais désorienté. Et furieux. Mais je me suis dit que mieux valait y voir une expérience, un entraînement. Paradoxalement, j'étais également heureux que l'épisode ait ramené un souvenir : Mohamed Al Fayed nous offrant, à Willy et à moi, des stylos laser achetés chez Harrods, le grand magasin dont il était propriétaire. Comme il était le père du petit ami de Maman, il essayait peut-être de nous mettre dans sa poche. Si tel était le cas, il avait réussi. Nous avions trouvé ces lasers géniaux.

On les agitait comme des sabres Jedi.

36.

Vers la toute fin de ma formation sur l'Apache, à Wattisham Airfield, dans le Suffolk, j'ai eu un instructeur de plus.

C'était à lui d'apporter les dernières petites touches.

À notre rencontre, il m'a serré la main avec un sourire entendu.

Je lui ai souri à mon tour.

Il souriait toujours.

Alors moi aussi, mais je commençais à me demander : Quoi ?

Je le croyais sur le point de me faire un compliment. Ou de solliciter un service.

Au lieu de quoi il a voulu savoir si je reconnaissais sa voix.
Non.
Il faisait partie de l'équipe qui m'avait exfiltré, m'a-t-il dit.
Oh, en 2008 ?
Oui.
Je me souvenais que nous avions brièvement échangé par radio ce soir-là.
Vous étiez dégoûté, je m'en rappelle.
Oui.
Je l'entendais dans votre voix.
Oui. *J'étais anéanti.*
Son sourire s'est élargi. *Et maintenant, regardez-vous.*

37.

DANS QUELQUES JOURS, j'aurais vingt-cinq ans, et ce n'était pas un anniversaire ordinaire. Mes potes me disaient que vingt-cinq ans, c'était le Grand Tournant, le moment où un grand nombre de jeunes, hommes et femmes, arrivent à un carrefour sur leur route. À vingt-cinq ans, on fait un vrai pas en avant... sans quoi on commence à reculer malgré soi. J'étais prêt à avancer. Je sentais qu'à bien des égards, je volais à l'aveugle depuis des années, comme dans l'épreuve du sac de l'hélicoptère.

Je me suis rappelé que c'était de famille, que l'année des vingt-cinq ans avait été une année charnière pour plusieurs d'entre nous. À commencer par Grand-mère. À vingt-cinq ans, elle était devenue le soixante-et-unième souverain de l'histoire de l'Angleterre.

Alors j'ai décidé de célébrer cette étape importante par un voyage.

Le Botswana, encore.

Tout le monde était là, et entre le gâteau et les cocktails, ils ont tous remarqué que j'avais changé – de nouveau. De ma première opération extérieure, j'étais revenu l'air plus vieux, plus dur. Mais maintenant, disaient-ils, j'avais l'air plus... posé.

Étrange, je me suis dit. Apprendre le pilotage... m'avait posé ?

Personne ne me couvrait plus d'amour et de compliments que Teej et Mike. Néanmoins, tard un soir, Mike m'a fait asseoir pour

une conversation à cœur ouvert pas très gaie. Il a longuement évoqué ma relation avec l'Afrique. L'heure est venue pour cette relation de changer, m'a-t-il dit. Jusqu'ici, je n'avais fait que prendre – une dynamique plutôt classique chez les Britanniques en Afrique. À présent, il fallait que je rende. Pendant des années, je les avais entendus, Teej, lui et d'autres, déplorer les nombreux problèmes auxquels cet endroit était confronté. Dérèglement climatique. Braconnage. Sécheresse. Incendies. J'étais le seul dans leur entourage à avoir de l'influence, à disposer d'un mégaphone international – la seule personne qui pourrait peut-être faire quelque chose.
Comment est-ce que je peux aider, Mike ?
Éclaire le monde.

38.

Une partie d'entre nous s'est massée dans des péniches pour remonter le fleuve.

Nous avons campé quelques jours, exploré quelques îles isolées. Personne à l'horizon à des kilomètres à la ronde.

Nous avons fait halte sur Kingfisher Island, d'où nous avons regardé le coucher de soleil en sirotant des cocktails. La pluie qui tombait rosissait la lumière. Nous écoutions de la musique, dans une sérénité qui poussait à la rêverie et nous faisait perdre la notion du temps. Au moment de retourner sur le fleuve, nous nous sommes brusquement trouvés face à deux gros problèmes.

L'obscurité.

Et un gros orage.

Le genre de problèmes qu'il fallait à tout prix éviter sur l'Okavango. Alors les deux à la fois ? Nous étions mal barrés.

Le vent se levait.

Dans le noir, dans les turbulences, le fleuve était impraticable. L'eau était pleine de remous. Et notre conducteur était bourré. Nous nous heurtions sans arrêt à des bancs de sable.

Je me suis dit qu'on allait peut-être finir ici ce soir, dans ce fleuve.

J'ai crié que je prenais le gouvernail.

Je me rappelle des éclairs énormes, des coups de tonnerre qui secouaient la terre. Nous étions douze, répartis sur deux bateaux, et personne ne disait mot. On n'avait pas baissé la musique, pour faire semblant que tout allait bien, mais même nos aides africains les plus expérimentés avaient les traits tirés par l'inquiétude.

Le fleuve a rétréci tout d'un coup et formé un coude. Nous n'avions qu'une hâte : rentrer. Mais il fallait être patient. Obéir aux flots. Aller où ils nous emmenaient.

Un éclair impressionnant. Pendant environ deux secondes, tout a lui comme en plein jour, assez longtemps pour voir, droit devant au milieu des flots, un troupeau d'énormes éléphants.

J'ai croisé le regard de l'un d'eux. J'ai vu ses défenses blanches se redresser, tous les plis de sa peau noire et mouillée ; il avait de l'eau jusqu'au-dessus des épaules. J'ai vu ses oreilles gigantesques, en forme d'ailes d'ange.

Quelqu'un a murmuré : *Merde alors*.

Quelqu'un d'autre a coupé la musique.

Les deux conducteurs ont arrêté les moteurs.

Nous flottions sur le fleuve agité dans un silence absolu, attendant l'éclair suivant. Lorsqu'il est arrivé, les créatures majestueuses étaient toujours là. Cette fois, quand j'ai fixé l'éléphant le plus proche de moi, quand j'ai regardé au fond de ses yeux et quand il a regardé au fond des miens, j'ai songé à l'œil de l'Apache qui voyait tout, au diamant Koh-i-Nor sur la couronne de la famille, à la lentille d'un appareil photo, convexe et transparente comme l'œil de l'éléphant, sauf que cette dernière me rendait toujours nerveux, alors que l'œil de l'éléphant me rassurait. Cet œil-là ne jugeait pas, il ne prenait rien... Il *était*, c'est tout. J'ai plutôt cru y voir... une larme ? Était-ce possible ?

On sait que les éléphants pleurent. Ils organisent des funérailles pour leurs proches, et s'ils tombent sur le cadavre d'un congénère dans le bush, ils s'arrêtent un instant pour lui rendre hommage. Nos bateaux étaient-ils en train d'interrompre une cérémonie de ce genre ? Une sorte de rassemblement ? À moins que nous ayons dérangé une sorte de répétition. Un récit de l'Antiquité raconte qu'un éléphant a un jour été surpris répétant en privé des pas de danse compliqués qu'il devait connaître pour un défilé.

L'orage forcissait. Il fallait partir. Nous avons relancé les moteurs et nous nous sommes éloignés. Au revoir, avons-nous murmuré aux éléphants. J'ai emmené le bateau au milieu du courant, allumé une cigarette et demandé à ma mémoire de ne pas oublier cette rencontre, ce moment irréel où la frontière entre le monde extérieur et moi devenait indistincte ou disparaissait complètement.

L'espace d'une demi-seconde, tout n'était plus qu'un. Tout prenait sens.

Essaie de te rappeler, me suis-je dit, l'impression que ça t'a fait d'être si proche de la vérité, de la vérité vraie :

La vie n'est pas que belle, mais elle n'est pas que moche non plus.

Essaie de te rappeler ce que ça t'a fait, de comprendre enfin ce que Mike avait essayé de te dire.

Éclaire le monde.

39.

J'AI ENFIN OBTENU MES AILES. C'est Papa qui, en sa qualité de colonel en chef de l'armée de l'air, me les agrafées à la poitrine.

Mai 2010.

Un jour plein de joie. Papa, coiffé de son béret bleu, m'a officiellement tendu le mien. Je l'ai calé sur ma tête et nous nous sommes salués. Presque plus intime qu'une étreinte.

Camilla était présente. Ainsi que les sœurs de Maman. Et Chels. Nous étions à nouveau en couple.

Mais nous nous sommes séparés peu après.

Pas le choix – encore une fois. Les mêmes problèmes ont refait surface, rien n'avait été réglé. Chels voulait voyager, s'amuser, être jeune et moi, j'étais reparti sur le sentier de la guerre. Bientôt, je serais loin. Si nous restions ensemble, nous ne pouvions pas espérer nous voir plus d'une poignée de fois dans les deux années à venir, ce n'était pas une relation. Nous n'avons ni l'un ni l'autre été surpris de nous retrouver dans la même impasse émotionnelle.

Au revoir, Chels.

Au revoir, Hazza.

Le jour où j'ai obtenu mes ailes, on aurait dit qu'elle aussi.

Nous sommes allés au Botswana ensemble. Pour remonter le fleuve une dernière fois. Pour une dernière visite à Teej et Mike.

Et nous nous sommes tellement amusés là-bas que, bien sûr, nous avons commencé à douter de notre décision. De temps en temps, j'essayais, de temps en temps, je glissais dans la conversation une solution ou une autre pour peut-être faire en sorte que ça marche. Chels se prêtait au jeu. Nous faisions tant d'efforts pour nous voiler la face que Teej a jugé bon d'intervenir.

C'est fini, les enfants. Vous ne faites que reporter l'inévitable. Et vous vous rendez dingues au passage.

Nous dormions dans une tente plantée dans son jardin. Elle est venue nous y rejoindre pour nous faire part de toutes ces vérités si difficiles à accepter, elle nous a tenu la main. Les yeux dans les yeux, elle nous a intimé d'accepter que la rupture était définitive.

Ne perdez pas la chose la plus précieuse qui soit. Le temps.

Je savais qu'elle avait raison. Comme disait le sergent-major Booley : c'était maintenant.

Je me suis forcé à ne plus penser à nous – ni en fait à aucune relation de couple. Occupe-toi, me disais-je en repartant du Botswana. En attendant de repartir bientôt pour l'Afghanistan, occupe-toi, c'est tout.

Je me suis donc envolé pour le Lesotho avec Willy. Nous avons visité plusieurs écoles construites par Sentebale. Le prince Seeiso nous accompagnait ; il avait co-fondé l'ONG avec moi en 2006, peu après avoir perdu sa mère. (Elle aussi avait été très active dans la lutte contre le VIH.) Il nous a emmenés voir des tas d'enfants aux histoires déchirantes. L'espérance de vie moyenne dans le pays à l'époque était d'une quarantaine d'années, contre soixante-dix-neuf en Grande-Bretagne pour les hommes et quatre-vingt-deux pour les femmes. En gros, être un enfant au Lesotho, c'était avoir la quarantaine à Manchester et, s'il y avait diverses raisons compliquées à cela, la principale était le VIH.

Un quart des adultes du pays étaient séropositifs.

Deux ou trois jours plus tard, nous sommes partis avec le prince Seeiso vers des écoles plus reculées, loin de tout. Très loin. Le prince nous a offert en cadeau de grands poneys sauvages que nous allions monter une partie du trajet, ainsi que des couvertures tribales contre le froid. Nous nous en sommes servi de capes.

Nous avons fait notre première halte à Semonkong, village glacial perché dans les nuages entre des sommets enneigés, à quelque 2 130 mètres d'altitude. Le souffle chaud des chevaux dessinait des volutes dans l'air pendant la montée, mais quand la pente est devenue trop raide, nous avons continué en camion.

Dès notre arrivée, nous avons rejoint l'école. De jeunes bergers venaient y étudier et manger un repas chaud deux fois par semaine. Nous avons pris place dans la pénombre, à côté d'une lampe à paraffine, pour assister à un cours, avant de nous asseoir en cercle avec une douzaine de garçons, dont certains n'avaient pas plus de huit ans. Nous les avons écoutés raconter leur longue marche pour venir. Ça défiait l'entendement : après avoir passé douze heures à s'occuper de leurs vaches et de leurs moutons, ils franchissaient les cols pour apprendre à compter, à lire et à écrire, à deux heures de là. Telle était leur soif d'apprendre. Ils bravaient les douleurs aux pieds, le froid mordant – et bien pire. Sur la route, ils étaient terriblement vulnérables, à la merci des éléments. Certains étaient morts foudroyés. Plusieurs avaient été attaqués par des chiens errants. D'une voix plus basse, ils nous ont aussi raconté que bon nombre avaient été violés par des vagabonds, des voleurs de bétail, des nomades ou d'autres garçons.

J'ai eu honte d'avoir autant pesté contre les études. Contre tout.

Malgré tout ce qu'ils avaient enduré, les garçons restaient des garçons. Ils débordaient de joie. Ils étaient excités par nos cadeaux – des manteaux chauds, des bonnets en laine. Ils ont enfilé les vêtements. Ils ont dansé, chanté. Nous aussi.

Un garçon restait de côté. Il avait un visage rond, ouvert, transparent. Il portait de toute évidence un terrible fardeau. Je trouvais indiscret de lui demander lequel. Mais il restait un cadeau dans mon sac, une lampe de poche, que je lui ai offerte.

Je lui ai dit que j'espérais qu'elle éclairerait sa route tous les jours pour venir à l'école.

Il a souri.

Je voulais lui dire aussi que son sourire allait illuminer ma route à moi. J'ai essayé.

Hélas, mon sesotho n'était pas très bon.

40.

Peu après notre retour en Grande-Bretagne, le Palais a annoncé le mariage de Willy.
Novembre 2010.
Je suis tombé des nues. Pendant tout ce temps au Lesotho, il ne m'en avait rien dit.

Les journaux ont publié des articles grandiloquents racontant le moment où j'avais compris que Willy et Kate était faits l'un pour l'autre, le moment où j'avais pris conscience de la profondeur de leur amour et décidé d'offrir à Willy la bague que j'avais héritée de Maman, le saphir légendaire, un tendre moment entre frères, le resserrement de nos liens à tous les trois, des âneries de première : rien de tout ça ne s'était produit. Je n'ai jamais offert cette bague à Willy parce qu'elle ne m'appartenait pas. Elle était déjà à lui. Il l'avait réclamée après le décès de Maman, et j'avais été ravi de la lui laisser.

À présent, alors que Willy était concentré sur les préparatifs du mariage, je lui ai souhaité le meilleur avant de me lancer dans une introspection majeure. J'ai longuement pensé à mon célibat. J'avais toujours cru que je serais le premier à me marier, parce que c'était quelque chose qui me tenait à cœur. J'avais toujours voulu me marier jeune, avoir des enfants jeune, pour ne pas être comme mon père. Lui avait eu ses enfants sur le tard, et j'avais toujours trouvé ça problématique, trouvé que ça dressait des barrières entre nous. Au milieu de sa vie, il est devenu plus sédentaire, plus ancré dans ses habitudes. Il aimait sa routine. Il n'était plus le genre de père qui jouait à chat pendant des heures, ou au ballon jusqu'à la nuit. Un temps, il avait été comme ça. Il nous courait après dans tout Sandringham, organisait des jeux géniaux, comme celui où il nous enroulait comme des saucisses dans des couvertures jusqu'à nous faire hurler de rire, avant de les dérouler tout d'un coup. Je ne sais pas si nous avons jamais plus ri que ces fois-là, Willy et moi. Mais il a arrêté, bien avant que nous soyons prêts. Il n'avait plus l'enthousiasme – plus la niaque.

Moi, je m'étais toujours promis que je l'aurais. Oui.

Mais maintenant, je m'interrogeais.

Était-ce le vrai moi qui s'était fait cette promesse d'avoir des enfants jeune ? Ou le vrai moi était-il celui qui peinait à trouver la bonne personne, la bonne compagne, et qui peinait aussi à savoir qui il était ?

Pourquoi cette chose à laquelle je tenais tant soi-disant n'était-elle pas en train de se produire ?

Et si elle n'arrivait jamais ? Quel sens aurait ma vie ? Quelle serait ma raison d'être ?

La guerre, me suis-je dit. Quand tout le reste échouait, comme c'était le cas la plupart du temps, restait ma carrière de soldat. (Pourvu que j'aie une date de départ en mission.)

Et après les guerres, il y aurait toujours le caritatif. Depuis le Lesotho, j'avais senti un regain d'enthousiasme à l'idée de poursuivre le travail de Maman. Et j'étais déterminé à embrasser la cause que Mike m'avait confiée à la table de sa cuisine. C'est assez pour que la vie soit bien remplie, me suis-je dit.

Quand j'ai entendu parler d'un groupe de blessés de guerre qui projetaient un trek au pôle Nord, j'y ai donc vu un heureux hasard. Ils espéraient à la fois lever des millions de livres pour l'association Walking With The Wounded et devenir les premiers amputés à atteindre le pôle sans soutien extérieur. Ils m'ont invité à me joindre à eux.

Je voulais leur dire oui. J'en mourais d'envie. Mais il y avait un hic. Le trek était prévu pour début avril, une date dangereusement proche du mariage de Willy. Il faudrait que j'en revienne en temps et en heure, sans pépin, sans quoi je risquerais de manquer la cérémonie.

Mais le pôle Nord n'était pas le genre d'endroit qui pouvait promettre ça. Au pôle Nord, mille et un pépins étaient possibles. Il y avait toujours des incertitudes, souvent liées à la météo. Ça me stressait, et ça stressait deux fois plus le Palais.

J'ai demandé son avis à JLP.

Il a souri.

C'est une opportunité unique.

Je sais.

Vous devez y aller.

Mais il m'a annoncé qu'avant ça, un autre voyage m'attendait.

Pour faire suite aux conversations que nous avions eues depuis ma débâcle « Harry le Nazi », il y a cinq ans, il m'avait organisé un voyage à Berlin.

Et donc. Décembre 2010. Par un jour glacial, j'ai mis les doigts dans les trous que les balles avaient laissés dans les murs de la ville, cicatrices encore fraîches du serment insensé que Hitler avait fait de combattre jusqu'au dernier homme. Je me suis rendu sur l'ancien site du Mur de Berlin, où s'étaient également trouvées des salles de torture SS, et j'aurais juré entendre l'écho des cris d'agonie dans le vent. J'ai rencontré une rescapée d'Auschwitz. Elle m'a décrit son enfermement, les horreurs qu'elle avait vues, entendues, senties. Écouter ses histoires était aussi difficile que vital. Mais je ne les raconterai pas ici. Elles ne m'appartiennent pas.

J'avais compris depuis longtemps que la photo de moi en uniforme nazi avait été le résultat d'une série de faillites – faillite sur le plan du raisonnement, faillite sur le plan du caractère. Mais aussi faillite sur le plan de mon éducation. Pas seulement scolaire, mais personnelle. Je n'en savais pas assez long sur les nazis, je ne m'y étais pas assez intéressé, je n'avais pas posé assez de questions aux professeurs, aux familles, aux survivants.

Je voulais résolument que ça change.

Je ne pouvais pas devenir celui que j'espérais être tant que je n'avais pas changé ça.

41.

MON AVION A ATTERRI sur un archipel du nom de Svalbard. Mars 2011.

En descendant, j'ai lentement pivoté sur moi-même, afin de m'imprégner du paysage. Du blanc, du blanc et encore du blanc. Aussi loin que portait le regard, une unique blancheur de neige et d'ivoire. Montagnes blanches, congères blanches, collines blanches, et, serpentant au milieu, d'étroites routes blanches, peu nombreuses. Pour la plupart des deux mille habitants des lieux, les motoneiges faisaient office de voiture. Le paysage était incroyablement minimaliste, incroyablement dépouillé, le silence royal. Je me suis dit : Je vais peut-être venir m'installer ici.

Peut-être que ma raison d'être est là.

Puis en apprenant qu'il existait une loi interdisant à quiconque de quitter la ville *sans* arme, parce que des ours polaires affamés erraient dans les collines, j'ai pensé : Peut-être pas.

Nous sommes arrivés à Longyearbyen, la ville la plus au nord de la planète, à moins de mille trois cents kilomètres du pôle. J'y ai fait la connaissance de mes compagnons de trek. Le capitaine Guy Disney, un type de la cavalerie qu'un lance-roquettes avait privé de la partie inférieure de sa jambe droite. Le capitaine Martin Hewitt, un parachutiste qui avait pris une balle lui ayant paralysé le bras. Le soldat Jaco Van Gass, lui aussi parachutiste, à qui une roquette avait arraché une bonne partie de la jambe et la moitié du bras gauches. (Il avait donné à son moignon de bras un surnom des plus chics, Nemo, qui nous faisait bien rire). Le sergent Steve Young, un Gallois au dos brisé par un EEI. Les médecins lui avaient assuré qu'il ne marcherait plus jamais, et voilà qu'il s'apprêtait à tirer un traîneau de plus de cent kilos jusqu'au pôle Nord.

Ces hommes étaient des modèles. Je leur ai annoncé que j'étais honoré de me joindre à eux, honoré d'être simplement en leur présence, et peu importait s'il faisait moins trente. La météo était même si mauvaise qu'en fait, notre départ a été retardé.

Argh, le mariage de Willy, me suis-je dit en me prenant le visage dans les mains.

Nous avons passé plusieurs jours à attendre, à nous entraîner, à nous goinfrer de frites et de pizzas au pub du coin. Certains de nos exercices étaient destinés à nous habituer aux températures extrêmes. Nous avons sauté dans l'océan Arctique en combinaisons d'immersion orange. Ahurissant de voir à quel point l'eau était plus chaude que l'air.

Mais nous avons surtout appris à nous connaître, à tisser des liens.

Quand le temps s'est enfin levé, nous avons sauté dans un Antonov et filé vers un camp de fortune posé sur la glace. De là, des hélicoptères nous ont emmenés à environ trois cents kilomètres du pôle. Il était à peu près une heure du matin quand nous avons atterri, mais il faisait aussi jour que dans le désert à midi. Là-haut, aucune obscurité : le noir avait été banni. Nous avons salué d'un geste les hélicoptères qui s'éloignaient avant d'entamer notre périple.

Les spécialistes des conditions arctiques avaient vivement conseillé à l'équipe d'éviter de transpirer, car au pôle Nord, toute humidité gelait instantanément – source de tout un tas de problèmes. Pour ma part, cependant, je l'ignorais. J'avais manqué ces séances avec les experts. Si bien qu'après le premier jour de marche, après les lourdes luges que j'avais dû tirer, je dégoulinais de sueur et mes vêtements qui en étaient imprégnés étaient en train de geler. Plus inquiétant : les premiers indices que quelque chose clochait au niveau de mes doigts et de mes oreilles.

Des engelures.

Je ne me suis pas plaint. Comment aurais-je pu, au milieu de ces gars-là ? De toute façon, je n'en avais pas envie. Malgré l'inconfort, je n'éprouvais que de la gratitude : j'étais avec des héros, pour une noble cause, dans un paysage que peu de gens auraient la chance de voir. D'ailleurs, le quatrième et dernier jour, je n'avais aucune envie de partir. D'autant que nous n'avions pas atteint le pôle.

Hélas, je n'avais pas le choix. C'était soit ça, soit manquer le mariage de mon frère.

Je devais embarquer dans un hélicoptère à destination de Barneo Airfield, d'où mon avion devait décoller.

Le pilote hésitait. Il tenait à ce que je voie le pôle avant de partir. *Vous ne pouvez pas avoir fait tout ce chemin pour rien*, m'a-t-il dit. Alors il m'y a emmené et nous avons sauté au sol. Autour, il n'y avait que du blanc. Ensemble, nous avons localisé l'endroit exact à l'aide du GPS.

Debout au sommet du monde.

Seuls.

Brandissant le drapeau britannique.

Retour à l'hélicoptère, direction Barneo. Mais une grosse tempête est venue balayer les lieux, annulant tous les vols, dont le mien. La région a essuyé des vents si intenses qu'ils ont fissuré les pistes de l'aérodrome.

Une remise en état s'imposait.

En attendant, j'ai traîné avec des ingénieurs de la base. Au programme : vodka et sauts dans l'océan glacé après un passage par leur sauna de fortune. Quand je renversais la tête pour m'envoyer dans le gosier un shot de leur délicieuse vodka, je me suis plusieurs fois répété de ne pas m'en faire, ni pour l'état des pistes, ni pour le mariage, ni pour le reste.

La tempête s'est calmée, la piste a été réparée, ou déplacée, je ne sais plus. Mon avion s'est élancé sur la glace et m'a emporté dans le bleu du ciel. J'ai agité la main au hublot. Au revoir, mes frères.

42.

La veille du mariage, Willy et moi avons dîné à Clarence House avec Papa. James et Thomas, les témoins de Willy, étaient là, eux aussi.

Il avait été annoncé au public que j'étais le témoin, mais il s'agissait en réalité d'un beau mensonge. Comme c'était ce que le public voulait, le Palais n'avait pas vu d'autre option que de le confirmer. En vérité, cependant, Willy ne voulait pas que je puisse faire un discours. Il trouvait trop risqué de me mettre un micro entre les mains, il craignait que je dérape. Que je dise quelque chose de tout à fait inapproprié.

Il n'avait pas tort.

Par ailleurs, le mensonge permettait de protéger James et Thomas, deux civils, deux innocents. Si leur nom avait été révélé, la presse enragée les aurait pourchassés, traqués, écoutés, elle aurait disséqué leur vie et ruiné celle de leur famille. C'étaient deux gars timides et discrets. Ils n'auraient pas supporté un tel assaut, et nul ne devrait attendre ça d'eux.

Quand Willy me l'a expliqué, je n'ai pas sourcillé. Je comprenais. Nous en avons même ri, en imaginant les propos inappropriés que j'aurais pu tenir. Ce dîner la veille du mariage a donc été un bon moment, joyeux, malgré la pétoche classique du futur marié pour Willy. Thomas et James l'ont forcé à avaler deux rhums-cocas, ce qui a eu l'air de lui apaiser les nerfs. Pendant ce temps, j'ai régalé l'assistance avec mes histoires du pôle Nord. Papa s'est montré très intéressé, et quand j'ai mentionné mes engelures aux oreilles et aux joues, il m'a plaint ; j'ai dû lutter pour ne pas lui confier que mon pénis avait souffert tout autant. J'avais été horrifié de découvrir ça à mon retour en Angleterre, et si mes joues et mes oreilles allaient déjà mieux, ce n'était pas le cas de ma bite.

Le mal s'aggravait de jour en jour.

Je ne sais pas pourquoi j'aurais dû hésiter à discuter de mon pénis avec Papa, ou avec les autres messieurs présents. Mon pénis était déjà une affaire publique, une véritable curiosité. La presse avait longuement ausculté la chose. Un nombre incalculable de livres et de journaux (même le *New York Times*) avaient mentionné que Willy et moi n'étions pas circoncis. Selon eux, Maman l'avait interdit. Mais s'il est tout à fait vrai que les risques d'engelures péniennes sont bien plus importants en l'absence de circoncision, l'information me concernant était fausse. J'ai été circoncis bébé.

Après dîner, nous sommes passés au salon télé regarder les informations. Les journalistes interviewaient des gens qui campaient devant Clarence House, dans l'espoir d'être au premier rang le jour du mariage. Nous sommes allés à la fenêtre : ils étaient des milliers, dans des tentes et des sacs de couchage, d'un côté à l'autre du Mall, lequel s'étend du palais de Buckingham à Trafalgar Square. Beaucoup buvaient, chantaient. Certains cuisinaient sur des réchauds à gaz. D'autres encore se baladaient en psalmodiant, en faisant la fête, comme si c'étaient *eux* qui allaient se marier le lendemain matin.

Willy, égayé par le rhum, s'est écrié : *On devrait aller les voir !*

Par SMS, il a prévenu son équipe de sécurité.

La réponse : *Nous le déconseillons vivement.*

À quoi il a rétorqué : *C'est ce qu'il faut faire. Je veux y aller. Je dois les voir !*

Il m'a demandé de l'accompagner, il m'a supplié.

Je voyais l'effet du rhum dans ses yeux. Il avait besoin d'un ailier.

Rôle qui m'était douloureusement familier. Mais d'accord.

Nous sommes sortis, nous avons longé la foule en serrant des mains. Les gens souhaitaient le meilleur à Willy, lui disaient qu'ils l'aimaient, qu'ils aimaient Kate. Nous avions droit tous les deux aux mêmes sourires larmoyants, aux mêmes regards de tendresse et de pitié que ce jour d'août 1997. Je n'ai pas pu m'empêcher de secouer la tête. Et voilà : nous étions à la veille du Grand Jour pour Willy, l'un des plus beaux de sa vie, et c'était impossible d'éviter les échos de cet autre jour, qui avait été le pire. Le Pire Jour de nos vies à tous les deux.

Plusieurs fois, je l'ai regardé. Il avait les joues rouge vif, comme si c'était lui qui avait souffert du froid polaire. C'est peut-être pour ça que nous avons bientôt fait nos adieux à la foule et rebroussé chemin. Il était pompette.

Ceci dit, nous étions aussi épuisés, émotionnellement et physiquement. Il nous fallait du repos.

J'ai donc été stupéfait, le lendemain matin quand je suis allé le chercher, de voir à quel point il donnait l'impression de ne pas avoir dormi. Il avait les traits tirés, les yeux rouges.

Ça va ?

Ouais, ouais, ça va.

Mais ça n'allait pas, non.

Il portait l'uniforme rouge vif de la Garde irlandaise, pas son uniforme redingote de la Household Cavalry. Je me suis demandé si ce n'était pas la source du problème. Lorsqu'il avait demandé à Grand-mère l'autorisation d'endosser plutôt ce dernier, il avait essuyé un refus. Elle avait décrété qu'en tant qu'Héritier, il devait porter la Tenue de Cérémonie Numéro Un. Willy était maussade d'avoir si peu son mot à dire sur sa tenue de mariage, de se voir retirer toute autonomie en une telle occasion. Plusieurs fois, il m'avait confié que ça le frustrait.

Je lui ai assuré qu'il avait la classe dans l'uniforme de la Garde irlandaise, avec la harpe d'Irlande, la couronne impériale et le calot brodé de la devise du régiment : *Quis Serabit ? Qui nous séparera ?*

Ça n'a pas eu l'air de faire mouche.

Ce qui était sûr, c'est que moi, la classe, je ne l'avais pas. Je n'étais pas à l'aise dans mon uniforme du Blues and Royals imposé par le protocole. C'était la première fois que je le portais et j'espérais que ce serait la dernière. Il avait d'énormes épaulettes et des manchettes extra-larges. J'entendais d'ici les gens commenter : *C'est qui cet idiot ?* Je me faisais l'effet d'une version kitsch de Johnny Bravo.

Nous sommes montés dans une Bentley couleur prune. En attendant que le chauffeur démarre, nous n'avons pas décroché un mot.

Mais quand nous avons enfin commencé à rouler, j'ai rompu le silence. *Tu pues.*

Conséquences du rhum de la veille au soir.

Pour plaisanter, j'ai baissé la vitre en me pinçant le nez – je lui ai proposé des pastilles à la menthe.

Et j'ai aperçu l'ombre d'un sourire.

Deux minutes après, la Bentley s'est arrêtée. *C'était court*, ai-je commenté.

J'ai regardé dehors.

L'abbaye de Westminster.

Comme toujours, mon ventre s'est noué. Rien de tel que se marier à l'endroit des funérailles de sa mère.

J'ai jeté un regard vers Willy. Pensait-il la même chose ?

Épaule contre épaule, nous sommes entrés. J'ai de nouveau contemplé son uniforme, son calot. *Qui nous séparera ?* Nous étions des soldats, des adultes, mais nous avions toujours la même démarche d'enfants timides que derrière le cercueil de Maman. *Pourquoi les adultes nous faisaient-il subir ça ?* Nous avons remonté l'allée centrale jusqu'à une pièce annexe à côté de l'autel appelée la Crypte. Tout dans ce bâtiment évoquait la mort.

Ça n'était pas seulement les souvenirs des obsèques de Maman : plus de trois mille corps reposaient sous nos pieds. Inhumés sous les bancs, dans des niches le long des murs. Héros de guerre et poètes, scientifiques et saints, la crème du Commonwealth. Isaac Newton, Charles Dickens, Chaucer, ainsi que treize rois et dix-huit reines, tous reposaient là.

Il était encore terriblement difficile de songer à Maman au royaume de la Mort. Maman qui avait dansé avec Travolta, s'était disputée avec Elton John, avait ébloui les Reagan – était-elle vraiment dans le Grand Au-Delà avec les esprits de Newton et de Chaucer ?

Entre ces pensées morbides et mon pénis abîmé par le froid, mon angoisse n'allait pas tarder à rivaliser avec celle du futur marié. J'ai commencé à faire les cent pas en secouant les bras, l'oreille tendue vers les murmures de l'assistance sur les bancs. On les avait fait asseoir deux heures avant notre arrivée. *Il y en a pas mal qui doivent avoir envie de pisser*, ai-je glissé à Willy pour essayer de détendre l'atmosphère.

Pas de réaction. Il s'est levé et s'est mis à faire les cent pas à son tour.

J'ai retenté. *L'alliance ! Oh non... elle est où ? Où est-ce que je l'ai mise, bordel ?*
Et je l'ai sortie. *Ouf !*
Il m'a souri et s'est remis à arpenter la pièce.
Même en le voulant, je n'aurais pas pu perdre cette bague. Une poche kangourou avait été cousue pour l'occasion dans ma tunique. Mon idée, pour tout dire. Voilà à quel point je prenais au sérieux l'honneur et le devoir solennels d'en être le gardien.
Je l'ai sortie et l'ai levée vers la lumière. Une fine bande d'or gallois, taillée dans un bloc offert à la famille près d'un siècle plus tôt. Le même bloc que celui d'où provenait l'alliance de Grand-mère, et celle de la princesse Margaret, mais j'avais entendu dire qu'il n'en restait presque plus rien. Quand mon tour viendrait, si celui-ci venait un jour, l'or serait peut-être épuisé.
Je ne me rappelle pas avoir quitté la Crypte. Je ne me souviens pas non plus d'avoir rejoint l'autel. Je n'ai pas gardé la mémoire des lectures, ni du moment où j'ai sorti l'alliance de ma tunique pour la tendre à mon frère. La cérémonie ne m'a laissé presque aucun souvenir. Je me souviens de Kate avançant dans l'allée, magnifique, et de Willy à côté d'elle lorsqu'ils sont sortis. Quand ils ont franchi la porte pour monter dans la calèche qui les conduirait à Buckingham, et vers la réalisation du serment qu'ils venaient d'échanger, je me rappelle m'être dit : Au revoir.
J'adorais ma nouvelle belle-sœur, je la voyais davantage comme la sœur que j'avais toujours voulu avoir que comme ma belle-famille, et j'étais heureux qu'elle soit au côté de Willy pour le restant de ses jours. Ils allaient bien ensemble. Ils se rendaient visiblement heureux, alors j'étais heureux pour eux. Mais dans mes tripes, je ne pouvais pas m'empêcher de me dire que c'était un nouvel adieu que je venais de vivre sous ce terrible toit. Une autre fragmentation. Le frère que j'avais escorté à l'abbaye de Westminster ce matin-là avait disparu – à jamais. Qui pouvait le nier ? Plus jamais il ne serait mon seul et unique Willy. Plus jamais nous ne traverserions la campagne du Lesotho cape au vent. Plus jamais nous ne partagerions un cottage sentant l'écurie en apprenant à piloter. *Qui nous séparera ?*
La vie, voilà qui.

J'avais ressenti la même chose quand Papa s'était marié, eu le même pressentiment, et n'avais-je pas eu raison ? Depuis le début de l'ère Camilla, comme je l'avais prédit, je le voyais de moins en moins. Tout mariage était une occasion joyeuse, bien sûr, mais aussi un discret enterrement, parce qu'après avoir échangé leurs vœux, les gens tendaient à disparaître.

J'ai pris conscience à ce moment-là que l'identité obéissait à une hiérarchie. Nous sommes essentiellement une chose, puis essentiellement une autre, avant d'être une autre encore et ainsi de suite, jusqu'à la mort – successivement. Chaque nouvelle identité occupe le trône du Moi, mais nous éloigne de notre moi d'origine, peut-être le plus essentiel – l'enfant. Oui, nous évoluons, nous gagnons en maturité, et c'est le chemin vers la sagesse, naturel et sain, mais il y a dans l'enfance une pureté qui se dilue chaque fois un peu plus. Elle est grignotée, comme ce bloc d'or.

C'est en tout cas la réflexion qui m'est venue ce jour-là. Mon grand frère Willy était passé à autre chose, à la ligne suivante, et désormais il serait mari, puis père, puis grand-père et ainsi de suite. Il serait quelqu'un d'autre, plusieurs autres, et jamais plus Willy. Il serait le duc de Cambridge, le titre que lui avait choisi Grand-mère. J'étais content pour lui. Très content. Même si à titre personnel, je perdais quelque chose.

Je crois que ma réaction ressemblait assez à ce que j'avais ressenti la première fois que j'étais monté dans un Apache. Ayant pris l'habitude d'avoir quelqu'un à côté de moi, quelqu'un à imiter, me retrouver seul me terrifiait.

Et j'étais eunuque, par-dessus le marché.

Qu'est-ce que l'univers était en train de prouver en me privant de mon pénis en même temps que de mon frère ?

Plusieurs heures plus tard, à la réception, j'ai prononcé deux ou trois petits mots rapides. Pas un discours, juste une introduction aux discours des vrais témoins. Willy m'avait dit plusieurs fois que j'allais jouer le rôle du *compère**.

J'avais dû ouvrir le dictionnaire.

La presse avait largement parlé de ma préparation pour cette introduction : j'avais soi-disant appelé Chels pour tester quelques phrases et, même si j'avais été agacé qu'elle me censure une mention « des jambes de dingue de Kate », j'avais finalement cédé.

Un ramassis de conneries. Je n'ai jamais appelé Chels pour avoir son avis ; nous n'avions plus de contacts réguliers, raison pour laquelle Willy m'a consulté avant de l'inviter. Il ne voulait pas que l'un ou l'autre se sente mal à l'aise.

En vérité, c'est sur JLP que j'avais testé quelques phrases, mais j'ai surtout improvisé. J'ai raconté quelques blagues sur notre enfance, une histoire bête sur l'époque où Willy jouait au water-polo, avant de lire quelques extraits hilarants de lettres de soutien que les gens lui envoyaient. Un Américain lui racontait qu'il s'était lancé dans la capture de mille hermines destinées à la réalisation du vêtement qu'il avait en tête pour la nouvelle duchesse de Cambridge (Mon Dieu, une tente ?), mais malheureusement il n'avait réussi qu'à en dénicher... deux.

Sale temps pour les hermines, ai-je dit.

Mais l'Américain ne s'est pas laissé abattre, ai-je continué, il a improvisé, tiré le meilleur parti de ce qu'il avait, comme on sait si bien le faire dans son pays, et bricolé quelque chose, qu'à ce moment-là j'ai brandi.

L'assistance s'est étranglée.

C'était un string.

Doux et poilu. Quelques bouts de ficelle en soie attachés à une pochette en hermine pas plus grande que celle qui était cousue à l'intérieur de ma tunique.

Un grand éclat de rire gratifiant a parcouru la salle.

J'ai attendu que le silence revienne pour terminer sur une note sérieuse. Maman : *Combien elle aurait adoré être là. Combien elle aurait adoré Kate, et adoré voir l'amour qui vous lie tous les deux.*

J'ai prononcé ces mots sans lever les yeux. Je ne voulais pas risquer de croiser le regard de Papa ou de Camilla – et moins encore celui de Willy. Je n'avais pas pleuré depuis les obsèques de Maman et je ne comptais pas craquer aujourd'hui.

Je ne voulais voir aucun visage sinon le sien à elle. Je la voyais dans ma tête, rayonnante pour ce grand jour et riant de bon cœur à l'histoire de l'hermine.

43.

EN ARRIVANT AU SOMMET DU MONDE, les quatre blessés de guerre ont sorti le champagne et bu à la santé de Grand-mère. Ils ont eu la gentille attention de me téléphoner pour me faire entendre leur joie.

Ils avaient établi un record du monde, levé un tas d'argent pour les vétérans et atteint le putain de pôle Nord. Joli coup ! Je les ai félicités, je leur ai dit qu'ils me manquaient, que j'aurais aimé être avec eux.

Un mensonge pour leur faire plaisir. Mon pénis oscillait entre extrêmement sensible et presque traumatisé. L'Engeluristan était le dernier endroit où j'avais envie de me trouver.

J'essayais des remèdes de bonne femme, dont un que m'avait recommandé une amie : la crème Elizabeth Arden.

Ma mère se mettait ça sur les lèvres. Tu veux que je m'en mette sur la bite ?

Harry, je t'assure que ça marche.

J'en ai trouvé un tube et dès que je l'ai ouvert, son parfum m'a fait remonter le temps. C'était comme si ma mère était là, avec moi, dans la pièce.

J'en ai pris une noisette et je l'ai appliquée... en-bas.

« Bizarre » ne rend pas justice à ce que ça m'a fait.

Il fallait que je voie un médecin, au plus vite. Mais je ne pouvais pas demander au Palais de m'en trouver un. Quelqu'un à la Cour aurait vent de mon problème, le ferait fuiter à la presse et hop, ma bite ferait les gros titres. Je ne pouvais pas non plus appeler un médecin moi-même, au hasard. Déjà en des circonstances normales, ce serait impossible, mais là, ça l'était doublement. *Salut, c'est le prince Harry à l'appareil... écoutez, j'ai un petit truc enquiquinant au niveau de l'entrejambe et je me demandais si je pouvais passer vous le...*

J'ai demandé à un autre pote de me trouver, très discrètement, un dermatologue spécialisé dans certains appendices... et certains personnages. Défi de taille.

Mais le pote est revenu m'annoncer que son père avait exactement ce qu'il me fallait. Il m'a communiqué un nom et une adresse et j'ai sauté dans une voiture avec mes gardes du corps. Nous avons filé vers un immeuble quelconque de Harley Street, qui hébergeait un grand nombre de cabinets de médecins. Un garde du corps m'a fait discrètement entrer par une petite porte. J'ai vu le médecin assis derrière un grand bureau en bois, qui prenait des notes, probablement liées au patient précédent. Sans lever les yeux, il a dit : *Entrez, entrez, je vous en prie.*

Je me suis avancé, en le regardant écrire pendant un temps qui m'a paru démesurément long. Je me suis dit que le pauvre gars avant moi devait avoir de gros soucis.

Toujours sans lever les yeux, le médecin m'a demandé d'aller me déshabiller derrière le rideau, il allait me rejoindre.

C'est ce que j'ai fait, avant de m'asseoir sur la table d'examen. Cinq minutes ont passé.

Le rideau s'est enfin entr'ouvert et le médecin est entré.

Il a posé les yeux sur moi. Cligné une fois des paupières et dit : *Oh, je vois, c'est vous.*

Oui. Je croyais qu'on vous avait prévenu, mais apparemment non.

Bref. Vous êtes là. Bien. D'accord. C'est vous. Hmm. Rappelez-moi votre problème ?

Je lui ai montré ma bite, adoucie par Elizabeth Arden.

Il ne voyait rien.

Parce qu'il n'y a rien à voir, ai-je expliqué. C'était un fléau invisible. Pour une raison ou pour une autre, les engelures se manifestaient dans mon cas par une *sensation* très vive…

Comment est-ce arrivé ? m'a-t-il demandé.

Au pôle Nord, ai-je répondu. *Je suis allé au pôle Nord et maintenant mon pôle Sud est kaput.*

Son visage disait : Décidément très étrange.

J'ai décrit les dysfonctionnements en cascade. *Tout est difficile, monsieur. M'asseoir. Marcher.* Les relations sexuelles, ai-je ajouté, étaient hors de question. Pire, paradoxalement, ma bite me faisait l'effet d'être toujours au garde-à-vous. Ou prête à s'y mettre. Je n'en pouvais plus, lui ai-je dit. J'avais commis l'erreur de chercher sur Internet et j'avais lu des histoires horribles sur les « pénectomies partielles », une expression qu'on ne veut jamais voir apparaître en googlant ses symptômes.

Le médecin m'a assuré qu'il était peu probable qu'on en arrive là.

Peu probable ?

Il m'a dit qu'il allait essayer d'éliminer d'autres causes. Il m'a demandé de m'allonger pour un examen complet, lequel était plus qu'invasif. Ne négliger aucun détail, si l'on peut dire.

Le remède le plus probable, m'a-t-il annoncé, serait le temps.

Comment ça, le temps ?

Le temps, m'a-t-il dit, *guérit tout.*

Docteur, vous m'apprenez quelque chose, car ça n'a pas été mon expérience.

44.

Voir Chels au mariage de Willy avait été difficile. Tous les sentiments n'avaient pas disparu, loin de là : il y avait ceux que j'avais réprimés, ceux que je ne soupçonnais pas. Ça me faisait aussi quelque chose de voir des hommes baver dans son sillage, lui tourner autour, la presser de venir danser.

La jalousie a pris le dessus cette nuit-là et je le lui ai dit, avec pour résultat que je me suis senti encore plus mal. Et un peu pathétique.

Il me fallait tourner la page, rencontrer quelqu'un de nouveau. Le temps, ainsi que le médecin l'avait prédit, a réparé ma bite. Mais quand exercerait-il sa magie sur mon cœur ?

Les potes essayaient de m'aider. Ils me glissaient des noms, organisaient des rendez-vous.

Rien ne marchait. Et quand ils ont mentionné un autre nom pendant l'été 2011, je n'écoutais que d'une oreille. Ils m'ont donné quelques détails sur elle – brillante, belle, cool – et précisé qu'elle était célibataire depuis peu. Et pas pour longtemps, Spike !

Elle est libre, mec. Toi aussi.

Moi, libre ?

Et vous allez bien ensemble ! Vous allez vous plaire, aucun doute.

J'ai levé les yeux au ciel. Ce genre de prédiction se vérifie-t-il parfois ?

Cette fois, cependant, merveille des merveilles, ça a marché. Nous nous sommes plu. Assis au bar, nous avons bavardé et ri ensemble, pendant que nos amis autour de nous s'effaçaient, tout comme les murs, les verres et le barman. J'ai invité tout le monde à boire un dernier verre à Clarence House.

Nous avons discuté, écouté de la musique. Une joyeuse bande. Pleine de vie. Quand ils sont partis, j'ai raccompagné Florence chez elle. C'était son prénom : Florence. Même si tout le monde l'appelait Flea.

Elle habitait Notting Hill. Une rue calme. Nous nous sommes garés devant chez elle et elle m'a invité à monter boire un thé. Avec plaisir, ai-je dit.

J'ai demandé à mon garde du corps de faire le tour du pâté de maisons quelques centaines de fois.

Était-ce ce soir-là ou bien un autre que Flea m'a mentionné son ancêtre éloigné ? En fait, probablement ni l'un ni l'autre. Je crois qu'un pote me l'a dit plus tard. En tout cas, cet ancêtre avait mené la charge de la brigade légère, la désastreuse charge de cavalerie sur les positions russes en Crimée. Incompétent, peut-être fou, il avait causé la mort de centaines d'hommes. Un chapitre honteux, l'exact opposé de la bataille de Rorke's Drift, et voilà que maintenant, je prenais exemple sur lui, en chargeant droit devant sans réfléchir. En buvant cette première tasse d'Earl Grey, je me demandais : Est-ce que c'est elle ?

La connexion était forte à ce point.

J'étais dingue à ce point, aussi. Et je voyais qu'elle le savait, qu'elle le lisait sur mon visage qui était tout sauf impénétrable. J'espérais qu'elle trouvait ça charmant.

Manifestement oui. Les semaines suivantes ont été idylliques. On se voyait souvent, on riait beaucoup, et personne n'était au courant.

L'espoir a pris le dessus.

Puis la presse l'a su et le rideau est tombé sur notre idylle.

Flea m'a appelée en larmes. *Il y avait huit paparazzis devant chez elle.* Ils l'avaient poursuivie dans la moitié de Londres.

Elle venait de se voir décrite par un journal comme un « mannequin de lingerie ». Le tout basé sur une seule séance photo vieille de plusieurs années ! Toute sa vie résumée à une seule photo, disait-elle. C'était tellement réducteur, tellement dégradant.

Oui, ai-je répondu doucement. *Je sais ce que ça fait.*

Ils fouillaient, fouillaient, appelaient tous ceux qu'elle connaissait. Ils s'en prenaient déjà à sa famille. Ils lui faisaient subir tout ce qu'avait subi Caroline Flack avant elle, tout en ne lâchant pas non plus cette dernière.

Flea répétait : *Je ne peux pas.*

Elle racontait qu'elle était sous surveillance vingt-quatre heures sur vingt-quatre, comme une criminelle. J'entendais des sirènes dans le fond.

Elle était bouleversée, en larmes, et moi aussi, j'avais envie de pleurer, mais bien sûr, je ne l'ai pas fait.

Elle a répété : *Je ne peux plus, Harry.*

J'avais mis le haut-parleur. J'étais au premier étage de Clarence House, près de la fenêtre, entouré de meubles magnifiques. Une belle pièce. L'éclairage était tamisé, le tapis sous mes pieds était une œuvre d'art. J'ai collé mon front contre le verre froid et demandé à Flea d'accepter une dernière rencontre, pour au moins parler.

Des soldats sont passés sous les fenêtres. La relève de la garde.

Non.

Elle était ferme.

Plusieurs semaines plus tard, j'ai eu un appel d'un des amis qui nous avait présentés au bar.

Tu as entendu ? Flea est retournée avec son ex.

Ah bon ?

Ce n'était pas la bonne, il faut croire.

Ouais.

L'ami en question m'a confié qu'il avait entendu dire que c'était la mère de Flea qui lui avait conseillé de mettre fin à notre relation, qui l'avait prévenue que la presse lui pourrirait la vie. *Ils te chasseront jusqu'aux portes de l'Enfer,* lui a-t-elle dit.

Ouais, ai-je répondu à mon ami. *Les mères savent.*

45.

JE N'AI PLUS FERMÉ L'ŒIL.

Plus du tout. Déçu, totalement découragé, je n'arrivais plus à dormir. Je tournais en rond, nuit après nuit, en ruminant. J'aurais aimé avoir la télé.

Mais je vivais sur une base militaire à présent, dans une chambre monacale.

Puis le matin, sans avoir dormi, j'essayais de piloter un Apache. Le meilleur moyen de courir à la catastrophe.

J'ai essayé les plantes. Elles ont un peu aidé, je parvenais à dormir une heure ou deux, mais elles me laissaient dans le coaltar la plupart des matins.

Puis l'armée m'a annoncé que je partais – pour une série de manœuvres et d'exercices.

Peut-être que c'était ce qu'il me fallait. Afin de me changer les idées.

Ou ce serait la goutte d'eau qui ferait déborder le vase.

Ils m'ont d'abord envoyé en Amérique. Au sud-est. J'ai passé une semaine environ à survoler un endroit morne du nom de Gila Bend. On disait les conditions similaires à celles de l'Afghanistan. Je suis devenu plus fluide sur l'Apache, plus létal avec ses missiles. Plus à l'aise dans la poussière. J'ai dégommé beaucoup de cactus. J'aimerais pouvoir dire que ça ne m'a pas amusé.

Puis je suis allé en Cornouailles. Un endroit désolé du nom de Bodmin Moor.

Janvier 2012.

De la fournaise au froid mordant. Il fait toujours froid dans cette lande en janvier, mais j'y suis arrivé en pleine tempête de neige.

J'étais en cantonnement avec vingt autres soldats. Nous avons passé les premiers jours à essayer de nous acclimater. On se levait à cinq heures, on allait courir puis vomir pour se donner un coup de fouet, avant de s'entasser dans des salles de classe où l'on se formait aux dernières méthodes de kidnapping imaginées par de mauvais acteurs. Bon nombre de ces méthodes seraient utilisées contre nous au cours des jours suivants, lors d'une longue marche à travers la lande glaciale. L'exercice s'appelait Fuite et Évasion, l'un des derniers obstacles pour les pilotes avant le déploiement.

Des camions nous ont emmenés dans un endroit désert, pour des leçons de terrain sur des techniques de survie. Nous avons attrapé un poulet, que nous avons tué, plumé et mangé. Puis il s'est mis à pleuvoir. En un rien de temps, nous étions trempés. Et épuisés. Nos supérieurs avaient l'air de trouver ça drôle.

Ils m'ont empoigné, ainsi que deux autres, et nous ont fait monter dans un camion pour nous emmener dans un endroit encore plus perdu.

Dehors.
On a considéré le terrain, le ciel. *Ici ? Vous êtes sérieux ?*
La pluie a redoublé, plus froide. Les instructeurs nous ont crié de nous imaginer que notre hélico venait de s'écraser derrière les lignes ennemies et que notre seul espoir de survie était de marcher seize kilomètres à travers la lande. On s'est souvenu qu'on nous avait donné un métarécit : nous étions une armée chrétienne affrontant une milice proche des musulmans.
Notre mission : échapper à l'ennemi, quitter le terrain hostile.
C'est parti.
Le camion s'est éloigné.
Trempés, gelés, on a balayé les lieux du regard, puis on s'est regardé. *Eh ben, ça craint.*
On avait une carte, une boussole et un sac de couchage chacun – plus ou moins une chaussette imperméable de la longueur de notre corps. Pas de nourriture.
Par où ?
Par là ?
OK.
Bodmin était un coin désolé, prétendument inhabité, mais ici et là, nous apercevions des fermes. De la lumière aux fenêtres, de la fumée s'élevant en volutes des cheminées de brique. Comme nous aurions aimé aller frapper à une porte ! Au bon vieux temps, les gens portaient assistance aux soldats en exercice, mais les choses étaient différentes, à présent. Comme ils s'étaient fait plusieurs fois réprimander par l'armée, les gens du coin n'ouvraient plus leur porte à des inconnus portant des sacs de couchage.
L'un des deux hommes de mon équipe était mon pote, Phil. Je l'aimais bien, mais j'ai commencé à l'aimer d'amour quand il nous a dit qu'il était venu faire de la randonnée dans le coin un été en touriste et qu'il savait où on se trouvait. Mieux : il savait comment nous sortir de là.
Il a ouvert la marche et nous l'avons suivi comme des enfants.
Au crépuscule, nous avons trouvé un bois de sapins. La température a chuté, la pluie a forci encore. Au diable les sacs de couchage, nous nous sommes allongés les uns contre les autres, en cuillère, en essayant tous d'être le plus au milieu possible, pour être le plus au chaud. Comme je le connaissais, me serrer contre Phil dans cette

position était à la fois moins et beaucoup plus bizarre. Mais c'était finalement la même chose avec le troisième homme. *Pardon, c'est ta main, là ?* Au terme de quelques heures vaguement semblables à du sommeil, nous nous sommes décollés et avons repris la route.

L'exercice exigeait un arrêt à plusieurs checkpoints. Chaque fois, nous avions une tâche à accomplir. Nous avons trouvé tous les checkpoints, rempli toutes les tâches, si bien qu'arrivés au dernier, un genre de refuge, on nous a annoncé la fin de l'exercice.

C'était le milieu de la nuit. Le noir complet. Les responsables sont sortis de l'obscurité : *Bravo, les gars ! Vous avez réussi.*

J'ai failli tourner de l'œil.

Ils nous ont chargés dans un camion et annoncé qu'on rentrait à la base. Brusquement est apparu un groupe d'hommes en vestes de camouflage et cagoules noires. J'ai aussitôt pensé à Lord Mountbatten pris dans un guet-apens de l'IRA – je ne sais pas pourquoi. Les circonstances n'avaient rien à voir, mais peut-être s'agissait-il d'un souvenir résiduel du terrorisme, logé au fond de mon ADN.

Des explosions, des tirs. Des types ont pris d'assaut le camion en nous hurlant de regarder le sol. Ils nous ont mis sur les yeux des masques de ski aux verres noirs, menottés avec des serre-câbles et tirés dehors.

On nous a poussés dans quelque chose qui, vu les sons, devait être un réseau de bunkers souterrains. Des murs humides. De l'écho. On nous emmenait de pièce en pièce. Ils nous enlevaient les sacs qu'on avait sur la tête, puis les remettaient. Dans certaines pièces, on nous traitait bien, dans d'autres, comme de la merde. Les émotions suivaient la cadence. On nous offrait un verre d'eau, puis la minute d'après on nous jetait à genoux et on nous ordonnait de garder les mains sur la tête. Une demi-heure. Une heure. D'une situation stressante à une autre.

On n'avait pas vraiment dormi depuis soixante-douze heures.

L'essentiel de ce qu'on nous faisait subir était illégal au regard de la Convention de Genève, ce qui était le but.

À un moment donné, on m'a bandé les yeux et emmené dans une pièce où je sentais que je n'étais pas seul. J'avais l'impression que c'était Phil, avec moi, mais peut-être était-ce un autre. Ou un type d'une des autres équipes. Je n'ai pas osé demander.

On percevait à présent des voix quelque part au-dessus ou en-dessous, dans le bâtiment. Puis il y a eu un bruit bizarre, comme de l'eau qui coule.

Ils essayaient de nous désorienter.

Il faisait un froid terrifiant. Je n'avais jamais eu si froid. Bien pire que le pôle Nord. Et avec ce froid, sont venus l'engourdissement, la léthargie. Quand la porte s'est brusquement ouverte sur nos ravisseurs, j'ai repris mes esprits. Ils ont enlevé les bandeaux sur nos yeux. J'avais raison, Phil était là. Et un autre aussi. On nous a ordonné de nous déshabiller. Ils ont pointé le doigt sur nos corps, sur nos queues molles en répétant sans arrêt qu'elles étaient toutes petites. J'avais envie de leur dire : si vous saviez à quel point cet appendice a des problèmes.

Ils nous ont interrogés. Nous n'avons rien dit.

Ils nous ont séparés, chacun dans une pièce différente, pour nous interroger encore.

On m'a dit de me mettre à genoux. Deux hommes sont rentrés, m'ont hurlé dessus.

Ils sont partis.

De la musique atonale a suivi. Un violon gratté par un bébé en colère.

C'est quoi ce truc ?

Une voix a répondu : *Silence !*

Je me suis convaincu que la musique n'était pas un enregistrement, mais un véritable enfant, peut-être prisonnier lui aussi. Qu'est-ce que ce gamin faisait à ce violon, nom d'un chien ? Et surtout... qu'est-ce qu'ils faisaient à ce gamin ?

Les hommes sont revenus. Ils avaient Phil maintenant. Ils avaient épluché ses comptes sur les réseaux sociaux, ils avaient enquêté sur lui. Ils ont commencé à mentionner sa famille, sa petite amie, et ça lui a fait peur. C'était dingue de voir tout ce qu'ils savaient. Comment de parfaits inconnus pouvaient-ils avoir autant d'infos sur lui ?

J'ai souri : bienvenue au club, mec.

Je ne prenais pas tout ça assez au sérieux. L'un des types m'a empoigné et jeté contre un mur. Il était cagoulé. Il a coincé son avant-bras contre mon cou, crachant un mot après l'autre. Il a plaqué mes épaules contre le ciment. M'a ordonné de rester à un mètre du mur, bras au-dessus de ma tête et le bout de mes dix doigts contre la paroi.

Position de stress.
Deux minutes.
Dix minutes.
Mes épaules commençaient à flancher.
Je n'arrivais plus à respirer.
Une femme est entrée. Elle portait un *shemagh* sur son visage. Elle n'arrêtait pas de parler, je ne comprenais pas de quoi. Je n'arrivais pas à suivre.
Et puis j'ai compris. Maman. Elle parlait de ma mère.
Ta mère était enceinte quand elle est morte, hein ? De ton frère ou de ta sœur ? Un bébé musulman !
J'ai voulu tourner la tête, la regarder. Je n'ai rien dit mais je lui ai hurlé dessus avec mes yeux. *Tu fais ça pour mon bien, là, ou le tien ? C'est l'exercice ? Ou tu t'offres un petit plaisir pas cher ?*
Elle a disparu comme elle était venue. Un des ravisseurs m'a craché au visage.
Nous avons entendu des tirs.
Et un hélicoptère.
On nous a traînés dans une autre pièce et quelqu'un a crié : D'accord, c'est bon. Fin de l'exercice !
Un débrief a suivi, au cours duquel les instructeurs m'ont présenté des excuses foireuses pour les propos concernant ma mère.
Difficile pour nous de trouver quelque chose sur votre compte que vous seriez choqué qu'on sache.
Je n'ai rien répondu.
Il fallait vous mettre à l'épreuve, c'était notre sentiment.
Je n'ai rien répondu.
Mais c'est allé un peu trop loin.
D'accord.
Plus tard, j'ai appris que deux soldats avaient perdu les pédales pendant l'exercice.

46.

JE M'ÉTAIS À PEINE REMIS DE BODMIN MOOR quand Grand-mère m'a fait savoir qu'elle voulait que je parte dans les Caraïbes. Une tournée de deux semaines destinée à commémorer sa soixantième année sur le trône, ma première tournée royale officielle en tant que son représentant.

C'était étrange d'être arraché si brusquement, d'un claquement de doigt, à mes obligations militaires, surtout si près du départ pour le front.

Et puis j'ai pris conscience que non, ça n'était pas étrange du tout. Elle était, après tout, ma commandante.

Mars 2012. Je me suis envolé pour Belize et de là, je me suis rendu au premier événement, par des routes envahies d'une foule agitant pancartes et drapeaux. Pendant cette première étape, et pendant toutes celles qui ont suivi, j'ai porté des toasts à Grand-mère et à mes hôtes avec des alcools artisanaux et dansé plusieurs fois la punta, une danse locale.

J'ai aussi pour la première fois mangé de la soupe de pied de vache, qui m'a bien plus botter les fesses que l'alcool local.

Lors d'une étape, j'ai lancé à la foule : *Unu come, mek we goo paati.* Ce qui en créole signifiait : *Allez, venez faire la fête.* Ils ont exulté.

Les gens me saluaient, criaient mon nom, mais j'entendais aussi beaucoup le nom de ma mère. Une femme, quelque part, m'a pris dans ses bras en s'écriant : *Le bébé de Diana !* Avant de s'évanouir.

J'ai visité une cité perdue du nom de Xunantunich. Une ancienne grande métropole maya, m'a indiqué un guide. J'ai gravi les marches d'un temple de pierre, El Castillo, aux murs finement gravés de hiéroglyphes, de frises et de visages. Au sommet, quelqu'un a mentionné que c'était le point culminant du pays. La vue était splendide, mais je ne pouvais pas m'empêcher de regarder le sol. Il y avait sous mes pieds les ossements d'un nombre incalculable de rois et de reines. Une abbaye de Westminster maya.

Aux Bahamas, j'ai rencontré des ministres, des musiciens, des journalistes, des athlètes, des prêtres. J'ai assisté à des cérémonies religieuses, des festivals de rue, à un dîner officiel aussi, et j'ai porté encore d'autres toasts. J'ai filé vers Harbour Island sur un hors-bord qui est tombé en panne et a commencé à couler. Au moment où nous prenions l'eau, le bateau de presse est arrivé. J'aurais voulu les envoyer au diable, mais c'était soit accepter leur secours, soit rentrer à la nage.

J'ai fait la connaissance d'India Hicks, la filleule de Papa et l'une des demoiselles d'honneur de Maman. Elle m'a emmené me promener sur la plage de Harbour Island. Le sable était rose vif. *Du sable rose ?* J'avais l'impression d'être défoncé. Pas franchement désagréable. Elle m'a expliqué d'où provenait la couleur – une explication scientifique que je n'ai pas comprise.

À un moment donné, j'ai visité un stade rempli d'enfants. Ils vivaient dans une misère noire, confrontés à des difficultés quotidiennes, et pourtant ils m'ont accueilli avec des acclamations et des éclats de rire. Nous avons joué, dansé, boxé un peu. J'avais toujours aimé les enfants, mais je me suis senti plus lié encore à ce groupe parce que j'étais parrain depuis peu – de Jasper, le fils de Marko. Un grand honneur. Et une étape qui, je le pensais, je l'espérais, aller me montrer la voie dans mon évolution en tant qu'homme.

Vers la fin de la visite, les enfants des Bahamas se sont rassemblés autour de moi afin de me remettre un cadeau. Une couronne en argent gigantesque et une immense cape rouge.

L'un d'eux a dit : *Pour Sa Majesté.*

Je les lui remettrai.

En sortant du stade, j'en ai serré un grand nombre dans mes bras, et dans l'avion qui m'emmenait à l'étape suivante, j'ai fièrement porté leur couronne. Elle était grosse comme un panier d'œufs de Pâques, ce qui a déclenché les rires hystériques de mon équipe.

Vous avez l'air d'un parfait idiot, monsieur.

C'est possible. Mais pendant notre prochaine étape, je la porterai.

Oh monsieur, non, monsieur, je vous en prie !

Je ne sais toujours pas comment ils ont réussi à m'en dissuader.

Je suis allé en Jamaïque, ai tissé des liens avec le Premier ministre, couru avec Usain Bolt. (J'ai gagné, mais j'ai triché.) J'ai dansé avec une femme sur « One Love » de Bob Marley.

Let's get together to fight this holy Armagiddyon (one love)

Partout, m'a-t-il semblé, je plantais un arbre, ou plusieurs. Une tradition royale – mais que j'avais mise à ma sauce. Normalement, lorsqu'on arrive, l'arbre est déjà dans le sol et notre rôle est simplement de jeter cérémonieusement un peu de terre dans le trou. J'ai insisté pour planter l'arbre moi-même, couvrir ses racines et l'arroser. Cet écart au protocole a, semble-t-il, choqué les gens. Ils le voyaient comme un geste radical.

Je veux simplement m'assurer que l'arbre va vivre, leur ai-je dit.

47

DE RETOUR EN GRANDE-BRETAGNE, je n'ai reçu que des éloges. La Cour trouvait que j'avais bien représenté la Couronne. J'espérais l'entendre directement de Grand-mère, mais non.

Je voulais fêter ça, il me semblait l'avoir mérité. Et puis, comme je repartais bientôt à la guerre, c'était maintenant ou peut-être jamais.

Soirées, clubs, pubs, je suis beaucoup sorti ce printemps-là, en essayant d'oublier que partout où j'allais, il y avait toujours deux paparazzis dans les parages. Deux pauvres types vraiment pas doués : Tweeddle Dumb et Tweeddle Dumber[1].

Partout ou presque, durant ma vie d'adulte, des paparazzis m'ont attendu devant les lieux publics. Parfois tout un gang, d'autre fois une poignée. Les visages n'étaient pas les mêmes et souvent, je ne les voyais pas. Mais à présent, il y avait toujours ces deux-là, qui ne se cachaient pas. Quand il y en avait toute une floppée, ils étaient au milieu. Et quand il n'y avait personne d'autre, il y avait eux deux.

Mais ça n'était pas seulement dans les lieux publics. Je marchais dans une rue, que j'avais décidé d'emprunter à peine quelques secondes plus tôt, et hop, ils étaient là, surgissant d'une cabine téléphonique ou de sous une voiture en stationnement. Je sortais de chez un ami, certain que personne n'était au courant de ma présence, et je les trouvais devant l'immeuble, au milieu de la rue.

Non seulement ils étaient partout, mais en plus ils se montraient sans pitié, bien plus agressifs que le paparazzi moyen. Ils me coupaient la route, me poursuivaient jusqu'à ma voiture de police. Allaient jusqu'à m'empêcher d'y monter, et la prenaient en chasse ensuite.

Qui étaient-ils ? Comment faisaient-ils ? Je doute qu'ils aient eu un sixième sens ou des facultés de perception extra-sensorielles. Ils avaient à vrai dire plutôt l'air de ne pas avoir la moitié d'un cortex

---

1. Référence au film *Dumb and Dumber* et aux personnages de *De l'autre côté du miroir* de Lewis Carroll, Bonnet Blanc et Blanc Bonnet ou Tralalère et Tralali selon les traductions.

préfrontal à eux deux. Alors, c'était quoi leur botte secrète ? Un traceur invisible ? Une source dans la police ?

Ils s'en prenaient aussi à Willy. Ils ont beaucoup occupé nos conversations cette année-là, leur drôle d'apparence, leur cruauté et leur idiotie qui se complétaient l'une l'autre, leur approche sans concession. Mais ce qui nous obsédait, c'était surtout leur omniprésence.

Comment ils savent ? Comment ils savent tout le temps ?

Willy n'en avait aucune idée, mais était déterminé à le découvrir.

Billy le Roc aussi. Il est allé les trouver plusieurs fois, pour les interroger, les yeux dans les yeux. Il avait réussi à les cerner un peu. Le plus âgé, Tweedle Dumb, était grassouillet, cheveux noirs en brosse, avec un sourire à glacer le sang. Tweedle Dumber, en revanche, ne souriait jamais et parlait rarement. Un genre d'apprenti, semblait-il. La plupart du temps, il regardait, c'était tout.

À quoi jouaient-ils ? Billy l'ignorait.

Me suivre partout, me tourmenter, s'enrichir à mes dépens, ne leur suffisait même pas. Ils aimaient aussi me mettre le nez dedans. Ils couraient à ma hauteur, m'asticotaient, tout en appuyant sur le déclencheur de leur appareil photo pour prendre deux cents clichés en dix secondes. Beaucoup de paparazzis voulaient une réaction, une prise de bec, mais Tweedle Dumb et Tweedle Dumber, eux, semblaient briguer une bagarre à mort. Aveuglé par la colère, je rêvais de les cogner. Mais je respirais un grand coup en me disant : Surtout pas. C'est exactement ce qu'ils cherchent. Pour te poursuivre en justice et devenir célèbres.

Parce que j'ai fini par conclure que c'était ça, leur délire. C'était ça, l'histoire : deux quidams inconnus persuadés que c'était fabuleux d'être célèbre et qui essayaient de le devenir en s'en prenant à une célébrité, en lui pourrissant la vie.

Pourquoi voulaient-ils à ce point qu'on parle d'eux ? Ça, je ne le comprenais pas. Parce que la célébrité est la liberté ultime ? Quelle blague ! Il existe peut-être des façons d'être célèbre qui procurent une plus grande liberté, mais la célébrité royale ? Une prison dorée.

Tweedle Dumb et Tweedle Dumber ne pouvaient pas le comprendre. C'étaient des enfants, inaptes à comprendre les nuances. Dans leur cosmologie binaire : tu es un prince, c'est le prix à payer pour vivre dans un château.

Il m'arrivait de me demander ce qui se passerait si je pouvais simplement leur parler, calmement, leur expliquer que ce n'était pas moi mais ma grand-mère qui vivait dans un château, et qu'ils avaient en réalité un train de vie bien supérieur au mien. Je le savais parce que Billy avait épluché leurs finances. Ils étaient tous les deux propriétaires de plusieurs maisons et de plusieurs voitures de luxe, achetées avec l'argent que les photos de moi et celles de ma famille leur avaient rapporté. (Des comptes offshore aussi, comme leurs mécènes, les barons des médias qui les alimentaient, principalement Murdoch et Lord Jonathan Harmsworth, 4e vicomte Rothermere, au nom digne d'un roman de Dickens.)

C'est à peu près à ce moment-là que j'ai commencé à me dire que Murdoch était le mal incarné. Non. On reprend : que j'ai *su*, de première main, qu'il était le mal incarné. Quand on a été traqué par les sbires de quelqu'un à travers les rues surpeuplées d'une ville moderne, on n'a plus l'ombre d'un doute sur leur place à tous dans le Grand Continuum de la Morale. Toute ma vie, j'avais entendu des blagues sur les liens entre la mauvaise conduite royale et les siècles de consanguinité, mais c'est à ce moment-là que j'ai compris : le manque de diversité génétique n'était rien comparé à la manipulation destructrice des médias. Épouser son cousin est bien moins dangereux pour l'intégrité morale que devenir un centre de profit pour Murdoch Inc.

Bien sûr, je ne portais pas non plus dans mon cœur les opinions politiques de Murdoch, lesquelles étaient situées un peu à la droite des talibans. Et je n'aimais pas voir le tort qu'il faisait quotidiennement à la Vérité, son mépris sans limite pour les faits objectifs. En 300 000 ans d'histoire de l'espèce humaine, je ne voyais personne qui avait davantage attenté à notre sens collectif de la réalité que lui. Mais en 2012, ce qui me rendait vraiment malade et m'effrayait le plus, c'était de voir grossir son cercle de larbins, de jeunes hommes brisés et désespérés prêts à tout pour décrocher un de ses sourires de Grinch.

Et au milieu de ce cercle... il y avait ces deux crapules, Tweedle Dumb et Tweedle Dumber.

Je ne compte pas le nombre de prises de bec cauchemardesques que j'ai eues avec eux, mais il y en a une qui sort du lot. Le mariage d'un ami. Un jardin clos, totalement à l'abri des regards. Je discutais avec quelques invités, en écoutant chanter les oiseaux, le bruissement de leurs ailes. Et au milieu de tous ces sons apaisants, j'ai perçu un petit... clic.

Je me suis retourné. Là, dans la haie. Un œil. Et la lentille d'un objectif.

Et puis : ce visage rondouillard.

Ce rictus démoniaque.

Tweedle Dumb.

48.

LE SEUL POINT POSITIF avec Tweedle Dumb et Tweedle Dumber, c'est qu'ils m'ont préparé pour la guerre. Grâce à eux, j'étais plein de rage, une bonne base pour les combats. Ils m'ont aussi donné envie d'être partout sauf en Angleterre. *Où sont mes ordres, bon sang ?*

S'il vous plaît, envoyez-moi mes ordres.

Et là, bien sûr, comme souvent...

Lors d'un festival de musique, quelqu'un m'a tapé sur l'épaule. Ma cousine. *Harry, je te présente mon amie Cressida.*

Oh. Hum. Salut.

Pour l'endroit, mauvaise pioche. Beaucoup de monde, zéro intimité. Et puis je ne m'étais pas encore remis de ma séparation d'avec Flea. En même temps, le paysage était beau, la musique était bonne et le ciel était bleu.

Il y a eu des étincelles.

Peu après ce jour, nous sommes sortis dîner. Elle m'a parlé de sa vie, de sa famille, de ses rêves. Elle voulait être actrice. Elle était tellement timide et réservée que ça n'était pas la profession dans laquelle je l'aurais vue, et je le lui ai glissé. Mais elle m'a avoué que ça lui permettait de se sentir vivante. Libre. Dans sa bouche, on aurait dit qu'elle parlait de voler.

Des semaines plus tard, à la fin d'un autre rendez-vous, je l'ai raccompagnée chez elle. *Je vis près de King's Road.*

Nous nous sommes garés devant une grande demeure dans une rue proprette.

Tu vis là ? C'est ta maison ?

Non.

Elle m'a expliqué qu'une tante l'hébergeait quelques jours.

Je l'ai accompagnée en haut des marches. Elle ne m'a pas invité à entrer. Je ne m'attendais pas à ce qu'elle le fasse, je ne le voulais pas. Pas de précipitation, me disais-je. Je me suis penché pour l'embrasser, mais j'ai mal visé. Je pouvais dégommer un cactus à cinq kilomètres avec un missile Hellfire, mais je ne pouvais pas trouver ses lèvres ? Elle s'est tournée, j'ai réessayé, et nous sommes parvenus à nous effleurer. Douloureusement embarrassant.

Le lendemain matin, j'ai téléphoné à ma cousine. Découragé, je lui ai raconté que le dîner s'était bien passé mais que les dernières minutes nous avaient laissés sur notre faim. Elle avait déjà parlé à Cressida. Elle a soupiré. *Embarrassant.*

Mais la bonne nouvelle est arrivée. Cressida était prête à retenter le coup.

On s'est revus plusieurs jours après pour un autre dîner.

Il se trouvait que sa colocataire sortait avec mon vieux pote Charlie. Le frère de Henners, mon ami décédé.

J'ai plaisanté : *Ça ne peut pas être un hasard. On pourrait bien s'éclater tous les quatre.*

Mais je ne rigolais qu'à moitié.

On a de nouveau tenté un baiser. Moins embarrassant, celui-là. J'avais bon espoir.

La fois suivante, sa colocataire et elle nous ont invités, Charlie et moi. On a bu, on a rigolé. Avant que j'aie le temps de comprendre, on était ensemble.

Malheureusement, cependant, je ne pouvais voir Cress que le week-end. J'étais plus occupé que jamais par les ultimes préparatifs pour l'Afghanistan. Puis j'ai reçu mes ordres officiels, la date exacte de mon départ. Le compte à rebours était lancé. Pour la deuxième fois de ma vie, j'allais devoir annoncer à une jeune femme tout juste rencontrée que je partais bientôt pour la guerre.

J'attendrai, m'a-t-elle dit. *Mais pas éternellement,* s'est-elle empressée d'ajouter. *Qui sait ce qui va se passer, Haz ?*

Oui. Qui sait ?

C'est plus facile de me dire, et de dire aux autres, qu'on n'est pas ensemble.

Oui. J'imagine.

Mais quand tu reviendras...

Quand. Elle avait dit *quand*. Pas *si*.

Je lui en étais reconnaissant.
Certains disaient si.

49.

MES POTES SONT VENUS ME RAPPELER L'EXISTENCE DU PLAN.
Le Plan ?
Oui, le Plan, Spike, tu sais bien.
Ah, bien sûr. Le Plan ?
Nous avions discuté de cela des mois plus tôt. Mais à présent, je n'étais plus sûr.
Ils n'ont pas lâché le morceau. *Tu pars à la guerre. Tu vas regarder la mort dans les yeux.*
Je sais, merci.
Tu as le devoir de vivre. Profite du moment présent.
Profiter du... ?
Carpe diem.
D'accord... quoi ?
Carpe diem, profite du moment présent.
Ah, deux façons de dire la même chose donc...
Vegas, Spike ! Tu te souviens ? Le Plan.
Oui, oui. Le Plan. Mais... c'est risqué, non ?
Profite du...
Moment présent. J'ai pigé.
J'avais récemment eu une expérience qui m'avait fait songer qu'ils n'avaient pas tout à fait tort, que ce *carpe diem* était autre chose que des mots creux. En jouant au polo ce printemps-là au Brésil, afin de lever des fonds pour Sentebale, j'avais assisté à la mauvaise chute de cheval d'un joueur. Enfant, j'avais vu Papa faire une chute semblable, son cheval flancher et le sol qui le frappait et l'avalait tout à la fois. Je me souviens m'être demandé : Pourquoi Papa ronfle ? Et quelqu'un avait crié : *Il a avalé sa langue !* En sautant de cheval, un joueur réactif lui avait sauvé la vie. En me souvenant de ce moment, inconsciemment, j'avais fait pareil : j'avais sauté de cheval, couru vers l'homme et sorti sa langue.
Il avait toussé et s'était remis à respirer.

Je suis quasiment sûr qu'il a fait un chèque conséquent à Sentebale plus tard cet après-midi-là.

Mais cette leçon était également précieuse pour d'autres raisons. Carpez vos diems tant que vous le pouvez.

Alors j'ai dit à mes potes : *OK. Vegas. C'est parti.*

Un an plus tôt, après les exercices à Gila Bend, nous avions tous loué des Harley pour faire la route de Phoenix à Vegas. Pour l'essentiel, ce voyage avait échappé à l'attention de la presse. Alors, cette fois, après un week-end d'au revoir avec Cressida, je suis parti dans le Nevada remettre ça.

Nous sommes descendus dans le même hôtel, et nous sommes tous cotisés pour la même suite.

Deux étages, reliés par un escalier majestueux de marbre blanc, d'où on s'attendait à voir descendre Elvis et Wayne Newton bras dessus, bras dessous. Pas besoin de prendre l'escalier, cependant, car la suite avait aussi un ascenseur. Et une table de billard.

Le clou était le salon : six immenses fenêtres donnant sur le Strip et les montagnes au loin, qu'on pouvait admirer depuis un canapé en L, quand on ne regardait pas l'écran plasma géant accroché au mur. Que d'opulence ! J'avais, dans ma vie, visité quelques palais, et celui-là était grandiose.

Ce premier soir, ou le suivant – mes souvenirs se perdent dans le flou des néons –, quelqu'un a commandé à manger et quelqu'un d'autre des cocktails. Et nous avons passé la soirée dans la suite, à discuter bruyamment, à échanger des nouvelles. Que s'était-il passé dans nos vies à tous depuis notre dernière visite à Vegas ?

Alors, lieutenant Wales, hâte de retrouver le front ?

Hâte, oui, vraiment.

Tous ont eu l'air interloqué.

On est allés dîner dans un grill, et on s'en est mis plein la panse. Entrecôtes, trois types de pâtes et du très bon vin rouge. Après quoi, direction le casino, pour perdre au blackjack et à la roulette. Épuisé, je me suis excusé et je suis rentré à la suite.

Oui, me suis-je dit avec un soupir, en me glissant sous les couvertures, je suis ce genre de mec, celui qui rentre tôt, qui dit à tout le monde de ne pas faire de bruit.

Le lendemain, nous avons commandé des petits-déjeuners et des Bloody Mary avant de filer à la piscine. C'était la saison des pool-parties à Vegas, et une énorme battait son plein. Nous avons acheté cinquante ballons gonflables que nous avons distribué à la ronde, histoire de briser la glace.

De vrais geeks en manque d'affection.

Enfin... mes potes, pas moi. Pour ma part, je ne cherchais pas à me faire de nouveaux amis. J'avais une petite amie et je comptais bien la garder. Je lui ai envoyé plusieurs messages depuis le bord de la piscine, pour la rassurer.

Mais avec tous ces gens qui n'arrêtaient pas de me tendre des verres, quand le soleil a disparu derrière les montagnes, j'étais dans un sale état, et plein... de tout un tas d'idées.

Je devais trouver un moyen de commémorer ce voyage. Quelque chose qui symboliserait mon impression de liberté, de *carpe diem*.

Par exemple... un tatouage ?

Oui ! Parfait, un tatouage !

Sur l'épaule, peut-être ?

Non, trop visible.

Le bas du dos ?

Non, trop... osé.

Le pied ?

Oui. Sur la plante du pied. À l'endroit où elle avait un jour été à vif. Des couches et des couches de symboles.

Mais ce tatouage, il représenterait quoi ?

Je me suis creusé la tête. Qu'est-ce qui était important pour moi ? Qu'est-ce qui était sacré ?

Bien sûr... le Botswana.

J'avais repéré un salon de tatouage un peu plus bas sur la rue. J'ai espéré qu'ils avaient un bon atlas, avec une carte lisible du Botswana.

Je suis allé trouver Billy le Roc pour lui dire où nous allions. Il a souri.

Aucune chance.

Mes potes l'ont soutenu. *Certainement pas.*

Ils ont même promis qu'ils m'en empêcheraient par la force. Non, je me ferais pas tatouer, ont-ils dit, pas sous leur surveillance, et encore moins le Botswana sous le pied. Ils m'ont juré qu'ils me plaqueraient au sol, qu'ils m'assommeraient s'il le fallait.

Un tatouage, c'est permanent, Spike ! C'est pour toujours !

Ces arguments et ces menaces sont les derniers souvenirs clairs que j'ai gardés de la soirée.

J'ai cédé. Le tatouage attendrait demain.

À la place, nous sommes allés en boîte de nuit. Pelotonné dans l'angle d'une banquette en cuir, j'ai regardé défiler les jeunes femmes qui venaient nous dragouiller, vaguement discuté avec une ou deux, que j'ai encouragées à s'intéresser plutôt à mes potes. Mais j'ai passé le plus clair de mon temps les yeux dans le vague, à repenser à ce rêve de tatouage qu'on m'avait forcé à abandonner.

Nous sommes retournés à notre suite vers deux heures du matin. Mes potes ont invité quatre ou cinq employées de l'hôtel à nous rejoindre, ainsi que deux autres femmes qu'ils avaient rencontrées aux tables de blackjack. Bientôt, quelqu'un a suggéré un billard et ça me tentait bien. J'ai ramassé les billes et me suis lancé dans des parties de 8-Pool avec mes gardes du corps.

Puis j'ai remarqué les deux filles du blackjack qui traînaient autour de la table. Elles n'avaient pas l'air net. Mais quand elles ont demandé si elles pouvaient jouer, je n'ai pas voulu me montrer impoli. Tout le monde a participé tour à tour, mais nous n'étions pas des as.

J'ai suggéré un enjeu supplémentaire. Un strip billard, ça tentait quelqu'un ?

Réactions enthousiastes.

Dix minutes plus tard, j'étais bon dernier et en caleçon. Puis le caleçon aussi a dû tomber. Un tantinet ridicule mais sans conséquence, croyais-je. Jusqu'au lendemain où, en sortant de l'hôtel, j'ai tourné la tête et vu un de mes potes qui fixait son téléphone dans le soleil aveuglant du désert, bouche bée. Il m'a dit : Spike, une des filles du blackjack a pris des photos en douce et elle les a vendues.

Spike... t'es partout, mec.

Plus précisément, mon cul était partout. J'étais à poil devant le monde entier... en train de cueillir mon *diem*.

Billy le Roc avait lui aussi les yeux sur son téléphone et répétait en boucle : *C'est pas bon, ça, H.*

Il savait que j'allais morfler. Mais il savait aussi que ça n'allait pas être de la tarte non plus pour lui ni pour les autres gardes du corps. Ils risquaient leur place.

Je m'en voulais tellement : comment avais-je laissé ce truc se produire ? Comment avais-je pu être aussi bête ? Pourquoi avoir fait confiance ? J'avais compté sur les bonnes intentions d'inconnues, compté sur la décence de ces filles pas nettes et maintenant, j'allais devoir pour toujours en payer le prix. Ces images resteraient. Elles étaient permanentes. À côté, un tatouage du Botswana sous mon pied ne serait qu'une tache à l'encre de Chine.

Ma honte et ma culpabilité m'oppressaient par moments la poitrine. Et pendant ce temps, en Grande-Bretagne, les journaux avaient déjà commencé à me faire la peau.

«Le Retour de Harry l'Aristo».

«Prince Crétin a encore frappé».

J'ai pensé à Cress lisant les articles. À mes supérieurs à l'armée.

Qui allait me lourder en premier ?

Le temps de savoir, je suis parti en Écosse retrouver ma famille à Balmoral. C'était le mois d'août, tout le monde était là. Tiens, ai-je songé, Balmoral est pile ce qui manquait à ce cauchemar kafkaïen. Balmoral avec tous ses souvenirs compliqués et l'anniversaire de la mort de Maman dans quelques jours.

Peu après mon arrivée, je suis allé voir Papa à Birkhall, à côté. À ma surprise et à mon grand soulagement, il s'est montré gentil. Déconcerté, même. Il me plaignait, m'a-t-il dit ; bien qu'il n'ait jamais fini nu en une d'un journal, il savait ce que c'était. D'ailleurs, ce n'était pas vrai. Quand j'avais environ huit ans, un journal allemand avait publié des photos de lui nu, prises au téléobjectif alors qu'il passait des vacances en France.

Mais lui et moi avions tous les deux chassé ces images de nos têtes.

Ce qui est sûr, en revanche, c'est qu'il s'est souvent *senti* nu devant le monde, notre point commun. Nous avons discuté un long moment, assis près d'une fenêtre, de cette drôle de vie que nous menions, en regardant les écureuils roux de Birkhall gambader sur la pelouse.

Carpe diem, écureuils.

50.

Mes supérieurs à l'armée, comme Papa, n'ont pas fait d'histoire. Ils se fichaient bien que je joue au billard dans l'intimité d'une chambre d'hôtel, nu ou pas. Cela ne remettait rien en cause, m'ont-ils dit. Tous les signaux étaient au vert.

Mes camarades soldats m'ont également soutenu. Des hommes et des femmes en uniforme, partout dans le monde, ont posé nus, ou presque, couvrant leurs parties intimes avec des casques, des armes, des bérets, et posté les photos en ligne en solidarité avec le prince Harry.

Quant à Cress : après avoir entendu mon explication prudente et penaude, elle a conclu la même chose. C'était de la bêtise, pas de la débauche.

Je me suis excusé pour l'embarras que je lui avais causé.

La meilleure nouvelle de toutes étant qu'aucun de mes gardes du corps n'a perdu son poste ou n'a été sanctionné – surtout parce que j'ai tu le fait qu'ils se trouvaient là avec moi.

Les journaux britanniques, en revanche, pourtant informés que je m'apprêtais à partir au front, ont continué à se défouler sur moi, à fulminer comme si j'avais commis un crime capital.

C'était le bon moment pour partir.

Septembre 2012. Le même vol sans fin, mais cette fois je n'étais pas passager clandestin. Pas d'alcôve cachée, ni de lits superposés secrets. Cette fois, j'ai été autorisé à m'asseoir avec les autres soldats, à me sentir partie prenante d'une équipe.

Alors que nous atterrissions à Camp Bastion, cependant, j'ai compris que je n'étais pas exactement l'un d'eux. Certains avaient le cou crispé par le stress, la pomme d'Adam saillante. Je me souvenais de ce sentiment, mais je l'éprouvais pour ma part quand je rentrais chez moi. Plus de quatre ans après, contre toute attente, j'étais enfin de retour. En tant que capitaine (j'avais été promu depuis mon premier déploiement en Afghanistan).

J'avais droit à plus de confort cette fois. Comparé à ma précédente mission, le logement était en fait digne de Las Vegas. Les pilotes étaient traités – impossible d'éviter le mot, tout le monde l'employait – comme des princes. Les lits étaient douillets, les chambres propres. Chambres qui, de surcroît, étaient de vraies chambres, et non des tranchées ou des tentes. Toutes étaient même équipées d'un climatiseur.

On nous a accordé une semaine pour prendre nos marques à Bastion et récupérer du décalage horaire. Les autres occupants du camp se montraient serviables, ravis de nous montrer les ficelles.

Capitaine Wales, voilà les latrines !

Capitaine Wales, ici vous trouverez de la pizza chaude !

On aurait presque dit un voyage scolaire, jusqu'à la veille de mon vingt-huitième anniversaire. Ce jour-là, alors que je rangeais mes affaires dans ma chambre, les sirènes ont retenti. J'ai ouvert ma porte, jeté un œil dehors. Tout le long du couloir, d'autres portes s'ouvraient, d'autres têtes apparaissaient.

Mes deux gardes du corps ont accouru. (J'avais des gardes du corps cette fois, il y avait la place de les loger et, ici, ils pouvaient passer inaperçus : nous étions plusieurs milliers à vivre dans cet endroit.) L'un d'eux a dit : *On est attaqués !*

Nous avons entendu des explosions au loin, près des hangars à avion. J'ai voulu courir vers mon Apache, mais mes gardes du corps m'en ont empêché.

Bien trop dangereux.

Nous avons entendu des cris à l'extérieur : *Préparez-vous ! PRÉPAREZ-VOUS !*

Nos gilets pare-balles enfilés, nous sommes sortis dans le couloir attendre les instructions suivantes. Pendant que je vérifiais mon casque et ma tenue, un garde du corps marmonnait en boucle à côté de moi : *Je savais que ça allait arriver, je le savais, je l'ai dit à tout le monde, mais personne ne m'a écouté, on me disait de la fermer, mais je leur disais, je leur disais, il va arriver quelque chose à Harry ! Ta gueule, on me répondait, et voilà !*

Il avait un fort accent écossais et me rappelait souvent Sean Connery, ce qui dans d'autres circonstances était charmant, mais là, on aurait dit Sean Connery en pleine crise d'angoisse. Coupant court à ses jérémiades de Cassandre incomprise, je lui ai demandé de la mettre en veilleuse.

Je me sentais à poil. Je n'avais que mon 9 mm, mon SA80A était sous clé. J'avais mes gardes du corps, mais il me fallait mon Apache – le seul endroit où je me sentirais en sécurité. Et utile. Je devais riposter, mitrailler nos assaillants, quels qu'ils soient.

De nouveau des explosions, plus fortes. Les vitres ont tremblé. On voyait des flammes maintenant. Des Cobras américains sont arrivés au-dessus de nos têtes, tout le bâtiment a vibré avec eux. Ils ont fait feu. Des Apache ont fait feu. Un rugissement impressionnant a envahi la pièce. Nous étions tous remplis d'effroi et d'adrénaline. Mais nous, les pilotes d'Apache, trépignons sur place, pressés de rejoindre nos cockpits.

Quelqu'un m'a rappelé que Bastion était plus ou moins aussi grand que la ville de Reading, 160 000 habitants. Comment arriver jusqu'aux hélicos sans carte, en essuyant des tirs ?

Et la fin de l'alerte est arrivée.

Les sirènes se sont tues. Le grondement des rotors s'est éloigné.

Bastion était de nouveau sûr.

Mais les pertes étaient lourdes. Deux soldats américains avaient été tués. Dix-sept autres, américains et britanniques, blessés.

Nous avons passé cette journée, puis la suivante, à reconstituer l'événement. Des combattants talibans s'étaient procuré des uniformes américains et glissés à l'intérieur du camp en découpant le grillage.

Ils ont découpé le grillage ?

Ouaip.

Pourquoi ?

En résumé : pour moi.

Ils ont dit qu'ils cherchaient le prince Harry.

Les talibans ont bel et bien diffusé une déclaration : le prince Harry était notre cible. Et la date de l'assaut avait été soigneusement choisie.

Ils avaient fait en sorte qu'elle coïncide avec mon anniversaire.

Je n'étais pas sûr de le croire.

Je ne voulais pas le croire.

Mais une chose était certaine : les talibans avaient appris que j'étais sur la base et connaissaient les détails de mon déploiement grâce à une couverture non-stop de la presse britannique.

51.

Après l'attaque, il a été question de me retirer des combats. De nouveau.

Je ne supportais pas d'y penser. L'idée était trop horrible.

Pour la chasser, je me suis jeté corps et âme dans le travail, j'ai épousé son rythme.

Heureusement, j'avais un emploi du temps rigide : deux jours d'opérations planifiées, trois jours en VHR (Very High Readiness, niveau de préparation très élevé). En d'autres termes, rester assis sous une tente et attendre les ordres.

La tente de VHR ressemblait à une salle pour étudiants à la fac. La collégialité, l'ennui – la pagaille. Il y avait plusieurs canapés en cuir abîmé, un grand Union Jack sur le mur, des trucs à grignoter partout. Pour passer le temps, nous jouions à FIFA, buvions des litres de café en feuilletant des magazines pour hommes. (*Loaded* avait pas mal la cote.) Puis l'alarme sonnait et tout d'un coup, l'université, comme toutes les autres époques de ma vie, semblait à des années-lumière.

Un des gars a dit qu'on était des pompiers surcotés. Il n'avait pas tort. Jamais tout à fait endormis, jamais tout à fait détendus, toujours prêts à l'action. Qu'on soit en train de boire un café, de manger une glace, de pleurer l'absence d'une fille, de discuter de foot, nos sens restaient en alerte et nos muscles tendus vers l'alarme.

Ladite alarme était un téléphone. Rouge, simple, sans clavier, sans cadran, juste un socle et un combiné. Avec une sonnerie à l'ancienne, *so british. Drrring.* Un son qui me rappelait vaguement quelque chose, mais au début je ne savais pas trop quoi. Puis ça m'est revenu. Exactement la même sonnerie que le téléphone de Grand-mère à Sandringham, sur le grand bureau dans l'immense salon où elle prenait les appels entre les parties de bridge.

Nous étions toujours quatre dans la tente VHR. Deux équipages de vol de deux hommes, un pilote et un tireur. J'étais tireur et Dave était mon pilote – grand, mince, physique de marathonien, et d'ailleurs, c'en était un. Il avait les cheveux noirs et courts, et la peau méchamment brûlée par le soleil du désert.

Il était aussi doté d'un sens de l'humour profondément énigmatique. Plusieurs fois par jour, je me demandais : Il est sérieux ou il est sarcastique ? Je ne savais jamais. Je me disais qu'il allait me falloir du temps pour comprendre ce type. Mais je n'y suis jamais parvenu.

Quand le téléphone rouge sonnait, trois d'entre nous foncions vers les Apache, pendant que le quatrième décrochait pour recevoir les détails de l'opération que lui communiquait une voix à l'autre bout du fil. Qu'est-ce qu'on attendait de nous ? Une évacuation sanitaire ? Un engagement opérationnel ? Si c'était ce dernier, à quelle distance se trouvaient les troupes, en combien de temps pouvions-nous les rejoindre ?

Une fois dans l'Apache, on lançait l'air conditionné, on bouclait nos gilets pare-balles et nos ceintures de sécurité. J'allumais l'une des quatre radios pour obtenir plus de détails sur la mission, tapais les coordonnées GPS dans l'ordinateur de bord. La première fois, vérifier l'ensemble des commandes d'un Apache avant de décoller est l'affaire d'une heure au moins. Au bout de quelques semaines à Bastion, Dave et moi le faisions en huit minutes. Mais ça paraissait encore une éternité.

Nous étions toujours lourds. Du carburant à ras bord, un stock complet de missiles et assez de cartouches de calibre 30 pour transformer en gruyère un immeuble de ciment – on sentait littéralement tout ce poids nous tirer vers le bas, nous lier à la Terre. Lors de ma première mission, un engagement opérationnel, j'ai détesté cette impression, le contraste entre l'urgence et la pesanteur.

Je me rappelle les murs en sac de sable de Bastion à quelques centimètres à peine, franchis sans tressaillir, sans réfléchir à deux fois. On avait du boulot, des vies à sauver. Puis, quelques secondes plus tard, le clignotement d'un voyant : *ENG CHIPS*.

Autrement dit : il fallait se poser. Tout de suite.

Merde. En plein territoire taliban. J'ai repensé à Bodmin Moor. Et puis je me suis dit... et si ce voyant, on l'ignorait ?

Non, Dave faisait déjà demi-tour.

Il avait plus d'expérience. C'était son quatrième déploiement, il connaissait par cœur ces voyants. Il y en avait qu'on pouvait ignorer, en effet – comme ils clignotaient sans arrêt, on les débranchait pour les faire taire – mais pas celui-là.

Je me sentais trahi. Je voulais foncer, foncer, foncer. J'étais prêt à prendre le risque de m'écraser, d'être fait prisonnier – peu importe. Il n'y a pas à hésiter, il n'y a pas à s'interroger, comme disait l'arrière-grand-père de Flea – ou Lord Alfred Tennyson, peu importe. En gros : advienne que pourra.

52.

Je ne me suis jamais complètement fait à la vitesse extraordinaire de l'Apache.

Nous survolions le plus souvent une cible à l'allure civilisée de soixante-dix nœuds. Mais souvent, pour arriver rapidement sur zone, nous poussions la machine jusqu'à cent quarante-cinq nœuds. Et comme on venait à peine de décoller, on aurait dit que c'était trois fois plus vite encore. Quel privilège, me disais-je, de faire l'expérience d'une telle puissance brute et de la mettre au service de notre camp.

Voler à très basse altitude était la procédure standard. Les combattants talibans avaient plus de mal à nous repérer. Hélas, les gamins du coin pouvaient aussi plus facilement nous jeter des pierres. Et ils ne s'en privaient jamais. Hormis quelques missiles sol-air russes, ces canardages étaient plus ou moins la seule défense anti-aérienne à disposition de l'ennemi.

Le problème n'était pas tant de lui échapper, cependant, que de le trouver. En la matière, les talibans s'étaient beaucoup améliorés depuis mon premier déploiement il y a quatre ans. L'adaptabilité est une qualité des humains, mais ce n'est jamais aussi vrai que dans une guerre. Les talibans avaient calculé avec précision le temps qu'ils avaient entre le premier contact avec nos troupes et l'arrivée de la cavalerie à l'horizon, quelques minutes plus tard, et leurs horloges internes étaient infaillibles. Ils tiraient autant qu'ils pouvaient, puis disparaissaient.

Ils se cachaient mieux, aussi. Ils pouvaient sans effort passer inaperçus dans un village, se fondre parmi les civils ou s'évaporer dans leurs réseaux de tunnels. Ils ne prenaient pas la fuite – c'était plus diffus que ça, plus mystique.

Nous ne baissions pas facilement les bras pour autant. On ratissait la zone en décrivant des cercles dans le ciel parfois pendant deux heures. (Au bout de deux heures, l'Apache était à court de carburant.) Et comme il arrivait qu'on refuse de lâcher l'affaire même passé ce délai, on refaisait le plein.

Un jour, j'ai refait le plein trois fois et passé huit heures en vol.

Quand on est enfin rentrés à la base, la situation était critique : je n'avais plus de sacs à pisse.

53.

J'AI ÉTÉ LE PREMIER DE MON ESCADRON à tirer plein de colère. Je me souviens de cette nuit-là mieux que d'aucune autre dans ma vie. Nous étions dans la tente de VHR, le téléphone rouge a sonné, on s'est rués vers l'hélico. Dave et moi avons vérifié les commandes en vitesse, j'ai rassemblé les détails de la mission : l'un des points de contrôle les plus proches de Bastion était la cible de tirs à l'arme légère. Il fallait y foncer et localiser leur provenance. Nous avons décollé, franchi le mur, avant de monter à la verticale jusqu'à quinze mille pieds. Quelques instants plus tard, j'ai fait pivoter la vision de nuit vers la zone ciblée. *Là !*

Huit points de chaleur, à huit kilomètres. Des taches thermiques – qui s'éloignaient de la zone de contact.

Dave a dit : *Ça doit être eux !*

Ouais – pas de combattants amis qui patrouillent par ici ! Surtout à cette heure.

Il faut en être sûrs. Fais-toi confirmer qu'il n'y a pas de patrouille à l'extérieur.

J'ai appelé le JTAC. Confirmé : pas de patrouille.

Nous avons filé sur eux. Les huit se sont rapidement scindés en deux groupes de quatre. Ils avançaient lentement le long d'un sentier, à égale distance les uns des autres. C'était notre technique en patrouille – nous imitaient-ils ?

Ils ont sauté sur des mobylettes, certains à deux, certains seuls. J'ai annoncé au contrôleur que nous avions les huit cibles en visuel, demandé l'autorisation de tirer. Une autorisation était obligatoire, hors situation de légitime défense ou de danger imminent.

Il y avait sous mon siège un canon de calibre 30, plus deux Hellfire, des missiles guidés de cinquante kilos qu'on pouvait équiper d'ogives différentes, dont une était excellente pour oblitérer des cibles à haute valeur. En plus des Hellfire, nous avions quelques roquettes air-sol non guidées, qui sur notre Apache à nous étaient des fléchettes. Pour tirer une fléchette, il fallait positionner l'hélicoptère nez vers le bas à un angle précis, condition *sine qua non* pour que la roquette parte et lâche son nuage de dards – une explosion mortelle de fléchettes en tungstène de quatre-vingt-cinq pouces. Je me suis souvenu que, à Gamsir, on racontait comment nos troupes avaient dû aller chercher jusque dans les arbres des morceaux de combattants talibans touchés par ces fléchettes.

Dave et moi étions prêts à faire feu. Mais l'autorisation tardait à venir.

Nous avons attendu. Et attendu encore. Pendant que, sous nos yeux, les talibans se dispersaient à vitesse grand V.

J'ai dit à Dave : *Si j'apprends plus tard qu'un de ces types a blessé ou tué un des nôtres après qu'on l'a laissé s'échapper...*

Nous avons filé le train à deux motos le long d'une route sinueuse.

Ils se sont séparés.

Nous en avons choisi une, que nous avons suivie.

Le contrôle a enfin répondu.

Ces gens que vous suivez... quel est leur statut ?

J'ai secoué la tête et pensé : *Disparus dans la nature pour la plupart, à cause de votre lenteur.*

Mais j'ai dit : *Ils se sont séparés, on ne suit plus qu'une seule moto.*

Permission de tirer.

Dave a suggéré le Hellfire. L'idée me rendait nerveux, alors j'ai fait feu avec le calibre 30.

Grave erreur. J'ai touché la moto. Un homme était à terre, vraisemblablement mort, mais l'autre a couru se réfugier dans un bâtiment.

Nous avons décrit des cercles autour de la zone, appelé en renfort des troupes au sol.

T'avais raison, ai-je dit à Dave. *J'aurais dû tirer le Hellfire.*

Pas de souci, m'a-t-il répondu. *C'était ta première fois.*

Bien après notre retour à la base, je me suis livré à une sorte de scan mental. J'étais déjà allé au combat, j'avais déjà tué, mais cette fois, c'était mon contact le plus direct avec l'ennemi. Les autres missions m'avaient paru plus impersonnelles. Cette fois, c'était les yeux sur la cible, le doigt sur la détente et puis feu.

Je me suis interrogé : Comment je me sentais ?

Traumatisé ?

Non.

Triste ?

Non.

Surpris ?

Non. Préparé à tous points de vue. En train de faire mon boulot. Ce pourquoi nous étions entraînés.

Je me suis demandé si j'étais sans cœur, si je m'étais peut-être blindé. Je me suis demandé si mon absence de réaction était le résultat d'une longue ambivalence quant à la mort.

Je ne le pensais pas.

L'équation était simple. Il s'agissait de sales types qui faisaient de sales trucs à nos hommes. Ils étaient nuisibles pour le monde. Si ce type que je venais de mettre hors d'état de nuire n'avait encore tué aucun soldat britannique, ça n'aurait su tarder. L'abattre revenait à sauver des vies britanniques, à épargner des familles britanniques. Cela signifiait aussi moins de jeunes hommes et de jeunes femmes rapatriés sur des lits médicalisés, le corps bandé comme une momie, à l'instar de ceux qui se trouvaient dans mon avion quatre ans plus tôt, ou des blessés à qui j'avais rendu visite à Selly Oak et dans d'autres hôpitaux, ou bien encore de l'équipe courageuse avec qui j'avais marché vers le pôle Nord.

Alors ce que j'avais en tête par-dessus tout ce jour-là, la seule chose même, c'était mon regret que le contrôle ne nous ait pas répondu plus tôt, ne nous ait pas donné plus vite la permission de tirer, pour abattre aussi les sept autres.

Et pourtant... Un jour où j'en parlais à un pote, bien plus tard, celui-ci m'a demandé : *Tu crois que ça a joué, le fait que ces tueurs soient à moto ? Le véhicule de choix des paparazzis aux quatre coins du monde ?* Pourrais-je en toute honnêteté assurer qu'au moment où je poursuivais ces types, pas une seule particule de mon être n'a songé aux motos qui poursuivaient une Mercedes dans un tunnel parisien ?

Ou aux motos qui m'avaient poursuivi, moi, des milliers de fois ?

Je n'en savais rien.

54.

L'UN DE NOS DRONES avait observé l'armée talibane en train de former ses combattants.

Contrairement à ce qu'on croyait souvent, les talibans étaient bien armés. Leur équipement n'avait rien à voir avec le nôtre, mais ça restait un bon équipement, efficace – quand on s'en servait correctement. Si bien qu'ils avaient souvent besoin de mettre leurs soldats à niveau. Ils organisaient pour ce faire des sessions dans le désert, où des instructeurs faisaient la démonstration des dernières livraisons russes ou iraniennes. La leçon filmée par le drone semblait être une de celles-là. Une leçon de tir.

Le téléphone rouge a sonné. Posant aussitôt nos tasses et nos manettes de PlayStation, nous avons couru jusqu'aux Apache pour nous envoler vers le nord, à vingt-cinq pieds du sol.

La nuit commençait à tomber. Les contrôleurs nous ont ordonné d'attendre, à environ huit kilomètres.

On distinguait à peine la zone cible dans la pénombre grandissante. Juste des ombres qui se déplaçaient.

Des vélos contre un mur.

Attendez, nous a-t-on dit.

Alors, décrivant cercle après cercle, nous avons attendu.

Le souffle court.

Puis le signal est arrivé : Fin de la leçon de tir. Allez hue. C'est parti, c'est parti !

L'instructeur, la cible à haute valeur, était à moto, l'un de ses élèves derrière lui. Nous avons foncé vers eux en hurlant, ils roulaient à quarante kilomètres-heure, l'un d'eux portait une mitrailleuse PKM au canon encore chaud. Le pouce au-dessus du curseur, j'ai regardé l'écran, attendu. *Là !* J'ai appuyé sur une détente pour déclencher le pointeur laser et sur une autre pour tirer le missile.

La commande de tir était remarquablement similaire à la manette de PlaySation que j'avais dans la main il y a peu.

Le missile est tombé au ras des rayons de la roue. Pile à l'endroit où on m'avait appris à viser. Trop haut, il y avait le risque de passer au-dessus de la tête. Trop bas, on ne touchait que la terre et le sable.

Delta Hotel. Dans le mille.

J'ai enchaîné avec le calibre 30.

L'endroit où la moto s'était trouvée n'était plus qu'un nuage de fumée et de flammes.

Bien joué, a dit Dave.

Nous avons fait demi-tour, commenté ensuite la vidéo.

Un tir parfait.

Quelques autres parties de PlayStation.

Puis au lit.

55.

Avec les Hellfire, la précision peut s'avérer difficile. Les Apache volent à une telle vitesse que bien viser est compliqué. Au moins pour certains. J'ai acquis une précision chirurgicale, comme si je tirais des fléchettes dans un pub.

Mes cibles bougeaient vite, elles aussi. La moto la plus rapide que j'ai abattue roulait à cinquante kilomètres-heure. Le conducteur, un commandant taliban qui avait ordonné de tirer sur nos troupes la journée durant, tournait de temps en temps la tête vers nous, plié en deux sur le guidon. Il filait volontairement entre les villages, pour utiliser les civils comme bouclier. Les personnes âgées, les enfants, tous n'étaient que des accessoires à ses yeux.

Nos fenêtres de tirs se résumaient aux créneaux d'une minute entre chaque village.

Je me souviens de Dave me criant : *Deux cents mètres et puis c'est zone interdite.*

En d'autres termes : deux cent mètres avant que ce commandant taliban ne se planque derrière un autre enfant.

J'ai de nouveau entendu Dave : *Arbres à gauche, mur à droite. Compris.*

Dave nous a mis à cinq heures, il est descendu à six cents pieds. *Maintenant !*

J'ai tiré. Le Hellfire a dégommé la moto, l'a envoyée voler dans un petit bosquet. Dave nous a emmenés vers les arbres et, à travers les volutes de fumée, nous avons aperçu une boule de feu. Et la moto. Mais pas de corps.

J'étais prêt à enchaîner avec le canon de calibre 30, à arroser la zone, mais je ne voyais rien à mitrailler.

Nous avons encore tourné un moment. Je commençais à stresser. *Il s'est tiré, tu crois ?*

Le voilà !

À quelques mètres sur la droite de la moto : un corps au sol. *Confirmé.*

Et nous sommes partis.

56.

Trois fois, nous avons été appelés dans cet endroit sinistre : un alignement de bunkers surplombant une route très fréquentée. Selon nos renseignements, des combattants talibans s'y rassemblaient régulièrement. Ils arrivaient dans trois vieilles bagnoles, équipés de lance-roquettes et de fusils mitrailleurs, se mettaient en position et guettaient le passage de camions.

Les contrôleurs les avaient vus faire exploser au moins un convoi.

Il y avait parfois une demi-douzaine d'hommes, parfois trente. Oui, c'étaient bien des talibans, aucun doute.

Mais trois fois nous sommes allés là-bas pour livrer bataille, et aucune de ces trois fois nous n'avons obtenu la permission de tirer. Nous n'avons jamais su pourquoi.

Cette fois-ci, nous étions déterminés à ce que ce soit différent.

Arrivés rapidement sur les lieux, nous avons repéré un camion à l'approche et vu les hommes le prendre pour cible. Ça sentait mauvais pour lui. Ce camion est foutu, avons-nous dit, sauf si nous agissons.

Nous avons demandé la permission de tirer.

Refusée.

Nous avons redemandé. *Contrôle au sol, demandons la permission de tirer sur cible hostile... !*

Bougez pas...

Boum ! Un éclair gigantesque suivi d'une explosion sur la route.

En hurlant, nous avons redemandé qu'on nous autorise à tirer.

Bougez pas... on attend le OK du commandant au sol.

On a foncé toutes pales dehors, aperçu le camion en miettes, et les types ont sauté dans leurs bagnoles et sur leurs motos. Nous avons pris en chasse deux motos, en suppliant qu'on nous accorde la permission de tirer. La demande avait changé de nature : il n'était plus question d'empêcher quoi que ce soit, mais de répliquer à un acte commis sous nos yeux.

Ce genre de permission s'appelait 429 Alpha.

On a une Quatre Deux Neuf Alpha ?

Bougez pas...

Empêtrés dans la bureaucratie de la guerre, dans la réticence des hauts gradés à nous laisser faire ce pour quoi on nous avait entraînés, nous avons suivi les deux motos à travers plusieurs villages. Nos frustrations étaient peut-être les mêmes que celles des soldats dans toutes les guerres. Nous voulions nous battre : nous ne comprenions pas les considérations plus globales, la géopolitique sous-jacente. La vision d'ensemble. En public comme en privé, certains officiers disaient souvent craindre que chaque taliban tué n'en crée trois nouveaux, d'où leur grande prudence. Parfois, on se disait qu'ils avaient raison : on créait bel et bien de nouveaux talibans. Mais il devait exister une meilleure réponse qu'assister depuis le ciel au massacre d'innocents.

Cinq minutes sont devenues dix, puis vingt.

La permission n'est jamais venue.

57.

TOUTES LES NEUTRALISATIONS ÉTAIENT FILMÉES. L'Apache voyait tout. La caméra au nez de l'appareil enregistrait tout. Si bien qu'après chaque mission, la vidéo était soigneusement visionnée.

De retour à Bastion, nous allions glisser la vidéo dans une machine qui projetait l'intervention sur des écrans plasma muraux. Un commandant d'escadron collait ses yeux à l'écran pour examiner minutieusement les images en marmonnant dans sa barbe. Il ne se contentait pas de chercher des erreurs, il espérait en trouver. Il voulait nous prendre en défaut.

Nous le traitions de tous les noms derrière son dos. Nous étions à deux doigts de le faire face à lui. *Vous êtes dans quel camp, exactement ?*

Mais il n'attendait que ça. Il essayait de nous provoquer, de nous pousser à prononcer des paroles interdites.

Pourquoi ?

Par jalousie, a-t-on décrété.

Ça le bouffait de n'avoir jamais appuyé sur la détente durant un combat. De n'avoir jamais attaqué l'ennemi.

Alors il nous attaquait nous.

Malgré tous ses efforts, il n'a jamais trouvé la moindre irrégularité dans aucune de nos interventions. J'ai participé à six missions qui se sont terminées par des morts, et toutes ont été jugées justifiées par un homme qui tenait à nous crucifier. Moi aussi, je les trouvais justifiées.

L'attitude du commandant d'escadron était exécrable parce qu'il exploitait une peur réelle et légitime. Une peur qu'on partageait tous. L'Afghanistan était une guerre faite d'erreurs, une guerre entachée d'énormes dommages collatéraux – des milliers d'innocents tués et mutilés. La chose nous hantait. Quand je suis arrivé, mon but a donc été de ne jamais me coucher le soir en doutant du bien-fondé de mes actes, en doutant que mes cibles étaient les bonnes, que je tirais sur des talibans et seulement sur des talibans, sans civil à proximité. Je voulais rentrer en Grande-Bretagne en un seul morceau, bien sûr, mais surtout la conscience intacte. Ce qui impliquait d'être sûr de mes actes et de leur raison d'être, toujours.

La plupart des soldats ne peuvent pas vous dire précisément à combien de personnes ils ont ôté la vie. Au cours d'une bataille, on tire souvent de manière indiscriminée. Mais à l'ère des Apache et des ordinateurs portables, tout ce que je faisais lors de mes deux déploiements en Afghanistan était enregistré, horodaté. Je pouvais tenir en temps réel le compte exact des combattants ennemis que j'avais tués. Et ce chiffre, je jugeais vital de l'avoir toujours en tête. Parmi les nombreux enseignements que j'ai tirés de l'armée, la responsabilité figure en haut de la liste.

Mon chiffre, donc : vingt-cinq. Je n'en tirais aucune satisfaction. Mais je n'en tirais aucune honte non plus. Naturellement, j'aurais préféré ne pas avoir ce chiffre sur mon CV de militaire, ni dans ma tête, mais j'aurais tout autant préféré vivre dans un monde sans talibans et sans guerre. Même pour un adepte occasionnel de la pensée magique tel que moi, certaines réalités ne changent pas.

Dans la chaleur et le brouillard du combat, ces vingt-cinq cibles abattues ne m'apparaissaient pas comme des personnes. Sans ça, on ne peut pas tuer. On ne peut pas blesser. Ce n'étaient pas des gens mais des pièces d'un jeu d'échecs qu'on faisait disparaître du plateau, des Méchants qu'on supprimait avant qu'ils tuent des Gentils. J'avais été entraîné – et bien entraîné – à en faire des « autres ». J'avais conscience qu'un tel détachement, sur un certain plan, pouvait être problématique. Mais il m'apparaissait inévitable pour un soldat.

Une autre réalité qu'on ne pouvait pas changer.

Ça ne faisait pas de moi un automate pour autant. Je n'ai jamais oublié ce salon télé à Eton, celui avec les portes bleues, où j'avais vu fondre les tours du World Trade Center et les gens sauter du toit et des fenêtres. Je n'ai jamais oublié les parents, les épouses et les enfants rencontrés à New York, accrochés aux photos de leurs mères et de leurs pères écrasés, vaporisés, brûlés vifs. Le 11-Septembre était monstrueux, indélébile, et tous ceux qui en étaient responsables, ainsi que leurs sympathisants, leurs alliés et leurs successeurs n'étaient pas simplement nos ennemis mais des ennemis de l'humanité. Les combattre revenait à punir l'un des crimes les plus atroces de l'histoire du monde et à faire en sorte qu'il ne se reproduise plus.

Alors que mon tour de service approchait de sa fin, aux alentours de Noël 2012, j'avais des questions et des scrupules au sujet de la guerre, mais aucun n'était d'ordre moral. Je croyais toujours en la Mission, et les seuls tirs que je regrettais étaient ceux auxquels je n'avais pas pu me livrer. Comme par exemple cette fameuse nuit où des Gurkhas nous avaient appelés à l'aide. Ils avaient été pris au piège dans un nid de combattants talibans. Mais en chemin, le système de communication a lâché et nous n'avons pas pu aider. Ça me hante toujours : l'appel radio de mes frères gurkhas, le souvenir de tous les Gurkhas que j'ai connus et aimés, l'impossibilité d'agir.

Au moment de faire mes sacs et de dire au revoir, pour être honnête avec moi-même, j'avais de nombreux regrets. Mais des regrets sains. Je regrettais ce que je n'avais pas fait, les fois où je n'avais pas pu aider des Britanniques et des Américains.

Je regrettais que le boulot ne soit pas terminé.

Et par-dessus tout, je regrettais que l'heure soit venue de partir.

58.

J'AI FOURRÉ DANS MON SAC À DOS mes vêtements sales et deux souvenirs : un tapis acheté dans un bazar et une cartouche du calibre 30 de l'Apache.

Première semaine de 2013.

Avant d'embarquer dans l'avion avec les autres soldats, j'ai pénétré dans une tente et pris place sur l'unique chaise vide.

L'interview obligatoire avant mon départ.

Le journaliste sélectionné m'a demandé ce que j'avais fait en Afghanistan.

Je le lui ai dit.

Il m'a demandé si j'avais tiré sur l'ennemi.

Quoi ? Oui.

Il a eu un mouvement de recul. Surpris.

Que croyait-il qu'on faisait ici ? Qu'on vendait des abonnements à des magazines ?

Il m'a demandé si j'avais tué.

Oui...

De nouveau, la surprise.

J'ai tenté d'expliquer : *C'est la guerre, mon gars, vous savez ?*

La conversation a viré sur la presse. J'ai dit au journaliste que pour moi, les journaux britanniques étaient merdiques, surtout concernant mon frère et ma belle-sœur, harcelés en permanence depuis qu'ils avaient annoncé qu'ils attendaient un bébé.

Ils méritent d'avoir tranquillement leur bébé.

J'ai avoué que mon père m'avait supplié de cesser de penser aux médias, d'arrêter de lire les journaux. J'ai avoué que chaque fois que j'en ouvrais un, je me sentais coupable parce que ça faisait de moi leur complice. *Tout le monde est coupable d'acheter les journaux. Mais avec un peu de chance, personne ne croit ce qu'ils racontent.*

Bien sûr qu'ils y croyaient, pourtant. Les gens y croyaient et c'était tout le problème. Les Britanniques, l'un des peuples les mieux éduqués au monde, étaient aussi l'un des plus crédules. Même s'ils ne croyaient pas chaque mot, un doute planait toujours. *Hmm, il n'y a sans doute pas de fumée sans feu...* Même quand une information était réfutée, même quand on avait établi sans équivoque possible qu'elle était fausse, il restait ce petit bout de croyance du début.

Surtout si le mensonge était négatif. De tous les biais humains, le « biais de négativité » est le plus résistant. Il est profondément incrusté dans nos cerveaux. Privilégier le négatif, accorder la priorité au négatif – c'est à ça que nos ancêtres doivent leur survie. Et c'est ce sur quoi ces foutus journaux comptent, voilà ce que je voulais dire.

Mais je ne l'ai pas dit. Ce n'était pas ce genre de discussion. Ce n'était pas une discussion du tout. Le journaliste voulait passer à autre chose, parler de Las Vegas.

Harry le Sale Gosse, hein ? Harry l'Aristo.

L'idée de dire au revoir à l'Afghanistan me provoquait un mélange d'émotions complexes, mais concernant ce type, je n'avais qu'une hâte : en finir.

Mon escadron et moi avons d'abord rejoint Chypre, pour ce que l'armée appelait « la décompression ». N'ayant pas eu droit à ça après ma première mission, j'étais pressé d'en faire l'expérience, mais pas autant que mes gardes du corps. *Une bière fraîche ! Enfin !*

Tout le monde s'est vu remettre exactement deux canettes. Pas une de plus. Comme je n'aimais pas la bière, j'ai donné les miennes à un soldat qui avait l'air d'en avoir plus besoin que moi. Il a réagi comme si je lui avais donné une Rolex.

On nous a ensuite emmenés voir un spectacle de stand-up. Notre présence était presque obligatoire. Les organisateurs de l'événement étaient pleins de bonnes intentions : ils voulaient nous offrir un peu de légèreté après l'enfer. Et, pour être honnête, certains ont ri. Mais la plupart non. Même si on l'ignorait encore, mentalement, on était en miettes. Il y avait les souvenirs à digérer, les plaies psychologiques, des genres de questions existentielles aussi. (On nous avait dit qu'un prêtre était disponible si nous avions besoin de parler, mais je ne me rappelle pas avoir vu quelqu'un l'approcher.) Alors on a assisté à ce spectacle comme on poireautait dans la tente de VHR. Dans un état d'arrêt temporaire des fonctions vitales. En attendant la suite.

Je plaignais ces comédiens. On n'était pas un public facile.

Avant qu'on quitte Chypre, quelqu'un m'a dit que j'étais partout dans les journaux.

Ah ouais ?

L'interview.

Merde. J'avais complètement oublié.

Apparemment, le fait que j'aie avoué avoir tué des gens avait fait pas mal de bruit. Au cours d'une guerre.

On me reprochait d'être... un assassin ?

Et de prendre ça à la légère.

J'avais mentionné, en passant, que les commandes de l'Apache me rappelaient une manette de jeux vidéo. Et donc :
Harry compare tuer et jouer aux jeux vidéo !
J'ai jeté le journal. Il était où, ce prêtre ?

59.

J'AI ENVOYÉ UN SMS à Cress pour la prévenir de mon retour. Elle m'a répondu aussitôt qu'elle était soulagée, et ça m'a soulagé.
Je ne savais pas trop à quoi m'attendre.
Je voulais la voir. Mais nous n'avons pas fait de projet. Pas lors de ce premier échange. Il y avait de la distance, de la raideur.
Tu as l'air différent, Harry.
Je ne me sens pas différent.
Je ne voulais pas qu'elle pense que je l'étais.
Une semaine plus tard, des copains ont organisé un dîner chez mon pote Arthur. Bienvenue chez toi, Spike ! Cress est arrivée avec ma cousine Eugenie – alias Euge. En les prenant dans mes bras toutes les deux, j'ai vu leur air choqué.
Elles m'ont dit que j'avais l'air complètement différent.
Plus râblé ? Plus massif ? Plus vieux ?
Oui, oui, tout ça. Mais pas seulement. Un autre truc aussi, qu'elles n'arrivaient pas à définir.
Et ça avait l'air d'effrayer ou de rebuter Cressida.
On est tombés d'accord : ce n'étaient pas des retrouvailles. Ça ne pouvait pas l'être. Car on ne peut pas retrouver quelqu'un qu'on ne connaît pas. Si on voulait continuer à se voir – et c'était clairement mon cas – il allait falloir tout reprendre à zéro.
Salut, moi, c'est Cress.
Et moi Haz. Enchanté.

60.

TOUS LES MATINS, je me levais, je partais pour la base et je faisais mon boulot, sans y prendre aucun plaisir. Je n'y trouvais pas de sens.

Je m'ennuyais. À en pleurer.

Pour la première fois depuis des années, je n'avais plus de but. Plus d'objectif.

Tous les soirs, je me demandais : *Et maintenant ?*

Je suppliais mes supérieurs de me renvoyer là-bas.

Où ça ?

À la guerre.

Oh, disaient-ils. *Ha ha, non.*

En mars 2013, j'ai appris que le Palais voulait me confier une autre tournée royale. Ma première depuis les Caraïbes. Cette fois : l'Amérique.

J'étais content que ça vienne interrompre la monotonie ambiante. Mais d'un autre côté, j'étais inquiet à l'idée de retourner sur les lieux du crime. Je craignais de devoir endurer tous les jours des questions sur Las Vegas.

Non, m'ont assuré les officiels de la Cour. Impossible. Le temps et la guerre avaient éclipsé Las Vegas. C'était strictement une tournée de bienfaisance, destinée à attirer l'attention sur la rééducation des blessés de guerre britanniques et américains. *Personne ne mentionnera Las Vegas, monsieur.* On passe à mai 2013 ; je suis en train de faire le tour des dégâts causés par l'ouragan Sandy, en compagnie du gouverneur du New Jersey Chris Christie. Le gouverneur m'a offert une polaire bleue, que la presse a présentée comme étant... *sa manière de me garder tout habillé*. En fait, c'est Christie lui-même qui l'a présenté ainsi. Un journaliste lui a demandé ce qu'il pensait de mon séjour à Las Vegas, et Christie a promis que si je passais toute la journée avec lui, « personne ne finirait nu ». La phrase a beaucoup fait rire, parce qu'il était particulièrement corpulent.

Avant le New Jersey, je m'étais rendu à Washington, pour rencontrer le Président Barack Obama et la première dame Michelle Obama, j'avais visité le cimetière national d'Arlington, déposé une couronne sur la tombe du Soldat inconnu. J'avais déposé des dizaines de couronnes avant ça, mais aux États-Unis, le rituel était différent. On ne déposait pas soi-même l'objet sur la tombe : un soldat ganté de blanc l'y déposait avec nous, puis on posait une main dessus, l'espace d'une seconde. Cette étape de plus, le fait d'être associé avec un autre soldat en vie, m'a ému. Et pendant cette seconde supplémentaire, la main sur la couronne, je me suis senti légèrement défaillir, l'esprit assailli par les images de tous les hommes et de toutes les femmes avec qui j'avais servi. J'ai songé à la mort, aux blessures, au chagrin – de la province d'Helmand à l'ouragan Sandy et au tunnel de l'Alma –, et je me suis demandé comment les autres faisaient pour continuer à vivre, alors que pour ma part j'étais plein de doute et de confusion – et d'une autre chose aussi.

Mais quoi ?

De la tristesse ?

De la torpeur ?

Je ne parvenais pas à le définir. Et ne pas y parvenir me donnait le vertige.

Qu'est-ce qui m'arrivait ?

La tournée n'a duré au total que cinq jours – un vrai tourbillon. Des tas de paysages, des tas de visages, des tas de moments mémorables. Mais dans l'avion qui me ramenait en Grande-Bretagne, un seul instant m'occupait l'esprit.

Une escale dans le Colorado. Pour un événement appelé Warrior Games (les jeux des guerriers). Un genre d'Olympiade pour les blessés de guerre, à laquelle participaient deux cents hommes et femmes, qui tous m'ont inspiré.

J'ai mis toute mon attention à les regarder, j'ai vu qu'ils s'amusaient comme des fous, qu'ils ne lâchaient rien, et je leur ai demandé... comment ?

Le sport, m'ont-ils dit. Le chemin le plus direct vers la guérison.

La plupart étaient naturellement des athlètes, et ils m'ont expliqué que ces jeux leur offraient une chance rare de redécouvrir et d'exprimer leurs talents physiques, malgré leurs blessures. Au point que pour finir ces blessures, tant mentales que physiques, disparaissaient. Peut-être juste le temps d'un instant, ou d'une journée, mais c'était suffisant. Plus que suffisant. Quand on a réussi à faire disparaître une blessure, même brièvement, ce n'est plus elle qui détient le contrôle – c'est nous.

Oui, ai-je songé, je comprends.

Et donc, dans l'avion qui me ramenait chez moi, je n'arrêtais pas de repenser à ces jeux, en me demandant si je pourrais organiser quelque chose de semblable en Grande-Bretagne. Une version de ces Warrior Games, mais avec peut-être davantage de soldats, davantage de visibilité, de plus grands bénéfices pour les participants. J'ai pris quelques notes sur une feuille et quand nous avons atterri, j'avais tracé les grandes lignes de mon idée.

Des Jeux paralympiques pour les soldats du monde entier ! Dans le parc olympique de Londres ! Où les Jeux olympiques d'été venaient de se tenir !

Avec le soutien et la coopération du Palais. Peut-être ?

C'était beaucoup demander. Mais j'avais l'impression d'avoir accumulé un certain capital politique. Malgré Las Vegas, malgré un article au moins me faisant passer pour une sorte de criminel de guerre, malgré toute mon histoire de sale gosse, les Britanniques avaient globalement l'air de voir le Suppléant d'un bon œil. J'avais le sentiment que je commençais à démontrer ma valeur. Sans compter que la plupart des gens de mon pays avaient globalement une bonne image des militaires, malgré l'impopularité de la guerre. Ils soutiendraient forcément un effort visant à aider les soldats.

Il faudrait commencer par présenter le projet au conseil d'administration de la Royal Foundation, qui supervisait mes projets caritatifs ainsi que ceux de Willy et Kate. C'était *notre* fondation, alors je me disais : Pas de problème.

Le calendrier aussi était avec moi. Nous étions au début de l'été 2013. Willy et Kate, qui auraient leur premier enfant dans les prochaines semaines, allaient faire une pause quelque temps. La fondation n'aurait donc aucun projet dans les tuyaux. Ses quelque sept millions de livres végétaient sur les comptes. Et s'ils étaient un succès, ces Warrior Games internationaux mettraient en valeur la fondation, ce qui attirerait les donateurs et nous ferait rentrer plus que dans nos frais. Quand Willy et Kate reviendraient à plein temps, les comptes seraient encore plus garnis qu'avant. Bref, j'ai abordé les jours précédant la présentation du projet très confiant.

Le jour J, en revanche, je l'étais moins. Je me rendais compte à quel point je voulais que ça réussisse, pour les soldats et leur famille, et si j'étais honnête, pour moi aussi. Avec ce coup de stress soudain, je n'étais pas à mon maximum. Mais j'ai pu finir et le conseil d'administration a dit oui.

Ravi, j'ai appelé Willy, persuadé qu'il allait l'être autant que moi.

Il s'est montré au contraire terriblement agacé. Il aurait préféré que je m'adresse d'abord à lui.

Je pensais que d'autres l'avaient fait, ai-je dit.

Il s'est plaint que j'allais vider les comptes.

N'importe quoi, ai-je bafouillé. On m'avait dit qu'un demi-million suffirait, soit une fraction des fonds de la fondation. De plus, ils seraient pris sur l'Endeavour Fund, une branche de la fondation que j'avais créée spécifiquement à l'intention du rétablissement des vétérans. Le reste viendrait de donateurs.

Je me demandais ce qui se passait.

Et puis j'ai compris : rivalité fraternelle.

J'étais consterné. On en était donc encore là ? À Héritier contre Suppléant ? On n'était pas un peu trop grands pour ce rapport de force éculé hérité de l'enfance ?

Mais même si on ne l'était pas, même si Willy tenait à ce qu'on soit concurrents, s'il tenait à faire de notre relation une sorte d'Olympiade privée, il faisait déjà largement la course en tête, non ? Il était marié, il allait avoir un bébé, pendant que moi, je mangeais seul mon plat à emporter au-dessus de l'évier.

Au-dessus de l'évier de Papa, même ! Puisque j'habitais toujours chez Papa.

Game over, mec. Tu gagnes.

61.

JE M'ATTENDAIS À DE LA MAGIE. Je pensais que l'éprouvante et noble tâche de créer des Warrior Games internationaux me lancerait dans une nouvelle phase de ma vie, la phase d'après la guerre. Ce n'est pas ce qui s'est produit. Je me sentais au contraire de plus en plus apathique. De plus en plus sans espoir. De plus en plus paumé.

À la fin de l'été 2013, je n'allais vraiment pas bien, oscillant entre des accès de léthargie qui m'empêchaient d'agir et des crises d'angoisse terrifiantes.

Ma vie officielle n'était faite que d'événements publics, où je me tenais devant des gens pour des discours ou des conférences, où je répondais à des interviews. Et voilà qu'à présent j'étais presque incapable de m'acquitter de ces simples tâches. Des heures avant un discours ou une apparition publique j'étais pris d'accès de sueur et, pendant l'événement lui-même, je n'arrivais plus à réfléchir, l'esprit embrouillé par la peur et l'envie de fuir.

Je tenais toujours bon, je ne fuyais pas. Mais j'imaginais sans problème le jour où je céderais et quitterais une scène ou une pièce en courant. Ce jour semblait même approcher à vitesse grand V. Et m'imaginer les gros titres avait pour effet de multiplier par trois mon anxiété.

La panique commençait souvent dès le matin, quand j'enfilais un costume. Bizarre – c'était ça mon déclencheur : le Costume. En boutonnant ma chemise, je sentais grimper ma pression artérielle. Au moment de nouer ma cravate, ma gorge se serrait. Quand j'arrivais à la veste et aux lacets des chaussures, j'avais les joues et le dos en sueur.

J'avais toujours craint la chaleur. Comme Papa. Lui et moi en plaisantions. Nous n'étions pas faits pour ce monde, disions-nous. Satanés bonhommes de neige. La salle à manger de Sandringham était notre version de l'Enfer de Dante. Il faisait chaud dans presque tout le bâtiment, mais cette pièce-là était subtropicale. Papa et moi attendions toujours que Grand-mère regarde ailleurs pour bondir sur une fenêtre et l'entrouvrir discrètement. *Ah, air frais bénit.* Mais les corgis vendaient toujours la mèche. L'air frais les faisait gémir et Grand-mère demandait : *Il y a un courant d'air ?* Un valet de pied venait aussitôt refermer. (Ce bruit sourd, inévitable vu l'âge des fenêtres, me faisait toujours l'effet d'une porte de cellule.) Désormais, chaque fois que je devais apparaître en public, quel que soit l'endroit, j'avais l'impression de me trouver dans cette salle à manger. Pendant un discours, j'ai eu si chaud que j'étais certain que tout le monde le remarquait et le commentait. Lors d'un cocktail, j'ai cherché tout autour de moi quelqu'un qui serait en train de vivre la même chose. J'avais besoin de me convaincre que ça ne venait pas de moi.

Pourtant si.

Comme c'est si souvent vrai de toutes les peurs, la mienne a métastasé. Bientôt, ce n'étaient plus les seules apparitions publiques qui la déclenchaient, mais tous les lieux publics. Toutes les foules. J'ai commencé à craindre le simple fait d'être en présence d'autres êtres humains.

Et je craignais plus que tout les appareils photo. Je ne les avais jamais aimés, bien sûr, mais maintenant, je ne les supportais plus. Le clic si caractéristique d'un obturateur s'ouvrant et se refermant pouvait me mettre KO un jour entier.

Je n'avais plus le choix : j'ai commencé à rester chez moi. Des jours et des nuits à ne rien faire, à regarder *24 Heures Chrono* ou *Friends* en avalant des plats que je me faisais livrer. En 2013, j'ai probablement vu tous les épisodes de *Friends*.

J'ai décidé que j'étais Chandler.

Mes vrais amis glissaient, comme ça, en passant, que je n'étais plus moi-même. Comme si j'avais la grippe. Parfois, je me disais que c'était peut-être vrai. Peut-être que c'était ça qui était en train de se produire. Un genre de métamorphose. Un nouveau moi en train d'émerger, et je n'aurais pas le choix que d'être cette nouvelle personne, cette personne qui avait peur de tout, pour le restant de mes jours.

Ou peut-être, même si ça ne se révélait que maintenant, que ça avait toujours été moi ? Peut-être que ma psyché, comme l'eau, avait trouvé son niveau.

Je fouillais Google à la recherche d'explications. Je tapais mes symptômes dans plusieurs moteurs de recherches médicaux. Je m'escrimais à m'autodiagnostiquer, à mettre un nom sur ce qui clochait... alors que la réponse était sous mon nez. J'avais rencontré des tas de soldats, des tas de jeunes hommes et de jeunes femmes qui souffraient de stress post-traumatique, je les avais entendus décrire leurs difficultés à sortir, le malaise éprouvé quand ils étaient avec d'autres gens, la torture que c'était de pénétrer dans un lieu public – surtout si ce lieu était bruyant. Je les avais entendu raconter comment ils planifiaient leurs sorties dans un magasin ou un supermarché, s'assurant d'arriver juste avant la fermeture, afin d'éviter la foule et le bruit. J'avais éprouvé une profonde compassion pour eux, et pourtant je n'avais pas fait le lien. Ça ne m'avait pas traversé l'esprit que moi aussi, je souffrais de stress post-traumatique. Malgré mon travail auprès des blessés de guerre, tout ce que j'avais accompli en leur nom, les jeux que je m'efforçais de créer afin de braquer le projecteur sur leur condition, je n'avais jamais pris conscience que moi aussi j'en étais un.

Et ma guerre n'avait pas commencé en Afghanistan.

Elle avait commencé en août 1997.

62.

Un soir, j'ai appelé mon ami Thomas. Thomas, le frère de mon grand pote Henners. Thomas, si drôle et plein d'esprit. Thomas au rire communicatif.

Thomas qui venait me rappeler par sa présence que j'avais connu de meilleurs jours.

J'étais à Clarence House, assis par terre dans le salon télé. Sans doute en train de regarder *Friends*.

Hey, Boose, quoi de neuf ?

Il s'est marré. Personne d'autre ne l'appelait Boose.

Ha-rriiiise ! Salut !

J'ai souri. Personne d'autre ne m'appelait Ha-rriiise.

Il m'a dit qu'il sortait d'un dîner d'affaires. Il était content d'avoir quelqu'un avec qui bavarder le temps d'arriver chez lui.

Sa voix, si semblable à celle de son frère, m'a procuré un réconfort instantané. Elle me mettait en joie, même si Thomas n'était pas heureux. Lui aussi traversait une mauvaise passe. Un divorce et d'autres choses.

La conversation a inexorablement bifurqué sur la difficulté première, la source de toutes les autres : Henners. Il manquait terriblement à Thomas. À moi aussi, mec, ai-je dit, à moi aussi.

Il m'a remercié d'avoir pris la parole lors d'un événement destiné à lever des fonds pour l'association à la mémoire de Henners.

Je ne l'aurais manquée pour rien au monde. Les amis servent à ça.

J'ai repensé à l'événement. Et à la crise d'angoisse qui l'avait précédé.

Puis nous avons évoqué des souvenirs au hasard. Thomas et Henners. Willy et moi. Le samedi matin, en train de traîner avec Maman, devant la télé – nos concours de rots.

Ta mère, c'était un adolescent.

C'est ça, mec.

Le jour où on était allés voir Andrew Lloyd Webber avec Maman.

Henners et moi en train de montrer nos culs aux caméras de sécurité de Ludgrove.

Nous nous sommes mis à rire.

Il m'a rappelé à quel point on était proches, Henners et moi. Les gens nous surnommaient Jack et Russell. Peut-être parce que Willy et moi avions des Jack Russell ? Je me demandais où Henners pouvait bien être. Avec Maman ? Avec les morts d'Afghanistan ? Et Gan-Gan, elle était avec eux, elle aussi ? Le cri de Thomas m'a arraché à mes pensées.

Boose, ça va ?

Des voix agressives, un bruit de lutte. J'ai mis le téléphone sur haut-parleur et je me suis précipité dans le couloir, gravissant quatre à quatre l'escalier jusqu'à la salle de police. Je leur ai hurlé que mon pote avait des problèmes. On s'est penchés sur le téléphone pour écouter mais la communication avait déjà été coupée.

Thomas s'était fait agresser, aucun doute là-dessus. Par chance, il avait mentionné le nom du restaurant d'où il sortait. À Battersea. Et je savais où il habitait. Nous avons consulté une carte : il n'y avait qu'un seul chemin logique entre ces deux points. J'ai filé là-bas avec plusieurs gardes du corps et nous avons trouvé Thomas au bord de la route. Près d'Albert Bridge. Secoué et contusionné. Nous l'avons emmené au poste de police le plus proche, où il a signé une déclaration. Puis nous l'avons raccompagné chez lui.

Il n'arrêtait pas de me remercier de l'avoir secouru.

Je l'ai serré fort. *Les amis servent à ça.*

63.

À LA BASE AÉRIENNE DE WATTISHAM, on m'a donné un bureau, que je détestais. Je n'avais jamais voulu d'un bureau. Je ne pouvais pas rester assis derrière un bureau. Mon père adorait le sien, il semblait y être greffé, amoureux de lui, entouré de ses livres et de ses sacs de courrier. Mais ce n'était pas moi.

On m'a également confié une nouvelle tâche. Rafraîchir mes connaissances sur l'Apache. Peut-être pour devenir instructeur. Apprendre aux autres à voler, c'était sans doute pas mal comme boulot.

Mais ce n'était pas pour moi. Pas ma vocation, c'est tout.

De nouveau, j'ai évoqué l'idée d'un éventuel retour au combat. De nouveau j'ai essuyé un refus. Même si l'armée avait été prête à m'y renvoyer, elle réduisait ses effectifs en Afghanistan.

C'était la Libye maintenant... *Et pourquoi pas ?*

Non, a dit l'armée : par tous les canaux possibles et imaginables, officiels comme officieux, ils ont rejeté ma demande.

Tout le monde a assez vu Harry en zone de combat.

À la fin d'un jour ordinaire, je quittais la base pour rentrer au palais de Kensington. Je ne vivais plus avec Papa et Camilla : on m'avait alloué un logement, un appartement au « rez-de-chaussée inférieur » du palais, semi enterré.

L'appartement disposait de trois grandes fenêtres, mais qui laissaient peu entrer le jour, au point qu'on avait du mal à distinguer l'aube et le crépuscule du milieu de la journée. Parfois, grâce à Monsieur R., mon voisin du dessus, la question ne se posait même plus. Il aimait garer son gros Discovery pile contre mes fenêtres, occultant complètement la lumière.

Je lui ai écrit un mot pour lui suggérer poliment de bien vouloir avancer sa voiture de quelques centimètres. Il m'a répondu d'aller me faire voir. Puis il est allé trouver Grand-mère pour qu'elle fasse pareil.

Elle ne m'en a jamais parlé, mais que Monsieur R. se soit senti assez sûr de lui, assez soutenu, pour me dénoncer à la reine était une belle indication de la place véritable que j'occupais dans la hiérarchie. Il était l'un des écuyers de Grand-mère.

Je devrais me défendre, me suis-je dit. Je devrais aller le confronter. Mais j'ai décidé que non. L'appartement était assorti à mon humeur. L'obscurité à midi aussi.

Et puis c'était la première fois que je vivais seul, ailleurs que chez Papa, si bien que l'un dans l'autre, je n'avais pas à me plaindre.

Un jour, j'ai invité un pote. Il m'a dit que l'appartement lui faisait penser au terrier d'un blaireau. Ou c'est moi qui ai dit ça. Peu importe, c'était vrai, mais je m'en fichais.

On bavardait tous les deux autour d'un verre quand un drap est brusquement tombé devant mes fenêtres. Puis le drap s'est agité. Mon pote s'est levé et s'est dirigé vers la fenêtre : *Spike... c'est quoi ce b... ?* Il tombait du drap une cascade de... confettis marron ?

Non.
Paillettes ?
Non.
Je rêve ou ce sont des cheveux ? s'est exclamé mon pote.

Il ne rêvait pas. Madame R. avait coupé les cheveux de l'un de ses fils et secouait le drap dans lequel elle avait recueilli les mèches. Le problème ? Mes trois fenêtres étaient ouvertes et il y avait un peu de vent, si bien que des bourrasques de cheveux fins ont volé dans l'appartement. On a toussé, ri, décollé les cheveux sur nos langues.

Ceux qui ne finissaient pas chez moi allaient se poser comme une pluie d'été dans le jardin que je partageais avec ces voisins, où la menthe et le romarin étaient en fleurs.

Pendant des jours, j'ai composé une note sèche à Madame R. dans ma tête. Je ne l'ai jamais envoyée. C'était injuste : elle ne savait pas qu'elle m'arrosait de cheveux. Tout comme elle ignorait la vraie raison de mon antipathie à son égard : sa voiture était coupable d'un crime plus scandaleux encore que celui de son mari car tous les jours, elle la garait sur l'ancienne place de Maman.

Je la vois encore se glisser dans cette place, pile à l'endroit où se trouvait jadis la BMW verte de ma mère. C'était mal de ma part, et je le savais, mais je ne pouvais pas m'empêcher de lui en vouloir.

64.

J'ÉTAIS TONTON. Willy et Kate avaient accueilli leur premier enfant, George, et il était magnifique. J'avais hâte de lui apprendre le rugby et la bataille de Rorke's Drift, le pilotage et le cricket d'intérieur – peut-être même de lui donner un ou deux trucs pour survivre à la vie dans le bocal.

Mais les journalistes ont profité de cette joyeuse occasion pour me demander... si j'étais triste.

Quoi ?

Le bébé m'avait fait descendre d'un cran dans l'ordre de succession, me reléguant à la quatrième place au lieu de la troisième. Selon eux : Pas de veine, hein ?

Vous plaisantez j'espère.

Il y a méprise.

Je ne pourrais pas être plus heureux.
Une demi-vérité.
J'étais ravi pour Willy et Kate et indifférent à ma place dans l'ordre de succession.
Mais pour d'autres raisons, j'étais loin d'être heureux.

65.

ANGOLA. Quand je me suis rendu, en visite officielle, dans ce pays déchiré par la guerre, j'ai notamment visité plusieurs endroits où la vie quotidienne avait été empoisonnée par les mines antipersonnel, et parmi eux une ville qu'on disait la plus minée de tout le continent.

Août 2013.

Je portais le même équipement de protection que celui de ma mère lors de sa visite historique dans le pays. J'ai même travaillé avec l'organisation caritative qui l'avait invitée à l'époque : Halo Trust. Ça m'a profondément frustré d'apprendre de la bouche des responsables et des employés sur le terrain que la mission que Maman avait contribué à faire connaître, et même l'ensemble de la croisade qu'elle avait aidé à lancer, se trouvait à présent au point mort. Manque de ressources, manque de motivation.

C'était la cause pour laquelle Maman s'était investie avec le plus de passion à la fin. (Elle s'était rendue en Bosnie trois semaines avant son séjour à Paris en août 1997.) Ils étaient nombreux à se souvenir d'elle avançant seule dans un champ de mines pour déclencher une explosion à l'aide d'une télécommande et annoncer bravement : « Une de moins, encore 17 millions. » Sa vision d'un monde entièrement déminé apparaissait possible à l'époque. Maintenant, tout allait dans le mauvais sens.

Embrasser sa cause, faire exploser une mine à mon tour m'a rapproché d'elle, ça m'a donné de la force, et de l'espoir. Un bref instant. Mais au quotidien, j'avais l'impression que ma tête était un champ de mines. Je ne savais jamais quand exploserait l'angoisse.

À mon retour en Grande-Bretagne, j'ai repris mes recherches sur Internet. Je voulais à tout prix trouver une cause à mon mal, un traitement. J'en ai même parlé à Papa, je me suis confié à lui.

Papa, je souffre de sérieuses attaques de panique et d'anxiété. Il m'a envoyé voir un médecin, ce qui était gentil de sa part, mais ledit médecin était un généraliste qui n'avait pas d'idées neuves ni les connaissances adéquates. Sa solution ? Les médicaments.

Je ne voulais pas de médicaments.

Pas tant que je n'aurais pas tout essayé d'autre, dont l'homéopathie. Pendant mes recherches, j'ai trouvé de nombreuses recommandations pour une supplémentation en magnésium, dont on vantait les effets apaisants. Ça apaisait, c'était vrai. Mais en grosses quantités, ça avait aussi des effets secondaires désagréables – des propriétés laxatives dont j'ai fait la douloureuse expérience au mariage d'un pote.

Un soir, à Highgrove, pendant le dîner, Papa et moi avons plus longuement évoqué mon état. Je lui ai tout raconté dans le détail, un épisode après l'autre. Vers la fin du repas, il a baissé la tête et m'a dit doucement : *C'est sans doute ma faute. J'aurais dû te trouver l'aide dont tu avais besoin il y a des années.*

Je lui ai assuré qu'il n'y était pour rien. Mais j'ai apprécié ses excuses.

Alors que l'automne approchait, mon anxiété a augmenté, parce que mon anniversaire approchait, je pense – le dernier de ma vingtaine. Les dernières miettes de ma jeunesse, me disais-je. J'étais assailli par les doutes et les peurs classiques, je me posais toutes les questions que se posent les gens en vieillissant. Qui suis-je ? Où vais-je ? Je me disais que c'était normal, sauf que dans mon cas, la presse leur faisait anormalement écho.

« Prince Harry... Pourquoi ne se marie-t-il pas ? »

Ils avaient ressorti toutes les relations que j'avais eues, toutes les filles avec qui on m'avait vu, mis l'ensemble dans un mixeur et engagé des « experts » (des charlatans) chargés d'y donner un sens. Des livres décortiquaient ma vie sentimentale, s'appesantissaient sur chacun de mes échecs. Je crois me souvenir d'un qui détaillait mon flirt avec Cameron Diaz. Harry ne se voyait pas avec elle, racontait l'auteur. En effet, je ne pouvais pas vraiment me voir avec elle, étant donné qu'on ne s'était jamais rencontrés. Jamais je ne m'étais trouvé à moins de cinquante mètres de Mme Diaz – une preuve supplémentaire que tous ceux qui aiment lire des foutaises trouveront leur bonheur dans les biographies de la famille royale.

Toutes ces gesticulations éplorées à mon sujet en disaient long sur autre chose que les simples cancans. Elles renvoyaient au fonctionnement de la monarchie dans son ensemble, laquelle était *fondée* sur le mariage. Depuis des siècles, les grandes controverses sur les rois et les reines tournaient généralement autour de ces questions : qui épousait ou n'épousait pas qui, et quels enfants naissaient de ces unions. On n'était pas pleinement reconnu comme membre de la famille royale, comme être humain à part entière, tant qu'on n'était pas marié. Ça n'était pas une coïncidence si Grand-mère, chef d'État dans seize pays, commençait chacun de ses discours par : « Mon mari et moi... » À leur mariage, Willy et Kate sont devenus duc et duchesse de Cambridge, mais ils sont surtout devenus une Famille, et à ce titre ils ont eu droit à davantage de personnel, davantage de voitures, à un logement plus grand, à un bureau plus majestueux, des ressources supplémentaires, du papier à lettres à en-tête. Rien de tout ça ne m'intéressait, mais le respect m'importait. En tant que célibataire invétéré, j'étais un outsider, quelqu'un d'insignifiant dans ma propre famille. Je voulais que ça change ? Il fallait que je me case. Aussi simple que ça.

Autant de considérations qui faisaient de mon vingt-neuvième anniversaire une étape importante et complexe, et certains jours ma migraine l'était tout autant.

Je frémissais à l'idée de mes trente ans. Clairement trop vieux. Sans parler de l'héritage. Trente ans allaient me donner droit à une grosse somme d'argent que m'avait laissée Maman. Je m'en voulais de ne pas m'en réjouir : la plupart des gens tueraient pour un héritage. Mais ça venait me rappeler encore son absence, le vide qu'elle avait laissé, qu'aucun argent – livres ou euros – ne pourrait venir combler.

Le mieux était de fuir les anniversaires, de tout fuir. J'ai décidé de commémorer mon arrivée sur terre en partant au bout du monde. J'avais déjà fait le pôle Nord. Cette fois, je marcherais jusqu'au pôle Sud.

Un autre trek avec Walking With The Wounded.

Les gens m'ont prévenu que le pôle Sud était encore plus froid que le pôle Nord. J'ai ri. Impossible ! Je m'étais déjà congelé le pénis, mon pote – si ça, ce n'était pas la définition du scénario catastrophe !

Cette fois, je saurais mieux me préparer – des sous-vêtements plus chauds, davantage de couches, etc. Cerise sur le gâteau : un très bon pote a recruté une couturière pour la fabrication d'un coussin de queue sur mesure. Carré, il était taillé dans une fibre polaire douce et résistante...

Mais restons-en là.

66.

ENTRE DEUX PRÉPARATIFS pour mon assaut sur le pôle, je passais du temps avec mon nouveau secrétaire personnel, Ed Lane Fox, que nous appelions tous Elf.

Novembre 2013.

Mince, distingué et tiré à quatre épingles, Elf avait jadis été capitaine dans la Household Cavalry. Beaucoup trouvaient qu'il ressemblait à Willy, mais c'était plus dû à sa coiffure qu'à sa personnalité. Il me rappelait moins mon frère aîné qu'un chien de course. Comme un lévrier, il ne s'arrêtait jamais. Il aurait pu poursuivre un lapin jusqu'à la fin des temps. En d'autres termes, il était entièrement dédié à la Cause, quelle qu'elle soit.

Son plus grand talent, cependant, était probablement sa capacité à voir au cœur des choses, à évaluer et à simplifier les situations et les problèmes, ce qui faisait de lui la personne parfaite pour aider à concrétiser cette ambitieuse idée des International Warrior Games.

Maintenant que nous avions une partie de l'argent, le plus urgent, selon Elf, était de trouver la perle rare, quelqu'un qui disposerait des compétences organisationnelles et des contacts en politique et dans la société civile permettant de mener à bien un projet de cette envergure. Il avait exactement la personne qu'il me fallait.

Sir Keith Mills.

Évidemment, ai-je dit. Sir Keith avait organisé les Jeux olympiques de 2012 à Londres, qui avaient connu un franc succès.

Qui d'autre aurait pu mieux correspondre, en effet ?

Invitons Sir Keith au palais de Kensington pour le thé.

67.

Je pourrais construire une maquette de ce salon de réception. Deux grandes fenêtres, un petit canapé rouge, des lustres éclairant de leur douce lumière la peinture à l'huile d'un cheval. J'y avais déjà reçu d'autres gens. Mais quand j'y ai pénétré, ce jour-là, j'ai senti que le lieu allait être le décor de l'une des réunions les plus cruciales de ma vie, et chaque détail de la scène s'est imprimé en moi.

Essayant de garder mon calme, j'ai désigné une chaise à Sir Keith avant de lui demander comment il aimait son thé.

Après quelques minutes de bavardage, je lui ai exposé mon projet.

Sir Keith m'a respectueusement écouté, le regard carnassier, mais quand j'ai eu fini, il n'a pas caché son hésitation.

Tout ça avait l'air magnifique, m'a-t-il dit, mais il était presque à la retraite. Il essayait de lever le pied. Il voulait recentrer sa vie, se concentrer sur ses passions, en l'occurrence la voile. L'America's Cup et ce genre de chose.

En fait, il devait partir en vacances le lendemain même.

Comment convaincre un homme à quelques heures de ses vacances de se retrousser les manches et d'accepter un projet impossible ?

Infaisable, me suis-je dit.

Mais c'était justement la philosophie de ces jeux : ne jamais baisser les bras.

Alors je ne me suis pas démonté. Je l'ai assailli d'arguments, je lui ai parlé des soldats que j'avais rencontrés, de leur histoire, et aussi un peu de la mienne. C'était l'une des premières fois que je me livrais autant sur mon expérience de la guerre.

Je voyais que ma passion, mon enthousiasme, craquelaient peu à peu ses défenses.

Sourcils froncés, il m'a dit : *Bien... qui avez-vous pour l'heure sur ce projet ?*

J'ai regardé Elf. Elf m'a regardé.

C'est toute la beauté de la chose, Sir Keith. Figurez-vous que... vous êtes le premier.

Il a gloussé. *Bien tenté.*

Non, non, vraiment. Vous pouvez embarquer toute la bande, si vous voulez. Engager qui bon vous semble.

J'essayais de lui vendre ma sauce et je ne m'en cachais pas, mais il y avait beaucoup de vrai. Étant donné que nous n'avions pas encore réussi à convaincre quelqu'un de nous rejoindre, il aurait carte blanche. Il pouvait organiser son équipe comme il le souhaitait, faire venir à bord tous ceux qui l'avaient aidé à mettre sur pied des Jeux olympiques aussi réussis.

Il a acquiescé. *Vous voyez ça pour quand ?*
Septembre.
Quoi ?
Septembre.
Vous voulez dire dans dix mois ?
Oui.
Impossible.
Pourtant il le faudra.

Je voulais que les jeux coïncident avec les commémorations du centenaire de la Première Guerre mondiale. Pour moi, ce lien était vital.

Il a soupiré, promis qu'il allait y réfléchir.

Je savais ce que ça signifiait.

68.

Quelques semaines plus tard, je suis parti pour l'Antarctique. J'ai atterri dans une station de recherche du nom de Novolazarevskaya, un hameau de huttes et de Portakabins. Les quelques robustes âmes qui vivaient là se sont montrées des hôtes fabuleux. Ils m'ont logé, nourri – leurs soupes étaient incroyables. J'en redemandais.

Peut-être parce que le thermomètre affichait moins trente-cinq ?
Encore un bol brûlant de bouillon de poule aux vermicelles, Harry ?
Avec plaisir.

L'équipe et moi avons passé une semaine ou deux à amasser des calories et à préparer notre équipement. Et, bien sûr, à écluser de la vodka. Puis, par un matin brumeux... nous sommes enfin partis. Nous avons grimpé à bord d'un avion, refait le plein sur la plateforme glaciaire. L'avion s'est posé sur une immense étendue blanche, pareille à un rêve. Il n'y avait rien alentour sinon quelques énormes cuves de carburant. L'avion a roulé jusqu'à elles et, pendant que les pilotes remplissaient les réservoirs, je suis descendu. Il régnait un silence pur et parfait – pas un oiseau, pas une voiture, pas un arbre – mais ça n'était qu'une portion d'un néant plus vaste, qui englobait tout. Pas d'odeur, pas de vent, pas d'angles ou de détails susceptibles de distraire l'œil du paysage infini et d'une folle beauté. Je me suis éloigné pour être seul quelques instants. Je n'avais jamais vu nulle part une telle paix. Submergé de joie, j'ai fait le poirier sur la glace. L'anxiété de ces derniers mois a disparu… pendant quelques minutes.

Nous sommes remontés dans l'avion pour gagner le point de départ de notre trek. Quand nous avons commencé à marcher, je me suis enfin souvenu : Ah oui, c'est vrai, j'ai un orteil cassé.

C'était récent. Ça datait d'un week-end entre mecs à Norfolk. Nous avions bu, fumé, fait la fête jusqu'au matin, et là, pendant qu'on essayait de remettre de l'ordre dans l'une des pièces, j'ai lâché un lourd fauteuil équipé de roulettes en laiton sur mon pied.

Une blessure idiote. Mais gênante. Je pouvais à peine marcher. Mais tant pis, j'étais déterminé à ne pas lâcher l'équipe.

Sans trop savoir comment, j'ai réussi à me caler sur le rythme de mes compagnons, neuf heures par jour, en tirant une luge de près de cent kilos. Sur la neige, tout le monde avait du mal à avancer, mais les ondulations glissantes creusées par le vent étaient pour moi un vrai défi. Des *sastrugi*, c'était comme ça que les Norvégiens les appelaient. Les traverser avec un orteil cassé ? Peut-être une idée d'épreuve pour les International Warrior Games. Mais chaque fois que j'étais tenté de me plaindre – de mon orteil, de ma fatigue, de tout – il me suffisait de poser les yeux sur mes camarades. Juste devant moi, il y avait Duncan, un soldat écossais amputé des deux jambes. Et juste derrière, Ivan, un soldat américain aveugle. Je me suis promis que pas une pleurnicherie ne sortirait de ma bouche.

Avant mon départ de Grande-Bretagne, un guide polaire expérimenté m'avait conseillé de profiter de ce trek pour « nettoyer le disque dur ». C'est ainsi qu'il l'avait formulé. Servez-vous du mouvement répétitif, disait-il, servez-vous du froid mordant, servez-vous du néant, du vide unique de ce paysage, pour vous concentrer jusqu'à ce que ce votre esprit tombe en transe. Ça deviendra une méditation.

J'ai suivi ses recommandations à la lettre. Je me suis intimé de rester présent. D'être la neige, d'être le froid, d'être chaque pas, et ça a fonctionné. Je suis entré dans la plus agréable des transes, et même quand des idées noires me venaient, j'étais capable de les contempler et de les regarder s'éloigner. Il arrivait que je voie mes pensées se connecter à d'autres et tout d'un coup, l'ensemble prenait sens. J'ai par exemple repensé à toutes les fois où marcher avait été une épreuve pour moi – le pôle Nord, les exercices à l'armée, avancer derrière le cercueil de Maman jusqu'à sa tombe – et bien que douloureux, les souvenirs portaient en eux une continuité, une structure, une sorte de colonne vertébrale narrative dont je n'avais jamais soupçonné l'existence. La vie était une seule longue marche. C'était logique. Fabuleux. Tout était interdépendant et interconnecté...

Puis les vertiges ont commencé.

Contrairement à ce qu'on pourrait penser, le pôle Sud est bien au-dessus du niveau de la mer, à environ trois mille mètres. Le risque de souffrir du mal des montagnes est donc tout à fait réel. Quelqu'un dans le groupe avait déjà abandonné ; je comprenais pourquoi, maintenant. Comme la sensation est venue lentement, je n'en ai pas tenu compte. Jusqu'à ce qu'elle me mette à plat. Ma tête s'est mise à tourner, puis j'ai été pris d'une terrible migraine, la pression augmentait des deux côtés de mon cerveau. Je ne voulais pas m'arrêter, mais ce n'était pas moi qui décidais. Mon corps disait : Merci, c'est là qu'on descend. Les genoux ont lâché. Puis le haut du torse.

Je suis tombé comme un tas de cailloux.

Les secouristes ont planté une tente, ils m'y ont allongé, m'ont injecté un produit contre la migraine. Dans les fesses. Des stéroïdes, les ai-je entendu dire. Quand j'ai repris mes esprits, je me sentais déjà mieux. J'ai rattrapé le groupe, cherché à retourner dans ma transe.

Sois le froid, *sois* la neige...

À l'approche du pôle, nous étions tous synchronisés, tous fous de joie. On le voyait, *là, juste là*, à travers nos cils incrustés de givre. On s'est mis à courir.

Stop !

Les guides nous ont dit qu'il était l'heure de dresser le camp.
Le camp ? Mais sans déc... ! La ligne d'arrivée est juste là.
Il est interdit de camper au pôle ! On va tous devoir camper ici ce soir, on rejoindra le pôle demain matin.

Nos tentes montées à l'ombre du pôle, aucun de nous n'a pu dormir, nous étions trop excités. Alors on a fait la fête. On a bu, on a chahuté. La face cachée du monde résonnait de nos rires.

Et aux premières lueurs du jour, le 13 décembre 2013, nous sommes enfin partis prendre d'assaut le pôle Sud. À l'endroit exact ou juste à côté, se trouvait un immense cercle de drapeaux représentant les douze signataires du traité de l'Antarctique. Nous nous sommes arrêtés à leur hauteur, épuisés, soulagés, désorientés. *Pourquoi y a-t-il un Union Jack sur le cercueil ?* On s'est ensuite tombé dans les bras. Certains articles racontent qu'un des soldats a ôté sa prothèse de jambe pour s'en servir de chope à champagne, ce qui n'es pas impossible, mais je n'en ai pas le souvenir. J'ai bu de l'alcool plusieurs fois dans des prothèses de jambe au cours de ma vie et je ne pourrais pas jurer que c'était le cas cette fois-là.

Derrière les drapeaux, il y avait un bâtiment immense, l'un des plus laids que j'aie vus de ma vie. Une boîte sans fenêtre, un centre de recherche bâti par les Américains. J'ai songé que l'architecte à l'origine de cette horreur devait nourrir une sacrée haine pour ses congénères humains, pour la planète et pour le pôle. Qu'une chose si hideuse domine une terre par ailleurs immaculée m'a brisé le cœur. Mais je me suis rué à l'intérieur en compagnie de tous les autres pour me réchauffer, pisser un coup et boire un chocolat chaud.

Il y avait un grand café à l'intérieur et on mourait tous de faim. *Désolés,* nous a-t-on dit, *le café est fermé. Vous voulez un verre d'eau ?*

De l'eau ? Ah. D'accord.

Chacun a eu son verre.

Ainsi qu'un souvenir. Une éprouvette.

Avec un bouchon minuscule au sommet.

Sur le côté, une étiquette : AIR LE PLUS PUR AU MONDE.

69.

En rentrant du pôle Sud, j'ai aussitôt rejoint Sandringham. Noël en famille.

Cette année-là, l'hôtel Grand-mère affichait complet. On m'a donc donné une mini-chambre desservie par un étroit couloir secondaire, au milieu des bureaux des employés du Palais. Je ne connaissais pas cette partie du bâtiment. Je n'y avais jamais mis les pieds. (Pas si inhabituel : toutes les résidences de Grand-mère étaient grandes – une vie suffirait à peine à en découvrir tous les recoins.) J'aimais bien l'idée d'explorer un territoire inconnu – j'étais un explorateur polaire averti, après tout ! – mais je me suis aussi senti dédaigné. Un peu malaimé. Relégué dans l'arrière-pays.

Je me suis enjoins de faire contre mauvaise fortune bon cœur, d'en profiter pour protéger la sérénité que j'avais trouvée au pôle Sud. Mon disque dur était nettoyé.

Hélas, au même moment, ma famille avait pour sa part été infectée par un sale virus.

Virus qui se répandait en grande partie à cause de la fameuse *Court Circular* (circulaire royale), le registre annuel dans lequel étaient consignés tous les engagements officiels de chaque membre de la famille royale pour l'année écoulée. Un sinistre document. Chaque fin d'année, quand les statistiques étaient rendues publiques, la presse se livrait à des comparaisons.

Ah, untel est plus occupé qu'untel.

Ah, untel est un gros flemmard.

La *Court Circular* existait depuis très longtemps, mais elle avait récemment été transformée en circulaire-peloton d'exécution. Si l'esprit de compétition dans ma famille existait même *sans* ce document, il l'amplifiait, lui donnait des armes. Même si aucun d'entre nous n'en faisait directement mention, ou n'en prononçait le nom, il ne faisait qu'augmenter les tensions qui couraient sous la surface, des tensions invisibles qui allaient crescendo à l'approche du dernier jour de l'année. Ceux qui faisaient une fixation dessus s'employaient fébrilement à occuper les premières places quoi qu'il en coûte. Et ils y parvenaient en incluant dans la liste des choses qui ne constituaient pas à proprement parler des engagements : des interactions publiques qui n'étaient guère plus que des bruits parasites, le genre de petit truc que ni Willy ni moi ne songerions à y inclure. Car le document n'était que déclaratif, et c'est bien ce qui en faisait une farce : sa subjectivité totale. Neuf rencontres en tête-à-tête avec des vétérans, pour les aider à se sentir mieux ? Zéro point. Partir en hélico couper un ruban dans un haras ? Ticket gagnant !

Mais si la circulaire était une blague, une arnaque, c'était surtout parce qu'aucun d'entre nous n'avait la main sur le boulot qu'il pouvait accomplir. C'était Grand-mère ou Papa qui tenaient les cordons de la bourse. Et l'argent était le nerf de la guerre. Dans le cas de Willy et moi, Papa était l'unique décideur. Et comme il contrôlait l'intégralité des fonds qui nous étaient alloués, nous ne pouvions faire que ce qu'il nous permettait de faire. Dans ces conditions, être ensuite publiquement flagellés était tout à fait injuste. Les dés étaient pipés.

Le stress causé par tout ce foin prenait peut-être racine dans le stress lié à la monarchie dans son ensemble. La famille éprouvait les secousses d'un changement global, elle entendait les critiques qui la disaient obsolète, coûteuse. La famille tolérait l'absurdité de la *Court Circular,* elle s'y réfugiait même, pour la même raison qu'elle acceptait les ravages et la prédation des médias : par peur. Peur du public. Peur de l'avenir. Peur du jour où la nation dirait : OK, on démantèle tout. Alors, à Noël 2013, j'étais en fait plutôt satisfait de ma micro-chambre au fond d'un couloir, avec mes photos du pôle Sud sur mon iPad.

Avec ma petite éprouvette.

AIR LE PLUS PUR AU MONDE.

J'ai ôté le bouchon et inspiré son contenu d'une seule traite.

Ah.

70.

P<small>EU APRÈS, J'AI QUITTÉ MON TERRIER DE BLAIREAU</small> pour Nottingham Cottage, surnommé Nott Cott. Willy et Kate l'avaient occupé avant d'avoir eu besoin de plus d'espace. Une fois installés juste à côté, dans l'ancien logement de la princesse Margaret, ils m'ont transmis les clés.

Sortir du terrier m'a fait du bien. Mais avoir Willy et Kate pour voisins d'en face était encore mieux. J'avais hâte de pouvoir tout le temps passer les voir.
Regardez ! C'est Oncle Harry !
Hello ! Je me suis dit que j'allais passer faire un petit coucou.
Avec une bouteille de vin, les bras chargés de cadeaux pour enfants. Me rouler par terre avec le petit George.
Tu restes dîner Harry ?
Avec plaisir !
Mais ça ne s'est pas passé comme ça.

Ils étaient juste de l'autre côté d'une cour pavée, à un demi terrain de football de distance, si proches que je voyais leur nourrice passer sans arrêt avec le landau et que j'entendais les rénovations complexes qu'ils avaient lancées. Je me disais qu'ils allaient bientôt m'inviter. Une question de minutes. De jours.

Mais l'invitation ne venait pas.

Je comprends, me disais-je. Ils sont occupés ! Ils fondent une famille !

Ou peut-être... peut-être qu'ils ne veulent pas qu'on leur tienne la chandelle ?

Et peut-être que si je me marie, les choses changeront ?

Ils avaient tous les deux mentionné, plusieurs fois, avec insistance, à quel point ils appréciaient Cressida.

71.

MARS 2014. UN CONCERT À WEMBLEY. En arrivant sur scène, j'ai été pris d'une crise d'angoisse typique. Je me suis fait violence et, les poings serrés, j'ai délivré mon discours. Il y avait face à moi quatorze mille jeunes visages, rassemblés là pour le We Day[1]. J'aurais peut-être été moins nerveux si je m'étais davantage concentré sur eux, mais je traversais pour ma part un vrai *Me* Day, obnubilé par les souvenirs de la dernière fois où j'avais fait un discours sous ce toit.

---

1. (Jour du "nous".) Évènement organisé par l'association canadienne We Charity dans plusieurs villes du Canada et de Grande-Bretagne, destiné à promouvoir l'implication des jeunes dans les grandes causes de leur temps.

Le dixième anniversaire de la mort de Maman.
Ce jour-là aussi, je m'étais montré nerveux. Mais pas comme ça.
Mon discours terminé, j'ai quitté la scène en vitesse, en essuyant mon visage et, d'un pas mal assuré, je suis retourné m'asseoir à côté de Cress.
En me voyant, elle a pâli. *Tout va bien ?*
Ouais, ouais.
Mais elle savait.
Nous avons écouté les autres intervenants. Ou plutôt, elle a écouté pendant que j'essayais de calmer ma respiration.
Le lendemain matin, notre photo était partout dans les journaux et sur Internet. Quelqu'un avait indiqué aux correspondants royaux où nous étions assis. Après deux ans à nous voir en secret, on était désormais un couple aux yeux du monde.
Nous étions étonnés que ça fasse tant de bruit. On avait déjà été photographiés ensemble en train de skier à Verbier. Mais ces photos avaient une portée différente car c'était la première fois que Cress m'accompagnait à une manifestation officielle.
À partir de ce jour-là, nous avons fait moins d'efforts pour nous cacher et c'était appréciable. Plusieurs jours après, nous sommes allés voir le match Angleterre-Pays de Galle à Twickenham et des paparazzis nous ont suivis. On n'a même pas pris la peine d'en parler. Même chose peu après au Kazakhstan, où nous étions allés skier avec des amis. Nous ne les avions pas remarqués, nous étions trop distraits. Pour nous, skier était sacré, éminemment symbolique, surtout après notre dernier séjour aux sports d'hiver en Suisse, où Cress m'avait miraculeusement sorti de ma coquille.
C'était tard un soir, après une longue journée sur les pistes et un « après-ski » sympa. On était rentrés au chalet de mon cousin où on logeait et, assis sur le bord de la baignoire, je regardais Cress se laver le visage et se brosser les dents. On ne parlait de rien de spécial, il me semble, quand elle m'a demandé de lui parler de ma mère.
Unique. Une de mes petites amies me demandant de lui parler de ma mère. C'est cependant aussi la manière dont elle l'a fait, d'une voix où la curiosité et la compassion étaient parfaitement dosées. Sa réaction à ma réponse a été parfaite, elle aussi. Surprise, concernée, sans jugement.

Peut-être que d'autres facteurs étaient aussi en jeu. Une alchimie entre la fatigue physique et l'hospitalité suisse. L'air frais et l'alcool. Peut-être était-ce la neige qui tombait doucement dehors, ou l'apogée de dix-sept ans de chagrin contenu. Peut-être était-ce la maturité. Quelle que soit la raison, en tout cas, ou la combinaison de raisons, je lui ai répondu franchement et je me suis mis à pleurer.

Je me rappelle m'être dit : Oh, je pleure.

Et lui avoir dit : *C'est la première fois que je...*

Cressida s'est penchée vers moi : *Qu'est-ce que tu veux dire par... la première fois ?*

C'est la première fois que j'arrive à pleurer depuis l'enterrement.

Je me suis essuyé les yeux et je l'ai remerciée. Elle était la première personne à m'aider à franchir cette barrière, à libérer les larmes. C'était cathartique, ça a immédiatement resserré nos liens et ajouté un élément qui était rare dans mes relations passées : une gratitude immense. J'étais redevable à Cress, et c'est pourquoi, à notre retour du Kazakhstan, je me sentais si mal d'avoir compris, pendant notre séjour, que nous n'étions pas faits l'un pour l'autre.

Je le savais, c'était tout. Cress aussi, je crois. Il y avait entre nous une immense affection, une profonde loyauté – mais pas un amour éternel. Elle avait toujours été claire sur le fait qu'elle refusait d'endurer le stress d'être un membre de la famille royale, et je n'ai jamais été sûr non plus de vouloir exiger ça d'elle. Et ce constat qui planait sur notre relation depuis un moment est devenu une évidence sur ces pistes kazakhes.

C'était clair, tout d'un coup : *Ça ne marchera pas.*

Comme c'est étrange, me suis-je dit, chaque fois qu'on part skier... une révélation.

Le lendemain de notre retour du Kazakhstan, j'ai appelé un pote, qui était également ami avec Cress. Je lui ai confié mes impressions et je lui ai demandé son avis. Sans hésitation, il m'a dit : s'il faut en passer par là, ne tarde pas. Je suis allé voir Cress dans la foulée.

Elle vivait chez une amie. Sa chambre se trouvait au rez-de-chaussée, les fenêtres donnaient sur la rue. Tandis qu'assis sagement sur le bord du lit, je lui livrais le fond de ma pensée, j'entendais passer les piétons et les voitures.

Elle a acquiescé. Rien de tout ça n'a semblé la surprendre. Elle y pensait, elle aussi.

Tu m'as tellement appris, Cress.
Elle a acquiescé de nouveau. Les yeux baissés, des larmes le long des joues.
Mince, me suis-je dit.
Elle m'a aidé à pleurer. Et maintenant, je la laisse en pleurs.

72.

MON POTE GUY SE MARIAIT.
Je n'étais pas exactement d'humeur pour un mariage. Mais c'était Guy. Un vrai chic type. Un pote de longue date de Willy et moi. Je l'adorais. Et je lui devais beaucoup. Il avait été traîné dans la boue par la presse, plus d'une fois, en mon nom.
Le mariage avait lieu aux États-Unis, dans le Sud profond.
Mon arrivée là-bas a déclenché une cascade de commentaires sur... devinez quoi ?
Las Vegas.
Je me suis dit : Après tout ce temps ? Sérieux ? Mon cul nu est donc aussi inoubliable ?
Peu importe, me suis-je dit. Qu'ils radotent si ça les amuse, pour ma part je vais me concentrer sur le Grand Jour de Guy.
En chemin pour son enterrement de vie de garçon nous avons été plusieurs à faire une halte à Miami. Un repas fabuleux, quelques boîtes de nuit, où nous avons dansé jusque tard dans la nuit. Des toasts portés à Guy. Et le lendemain, direction le Tennessee. Malgré l'emploi du temps chargé, je me souviens que nous avons trouvé le temps d'aller visiter Graceland, jadis la résidence d'Elvis Presley. (En fait, il l'avait à l'origine achetée pour sa mère.)
Tout le monde disait en boucle : Dingue, c'est là que vivait le roi.
Qui ?
Le roi. Le King, quoi. Elvis Presley.
Oh. Oui. Le King. Bien sûr.
Les gens qualifiaient les lieux de château, de demeure, de palais, c'était selon. Mais l'endroit, sombre, étouffant, me rappelait à moi le terrier de blaireau. Je me baladais en disant : Le King vivait là, vous dites ? Sérieux ?

Dans une pièce minuscule au mobilier tape-à-l'œil avec tapis à poils longs, j'ai pensé : Le décorateur du King devait être sous acide.

En l'honneur d'Elvis, tous les membres de notre groupe portaient des chaussures en daim bleues (les fameuses *blue suede shoes*). À la réception, avec tous ces jeunes hommes et toutes ces jeunes femmes britanniques qui dansaient, vacillants d'alcool, et s'égosillaient joyeusement, beaucoup de ces chaussures ont volé. C'était débridé, ridicule, et Guy avait l'air plus heureux que jamais.

On l'avait toujours présenté comme notre acolyte, mais pas ce jour-là. Lui et sa femme étaient les stars de ce show, le centre de l'attention. Il avait bien raison, mon vieux pote, de savourer la chose. Ça me faisait un plaisir fou de le voir si heureux, même si par moments, alors que des couples se formaient, que les amoureux s'éclipsaient dans les coins ou se balançaient, enlacés, sur des morceaux de Beyoncé et d'Adele, j'errais jusqu'au bar en me disant : Et moi, mon tour ce sera quand ? Je suis peut-être la personne qui a le plus envie de se marier, de fonder une famille, et ça ne va jamais m'arriver ? Plus qu'un peu amer, je me disais : L'univers n'est pas juste.

73.

MAIS L'UNIVERS S'ÉCHAUFFAIT. Peu après mon retour en Grande-Bretagne, la malfaitrice en chef dans le scandale des écoutes téléphoniques, Rehabber Kooks, a été acquittée.

Juin 2014.

Les preuves étaient solides, tout le monde le disait.

Pas assez, a pourtant tranché le jury. Ils ont cru au témoignage de l'accusée, même si elle avait joué avec leur crédulité. Elle en avait même abusé. Elle avait traité leur crédulité comme elle avait un jour traité un jeune ado rouquin de la famille royale.

Tout comme son mari. On l'avait filmé en train de jeter de grands sacs poubelles noirs plein d'ordinateurs, de disques durs et d'autres effets personnels (dont sa collection de porno) dans la poubelle d'un garage, juste avant l'arrivée de la police pour une perquisition. Mais il avait juré que ce n'était qu'une coïncidence, et donc... pas de falsification des preuves, a tranché la justice. Continuez. Ne changez rien. Je n'ai jamais accordé de crédit à ce que je lisais, mais cette fois c'était différent : je n'en croyais vraiment pas mes yeux. Ils laissaient partir cette femme ? Sans que ça déclenche la fureur du public ? Les gens ne comprenaient donc pas que ce n'était pas qu'une question de vie privée, pas qu'une question de sécurité publique – que ça ne concernait pas que la famille royale ? L'affaire a d'ailleurs commencé par cette pauvre Milly Dowler, une adolescente qui avait été enlevée et assassinée. Les laquais de Rehabber Kooks avaient hacké le téléphone de Milly après la publication de l'avis de disparition – ils avaient violé l'intimité de ses parents au moment où ces derniers vivaient le pire cauchemar qui soit et leur avaient donné de faux espoirs que *leur petite fille était peut-être en vie, parce que quelqu'un écoutait ses messages*. Les parents ne se doutaient pas que c'était la Bande de Rehabber qui se connectait à sa boîte vocale. Si ces journalistes avaient assez de méchanceté en eux pour s'en prendre aux Dowler en de telles circonstances, sans ensuite en payer le prix, qui était à l'abri ?

Les gens n'en avaient-ils donc rien à faire ?

Non, en effet : ils n'en avaient rien à faire.

Voir cette femme s'en tirer comme ça a sérieusement ébranlé ma confiance dans le système. J'avais besoin d'une réinitialisation, qu'on rafraîchisse la page confiance. Alors je suis allé où j'allais toujours.

L'Okavango.

Passer quelques jours réparateurs auprès de Teej et Mike.

Ça m'a aidé.

Mais de retour en Grande-Bretagne, je me suis barricadé à Nott Cott.

74.

JE N'AI PAS MIS LE NEZ DEHORS. Sauf peut-être pour un dîner de temps en temps. Pour une rare soirée chez quelqu'un.

Parfois, je faisais un passage discret dans une boîte de nuit.

Mais ça n'en valait pas la peine. Quand j'en ressortais, c'était toujours le même tableau. Des paparazzis par-ci, des paparazzis par-là, partout des paparazzis. Un jour sans fin.

Le plaisir douteux d'une sortie n'en valait jamais la peine.

Mais je me disais : Si je ne sors pas, comment vais-je rencontrer quelqu'un ?

Alors je tentais de nouveau.

Et : le même jour sans fin.

Un soir, en sortant d'une boîte de nuit, j'ai vu deux hommes surgir du coin de la rue et foncer vers moi. L'un d'eux avait la main sur sa hanche.

Quelqu'un a hurlé : *Il est armé !*

Je me suis dit : Bon, ben, on s'est bien marrés, adieu.

Billy le Roc a bondi, la main sur son flingue et a failli tuer les deux types.

Mais ce n'étaient que Tweedle Dumb et Tweedle Dumber. Ils n'étaient pas armés, et je ne sais pas ce que l'un d'eux cherchait contre sa hanche. Mais Billy l'a attrapé et lui a hurlé : *Combien de fois il va falloir te le répéter, putain ! Tu vas finir par faire tuer quelqu'un !*

C'était le cadet de leurs soucis.

75.

La tour de Londres. Avec Willy et Kate. Août 2014.

Nous étions passé pour une installation artistique. Des dizaines de coquelicots rouge vif en céramique parsemaient les douves sèches. Le projet était de planter 888 246 coquelicots exactement, pour représenter chaque soldat du Commonwealth mort pendant la Grande Guerre. Le centenaire du début du conflit donnait lieu à des commémorations partout en Europe.

Au-delà de son extraordinaire beauté, l'installation proposait une manière différente de visualiser le carnage – et même de visualiser la mort. J'étais dévasté. Toutes ces vies. Toutes ces familles.

Que notre visite ait lieu trois semaines avant l'anniversaire de la mort de Maman n'a pas aidé. Comme Maman était née un premier juillet, date du début de la bataille de la Somme, la plus sanglante de l'histoire de l'armée britannique, j'avais toujours fait un lien entre elle et cette guerre.

Dans les champs de Flandre, les coquelicots fleurissent...

Tout ceci convergeait et se mêlait dans ma tête et mon cœur, quand quelqu'un s'est avancé vers moi et m'a tendu un coquelicot en me demandant de lui trouver une place sur les douves. (Les artistes derrière l'installation avaient prévu que chaque coquelicot serait disposé par une personne vivante ; des milliers de volontaires s'étaient déjà manifestés.) Willy et Kate ont eux aussi reçu leur coquelicot avec les mêmes consignes. Le choix de l'endroit nous appartenait.

Une fois notre tâche accomplie, nous avons reculé d'un pas, perdus dans nos pensées.

Je crois que c'est à ce moment-là que le connétable de la Tour est venu nous saluer. Il nous a expliqué comment le coquelicot était devenu le symbole britannique de la guerre : c'était la seule plante qui fleurissait sur ces champs de bataille ensanglantés. Et l'homme qui nous le racontait n'était autre que... le général Dannatt.

Celui qui m'avait renvoyé à la guerre.

Tout convergeait vraiment.

Il nous a demandé si une petite visite de la Tour nous ferait plaisir.

Bien sûr, avons-nous répondu.

Nous avons emprunté les raides escaliers, coulé des regards dans ses recoins les plus sombres, avant de nous trouver bientôt devant une vitrine au verre épais.

À l'intérieur se trouvaient des bijoux somptueux, parmi lesquels... la Couronne.

La vache ! La Couronne.

Celle qu'on avait posée sur la tête de Grand-mère le jour de son couronnement en 1953.

L'espace d'un instant j'ai cru que c'était aussi celle qui se trouvait sur le cercueil de Gan-Gan quand il avait parcouru les rues de Londres. Elle y ressemblait beaucoup, mais quelqu'un a pointé plusieurs différences notables.

Ah oui. Cette couronne appartenait à Grand-mère et à elle seule, et à présent je me souvenais d'elle me racontant à quel point elle l'avait trouvée lourde la première fois qu'ils l'avaient posée sur sa tête.

Elle avait l'air lourde, en effet. Mais magique, aussi. Plus on la regardait, plus elle brillait – était-ce possible ? Et la lueur semblait venir de l'intérieur. Les joyaux faisaient leur part, mais la couronne elle-même semblait receler en son sein une source d'énergie, quelque chose de supérieur à la somme de ses parties, aux pierres précieuses qui la ceignaient, à ses fleurs de lys en or, à ses arches entrecroisées et à sa croix étincelante. Et surtout à son socle d'hermine. On ne pouvait pas s'empêcher de se dire qu'un fantôme rencontré dans la Tour tard dans la nuit diffuserait sans doute le même genre de lumière. J'ai examiné l'objet d'un œil appréciateur, lentement, du bas jusqu'en haut. La couronne était une merveille, une œuvre d'art transcendante et évocatrice, pas si différente des coquelicots, mais à ce moment-là, je ne pensais qu'à une chose : quelle tragédie qu'elle soit enfermée dans cette Tour.

Encore une autre prisonnière.

C'est du gâchis, non ? ai-je dit à Willy et Kate, et je me souviens qu'ils n'ont rien répondu.

Peut-être qu'en contemplant cette bande d'hermine, ils se souvenaient de mes remarques à leur mariage.

Ou peut-être pas.

76.

Quelques semaines plus tard, après plus d'un an passé à discuter et à planifier, à réfléchir et à s'inquiéter, sept mille fans se sont entassés dans le parc olympique de Londres pour la cérémonie d'ouverture. Les Invictus Games étaient nés.

Il avait été décidé qu'International Warrior Games était trop dur à prononcer, trop long. Un membre des Royal Marines avait eu une bien meilleure idée.

À peine l'avait-il suggéré que ça nous avait paru comme une évidence. Une référence au poème de William Ernest Henley !

Tous les Britanniques le connaissaient. Nombreux étaient ceux qui en savaient les premiers vers par cœur.

Dans les ténèbres qui m'enserrent...

Et quel écolier ou quelle écolière ne croisait pas au moins une fois dans sa vie les fameux derniers vers ?

Je suis le maître de mon destin,
Je suis le capitaine de mon âme.

Quelques minutes avant mon discours à la cérémonie d'ouverture, je me trouvais dans les ailes, mes notes entre mes mains tremblantes. L'estrade devant moi me faisait l'effet d'une potence. Je lisais et relisais mes fiches, pendant que neuf Red Arrow passaient dans le ciel, lâchant derrière eux des traînées rouges, blanches et bleues. Puis Idris Elba a lu « Invictus », peut-être mieux que personne ne l'avait jamais fait, et Michelle Obama, par satellite, a prononcé quelques mots éloquents sur la signification de ces jeux, avant de m'annoncer.

J'ai traversé un long labyrinthe de tapis rouges. Mes joues aussi, d'ailleurs, ressemblaient à un tapis rouge. J'avais le sourire figé, la réponse combat-fuite à son maximum. Dans ma barbe, je m'injuriais de réagir comme ça. Ces jeux rendaient hommage aux hommes et aux femmes qui avaient perdu un membre, poussé leur corps jusqu'à ses limites et même au-delà, et moi j'étais là, à paniquer pour un petit discours.

Mais je n'y étais pour rien. L'anxiété, à ce stade, contrôlait mon corps, ma vie. Et ce discours, parce que selon moi il signifiait tant pour beaucoup de monde, ne pouvait qu'aggraver les choses.

Par-dessus le marché, alors que je montais sur scène, le producteur m'a annoncé que nous étions en retard. *Ah super, encore un souci. Merci.*

En arrivant au pupitre, que j'avais moi-même réglé avec soin, je m'en me suis mordu les doigts parce qu'il offrait une vue parfaite sur tous les compétiteurs. Tous ces visages sains, confiants et qui comptaient sur moi. Je me suis obligé à regarder ailleurs, à ne rien regarder du tout. Pressé, hyperconscient du temps qui filait, j'ai déroulé mon texte : *Pour certains des participants, cette compétition sera un tremplin vers le sport de haut niveau. Mais pour d'autre, cela marquera la fin d'un chapitre dans leur guérison et le début d'un nouveau.*

Je suis allé m'asseoir à ma place, au premier rang, à côté de Papa, qui a posé une main sur mon épaule. *Bravo, mon cher enfant.* Il était gentil. Il savait que j'étais allé trop vite. Pour une fois, j'étais content de ne pas l'entendre m'asséner la vérité.

Du seul point de vue de sa fréquentation, Invictus était une réussite. Deux millions de spectateurs à la télévision, des milliers dans les stades à chaque événement. Parmi les temps forts pour moi : la finale de rugby en fauteuil, Grande-Bretagne contre États-Unis, six mille supporters encourageant la Grande-Bretagne dans le stade Copper Box.

Partout où j'allais cette semaine-là, des gens venaient me serrer la main et me raconter leur histoire. Des enfants, des parents, des grands-parents, toujours les larmes aux yeux, me racontaient que ces jeux avaient restauré quelque chose qu'ils craignaient avoir perdu à jamais : l'énergie d'un fils, d'une fille, d'un frère, d'une sœur, d'une mère, d'un père. Une femme m'a tapé sur l'épaule pour m'annoncer que j'avais ressuscité le sourire de son mari.

Oh, ce sourire, m'a-t-elle dit, *je ne l'avais pas vu depuis sa blessure.*

Je savais qu'Invictus apporterait quelque chose de bon au monde, je l'avais toujours su, mais cette vague de gratitude – et de joie – m'a pris par surprise.

Puis il y a eu les emails. Des milliers, tous plus émouvants les uns que les autres.

J'avais le dos brisé depuis cinq ans, mais après avoir vu ces hommes et ces femmes courageux, je me suis levé de mon canapé et maintenant, je suis prêt pour un nouveau départ.

Je suis en dépression depuis mon retour d'Afghanistan, mais cette manifestation du courage et de la résilience des êtres humains m'a fait prendre conscience que...

Lors de la cérémonie de clôture, peu après que j'ai annoncé Dave Grohl et les Foo Fighters, un homme et une femme se sont approchés, leur fillette entre eux deux. L'enfant portait un sweat-shirt à capuche rose et un casque antibruit orange. Elle a levé la tête vers moi : *Merci de m'avoir rendu mon papa.*

Il avait remporté une médaille d'or.

Il y avait juste un problème, m'a-t-elle dit. Elle ne pouvait pas voir les Foo Fighters.

Ah mais on va corriger ça !

Je l'ai hissée sur mes épaules et nous avons regardé le concert tous les quatre, en dansant et en chantant, en célébrant le fait d'être en vie.

C'était mon trentième anniversaire.

77.

Peu après les jeux, j'ai informé le Palais que j'allais quitter l'armée. Elf et moi avons travaillé sur l'annonce publique ; trouver les bons mots, expliquer au public n'était pas facile, peut-être parce que j'avais du mal à me l'expliquer à moi-même. Avec le recul, je me rends compte que si la décision était si compliquée à formuler, c'était parce que ça n'était pas une décision du tout. L'heure était venue.

Mais l'heure de quoi exactement, mis à part quitter l'armée ? Cela faisait désormais de moi quelqu'un que je n'avais jamais été : un membre de la famille royale à temps plein.

Comment allais-je faire ça d'ailleurs ?

Et était-ce ce que je voulais ?

Dans une vie semée de crises existentielles, c'était une tannée. Que devient-on quand on ne peut plus être ce qu'on a toujours été, ce pour quoi on a été formé ?

Un jour, néanmoins, j'ai cru entrevoir la réponse.

C'était un mardi, près de la Tour de Londres. Il faisait frais et j'étais debout au milieu de la rue quand soudain il est apparu, crapahutant sur la chaussée – Ben, le jeune soldat avec qui j'étais rentré d'Afghanistan en 2008, le soldat que j'étais allé voir et que j'avais encouragé quand il grimpait au mur d'escalade avec sa nouvelle prothèse de jambe. Six ans plus tard, comme promis, il courait un marathon. Pas le marathon de Londres, ce qui aurait été miraculeux en soi. Mais *son propre marathon,* suivant un tracé choisi par lui-même et qui dessinait un coquelicot autour de la ville.

Quarante-deux kilomètres, qu'il avait parcourus pour lever des fonds et faire connaître la cause – pour faire battre les cœurs. C'était stupéfiant.

Je n'en reviens pas, m'a-t-il dit en me trouvant là.

Ah bon ? ai-je répondu. *Alors on est deux.*

En le voyant là, toujours soldat sans ne l'être plus – j'ai trouvé ma réponse à l'énigme qui me travaillait tant.

Question : Comment arrête-t-on d'être soldat quand on a toujours été soldat ou toujours voulu l'être ?

Réponse : On n'arrête pas.

Même en n'étant plus soldat, on n'a pas à ne plus être soldat. Jamais.

78.

Une messe pour l'Afghanistan à la cathédrale Saint-Paul, puis une réception au Guildhall organisée par la City of London Corporation, puis le lancement de la marche Walking With The Wounded à travers la Grande-Bretagne, puis une visite à l'équipe d'Angleterre de rugby, puis un entraînement avant un match qu'ils devaient disputer contre la France, puis Twickenham en leur compagnie, puis une cérémonie à la mémoire du champion olympique Richard Meade, le cavalier le plus médaillé de l'histoire de la Grande-Bretagne, puis un voyage en Turquie avec Papa pour les cérémonies du centième anniversaire de l'épique bataille de Gallipoli, puis une rencontre avec les descendants des soldats qui s'y sont battus, puis retour à Londres pour la remise des médailles au marathon de Londres.

Ainsi a commencé mon année 2015.

Dans les grandes lignes.

Les journaux débordaient d'articles déplorant la paresse de Willy, que les journalistes s'étaient mis à surnommer « Willy Tire-au-flanc » ce qui était obscène et totalement injuste, parce qu'il s'occupait de ses enfants et de sa famille. (Kate était de nouveau enceinte.) Il était aussi toujours dépendant de Papa, qui tenait les cordons de la bourse. Il faisait tout ce que Papa lui demandait de faire, ce qui parfois était peu, parce que Camilla et lui ne voulaient pas que Willy et Kate leur fassent de l'ombre, à eux ou à leurs causes. Ils l'avaient ouvertement reproché à Willy à plusieurs reprises.

Par exemple : l'attaché de presse de Papa s'en était pris à l'équipe de Willy un jour où il avait été prévu que Kate visite un club de tennis alors que Papa avait lui aussi quelque chose. Recevant pour réponse qu'il était trop tard pour annuler la visite, l'attaché de presse les avais prévenus : *Assurez-vous juste que Kate ne tienne pas de raquette de tennis sur la moindre photo !*

Car une image si accrocheuse aurait sans nul doute effacé Papa et Camilla de la une des journaux. Et c'était intolérable. Faire la une était tout ce qui comptait.

En 2015, comme Willy m'avait confié que Kate et lui se sentaient coincés, et injustement persécutés, par la presse et par Papa, j'ai éprouvé le besoin de porter le flambeau pour nous trois. Mais plus égoïstement, je ne voulais pas non plus avoir la presse sur le dos. Être traité de paresseux ? J'en frémissais. Hors de question de voir ce mot associé à mon nom. La presse m'avait traité d'abruti presque toute ma vie, de sale gosse, de raciste, mais s'ils osaient me traiter de paresseux... je ne pouvais pas jurer que je saurais me retenir de débarquer à Fleet Street pour arracher les gens à leurs bureaux par le col.

Je n'ai compris que des mois plus tard que la presse avait encore d'autres raisons de s'en prendre à Willy. D'abord, il les avait tous mis en rogne en cessant d'entrer dans leur jeu, en leur refusant un accès sans entraves à sa famille. Il avait plusieurs fois refusé d'exhiber Kate comme un cheval de course, ce qui allait un cran trop loin pour les journalistes.

Il avait ensuite osé prononcer un discours vaguement anti-Brexit qui les avait vraiment ulcérés. Le Brexit était leur gagne-pain. Comment osait-il suggérer que c'était une connerie ?

79.

C'EST EN AUSTRALIE, où j'étais parti pour une série d'exercices militaires, que j'ai appris la nouvelle : Willy et Kate venaient d'accueillir leur deuxième enfant. Charlotte. J'étais de nouveau tonton et très heureux de l'être.

Mais, sans surprise, ce jour-là, lors d'une interview, un ou une journaliste, je ne me souviens plus, a évoqué le sujet comme si on venait de m'annoncer que j'étais en phase terminale.

Non. Je suis super content.

Mais ça vous rétrograde encore dans l'ordre de succession.

Je ne pourrais pas être plus heureux pour Willy et Kate.

Le ou la journalise a insisté : Cinquième – hmm. Même plus le Suppléant du Suppléant.

Pour ma part, pourtant, je me disais : Déjà, je m'éloigne du cœur du volcan, bonne nouvelle. Et puis, quel genre de monstre songerait à lui et à sa place dans l'ordre de succession dans un moment pareil, au lieu d'accueillir une nouvelle vie sur terre ?

J'avais un jour entendu un officiel de la Cour glisser que lorsqu'on était le cinquième ou le sixième de la liste, on pouvait toujours se consoler en se disant qu'on n'était « qu'à un crash d'avion de la couronne ». Une vie inconcevable pour moi.

Il ou elle ne voulait toujours pas lâcher le morceau : Quand même, cette naissance ne me poussait-elle pas à réévaluer mes choix ?

Mes choix ?

N'est-il pas temps de se mettre en ménage ?

Eh bien... euh...

Les gens commencent à vous comparer à Bridget Jones.

Je me suis dit : Sérieux ? Bridget Jones ?

On attendait que je réponde.

Ça viendra, ai-je assuré à cette personne dont j'ai tout oublié sauf les questions absurdes. *Quand, cher monsieur, projetez-vous de prendre une épouse ?* Ça arrivera quand ça arrivera, ai-je dit, comme j'aurais répondu à une tante pénible.

J'ai eu droit à un regard de pitié abjecte.

Mais est-ce que ça arrivera ?

80.

LES GENS PARTAIENT SOUVENT DU PRINCIPE que je m'accrochais à ma vie de célibataire parce qu'elle était terriblement glamour. Et bien des soirs, je me disais : Si seulement ils pouvaient me voir en ce moment.

Puis je me remettais à plier mes sous-vêtements en regardant « Celui qui a épousé Monica ».

En plus de mon linge (qui séchait souvent sur les radiateurs), je faisais mon ménage, ma cuisine, mes courses. Il y avait un supermarché à côté du palais et j'allais là-bas, comme n'importe qui, au moins une fois par semaine.

Bien sûr, chaque fois, je planifiais ça façon patrouille autour de Musa Qala. Je changeais toujours mes horaires, pour semer la presse. Je me déguisais : casquette de baseball, grand manteau. Je parcourais les allées à toute blinde, attrapant au passage les filets de saumon que j'aimais, mes yaourts préférés. (J'avais mémorisé le plan du magasin.) Plus quelques Granny Smith et des bananes. Et, bien sûr, des chips.

Puis je fonçais aux caisses.

Comme pour la vérification des commandes de l'Apache, j'avais appris à optimiser mon temps pour limiter mes courses à dix minutes. Mais un soir, en commençant à parcourir les allées, je me suis vite aperçu que... tout avait bougé.

Je me suis rué sur un employé. *Qu'est-ce qui s'est passé ?*
Pardon ?
Où sont les produits ?
Où sont... ?
Pourquoi tout a bougé ?
Honnêtement ?
Oui, honnêtement.
Pour que les gens restent plus longtemps. Pour les pousser à acheter davantage.

J'étais scotché. On avait le droit de faire ça ? C'était autorisé par la loi ?

Un peu en panique, je me suis remis à parcourir les allées, remplissant mon caddie du mieux que je pouvais, un œil sur ma montre, et j'ai filé aux caisses. C'était toujours la partie la plus tendue, car on ne pouvait pas optimiser ce moment-là, tout dépendait des autres. De plus, la caisse se trouvait juste à côté du présentoir à journaux, qui vendait tous les magazines et les tabloïds du pays, dont la moitié avaient des photos de ma famille en couverture. Ou de ma mère. Ou de moi.

Plus d'une fois, j'ai regardé des clients lire des articles sur moi, et les commenter. En 2015, à plusieurs reprises, j'en ai entendu se demander si je me marierais un jour. Si j'étais heureux. Si je n'étais pas gay. Chaque fois, j'étais tenté de leur taper sur l'épaule... *Eh oh.*

Un soir, déguisé, alors que j'écoutais justement des gens débattre de mes choix de vie, j'ai entendu des voix s'élever au début de la queue. Un couple de personnes âgées qui s'en prenait à la caissière. D'abord désagréable, c'est devenu intolérable.

Je me suis avancé, j'ai montré mon visage et, après m'être éclairci la gorge, j'ai dit : *Excusez-moi. Je ne sais pas exactement quel est le problème, mais je ne crois pas que vous devriez lui parler comme ça.*

La caissière était presque en larmes. Le couple qui s'en prenait à elle s'est retourné et m'a reconnu. Ils n'ont pas du tout été surpris, en revanche. Juste vexés qu'on les interpelle sur leur comportement.

Quand ils sont partis, quand ça a été mon tour de payer, alors qu'elle mettait mes avocats dans un sac, la caissière a voulu me remercier. Je n'ai rien voulu entendre. Je lui ai souhaité bon courage, j'ai pris mes courses et j'ai filé comme le Frelon vert.

Acheter des vêtements était largement moins compliqué.

D'une manière générale, je ne m'intéressais pas à la mode. Je n'en voyais pas l'intérêt et ne comprenais pas que ça puisse être un sujet. Sur les réseaux sociaux, on se moquait souvent de mes tenues mal assorties et de mes chaussures miteuses. On partageait des photos de moi en se demandant pourquoi mes pantalons étaient si longs, mes chemises si froissées. (Personne n'envisageait qu'elles séchaient peut-être sur le radiateur.)

Pas très digne d'un prince, disait-on.

Et je crois que ce n'est pas faux.

Mon père a essayé. Il m'a offert une magnifique paire de richelieus noires. Une œuvre d'art. Lourdes comme des boules de bowling. Je les ai portées jusqu'à ce que les semelles soient trouées, et quand lesdits trous sont devenus sujets de moqueries, j'ai fait réparer les semelles.

Chaque année, Papa m'allouait officiellement une somme destinée à mon habillement, mais elle était strictement réservée aux costumes et cravates, et aux tenues de cérémonie. Pour mes vêtements de tous les jours, j'allais chez T.K. Maxx, le magasin discount. J'adorais en particulier leurs soldes annuelles, où ils regorgeaient de modèles de chez Gap et J-Crew – soit des fins de saisons, soit des pièces légèrement endommagées. En se débrouillant bien, le premier jour des soldes, on trouvait les mêmes vêtements qu'ailleurs mais à moitié prix. Pour deux cent livres, on repartait avec une garde-robe toute neuve.

Là aussi, j'avais un système. Arriver un quart d'heure avant la fermeture. Attraper un seau rouge. Monter en vitesse au dernier étage. Et faire les présentoirs dans l'ordre, l'un après l'autre.

Si je trouvais quelque chose qui me plaisait, je le tenais devant moi devant le miroir. Je ne m'attardais jamais sur les couleurs ou le style et je ne m'approchais certainement pas des cabines d'essayage. S'il avait l'air bien, confortable, hop dans le seau rouge. Si j'avais un doute, je demandais à Billy le Roc. Il adorait jouer les stylistes.

À la fermeture, nous sortions avec deux grands sacs de course, triomphants. Les journaux ne me traiteraient plus de débraillé. Au moins pendant un petit moment.

Et cerise sur le gâteau : plus besoin de faire du shopping pour les six prochains mois.

81.

Mis à part ces quelques visites dans des magasins, j'ai arrêté de sortir en 2015.

Complètement arrêté.

Finis les dîners occasionnels avec des potes. Plus de fêtes chez des gens non plus. Plus de boîtes de nuit. Plus rien.

Tous les soirs, je rentrais directement chez moi après le boulot, mangeais au-dessus de l'évier, puis réglais de la paperasse avec *Friends* en fond.

Le cuisinier de Papa me remplissait parfois le congélateur de tourtes au poulet, de hachis parmentier. J'étais content de ne plus avoir à m'aventurer aussi souvent au supermarché... même si les tourtes me rappelaient parfois les Gurkhas et leur ragoût de chèvre, surtout parce qu'elles n'étaient pas épicées. Les Gurkhas me manquaient, l'armée me manquait. La guerre me manquait.

Après dîner, je fumais un joint, en essayant de faire en sorte que la fumée n'aille pas se répandre dans le jardin de mon voisin, le duc de Kent.

Je me couchais tôt.

Une vie solitaire. Une vie étrange. Je me sentais seul, mais je préférais être seul qu'angoissé. Je commençais tout juste à découvrir quelques remèdes efficaces contre mon angoisse, mais tant que je n'étais pas certain qu'ils marchaient, tant que je ne me sentais pas en terrain sûr, je me reposais sur ce seul remède clairement nocif : l'évitement.

J'étais agoraphobe.

Ce qui était presque ingérable étant donné mon rôle public.

Après un discours, que je ne pouvais pas éviter ni annuler, et pendant lequel j'avais manqué m'évanouir, Willy est venu me voir en coulisses. Il riait.

Harold ! Regarde-toi ! Tu dégoulines.

Je n'en revenais pas de sa réaction. Lui entre tous ! Il était là quand j'avais fait ma première crise d'angoisse. Avec Kate. On partait à un match de polo dans le Gloucestershire, dans leur Range Rover. J'étais assis à l'arrière et Willy m'a regardé dans le rétroviseur. Il a vu que je transpirais, que j'étais rouge. *Tu vas bien, Harold ?* Non, je n'allais pas bien. Le trajet durait plusieurs heures et tous les quelques kilomètres, je voulais lui demander de s'arrêter pour sauter de voiture et trouver de l'air.

Il savait que quelque chose clochait, quelque chose de sérieux. Il m'a dit ce jour-là, ou peu après, que j'avais besoin d'aide. Et maintenant, il se fichait de moi ? Je ne comprenais pas qu'il puisse être à ce point sans cœur.

Mais c'était aussi ma faute. Nous aurions dû tous les deux avoir plus de jugeote, nous aurions dû accepter mon état pour ce qu'il était, vu que nous avions commencé à envisager le lancement d'une campagne de sensibilisation à la santé mentale.

82.

JE ME SUIS RENDU au Mildmay Mission Hospital d'East London pour la commémoration de son 150ᵉ anniversaire et de ses récentes rénovations. Ma mère y avait fait une visite restée célèbre. Elle avait tenu la main d'un homme séropositif, et ce faisant, elle avait changé le monde. Elle avait prouvé que le sida n'était pas la lèpre, que ce n'était pas une malédiction. Elle avait prouvé que la maladie n'empêchait ni l'amour ni la dignité. Elle avait rappelé au monde que le respect et la compassion ne sont pas des cadeaux, qu'ils sont le minimum qu'on se doit tous à chacun.

J'ai appris que sa célèbre visite n'était en fait qu'une parmi beaucoup d'autres. Une employée de l'hôpital m'a pris à part pour me raconter que Maman venait tout le temps, discrètement. Sans fanfare, sans photos. Elle passait à l'improviste et consolait quelques personnes, avant de rentrer chez elle.

Une autre femme m'a dit qu'elle était une patiente lors de l'une de ces visites impromptues. Née séropositive, elle se souvenait d'avoir été assise sur les genoux de Maman. Elle n'avait que deux ans, mais elle s'en souvenait.

Je lui ai fait un câlin. À votre maman. C'est vrai.

J'ai rougi. J'étais jaloux.

C'est vrai ?

Oui, oui, et c'était tellement bien. Elle savait faire un câlin.

Oui, je me souviens.

Mais ce n'était pas vrai.

Peu importe à quel point j'essayais, je ne me souvenais de presque rien.

83.

JE SUIS ALLÉ PASSER QUELQUES JOURS chez Teej et Mike au Botswana. J'avais terriblement envie de les voir, un besoin physique d'aller me balader sans but avec Mike, de discuter et de me sentir en sécurité, la tête sur les genoux de Teej.

De me sentir chez moi.

La toute fin de 2015.

Je les ai mis dans la confidence, je leur ai raconté mon combat contre l'anxiété. Nous étions près du feu de camp, le meilleur endroit où évoquer ce genre de choses. Je leur ai dit que j'avais récemment trouvé quelques trucs qui semblaient marcher un peu.

Alors… il y avait de l'espoir.

Par exemple : la thérapie. J'avais suivi le conseil de Willy et, même si je n'avais pas trouvé de thérapeute qui me plaisait, le simple fait de parler à quelques-uns m'avait ouvert l'esprit à de nouvelles possibilités.

L'un d'eux m'a clairement dit que je souffrais de stress post-traumatique et ça a fait tilt. Ça m'a fait bouger, me disais-je, dans la bonne direction.

Autre chose qui semblait fonctionner : la méditation. Elle calmait les pensées qui se bousculaient dans ma tête, m'apportait un certain calme. Je n'étais pas du genre à prier. La Nature était toujours mon Dieu, mais dans mes moments les plus durs, je fermais les yeux et ne bougeais plus. Parfois, aussi, je demandais de l'aide, même si je ne savais jamais à qui.

De temps en temps, je sentais qu'une réponse était là.

Les drogues psychédéliques m'ont elles aussi fait du bien. J'y avais goûté au fil des ans, pour un usage récréatif, mais maintenant, je commençais à les utiliser à des fins thérapeutiques, médicinales. Elles ne me permettaient pas simplement de fuir la réalité un moment, elles me laissaient la redéfinir. Sous l'influence de ces substances, j'étais capable de me défaire d'idées préconçues rigides, de voir qu'il y avait un autre monde derrière le filtre lourd de mes sens, un monde tout aussi réel et doublement beau – un monde sans tornade rousse, où la tornade rousse n'avait pas de raison d'être. Où il y avait seulement la vérité.

Même quand les drogues s'étaient dissipées, je gardais les souvenirs de ce monde-là et je me disais : *Il n'y a pas que ça.* Les plus grands prophètes et les plus grands philosophes le disent : la vie que nous connaissons est une illusion. J'ai toujours senti qu'il y avait une vérité à ça. Comme c'était rassurant, après avoir grignoté un champignon, ou ingéré de l'ayahuasca, de m'en rendre compte par moi-même !

C'est le travail, cependant, qui a finalement été le meilleur des remèdes. Aider les autres, agir positivement dans le monde, regarder vers l'extérieur plutôt que vers l'intérieur. C'était ça le chemin. L'Afrique et Invictus étaient depuis longtemps les causes les plus chères à mon cœur. Mais je voulais m'investir davantage maintenant. Au cours de l'année qui venait de s'écouler, j'avais parlé à des pilotes d'hélicoptères, à des chirurgiens vétérinaires, à des gardes-forestiers, et tous m'avaient dit qu'une guerre était en cours, une guerre pour sauver la planète. Une guerre, vous dites ?

Je signe où ?

Petit problème cependant : Willy. L'Afrique était *son* domaine. Et il avait le droit de le dire, ou il s'en sentait le droit, parce qu'il était l'Héritier. Il était dans son pouvoir d'opposer un veto à *mon* projet, et il avait bien l'intention de s'en servir, ne serait-ce que pour démontrer sa force.

Nous nous sommes plusieurs fois violemment disputés à ce sujet, ai-je raconté à Teej et Mike. Un jour, nous en sommes presque venus aux mains devant nos amis d'enfance, les fils d'Emilie et Hugh. L'un d'eux a demandé : *Pourquoi vous ne pourriez pas tous les deux bosser sur l'Afrique ?*

Willy a explosé, il s'en est pris à ce fils pour avoir osé faire une telle suggestion. *Parce que les rhinocéros, les éléphants, c'est à moi !*

C'était tellement évident. Il se souciait moins de trouver son but dans la vie, ou sa passion, que de gagner sa compétition de toujours avec moi.

Au fil d'autres conversations tendues que nous avons eues, j'ai compris que lorsque j'étais allé au pôle Nord, Willy m'en avait voulu. Il avait été vexé de ne pas avoir été celui qu'on avait invité. Parallèlement, il m'a dit qu'il s'était effacé, galamment, qu'il m'avait permis d'y aller, et même qu'il avait permis tout le travail que j'avais accompli auprès des blessés de guerre. *Je t'ai laissé les vétérans, pourquoi tu ne peux pas me laisser les éléphants et les rhinocéros d'Afrique ?*

Je me suis plaint à Teej et Mike que j'avais enfin entrevu ma voie, enfin trouvé ce qui pourrait combler le trou creusé dans mon cœur par la vie de soldat, quelque chose qui était même en fait plus durable – et que Willy se mettait en travers de mon chemin.

Ils étaient atterrés. Ne lâche-pas le morceau, m'ont-ils dit. Bats-toi. *Il y a de la place pour chacun de vous deux en Afrique. On a besoin de vous deux.*

Alors, avec leurs encouragements, je me suis lancé dans un voyage de quatre mois destiné à compiler des données, afin de faire mon éducation sur la guerre de l'ivoire. Botswana. Namibie. Tanzanie. Afrique du Sud. Je me suis rendu au Kruger National Park, une vaste étendue de terre aride de la taille d'Israël. Dans la guerre livrée aux braconniers, Kruger était une ligne de front essentielle. Sa population de rhinocéros, noirs et blancs, s'écroulait, décimée par des armées de braconniers à la solde des mafias chinoises et vietnamiennes.

Une corne de rhinocéros rapportait des fortunes, de sorte que pour chaque braconnier arrêté, cinq autres étaient prêts à prendre leur place.

Les rhinocéros noirs étaient plus rares, et donc plus lucratifs. Ils étaient également plus dangereux. Ils vivaient dans un bush dense dans lequel s'aventurer à leur suite pouvait être fatal. Ils ignoraient que vous étiez là pour les aider. Plusieurs m'avaient chargé, et j'ai eu de la chance de m'en sortir sans être encorné. (Conseil d'ami : toujours savoir où se trouve la branche d'arbre la plus proche, parce que vous risquez de devoir y grimper.) Certains de mes amis n'avaient pas eu autant de chance.

Les rhinocéros blancs étaient plus dociles, plus nombreux, mais peut-être pas pour longtemps, à cause de leur docilité justement. Comme ils vivaient dans la savane ouverte, ils étaient aussi plus faciles à repérer, plus facile à abattre.

Je me suis joint à un nombre incalculable de patrouilles antibraconnage. À Kruger, nous arrivions chaque fois trop tard. J'ai dû voir une quarantaine de carcasses de rhinocéros criblées de balles.

Dans d'autres coins d'Afrique, ai-je appris, les braconniers n'abattaient pas systématiquement les bêtes. Les balles coûtaient cher et les coups de feu trahissaient leur présence. Ils endormaient donc le rhinocéros avec une fléchette de tranquillisant et prélevaient sa corne pendant qu'il dormait. La bête se réveillait sans sa face et se traînait dans les buissons pour mourir.

J'ai prêté main forte lors d'une intervention chirurgicale de reconstruction du museau d'un rhinocéros femelle qui s'appelait Hope, pour recoudre ses membranes déchirées à l'intérieur du trou où se trouvait sa corne. L'opération m'a traumatisé, comme elle a traumatisé toute l'équipe chirurgicale. Nous nous demandions tous si nous avions fait ce qu'il fallait. Cette pauvre fille avait tellement mal !

Mais on n'arrivait pas à l'abandonner là.

84.

Un matin, nous avons survolé Kruger en hélicoptère, décrivant de grandes boucles en scrutant le sol à la recherche d'indices. Et soudain, j'ai remarqué le plus révélateur de tous.

Là, ai-je dit.

Des vautours.
Aussitôt, nous sommes descendus.
Et quand nous avons touché le sol, des nuages de vautours ont pris leur envol.
Nous avons sauté à terre, le sol était foulé de nombreuses traces de pas, des cartouches étincelaient au soleil. Il y avait du sang partout. Nous avons suivi les traces jusque dans les buissons et trouvé un énorme rhinocéros blanc, un trou béant à la place de sa corne. Elle avait l'échine couverte de plaies. Quinze cratères, si j'ai bien compté.
Un bébé de six mois gisait à côté d'elle, mort.
Nous avons reconstitué ce qui s'était passé. Les braconniers avaient tiré sur la mère. Elle et son bébé s'étaient enfuis. Les braconniers les avaient poursuivis jusqu'ici. La mère était encore en état de défendre ou de protéger son petit, alors les braconniers s'étaient acharnés sur elle à la hache, pour l'immobiliser. Alors qu'elle était encore en vie, à se vider de son sang, ils avaient prélevé sa corne.
J'étais sans voix. Un soleil de plomb tombait du ciel bleu brûlant.
Mon garde du corps a demandé au garde forestier : qui a été tué en premier, le bébé ou la mère ?
Difficile à dire.
J'ai voulu savoir : *Vous croyez que les braconniers sont dans le coin ? On peut les trouver ?*
Impossible.
Même s'ils étaient toujours par là. Aiguille. Botte de foin.

85.

EN NAMIBIE, en traversant le désert du nord à la recherche de l'espèce de rhinocéros qui vivait là, j'ai rencontré un scientifique sympathique qui pistait les lions. Ils étaient grandement persécutés dans ce coin du pays parce qu'ils s'aventuraient souvent sur les terres agricoles. Le médecin en anesthésiait quelques-uns afin d'étudier leur santé et leurs mouvements. Il a noté nos coordonnées et nous a dit qu'il nous préviendrait s'il en trouvait un.
Ce soir-là, nous avons dressé le camp près d'un ruisseau asséché. Tandis que tous les autres dormaient dans des tentes, dans des

camions, j'ai déroulé mon tapis près du feu et me suis glissé sous une fine couverture.

Dans mon équipe, tout le monde pensait que je plaisantais. *Il y a plein de lions, dans le coin, boss.*

Je leur ai dit que tout irait bien. *Je l'ai fait des millions de fois.*

Vers minuit, la radio s'est mise à crépiter. C'était le docteur. Il venait d'anesthésier deux lions. À quatre kilomètres.

Nous avons sauté dans le Land Cruiser et foncé sur la piste. Des soldats namibiens que le gouvernement nous avait affectés ont insisté pour venir aussi. Tout comme la police du coin. Malgré la nuit noire, nous avons facilement trouvé le docteur. Il se tenait à côté de deux énormes bêtes. Toutes les deux à plat ventre, la tête lourdement posée sur leurs énormes pattes. Il leur a braqué sa lampe torche dessus. La poitrine des lions se gonflait puis se vidait. Une respiration tranquille.

Je me suis agenouillé à côté de la lionne, j'ai touché sa peau, regardé ses yeux couleur d'ambre à demi-fermés. Je ne peux pas l'expliquer, ni même le défendre... mais j'avais le sentiment de la connaître.

Au moment où je me relevais, l'un des soldats namibiens m'a frôlé pour aller s'accroupir à côté de l'autre lion. Un gros mâle. Il a redressé son AK-47, demandé à l'un de ses potes de le prendre en photo. Comme s'il venait de l'abattre.

J'allais dire quelque chose, mais Billy le Roc m'a devancé. Il a dit au soldat de se barrer de là, de foutre la paix aux lions.

Le soldat s'est rembruni et s'est éloigné, la tête basse.

Je me suis alors tourné pour m'adresser au docteur. Il y a eu un flash derrière moi. Pendant que je cherchais à voir quel soldat avait sorti son téléphone, j'ai entendu le sursaut de hoquet des hommes.

J'ai fait volte-face. La lionne était debout devant moi. Ressuscitée.

Elle a vacillé dans ma direction.

Ce n'est rien, a dit le docteur. *Ce n'est rien.*

Elle s'est écroulée de nouveau, à mes pieds.

Bonne nuit, belle princesse.

J'ai jeté un regard sur ma gauche, sur ma droite. Il n'y avait plus personne à côté de moi. Les soldats avaient tous fui dans leurs camions. Celui avec l'AK-47 remontait la vitre. Même Billy le Roc avait reculé d'un demi pas.

Désolé, a dit le docteur.
Ne le soyez pas.
Nous sommes retournés au camp. Tous ont disparu dans les tentes et les camions, sauf moi.
Je suis retourné sur mon tapis près du feu.
Vous n'êtes pas sérieux, m'ont-ils tous dit. *Et les lions ? On vient d'avoir la preuve qu'il y a des lions, boss.*
Pff. Faites-moi confiance. La lionne ne fera de mal à personne. En fait, elle veille probablement sur nous.

86.

Retour aux États-Unis. Avec deux bons potes. Janvier 2016. Mon pote Thomas sortait avec une femme qui vivait à Los Angeles, ça a donc été notre première étape. En guise de soirée de bienvenue, elle a invité chez elle un petit groupe d'amis. Côté alcool, nous étions tous en phase – déterminés, en d'autres termes, à en consommer de grandes quantités en peu de temps.

En revanche, impossible de s'accorder sur lequel.

En bon Britannique, j'ai demandé un gin tonic.

Aucune chance, ont répondu les Américains en riant. *C'est les États-Unis ici, mon pote, il te faut un vrai truc. Il te faut de la tequila.*

La tequila, je connaissais. Mais surtout celle qu'on servait dans les boîtes de nuit. La tequila de fin de soirée. Alors que maintenant, on me proposait de la vraie tequila de qualité, de la tequila de luxe, assortie d'un cours sur les nombreuses façons de la consommer. Les verres flottaient vers moi, pleins de cet alcool servi sous toutes ses formes. Pure. *On the rocks*. En margarita. Avec une lichée d'eau gazeuse et de citron vert.

J'ai tout bu, jusqu'à la dernière goutte, et j'ai commencé à me sentir vraiment très bien.

Je me suis dit : Je les kiffe, ces Américains. Je les kiffe vraiment.

Drôle de moment pour être pro-Américain. Le monde dans sa grande majorité ne l'était pas. Et notamment les Britanniques. Un grand nombre d'entre eux haïssaient la guerre des États-Unis en Afghanistan et n'appréciaient pas d'y avoir été entraînés. Chez certains, le sentiment anti-américain était très violent. Ça me rappelait mon enfance, où les gens me mettaient tout le temps en garde contre les Américains. Trop bruyants, trop riches, trop heureux. Trop sûrs d'eux, trop directs, trop honnêtes.

Je m'étais toujours dit : Nan. Les Yankees ne tournaient pas autour du pot, ils n'emplissaient pas l'air de petits reniflements polis et de raclements de gorge avant d'en venir aux faits. S'ils avaient quelque chose à dire, ils le disaient, comme on éternue, et si c'était de temps en temps problématique, d'habitude, je trouvais ça préférable à l'alternative :

Personne ne livrant le fond de sa pensée.

Personne ne voulant savoir ce que vous ressentiez.

Je l'avais vécu quand j'avais douze ans. Je le vivais plus encore maintenant, à trente et un ans.

J'ai traversé la journée flottant sur un nuage rose de vapeurs de tequila. Non – flotter n'est pas le bon verbe. J'ai *piloté* le nuage et quand je l'ai posé – un atterrissage parfait – je n'avais pas la gueule de bois. Un miracle.

Le lendemain ou le surlendemain, pour une raison ou pour une autre, nous avons bougé. Nous sommes allés nous installer chez Courteney Cox, une copine de la petite amie de Thomas. Elle partait pour le boulot et ne voyait pas d'inconvénient à ce qu'on squatte chez elle, où il y avait plus de place.

Ça m'allait tout à fait. En tant que grand fan de *Friends*, l'idée de squatter chez Monica était tout à fait engageante. Et drôle. Sauf que... Courteney est revenue. Et moi, face à ça, j'étais comme un con. Son boulot avait été annulé ? Je ne pensais pas que j'étais en droit de demander. Et surtout : *Vous voulez qu'on s'en aille ?*

Elle a souri. *Bien sûr que non, Harry. J'ai plein de place.*

Super. Mais j'étais toujours comme un con parce que... c'était Monica. Et j'étais un Chandler. Je me demandais si je trouverais un jour le courage de le lui raconter. Y avait-il assez de tequila en Californie pour me rendre à ce point intrépide ?

Peu après son retour, Courteney a invité d'autres gens. Une autre fête a commencé. Parmi eux, il y avait un type qui me disait quelque chose.

Un acteur, m'a soufflé mon pote.

Oui, je sais que c'est un acteur. Mais il s'appelle comment ?

Mon pote ne savait pas.

Je suis allé lui parler. Il était sympa et j'ai tout de suite bien accroché. Je ne le remettais pas, mais sa voix m'était encore plus familière.

J'ai chuchoté à mon pote : *Je le connais d'où ?*

Mon pote s'est marré. *Batman.*

Pardon ?

Batman.

Comme j'en étais à ma troisième ou quatrième tequila, j'avais un peu de mal à traiter cette nouvelle bribe d'information.

Putain, mais ouais ! Lego Batman, le film. Je me suis tourné vers l'acteur et je lui ai demandé : *C'est vrai ?*

Quoi ?

Vous êtes lui ?

Qui ?

Batman.

Il a souri. *Oui.*

C'est dingue de pouvoir dire un truc pareil !

Je l'ai supplié : *Faites-la.*

Quoi ?

La voix.

Il a baissé les paupières. Il avait envie de refuser, mais il ne voulait pas se montrer impoli. Ou bien il avait compris que je n'allais pas le lâcher. Alors il m'a fixé de ses yeux bleu glacier et s'est éclairci la gorge avant de me dire, dans un Batmanais rocailleux parfait : *Hello, Harry.*

Trop bon ! *Encore.*

Il a recommencé. Encore meilleur !

Nous avons tous les deux éclaté de rire.

Puis, peut-être pour se débarrasser de nous, il nous a conduits, mon pote et moi, jusqu'au frigo, d'où il a sorti un soda. Pendant que la porte était ouverte, nous avons repéré une énorme boîte de chocolats aux champignons hallucinogènes.

Quelqu'un derrière moi a dit qu'ils étaient pour la communauté. *Servez-vous les garçons.*

On en a gobé quelques-uns, qu'on a fait descendre avec de la tequila.

On pensait que Batman allait faire de même. Mais ça n'était pas son truc, sans doute. Sans déconner, on s'est dit. Ce type nous a envoyé tout seuls dans la putain de Batcave !

On est sortis s'asseoir près d'un feu et on a attendu.

Je me rappelle être retourné à l'intérieur au bout d'un moment, pour chercher les toilettes.

Pas simple de circuler dans cette maison, avec son mobilier moderne et anguleux et ses surfaces en verre propres. Il n'y avait pas non plus beaucoup de lumière. Mais j'ai fini par trouver des toilettes.

Jolie pièce, me suis-je dit en fermant la porte derrière moi.

J'ai balayé les lieux du regard.

Magnifiques savonnettes. Serviettes blanches et propres. Poutres apparentes.

Lumière d'ambiance.

Les Yankees savent y faire.

À côté des toilettes, il y avait une poubelle ronde en métal, le genre qui s'ouvre avec une pédale. J'ai fixé la poubelle. Elle m'a fixé en retour.

Quoi... elle me fixe ?

Puis elle s'est transformée en... tête.

J'ai appuyé sur la pédale et la tête a ouvert la bouche. Un large sourire.

J'ai ri et me suis tourné pour pisser.

Les toilettes aussi étaient devenu une tête. La cuvette en était la gueule béante, les charnières du siège ses yeux d'argent perçants.

Aaah, a-t-elle dit.

J'ai terminé, tiré la chasse, fermé sa bouche.

Je me suis tourné à nouveau vers la poubelle et j'ai appuyé sur la pédale pour y jeter un paquet de cigarettes vides que j'avais dans la poche.

Ouvre-toi en grand.

Aaah merci, copain !

De rien, copine.

Je suis sorti de là en gloussant et j'ai rejoint mon pote.

Qu'est-ce qui te fait rire ?

Je lui ai dit d'aller faire un tour aux toilettes, qu'il aurait la meilleure expérience de sa vie.

Quelle expérience ?
Je ne peux pas te le décrire. Va voir par toi-même. Rencontrer Batman fait pâle figure en comparaison.

Il portait une grosse doudoune en duvet avec un col en fourrure, exactement comme celle que j'avais portée au pôle Nord et au pôle Sud. Il est entré dans les toilettes sans l'enlever.

Pendant ce temps, je suis allé me chercher une autre tequila.

Quelques minutes plus tard, mon pote est apparu à côté de moi. Blanc comme un linge.

Qu'est-ce qui s'est passé ?
Je veux pas en parler.
Dis-moi.
Ma doudoune... est devenue un dragon.
Un dragon ? Aux toilettes ?
Et elle a essayé de me bouffer.
Oh merde.
Tu m'as envoyé dans l'antre d'un dragon.
Merde, désolé, mec.

Mon trip délicieux avait été son enfer.

Très dommage. Très intéressant.

Je l'ai emmené dehors en douceur, en lui disant que tout irait bien.

87.

L<small>E LENDEMAIN</small>, nous sommes allés à une autre fête. Dans les terres, même si l'air sentait l'océan.

Encore de la tequila, encore des présentations.

Et encore des champignons.

Nous avons tous joué à une sorte de jeu, un jeu de mime – je crois ? Quelqu'un m'a tendu un joint. Sympa. J'ai tiré dessus, contemplé le bleu crémeux et délavé du ciel californien. Quelqu'un m'a tapé sur l'épaule pour me présenter Christina Aguilera. Oh, hello, Christina. Elle ressemblait pas mal à un mec. Apparemment, j'avais mal compris, ce n'était pas elle mais le co-auteur de l'une de ses chansons.

« Genie in a Bottle ».

Est-ce que je connaissais les paroles ? Est-ce qu'il me les avait dites ?

I'm a genie in a bottle
You gotta rub me the right way

En tout cas, il s'était fait un paquet de fric avec et vivait maintenant la grande vie.
Félicitations, mon pote.
Je l'ai laissé là, j'ai traversé le jardin et je ne sais plus trop ce qui s'est passé ensuite. Je crois me souvenir d'encore une autre fête, chez encore quelqu'un d'autre... ce même jour ? Le suivant ?
Nous avons en tout cas fini par rentrer chez Monica. Enfin, Courteney. C'était la nuit. J'ai descendu quelques marches jusqu'à sa plage et je suis resté là, les orteils dans l'océan, à regarder le va-et-vient des vagues pareil à de la dentelle, pendant ce qui m'a paru être une éternité. Mes yeux faisaient des allers-retours entre l'eau et le ciel.
Puis j'ai regardé la lune.
Elle me parlait.
Comme la poubelle et les toilettes.
Qu'est-ce qu'elle disait ?
Que l'année à venir serait une bonne année.
Bonne comment ?
Il va se passer une grande chose.
C'est vrai ?
Grande.
Pas comme d'habitude ?
Non, quelque chose de spécial.
C'est vrai, la Lune ?
Promis.
Je t'en prie, ne me mens pas.
J'avais déjà l'âge de Papa quand il s'était marié, et tout le monde avait trouvé sa lenteur tragique. Il avait trente-deux ans, et son incapacité ou sa réticence à se caser lui avait valu des moqueries.
Trente-deux ans, c'était demain.
Il faut que ça change. S'il te plaît.
Ça va changer.

J'ai ouvert la bouche et regardé le ciel, la lune.
L'avenir.
Aaaah.

Troisième partie
Capitaine de mon âme

1.

J'ÉTAIS À NOTT COTT, je scrollais sur Instagram. Dans mon fil, j'ai vu une vidéo : mon amie Violet. Avec une jeune femme.

Elles s'amusaient avec une nouvelle application qui colle des filtres un peu idiots sur vos photos. Violet et la jeune femme étaient affublées d'oreilles de chien, de truffes et de grandes langues rouges pendantes.

Malgré le côté chien de dessin animé, je me suis redressé.

Cette femme avec Violet... Mon Dieu.

J'ai regardé plusieurs fois la vidéo, puis je me suis forcé à reposer mon téléphone.

Et je l'ai repris, pour la regarder à nouveau.

J'ai parcouru le monde d'un bout à l'autre, littéralement. J'ai joué à la marelle entre les continents. J'ai rencontré des centaines de milliers de personnes, j'ai croisé la route d'une proportion ridiculement vaste des sept milliards d'habitants de la planète. Pendant trente-deux ans, j'ai vu défiler un tapis roulant de visages dont une poignée à peine a attiré mon regard. Mais cette femme a stoppé le tapis roulant. Cette femme l'a mis en pièces.

Je n'avais jamais vu une personne aussi belle.

Pourquoi la beauté fait-elle l'effet d'un coup de poing sur la carotide ? Cela a-t-il quelque chose à voir avec le désir d'ordre inné de l'être humain ? N'est-ce pas ce qu'affirment les scientifiques ? Et les artistes ? Que la beauté, c'est la symétrie, et qu'elle vous soulage donc du chaos ? Jusque-là, ma vie avait été indiscutablement chaotique. Je ne peux nier avoir soif d'ordre et être à la recherche d'un peu de beauté. À l'époque, je revenais d'un séjour en France, où Papa, Willy, Kate et moi-même étions allés à l'occasion de l'anniversaire de la bataille de la Somme, afin d'honorer la mémoire des Britanniques tombés au front. J'avais lu « Before Action », un poème obsédant qu'un soldat avait publié deux jours avant de mourir au combat. Il s'achevait sur ces mots : « Aide-moi à mourir, Ô Seigneur. »

En le lisant, je me suis rendu compte que je ne voulais pas mourir. Je voulais vivre.

Sur le moment, j'ai trouvé cette révélation assez stupéfiante.

Mais la beauté de cette femme et ma réaction en la voyant n'étaient pas une question de symétrie. Elle dégageait une énergie, une joie sauvage et un tel entrain ! Il y avait quelque chose dans la façon dont elle souriait, dont elle interagissait avec Violet, dont elle regardait l'objectif. De la confiance. De la liberté. La vie était pour elle une grande aventure, je le voyais bien. Quel privilège ce serait, me suis-je dit, de pouvoir l'accompagner dans ce voyage.

J'ai lu tout ça sur son visage. Son visage angélique et lumineux. Je n'avais jamais eu d'opinion bien arrêtée sur cette question pourtant cruciale : n'y a-t-il sur cette terre qu'une seule personne pour chacun de nous ? Mais à cet instant, j'ai eu le sentiment qu'il n'y avait peut-être qu'un seul *visage* pour moi.

Celui-là.

J'ai envoyé un texto à Violet. *Qui... est... cette... femme ?*

Elle m'a aussitôt répondu. *Ouais, six autres mecs m'ont déjà posé la même question.*

Super, ai-je songé.

C'est qui, Violet ?

Une actrice. Elle joue dans une série, Suits.

C'était une série sur un cabinet d'avocats ; la jeune femme interprétait une assistante juridique.

Américaine ?

Ouais.

Que fait-elle à Londres ?

Elle est venue pour le tennis.

Et que fait-elle à Ralph Lauren ?

Violet travaillait pour Ralph Lauren.

Un essayage. Je peux vous présenter, si tu veux.

Hmm, oui. S'il te plaît ?

Violet m'a demandé si j'étais d'accord pour qu'elle donne à la jeune femme, à l'Américaine, mon pseudo Instagram.
Bien sûr.
On était le vendredi 1er juillet. Je devais quitter Londres le lendemain matin pour me rendre chez Sir Keith Mills, où j'étais censé participer à une régate autour de l'île de Wight sur son yacht. Alors que j'étais en train de fourrer mes dernières affaires dans mon sac, j'ai jeté un coup d'œil à mon téléphone.
Un message sur Instagram.
De cette femme.
L'Américaine.
Salut !
Elle m'a dit que c'était Violet qui lui avait donné mon contact, puis elle m'a complimenté sur ma page Instagram. Très belles photos.
Merci.
C'était principalement des clichés de l'Afrique. Je savais qu'elle y était déjà allée, parce que j'avais étudié avec attention sa propre page, où j'avais vu des photos d'elle en compagnie de gorilles, au Rwanda.
Elle m'a dit qu'elle avait également fait une mission caritative là-bas. Avec des enfants. On a échangé sur l'Afrique, la photographie, les voyages.
Finalement, on s'est donné nos numéros de téléphone, et on a continué la conversation par texto jusque tard dans la nuit. Le lendemain matin, je suis monté dans la voiture sans cesser d'envoyer des textos, et j'ai continué pendant tout le trajet jusque chez Sir Keith, puis dans son vestibule – *Comment allez-vous, Sir Keith ?* –, dans l'escalier, dans sa chambre d'amis où je me suis enfermé et où je suis resté cloîtré à envoyer des messages. Je me suis assis sur le lit et j'ai continué à pianoter sur mon téléphone comme un ado jusqu'à l'heure du dîner avec Sir Keith et sa famille. Puis, après le dessert, je suis vite remonté dans ma chambre pour reprendre notre conversation.
Je n'arrivais pas à taper assez vite. J'avais des crampes aux pouces. Il y avait tant de choses à dire, on avait tant de choses en commun, même si nous venions de mondes si différents. Elle était américaine, j'étais britannique. Elle était cultivée, et moi vraiment

pas. Elle était libre comme l'air, j'étais dans une cage dorée. Et pourtant, aucune de ces différences ne semblait rédhibitoire, ni même importante. Au contraire, elles paraissaient naturelles, stimulantes. Ces contradictions créaient un sentiment de :
Hé... Je te connais.
Mais aussi : j'ai besoin de te connaître.
Hé... Je te connais depuis toujours.
Mais aussi : je te cherche depuis toujours.
Hé... Dieu merci tu es enfin là.
Mais aussi : qu'est-ce qui t'a retenu pendant tout ce temps ?
La chambre d'amis de Sir Keith donnait sur un estuaire. À de nombreuses reprises, entre deux messages, je me suis levé pour aller à la fenêtre et admirer la vue. Elle me faisait penser à l'Okavango. Elle m'évoquait aussi le destin, et un heureux hasard. Cette convergence du fleuve et de la mer, de la terre et du ciel renforçait ce vague sentiment de grandes choses qui s'unissent.
J'ai songé qu'il était vraiment troublant, bizarre et surréaliste que cette conversation-marathon ait débuté le 1er juillet 2016.
Le jour du cinquante-cinquième anniversaire de ma mère.
Plus tard dans la nuit, alors que j'attendais son texto suivant, j'ai tapé le nom de l'Américaine dans Google. Des centaines de photos, plus éblouissantes les unes que les autres. Je me suis demandé si elle faisait la même chose de son côté. J'espérais que non.
Avant d'éteindre la lumière, je lui ai demandé combien de temps elle allait rester à Londres. Mince – elle repartait bientôt. Il fallait qu'elle rentre au Canada pour tourner sa série.
Je lui ai demandé si je pouvais la rencontrer avant son départ.
J'ai scruté mon téléphone, attendant sa réponse les yeux rivés sur les points de suspension clignotant sans fin.
...
Puis : *OK.*
Super, mais où se voir ?
Je lui ai suggéré chez moi.
Chez toi ? Pour un premier rendez-vous ! Je ne crois pas, non.
Ce n'est pas ce que je voulais dire.
Elle ne se rendait pas compte que faire partie de la famille royale c'était être radioactif, et que je ne pouvais pas la retrouver dans un café ou dans un pub. J'étais réticent à lui expliquer tout cela

en détail, alors j'ai essayé de prendre la tangente en arguant qu'on risquait d'être vus. Je ne m'en suis pas très bien tiré.

Elle m'a proposé une alternative. Soho House, au 76 Dean Street. C'était son QG quand elle venait à Londres. Elle pouvait nous réserver une table dans une pièce discrète.

Personne autour de nous.

Elle prendrait la réservation à son nom.

Meghan Markle.

2.

J'AVAIS PASSÉ LA NUIT À ENVOYER DES TEXTOS, alors j'ai grommelé quand mon réveil a sonné à l'aube. Il était temps d'embarquer sur le bateau de Sir Keith. J'étais aussi content, pourtant. Une régate était bien le seul moyen de me forcer à poser mon téléphone.

Et il fallait que je le lâche, ne serait-ce qu'un instant, pour reprendre mes esprits.

Pour me calmer.

Le bateau de Sir Keith s'appelait *Invictus*. Un hommage aux Jeux, que Dieu le bénisse. Ce jour-là, il avait un équipage de onze personnes, dont un ou deux athlètes ayant vraiment participé aux Invictus Games. Le parcours, d'une durée de cinq heures, nous a menés autour des Needles – les trois pointes calcaires au bout de l'île de Wight – et nous a jetés dans la gueule d'un grain assez violent. Le vent soufflait si fort que beaucoup de bateaux ont abandonné.

J'avais déjà navigué à de nombreuses reprises – je me souviens de vacances merveilleuses avec Henners, quand on avait tenté de faire chavirer notre petit Laser pour rigoler – mais jamais dans des conditions si dantesques, ni au large. Les vagues se dressaient autour de nous. Jusque-là, je n'avais jamais eu peur de mourir, mais à présent, je me surprenais à penser : par pitié, ne me laissez pas me noyer avant mon rendez-vous. Puis une autre peur s'est instillée en moi. Celle de l'absence de toilettes à bord. Je me suis retenu aussi longtemps que possible, mais à un moment, je n'avais plus le choix. Je me suis penché sur le bastingage, face à la mer démontée... et je ne pouvais toujours pas uriner, principalement à cause du trac. Tout l'équipage avait les yeux fixés sur moi.

Finalement, j'ai regagné mon poste, je me suis timidement agrippé aux cordages et j'ai pissé dans ma culotte.

Waouh, ai-je pensé. Si Mme Markle me voyait en ce moment.

Notre bateau a gagné dans sa catégorie et est arrivé second au classement général. Hourra ! ai-je lancé en prenant à peine le temps de célébrer la victoire avec Sir Keith et l'équipage. Je n'avais qu'une idée en tête, sauter dans l'eau, nettoyer la pisse sur mon pantalon et rentrer au plus vite à Londres où une course plus importante, la course ultime, était sur le point de commencer.

3.

LA CIRCULATION ÉTAIT TERRIBLE. C'était un dimanche soir, les gens regagnaient Londres après avoir passé le week-end à la campagne. Je devais en plus traverser Picadilly Circus, un cauchemar dans le meilleur des cas. Des goulets d'étranglement, des travaux, des accidents, des bouchons, j'ai dû faire face à tous les obstacles imaginables. La voiture dans laquelle je me trouvais avec mes gardes du corps s'arrêtait sans cesse et nous restions bloqués. Cinq minutes. Dix.

Je grommelais, j'étais en sueur, j'engueulais mentalement la masse de voitures immobiles. *Allez ! Bougez !*

Finalement, je n'ai pas pu faire autrement. J'ai envoyé un texto : *Je suis un peu en retard, désolé.*

Elle était déjà là.

Je me suis excusé : *Circulation terrible.*

Sa réponse : *OK.*

Je me suis dit : elle risque de partir.

J'ai dit à mes gardes du corps : *Elle va partir.*

Tandis qu'on se traînait vers le restaurant, j'ai renvoyé un texto : *On avance, mais lentement.*

Tu ne peux pas simplement continuer à pied ?

Comment lui expliquer ? Non, je ne pouvais pas. Je n'étais pas en mesure de me mettre à courir dans les rues de Londres. Ça aurait été comme si un lama cavalait sur les trottoirs. De quoi provoquer un scandale et un cauchemar pour mon service de sécurité, sans parler de la presse que l'événement aurait pu attirer. Si l'on me voyait foncer vers Soho House, ça en aurait été fini de l'intimité dont on comptait brièvement profiter.

En outre, j'étais accompagné par trois gardes du corps. Je ne pouvais pas subitement leur demander de s'engager dans une épreuve d'athlétisme avec moi.

Mais les textos n'était pas le bon médium pour expliquer tout cela. Alors... je me suis contenté de ne pas répondre. Ce qui l'a probablement agacée.

J'ai fini par arriver à Soho House. Les joues rouges, le souffle court, en sueur et avec une demi-heure en retard, j'ai déboulé dans le restaurant et je suis entré dans la petite salle où elle m'attendait, assise sur un canapé en velours devant une table basse.

Elle a levé les yeux vers moi et a souri.

Je me suis confondu en excuses. J'avais du mal à imaginer que beaucoup de gens aient fait attendre cette femme-là.

Je me suis assis à côté d'elle et je l'ai à nouveau priée de m'excuser.

Elle m'a dit qu'elle me pardonnait.

Elle avait commandé une bière, une sorte d'IPA. J'ai demandé une Peroni. Je n'avais pas envie de boire de la bière, mais ça m'a paru plus simple.

Silence. On s'est pénétré de l'instant.

Elle portait un pull noir, un jean et des talons hauts. Je ne connais rien à la mode, mais je savais qu'elle était chic. D'un autre côté, je me disais qu'elle pouvait donner l'air chic à n'importe quel vêtement. Même à un sac de couchage. Ce qui m'a le plus frappé, c'était le gouffre entre Internet et la réalité. J'avais vu tant de photos d'elle, lors de défilés de mode ou sur des plateaux télé, tout en glamour et paillettes, mais là, elle était devant moi, en chair et en os, sans filtre ni fioritures... et encore plus belle. Belle à en faire une crise cardiaque. J'essayais d'encaisser tout ça en luttant pour comprendre ce qui arrivait à mon système nerveux et à mon système sanguin. Résultat, mon cerveau était incapable de gérer toute autre donnée. La conversation, les amabilités, l'anglais aristocratique, tout devenait un véritable défi.

Elle a comblé le vide. Elle a parlé de Londres. Elle y venait tout le temps, d'après ce qu'elle m'a dit. Parfois, elle laissait ses bagages à Soho House pendant des semaines. Ils les mettaient en consigne sans lui poser de questions. Les gens de l'hôtel étaient comme une famille.

J'ai songé : Tu es tout le temps à Londres ? Comment se fait-il que je ne t'aie jamais vue ? Certes, Londres abrite neuf millions de personnes, et je ne sortais que rarement de chez moi, mais j'avais le sentiment que si elle était là, j'aurais dû le savoir. On aurait dû m'en informer !

Qu'est-ce qui t'amène ici aussi souvent ?
Les amis. Les affaires.
Oh ? Les affaires ?

Son métier principal, celui qui l'avait rendue célèbre, c'était actrice, mais elle menait de front plusieurs carrières. Elle écrivait des livres sur l'art de vivre, sur les voyages, elle était porte-parole pour des sociétés, entrepreneuse, militante, mannequin. Elle avait voyagé partout dans le monde, vécu dans différents pays, travaillé pour l'ambassade américaine en Argentine – son CV donnait le vertige.

Tout cela faisait partie du plan, disait-elle.

Le plan ?
Aider les gens, faire le bien, être libre.

La serveuse est apparue. Elle s'est présentée. Mischa. Un accent d'Europe de l'Est, un sourire timide, de nombreux tatouages. Quand on lui a posé des questions à ce sujet, Mischa y a répondu avec plaisir. Elle nous a procuré un sas, le coup de frein nécessaire, histoire de reprendre notre souffle, mais je crois qu'elle en avait conscience et qu'elle a embrassé ce rôle. Je lui en ai été vraiment reconnaissant.

Quand Mischa est partie, la conversation est devenue plus fluide. La gêne initiale avait disparu, et on a retrouvé la chaleur de nos échanges par texto. On avait tous deux vécu des premiers rendez-vous où l'on ne trouvait rien à dire, mais là, on ressentait l'un et l'autre l'excitation particulière d'avoir trop de choses à raconter et de ne pas avoir le temps de tout aborder.

Mais en parlant de temps… celui dont nous disposions était écoulé. Elle a rassemblé ses affaires.

Désolée, je dois y aller.
Y aller ? Déjà ?
J'ai un dîner.

Si je n'avais pas été en retard, nous aurions eu davantage de temps. Je me suis maudit en me levant.

On s'est dit au revoir d'une brève accolade.

Quand j'ai indiqué que je m'occupais de l'addition, elle m'a répondu que dans ce cas, elle se chargeait de régler le bouquet de fleurs pour remercier Violet.

Des pivoines, a-t-elle précisé.

Je me suis esclaffé. *OK. Salut.*

Au revoir.

Pouf ! Elle était partie.

En comparaison, Cendrillon était la reine des adieux interminables.

4.

J'AVAIS MOI-MÊME PRÉVU DE RETROUVER UN COPAIN JUSTE APRÈS. Je l'ai appelé pour lui dire que j'étais en chemin, et une demi-heure plus tard, j'ai débarqué chez lui, à côté de King's Road.

Dès qu'il m'a vu, il m'a lancé : *Que s'est-il passé ?*

Je n'avais pas envie de répondre. Je n'arrêtais pas de me dire : ne lui en parle pas. Ne lui en parle pas. Ne lui en parle pas.

Je lui en ai parlé.

Je lui ai raconté tout le rendez-vous, en concluant d'un : *Merde, mec, qu'est-ce que je vais faire ?*

Il a sorti la tequila. Il a sorti la beuh. On a bu et fumé en regardant... *Vice-versa*.

Un film d'animation... à propos des émotions. Parfait. J'étais complètement retourné.

Peu après, j'étais anesthésié, en paix. *Bonne beuh, mec.*

Mon téléphone a sonné. *Oh merde !* me suis-je exclamé en montrant l'écran à mon pote. *C'est elle.*

Qui ça ?

ELLE.

Ce n'était pas un simple coup de fil. Elle m'appelait sur FaceTime.

Allô ?

Hello.

Tu fais quoi ?

Euh, je suis chez un pote.

C'est quoi derrière toi ?

Oh, euh...

Vous regardez des dessins animés ?
Non. Enfin, je veux dire, ouais. En quelque sorte. C'est... Vice-versa ?

Je suis allé m'isoler dans un coin plus calme de l'appartement. Elle était rentrée à l'hôtel. Elle s'était passé de l'eau sur le visage. J'ai dit : *Mon Dieu, j'adore tes taches de rousseur.*

Elle a poussé un petit soupir. Chaque fois qu'on la prenait en photo, m'a-t-elle répondu, on les effaçait.

C'est dingue. Elles sont magnifiques.

Elle était désolée d'être partie en coup de vent. Elle ne voulait pas que je pense qu'elle n'avait pas apprécié notre rencontre.

Je lui ai demandé quand je pourrais la revoir. *Mardi ?*

Je m'en vais mardi.

Oh. Demain ?

Pause.

OK.

Le 4 juillet.

On a fixé un deuxième rendez-vous. Au Soho House.

5.

ELLE A PASSÉ TOUTE LA JOURNÉE À WIMBLEDON, où elle encourageait son amie Serena Williams depuis la loge de cette dernière. Une fois le match terminé, elle m'a envoyé un texto sur le chemin de son hôtel, un autre pendant qu'elle se changeait et un troisième alors qu'elle fonçait vers le Soho House.

Ce coup-ci, j'étais déjà là – je l'attendais. Souriant. Fier de moi.

Elle est entrée dans une jolie robe d'été bleue à rayures blanches. Elle était rayonnante.

Je me suis levé : *J'apporte des cadeaux.*

Une boîte rose. Je la lui ai tendue.

Elle l'a secouée. *Qu'est-ce que c'est ?*

Non, non, ne la secoue pas ! Nous avons tous les deux éclaté de rire.

Elle l'a ouverte. Des cupcakes. Rouges, blancs et bleus, pour être précis. En l'honneur de la fête nationale américaine. J'ai balancé quelque chose à propos des différences de point de vue entre les

Britanniques et les Yankees sur l'indépendance américaine, mais bon...

Elle les trouvait magnifiques.

La serveuse du Premier Soir a reparu. Mischa. Elle semblait sincèrement heureuse de nous revoir, de constater qu'il y avait un deuxième rendez-vous. Elle se rendait compte de ce qui se passait, elle comprenait qu'elle était témoin de cet événement et qu'elle ferait à jamais partie de notre mythologie personnelle. Après nous avoir apporté nos boissons, elle est ressortie et nous a laissés tranquilles pendant un long moment.

Quand elle est revenue, on était en train de s'embrasser.

Ce n'était pas notre premier baiser.

Meghan me serrait contre elle en me tirant par le col de la chemise. Quand elle a vu Mischa, elle m'a aussitôt relâché et nous avons tous éclaté de rire.

Excusez-nous.

Pas de problème. Une autre tournée ?

De nouveau, la conversation a roulé, pétillé même. Des burgers sont arrivés puis repartis, intacts. J'étais submergé par un sentiment d'Ouverture, Prélude, Timbales, Acte I. Mais aussi par un sentiment de conclusion. Une phase de ma vie – la première moitié ? – touchait à son terme.

À la fin de la soirée, nous avons eu une discussion très franche. La chose était incontournable.

Elle a posé la main sur ma joue : *Qu'est-ce qu'on va faire ?*

Il faut qu'on se donne une chance.

Mais qu'est-ce que ça veut dire ? Je vis au Canada. Je rentre chez moi demain !

On se reverra. Un long séjour. Cet été.

Mon été est déjà planifié.

Le mien aussi.

Mais il y avait sûrement une fenêtre de tir. Au cours de tout l'été, on devait pouvoir trouver un petit laps de temps.

Elle a secoué la tête. Elle avait un plan façon *Mange, prie, aime.*

Manger... quoi ?

Le livre.

Ah. Désolé. Je ne suis pas très calé en littérature.

Je me suis senti intimidé. Elle était tellement différente de moi. Elle lisait. Elle était cultivée.

Ce n'est pas grave, a-t-elle lancé en riant. Le truc, c'est qu'elle allait en Espagne avec trois copines, puis en Italie avec deux copines, et ensuite...

Elle a consulté son agenda. Et moi le mien.

Elle m'a regardé en souriant.

Qu'y a-t-il ? Dis-moi.

En fait, il y a bien une petite fenêtre de tir...

Elle m'a confié que récemment, un acteur qui travaillait avec elle lui avait conseillé de ne pas être aussi à cheval sur l'organisation de son été, qu'elle comptait passer à manger, prier et aimer. Garde-toi une semaine de libre, lui avait-il suggéré, laisse un peu de place à la magie. Alors elle avait refusé toute sorte de propositions, dont une très alléchante virée à bicyclette à travers les champs de lavande du sud de la France, pour préserver cette semaine...

J'ai consulté mon agenda : *Moi aussi, j'ai une semaine de libre.*

Et si c'était la même ?

Et si ?

Est-ce possible ?

Ça serait dingue, non ?

C'était la même semaine.

Je lui ai proposé de la passer au Botswana. Je lui ai balancé mon meilleur pitch sur le pays. Le berceau de l'humanité. La nation la moins peuplée de la terre. Un véritable jardin d'Éden, où quarante pour cent du territoire est laissé à l'état naturel.

En plus, le pays abrite la plus grande population d'éléphants au monde.

Et par-dessus tout, c'était l'endroit où je m'étais trouvé, où je me ressourçais toujours, où je me sentais toujours proche de... la magie ? Si la magie l'intéressait, il fallait qu'elle m'y accompagne, qu'elle en fasse l'expérience avec moi. Camper sous les étoiles au milieu de nulle part, ce qui, en fait, est... Partout.

Elle m'a dévisagé.

Je me rends bien compte que c'est dingue, ai-je dit. *Mais à l'évidence, tout ceci est dingue.*

6.

On ne pouvait pas prendre le même vol. Pour commencer, je me trouverais déjà en Afrique. J'étais censé passer au Malawi dans le cadre d'une mission de préservation de la nature avec l'organisation African Parks.

Mais je ne lui ai pas parlé de l'autre raison : on ne pouvait pas courir le risque d'être vus ensemble ni celui que la presse ait vent de notre histoire. Pas encore.

Alors, une fois son trip *Mange, prie, aime* terminé, elle a pris un vol de Londres à Johannesburg, puis un autre jusqu'à Maun, où j'avais demandé à Teej d'aller la chercher. (J'aurais voulu y aller moi-même, bien sûr, mais c'était impossible sans provoquer un scandale.) Au bout de onze heures d'odyssée, dont trois passées en escale à Johannesburg, suivies d'un trajet étouffant en voiture jusqu'à la maison, Meghan avait toutes les raisons d'être grognon. Mais ce n'était pas le cas. Les yeux brillants, pleine d'enthousiasme, elle était partante pour tout.

Et elle ressemblait à… la perfection. Vêtue d'un short en jean et de ses chaussures de randonnée préférées, elle arborait un panama fripé que je lui avais déjà vu sur sa page Instagram.

Tout en ouvrant le portail de la maison de Teej et Mike, je lui ai tendu un sandwich au poulet enveloppé dans du film alimentaire. *J'ai pensé que tu aurais peut-être faim.* Subitement, j'ai regretté de ne pas avoir apporté des fleurs, un cadeau, quelque chose de plus que ce malheureux sandwich. On s'est pris dans les bras, et c'était bizarre, pas seulement à cause du sandwich, mais aussi à cause de l'inévitable suspense. On s'était parlé au téléphone ou par FaceTime maintes fois depuis nos premiers rendez-vous, mais tout ceci était nouveau et différent. Et quelque peu étrange.

On pensait tous deux la même chose. *La magie va-t-elle perdurer ? Sur un autre continent ?*

Et si ce n'est pas le cas ?

Je lui ai demandé comment s'était passé son vol. Elle a évoqué l'équipage d'Air Botswana en riant. C'étaient des grands fans de *Suits*, et ils l'avaient priée de poser avec eux pour une photo.

Super, ai-je répondu tout en pensant : Merde ! Si l'un d'eux poste cette photo, ça pourrait dévoiler le pot aux roses.

On a grimpé dans le pickup. Mike s'est mis au volant et on a démarré, suivis par mes gardes du corps. Droit vers le soleil. Après une heure de routes goudronnées, nous devions affronter quatre heures de pistes de terre. Pour faire passer le temps plus vite, je désignais chaque fleur, chaque plante et le moindre oiseau. *Ça, c'est un francolin. Ça, c'est un calao à bec rouge. Comme Zazu dans Le Roi lion. Ça, c'est un rollier à longs brins qui a l'air de faire sa parade nuptiale.*

Au bout d'un temps respectable, j'ai pris sa main dans la mienne.

Ensuite, quand la route est devenue moins cahoteuse, j'ai risqué un baiser.

C'était comme le souvenir que nous en avions.

À quelques mètres derrière nous, mes gardes du corps faisaient semblant de ne rien voir.

Au fur et à mesure qu'on s'enfonçait dans le bush, aux abords de l'Okavango, la faune a commencé à changer.

Là ! Regarde !

Oh, mon Dieu. Est-ce que ce sont... des girafes !

Et là-bas, regarde !

Une famille de phacochères.

On a aperçu une horde d'éléphants avec des papas, des mamans et des bébés. *Salut les gars !* Au moment où on s'engageait dans une piste coupe-feu, les oiseaux sont devenus dingues, et j'ai été pris d'un étrange frisson. *Il y a des lions dans le secteur.*

Impossible, a-t-elle répondu.

Quelque chose m'a poussé à regarder derrière moi. Oui, c'était bien une queue qui se balançait. J'ai crié à Mike de stopper. Il a donné un coup de frein puis est reparti en marche arrière. Et là, pile devant nous, un gros spécimen. Le papa. Et trois ou quatre jeunes allongés à l'ombre d'un buisson. Avec leurs mamans.

On les a admirés pendant un moment, puis on a redémarré.

Peu avant le crépuscule, on est arrivés au petit camp de base que Teej et Mike avaient préparé. J'ai porté nos sacs jusqu'à la tente dressée à côté d'un énorme arbre à saucisses. On était à l'orée d'une grande forêt, le terrain descendait en pente douce jusqu'à la rivière, derrière laquelle la plaine inondable fourmillait de vie.

Meghan – que j'appelais désormais Meg, ou parfois tout simplement M – était stupéfaite. Les couleurs vives. L'air pur et frais. Elle avait voyagé, mais elle n'avait jamais vu un tel spectacle. C'était le monde tel qu'il était à l'origine. Elle a ouvert sa petite valise – elle avait quelque chose à prendre dedans. Ça y est, me suis-je dit. Le miroir, le sèche-cheveux, la trousse de maquillage, le duvet à plume, la douzaine de paires de chaussures. Mais j'étais victime de mes préjugés : une actrice américaine est forcément une diva. À ma grande surprise, et à mon grand plaisir, il n'y avait rien que l'essentiel dans son bagage. Des shorts, des vieux jeans et des encas. Et un tapis de yoga.

On s'est assis sur des fauteuils pliants pour admirer le coucher du soleil et le lever de lune. J'ai préparé vite fait des cocktails du bush. Whisky allongé d'eau de rivière. Teej a proposé à Meg un verre de vin et lui a montré comment découper le bas d'une bouteille d'eau en plastique pour s'en faire un gobelet. On s'est raconté des histoires, on a beaucoup ri, puis Teej et Mike nous ont concocté un délicieux dîner.

On a mangé autour du feu en regardant les étoiles.

Quand le moment est venu d'aller se coucher, j'ai conduit Meg à la tente dans l'obscurité.

Où est la lampe de poche ? a-t-elle demandé.

Tu veux dire la torche ?

Ça nous a fait rire.

La tente était toute petite, très spartiate. Si Meg s'était attendue à faire du camping glamour, elle était à présent détrompée.

À la suite de pas mal de tergiversations et de nombreuses conversations avec Teej, on avait installé deux lits de camp. Je ne voulais pas me montrer présomptueux.

On les a rapprochés et on s'est allongés sur le dos, épaule contre épaule, profitant du moment, le redoutant aussi. On regardait le faîte de la tente, on écoutait les sons, on discutait en observant les ombres qui voletaient sur la toile de nylon à la lumière de la lune.

Soudain, on a entendu un bruit assez fort, comme une mastication. Meg s'est redressée subitement. *Qu'est-ce que c'est ?*

Éléphant, ai-je répondu.

Un seul, d'après ce que j'entendais. Juste à l'extérieur, en train de brouter paisiblement les buissons autour de nous.

Il ne nous fera aucun mal.

Tu es sûr ?

Peu après, un grand rugissement a secoué la tente.
Des lions.
Est-ce que ça va aller ?
Oui. Ne t'inquiète pas.
Elle s'est rallongée et a posé la tête sur ma poitrine.
Fais-moi confiance, lui ai-je dit. *Je saurai te protéger.*

7.

JE ME SUIS RÉVEILLÉ JUSTE AVANT L'AUBE et suis sorti de la tente sur la pointe des pieds. Le calme d'un matin au Botswana. J'ai aperçu un vol d'anserelles naines qui s'éloignaient vers l'amont de la rivière, tandis que des impalas et des antilopes venaient se désaltérer sur la berge.

Les chants des oiseaux étaient incroyables.

Quand le soleil s'est levé, j'ai remercié le Ciel pour cette journée et je me suis dirigé vers le camp pour manger un toast. À mon retour, j'ai trouvé Meg étirée sur son tapis de yoga à côté du cours d'eau.

Guerrier. Chien tête en bas. Enfant.

J'ai attendu qu'elle en ait fini avant de lui annoncer que le petit déjeuner était servi.

On a mangé sous un acacia, et Meg m'a demandé d'un ton enthousiaste comment on allait passer cette magnifique journée.

J'ai des surprises.

À commencer par un petit tour matinal en voiture. On a sauté dans le vieux pickup sans portières de Mike et foncé dans le bush. Le soleil sur nos joues, le vent dans les cheveux, on a franchi des ruisseaux, gravi des collines, fait sortir des lions des hautes herbes. *Merci d'avoir fait autant de bruit hier soir, les gars !* On est tombés sur un grand groupe de girafes qui broutaient les feuilles en haut des arbres, leurs cils longs comme des râteaux. Elles nous ont salués de la tête.

Tout le monde ne se montrait pas aussi amical. Alors qu'on passait devant un vaste point d'eau, un nuage de poussière s'est élevé juste devant nous. C'était un phacochère mal luné qui nous faisait face, mais il a battu en retraite quand il a vu qu'on ne lui cédait pas le terrain.

Des hippopotames ont renâclé à notre approche d'un air belliqueux, alors on leur a fait coucou de la main avant de s'éloigner.

Plus loin, on a interrompu une meute de lycaons qui tentaient de piquer une carcasse de buffle à deux lionnes. Ça ne se passait pas très bien. On les a laissés à leurs affaires.

L'herbe dorée ondulait sous le vent. *C'est la saison sèche*, ai-je lancé à Meg. L'air était chaud, propre, c'était une joie que de le respirer. On a déballé le pique-nique que j'avais préparé et on l'a fait descendre avec deux petites bouteilles de cidre Savanna, puis on est allés se baigner dans un des méandres du fleuve en gardant nos distances avec les crocos. *Reste à l'écart des eaux sombres.*

Je lui ai indiqué que ces rivières étaient les plus propres et les plus pures du monde, parce qu'elles étaient filtrées par tous ces papyrus. Encore plus douces que l'eau de la vieille baignoire à Balmoral, bien que... il valait mieux ne pas penser à Balmoral.

L'anniversaire n'était que dans quelques semaines.

Au crépuscule, on s'est allongé sur le capot du pickup pour admirer le ciel. Quand des chauves-souris sont apparues, on est allés retrouver Teej et Mike. On a mis de la musique, ri, discuté et chanté en dînant à nouveau autour du feu de camp. Meg nous a un peu parlé d'elle, de son enfance à Los Angeles, des difficultés qu'elle avait affrontées pour devenir actrice, de ses changements express de garde-robe entre deux auditions dans son SUV déglingué, dont les portières ne fonctionnaient que quand elles le voulaient bien – elle était obligée d'y monter en passant par le coffre. Elle a mentionné ses activités d'entrepreneuse qui se développaient de plus en plus, son site consacré à l'art de vivre, qui comptait des dizaines de milliers de lecteurs. Pendant son temps libre, elle se consacrait à des missions philanthropiques – elle était particulièrement engagée pour la cause des femmes.

J'étais fasciné, pendu à ses lèvres, et j'entendais en toile de fond comme un rythme de tambour : *Elle est parfaite, elle est parfaite, elle est parfaite.*

Chels et Cress ont souvent évoqué le côté Dr Jekyll et Mr Hyde de ma vie. Le joyeux Spike au Botswana, le prince Harry sévèrement entravé à Londres. Je n'avais jamais été capable de synthétiser les deux, et ça les inquiétait ; ça m'inquiétait aussi, mais j'ai pensé qu'avec cette femme, je pouvais y parvenir. Je pouvais être le joyeux Spike en permanence.

Sauf que Meg ne m'appelait pas Spike. À présent, elle avait pris l'habitude de m'appeler Haz.

Chaque instant de cette semaine-là a été une révélation et une bénédiction. Et pourtant, chacun d'eux nous entraînait plus près du moment déchirant où nous aurions à nous dire au revoir. C'était incontournable : Meg devait rentrer au Canada. Je devais m'envoler vers la capitale, Gaborone, pour y rencontrer le président du Botswana et m'entretenir avec lui de problèmes de préservation de la nature. Après quoi, j'étais censé m'embarquer avec des copains dans un périple en trois parties planifié depuis des mois.

J'aurais bien annulé, comme je l'ai dit à Meg, mais mes potes ne me l'auraient jamais pardonné.

Au moment de se quitter, Meg s'est mise à pleurer.

Quand vais-je te revoir ?

Bientôt.

Ce n'est pas assez tôt.

Non. Carrément pas.

Teej lui a passé le bras autour des épaules et a promis de prendre bien soin d'elle jusqu'à son départ, quelques heures plus tard.

Puis un dernier baiser. Un signe de la main.

Mike et moi avons sauté dans son 4x4 blanc, direction l'aéroport de Maun où nous sommes montés à bord de son petit monomoteur et – même si ça me brisait le cœur – nous avons décollé.

8.

Nous étions onze. Marko, bien sûr. Adi, bien sûr. Deux Mike. Brent. Bidders. David. Jakie. Skippy. Viv. Toute la bande. Je les ai rejoints à Maun, où on s'est embarqués sur trois péniches argentées, et on est partis. Des jours à flotter, dériver, pêcher et danser. Le soir, on était assez bruyants et pas très sages. Le matin, on faisait cuire des œufs et du bacon sur des feux de bois et on allait nager dans l'eau froide. J'ai bu des cocktails du bush ainsi que de la bière africaine, et ingéré quelques substances illicites.

Quand il s'est mis à faire vraiment chaud, on a décidé de sortir les jet-skis. J'avais eu la présence d'esprit de stocker mon iPhone dans le vide-poches du mien, et je me suis congratulé pour ma clairvoyance. Et puis Adi a sauté à l'arrière de l'engin, suivi par un Jakie des plus anarchiques.

Au temps pour la prudence.

J'ai demandé à Jakie de descendre. *Trois, c'est trop.* Il n'a rien voulu savoir.

Que pouvais-je faire ?

On est partis.

On naviguait en rigolant et en essayant d'éviter les hippopotames, et on est passés dans un rugissement de moteur devant un banc de sable où un crocodile de trois mètres de long faisait un somme au soleil. Au moment où j'ai obliqué vers la gauche, je l'ai vu ouvrir un œil et se glisser dans l'eau.

Quelques instants plus tard, le chapeau d'Adi s'est envolé.

Retourne en arrière, retourne en arrière ! a-t-il lancé.

J'ai fait demi-tour, ce qui n'était pas facile avec trois personnes à bord, et je nous ai ramenés à hauteur de son chapeau. Adi s'est penché pour le récupérer. Puis Jakie s'est penché à son tour pour l'aider, ce qui nous a fait basculer et chavirer. On est tombés tous les trois dans la rivière.

J'ai senti mes lunettes de soleil glisser, puis je les ai vues s'enfoncer dans l'eau. J'ai aussitôt plongé pour les récupérer, mais ce n'est qu'en refaisant surface que je me suis souvenu du crocodile.

Manifestement, Adi et Jakie pensaient à la même chose. Quant au jet-ski, il flottait sur le côté. Merde !

Mon iPhone !

Avec toutes mes photos ! Et mes numéros de téléphone !

MEG !

Le jet-ski est allé s'échouer sur le banc de sable. On l'a redressé et j'ai attrapé mon téléphone dans le vide-poches. Détrempé. Foutu. Et toutes les photos qu'on avait prises avec Meg !

Plus tous nos textos !

Comme je me doutais bien que cette virée entre potes allait être mouvementée, j'avais envoyé certains clichés à Meg et à d'autres copains avant de partir, par précaution. Mais les autres étaient probablement perdus à jamais.

En outre, comment allais-je pouvoir communiquer avec elle ?

Adi m'a dit de ne pas m'inquiéter, il suffisait de mettre l'iPhone dans du riz, un moyen sûr de le sécher.

Quelques heures plus tard, quand nous sommes rentrés au camp, c'est exactement ce que nous avons fait. On a plongé le téléphone dans un grand seau de riz blanc non cuit.

J'ai observé ça d'un œil dubitatif. *Combien de temps ça va prendre ?*

Un jour ou deux.

Pas bon. J'ai besoin d'une solution tout de suite.

Mike et moi avons concocté un plan. Je pouvais écrire une lettre à Meg, qu'il emporterait à Maun. Teej pourrait alors la prendre en photo et l'envoyer à Meg (dont elle avait le numéro : je le lui avais donné quand elle était allée la chercher à l'aéroport).

À présent, il fallait juste que je rédige cette lettre.

Le premier défi consistait à trouver un stylo au sein de cette bande de clowns.

Quelqu'un a un stylo ?

Un quoi ?

Un stylo.

J'ai un stylo-injecteur !

Non ! Un stylo. Un stylo bille ! Mon royaume pour un stylo bille !

Oh. Un stylo bille. Waouh.

J'ai quand même réussi à en dénicher un. Le défi suivant, c'était de trouver un endroit pour écrire.

Je suis allé m'installer sous un arbre.

J'ai réfléchi. J'ai regardé dans le vide. J'ai écrit :

Hé, ma belle. OK, tu m'as eu – impossible de cesser de penser à toi. Tu me manques, BEAUCOUP. Mon téléphone est tombé dans l'eau. Visage triste... À part ça, on passe un merveilleux moment. J'aimerais bien que tu sois là.

Le lendemain matin, Mike est reparti avec la lettre.

Quelques jours plus tard, la phase nautique de notre virée étant terminée, on est rentrés à Maun. On a retrouvé Teej, laquelle m'a aussitôt rassuré : *Détends-toi, j'ai déjà reçu une réponse.*

Ainsi, ça n'avait pas été un rêve. Meg était bien réelle. Tout ceci était bien réel.

Entre autres choses, dans sa réponse, elle me disait qu'elle avait hâte de me parler.

C'est donc en jubilant que j'ai attaqué la deuxième partie de notre périple, dans la forêt Moremi. Cette fois-ci, je m'étais muni d'un téléphone satellitaire. Alors que tout le monde était en train de terminer de dîner, j'ai trouvé une clairière et j'ai grimpé à l'arbre le plus haut en estimant que la réception y serait meilleure.

J'ai composé le numéro de Meg. Elle a répondu.

Avant que j'aie eu le temps de dire un mot, elle s'est exclamée : *Je ne devrais pas te confier ça, mais tu me manques !*

Je ne devrais pas t'en parler non plus, mais tu me manques aussi !

Alors, on a éclaté de rire, puis on s'est écoutés respirer.

9.

LE LENDEMAIN, quand je me suis assis pour écrire une deuxième lettre, j'ai ressenti une pression intense. Une angoisse de la page blanche qui me paralysait. Impossible de trouver les mots pour exprimer mon excitation, ma joie, mes désirs. Mes espoirs.

Faute de mieux, je me suis dit qu'au lieu d'être lyrique, ma lettre pouvait au moins être belle.

Hélas, je n'étais pas dans un lieu propice aux travaux manuels. Notre virée entrait dans sa troisième phase – un safari de huit heures au fin fond de nulle part.

Que faire ?

Lors d'une pause, j'ai sauté du pickup et j'ai foncé dans le bush.

Spike, où vas-tu ?

Je n'ai pas répondu.

Mais qu'est-ce qu'il a ?

Se balader dans le coin n'était pas vraiment conseillé. On était en plein dans le territoire des lions. Mais je tenais absolument à trouver... quelque chose.

J'ai trébuché, titubé, en ne voyant rien d'autre que des herbes brunes jusqu'à l'horizon. *Est-ce qu'on est dans ce putain d'Outback ?*

Adi m'avait appris à trouver des fleurs dans le désert. Il disait toujours que, pour les épineux, il fallait regarder les plus hautes branches. C'est donc ce que j'ai fait. Et effectivement : bingo ! J'ai grimpé à l'arbre et cueilli les fleurs que j'ai glissées dans le petit sac que je portais en bandoulière.

Plus tard, on a pénétré dans une forêt de mopanes, où j'ai repéré deux adeniums rose vif.

Je les ai également cueillis.

J'ai rapidement rassemblé un petit bouquet.

On a atteint une partie de la forêt récemment dévastée par des incendies. Dans le paysage carbonisé, j'ai aperçu un bout d'écorce de chigomier assez intéressant. Je l'ai stocké dans ma besace.

Au coucher du soleil, on est rentrés au camp. J'ai écrit ma deuxième lettre puis brûlé les bords du papier, l'ai placée dans l'écorce et entourée de toutes mes fleurs, puis je l'ai prise en photo avec le téléphone d'Adi. J'ai envoyé le cliché à Meg en comptant les secondes jusqu'à sa réponse. Elle l'a signée : « Ta chérie. »

D'une manière ou d'une autre, grâce à cette chaîne humaine de communication, j'ai réussi à rester en contact avec elle tout au long de notre virée. Quand je suis finalement rentré en Grande-Bretagne, j'avais vraiment le sentiment du devoir accompli. Je n'avais pas laissé des téléphones détrempés, des potes bourrés, l'absence de réseau, ni une douzaine d'autres obstacles saborder le début de cette belle...

Comment appeler cela ?

De retour à Nott Cott, au milieu de mes bagages, j'ai fixé le mur en m'interrogeant. Qu'est-ce que c'était ? Quel était le mot ?

Était-ce...

L'âme sœur ?

L'avais-je trouvée ?

Enfin, après tout ce temps ?

Je m'étais toujours dit que les relations obéissaient à des règles strictes. Et je pensais qu'être membre de la famille royale impliquait de s'y soumettre, surtout à la principale d'entre elles, qui stipule qu'on doit absolument fréquenter une femme pendant trois ans avant de se jeter à l'eau. Comment la connaître vraiment, sinon ? Comment pourrait-*elle* vous connaître – vous et votre vie de membre de la famille royale ? Comment être sûr que c'était bien ce que l'un

et l'autre voulaient, que c'était une chose qu'ils pouvaient endurer ensemble ?
Ce n'était pas fait pour tout le monde.
Néanmoins, Meg me semblait la brillante exception à cette règle. À toutes les règles. Je l'ai reconnue dès le premier jour, et il en allait de même pour elle. Elle connaissait mon Moi véritable. C'était peut-être irréfléchi, ça pouvait sembler illogique, mais c'était vrai : pour la première fois de ma vie, j'avais l'impression de vivre dans la vérité.

10.

UNE FRÉNÉSIE DE TEXTOS ET D'APPELS FaceTime. On avait beau se trouver à des milliers de kilomètres l'un de l'autre, on n'était jamais séparés. Je recevais un texto à mon réveil. Je lui répondais aussitôt. Ensuite : texto, texto, texto. Puis, après le déjeuner : FaceTime. Tout l'après-midi : texto, texto, texto. Enfin, tard dans la nuit, un autre marathon FaceTime.

Mais ce n'était pas encore suffisant. On mourrait d'envie de se revoir. Alors on a réservé la fin du mois d'août sur nos agendas pour caler nos prochaines retrouvailles. Une dizaine de jours à patienter.

On est tombés d'accord sur le fait qu'il valait mieux qu'elle vienne à Londres.

Le jour J, juste après son arrivée, elle m'a appelé au moment où elle entrait dans sa chambre au Soho House.

Je suis là. Viens me voir !
Je ne peux pas, je suis en voiture...
Qu'est-ce que tu fais ?
Quelque chose pour ma maman.
Ta maman ? Où ça ?
Althorp.
C'est quoi, Althorp ?
L'endroit où vit mon oncle Charles.

Je lui ai dit que je lui expliquerai ça plus tard. On n'avait pas encore parlé de... tout ça.

J'étais plutôt certain qu'elle ne m'avait pas recherché sur Google, parce qu'elle me posait tout le temps des questions. Elle semblait n'être au courant de quasiment rien – tellement rafraîchissant. Ça prouvait qu'elle n'était pas impressionnée par la famille royale, ce qui d'après moi était le premier pas pour survivre à la fréquentation de cette dernière. En outre, comme elle ne s'était pas plongée dans tout ce qui avait été écrit sur nous, dans les archives publiques, elle n'avait pas la tête emplie de fausses informations.

Après que Willy et moi avons déposé des fleurs sur la tombe de Maman, on est rentrés à Londres en voiture. J'ai appelé Meg pour lui annoncer que j'étais en chemin. J'essayais d'adopter un ton nonchalant parce que je ne voulais pas me trahir devant Willy.

Il y a une entrée secrète dans l'hôtel, m'a-t-elle indiqué. *Puis un monte-charge.*

Son amie Vanessa, qui travaillait au Soho House, viendrait me chercher pour me guider jusqu'à sa chambre.

Tout s'est passé comme prévu. Son amie m'a conduit à travers un labyrinthe dans les entrailles du Soho House, et j'ai fini par me retrouver devant la porte de Meg.

J'ai frappé en retenant mon souffle.

La porte s'est ouverte.

Ce sourire.

Sa chevelure lui recouvrait partiellement les yeux. D'un geste fluide, elle a tendu les bras vers moi et m'a attiré à l'intérieur tout en remerciant son amie, puis elle a claqué la porte avant que quiconque me voie.

Je voudrais pouvoir dire qu'on a accroché à la poignée un panneau « Ne pas déranger ».

Mais je ne pense pas qu'on a eu le temps.

11.

LE MATIN VENU, il nous fallait des vivres. On a appelé le room service. Quand ils ont frappé, j'ai frénétiquement fouillé la pièce du regard en quête d'un endroit où me cacher.

Il n'y en avait pas. Aucun cagibi, aucun dressing, aucune armoire.

Alors je me suis allongé dans le lit et j'ai tiré la couette par-dessus ma tête. Meg m'a murmuré de passer dans la salle de bains, mais je préférais ma cachette.

Hélas, ce n'était pas un quelconque serveur qui nous avait apporté notre petit déjeuner, mais un directeur adjoint de l'hôtel qui adorait Meg, et qu'elle adorait aussi, alors il avait envie de discuter. Il n'avait pas remarqué qu'il y avait deux petits déjeuners sur le plateau. Il n'a pas remarqué non plus la bosse en forme de prince sous la couette. Il s'est mis à parler et parler encore en lui demandant des nouvelles de tout ce qui s'était passé depuis qu'ils s'étaient vus, tandis que moi, dans ma grotte en duvet, je commençais à manquer d'air.

Heureusement que j'avais eu tout cet entraînement à me balader dans le coffre de la voiture de police de Billy.

Quand il a fini par partir, je me suis redressé en aspirant une grosse bouffée d'oxygène.

Et on a éclaté de rire à en perdre notre souffle.

On a décidé d'organiser un dîner chez moi le soir même et d'inviter quelques amis. On ferait la cuisine. Ce serait marrant, mais ça impliquait qu'on fasse d'abord quelques courses, car à part du raisin et deux ou trois parts de hachis, il n'y avait rien dans mon frigo.

On pourrait aller à Waitrose, ai-je suggéré.

Bien évidemment, on ne pouvait y aller *ensemble* : c'était l'émeute assurée. Alors on a mis au point un stratagème pour le faire simultanément, en parallèle, et déguisés, sans avoir l'air de se connaître.

Meg est arrivée sur place trois minutes avant moi. Elle portait une chemise à carreaux, un gros pardessus et un bonnet, mais j'ai quand même été surpris que personne ne la reconnaisse. Beaucoup de Britanniques regardaient *Suits*, c'était certain, et pourtant, personne ne la dévisageait. Moi, je l'aurais repérée dans une foule innombrable.

Personne non plus n'a prêté attention à son caddie, dans lequel se trouvaient ses valises ainsi que deux gros sacs de Soho House qui contenaient les peignoirs duveteux qu'elle nous avait achetés en partant.

Tout aussi anonyme qu'elle, j'ai pris un panier et je me suis baladé nonchalamment dans les allées du magasin. Je l'ai sentie passer à côté de moi devant l'étal des fruits et légumes. En fait, elle semblait parader plutôt que flâner. Très impertinente. Nos regards se sont croisés un bref instant, puis nous nous sommes éloignés rapidement. Meg avait découpé une recette de saumon rôti dans *Food & Wine*, à partir de laquelle on avait établi une liste qu'on avait partagée en deux. Elle devait trouver une plaque de cuisson, et moi du papier sulfurisé.

Je lui ai envoyé un texto : *C'est quoi le papier sulfurisé, putain ?*
Elle m'a guidé jusqu'à ma cible.
Au-dessus de ta tête.
Je me suis retourné. Elle m'observait, dissimulée derrière un présentoir quelques mètres plus loin.
On s'est mis à rire.
J'ai de nouveau posé les yeux sur les rayons.
Ça ?
Non, juste à côté.
On gloussait.

On est arrivés au bout de notre liste, j'ai payé à la caisse puis envoyé un texto à Meg pour convenir de notre point de rendez-vous. *En bas de la rampe du parking sous le magasin, un monospace avec des vitres teintées.* Quelques instants plus tard, nos courses étaient dans le coffre, Billy le Roc au volant, et on est ressortis du parking en direction de Nott Cott. En regardant la ville qui défilait derrière les vitres, toutes ces maisons et tous ces gens, une pensée m'est venue à l'esprit : *J'ai hâte que vous fassiez sa connaissance.*

12.

J'ÉTAIS EXCITÉ À L'IDÉE D'ACCUEILLIR MEG CHEZ MOI, mais aussi gêné : Nott Cott, ce n'était pas un palais. C'était la dépendance d'un palais – et c'est ce qu'on pouvait dire de mieux à son sujet. J'ai observé Meg tandis qu'elle remontait l'allée et franchissait la barrière de piquets blancs. À mon grand soulagement, elle n'a pas eu l'air consterné et n'a montré aucun signe de désillusion.

Jusqu'à ce qu'on entre. Là, elle a dit quelque chose à propos d'une piaule d'étudiant.

J'ai regardé autour de moi. Elle n'avait pas tout à fait tort.

Un Union Jack dans un coin (celui que j'avais brandi au pôle Nord). Un vieux fusil sur le meuble télé (un cadeau que j'avais reçu à Oman lors d'une visite officielle). Une Xbox.

Tout en rangeant des papiers et des vêtements qui traînaient, j'ai expliqué que ce n'était que l'endroit où j'entreposais mes affaires. *Je n'y suis pas souvent.*

C'était aussi un lieu construit pour des personnes plus petites, des êtres humains d'une époque révolue. C'est pourquoi les pièces étaient minuscules et les plafonds bas comme dans une maison de poupées. Je lui ai rapidement fait visiter – ça m'a pris trente secondes. *Attention à ta tête !*

Jusqu'à présent, je n'avais jamais remarqué à quel point le mobilier était minable. Un canapé marron, un pouf encore plus marron, devant lequel Meg a marqué une pause.

Je sais. Je sais.

Nos hôtes étaient ma cousine Euge, son petit ami Jack et mon pote Charlie. Le saumon était parfait. Tout le monde a complimenté Meg pour ses talents de cuisinière, et ils ont également dévoré ses histoires. Ils voulaient tout savoir sur *Suits*. Et ses voyages. Je leur étais reconnaissant de leur intérêt, comme de leur attitude chaleureuse.

Le vin, et il y en avait beaucoup, était aussi bon que la compagnie. Après le dîner, on est passés dans l'arrière-salle, on a mis de la musique, des chapeaux rigolos, et on a dansé. J'en ai gardé un souvenir flou et une vidéo à gros grain sur mon iPhone où l'on me voit rouler par terre avec Charlie tandis que Meg rigole un peu plus loin.

Puis on a attaqué la tequila.

Je me souviens que Euge a serré Meg dans ses bras comme si elles étaient sœurs. Je revois Charlie m'adressant un pouce levé. Je me rappelle avoir pensé : si ça se passe comme ça avec le reste de la famille, on est bon. Mais à ce moment-là, j'ai remarqué que Meg ne se sentait pas bien. Elle s'est plainte d'une douleur au ventre, et elle était livide.

Je me suis dit : Oh, oh, c'est un poids plume.

Elle est partie se coucher. Après un dernier verre, j'ai reconduit nos hôtes et nettoyé un peu. Je suis allé me mettre au lit vers minuit et j'ai sombré dans un sommeil profond, mais à deux heures du matin, je me suis réveillé en l'entendant vomir dans la salle de bain. Elle était vraiment malade, et pas simplement ivre comme je l'avais tout d'abord cru. Il se passait quelque chose.

Intoxication alimentaire.

Elle m'a dit qu'à midi, elle avait mangé du poulpe au restaurant. Des calamars britanniques ! Le mystère était résolu.

Accroupie par terre, elle a murmuré : *J'espère que tu ne me tiens pas les cheveux pendant que je vomis.*

Si. C'est ce que je fais.

Je lui ai massé le dos, et je l'ai finalement remise au lit. Affaiblie, au bord des larmes, elle m'a avoué qu'elle avait imaginé une fin toute différente à notre quatrième rendez-vous.

Stop, ai-je rétorqué. Prendre soin l'un de l'autre ? C'est de ça qu'il s'agit.

C'est ça l'amour, ai-je songé, même si j'ai réussi à ne pas prononcer ces mots.

13.

JUSTE AVANT QUE MEG RENTRE AU CANADA, on est allés se promener dans les jardins de Frogmore.

C'était sur le chemin de l'aéroport.

Un de mes endroits préférés, lui ai-je dit. Il lui a plu aussi. Elle a adoré les cygnes, et particulièrement un qui était très grognon. (On l'a surnommé Steve.) Je lui ai indiqué que la plupart des cygnes le sont. Majestueux, mais grincheux. Je me suis toujours demandé pourquoi, étant donné que tous les cygnes britanniques appartiennent à Sa Majesté et que dès lors, la moindre maltraitance qu'ils subissent est de fait un délit.

On a parlé d'Euge et de Jack, qu'elle aimait beaucoup, de son métier, du mien… Mais on a surtout discuté de notre relation, un sujet si vaste qu'il paraissait inépuisable. On a poursuivi notre conversation dans la voiture jusqu'à l'aéroport et sur le parking où je l'ai discrètement déposée. On est tombés d'accord sur un point : si l'on voulait se donner une chance, une véritable chance, il nous fallait un plan solide. Ce qui impliquait, entre autres choses, de faire le vœu de ne jamais laisser passer plus de deux semaines sans se voir.

On avait tous deux déjà entretenu des relations à distance qui avaient toujours été difficiles, en partie à cause de l'absence d'organisation. D'effort. Il faut lutter contre la distance, il faut la vaincre. Ce qui veut dire voyager. Des tas et des tas de voyages.

Hélas, mes déplacements attirent davantage d'attention, et davantage de presse. Quand je traverse une frontière internationale, les gouvernements doivent en être avisés, de même que la police. Tous mes gardes du corps doivent être redéployés. Alors, c'était à Meg de supporter ce fardeau. Au début, ce serait à elle de passer son temps dans des avions et de traverser l'Atlantique dans tous les sens – tout en continuant à travailler sans relâche pour *Suits*. Souvent, une voiture venait la chercher à 4 h 15 du matin pour l'amener sur le lieu du tournage.

Il n'était pas juste qu'elle ait à supporter ça toute seule, mais elle était partante. Pas le choix, avait-elle affirmé. L'alternative, c'était de ne plus me voir, et ça, selon elle, c'était impossible. Insupportable.

Pour la centième fois depuis le 1er juillet, mon cœur a débordé.

Puis on s'est dit au revoir, encore une fois.

On se voit dans deux semaines.

Deux semaines. Mon Dieu. Oui.

14.

Quelques jours plus tard, Willy et Kate m'ont invité à dîner. Ils avaient compris qu'il m'arrivait quelque chose et ils voulaient découvrir quoi.

Je n'étais pas certain d'être prêt à leur en parler. Pour l'instant, je n'étais pas certain d'avoir envie que quiconque soit au courant. Mais quand on s'est retrouvés dans leur salon télé, les deux enfants couchés, j'ai senti que c'était le bon moment.

J'ai mentionné nonchalamment qu'il y avait... une nouvelle femme dans ma vie.

Ils ont bondi.

Qui est-ce ?

Je vais vous le dire, mais s'il vous plaît, s'il vous plaît, s'il vous plaît, il faut que vous gardiez le secret.

Oui, Harold, oui, oui – Qui est-ce ?

C'est une actrice.

Oh ?
Elle est américaine.
Oh.
Dans une série qui s'appelle Suits.
Ils en sont restés bouche bée. Ils se sont regardés.
Puis Willy s'est tourné vers moi en lâchant : *Merde ! Putain !*
Quoi ?
Ça se peut pas.
Pardon ?
Impossible !

J'étais abasourdi, jusqu'à ce que Willy et Kate m'expliquent qu'ils suivaient régulièrement – non, religieusement – *Suits*.

Super ! ai-je pensé en éclatant de rire. Je m'étais inquiété pour de mauvaises raisons. Tout ce temps, j'avais redouté que Willy et Kate n'accueillent pas Meg de bonne grâce dans la famille, mais à présent, mon souci était plutôt qu'ils ne lui courent pas après pour lui demander un autographe.

Ils m'ont bombardé de questions. Je leur ai un peu raconté comment nous avions fait connaissance, je leur ai parlé du Botswana, de Waitrose, je leur ai avoué que j'étais amoureux, mais d'une manière générale, je ne leur ai pas donné beaucoup de détails. Je ne souhaitais pas en dire trop.

Je leur ai également confié que j'avais hâte qu'ils fassent sa connaissance, et que j'avais envie qu'on passe beaucoup de temps ensemble tous les quatre. Et j'ai rappelé pour la énième fois que c'était un rêve que j'entretenais depuis longtemps – me joindre à eux avec une compagne pour que nous soyons tous sur le même plan. Qu'on devienne un groupe de quatre personnes. Je l'avais dit tant de fois à Willy... Et il avait toujours répondu : *Ça pourrait ne pas arriver, Harold ! Et il faut que tu l'acceptes.* Eh bien maintenant, j'avais le sentiment que *ça allait arriver*, et je le lui ai dit – mais il a, de nouveau, calmé mes ardeurs.

C'est une actrice américaine, après tout, Harold. Tout peut arriver.

J'ai acquiescé, un peu blessé. Puis je les ai embrassés et je suis parti.

15.

Meg est revenue à Londres une semaine plus tard. Octobre 2016.

On a déjeuné avec Marko et sa famille, et je l'ai présentée à quelques autres copains très proches. Tout s'est bien passé. Tout le monde l'a adorée.

Alors, je me suis enhardi, et j'ai senti que le moment était venu de lui présenter ma famille.

Elle était d'accord.

Premier arrêt, le Royal Lodge. Pour faire la connaissance de Fergie, parce que Meg avait déjà rencontré sa fille, Euge, et Jack, alors ça paraissait un premier pas logique. Mais alors qu'on approchait, j'ai reçu un message sur mon téléphone.

Grand-mère était là.

Elle était passée à l'improviste.

En revenant de l'église.

Meg a lancé : *Génial ! J'adore les grands-mères.*

Je lui ai demandé si elle savait comment faire une révérence. Elle pensait que oui. Mais elle ne savait pas si je lui posais la question sérieusement.

Tu es sur le point de rencontrer la reine.

Je sais, mais c'est ta grand-mère.

Mais c'est la reine.

On a remonté l'allée gravillonnée et on s'est garés à côté de la grande haie verte.

Fergie est sortie, un peu nerveuse : *Tu sais faire la révérence ?*

Meg a secoué la tête.

Fergie lui en a fait une pour lui montrer. Meg l'a imitée.

On n'avait pas le temps de faire une formation plus poussée, on ne pouvait pas faire attendre Grand-mère.

Tandis qu'on se dirigeait vers la porte, Fergie et moi nous sommes penchés vers Meg pour lui murmurer quelques derniers conseils. *Quand tu rencontres la reine pour la première fois, tu lui dis Votre Majesté. Ensuite, c'est simplement Ma'am. Ça rime avec âme.*

Quoi qu'il arrive, ne parle pas en même temps qu'elle, avons-nous conclu tous deux en faisant exactement le contraire.

On est entrés dans le grand salon, et elle était là. Grand-mère. La monarque. La Reine Elizabeth II. Debout au centre de la pièce. Elle s'est légèrement tournée vers nous. Meg est allée droit sur elle et lui a fait une profonde révérence. Impeccable.

Votre Majesté. C'est un plaisir de faire votre connaissance.

Euge et Jack étaient à côté de Grand-mère, mais ils ont pratiquement fait semblant de ne pas connaître Meg. Ils étaient très silencieux, très convenables. Ils ont fait une bise rapide à Meg, mais c'était une bise totalement royale. Britannique pur jus.

Un type se tenait de l'autre côté de Grand-mère, et j'ai immédiatement pensé : problèmes droit devant. Meg m'a jeté un coup d'œil pour que je lui dise de qui il s'agissait, mais je ne pouvais pas l'aider – je ne l'avais jamais vu. Euge m'a glissé à l'oreille que c'était un ami de sa mère. Ah, OK. Je l'ai fusillé du regard : *Super. Je te félicite d'être présent lors d'un des moments les plus importants de ma vie.*

Grand-mère était habillée pour l'église : une robe de couleur vive et un chapeau assorti. Je ne me rappelle pas la couleur, j'aimerais bien pourtant, mais je sais qu'elle était vive. Chic. Je voyais bien que Meg regrettait d'être en jean et pull noir.

Je regrettais aussi mon pantalon miteux. On n'avait pas prévu que vous seriez là, avais-je envie de dire à Grand-mère, mais elle était déjà en train de nous demander comment se passait le séjour de Meg.

Génial, avons-nous répondu. Merveilleux.

On lui a demandé comment était la messe.

Très agréable.

Tout cela était charmant. Grand-mère a même demandé à Meg ce qu'elle pensait de Donald Trump. (Ça se passait juste avant l'élection de novembre 2016, et le monde entier semblait alors ne penser et ne parler que du candidat républicain.) Meg s'est dit que la politique était un terrain glissant, alors elle a changé de sujet et parlé du Canada.

Grand-mère a plissé les yeux. *Je pensais que vous étiez américaine.*

Je le suis, mais je vis au Canada depuis sept ans, pour mon travail.

Grand-mère avait l'air ravie. Le Commonwealth. Bien, parfait.

Au bout de vingt minutes, Grand-mère a annoncé qu'elle devait y aller. Mon oncle Andrew, assis à côté d'elle, tenait son sac à main. Il s'est levé pour l'accompagner. Euge a fait de même. Avant d'atteindre la porte, Grand-mère s'est retournée pour dire au revoir à Jack et au petit ami de Fergie.

Elle a regardé Meg droit dans les yeux, lui a adressé un signe de la main et un sourire chaleureux. *Au revoir.*

Au revoir. C'était un plaisir de vous rencontrer Ma'am, a répondu Meg en exécutant une nouvelle révérence.

Une fois que la voiture a emmené Grand-mère, tout le monde est revenu dans la pièce. L'ambiance a changé du tout au tout. Euge et Jack sont redevenus eux-mêmes, et quelqu'un a suggéré de boire un coup.

Oui, s'il te plaît.

Tout le monde a complimenté Meg pour sa révérence. Tellement réussie ! Si profonde !

Au bout d'un certain temps, Meg m'a posé une question sur l'assistant de la reine.

Je lui ai demandé de qui elle parlait.

L'homme qui lui tenait son sac. Et qui est reparti avec elle.

Ce n'était pas son assistant.

Mais c'était qui ?

C'était son fils cadet. Andrew.

Preuve qu'elle ne nous avait pas recherchés sur Google.

16.

L E SUIVANT, C'ÉTAIT WILLY. Je savais qu'il allait me tuer si je le faisais attendre une minute de plus. Alors je suis allé le voir un après-midi avec Meg, quelques heures avant une partie de chasse à laquelle nous devions nous rendre ensemble. En passant sous la grande arche dans la cour en direction de l'appartement 1A, je me sentais encore plus nerveux qu'avant la rencontre avec Grand-mère.

Je me suis demandé pourquoi.

Aucune réponse ne m'est venue à l'esprit.

On a gravi les marches de pierre grises et sonné.

Pas de réponse.

Au bout d'un certain temps, la porte s'est ouverte et mon grand frère est apparu, un peu endimanché. Beau pantalon, belle chemise, col ouvert. Je lui ai présenté Meg, qui s'est penchée et lui a fait la bise, ce qui l'a totalement fait flipper.

Il a reculé.

Willy ne faisait pas souvent la bise à des inconnus. Meg, c'était tout le contraire. C'était un moment caractéristique d'une collision entre deux cultures, comme avec « lampe de poche » et « torche », qui me paraissait à la fois drôle et charmant. Par la suite, néanmoins, quand j'y ai repensé, je me suis demandé si ce n'était pas un peu plus compliqué que ça. Peut-être Willy s'attendait-il à ce que Meg lui fasse la révérence ? C'est ce qu'exige le protocole quand on rencontre un membre de la famille royale pour la première fois, mais elle ne le savait pas, et je ne l'avais pas prévenue. Lorsqu'on avait retrouvé Grand-mère, j'avais été clair – c'est la reine. Mais en allant chez mon frère, j'avais simplement dit qu'on passait voir Willy, qui adorait *Suits*.

Quoi qu'il en soit, Willy s'en est remis. Il a échangé quelques mots chaleureux avec Meg, juste sur le pas de la porte, dans leur vestibule au carrelage à damiers. C'est alors que son épagneul, Lupo, nous a interrompus en aboyant comme si nous étions des voleurs. Willy l'a calmé.

Où est Kate ?
Elle est sortie avec les enfants.
Ah, dommage. La prochaine fois.

L'heure de partir était venue. Willy devait finir de faire sa valise, et on devait y aller. Meg m'a embrassé et nous a souhaité une bonne partie de chasse, puis elle est rentrée passer sa première nuit en solitaire à Nott Cott.

Au cours des jours qui ont suivi, je ne pouvais pas m'arrêter de parler d'elle. À présent qu'elle avait fait la connaissance de Grand-mère et de Willy, à présent qu'elle n'était plus un secret pour la famille, j'avais beaucoup de choses à dire. Mon frère m'écoutait avec attention, un léger sourire aux lèvres. C'est barbant d'entendre un amoureux transi radoter sans arrêt, mais j'étais incapable de m'arrêter.

Il ne s'est pas moqué de moi, c'est tout à son honneur, et il ne m'a pas demandé de me taire. Au contraire, il a dit ce que j'espérais qu'il allait dire, ce que j'avais besoin qu'il dise, même.
Content pour toi, Harold.

17.

QUELQUES SEMAINES PLUS TARD, quand Meg et moi sommes entrés en voiture dans les jardins luxuriants de Clarence House, elle a poussé un cri de surprise.

Tu devrais les voir au printemps. Papa les a conçus lui-même.

En l'honneur de Gan-Gan, tu sais, ai-je ajouté. *Elle a habité ici avant lui.*

J'avais déjà parlé de Gan-Gan à Meg. J'avais également mentionné que j'avais logé ici de mes dix-neuf à mes vingt-huit ans. Quand je suis parti, Camilla a fait de ma chambre son dressing. J'ai essayé de ne pas y accorder d'importance. Mais, la première fois que je l'ai vu, ça m'a affecté.

On a marqué une pause devant la porte d'entrée. Dix-sept heures pile. Ça ne l'aurait pas fait d'être en retard.

Meg était magnifique et je le lui ai dit. Elle portait une robe noir et blanc avec un long jupon, à motif floral, je crois, et quand je lui ai passé la main dans le dos, j'ai senti à quel point le tissu était délicat. Elle avait relâché ses cheveux, parce que je lui avais suggéré de le faire. *Papa aime bien que les femmes aient les cheveux détachés.* Grand-mère aussi, qui parlait souvent de « la belle crinière de Kate ».

Meg était très peu maquillée, encore une fois sur mes conseils. Papa désapprouvait les femmes trop fardées.

La porte s'est ouverte et nous avons été accueillis par le majordome gurkha de Papa. Ainsi que par Leslie, sa gouvernante de toujours, qui avait également travaillé pour Gan-Gan. Ils nous ont conduits le long d'un interminable couloir, longeant de grands tableaux et des miroirs aux cadres dorés sur un tapis rouge bordé d'un ruban pourpre, laissant derrière nous la grande vitrine de verre remplie de porcelaines étincelantes et d'objets de famille. Puis on a emprunté l'escalier grinçant, trois marches, un petit palier, puis douze autres marches sur la droite, un deuxième palier et une nouvelle volée de marches. Là, enfin, au-dessus de nous, Papa.

Et à côté de lui, Camilla.

Meg et moi avions répété ce moment plusieurs fois. *Pour Papa, une révérence. Quand tu t'adresses à lui, c'est « Votre Altesse Royale » ou « Monsieur ». Peut-être une bise sur les deux joues s'il se penche en avant, sinon une poignée de main. Pour Camilla, pas de révérence. Ce n'est pas nécessaire. Juste une bise rapide ou une poignée de main.*

Pas de révérence ? Tu es sûr ?

Je ne trouvais pas cela approprié.

On s'est tous dirigés vers un grand salon. En chemin, Papa a demandé à Meg s'il était vrai, comme on le lui avait affirmé, qu'elle était la star d'un *soap-opera* américain ! Elle a souri. Moi aussi. J'avais désespérément envie de m'exclamer : *Un soap-opera ? Non, ça, c'est* notre *famille, Papa.*

Meg a répondu qu'elle jouait dans une série télé qui était diffusée en soirée. L'histoire d'un cabinet d'avocats. Ça s'appelait *Suits*.

Merveilleux, a commenté Papa. *Absolument splendide.*

On est arrivés devant une table dressée d'une nappe blanche. À côté, un petit chariot avec le thé : gâteau au miel, flapjacks[1], sandwichs, crumpets[2], crackers à la crème, basilic émincé – les mets préférés de Papa. Tout était disposé avec une précision chirurgicale. Papa s'est assis en tournant le dos à une fenêtre ouverte, le plus loin possible du feu qui crépitait dans la cheminée. Camilla s'est installée en face de lui, le dos tourné vers l'âtre. Meg et moi nous sommes placés entre eux, de part et d'autre de la table.

J'ai englouti un crumpet avec de la pâte à tartiner Marmite ; Meg a pris deux petits sandwichs au saumon fumé. On était morts de faim. On avait passé la journée dans un tel état de nerfs qu'on n'avait rien mangé.

Papa lui a proposé des flapjacks. Elle les a adorés.

Camilla a demandé à Meg comment elle prenait son thé, fort ou léger, et Meg l'a priée de l'excuser, car elle n'en savait rien. *Je pensais que le thé, c'était juste du thé.* Sa remarque a déclenché une

---

1. Biscuits d'avoine typiquement britanniques.
2. Sortes de pancakes à l'anglaise.

discussion joyeuse à propos du thé, du vin et d'autres libations, des britannicismes et des américanismes, puis on a embrayé sur le vaste sujet des Choses Que Nous Aimons Tous, ce qui nous a bientôt amenés à parler des chiens. Meg a évoqué ses « bébés à fourrure », Bogart et Guy, tous deux rescapés de la SPA. L'histoire de Guy était particulièrement triste. Meg l'avait trouvé dans un refuge du Kentucky où il était destiné à l'euthanasie, après que quelqu'un l'avait abandonné au fond d'une forêt, sans eau ni nourriture. Les beagles, nous a-t-elle expliqué, sont mis à mort dans cet État plus rapidement que dans n'importe quel autre, et quand elle avait vu Guy sur le site web du refuge, elle en était tombée amoureuse.

J'ai vu le visage de Camilla s'assombrir. Elle était la marraine de Battersea Dogs & Cats Home, alors ce genre d'histoire l'affectait toujours violemment. Il en allait de même pour Papa. Il ne supporte pas l'idée que les animaux puissent souffrir. Et ça lui a sans doute rappelé son chien bien-aimé, Pooh, lequel s'était perdu dans la lande écossaise – probablement dans un terrier de lapin – et qu'on n'avait jamais retrouvé.

La conversation était fluide, on parlait tous en même temps, mais ensuite, Papa et Meg ont commencé à discuter entre eux, et je me suis tourné vers Camilla, laquelle semblait plus désireuse de les écouter que de s'entretenir avec son beau-fils. Hélas, elle était coincée avec moi.

Peu après, nous avons échangé nos rôles. Bizarre, ai-je songé, mais instinctivement, on suivait le protocole qui aurait régi un dîner d'État avec Grand-mère.

Finalement, la conversation a de nouveau englobé tout le monde. On a parlé du métier d'acteur et des arts en général. Papa a dit que ce devait être un véritable combat que de se frayer un chemin dans ce milieu. Il a posé beaucoup de questions à Meg sur sa carrière, et a paru impressionné par ses réponses. Son assurance et son intelligence l'ont pris au dépourvu, ai-je pensé.

Puis le temps qui nous était imparti est arrivé à son terme. Papa et Camilla avaient un autre engagement. La vie d'un membre de la famille royale : lourdement régentée, surbookée, etc.

J'ai pris mentalement note d'expliquer tout cela à Meg par la suite.

On s'est tous levés. Meg s'est penchée vers Papa et j'ai tressailli : comme Willy, Papa n'est pas très fan des accolades. Dieu merci, elle a déposé sur ses joues deux bises parfaitement britanniques qu'il a même semblé apprécier.

J'ai reconduit Meg à l'extérieur, dans la fragrance des jardins luxuriants de Clarence House, en exultant.

Eh bien, c'est bon ! ai-je pensé. Bienvenue dans la famille.

18.

J'AI PRIS L'AVION POUR TORONTO. Fin octobre 2016. Meg était excitée à l'idée de me montrer *sa* vie, *ses* chiens – *sa* petite maison, qu'elle adorait. Et j'avais hâte de voir tout ça, de connaître le moindre détail la concernant. (Une fois déjà, j'étais entré en douce au Canada, brièvement, mais là, ce serait mon premier véritable séjour.) On a promené les chiens dans des canyons et dans des parcs, exploré les coins et les recoins de son quartier très peu peuplé. Toronto, ce n'était peut-être pas Londres, mais ce n'était pas non plus le Botswana. Prenons toujours nos précautions, s'enjoignait-on. Préservons la bulle. Continuons à porter des déguisements.

En parlant de déguisements, on avait invité Euge et Jack à se joindre à nous pour Halloween. Ainsi que le meilleur ami de Meg, Markus. Le Soho House de Toronto avait organisé une grosse fête dont le thème était « L'Apocalypse ». Il fallait s'habiller en conséquence.

J'ai marmonné à Meg que dans ma vie, je n'avais pas eu particulièrement de chance avec les fêtes costumées, mais que je voulais bien retenter le coup. Pour mon costume, j'avais demandé de l'aide à un ami acteur, Tom Hardy. Avant de quitter Londres, je l'avais appelé pour le prier de me prêter son costume de *Mad Max*.

Tout l'attirail ?

Oui, s'il te plaît, mec ! Au complet.

Il me l'avait apporté avant mon départ, et je me retrouvais à présent en train de l'essayer dans la petite salle de bain de Meg. Quand j'en suis ressorti, elle a éclaté de rire.

C'était drôle. Et un peu effrayant. Mais le principal, c'était qu'il était impossible de me reconnaître.

Meg, de son côté, avait enfilé un short noir déchiré, un petit haut camouflage et des bas résille. Si l'Apocalypse ressemble à ça, me suis-je dit, alors vivement la fin du monde.

La fête était bruyante et sombre, l'alcool coulait à flots – l'idéal. Plusieurs personnes lorgnaient Meg quand elle passait d'une pièce à l'autre, mais personne n'a prêté attention à son partenaire dystopique. Dommage que je ne puisse pas porter ce déguisement tous les jours. J'aurais aimé pouvoir m'en servir dès le lendemain pour aller la voir sur le plateau de *Suits*.

Cela dit, peut-être pas. J'avais commis l'erreur de regarder en ligne quelques-unes de ses scènes d'amour sur le net. Je l'avais vue avoir un rapport sexuel avec un de ses partenaires dans une sorte de bureau ou de salle de conférence... J'aurais déjà eu besoin de quelques électrochocs pour me sortir ces images de la tête, alors je n'avais pas trop envie de les voir en vrai. Mais ça ne servait à rien d'y penser : le lendemain était un dimanche et elle ne travaillait pas.

Puis tout est devenu inutile, tout a changé à jamais, parce que le lendemain, notre relation a été rendue publique.

Bon, on savait que ça finirait par se produire, nous sommes-nous dit en fixant nos téléphones avec angoisse.

À vrai dire, on avait été prévenus que ça allait arriver ce jour-là. Juste avant de partir à la fête de l'Apocalypse, quelqu'un nous avait avertis que cette apocalypse-là pouvait nous tomber dessus. Une nouvelle preuve du sens de l'humour un peu particulier de l'univers.

Meg, tu es prête pour ce qui nous attend ?
Plus ou moins. Et toi ?
Oui.

On était assis sur son canapé, je n'allais pas tarder à partir à l'aéroport.

Tu as peur ?
Oui. Non. Peut-être.
On va nous traquer. C'est certain.
Je ferai comme si on était dans le bush.

Elle m'a rappelé mes propos au Botswana, quand les lions rugissaient.

Fais-moi confiance. Je saurai te protéger.

Elle m'avait cru à l'époque, m'a-t-elle avoué. Et elle me croyait aujourd'hui.

Quand j'ai atterri à Heathrow, l'histoire avait fait... *pschitt* ?

Rien n'était confirmé, et il n'y avait aucune photo, alors rien ne venait l'alimenter.

Un moment de répit ? Peut-être que tout ira bien, ai-je pensé.

Nan. Juste le calme avant la tempête de merde.

19.

Au cours de ces premières heures et de ces premiers jours de novembre 2016, il ne se passait pas dix minutes sans qu'on subisse un nouveau coup dur. J'étais choqué, et je m'en voulais de l'être. Comme je m'en voulais de ne pas m'être préparé. J'avais prévu la folie habituelle, les calomnies d'usage, mais je n'avais pas anticipé une telle quantité de mensonges éhontés.

Par-dessus tout, je n'étais pas préparé au racisme. Aussi bien le racisme rampant que les regards cinglants et vulgaires d'un racisme décomplexé.

Le *Daily Mail* menait la danse. Sa une : « La nana de Harry vient (presque) tout droit de Compton[1]. » Le chapô : « La maison de sa mère ravagée par les gangs – va-t-il y passer prendre le thé ? »

Un autre tabloïd est entré dans la mêlée avec ce titre stupéfiant : « Harry va-t-il épouser une princesse des gangs ? »

Mon visage s'est figé. Mon sang aussi. J'étais en colère, mais plus encore : j'avais honte. Mon pays natal ? Faire cela ? À elle ? À nous ? Vraiment ?

Comme si sa une n'était pas assez ignoble, le *Mail* poursuivait en affirmant qu'il y avait eu quarante-sept crimes à Compton rien qu'au cours de la semaine précédente. Quarante-sept, imaginez ça ! Peu importait que Meg n'eût jamais vécu à Compton, ni même à côté de Compton. Elle habitait à une demi-heure de là, aussi loin de Compton que le palais de Buckingham l'est du château de Windsor.

---

[1]. *Harry's girl is (almost) straight outta Compton*. Allusion au film biographique sur le groupe de rap NWA (Niggaz With Attitude), intitulé *Straight Outta Compton*. Compton étant un ghetto de Los Angeles où le taux de criminalité était l'un des plus élevés aux États-Unis dans les années 1980.

Mais ce n'est pas le propos : même si elle y avait habité, que ce soit des années auparavant ou aujourd'hui, quel était le problème ? Qui se souciait du nombre de crimes commis à Compton ou ailleurs, tant que Meg n'était pas celle qui les commettait ?

Un ou deux jours plus tard, le *Mail* a remis ça, cette fois avec un texte écrit par la sœur de l'ancien maire de Londres, Boris Johnson, qui prédisait que Meg allait... faire quelque chose... du point de vue génétique... à la famille royale. « S'il sort quelque chose de sa prétendue union avec le prince Harry, les Windsor vont épaissir leur sang bleu, fin et aqueux, ainsi que la peau pâle et les cheveux roux des Spencer d'un riche et exotique ADN. »

Un peu plus loin, la sœur Johnson était d'avis que Doria, la maman de Meg, venait « du mauvais côté des voies de chemin de fer », c'est-à-dire d'un ghetto, et elle en voulait pour preuve les dreadlocks qu'elle portait. Ces saletés étaient balancées à trois millions de Britanniques à propos de la charmante Doria, née à Cleveland dans l'Ohio, diplômée du lycée de Fairfax à Los Angeles, où la majorité de ses camarades de classe étaient juifs.

Le *Telegraph* s'est jeté dans le bain avec un article un peu moins répugnant, mais tout aussi délirant, dans lequel l'auteur étudiait sous tous les angles la question de savoir si j'avais légalement le droit d'épouser une (cri d'effroi) divorcée.

Bon Dieu, ils fouillaient déjà son passé et examinaient à la loupe son premier mariage.

Peu importait que mon père, divorcé, soit aujourd'hui marié à une femme divorcée, ou que ma tante, la princesse Anne, ait divorcé avant de se remarier – et la liste était longue. En 2016, la presse britannique a décrété que le divorce était un sujet brûlant.

Ensuite, le *Sun* a passé au peigne fin les réseaux sociaux de Meg, où il a déniché une vieille photo d'elle avec une amie et un joueur de hockey professionnel, et le journal a monté une sombre histoire selon laquelle Meg et le joueur de hockey entretenaient une relation torride. J'ai questionné Meg à ce sujet.

Non, il était avec mon amie. Je les avais présentés l'un à l'autre.

Alors, j'ai demandé à l'avocat du Palais de contacter ce journal, de leur dire que cette histoire était rigoureusement fausse et diffamatoire, et de la retirer immédiatement.

La réaction du tabloïd : un haussement d'épaules et un majeur dressé.
Vous prenez des risques, a dit l'avocat aux éditeurs du journal. Pour toute réponse, ils ont bâillé.

On savait pertinemment que ces journaux avaient embauché des détectives privés pour fouiller la vie de Meg et de tout son entourage, et même celle de personnes qu'elle ne connaissait en rien, alors on n'avait aucun doute quant au fait qu'ils étaient devenus des experts sur ses relations et ses petits amis. C'étaient des Megologues, ils en savaient plus sur Meg que quiconque au monde à part elle-même, et ils avaient parfaitement conscience que tout ce qu'ils avaient écrit sur elle et le joueur de hockey n'était qu'un ramassis de conneries. Pourtant, ils ont continué de réagir aux mises en garde répétées de l'avocat du palais avec les mêmes non-réponses, qui se résumaient à des sarcasmes et des railleries :

On. S'en. Fout.

Je me suis concerté avec l'avocat pour tenter de mettre au point une stratégie afin de protéger Meg de ces attaques et de toutes les autres. Du moment où j'ouvrais les yeux jusque bien après minuit, je passais le plus clair de mes journées à essayer de les faire cesser.

Intentez-leur un procès, disais-je sans discontinuer à l'avocat. Il m'expliquait encore et encore que c'était précisément ce que les journaux désiraient. Ils ne demandaient que ça, parce que ce serait une confirmation de notre relation, et qu'alors, ils pourraient vraiment se lâcher.

J'étais fou de rage. Et de culpabilité. J'avais infecté Meg et sa maman avec ma maladie contagieuse, plus communément désignée sous le nom de « ma vie ». Je lui avais promis que je la protègerais, et je l'avais déjà laissée tomber au beau milieu de ces dangers.

Quand je n'étais pas avec l'avocat, j'étais avec le chargé de communication du palais de Kensington, Jason. Il était très intelligent, mais un peu trop détendu à mon goût face à cette crise. Il m'enjoignait de ne rien faire. *Vous allez simplement nourrir la bête. Le silence est la meilleure option.*

Mais le silence n'était pas une option. Parmi toutes celles à ma disposition, le silence était la moins désirable, la plus difficile à défendre. On ne pouvait pas laisser la presse continuer à traiter Meg ainsi.

Même après l'avoir enfin convaincu qu'il fallait faire quelque chose, dire quelque chose, n'importe quoi, le Palais a dit non. Les officiels de la Cour ont fait barrage de toutes leurs forces. On ne peut rien faire, disaient-ils. Et on ne fera donc rien.

J'ai accepté leur décision. Jusqu'au jour où j'ai lu un essai dans le *Huffington Post*. L'autrice écrivait que l'on pouvait s'attendre à la réaction apathique des Britanniques devant cette explosion de racisme, parce qu'ils étaient les héritiers de colonialistes racistes. Mais ce qui était véritablement « impardonnable », ajoutait-elle, c'était mon silence.

Le mien.

J'ai montré cet article à Jason en lui disant qu'il fallait changer de cap immédiatement. Plus de débats, plus de discussions. Il fallait qu'on publie une déclaration.

Dans les vingt-quatre heures, on avait un premier jet. Fort, précis, rageur, honnête. Je ne pensais pas que ce serait la fin de l'histoire, mais peut-être le commencement de la fin.

Je l'ai relu une dernière fois et j'ai demandé à Jason de le publier.

20.

À PEINE QUELQUES HEURES avant qu'on diffuse cette déclaration, Meg était en route pour me voir. Elle avait pris le volant pour se rendre à l'aéroport international de Toronto, poursuivie par des paparazzis, et s'était frayé un chemin à travers la foule de passagers. Elle se sentait nerveuse, exposée. La salle d'attente était comble, alors un employé d'Air Canada a eu pitié d'elle et l'a cachée dans une pièce attenante. Il lui a même apporté un plateau-repas.

Le temps qu'elle arrive à Heathrow, mon communiqué était partout. Et ça n'a rien changé. L'assaut s'est poursuivi.

En fait, ma déclaration a ouvert un tout nouveau front – ma famille. Papa et Willy étaient furieux. Ils m'ont passé un savon. Tous deux m'ont affirmé que mes propos leur donnaient le mauvais rôle.

Mais pourquoi, bon Dieu ?

Parce qu'ils n'en avaient jamais publié une quand *leur* petite amie ou *leur* femme étaient harcelées.

Ce séjour de Meg n'avait rien à voir avec les précédents. C'était absolument le contraire. Au lieu de nous promener dans les jardins de Frogmore, de discuter dans ma cuisine en rêvant à notre avenir ou simplement d'apprendre à mieux se connaître, on enchaînait, stressés, les rendez-vous avec des avocats tout en cherchant des moyens pour lutter contre cette folie.

Meg avait pour règle de ne pas consulter Internet. Elle voulait se protéger, ne pas laisser ce poison pénétrer dans sa tête. C'était intelligent. Mais impossible à tenir si l'on souhaitait livrer bataille pour défendre sa réputation et son intégrité physique. Il fallait que je sache précisément ce qui était factuel et ce qui était faux, et cela m'obligeait à l'interroger quatre ou cinq fois par jour sur ce qui venait d'apparaître en ligne.

Ça, c'est vrai ? Et ça ? Y a-t-il le moindre soupçon de vérité là-dedans ?

Souvent, elle fondait en larmes. *Pourquoi disent-ils ça, Haz ? Je ne comprends pas. Ils peuvent juste inventer des trucs ?*

Ils peuvent. Et c'est ce qu'ils font, Meg.

Pourtant, malgré le stress, la terrible pression, nous avons réussi à protéger le lien essentiel entre nous, sans jamais nous crier dessus pendant ces quelques jours. Dans les dernières heures de son séjour, on était unis, contents, et Meg a annoncé qu'elle avait envie de me préparer un déjeuner spécial pour me dire au revoir.

Comme d'habitude, mon frigo était vide. Mais il y avait un supermarché en bas de la rue. Je lui ai expliqué comment y aller par le chemin le plus sûr : passer devant les gardes du palais, tourner à droite en direction des jardins du palais de Kensington, puis descendre Kensington High Street. Là, il y a une barrière de police, il faut prendre à droite et le supermarché est juste devant. *Il est énorme, tu ne peux pas le rater.*

J'avais un engagement, mais je serais vite de retour.

Casquette de baseball, veste, tête baissée, porte latérale. Tout va bien se passer, je te le promets.

Deux heures plus tard, quand je suis rentré, elle était inconsolable. En larmes. Tremblante.

Qu'est-ce qu'il y a ? Que s'est-il passé ?

Elle arrivait à peine à me le raconter.

Vêtue d'un manteau ample et d'une casquette de baseball, comme je le lui avais conseillé, elle arpentait joyeusement les allées du supermarché. Mais alors qu'elle se trouvait dans un escalator, un homme l'a approchée. *Excusez-moi, savez-vous où se trouve la sortie ?*

Oh, oui, je crois que c'est juste là-haut, sur la gauche.

Hé ! Vous jouez dans cette série – Suits, *c'est ça ? Ma femme vous adore.*

Oh. C'est très gentil ! Merci. Comment vous appelez-vous ?

Jeff.

Ravie de faire votre connaissance, Jeff. Dites-lui que je la remercie de suivre la série.

Je n'y manquerai pas. Je peux prendre une photo... vous savez, pour ma maman ?

Je croyais que vous aviez dit que c'était votre femme.

Oh. Ouais. Hé.

Désolée. Je fais juste mes courses aujourd'hui.

Son visage avait changé. *Eh bien, si je ne peux pas prendre une photo AVEC vous... ça ne va pas m'empêcher de prendre des photos DE vous !*

Il a sorti son téléphone et l'a suivie dans le magasin, en la photographiant tandis qu'elle regardait les filets de dinde. Tant pis pour les dindes, s'est-elle dit en se précipitant vers les caisses. Le type a continué de la suivre.

Elle s'est mise dans la queue. Devant elle, il y avait des présentoirs entiers de magazines et de journaux, et sur l'ensemble d'entre eux, sous les unes les plus choquantes et abjectes... c'était elle. Les autres clients l'ont également remarquée. Ils regardaient les revues, posaient les yeux sur elle, et à présent, eux aussi sortaient leurs téléphones, comme des zombies.

Meg a surpris deux caissiers qui échangeaient un horrible sourire. Après avoir réglé ses achats, elle est partie, pour tomber droit sur un groupe de quatre hommes avec leurs iPhones braqués sur elle. Elle a baissé la tête et remonté à la hâte Kensington High Street. Elle était presque à la maison lorsqu'une calèche a surgi des jardins du palais de Kensington. Une sorte de défilé : le portail était bloqué. Elle a été obligée de faire demi-tour et d'emprunter la grand-rue, où les paparazzis ont retrouvé sa trace. Ils l'ont poursuivie jusqu'à l'entrée principale en criant son nom.

Quand elle a fini par regagner Nott Cott, elle a appelé ses meilleures amies, et chacune d'elles lui a demandé : *Est-ce qu'il en vaut la peine, Meg ? Est-ce que quiconque en vaut la peine ?*

Je l'ai prise dans mes bras en lui disant que j'étais désolé. Tellement désolé.

On s'est serrés l'un contre l'autre, jusqu'à ce que je remarque une délicieuse odeur.

J'ai levé la tête. *Attends. Tu veux dire... qu'après tout ça... tu as quand même préparé à déjeuner ?*

Je voulais te faire à manger avant de partir.

21.

T ROIS SEMAINES PLUS TARD, je passais un test de détection du sida dans une clinique sans rendez-vous sur l'île de la Barbade.

Avec Rihanna.

La vie d'un membre de la famille royale.

C'était à l'occasion de la Journée mondiale de lutte contre le sida, et j'avais demandé à la dernière minute à Rihanna de se joindre à moi pour contribuer à la prise de conscience des enjeux de la campagne dans les Caraïbes. À ma grande surprise, elle avait accepté.

Novembre 2016.

Une journée importante, une cause vitale, mais je n'avais pas la tête à ça. J'étais inquiet pour Meg. Elle ne pouvait pas rentrer chez elle parce que sa maison était assiégée par les paparazzis. Elle ne pouvait pas non plus aller chez sa mère à Los Angeles, parce que celle-ci subissait le même sort. Elle était seule, à la dérive, pendant la période de Thanksgiving, et son tournage était en pause. J'ai donc contacté des amis qui avaient une maison inoccupée à Los Angeles et qui ont généreusement accepté de la lui prêter. Problème réglé, pour l'instant. Néanmoins, j'étais préoccupé, j'éprouvais un sentiment d'hostilité intense envers la presse et j'étais moi-même... entouré de journalistes.

Les mêmes journalistes spécialisés dans la famille royale...

En les regardant, je me disais : *Vous êtes complices.*

L'aiguille s'est enfoncée dans mon doigt. J'ai observé le sang jaillir, et je me suis souvenu de tous ceux, amis et inconnus, frères d'armes et journalistes, romanciers et camarades d'école qui avaient déclaré que les membres de ma famille et moi-même avions du sang bleu. Ce raccourci désigne depuis longtemps l'aristocratie, la royauté, mais je me suis demandé d'où il venait. Quelqu'un avait dit que notre sang était bleu parce qu'il était plus froid que celui des autres, mais ça ne pouvait pas être vrai, non ? Ma famille avait toujours prétendu qu'il était bleu parce que nous étions des personnes spéciales, mais ça ne pouvait pas être vrai non plus. En regardant l'infirmière transvaser mon sang dans une éprouvette, j'ai pensé : rouge, comme celui de tout un chacun.

Je me suis tourné vers Rihanna et nous avons discuté en attendant le résultat. Négatif.

À présent, j'avais juste envie de m'enfuir, de trouver un coin avec du Wi-Fi et de contacter Meg. Mais ce n'était pas possible. J'avais tout un programme de rencontres et de visites – un agenda royal qui ne laissait pas beaucoup de place pour quoi que ce soit d'autre. Ensuite, il fallait que je retourne vite fait sur le navire de commerce rouillé qui me promenait à travers les Caraïbes.

Quand je suis monté à bord, tard dans la soirée, le signal Wi-Fi du bateau était anémique. J'étais juste en mesure d'envoyer des textos à Meg, et seulement quand je grimpais sur la banquette de ma cabine en collant mon téléphone au hublot. La connexion a tenu juste assez longtemps pour qu'elle me dise qu'elle était en sécurité dans la maison de mes amis. Mieux encore, sa mère et son père avaient réussi à la rejoindre en douce pour passer Thanksgiving avec elle. Cependant, son père avait apporté toute une pile de tabloïds dont, inexplicablement, il tenait à parler. Ça ne s'est pas bien passé, et il est parti avant la fin de la soirée.

Elle était en train de me raconter ça quand le Wi-Fi a rendu l'âme.

Le navire de commerce avait fini par prendre le large vers la destination suivante.

J'ai posé mon téléphone et regardé par le hublot la mer plongée dans l'obscurité.

22.

EN RENTRANT À LA MAISON à la fin d'une journée de tournage, Meg a remarqué que cinq voitures la suivaient.
Puis elles se sont mises à la pourchasser.
Au volant de chacune d'elle, un homme à l'aspect miteux. Un prédateur.
C'était l'hiver, au Canada, les chaussées étaient verglacées. En outre, étant donné la façon dont ces véhicules encerclaient le sien, lui faisaient des queues de poisson, grillaient des feux rouges et lui coupaient la route tout en essayant de la prendre en photo, elle était pratiquement certaine qu'elle allait avoir un accident.
Elle s'est dit qu'il ne fallait pas paniquer, qu'elle devait conduire posément, ne pas leur donner ce qu'ils voulaient. Elle m'a appelé.
J'étais à Londres, dans ma propre voiture, mon garde du corps au volant, et sa voix pleine de larmes m'a instantanément replongé dans mon enfance. Retour à Balmoral. *Elle ne s'en est pas sortie, mon cher enfant.* J'ai supplié Meg de rester calme, de garder les yeux sur la route. Mon entraînement de contrôleur aérien a pris le dessus. Je l'ai guidée vers le poste de police le plus proche. Quand elle est sortie de la voiture, j'entendais à l'arrière-plan les paparazzis qui la suivaient jusqu'à l'entrée.
Allez, Meg ! Fais-nous un sourire !
Clic clic clic.
Elle a raconté à la police ce qui se passait et les a suppliés de l'aider. Ils avaient de la compassion pour elle – c'est du moins ce qu'ils affirmaient –, mais comme elle était une personnalité publique, ils ont été péremptoires, ils n'y pouvaient rien. Elle est retournée à sa voiture. Les paparazzis grouillaient à nouveau autour d'elle. Je l'ai guidée jusque chez elle, elle est entrée et elle s'est effondrée.
Moi aussi, un peu. Je me sentais impuissant, et je me suis rendu compte que c'était ça, mon talon d'Achille. Je pouvais affronter la plupart des problèmes tant qu'il était possible d'agir, de faire quelque chose. Mais quand je ne pouvais rien faire… j'avais envie de mourir.
Une fois chez elle, Meg n'a pas vraiment connu de répit. Comme les soirs précédents, les paparazzis et autres soi-disant journalistes frappaient à sa porte et sonnaient constamment. Ses chiens devenaient fous. Ils ne comprenaient pas ce qui se passait, pourquoi

elle n'ouvrait pas, pourquoi la maison était attaquée. Ils hurlaient et tournaient en rond. Elle s'est recroquevillée par terre, dans un coin de la cuisine. Après minuit, les choses se sont un peu calmées, et elle a osé jeter un coup d'œil à travers les stores. Des hommes dormaient dans des voitures devant chez elle.

Des voisins ont avoué à Meg qu'ils avaient aussi été harcelés. Des hommes avaient arpenté la rue de long en large, posant des questions, offrant des sommes d'argent en échange de la moindre parcelle d'information sur elle – ou d'un mensonge bien juteux. Un voisin a affirmé qu'on lui avait proposé une véritable fortune pour installer sur son toit des caméras de streaming en temps réel pointées sur les fenêtres de Meg. Un autre a carrément accepté de le faire. Il en a fixé une sur son toit et l'a braquée droit sur le jardin à l'arrière de la maison. Meg a de nouveau prévenu la police qui, encore une fois, n'a rien fait. On lui a répondu que les lois de l'Ontario n'interdisent pas cela. Tant que le voisin n'entrait pas *physiquement* sur sa propriété, il avait le droit de pointer le télescope Hubble sur son jardin, aucun problème.

Pendant ce temps, à Los Angeles, sa mère était suivie tous les jours dès qu'elle sortait de chez elle, qu'elle aille à la blanchisserie ou qu'elle se rende à son travail. Elle était également calomniée. Un article la qualifiait de « romanichelle », un autre de « fumeuse de beuh ». En fait, elle travaillait dans un service de soins palliatifs. Elle se déplaçait partout dans Los Angeles pour aider les personnes en fin de vie.

Les paparazzis escaladaient les murs et les clôtures des maisons des patients qu'elle allait voir. En d'autres termes, tous les jours, il y avait une nouvelle personne dont, à l'instar de Maman, le dernier son qu'elle entendrait sur terre serait... le clic d'un appareil photo.

23.

Réunis. Une soirée tranquille à Nott Cott. On préparait le dîner ensemble.

Décembre 2016.

Meg et moi, on s'était aperçus qu'on avait le même plat préféré : le poulet rôti.

Je ne savais pas comment le préparer, alors ce soir-là, elle avait décidé de m'apprendre.

Je me rappelle la chaleur dans la cuisine, la merveilleuse odeur. Les quartiers de citron sur la planche à découper, l'ail et le romarin, la sauce qui mijotait dans une casserole.

Je me rappelle avoir frotté du sel sur la peau de la volaille, puis ouvert une bouteille de vin.

Meg a mis de la musique. Elle élargissait mes horizons, elle me faisait découvrir le folk et la soul, James Taylor et Nina Simone.

It's a new dawn. It's a new day.

Le vin m'est peut-être monté à la tête. Ces semaines passées à combattre la presse m'avaient peut-être épuisé. Quelle que soit la raison, quand la conversation a pris un tour inattendu, ça m'a rendu susceptible.

Puis je me suis mis en colère. Une colère disproportionnée, stupide.

Meg a dit quelque chose que j'ai mal pris. C'était en partie dû à nos différences culturelles, en partie à la barrière de la langue, mais j'étais aussi un peu trop sensible ce soir-là. Je me suis demandé pourquoi elle me rentrait dedans.

Je lui ai aboyé dessus, j'ai eu des mots durs – cruels. Tandis qu'ils franchissaient mes lèvres, je sentais que tout se figeait dans la pièce. La sauce a cessé de mijoter, les molécules d'air se sont arrêtées de tourner. Nina Simone elle-même semblait s'être tue. Meg est sortie de la cuisine, elle a disparu pendant quinze bonnes minutes.

Je l'ai retrouvée à l'étage. Elle était assise dans la chambre. Elle était calme, et elle m'a dit sur un ton posé qu'elle ne supporterait jamais qu'on lui parle comme ça.

J'ai acquiescé.

Elle a voulu savoir d'où ça venait.

Je n'en sais rien.

Où as-tu donc entendu un homme parler ainsi à une femme ? Tu as déjà entendu des adultes parler comme ça quand tu étais enfant ?

Je me suis raclé la gorge en détournant le regard. *Oui.*

Elle ne comptait pas tolérer un partenaire de ce genre. Ni un co-parent. Ni ce genre de vie. Elle ne comptait pas élever des enfants dans un climat de colère ou de manque de respect. Elle m'a tout exposé, on ne peut plus clairement. On savait tous les deux que ma colère n'avait pas été *provoquée* par la conversation que nous avions eue. Elle venait d'un endroit beaucoup plus profond, dont il fallait l'extirper et, de toute évidence, j'avais besoin qu'on m'aide à le faire.

J'ai essayé une thérapie, lui ai-je avoué. Willy m'avait enjoint de le faire. Je n'avais jamais trouvé la bonne personne. Ça n'avait pas marché.

Effectivement, a-t-elle répondu doucement. Essaye encore.

24.

ON EST SORTI DU PALAIS DE KENSINGTON dissimulés à l'arrière d'une voiture de couleur sombre, anonyme, totalement différente de mon véhicule habituel. On est passés par le portail au fond du parc vers 18 h 30. Mon garde du corps a affirmé qu'on n'était pas suivis, alors quand on s'est retrouvés coincés dans les embouteillages dans Regent Street, on est descendus et on s'est mis à courir. On allait au théâtre, et on ne souhaitait pas attirer l'attention en arrivant après le début de la représentation. On s'était tellement focalisés sur le fait de ne pas être en retard, l'œil rivé sur la montre, qu'on ne « les » a pas vus. Ils nous suivaient – en violation flagrante des lois sur le harcèlement.

Ils nous ont mitraillés aux abords du théâtre. Depuis une voiture en mouvement, à travers la vitre d'un arrêt de bus.

Les photographes, bien sûr, étaient Tweedle Dumb et Tweedle Dumber.

On n'aimait pas être poursuivis par les paparazzis, et encore moins par ces deux-là. Mais on avait réussi à leur échapper pendant cinq mois. Bel exploit.

La fois suivante, quelques semaines plus tard, ils nous ont coincés à l'occasion d'un dîner avec Doria, qui avait pris l'avion avec Meg. Ils nous ont eus, mais heureusement, ils ont loupé Doria. Elle était partie d'un côté pour regagner son hôtel, tandis que nos gardes du corps et nous partions de l'autre. Les paparazzis ne l'ont jamais repérée.

Cela faisait un moment que ce dîner m'angoissait. C'est toujours délicat de rencontrer la mère de votre petite amie, mais davantage encore quand vous êtes en train de transformer la vie de sa fille en véritable enfer. Le *Sun* avait récemment fait sa une en titrant : « La nana de Harry sur Pornhub. » L'article incluait des photos de Meg, tirées de *Suits*, qu'un pervers avait postées sur un site porno. Bien sûr, le *Sun* ne mentionnait pas que ces images avaient été utilisées illégalement, que Meg n'était au courant de rien et qu'elle n'avait pas plus de liens avec le porno que Grand-mère. Ce n'était qu'un truc, un moyen d'appâter les lecteurs pour qu'ils achètent le journal ou qu'ils cliquent sur un lien. Quand les gens découvraient que ce n'était que du vent, il était trop tard ! L'argent de la pub était déjà dans la poche du *Sun*.

On s'était battus, on avait déposé plainte officiellement, mais heureusement, le sujet n'a pas été abordé ce soir-là. On avait des choses plus joyeuses à commenter. Meg venait de se rendre en Inde avec World Vision dans le cadre d'une mission de sensibilisation sur la bonne gestion des règles pour les jeunes filles, puis elle avait emmené sa maman à Goa faire une retraite dans un centre de yoga – pour célébrer avec un peu de retard son soixantième anniversaire. On fêtait donc Doria et le fait d'être ensemble dans notre repaire favori, Soho House, au 76 Dean Street. En parlant de son séjour en Inde, on a rigolé à propos du conseil que j'avais donné à Meg avant son départ : ne te prends *pas* en photo devant le Taj Mahal. Elle m'avait demandé pourquoi, et j'avais répondu : *Maman.*

Je lui avais expliqué que ma mère avait posé devant, et que cette image était devenue iconique. Je ne voulais pas que les gens croient qu'elle essayait d'imiter ma mère. Meg n'ayant jamais entendu parler de ce cliché, elle était déconcertée, et je l'ai adorée pour cela.

Ce dîner avec Doria était merveilleux, mais rétrospectivement, je le considère comme la fin des débuts. Le lendemain, les photos des paparazzis ont été publiées, suivies d'un nouveau torrent d'articles et d'une nouvelle poussée de fièvre sur tous les réseaux sociaux. Du racisme, de la misogynie, une stupidité criminelle – tout s'étalait en pleine page.

Ne sachant vers qui me tourner, j'ai téléphoné à Papa.

Ne les lis pas, mon cher enfant.

Ce n'est pas si simple, ai-je répondu d'un ton colérique. Je vais peut-être perdre cette femme. Elle pourrait décider que je n'en vaux pas la peine, ou la presse pourrait tellement empoisonner l'opinion publique qu'un imbécile risquait de faire une bêtise, de lui faire du mal d'une façon ou d'une autre.

C'était déjà le cas, au ralenti. Des menaces de mort. Son lieu de travail obligé de fermer parce que quelqu'un, réagissant à ce qu'il avait lu, avait proféré des menaces crédibles. Elle est isolée, lui ai-je dit, et effrayée. Cela fait des mois qu'elle n'a pas remonté les stores chez elle – et tout ce que vous me suggérez, c'est de ne pas les lire ?

Il m'a dit que je dramatisais. *Malheureusement, les choses sont comme elles sont.*

J'ai inspiré une grande bouffée d'air. Et j'ai fait appel à son égoïsme. Notre absence de réaction donnait une image déplorable de la monarchie. *Les gens ont de la compassion pour ce qui lui arrive, Papa. Ils le prennent personnellement, vous devez le comprendre.*

Ça ne l'a pas ébranlé.

25.

L'ADRESSE ÉTAIT SITUÉE à une demi-heure de voiture de Nott Cott. Un court trajet par-dessus la Tamise, au-delà du parc... mais j'avais l'impression de revivre l'un de mes voyages jusqu'aux pôles.

Le cœur battant, j'ai respiré un grand coup et j'ai frappé à la porte.

La femme m'a ouvert et m'a souhaité la bienvenue. Puis elle m'a conduit le long d'un petit couloir jusqu'à son bureau.

Première porte à gauche.

Une petite pièce. Des stores vénitiens aux fenêtres qui donnaient sur une rue animée. On entendait les voitures, les talons qui claquaient sur le trottoir. Des gens qui parlaient, qui riaient.

Elle avait quinze ans de plus que moi, mais un air juvénile. Elle me rappelait Tiggy. C'était choquant, vraiment. Une telle ressemblance.

Elle a désigné un divan vert et s'est installée dans un fauteuil de l'autre côté de la pièce. C'était une journée automnale, et pourtant,

j'étais couvert de sueur. Je l'ai priée de m'excuser. *Je suis très sensible à la chaleur. En outre, je suis un peu nerveux.*
N'en dites pas plus.
Elle s'est levée et s'est précipitée dehors. Quelques instants après, elle a reparu avec un petit ventilateur qu'elle a dirigé vers moi.
Ah, excellent. Merci.
Elle a attendu que je me lance. Mais je ne savais pas par où commencer. Alors, j'ai commencé par Maman. Je lui ai dit que j'avais peur de la perdre.
Elle m'a lancé un long regard interrogateur.
Elle savait que j'avais déjà perdu ma maman, bien sûr. Il est assez surréaliste de consulter un thérapeute qui connaît déjà l'histoire de votre vie, qui a peut-être passé des vacances à la plage à lire des livres entiers sur vous.
Oui, j'ai déjà perdu ma maman, bien sûr, mais je crains qu'en parlant d'elle avec une parfaite inconnue, ici et maintenant, et en me soulageant éventuellement d'une partie de la douleur liée à cette perte... Je crains de la perdre à nouveau. Je perdrais ce sentiment, sa présence – ou ce que j'ai toujours ressenti comme étant sa présence.
La thérapeute a plissé les yeux. J'ai fait une nouvelle tentative.
Vous voyez... la douleur... si c'est bien ça le problème... c'est tout ce qui me reste d'elle. Et c'est aussi cette douleur qui me pousse en avant. Parfois, c'est l'unique chose qui m'empêche de m'effondrer. Et aussi, je suppose... eh bien, sans cette douleur, elle pourrait croire que... je l'ai oubliée.
Ça semblait un peu bête. Mais bon, c'est ce que j'ai dit.
La plupart des souvenirs que j'avais de ma mère ont disparu, lui ai-je expliqué en étant subitement submergé de chagrin. De l'autre côté du Mur. Je lui ai parlé du Mur. Je lui ai confié que j'avais discuté avec Willy de l'absence de souvenirs que j'avais de ma mère. Il m'avait conseillé de consulter des albums photo, ce que j'avais aussitôt fait. Mais en vain.
Ma mère n'était donc pas une collection d'images ou d'impressions. Elle n'était qu'un trou dans mon cœur, et si je comblais ce trou, si je le rebouchais – qu'allait-il se passer ?
Je lui ai demandé si tout cela lui paraissait fou.
Non.

Le silence s'est installé.
Pendant un long moment.
Elle m'a demandé de quoi j'avais besoin. *Pourquoi êtes-vous venu ?*
Écoutez, ai-je répondu. Ce dont j'ai besoin... c'est de me débarrasser de ce poids dans ma poitrine. J'ai besoin... J'ai besoin...
Oui ?
De pleurer. S'il vous plaît, aidez-moi à pleurer.

26.

LORS DE LA SÉANCE SUIVANTE, j'ai demandé si je pouvais m'allonger. Elle a souri. *Je me demandais quand vous alliez me poser la question.*

Je me suis étendu sur le divan vert et j'ai glissé un oreiller sous ma tête.

Je lui ai parlé de la souffrance physique et psychologique. La panique, l'anxiété, les suées.

Cela dure depuis combien de temps ?

Deux ou trois ans. C'était bien pire avant.

J'ai mentionné la conversation avec Cress pendant les vacances au ski. Le bouchon qui saute de la bouteille, les émotions qui se répandent partout. J'avais un peu pleuré, à l'époque... mais ce n'était pas suffisant. J'avais besoin de pleurer tout mon soûl. Et je n'y arrivais pas.

J'en suis venu à parler de ma rage, profondément enracinée, qui n'était que le symptôme visible de mon envie de la retrouver. Je lui ai décrit la scène dans la cuisine avec Meg.

J'ai secoué la tête.

J'ai vidé mon sac à propos de ma famille. Papa et Willy. Camilla. Je m'interrompais souvent au milieu d'une phrase en entendant les passants de l'autre côté de la fenêtre. S'ils savaient. Le prince Harry, là-dedans, en train de geindre à propos de sa famille. Ses problèmes. Oh, les journaux s'en seraient donné à cœur joie !

Ce qui nous a amenés à évoquer la presse. Un terrain moins glissant. Je me suis lâché. Les hommes et les femmes de mon pays, lui ai-je déclaré, montrent un tel mépris, un manque de respect si abject à l'égard de la femme que j'aime ! Certes, au fil des ans, la presse s'était montrée cruelle avec moi, mais là, c'était différent. Moi, j'étais né là-dedans. Et je l'avais parfois bien cherché. Parfois, j'étais responsable de ce qui m'arrivait.

Mais cette femme n'a rien fait pour mériter une telle cruauté.

Et quand je m'en plaignais, en public ou en privé, les gens se contentaient de lever les yeux au ciel. Ils prétendaient que je pleurnichais, que je faisais semblant de vouloir de l'intimité, de même que Meg. *Oh, on la harcèle, vraiment ? Bla bla bla, arrête de te plaindre ! Tout va bien se passer, c'est une actrice, elle a l'habitude des paparazzis. En fait, elle souhaite leur présence.*

Mais personne ne peut souhaiter ça. Personne ne pourrait jamais s'habituer à ça. Tous ces gens qui levaient les yeux au ciel ne supporteraient pas ça plus de dix minutes. Pour la première fois de sa vie, Meg faisait des crises d'angoisse. Il y a peu, elle avait reçu un texto envoyé par un parfait inconnu qui connaissait son adresse à Toronto et qui avait promis de lui mettre une balle dans la tête.

La thérapeute m'a dit que j'avais l'air en colère.

Oui, merde ! J'étais en colère !

Elle a ajouté que mes récriminations avaient beau être valables, je donnais également l'impression d'être coincé. Certes, Meg et moi traversions une épreuve, une véritable ordalie, mais le Harry qui avait aboyé sur Meg avec une telle colère n'était pas le même Harry, le Harry raisonnable en train d'exposer ses problèmes allongé sur ce divan. C'était le Harry de douze ans, le Harry traumatisé.

Ce que vous vivez en ce moment, c'est une réminiscence de 1997, Harry. Je crains aussi qu'une partie de vous-même soit demeurée piégée en 1997.

Je n'aimais pas ce que j'entendais. Je me suis senti un peu insulté. *Elle me traitait d'enfant ? C'était malpoli.*

Vous dites que vous voulez la vérité, que vous placez la vérité au-dessus de tout – eh bien, la voici, la vérité.

La séance a dépassé le temps imparti. Elle a duré près de deux heures. À la fin, on a pris rendez-vous pour se revoir rapidement. Je lui ai demandé si je pouvais la serrer dans mes bras.

Oui, bien sûr.

Après une légère étreinte, je l'ai remerciée.

Une fois dans la rue, j'avais la tête qui tournait. Partout où je posais les yeux, il y avait des boutiques, des restaurants, et j'aurais donné n'importe quoi pour pouvoir déambuler sur le trottoir, regarder les vitrines, me laisser une chance de digérer tout ce que j'avais dit et appris.

Mais bien sûr, c'était impossible.

Je ne voulais pas provoquer un scandale.

27.

IL SE TROUVAIT QUE LA THÉRAPEUTE CONNAISSAIT TIGGY. Une coïncidence stupéfiante. Le monde est vraiment minuscule. Alors, au cours d'une autre séance, nous avons parlé de Tiggy, du rôle de mère de substitution qu'elle avait joué auprès de Willy et de moi-même, et de la façon dont lui et moi avions souvent transformé les femmes en mères de substitution. Des nombreuses fois où elles avaient endossé ce rôle avec enthousiasme.

Ces mères de substitution m'aidaient à me sentir mieux, je l'ai admis, mais aussi me pesaient, à cause de la culpabilité que j'éprouvais. *Que penserait Maman ?*

Nous avons parlé de culpabilité.

J'ai mentionné l'expérience de Maman en matière de thérapies, telle que je la comprenais. Ça ne l'avait pas aidée. Cela avait peut-être même aggravé les choses, en fait. Tant de gens s'en étaient pris à elle, l'avaient exploitée – y compris des thérapeutes.

Nous avons parlé de la façon dont Maman assumait son rôle de mère, du fait qu'elle en faisait parfois trop avant de disparaître pendant un laps de temps. Cette discussion avait l'air importante, mais aussi déloyale.

Davantage de culpabilité.

Nous avons parlé de la vie à l'intérieur de la bulle britannique, à l'intérieur de la bulle royale. Une bulle dans une bulle – impossible à décrire à quelqu'un qui n'en a jamais fait l'expérience. Les gens ne s'en rendent tout simplement pas compte : ils entendent le mot « royal », ou « prince », et ils perdent toute rationalité. *Ah, un prince – vous n'avez aucun problème.*

Ils supposent – non, on leur a enseigné – que tout ceci est un conte de fées. Que nous ne sommes pas humains.

Une écrivaine que beaucoup de Britanniques admirent, autrice de gros romans historiques qui ont remporté de nombreux prix littéraires, a rédigé un essai à propos de ma famille dans lequel elle avance que nous ne sommes que des... pandas.

La famille royale actuelle n'a pas les difficultés de reproduction que rencontrent les pandas, mais les uns comme les autres coûtent cher en entretien et sont mal adaptés à l'environnement moderne. Pourtant, ne les trouve-t-on pas intéressants ? Ne les trouve-t-on pas jolis à regarder ?

Je n'oublierai jamais l'essayiste très respecté qui a écrit dans la revue littéraire la plus prestigieuse de Grande-Bretagne que « la mort précoce [de ma mère] avait épargné à tout le monde une longue période d'ennui ». (Dans le même essai, il évoquait « le rendez-vous galant de Diana avec un tunnel ».) Mais cette image de pandas m'a toujours semblée à la fois extrêmement précise et remarquablement cruelle. En effet, nous vivions dans un zoo, mais en même temps, en tant que soldat, je sais que transformer les gens en animaux, en non-humain, est la première étape qui conduit à les maltraiter et à les détruire. Si une intellectuelle reconnue nous considérait comme des animaux, quel espoir avions-nous auprès de la femme ou de l'homme de la rue ?

J'ai résumé à la thérapeute comment cette déshumanisation s'était déroulée pendant la première partie de ma vie. Mais aujourd'hui, la déshumanisation de Meg charriait tellement plus de haine, tellement plus de vitriol – et en outre, du racisme. Je lui ai raconté ce que j'avais vu et entendu, ce dont j'avais été témoin au cours des derniers mois. À un moment, je me suis redressé et j'ai tendu le cou pour voir si elle m'écoutait. Elle était bouche bée. En tant que Britannique ayant vécu toute sa vie au Royaume-Uni, elle pensait qu'elle savait.

Elle ne savait pas.

À la fin de la séance, je lui ai demandé son avis de professionnelle :

Est-ce que ce que je ressens... est normal ?

Elle a ri. Qu'est-ce que la normalité, de toute façon ?

Mais elle a admis qu'une chose était claire : je me trouvais dans une situation très inhabituelle.

Pensez-vous que j'ai une personnalité susceptible de développer des addictions ?

Plus précisément, je voulais savoir où j'en serais aujourd'hui si tel était le cas.

Difficile à dire. Les questions hypothétiques, vous savez...

Elle m'a demandé si j'avais déjà consommé des drogues.

Oui.

Je lui ai raconté quelques histoires assez dingues.

Eh bien, je suis plutôt surprise que vous n'ayez pas développé une addiction aux drogues.

Néanmoins, s'il y a bien une chose à laquelle je semblais indéniablement accro, c'était la presse. La lire, m'emporter dessus, ces comportements étaient selon elle de toute évidence compulsifs.

Je me suis esclaffé. *C'est vrai. Mais c'est tellement de la merde.*

Elle a rigolé. *C'est vrai.*

28.

J'AVAIS TOUJOURS PENSÉ que Cressida avait réalisé un miracle en m'amenant à m'ouvrir, à libérer toutes ces émotions réprimées. Mais à présent, cette thérapeute avait accompli un véritable prodige : elle avait ouvert la banque de mes souvenirs.

Toute ma vie, j'ai raconté aux gens que je ne me rappelais pas le passé, que je ne me rappelais pas ma maman, mais je n'avais jamais confié à quiconque l'étendue de la chose. Ma mémoire était morte. Pourtant, au bout de plusieurs mois de thérapie à travailler consciemment sur ma mémoire et à la malaxer, elle a tressailli, elle a tressauté, elle a bafouillé.

Elle est revenue à la vie.

Certains jours, j'ouvrais les yeux et je trouvais Maman... debout devant moi.

Des milliers d'images sont revenues, certaines si vives et si nettes qu'on aurait dit des hologrammes.

Je me suis rappelé certains matins dans l'appartement de Maman au palais de Kensington, la nounou qui nous emmenait, Willy et moi, jusqu'à la chambre de Maman. Je me suis souvenu qu'elle avait un lit à eau et que Willy et moi, on sautait dessus en criant et en rigolant, les cheveux dressés sur la tête. Je me suis rappelé les petits déjeuners qu'on prenait ensemble, Maman adorait le raisin et les litchis, mais ne buvait que rarement du thé ou du café. Je me suis souvenu qu'après elle nous emmenait pour sa journée de travail, qu'on était assis à côté d'elle pendant ses premiers coups de fil, à l'écoute de ses rendez-vous d'affaires.

Je me suis rappelé que Willy et moi nous sommes joints à elle lors d'une conversation avec Christy Turlington, Claudia Schiffer et Cindy Crawford. Très perturbant. Surtout pour deux garçons timides aux portes de la puberté.

Je me suis souvenu de l'heure du coucher au palais de Kensington, quand je lui disais bonne nuit au pied de l'escalier et que je lui faisais un bisou dans le cou, inhalant son parfum avant d'aller m'allonger dans l'obscurité avec le sentiment de me trouver si loin, si seul, et le désir ardent d'entendre sa voix juste une fois de plus. Je me suis rappelé que ma chambre était la plus éloignée de la sienne et que dans le noir, dans le terrible silence, j'étais incapable de me détendre, de lâcher prise.

La thérapeute m'a enjoint de poursuivre. *On est en train de faire une percée*, m'a-t-elle dit. *Ne nous arrêtons pas là*. J'ai apporté à son cabinet une bouteille du parfum préféré de Maman. (J'avais contacté sa sœur pour lui en demander le nom.) First, de Van Cleef & Arpels. Au début de la séance, j'ai ouvert le flacon et j'ai inspiré très fort.

Comme une pastille de LSD.

J'ai lu quelque part que l'odeur est notre sens le plus ancestral, et ça collait très bien avec l'expérience que j'ai vécue à ce moment-là : des images qui jaillissaient de la partie la plus primale de mon cerveau.

Je me suis souvenu du jour où Maman, à Ludgrove, avait rempli mes chaussettes de bonbons. Apporter des sucreries était interdit, et Maman était en train d'enfreindre les règles de l'école en gloussant, ce qui m'a fait l'aimer encore davantage. Nous deux en train de rigoler en fourrant ces bonbons tout au fond des chaussettes, tandis que je m'écriais : *Oh, Maman, vous êtes tellement vilaine !* Je me suis rappelé leur marque : Opal Fruits !

Des carrés de sucre aux couleurs vives... un peu comme ces souvenirs ressuscités.

Pas étonnant que j'ai autant aimé le Jour des Bonbecs au collège.

Et les Opal Fruits.

Je me suis souvenu de Maman nous emmenant en voiture à un cours de tennis. Elle était au volant, Willy et moi sur la banquette arrière. Subitement, elle a pressé l'accélérateur. On fonçait dans les rues étroites, on grillait les feux rouges, on dérapait dans les virages. Comme Willy et moi étions sanglés sur nos sièges, on ne pouvait pas regarder par la vitre arrière, mais on se doutait bien de qui nous poursuivait. Des paparazzis sur des motos et des scooters. *Est-ce qu'ils vont nous tuer, Maman ? Est-ce qu'on va mourir ?* Maman, qui portait de grosses lunettes de soleil, a jeté un coup d'œil dans le rétroviseur. Au bout de quinze minutes et après avoir frôlé plusieurs fois l'accident, elle a freiné, elle s'est garée et s'est dirigée vers les paparazzis : *Laissez-nous tranquilles ! Pour l'amour de Dieu, je suis avec mes enfants, ne pouvez-vous pas nous laisser tranquilles ?* Tremblante, les joues rouges, elle est remontée dans la voiture en claquant la portière, elle a relevé les vitres, posé la tête sur le volant et s'est mise à pleurer tandis que les paparazzis continuaient de prendre leurs photos – clic clic clic. Je me suis rappelé les larmes qui coulaient sous ses grosses lunettes de soleil, et je me suis souvenu de Willy, pétrifié comme une statue, et je me suis rappelé les paparazzis qui continuaient de nous mitrailler, encore et encore, et je me suis rappelé avoir éprouvé tant de haine envers eux et un amour profond et éternel pour toutes les personnes dans cette voiture.

Je me suis souvenu des vacances à Necker Island, on était tous les trois dans une cabane au bord d'une falaise, et un bateau est arrivé avec une meute de photographes à bord. Ils nous cherchaient. Ce jour-là, on avait joué avec des ballons pour bombe à eau, dont plusieurs traînaient encore à côté de nous. Maman a rapidement fabriqué une sorte de catapulte et réparti les ballons entre nous. Elle a compté jusqu'à trois, et on a commencé à les balancer sur les photographes. Son rire ce jour-là, un rire dont le son avait été perdu pour moi pendant toutes ces années, est revenu – il est revenu. Aussi fort et clair que le bruit de la circulation de l'autre côté de la fenêtre du cabinet de la thérapeute.

J'ai pleuré de joie en l'entendant.

29.

Le *Sun* a publié un rectificatif à son article sur le porno. Dans un petit encart en deuxième page, où personne ne le verrait.

Quelle importance ? Le mal était fait.

En outre, ça a coûté des dizaines de milliers de dollars à Meg en frais d'avocat.

J'ai de nouveau appelé Papa.

Ne les lis pas, mon cher...

Je lui ai coupé la parole. Je n'étais pas prêt à entendre à nouveau ces sottises.

Et je n'étais plus un enfant.

J'ai essayé d'avancer un nouvel argument. J'ai rappelé à Papa que ces ignobles salauds étaient ceux-là mêmes qui l'avaient fait passer pour un clown tout au long de sa vie et qui l'avaient ridiculisé parce qu'il sonnait l'alarme à propos du changement climatique. Et à présent, *ses* tortionnaires, ceux qui l'avaient tyrannisé, torturaient et tyrannisaient son fils et la compagne de son fils... cela ne l'indignait-il pas ? *Pourquoi suis-je obligé de vous supplier, Papa ? Pourquoi n'est-ce pas déjà une priorité pour vous ? Pourquoi le traitement que la presse inflige à Meg ne vous angoisse-t-il pas et ne vous ôte-t-il pas le sommeil ? Vous l'adorez, vous me l'avez dit vous-même. Vous avez sympathisé en partageant votre amour commun de la musique, vous la trouvez drôle et pleine d'esprit, vous trouvez ses manières impeccables, vous me l'avez dit – alors pourquoi, Papa ? Pourquoi ?*

Je n'ai pas pu obtenir de réponse franche. La conversation tournait en rond, et quand j'ai raccroché, je me suis senti... abandonné.

Entretemps, Meg avait contacté Camilla, laquelle a essayé de l'assister en affirmant que la presse agissait toujours ainsi avec les nouveaux venus, mais que ça passerait en temps et en heure et qu'elle-même avait autrefois hérité du rôle de la méchante.

Mais qu'est-ce que ça impliquait ? Que maintenant, c'était le tour de Meg ? Comme si c'était blanc bonnet et bonnet blanc.

Camilla avait aussi suggéré à Meg que je devienne Gouverneur général des Bermudes, ce qui résoudrait tous nos problèmes en nous éloignant du centre bouillant du maelström. Bien, bien, me suis-je dit. Et l'un des avantages collatéraux de son plan, c'était de nous faire disparaître du décor.

En désespoir de cause, je me suis tourné vers Willy. J'ai profité du premier moment de calme que j'avais eu avec lui depuis des années : fin août 2017, à Althorp. Le vingtième anniversaire de la mort de Maman.

On a ramé jusqu'à l'île dans la petite barque. Le pont avait était enlevé pour assurer la tranquillité de Maman et pour éloigner les intrus. Chacun de nous avait un bouquet de fleurs, que nous avons déposé sur sa tombe. On est restés là un moment, perdus dans nos pensées, puis on a parlé de la vie. Je lui ai fait un bref résumé de ce que Meg et moi étions en train d'affronter.

Ne t'inquiète pas Harold. Personne ne croit ces conneries.

Ce n'est pas vrai. Les gens les croient. On leur administre ça au goutte-à-goutte, jour après jour, et ils en viennent à les accepter sans même s'en rendre compte.

Il n'avait pas de réponse satisfaisante à ça, alors nous nous sommes tus.

Puis il a dit une chose extraordinaire. Il a dit qu'il pensait que Maman était là… parmi nous.

Oui, je le pense aussi, Willy.

Je suis convaincu qu'elle est dans ma vie, Harold. Qu'elle me guide. Qu'elle arrange les choses pour moi. Je pense qu'elle m'a aidé à construire une famille. Et j'ai le sentiment qu'elle t'aide, toi aussi, en ce moment.

J'ai acquiescé. Je suis tout à fait d'accord. J'ai le sentiment que c'est elle qui m'a aidé à trouver Meg.

Willy a fait un pas en arrière. Il avait l'air préoccupé. L'air de penser que j'allais un peu trop loin.

Eh bien, Harold, je ne suis pas sûr de ça. Je ne dirais pas ÇA !

30.

M EG EST REVENUE À LONDRES une semaine plus tard. Septembre 2017. On se trouvait à Nott Cott. Dans la cuisine. On préparait le dîner.

Le cottage était plein... d'amour. À ras bord. Il semblait même se déverser par la porte ouverte jusque dans le jardin, un petit carré de végétation rabougrie dont personne n'avait voulu pendant longtemps, mais que Meg et moi nous étions peu à peu réapproprié. On l'avait ratissé et tondu, ensemencé et arrosé, et le soir, on s'y installait souvent sur une couverture pour écouter les concerts de musique classique dont le son nous parvenait depuis le parc, porté par le vent. J'ai parlé à Meg du jardin de l'autre côté de notre muret : le jardin de Maman. Où l'on jouait avec Willy quand on était petits. À présent, il nous était définitivement interdit.

Comme mes souvenirs l'avaient jadis été.

De qui est-ce le jardin aujourd'hui ? m'a-t-elle demandé.

Il appartient à la princesse Michael de Kent. Et à ses chats siamois. Maman méprisait ces chats.

Tout en humant les senteurs du jardin, je considérais cette nouvelle vie, et je la chérissais. Meg était assise de l'autre côté de la cuisine, elle sortait des plats asiatiques de leur boîte pour les mettre dans des bols. Sans réfléchir, j'ai lâché : *Je ne sais pas, c'est juste que...*

Je lui tournais le dos. Je me suis figé au milieu de ma phrase, hésitant à poursuivre, hésitant à me retourner.

Tu ne sais pas quoi, Haz ?

C'est juste que...

Oui ?

Je t'aime.

J'ai attendu une réponse. Il n'y en a pas eu.

Puis j'ai entendu, ou senti, qu'elle s'approchait.

Je me suis retourné. Elle était là, juste devant moi.

Je t'aime aussi, Haz.

J'avais ces mots sur le bout de la langue depuis quasiment le premier jour, alors dans un sens, ce n'était pas une révélation, et ils n'étaient même pas nécessaires. Bien sûr que je l'aimais. Meg le savait, Meg pouvait le voir, le monde entier pouvait le voir. Je l'aimais de tout mon cœur, comme je n'avais jamais aimé quelqu'un auparavant. Et pourtant, le dire rendait tout cela réel. Le dire a mis les choses en marche, automatiquement. Le dire était une étape.

Ça signifiait que nous avions à présent quelques autres étapes très importantes devant nous.

Comme... emménager ensemble ?

Je lui ai demandé si elle accepterait d'envisager de s'installer en Grande-Bretagne, à Nott Cott, avec moi.

On a parlé de tout ce que ça impliquerait, de comment ça pourrait fonctionner et de ce à quoi elle devrait renoncer. On a évoqué les aspects logistiques qu'entraînerait son départ de Toronto. Quand, comment, mais par-dessus tout... pour quoi ? Exactement ?

Elle ne pouvait pas laisser tomber sa série simplement pour tenter le coup. Venir habiter en Grande-Bretagne, cela signifiait-il un engagement permanent ?

Oui, ai-je confirmé. C'est ce que ça voudrait dire.

Dans ce cas, oui, a-t-elle répondu en souriant.

On s'est embrassés, on s'est serrés dans les bras, et on s'est mis à table.

J'ai poussé un soupir. C'est parti, ai-je pensé.

Mais plus tard, après qu'elle s'était endormie, je me suis analysé. Un effet secondaire de ma thérapie, peut-être. Je me suis rendu compte qu'au milieu du tourbillon d'émotions dans lequel je me trouvais, il y avait un grand sentiment de soulagement. Elle avait répondu, elle avait prononcé les mots « Je t'aime », et ça n'avait pas été inévitable, ça n'avait pas été une formalité. Je ne peux pas nier que quelque chose en moi s'était préparé au pire. *Haz, je suis désolée, mais je ne sais tout simplement pas si j'en suis capable...* Quelque chose en moi craignait qu'elle s'enfuie en courant. Qu'elle retourne à Toronto et change de numéro de téléphone. Qu'elle écoute les avis de ses amies.

Est-ce que quiconque en vaut la peine ?

Quelque chose en moi pensait qu'elle aurait été bien avisée de le faire.

31.

PAR L'EFFET D'UN PUR HASARD, les Invictus Games de 2017 allaient se dérouler à Toronto, sur le pas-de-porte de Meg. Une parfaite occasion pour notre première apparition publique officielle, avait décidé le Palais.

Meg était un peu nerveuse. Moi aussi. Mais on n'avait pas le choix. Il faut y passer, s'est-on dit. On s'était cachés aux yeux du monde pendant suffisamment longtemps. En outre, on ne pouvait pas espérer bénéficier d'un contexte plus contrôlé et prévisible que celui-ci.

Et par-dessus tout, une fois qu'on nous aurait officiellement vus en public, cela permettrait peut-être de diminuer la prime que les paparazzis touchaient pour nous avoir, qui à l'époque tournait autour de cent mille livres.

On a essayé de rendre l'événement aussi normal que possible. On s'est installés au premier rang pour regarder un match de tennis en fauteuil roulant, concentrés sur le jeu et la bonne cause, en faisant abstraction du ronronnement des appareils photo. On a même réussi à s'amuser, on a échangé quelques blagues avec des Néo-Zélandais assis à côté de nous, et les clichés publiés le lendemain étaient agréables, même si plusieurs journaux britanniques ont crucifié Meg parce qu'elle portait des jeans déchirés. Personne n'a mentionné que l'ensemble de sa tenue, de ses chaussures plates à sa chemise à col à bouton, avait été préapprouvé par le Palais.

Et quand je dis « personne », je veux dire personne au palais.

Une déclaration cette semaine-là en défense de Meg... aurait pu faire une énorme différence.

32.

J'AI DIT À ELF ET À JASON que je voulais la demander en mariage. Félicitations, m'ont-ils répondu.

Mais ensuite, Elf a indiqué qu'il aurait besoin de se renseigner vite fait sur la nature du protocole en la matière. Ces choses-là étaient régies par des règles strictes.

Des règles ? Vraiment ?

Il est revenu quelques jours plus tard et m'a annoncé qu'avant de faire quoi que ce soit, je devais obtenir l'autorisation de Grand-mère.

Je lui ai demandé si c'était une véritable règle, ou si l'on pouvait la contourner.

Oh non, c'est tout à fait réel.

Ça n'avait aucun sens. Un adulte obligé de demander à sa grand-mère la permission de se marier ? Je n'avais pas le souvenir que Willy l'avait fait avant d'épouser Kate. Ou mon cousin Peter avant de se marier avec Autumn. Mais en y réfléchissant, je me suis rappelé que Papa avait dû se plier à ça quand il avait voulu épouser Camilla. Un homme de cinquante-six ans obligé de demander à sa mère le droit de convoler... À l'époque, l'absurdité de la chose m'avait échappé.

Elf m'a rétorqué qu'il était inutile d'étudier le pourquoi et le comment, cette règle était immuable. Les six premiers dans l'ordre de succession devaient demander la permission. La loi sur les mariages royaux de 1772, la loi sur la succession à la Couronne de 2013... Il était intarissable, et je n'en croyais pas mes oreilles. En définitive, l'amour passait bien après le droit. De fait, le droit avait vaincu l'amour en plus d'une occasion. Un proche avait tout récemment encore été... fortement dissuadé... d'épouser l'amour de sa vie.

Qui ?

Votre tante Margaret.

Vraiment ?

Oui. Elle voulait épouser un divorcé et... eh bien...

Un divorcé ?

Elf a acquiescé.

Oh, merde ! ai-je songé. Ça ne va peut-être pas aller comme sur des roulettes.

Mais Papa et Camilla sont tous deux divorcés, ai-je argué, et ils ont eu le droit de se marier. Cela signifiait-il que la règle ne s'appliquait plus ?

Eux, c'est eux, a répondu Elf. Et vous, c'est vous.

Sans parler du tollé provoqué par un certain roi qui voulait épouser une Américaine divorcée, dont Elf m'a rappelé que l'histoire s'était terminée par une abdication et un exil. *Le duc de Windsor ? Vous avez entendu parler de lui ?*

Alors, la peur au ventre, un goût de cendre dans la bouche, j'ai pris mon agenda. Avec l'aide d'Elf, j'ai sélectionné un week-end fin octobre. Une partie de chasse en famille à Sandringham. Les parties de chasse mettaient toujours Grand-mère de bonne humeur.

Peut-être serait-elle plus ouverte à l'amour ?

33.

C'ÉTAIT UNE JOURNÉE NUAGEUSE, le vent soufflait en rafales. J'ai grimpé dans le vénérable Land Rover, une ancienne ambulance de l'armée que Grand-père avait recyclée. Papa était au volant, Willy à l'arrière. J'étais à la place du mort, à me demander si je devais leur dévoiler mes intentions.

J'ai décidé de ne rien dire. Je supposais que Papa était déjà au courant, quant à Willy, il m'avait enjoint de ne pas le faire.

Ça va trop vite, m'avait-il dit. Il est trop tôt.

En fait, il s'était montré plutôt dissuasif devant le simple fait que je sorte avec Meg. Un jour, alors qu'on était dans son jardin, il avait pronostiqué que j'allais rencontrer une kyrielle de difficultés si je fréquentais « une actrice américaine », des termes qui dans sa bouche sonnaient comme « une criminelle condamnée ».

Tu en es sûr, pour elle, Harold ?

Oui, Willy.

Mais sais-tu à quel point ce sera difficile ?

Qu'est-ce que tu veux que je fasse ? Que je dé-tombe amoureux d'elle ?

On portait tous les trois des casquettes plates, des vestes vertes et des culottes de golf, comme si on jouait dans la même équipe sportive. (D'une certaine façon, c'était le cas, je suppose.) Tout en conduisant en direction de la prairie, Papa s'est enquis de Meg. Sans montrer spécialement d'intérêt, d'un ton distrait. Néanmoins, comme il ne le faisait pas souvent, j'étais content.

Elle va bien, merci.

Souhaite-t-elle continuer à travailler ?

Pardon ?

Souhaite-t-elle continuer son travail d'actrice ?

Oh ! Eh bien, je ne sais pas, je ne crois pas. J'espère qu'elle aura envie d'être avec moi, de faire le boulot, vous savez, ce qui impliquerait qu'elle arrête Suits*... étant donné qu'ils tournent à... Toronto.*

Hmm. Je vois. Eh bien, mon cher enfant, tu sais qu'il n'y a pas assez d'argent pour joindre les deux bouts.

Je l'ai dévisagé. C'était quoi, ce délire ?

Il m'a expliqué. Ou du moins, a tenté de le faire. *Je ne peux pas financer une personne supplémentaire. Je suis déjà obligé de financer ton frère et Catherine.*

J'ai sursauté. Quelque chose en rapport avec le nom qu'il avait employé, Catherine. Je me suis rappelé qu'à un moment, Camilla et lui voulaient que Kate change de nom, parce qu'il y avait déjà deux monogrammes dans la famille royale avec un C surmonté d'une couronne : Charles et Camilla. Ce serait trop perturbant d'en avoir un troisième. Ils lui avaient donc suggéré de devenir Katherine avec un K.

Je me suis demandé ce qu'il était advenu de cette suggestion.

Me tournant vers Willy, je lui ai adressé un regard qui voulait dire : *Tu entends ça ?*

Son visage était vide de toute expression.

Ce n'était pas par générosité que Papa supportait financièrement Willy, moi-même et nos familles. C'était son boulot. C'était ça le marché. On acceptait de se mettre au service du monarque, d'aller partout où il nous le demandait, de faire tout ce qu'il nous ordonnait, de renoncer à notre autonomie, de vivre en permanence pieds et poings liés dans une cage dorée, en échange de quoi, les gardiens de la cage acceptaient de nous nourrir et de nous loger. Papa, avec tous ses millions tirés du très lucratif duché de Cornouailles, était-il en train d'essayer de nous dire que notre captivité lui revenait un peu trop cher ?

En outre, combien cela pouvait-il coûter de nous héberger et de nous nourrir, Meg et moi ? J'avais envie de dire : elle ne mange pas grand-chose, vous savez ? Et je peux lui demander de coudre ses vêtements, si vous voulez.

Subitement, il était clair pour moi que tout ceci n'était pas une question d'argent. Papa redoutait peut-être l'augmentation de ses coûts, mais ce qu'il ne pouvait vraiment pas avaler, c'était qu'une personne surgisse à l'improviste, domine la monarchie et attire à elle les projecteurs, qu'une personne brillante leur fasse de l'ombre, à lui et à Camilla. Il avait déjà connu ça, et il n'avait pas envie de le revivre.

Sur le moment, j'étais incapable de gérer tout cela. Je n'avais pas de temps à perdre en jalousies mesquines ou en intrigues de palais.

J'essayais toujours de trouver les mots pour parler à Grand-mère, et l'heure était venue.

Le Land Rover s'est arrêté. On est descendus et Papa nous a disposés le long d'une haie. On attendait que les oiseaux apparaissent. Le vent soufflait et j'avais la tête en vrac, mais quand la première battue a commencé, je me suis rendu compte que je tirais bien. Je suis entré dans une sorte de transe. Pouvoir penser à autre chose était peut-être un soulagement. Je préférais peut-être me focaliser sur le prochain tir plutôt que sur le carton que je m'apprêtais à faire. Je me suis contenté de pointer mon fusil, de presser la gâchette et de toucher chacune de mes cibles.

On s'est interrompus à l'heure du déjeuner. J'ai tenté plusieurs fois de prendre Grand-mère à part, mais sans succès. Tout le monde était autour d'elle à lui casser les oreilles. Alors j'ai attaqué le repas, attendant le moment opportun.

C'était un déjeuner classique pour une partie de chasse royale. On se réchauffait les pieds autour d'un feu tandis que les employés s'occupaient du moindre détail, les pommes de terre grillées, la viande juteuse, la soupe bien crémeuse. Puis des puddings, parfaits. Ensuite un peu de thé, un ou deux verres, puis retour aux oiseaux.

Pendant les deux dernières battues de la journée, je coulais en permanence des regards en douce vers Grand-mère, pour voir comment elle allait. De manière générale, elle avait l'air contente. Et très concentrée.

N'avait-elle vraiment aucune idée de ce qui se préparait ?

Après la dernière battue, les gens se sont éparpillés. Chacun a fini de récupérer ses prises et on a regagné les Land Rover. J'ai aperçu Grand-mère qui grimpait dans son petit Range Rover et se dirigeait vers le champ de chaume. Puis elle a commencé à chercher les oiseaux morts avec l'aide de ses chiens.

Ses gardes du corps ne l'avaient pas accompagnée, alors j'ai songé que c'était peut-être ma chance.

Je l'ai rejointe au milieu du champ pour lui donner un coup de main. Tout en examinant le sol, j'ai tenté de bavarder avec elle, histoire de la détendre un peu… et de m'assouplir les cordes vocales. Le vent soufflait de plus en plus fort, et Grand-mère avait l'air d'avoir froid aux joues malgré le foulard qu'elle avait fermement noué autour de sa tête.

Pour corser l'affaire, mon subconscient faisait des siennes. Il explosait. L'importance de tout ceci commençait à m'apparaître dans toute sa splendeur. Si Grand-mère refusait... allais-je devoir dire au revoir à Meg ? Je n'imaginais pas pouvoir me passer d'elle... mais je n'imaginais pas non plus désobéir ouvertement à Grand-mère. Ma reine, ma commandante en chef. Si elle ne me donnait pas son autorisation, ça allait me briser le cœur, et je chercherais bien sûr une nouvelle occasion de lui poser la question, mais les chances ne seraient pas en ma faveur. Grand-mère n'était pas vraiment réputée pour sa propension à changer d'avis. Alors ce moment était soit le début, soit la fin de ma vie. Tout dépendait des mots que j'allais choisir, de la façon que j'aurais de les dire et de comment Grand-mère les prendrait.

Si tout cela n'avait pas suffi à me lier la langue, j'avais aussi vu plein d'articles de presse, dont la source était le « Palais », selon lesquels ma famille n'était pas particulièrement, dirons-nous, *en phase* avec Meg. Ils n'aimaient pas son côté direct. Son éthique de travail affirmée les mettait plutôt mal à l'aise. Ils n'appréciaient pas les questions qu'elle posait de temps à autre. Ils prenaient sa curiosité saine et naturelle pour de l'impertinence.

Il y avait également des murmures à propos d'une gêne, vague mais omniprésente, au sujet de sa couleur de peau. Dans certains recoins, on avait exprimé des « préoccupations » quant au fait que la Grande-Bretagne n'était peut-être pas « prête ». Quoi que cela puisse vouloir dire. Toutes ces saloperies étaient-elles arrivées aux oreilles de Grand-mère ? Et dans ce cas, cette demande d'autorisation constituait-elle un vain exercice ?

Étais-je condamné à devenir la prochaine Margaret ?

Oh. Un stylo bille. Waouh.

J'ai repensé à tous les moments clés dans ma vie où une autorisation était requise. Autorisation de faire feu sur l'ennemi. Autorisation auprès de la Royal Foundation de créer les Invictus Games. J'ai repensé aux pilotes qui me demandaient l'autorisation de traverser mon espace aérien. Subitement, ma vie me semblait un interminable chapelet de demandes d'autorisation, qui étaient toutes un prélude à celle-ci, la seule qui comptait vraiment.

Grand-mère a commencé à se diriger vers son Range Rover. Je lui ai emboîté le pas, tandis que les chiens tournaient autour de mes pieds. En les regardant, mon esprit s'est mis à dériver. Ma mère avait l'habitude de dire qu'être à côté de Grand-mère et ses corgis, c'était comme se tenir sur un tapis qui bouge. Quant à moi, je connaissais les noms de chacun d'eux, mort ou vivant, comme s'ils étaient mes cousins : Dookie, Emma, Susan, Linnet, Pickles, Chipper, qui, d'après ce qu'on disait, descendaient tous de ceux de la reine Victoria, plus les choses changent, plus elles demeurent les mêmes... Mais ces chiens-là n'étaient pas des corgis, c'étaient des chiens de chasse, ils avaient un autre rôle à jouer, de même que j'avais un autre rôle à jouer, et je me suis rendu compte qu'il fallait que je me lance sans hésiter une seconde de plus. Alors quand Grand-mère a ouvert le hayon et que les chiens ont sauté à l'intérieur, j'ai songé à les caresser, mais je me suis souvenu que j'avais un oiseau mort dans chaque main, leur cou flasque coincé entre mes doigts, leurs yeux vitreux révulsés (j'ai de la peine pour vous, les oiseaux), leur corps encore chaud sous mes gants, alors je me suis tourné vers Grand-mère et j'ai vu qu'elle se tournait vers moi en fronçant les sourcils (se rendait-elle compte que j'avais peur ? À la fois de lui demander son autorisation et de Sa Majesté ? Se rendait-elle compte qu'en dépit de tout l'amour que je lui portais, j'avais toujours été nerveux en sa présence ?) et j'ai vu qu'elle attendait que je parle – et qu'elle s'impatientait.

Son visage disait : *Quand tu veux.*

Je me suis raclé la gorge. *Grand-mère, vous savez que j'aime beaucoup Meg, et j'ai décidé que j'aimerais lui demander de m'épouser, et l'on m'a indiqué, heu, que je suis obligé de vous demander la permission avant de la demander en mariage.*

Que tu es obligé ?

Hmm. Eh bien oui, c'est ce que vos collaborateurs me disent, et les miens aussi. Que je suis obligé de vous demander la permission.

Je suis resté totalement immobile, tout autant que les oiseaux dans mes mains. Je l'ai dévisagée, mais elle était impassible. Plusieurs éternités se sont écoulées. Puis elle a fini par répondre : *Eh bien, alors, je suppose que je suis obligée de dire oui.*

J'ai plissé les yeux : vous avez le sentiment que vous êtes *obligée* de dire oui ? Est-ce que ça signifie que vous dites oui ? Mais que vous voulez dire non ?

Je ne comprenais pas. Était-elle sarcastique ? Ironique ? Délibérément mystérieuse ? Faisait-elle un jeu de mots ? Je n'avais jamais vu Grand-mère en faire, et le moment était des plus bizarres (et des moins appropriés) pour s'y mettre. Peut-être avait-elle tiqué sur mon emploi malencontreux du mot « obligé », sans pouvoir résister à l'envie de jouer dessus ?

Ou peut-être y avait-il un sens caché derrière sa boutade, un message que je ne comprenais pas ?

Je suis resté planté là pendant ce qui m'a semblé plusieurs décennies, les yeux plissés, le sourire aux lèvres, à me demander ce que la Reine d'Angleterre essayait de me dire.

Finalement, ça m'a frappé : elle a dit oui, guignol ! Elle t'accorde son autorisation. Et peu importe la formulation, il faut savoir accepter un oui quand on l'entend.

Très bien. OK, Grand-mère ! ai-je bafouillé. *Super. Fabuleux. Merci ! Merci beaucoup.*

J'avais envie de l'embrasser.

J'avais désespérément envie de l'embrasser.

Je ne l'ai pas embrassée.

Je l'ai raccompagnée à la portière de son Range Rover, puis je me suis dirigé vers Papa et Willy.

34.

J'AI PRIS UNE BAGUE DANS LA BOÎTE À BIJOUX DE MEG et je l'ai confiée à un designer, afin qu'il sache quelle était sa taille.

Comme c'était lui qui conservait les bracelets, les boucles d'oreille et les colliers de Maman, je lui ai demandé de glaner les diamants d'un bracelet particulièrement beau lui ayant appartenu et de s'en servir pour créer une bague.

J'avais discuté de tout cela à l'avance avec Willy. J'avais demandé à mon frère si je pouvais récupérer le bracelet en lui précisant pourquoi. Je n'ai pas le souvenir qu'il ait hésité, pas même une seconde. Il avait l'air d'apprécier Meg, malgré les réticences que j'ai souvent évoquées. Kate semblait bien l'aimer aussi. On les avait invités à dîner au cours d'un des séjours de Meg, et celle-ci avait fait la cuisine. Tout était délicieux. Willy avait un rhume : il éternuait et toussait, alors Meg était montée chercher une de ses potions homéopathiques qui soignent tout. Huile d'origan et curcuma. Il avait l'air charmé, ému, même si Kate a lancé à la cantonade qu'elle ne prendrait jamais ce type de remède non conventionnel.

Ce soir-là, on a parlé de Wimbledon et de *Suits*. Willy et Kate n'ont pas eu le courage d'admettre qu'ils étaient de gros fans. J'ai trouvé ça touchant.

La seule note discordante qui m'est venue à l'esprit était la différence flagrante dans la façon de s'habiller de l'une et de l'autre, qu'elles semblaient avoir toutes deux remarquée.

Meg : jeans déchirés, pieds nus.

Kate : sur son trente-et-un.

Ce n'est pas très grave, ai-je pensé.

Outre les deux pierres tirées du bracelet, j'avais demandé au designer d'en ajouter une troisième – un diamant non taché de sang du Botswana.

Il m'a demandé si c'était urgent.

Eh bien... Maintenant que vous en parlez...

35.

MEG A FAIT SES CARTONS et lâché son rôle dans *Suits*. Au bout de sept saisons. Pour elle, ça a été un moment difficile, parce qu'elle adorait cette série, son personnage, les autres acteurs et l'équipe de tournage – et elle adorait le Canada. D'un autre côté, sa vie là-bas était devenue intenable. Surtout sur le plateau. Et les scénaristes de la série étaient contrariés, parce que le Palais les forçait souvent à modifier telle ou telle réplique, telle ou telle action de son personnage, et comment elle devrait le jouer.

Elle avait également fermé son site internet et quitté tous les réseaux sociaux, à chaque fois à l'initiative du Palais. Elle a dit au revoir à ses amis, à sa voiture, à l'un de ses chiens, Bogart, si traumatisé par le siège de sa maison et par le fait qu'on sonne sans discontinuer à la porte que son comportement avait changé en présence de Meg. Il était devenu un chien de garde agressif. Des voisins avaient généreusement accepté de l'adopter.

Mais Guy était du voyage. Pas mon ami, mais le second chien de Meg, son petit beagle amoché, qui l'était encore plus ces derniers temps. Bogart manquait à Guy, bien sûr, mais en outre, il était gravement blessé. Quelques jours avant que Meg quitte le Canada, Guy avait échappé à son gardien. (Meg était au travail.) On l'avait retrouvé à des kilomètres de la maison, incapable de marcher. À présent, ses pattes étaient plâtrées.

Je devais souvent le tenir debout pour qu'il puisse faire pipi.

Ça ne me dérangeait pas du tout. J'adorais ce chien. Je ne pouvais pas m'arrêter de l'embrasser et de le caresser. Oui, mes sentiments pour Meg s'étendaient à tout ce qu'elle aimait, mais j'avais envie d'un chien depuis si longtemps… et je n'avais jamais pu en avoir un à cause de ma vie de nomade. Un soir, peu après l'arrivée de Meg en Grande-Bretagne, on était à la maison, on préparait le dîner tout en jouant avec Guy, et la cuisine de Nott Cott était plus rempli d'amour que n'importe quelle pièce où je m'étais jamais trouvé.

J'ai ouvert une bouteille de champagne – un vieux, vieux cadeau que j'avais préservé pour une occasion spéciale.

Meg a souri. *C'est quoi, l'occasion ?*

Rien en particulier.

J'ai pris Guy dans mes bras, je l'ai emmené dehors dans le jardin entouré de murs et je l'ai installé sur une couverture que j'avais posée sur l'herbe. Puis j'ai couru à l'intérieur et j'ai demandé à Meg d'attraper sa flûte de champagne et de m'accompagner.

Que se passe-t-il ?

Rien.

Je l'ai conduite dans le jardin. La nuit était froide. On était tous deux emmitouflés dans des manteaux épais, et le sien avait une capuche avec un liseré en fausse fourrure qui encadrait son visage comme un médaillon en camée. J'avais accroché des loupiotes tout autour du jardin et disposé des bougies électriques le long des bords de la couverture. Je voulais que ça évoque le Botswana, le bush, l'endroit où j'avais pour la première fois songé à la demander en mariage.

Je me suis agenouillé, avec Guy à ma droite. On avait tous deux les yeux levés vers Meg.

Les miens étaient déjà pleins de larmes. J'ai tiré la bague de ma poche et j'ai prononcé mon discours. Je tremblais de froid, les battements de mon cœur étaient audibles et ma voix mal assurée, mais elle a saisi l'idée générale.

Passer ta vie avec moi ? Faire de moi l'homme le plus heureux du monde ?

Oui.

Oui ?

Oui !

J'ai éclaté de rire. Elle aussi. Quelle autre réaction aurions-nous pu avoir ? Dans ce monde sens dessus dessous, dans cette vie pleine de souffrance, on y était arrivés. On avait réussi à se trouver l'un l'autre.

Ensuite, on s'est mis à pleurer et à rire tout en caressant Guy, qui semblait pétrifié de froid.

On est retournés se réfugier à l'intérieur.

Oh, attends. Tu ne veux pas voir la bague, mon amour ?

Elle n'y avait même pas pensé. Elle s'en moquait.

On s'est précipités dans la cuisine pour finir de fêter ça au chaud.

C'était le 4 novembre.

On a réussi à garder le secret pendant environ deux semaines.

36.

Normalement, je serais d'abord allé trouver le père de Meg afin de lui demander sa bénédiction. Mais Thomas Markle était un homme compliqué.

Doria et lui avaient rompu quand Meg avait deux ans, et à partir de là, elle avait partagé son temps entre ses deux parents. Du lundi au vendredi avec maman, le week-end avec papa. Puis, pendant une partie de sa scolarité au lycée, elle avait emménagé à plein temps chez son père. Ils étaient très proches.

Après ses études universitaires, Meg avait voyagé, mais elle était toujours restée en contact avec Daddy, car aujourd'hui encore, la trentaine passée, elle continuait de l'appeler Daddy. Elle l'aimait, elle s'inquiétait pour lui – sa santé, ses addictions – et se reposait souvent sur lui. Tout au long de sa participation à *Suits*, elle l'a consulté chaque semaine à propos des éclairages. (Il avait été directeur photo à Hollywood, et avait gagné deux Emmy Awards.) Mais ces dernières années, il ne travaillait plus de façon régulière, et il avait plus ou moins disparu. Il louait une petite maison dans une ville frontalière mexicaine, et globalement, il n'allait pas très bien.

D'après Meg, pour de multiples raisons, son père était particulièrement incapable d'encaisser la pression psychologique qu'entraîne la presse lorsqu'elle vous harcèle, et c'était précisément ce qui lui arrivait maintenant. La chasse était ouverte depuis un moment déjà, et le gibier était quiconque connaissait Meg de près ou de loin, ses amies, ses anciens petits amis, ses cousins, même ceux qu'elle n'avait jamais rencontrés, ses employeurs ou collègues passés, mais quand je l'ai demandée en mariage, la presse s'est ruée avec frénésie sur... le Père. Il était considéré comme une prise de choix. Lorsque le *Daily Mirror* a publié son adresse, les paparazzis ont fait une descente chez lui, ils le narguaient, ils essayaient de le tenter ou de l'attirer dehors. Aucune chasse au renard, aucun combat d'ours n'a jamais atteint un tel degré de dépravation. Des inconnus lui proposaient de l'argent, des cadeaux, leur amitié. Comme rien de tout cela ne fonctionnait, ils ont loué la maison voisine et l'ont mitraillé jour et nuit par les fenêtres. La presse a prétendu qu'en conséquence, le père de Meg avait cloué des planches dessus.

Mais ce n'était pas vrai. Il clouait souvent des planches sur ses fenêtres, et c'était déjà le cas quand il habitait à Los Angeles, avant même que Meg ne sorte avec moi.

Un homme compliqué.

Ils se sont mis à le suivre dans ses déplacements, quand il allait faire ses courses ils marchaient derrière lui dans les allées des boutiques du coin. Ils publiaient des photos de lui avec la légende : ON L'A EU !

Meg l'appelait souvent pour lui enjoindre de rester calme. *Ne leur parle pas, Daddy. Ignore-les, ils finiront par s'en aller, à condition que tu ne réagisses pas. C'est ce que le Palais conseille de faire.*

37.

Pour nous deux, c'était difficile à gérer tout en se concentrant sur les mille et un détails de l'organisation d'un mariage royal. Bizarrement, le Palais avait également du mal à se concentrer.

On voulait se marier rapidement. Pourquoi laisser le temps aux journaux et aux paparazzis de commettre le pire ? Mais le Palais semblait incapable de choisir une date. Ou un lieu.

En attendant un décret venu d'en haut, des hautes sphères nébuleuses de la mécanique de décision royale, on s'est lancés dans le traditionnel « voyage de fiançailles ». Angleterre, Irlande, Écosse, Pays de Galles – on a traversé le Royaume-Uni de long en large pour présenter Meg au public.

Les foules étaient dingues d'elle. *Meg, Diana t'aurait adorée !* J'ai entendu des femmes crier cela maintes et maintes fois. Un contraste absolu avec le ton et la teneur des tabloïds, mais aussi un rappel : la presse, ce n'est pas la réalité.

À notre retour, j'ai passé un coup de fil à Willy pour le sonder et lui demander s'il avait une idée du lieu où l'on pourrait se marier.

Je lui ai dit qu'on avait songé à Westminster Abbey.

Pas bon. C'est là que nous nous sommes mariés.

Très bien. St. Paul ?

Trop grandiose. En outre, c'est là que Papa et Maman se sont mariés.

Hmm. Oui. Tu as raison.

Il a suggéré Tetbury.

J'ai grommelé. *Tetbury ? La chapelle près de Highgrove ? Sérieusement Willy ? Combien de personnes tiennent là-dedans ?*

Ce n'est pas ce que tu voulais ? Un petit mariage tranquille ?

En fait, on aurait voulu s'enfuir. Pieds nus, au Botswana, un ami pourrait célébrer la cérémonie… c'était notre rêve. Mais ce n'était pas à nous d'en décider. On attendait de nous que nous partagions ce moment avec d'autres personnes. Alors il fallait qu'on trouve un lieu avec suffisamment de place.

38.

JE ME SUIS ADRESSÉ AU PALAIS. Des avancées sur la date ? Le lieu ?

Non, ont-ils répondu.

Et que pensez-vous du mois de mars ?

Hélas, mars était déjà totalement pris.

Juin, alors ?

Désolé. La cérémonie de l'Ordre de la jarretière.
Ils ont fini par nous proposer une date : mai 2018.
Et ils ont accepté notre requête quant au lieu : la chapelle St. George.
Une fois ceci réglé, nous avons fait notre première apparition publique avec Willy et Kate.
Le forum de la Royal Foundation. Février 2018.
Nous étions tous les quatre sur scène tandis qu'une femme nous posait des questions conciliantes devant un auditoire assez important. La fondation approchait de son dixième anniversaire, et on évoquait son passé tout en se projetant dans l'avenir avec nous quatre à sa tête. Le public était enthousiaste, nous passions tous les quatre un bon moment et l'ambiance générale était très positive.
Par la suite, un journaliste nous a surnommés les Fab Four, comme les Beatles.
C'est parti, ai-je songé avec un peu d'espoir.
Quelques jours plus tard, une controverse a surgi. Quelque chose à propos du soutien de Meg à #metoo, par opposition à l'absence de soutien de Kate – une position déduite... des tenues qu'elles portaient ? Je pense que c'était l'idée générale, mais qui pourrait en être sûr ? C'était surtout surréaliste. Mais je crois que ça a rendu Kate nerveuse, et ça a attiré son attention (et celle de tout le monde) sur le fait qu'à partir de maintenant, on allait la *comparer* à Meg et la forcer à entrer en compétition avec elle.
Tout ceci s'est produit dans le sillage d'un petit incident qui avait eu lieu en coulisse. Meg avait demandé à Kate de lui prêter son rouge à lèvres. C'est très américain. Elle avait oublié le sien, et elle avait le sentiment que ce serait mieux qu'elle en mette un peu, alors elle s'était tournée vers Kate pour qu'elle la dépanne. Kate, interloquée, avait fouillé dans son sac à main pour en tirer, non sans réticence, un petit tube. Meg en avait appliqué un peu sur son doigt avant de le passer sur ses lèvres. Kate avait fait la grimace. Un petit choc des styles, peut-être ? Un incident dont nous aurions très bien pu rire peu après. Mais qui a laissé une petite trace. Et alors, quand la presse a senti qu'il y avait quelque chose, elle a essayé d'en faire un sujet plus important.
C'est parti, ai-je songé avec tristesse.

39.

Grand-mère a formellement approuvé la date du mariage au mois de mars 2018.

Par décret royal.

Entretemps, la famille que je formais avec Meg commençait déjà à s'agrandir. On avait un nouveau chiot – un petit frère pour Guy. Il en avait besoin, le pauvre. Alors quand un copain dans le Norfolk m'avait annoncé que son labrador noir avait eu une portée et qu'il m'avait proposé une magnifique femelle aux yeux couleur ambre, je n'avais pas pu refuser.

Meg et moi l'avons appelée Pula. Ce mot signifie « pluie » en tswana, une langue bantoue.

Et aussi « bonne fortune ».

Souvent, le matin, quand je me réveillais entouré d'êtres que j'aimais, qui m'aimaient et qui dépendaient de moi, je me disais que je n'avais tout simplement pas le droit d'avoir une telle chance. À part les défis d'ordre professionnel, c'était le bonheur. La vie se montrait bonne à mon égard.

Et apparemment, elle suivait un cours prédestiné. Par une étrange coïncidence, le décret à propos de notre mariage avait été promulgué en même temps que la diffusion de la dernière saison de Meg dans *Suits*, dans laquelle son personnage, Rachel, se préparait aussi à convoler. L'art et la vie qui s'imitaient l'un l'autre.

Je trouvais que les scénaristes de *Suits* avaient été sympas en faisant disparaître Meg de la série par un mariage plutôt qu'en la poussant dans une cage d'ascenseur. Il y avait suffisamment de gens qui tentaient de faire ça dans la vraie vie.

Néanmoins, ce printemps-là, la presse s'était un peu calmée. Elle était plus occupée à dénicher des scoops quant aux détails de la cérémonie qu'à inventer de nouvelles calomnies. Tous les jours, ils publiaient une « exclusivité mondiale » à propos des fleurs, de la musique, de la nourriture, du gâteau. Aucun détail n'était trop petit, pas même les toilettes autonomes. Ils ont écrit qu'on allait installer les toilettes autonomes les plus luxueuses du monde – avec des lavabos de porcelaine et des cuvettes plaquées or – en s'inspirant de celles du mariage de Pippa Middleton. En réalité, on n'avait rien remarqué de particulier à propos de la façon dont les gens faisaient pipi ou popo au mariage de Pippa, et on n'avait rien à voir dans le choix des toilettes autonomes pour le nôtre. Mais on espérait de tout cœur que chacun pourrait confortablement et paisiblement vaquer à ses petites affaires.

Cela dit, ce qu'on espérait par-dessus tout, c'est que les journalistes spécialisés dans la famille royale continueraient de pondre des articles sur le popo plutôt qu'essayer de le remuer.

Alors quand le Palais nous a encouragés à fournir davantage de détails à ces journalistes, communément désignés sous le nom de « pool royal », on a obéi. En revanche, j'ai avisé le Palais que le jour J, le jour le plus heureux de toute notre vie, je ne voulais pas voir un seul correspondant du pool royal dans la chapelle, à moins que Murdoch présente personnellement ses excuses pour ses écoutes téléphoniques.

Le Palais nous a ri au nez. Empêcher le pool royal d'assister à la cérémonie serait une déclaration de guerre, ont prévenu les officiels de la Cour. Une guerre à outrance.

Alors, partons en guerre.

J'en avais marre du pool royal, aussi bien des individus que du système, encore plus obsolète que les calèches attelées. Il avait été conçu une quarantaine d'années auparavant afin de donner à la presse écrite et audiovisuelle britannique un accès privilégié à la famille royale, et il puait abominablement. Il faisait obstacle à une concurrence loyale, engendrait le copinage et encourageait une petite bande de plumitifs à croire que tout leur était permis.

Après des semaines de polémiques, nous avons trouvé un accord : le pool royal ne serait pas admis à l'intérieur de la chapelle, mais il pourrait se tenir sur le parvis.

Une petite victoire, que j'ai dignement fêtée.

40.

COMME PAPA SOUHAITAIT NOUS AIDER à choisir la musique pour la cérémonie, un soir, il nous a invités à Clarence House pour dîner... et pour un concert.

Il avait apporté son enceinte Wi-Fi et on a commencé à écouter de la musique, des musiques merveilleuses, toute sorte de musiques. Il était tout à fait d'accord avec notre souhait de faire jouer un orchestre plutôt qu'un organiste, et il nous a fait écouter tout un assortiment d'orchestres pour nous mettre dans l'ambiance.

Au bout d'un certain temps, on est passés au classique, et il nous a parlé de son amour pour Beethoven.

Meg a mentionné les sentiments profonds que Chopin lui inspirait.

Elle l'avait toujours adoré, mais elle a expliqué qu'au Canada, elle en était devenue dépendante, parce que Chopin était la seule musique qui parvenait à apaiser Guy et Bogart.

Elle leur passait du Chopin jour et nuit.

Papa a souri avec compassion.

Dès qu'un morceau était terminé, il en mettait un autre, il fredonnait ou marquait le rythme du pied. Il était désinvolte, plein d'esprit, charmant, et je n'arrêtais pas de secouer la tête de stupéfaction. Je savais que Papa adorait la musique, mais je n'avais jamais compris à quel point.

Meg a fait surgir tant de choses, tant de qualités en lui que je ne connaissais pas. En sa présence, Papa rajeunissait. Je le voyais bien, comme je voyais les liens entre eux se renforcer, et ça renforçait aussi mes propres liens avec lui. Tant de gens traitaient Meg de façon sordide que j'avais le cœur comblé en constatant que mon père la traitait comme la princesse qu'elle allait bientôt – qu'elle était peut-être *destinée* à – devenir.

41.

Après tout le stress que j'avais subi à l'idée de demander à Grand-mère l'autorisation d'épouser Meg, je pensais que je n'aurais jamais le courage de lui demander quoi que ce soit d'autre.

Et pourtant, j'ai osé lui faire une nouvelle requête : *Grand-mère, s'il vous plaît, pourrais-je garder ma barbe pour mon mariage ?*

Ce n'était pas une mince affaire. Certains considéraient que la barbe était une violation flagrante du protocole et des normes ancestrales, d'autant que j'allais me marier en uniforme. Or, les barbes sont interdites dans l'armée britannique.

Mais je n'étais plus dans l'armée et je tenais désespérément à m'accrocher à ce qui était devenu un garde-fou efficace contre mes angoisses.

Illogique, mais vrai. Je m'étais laissé pousser la barbe pendant mon voyage au pôle Sud, et je l'avais gardée en rentrant. Cela m'a aidé, en conjonction avec la thérapie, la méditation et quelques autres choses, à atténuer mes angoisses. Je ne pourrais pas l'expliquer, même si j'ai trouvé des articles qui décrivent ce phénomène. C'était peut-être freudien – la barbe en tant que doudou. C'était peut-être jungien – la barbe en tant que masque. Quoi qu'il en soit, elle m'aidait à rester calme, et je souhaitais me sentir aussi calme que possible le jour de mon mariage.

En outre, ma future femme ne m'avait jamais vu sans elle. Elle l'adorait, elle aimait l'attraper pour m'attirer vers elle et m'embrasser. Je ne voulais pas qu'en remontant la travée de l'église, elle découvre un parfait inconnu.

J'ai expliqué tout ceci à Grand-mère, qui l'a très bien compris. En plus, son propre mari aimait bien se laisser pousser une barbe de trois jours de temps à autre. Oui, a-t-elle dit, tu peux garder ta barbe. Mais quand j'en ai parlé à mon frère, il s'est... hérissé ?

Ce n'est pas l'usage, m'a-t-il dit. L'armée, les règles, tout ça.

Je lui ai fait un petit cours d'histoire. J'ai évoqué les nombreux membres de la famille royale qui avaient porté la barbe et l'uniforme. Le roi Edward VII. Le roi George V. Le prince Albert. Plus récemment, le prince Michael de Kent.

Je l'ai invité à vérifier sur Google Images.

Pas la même chose, m'a-t-il rétorqué.

Quand je lui ai indiqué que son opinion n'avait pas vraiment d'importance, parce que j'avais déjà consulté Grand-mère et qu'elle m'avait donné le feu vert, il est devenu livide. Il a haussé la voix.

Tu es allé lui demander !

Oui.

Et qu'est-ce qu'elle a dit ?

Elle m'a dit de garder ma barbe.

Tu l'as mise dans une position inconfortable, Harold ! Elle n'avait pas le choix.

Pas le choix ? C'est la reine ! Si elle voulait que je me rase, je crois qu'elle me l'aurait dit. Elle n'a besoin de personne pour s'exprimer à sa place !

Mais Willy a toujours pensé que j'étais le chouchou de Grand-mère, qu'elle cédait devant moi alors qu'elle se montrait d'une terrible exigence avec lui. Parce que… l'Héritier, le Suppléant, etc. Ça l'irritait.

La polémique a continué, en tête à tête, au téléphone, pendant plus d'une semaine. Il ne voulait pas lâcher l'affaire.

À un moment donné, en tant qu'Héritier s'adressant à son Suppléant, il m'a carrément donné l'ordre de me raser.

Tu es sérieux ?

Je te le dis tout net, rase-la.

Pour l'amour de Dieu, Willy, pourquoi accordes-tu autant d'importance à ça ?

Parce qu'on ne m'a pas laissé garder la mienne.

Ah ! C'était donc ça. Quand il était rentré d'une mission avec les Forces spéciales, Willy arborait une belle barbe, et quelqu'un lui avait enjoint d'être un bon garçon et de se dépêcher d'aller la raser. Il détestait l'idée que je puisse profiter d'un avantage qui lui avait été refusé.

Je soupçonnais aussi que ça lui rappelait de mauvais souvenirs, puisqu'on ne l'avait pas laissé se marier dans l'uniforme de son choix.

Un peu plus tard, il a explicitement confirmé mes soupçons : au cours d'une de nos discussions sur ma pilosité, il s'est amèrement plaint du fait qu'on m'avait autorisé à porter la redingote des régiments de la Household Cavalry, qu'il aurait voulu mettre lors de *son* mariage.

Il devenait ridicule, et je le lui ai fait savoir. Mais il était de plus en plus en colère.

Finalement, je lui ai dit tout net que son frère barbu allait bientôt se marier, et qu'il pouvait se joindre à la fête ou non.

À lui de voir.

42.

Lorsque je suis arrivé à l'enterrement de ma vie de garçon, j'étais prêt à faire la fête. Prêt à rigoler, prendre du bon temps et me débarrasser de tout ce stress. Mais je craignais également que si j'allais trop loin, si j'étais trop ivre et que je tombais dans les pommes, Willy et ses copains m'attrapent et me rasent la barbe.

En fait, Willy m'a déclaré avec le plus grand sérieux *que c'était bien son plan.*

Alors, tout en m'amusant, je gardais en permanence mon frère à l'œil.

La fête avait lieu chez un ami, à la campagne, dans le Hampshire. Ni sur la Côte d'Azur, ni au Canada, ni en Afrique, comme cela avait été rapporté ici ou là.

Outre mon frère, quinze autres copains étaient présents.

Notre hôte avait disposé plusieurs joujoux pour garçon sur son court de tennis couvert :

Des gants de boxe géants.

Des arcs et des flèches, comme dans *Le Seigneur des anneaux.*

Un taureau mécanique.

On s'est peinturluré le visage et on a chahuté comme des imbéciles. On s'est bien marrés.

Au bout d'une heure ou deux, j'étais fatigué, et quand quelqu'un a crié que le déjeuner était prêt, ça m'a soulagé.

On est allés pique-niquer dans une grange très spacieuse, puis on a rejoint le stand de tir improvisé.

Armer jusqu'aux dents une bande de soûlards était une idée dangereuse, mais heureusement, personne n'a été blessé.

Quand tout le monde en a eu marre de tirer au fusil, ils m'ont déguisé en gigantesque poulet à plumes jaunes et envoyé vers les cibles pour me dégommer avec des fusées de feux d'artifice. Bon, en vrai, c'est moi qui leur ai proposé de le faire. *Celui qui s'approche le plus a gagné !* Je me suis remémoré ces week-ends d'autrefois dans le Norfolk, où l'on esquivait des fusées avec les enfants de Hugh et Emilie.

Je me suis demandé si Willy pensait à la même chose.

Comment avions-nous pu nous éloigner à ce point de la proximité que nous entretenions à l'époque ?

Mais était-ce vraiment le cas ?
Je me suis dit qu'il était peut-être *encore* possible de la retrouver.
À présent que j'allais me marier.

43.

DE VIVES DISCUSSIONS avaient animé les recoins du palais quant au fait que Meg puisse – ou doive – porter un voile. Impossible, affirmaient certains.

Pour une divorcée, le voile était hors de question.

Mais les hautes instances, de façon inattendue, se sont montrées flexibles sur ce point.

Puis la question du diadème est venue sur le tapis. Mes tantes ont proposé à Meg celui de ma mère. Ça nous a touchés tous les deux. Meg a passé des heures entières avec son couturier à faire en sorte que le voile s'adapte au diadème et qu'il épouse la même forme en coquille.

Peu avant la cérémonie, cependant, Grand-mère nous a contactés. Elle nous a proposé un libre accès à *sa* collection de diadèmes. Elle nous a même invités au palais de Buckingham pour que Meg puisse les essayer. *Venez,* nous a-t-elle dit. Je m'en souviens.

Une matinée extraordinaire. On est entrés dans le dressing privé de Grand-mère, juste à côté de sa chambre, un lieu où je n'étais jamais allé. Grand-mère était accompagnée d'un expert-joailler, un historien éminent qui connaissait le lignage de chacune des pierres de la collection royale. Angela, l'habilleuse et la confidente de Grand-mère, était également présente. Cinq diadèmes étaient disposés sur une table, et Grand-mère a suggéré à Meg de les essayer tous et d'aller se regarder dans le miroir en pied. J'observais la scène, quelques pas en arrière.

L'un était serti d'émeraudes. Un autre d'aigues-marines. Ils étaient tous plus vertigineux les uns que les autres. J'en avais le souffle coupé.

Je n'étais pas le seul. Grand-mère a tendrement dit à Meg : *Les diadèmes vous vont bien.*

Meg a fondu. *Merci, Ma'am.*

Néanmoins, il y en avait un qui ressortait entre tous. Tout le monde était d'accord. Il était magnifique, comme s'il avait été spécialement conçu pour Meg. Grand-mère a déclaré qu'on allait le placer directement dans un coffre, et qu'elle avait hâte de le voir sur la tête de Meg quand le grand jour viendrait.

Veillez bien à vous entraîner à le porter, a ajouté Grand-mère. *Avec votre coiffeur. C'est compliqué, et il ne serait pas très avisé de le faire pour la première fois le jour de la cérémonie.*

En repartant, on était stupéfaits, reconnaissants ; on se sentait aimés.

Une semaine plus tard, on a contacté Angela pour la prier de nous envoyer le diadème qu'on avait choisi afin que Meg puisse s'entraîner à le coiffer. On avait effectué des recherches, on avait demandé à Kate de nous faire part de son expérience sur la question, et on s'était rendu compte que le conseil de Grand-mère était précieux. Mettre un diadème, c'est un processus complexe, très élaboré. Il faudrait tout d'abord le coudre au voile, puis le coiffeur de Meg aurait à le fixer à une petite tresse dans sa chevelure. C'était compliqué et chronophage – il était nécessaire de prévoir au moins une répétition.

Cependant, pour une raison ou pour une autre, Angela ne répondait pas à nos messages.

On a insisté.

Toujours pas de réponse.

Quand on a fini par la joindre, elle a déclaré que faire sortir le diadème du palais exigeait qu'on ait recours à un officier d'ordonnance et à une escorte policière.

Ça paraissait... beaucoup. Mais d'accord, ai-je répondu, si le protocole l'exige, trouvons un officier d'ordonnance, un policier, et avançons. Le temps commençait à manquer.

Inexplicablement, elle a rétorqué : *C'est impossible.*

Pourquoi ?

Elle était trop occupée.

Manifestement, elle faisait obstruction, mais pour quelle raison ? On n'arrivait même pas à l'imaginer. J'ai envisagé d'aller trouver Grand-mère, mais cela aurait sans doute déclenché une confrontation majeure, et je n'étais pas bien sûr de savoir de quel côté Grand-mère pencherait.

En outre, dans mon esprit, Angela était quelqu'un de tracassier, et je n'avais vraiment pas besoin de m'en faire une ennemie.

Et par-dessus tout, *elle était encore en possession de ce diadème.* Elle avait toutes les cartes en main.

44.

LA PRESSE AVAIT BEAU LAISSER MEG plus ou moins tranquille et se concentrer principalement sur les détails du mariage, le mal était déjà fait. Au bout de dix-huit mois, leur dénigrement incessant avait mis sur les nerfs tous les trolls, lesquels sortaient maintenant de leurs caves et de leurs repaires. Depuis qu'on avait reconnu être en couple, on avait été submergés de moqueries racistes et de menaces de mort sur les réseaux sociaux. (*On se reverra, traître à ta race !*) Mais à présent, le seuil d'alerte officiel, un indicateur dont la sécurité du Palais se servait pour allouer son personnel et ses armes, avait atteint des niveaux vertigineux. Au cours de conversations avec la police en amont de la cérémonie, on avait appris qu'on était devenu *la* cible principale des terroristes et des extrémistes. Je me suis souvenu de la fois où le général Dannatt avait décrété que j'étais un aimant à balles, et que quiconque se tenait près de moi n'était pas en sécurité. Eh bien, j'en étais de nouveau un, mais la personne qui allait se trouver à mes côtés était celle que j'aimais le plus au monde.

Certains articles ont avancé que le Palais avait décidé de former Meg aux techniques de guérilla et aux tactiques de survie, au cas où elle ferait l'objet d'une tentative d'enlèvement. Un best-seller a même décrit la fois où les Forces spéciales sont venues chez nous et ont emmené Meg pour la soumettre à plusieurs jours d'exercices intenses, la poussant sur des banquettes arrière ou dans des coffres de voiture, et se ruant d'une planque à l'autre – ce qui n'est qu'un ramassis de sottises. Meg n'a pas bénéficié d'une seule minute d'entraînement. Bien au contraire, le Palais a suggéré l'idée de ne plus lui fournir de protection du tout, parce que j'étais à présent sixième dans l'ordre de succession. J'aurais vraiment aimé qu'il n'y ait ne serait-ce qu'une parcelle de vérité dans ces articles sur les Forces spéciales ! Et je mourais d'envie de passer un coup de fil à mes anciens potes de cette unité, afin qu'ils viennent former Meg et remettre à jour mon propre entraînement. Ou, mieux encore, qu'ils mettent la main à la pâte et se chargent de notre protection. Et tant qu'on y était, j'aurais aimé pouvoir les envoyer au palais récupérer ce diadème.

Angela ne nous l'avait toujours pas livré.

Le coiffeur de Meg était arrivé de France pour la répétition, mais le diadème n'étant pas là, il était reparti.

On a encore téléphoné à Angela. En vain, encore une fois.

Finalement, elle s'est présentée de but en blanc au palais de Kensington. Je l'ai retrouvée dans la salle d'audience.

Elle m'a glissé un reçu, que j'ai signé, puis elle m'a tendu le diadème.

Je l'ai remerciée, mais j'ai ajouté que ça nous aurait simplifié la vie de l'avoir plus tôt.

Ses yeux balançaient des éclairs. Elle m'est tombée dessus.

Angela, vous voulez vraiment qu'on fasse ça maintenant ? Vraiment ? Maintenant ?

Elle m'a lancé un regard qui m'a donné le frisson. Je lisais une menace sur son visage.

Ce n'est que partie remise.

45.

MEG AVAIT PASSÉ DES MOIS À ESSAYER D'APAISER SON PÈRE. Il y avait toujours telle ou telle chose qu'il avait lue à son sujet dans un article, tel ou tel propos méprisant qu'il avait pris à cœur. Il était constamment blessé dans son amour-propre. Pas un jour ne passait sans qu'un journal publie une nouvelle photo humiliante. Thomas Markle en train d'acheter des toilettes. Thomas Markle en train d'acheter un pack de bières. Thomas Markle avec le ventre qui dépasse de sa ceinture.

On comprenait. Meg lui a dit qu'on savait ce qu'il ressentait. La presse et les paparazzis étaient horribles. Impossible de faire totalement abstraction de ce qu'ils écrivaient, elle l'admettait volontiers. Mais elle le suppliait d'essayer de les ignorer *physiquement*. D'ignorer quiconque l'approchait. Méfie-toi de quiconque prétendant être ton meilleur ami. Il semblait l'écouter. Il avait l'air d'aller mieux, mentalement.

Mais le samedi précédant la cérémonie, Jason nous a appelés. *On a un problème.*

Quoi ?

Le Mail on Sunday *va publier un papier affirmant que le père de Meg a collaboré avec les paparazzis et que, pour de l'argent, il a posé pour quelques photos « prises sur le vif ».*

On a immédiatement passé un coup de fil à Thomas Markle pour le prévenir de ce qui se préparait. On lui a demandé si c'était vrai. S'il avait fait des photos pour de l'argent.

Non.

Meg lui a dit : *On sera peut-être en mesure de tuer dans l'œuf cet article, Daddy, mais si tu nous mens, nous ne pourrons plus jamais empêcher la publication d'un article mensonger sur nous ou nos enfants. Par conséquent, c'est très sérieux. Tu dois nous dire la vérité.*

Il a juré qu'il n'avait jamais posé pour des photos, qu'il n'avait pas pris part à une telle comédie et qu'il ne connaissait pas le paparazzi en question.

Je le crois, m'a dit Meg.

Dans ce cas, quitte le Mexique immédiatement, lui avons-nous enjoint : le harcèlement dont tu fais l'objet va prendre une toute nouvelle dimension, alors viens en Grande-Bretagne. Tout de suite. On va te trouver un appartement où tu pourras te cacher et être en sécurité jusqu'à ce que tu prennes ton vol.

Air New Zealand, en première classe, réservé et payé par Meg.

On a proposé de lui envoyer immédiatement une voiture et des forces de sécurité privées pour le chercher.

Il a déclaré qu'il avait des choses à faire.

Le visage de Meg a changé. Il y avait quelque chose de louche.

Elle s'est tournée vers moi en soupirant : *Il ment.*

L'article est sorti le lendemain matin et c'était pire que ce qu'on craignait. Il y avait une vidéo du père de Meg en compagnie du paparazzi dans un café Internet. Et une série de photos mises en scène de façon grotesque, dont une où on le voyait en train de lire un livre sur la Grande-Bretagne comme s'il étudiait le pays avant le mariage. Ces clichés, qui d'après ce qu'on disait valaient cent mille livres, semblaient prouver sans conteste que le père de Meg nous avait menti. Il avait pris part à cette mascarade, peut-être pour se faire de l'argent, ou parce qu'ils avaient un moyen de pression sur lui. On n'en savait rien.

« Le père de Meg Markle est un arnaqueur ! Il a mis en scène des photos pour de l'argent ! »

À une semaine de la cérémonie, c'était *le* scoop.

Ces clichés dataient de quelques semaines, mais la presse les avait gardés en réserve pour les sortir au moment le plus dévastateur.

Peu après la publication, Thomas Markle nous a envoyé un texto :

J'ai tellement honte.

On l'a appelé.

On lui a envoyé des textos.

On l'a encore appelé.

On n'est pas en colère, décroche, s'il te plaît.

Il n'a pas répondu.

Puis, en même temps que le reste du monde, nous avons appris qu'il avait été victime d'une crise cardiaque et qu'il n'assisterait pas à la cérémonie.

46.

L<small>E LENDEMAIN, M<small>EG</small> A REÇU UN TEXTO DE K<small>ATE</small>.</small> Il y avait un problème avec les robes des demoiselles d'honneur, apparemment. Elles avaient besoin de retouches. Ces robes avaient été dessinées par un couturier français, elles avaient été confectionnées à la main à partir de simples mesures, alors le fait qu'elles nécessitent quelques légers ajustements n'avait rien de bien choquant.

Meg ne lui a pas répondu tout de suite. Elle recevait un flot ininterrompu de textos en rapport avec le mariage, mais elle gérait surtout le chaos autour de son père. Le lendemain, elle lui a renvoyé un texto en précisant qu'un tailleur était au palais, prêt à intervenir. Il s'appelait Ajay.

Ça n'était pas suffisant.

Elles ont convenu de se parler dans l'après-midi.

La robe de Charlotte est trop grande, trop longue, trop bouffante. Elle a pleuré quand elle l'a essayée à la maison, a-t-elle lancé.

D'accord, et je t'ai dit que le tailleur attend depuis ce matin huit heures. Ici. À KP. Pourrais-tu, comme les autres mamans, emmener Charlotte pour les retouches ?

Non. Il faut refaire toutes les robes.

Son propre couturier était du même avis, avait ajouté Kate.

Meg lui a demandé si elle se rendait compte de l'épreuve qu'elle traversait en ce moment. Avec son père.

Kate a rétorqué qu'elle en avait conscience, mais les robes ! *Et le mariage est dans quatre jours !*

Oui, Kate. je sais...

Et Kate avait d'autres problèmes avec la façon dont Meg organisait le mariage. Qu'en était-il de la fête des garçons d'honneur ?

Les garçons d'honneur ? La moitié des enfants invités viennent d'Amérique du Nord. Ils ne sont même pas encore arrivés.

Elles ont continué à échanger des amabilités.

Je ne vois pas ce que je pourrais dire d'autre. Si la robe n'est pas à la taille de Charlotte, emmène-la voir Ajay, s'il te plaît. Il a passé la journée à attendre.

Très bien.

Peu après, je suis rentré à la maison et j'ai trouvé Meg par terre. Elle sanglotait.

J'étais horrifié de la voir dans un tel état, mais je ne pensais pas que c'était une catastrophe. À l'évidence, tout le monde était tendu avec le stress de la dernière semaine, du dernier mois, du dernier jour. C'était intolérable – mais temporaire. Kate ne lui voulait aucun mal, lui ai-je dit.

Et effectivement, le lendemain matin, Kate s'est présentée avec un bouquet de fleurs et un petit mot disant qu'elle était désolée. Lindsay, la meilleure amie de Meg, était dans la cuisine quand elle est arrivée.

Un simple malentendu, me suis-je dit.

47.

La veille du mariage, je suis descendu au Coworth Park Hotel. Un cottage privé. Plusieurs copains étaient avec moi, et on a bu quelques coups. L'un d'eux m'a fait remarquer que j'avais l'air un peu distrait.

Oui, eh bien... Il s'est passé pas mal de choses ces derniers temps.
Je ne souhaitais pas m'étendre. L'histoire avec le père de Meg, la prise de bec avec Kate, la préoccupation constante que quelqu'un dans la foule fasse une folie – il valait mieux ne pas en parler.

Quelqu'un s'est enquis de mon frère. Où est Willy ?
J'ai à nouveau donné une non-réponse. Encore un sujet délicat.
Il était censé passer la soirée avec nous. Mais, à l'instar du père de Meg, il avait annulé à la dernière minute.

Il m'avait prévenu juste avant d'aller prendre le thé avec Grand-mère : Je ne peux pas venir, Harold. Kate et les enfants, tu sais...

Je lui ai rappelé que c'était la tradition entre nous, qu'on avait dîné ensemble la veille de son mariage, qu'on était allés ensemble saluer la foule.

Il a tenu bon. *Je ne peux pas.*
J'ai insisté. *Pourquoi te comportes-tu comme ça, Willy ? J'ai passé toute la nuit avec toi la veille de ton mariage. Pourquoi fais-tu ça ?*

Je me suis demandé ce qui se passait vraiment. Était-il fâché de ne pas être mon témoin ? M'en voulait-il parce que j'avais prié mon vieux pote Charlie de l'être ? (Le Palais avait annoncé que Willy serait mon témoin, comme ils l'avaient fait à mon propos lorsqu'il avait épousé Kate.) Était-ce en rapport avec ça ?

Ou bien était-ce une conséquence de la polémique autour de ma barbe ?

Ou était-il en colère à cause de l'altercation entre Kate et Meg ?
Il ne laissait rien transparaître. Il se contentait de dire non. Et de me demander pourquoi j'y accordais une telle importance.

Quoi qu'il en soit, pourquoi vas-tu saluer la foule, Harold ?
Parce que le service de presse m'a enjoint de le faire. Comme lors de ton mariage.
Tu n'as pas à les écouter.
Et depuis quand, putain ?

Ça me rendait malade. J'avais toujours cru que malgré nos problèmes, le lien qui nous unissait était fort. Je pensais que notre fraternité prendrait toujours le pas sur une histoire de robe de demoiselle d'honneur ou de barbe. Il fallait croire que non.

Puis, juste après son thé avec Grand-mère, vers dix-huit heures, il m'a envoyé un texto. Il avait changé d'avis. Il allait venir.

Grand-mère était-elle intervenue ?

Peu importait. Je l'ai remercié du fond du cœur, et avec joie.

Quelques instants plus tard, on s'est retrouvés dehors et on est montés dans une voiture qui nous a emmenés jusqu'à King Edward Gate. On est sortis, on s'est promenés au milieu de la foule en remerciant les gens de leur présence.

Ils nous souhaitaient bonne chance et nous envoyaient des baisers.

Puis on leur a dit au revoir de la main et on est remontés dans la voiture.

Quand on a démarré, je lui ai demandé de rester dîner avec moi. J'ai même évoqué le fait qu'il passe la nuit en ma compagnie, comme je l'avais fait lors de son propre mariage.

Il serait bien passé dîner, a-t-il répondu, mais il n'était pas en mesure de rester.

Allez, Willy, s'il te plaît.

Désolé, Harold. Je ne peux pas. Les enfants.

48.

DEBOUT DEVANT L'AUTEL, je lissais le pan de la veste de mon uniforme du régiment de la Household Cavalry en contemplant Meg qui semblait flotter vers moi. J'avais travaillé dur à choisir la meilleure musique pour accompagner sa procession, et j'avais finalement opté pour *Source éternelle de lumière divine*, de Händel.

À présent, tandis que la voix de la soliste résonnait au-dessus de nos têtes, le choix m'a paru bon.

Mais j'étais étonné que la musique couvre le son de mon cœur, tellement il battait fort quand Meg s'est avancée et m'a donné la main. Le présent s'est dissous, le passé est revenu en force. Nos premiers messages timides sur Instagram. Notre premier rendez-vous au Soho House. Notre premier séjour au Botswana.

L'excitation de nos premiers échanges après que mon téléphone tombe dans la rivière. Notre premier poulet rôti. Les vols d'une rive à l'autre de l'Atlantique. La première fois que je lui ai dit : Je t'aime. Que je l'ai entendue me le dire à son tour. Guy et ses attelles. Steve, le cygne grincheux. Le combat brutal pour la mettre à l'abri de la presse. Et à présent nous étions là, sur la ligne d'arrivée. La ligne de départ.

Au cours des derniers mois, pas grand-chose n'avait fonctionné comme prévu. Mais je me suis rappelé que notre plan n'avait rien à voir avec tout ça. Notre plan, c'était ce qui se passait maintenant. Notre amour.

J'ai jeté un coup d'œil à Papa, qui avait donné le bras à Meg pour remonter la dernière partie de la travée. Il n'était pas son père, mais elle n'en avait pas moins une relation particulière avec lui, et elle était émue. Ça ne rattrapait pas le comportement de son propre père ni comment la presse l'avait utilisé, mais ça aidait beaucoup.

Tante Jane s'est levée et a lu le Cantique des cantiques en l'honneur de Maman. Meg et moi l'avions choisi ensemble.

Lève-toi, mon amie, ma belle, et viens...
Mets-moi comme un sceau sur ton cœur, comme un sceau sur ton bras ;
Car l'amour est fort comme la mort, la passion inflexible comme le séjour des morts...

Fort comme la mort. Inflexible comme le séjour des morts. Oui, ai-je pensé. Oui.

Quand l'archevêque nous a tendu les anneaux, ses mains tremblaient. J'avais oublié, mais lui, à l'évidence, non : douze caméras étaient braquées sur nous, deux milliards de personnes contemplaient la scène sur leur télévision, des photographes emplissaient les galeries et une foule immense nous acclamait et faisait la fête à l'extérieur.

Nous avons échangé les bagues. Celle de Meg avait été forgée dans le même bloc d'or gallois que celle de Kate.

Grand-mère m'avait dit qu'il n'en restait presque plus.

La dernière pépite d'or. C'est exactement ce qu'était Meg pour moi.

L'archevêque est arrivé au terme de la partie officielle, puis il a prononcé les quelques mots qui ont fait de nous le duc et la duchesse de Sussex, des titres décernés par Grand-mère, et il nous a unis jusqu'à ce que la mort nous sépare, même s'il l'avait déjà fait quelques jours auparavant, dans notre jardin, lors d'une petite cérémonie où nous n'étions que tous les deux, avec Guy et Pula pour seuls témoins. C'était officieux, sans engagement excepté dans nos cœurs. Nous éprouvions de la reconnaissance envers chaque personne présente à St. George et à l'extérieur, pour chacun de ceux qui nous regardaient à la télévision, mais notre amour était né dans l'intimité, et nous avions beaucoup souffert quand il était devenu public, alors nous souhaitions que la première consécration de notre amour, nos premiers vœux, naissent dans l'intimité, eux aussi. La cérémonie officielle avait beau être magique, nous avions tous deux développé une légère phobie... des foules.

Pour souligner ce sentiment, la première chose que nous avons vue en sortant sur le parvis, au-delà de la mer de visages souriants, c'étaient des snipers. Sur les toits, entre les fanions, derrière les cascades de banderoles. La police m'avait indiqué que c'était inhabituel, mais nécessaire.

En raison du nombre sans précédent de menaces qu'ils avaient détectées.

49.

Notre lune de miel était un secret bien gardé. On a quitté Londres dans un véhicule maquillé en van de déménagement dont les fenêtres avaient été obturées avec des cartons, et on est partis en Méditerranée pendant dix jours. C'était splendide d'être loin, à la mer et au soleil. Même si on était malades. La période précédant le mariage nous avait épuisés.

On est rentrés juste à temps pour la célébration officielle de l'anniversaire de Grand-mère, en juin. Le Salut aux couleurs : l'une de nos premières apparitions en public en tant que jeunes mariés. Toutes les personnes présentes étaient de bonne humeur et enjouées. Quand soudain :

Kate a demandé à Meg ce qu'elle pensait de son premier Salut aux couleurs.

Et Meg a lancé une boutade : C'est coloré.

Un silence béant a failli tous nous engloutir.

Quelques jours plus tard, Meg a effectué son premier déplacement royal avec Grand-mère. Elle était nerveuse, mais elles se sont entendues à merveille. Elles se sont rapprochées autour de leur amour commun pour les chiens, et Meg faisait tout ce qu'elle pouvait pour être facile à vivre.

En rentrant, elle était rayonnante. *On a sympathisé*, m'a-t-elle dit. *La reine et moi avons vraiment sympathisé ! On a discuté de l'énorme envie que j'ai d'être maman, et elle m'a dit que le meilleur moyen de déclencher un accouchement, c'était un petit tour en voiture sur une route cahoteuse ! Je lui ai répondu que je m'en souviendrais le moment venu.*

Maintenant, les choses vont changer, a-t-on estimé tous les deux.

Les journaux, cependant, avaient décrété que ce déplacement avait été un désastre total. Ils donnaient de Meg l'image d'une personne autoritaire, imbue d'elle-même et ignorant tout du protocole, parce qu'elle avait commis l'impardonnable erreur de monter dans une voiture avant Grand-mère.

En réalité, elle avait fait exactement ce que Grand-mère lui avait demandé de faire. Grand-mère avait dit : montez. Et elle était montée.

Peu importait. Pendant des jours, il y a eu des articles sur l'infraction de Meg au protocole, son manque total de classe – sur le fait qu'elle avait osé ne pas porter de chapeau en présence de Grand-mère. Sauf que le Palais lui avait clairement demandé de ne pas le faire. Grand-mère avait choisi une tenue de couleur verte pour honorer la mémoire des victimes de la tour Grenfell, mais personne au Palais n'avait recommandé à Meg de porter du vert – la presse en avait conclu que Meg se moquait totalement des victimes.

Je lui ai dit : *Le Palais va passer un coup de fil. Ils vont rétablir la vérité.*

Ils ne l'ont pas fait.

50.

WILLY ET KATE NOUS ONT INVITÉS À PRENDRE LE THÉ. Pour détendre l'atmosphère.
Juin 2018.

Un jour, en fin d'après-midi, on s'est rendus chez eux à pied. J'ai vu Meg écarquiller les yeux dès qu'on a franchi leur seuil et qu'on est passés devant leur salon puis dans leur bureau, au bout d'un couloir.

Waouh ! s'est-elle exclamée plusieurs fois.

Le papier peint, les moulures, la bibliothèque de noyer aux étagères remplies de livres classés par couleurs, les tableaux inestimables. Magnifique. Comme un musée. Et c'est ce qu'on leur a dit tous les deux. On les a chaudement félicités pour leur rénovation, légèrement penauds en songeant à nos lampes Ikea et au canapé discount acheté en solde sur sofa.com avec la carte de crédit de Meg.

Une fois dans le bureau, je me suis assis avec Meg dans une causeuse à une extrémité de la pièce. Kate était à l'autre bout sur un garde-feu festonné de cuir, dos à la cheminée, et Willy à sa droite, dans un fauteuil. Il y avait un chariot avec du thé et des biscuits. Pendant dix minutes, on a échangé les menus propos habituels. *Comment vont les enfants ? Comment s'est passée votre lune de miel ?*

C'est alors que Meg a mentionné la tension entre nous quatre en avançant l'hypothèse qu'elle remontait peut-être aux premiers temps de sa présence dans la famille – un malentendu qui s'était produit presque sans qu'on le remarque. Kate avait cru que Meg voulait profiter de ses contacts dans la mode. Mais Meg avait les siens. Peut-être n'étaient-elles pas parties du bon pied ? Puis, a-t-elle ajouté, tout a été amplifié par le mariage et ces infernales robes des demoiselles d'honneur.

Mais il s'est avéré qu'ils avaient d'autres griefs… dont nous n'avions pas conscience.

Kate et Willy étaient offusqués, car nous ne leur avions pas fait de cadeaux pour Pâques.

Des cadeaux pour Pâques ? Mais d'où ? Willy et moi ne nous étions jamais offert quoique ce soit pour Pâques. Papa en faisait tout une histoire depuis toujours, mais c'était Papa.

Néanmoins, s'ils étaient en colère, on les priait de nous excuser.

De notre côté, on a indiqué qu'on n'avait pas trop apprécié qu'ils intervertissent leurs cartons et modifient le plan de table lors de notre mariage. On avait suivi la tradition américaine, selon laquelle les deux membres d'un couple sont placés l'un à côté de l'autre, mais Kate et Willy n'aimaient pas cette tradition, alors leur table était la seule où les couples étaient séparés.

Ils ont affirmé avec insistance qu'ils n'y étaient pour rien, que c'était l'oeuvre de quelqu'un d'autre.

Et ils ont dit qu'on avait fait pareil au mariage de Pippa.

C'était faux. On aurait bien voulu. Il y avait un énorme bouquet entre Meg et moi, et on avait beau avoir eu désespérément envie de s'asseoir l'un à côté de l'autre, on était restés bien sagement à nos places.

J'avais le sentiment que toutes ces jérémiades ne nous faisaient aucun bien. Ça ne nous menait nulle part.

Kate a tourné la tête vers le jardin en agrippant si fort le rebord de cuir que ses doigts étaient tout blancs. Elle a déclaré qu'on lui devait des excuses.

Pour quoi ? a demandé Meg.

Tu t'es montrée blessante, Meghan.

Quand ? Dis-le-moi, s'il te plaît.

Je t'ai dit que je ne me souvenais pas de quelque chose, et tu m'as répondu que c'étaient mes hormones.

Qu'est-ce que tu racontes ?

Kate a mentionné un coup de fil au cours duquel elles avaient discuté de l'horaire des répétitions pour le mariage.

Oh ! Oui ! Je m'en souviens ! s'est exclamée Meg. *Je t'ai dit que tu avais un bébé dans le cerveau. Parce que tu venais d'avoir un bébé. Les hormones.*

Kate a écarquillé les yeux : *Oui. Tu m'as parlé de mes hormones. On n'est pas assez proches pour que tu me parles de mes hormones !*

Meg a aussi écarquillé les yeux. *Je suis désolée d'avoir mentionné tes hormones. C'est simplement la façon dont je parle à mes copines.*

Willy a pointé le doigt vers Meg. *C'est malpoli, Meg. Ici, en Grande-Bretagne, ça ne se fait pas.*

Arrête de pointer ton doigt sur moi, s'il te plaît.

Je n'en croyais pas mes yeux. En était-on vraiment arrivés là ? À se crier dessus à propos d'un plan de table ou des hormones ?

Meg a déclaré qu'elle n'avait jamais voulu faire de mal à personne et que si ça se reproduisait, elle aimerait bien que Kate se contente de la prévenir.

On s'est tous embrassés. Plus ou moins.

Puis j'ai dit qu'on ferait peut-être mieux d'y aller.

51.

Nos collaborateurs ressentaient ces frictions et lisaient la presse, ce qui générait fréquemment des petites disputes dans les bureaux. Les gens prenaient parti. L'équipe Cambridge contre l'équipe Sussex. Rivalités, jalousie, calendriers en concurrence – tout cela empoisonnait l'atmosphère.

Pour ne rien arranger, tout le monde travaillait du matin au soir. On recevait tellement de demandes de la presse, il y avait en permanence un tel chapelet de petites erreurs à corriger que nos maigres ressources en personnel et en matériel n'y suffisaient pas. Au mieux, on parvenait à gérer dix pour cent des sollicitations. Tout le monde était tendu, les gens s'en prenaient les uns aux autres et, dans un tel climat, les critiques constructives étaient impossibles. La plus petite remarque était perçue comme un affront, une insulte.

Plus d'une fois, un de nos collaborateurs s'est effondré sur son bureau en pleurant.

Willy tenait une seule personne pour responsable de cette situation, du moindre dysfonctionnement. Meg. Il me l'a dit à plusieurs reprises, et il s'est mis en colère quand je lui ai répondu qu'il dépassait les bornes. Il ne faisait que reprendre ce que racontait la presse et répéter en boucle les calomnies qu'il avait lues ou dont on lui avait parlé. Le comble de l'ironie, ai-je ajouté, c'était que les véritables scélérats étaient les personnes qu'il avait fait venir dans les bureaux, des types du gouvernement qui ne semblaient pas insensibles à ce genre de conflit – ils y étaient même plutôt accros. Ils avaient le chic pour vous poignarder dans le dos, un grand talent pour l'intrigue, et étaient constamment en train de dresser nos collaborateurs respectifs les uns contre les autres.

Pendant ce temps, au milieu de tout ça, Meg parvenait à rester calme. Malgré ce que certains prétendaient, je ne l'ai jamais entendue dire quelque chose de négatif à propos de quiconque ni à qui que ce soit. Au contraire, je l'ai vue redoubler d'efforts pour aller vers les autres, pour faire la paix. Elle écrivait elle-même des mots de remerciement, elle appelait les membres de l'équipe quand ils étaient souffrants et faisait livrer des fleurs ou des bonbons à ceux qui ne se sentaient pas bien, qui étaient déprimés ou en arrêt maladie. Comme les bureaux étaient sombres et pas très bien chauffés, elle a acheté des lampes et des radiateurs d'appoint qu'elle a payés avec sa propre carte de crédit. Elle apportait des pizzas et des petits gâteaux, organisait des thés et des goûters. Elle répartissait entre nos collaboratrices tous les cadeaux qu'elle recevait, vêtements, parfums ou maquillage.

J'étais admiratif devant le talent – ou la détermination – qui lui permettait de toujours voir le bon côté des gens. Un jour, j'ai vraiment eu la preuve que son cœur était immense. M. R., mon voisin du dessus à l'époque où je logeais dans le terrier de blaireau, avait été victime d'un événement tragique. Son fils adulte était décédé.

Meg ne connaissait pas M. R., pas plus que son fils, mais elle savait qu'ils avaient été mes voisins et elle les avait souvent vus promener leurs chiens. Alors, comme elle avait énormément de chagrin pour eux, elle lui a écrit une lettre pour lui exprimer ses condoléances et lui dire qu'elle aimerait le serrer dans ses bras, mais qu'elle ignorait si ce serait convenable. Et elle a glissé un gardénia dans l'enveloppe, à la mémoire du fils.

Une semaine plus tard, M. R. s'est présenté à notre porte, à Nott Cott. Il a tendu à Meg une note de remerciement et l'a serrée dans ses bras.

J'étais tellement fier d'elle, et tellement désolé de m'être querellé avec M. R.

Mais j'étais encore plus triste de voir ma famille se quereller avec ma femme.

52.

On ne voulait pas attendre. On voulait tous les deux avoir des enfants tout de suite. On avait des horaires de dingue, un métier exigeant, et le moment n'était pas idéal, mais tant pis. Cela avait toujours été notre principale priorité.

On était inquiets, pourtant. Le stress de notre quotidien allait-il empêcher Meg de tomber enceinte ? Le tribut qu'elle payait commençait à se voir : au cours de l'année écoulée, elle avait perdu beaucoup de poids, malgré tous les hachis parmentiers. Je n'ai jamais autant mangé, disait-elle – mais elle continuait de maigrir.

Des amis nous ont recommandé un médecin ayurvédique qui les avait aidés à avoir un enfant. D'après ce que j'avais compris, la médecine ayurvédique classe les gens dans des catégories. Je ne me rappelle pas dans laquelle notre praticienne avait placé Meg, mais elle avait confirmé nos soupçons : la perte de poids pouvait effectivement faire obstacle à la conception.

Prenez trois kilos et vous tomberez enceinte, lui avait-elle promis.

Alors Meg s'est mise à manger tout ce qui lui tombait sous la main, et elle a bientôt pris ces trois kilos. On regardait le calendrier, l'œil plein d'espoir.

Vers la fin de l'été 2018, on est partis passer quelques jours en Écosse avec Papa, au château de Mey. Le lien entre Meg et Papa, qui avait toujours été fort, s'est encore renforcé au cours de ce week-end. Un soir, alors que nous prenions un cocktail avant le dîner avec Fred Astaire en fond sonore, Papa a découvert que Meg était née le même jour que la personne qu'il aimait le plus : Gan-Gan.

Le 4 août.

Incroyable ! s'est-il exclamé en souriant.

À l'évocation de Gan-Gan et du lien entre elle et ma femme, il était tout enjoué et s'est mis à raconter des anecdotes que je n'avais jamais entendues, il avait l'air de faire le spectacle pour Meg, de se mettre en valeur devant elle.

Une histoire en particulier nous a ravis et a frappé notre imagination. C'était à propos des selkies.

Les quoi, Papa ?

Les sirènes écossaises, a-t-il expliqué. Elles prenaient la forme d'un phoque et nageaient près de la rive devant le château, à un jet de pierre à peine de l'endroit où nous nous trouvions. *Alors, si vous voyez un phoque, on ne sait jamais... Chantez pour lui,* nous a-t-il conseillé. *Souvent, il chantera pour vous.*
Oh, allez ! Vous nous racontez un conte de fées, Papa !
Non, c'est totalement vrai !
L'avais-je imaginé – ou Papa nous avait-il promis – que les selkies pouvaient également nous accorder un souhait ?
Pendant ce dîner, on a un peu parlé du stress qu'on avait subi. Si on pouvait convaincre les journaux de nous laisser tranquille... ne serait-ce qu'un moment.
Papa a acquiescé. Mais il a estimé qu'il était très important de nous rappeler de...
Oui, oui, Papa. On sait. Il ne faut pas les lire.
Le lendemain, à l'heure du thé, l'ambiance était tout aussi bonne. On riait en parlant de choses et d'autres, quand le majordome de Papa est subitement entré avec un téléphone filaire dans les mains.
Votre Altesse Royale, Sa Majesté.
Papa a bondi sur ses pieds. *Oh, oui.* Il a tendu la main vers le combiné.
Je suis désolé, monsieur, mais elle souhaite s'entretenir avec la duchesse.
Oh.
On était tous stupéfaits. Meg a pris l'appareil d'une main hésitante.
Apparemment, Grand-mère appelait pour parler du père de Meg. Elle répondait à une lettre que Meg lui avait adressée pour lui demander des conseils et de l'aide, ne sachant plus que faire pour que la presse cesse d'interviewer son père et de l'inciter à dire des choses épouvantables. Grand-mère lui a suggéré d'oublier la presse et d'aller le trouver pour tenter de lui faire entendre raison.
Meg a expliqué qu'il vivait à la frontière mexicaine et qu'elle ne voyait pas comment elle pourrait parvenir à traverser l'aéroport, le quartier mal famé où il habitait et le rideau de journalistes qui faisaient le siège de sa maison, puis à en revenir sans encombre.

Grand-mère a reconnu que ce plan présentait de nombreux inconvénients.
Dans ce cas, écrivez-lui une lettre, peut-être ?
Papa était d'accord. Une idée merveilleuse.

53.

MEG ET MOI SOMMES DESCENDUS SUR LA PLAGE à côté du château. La journée était fraîche, mais très ensoleillée.

Debout sur les rochers, on admirait la mer, quand, au milieu des îlots d'algues soyeux, on a vu… quelque chose.

Une tête.

Une paire d'yeux expressifs.

Regarde ! Un phoque !

La tête ballottait à la surface, et clairement, les yeux nous fixaient.

Regarde ! Un autre !

Suivant les instructions de Papa, j'ai couru vers la rive et j'ai chanté pour eux. Je leur ai offert une sérénade.

Arooo.

Pas de réponse.

Meg s'est jointe à moi, et bien sûr, là, ils ont répondu.

Elle est vraiment magique, ai-je pensé. Même les phoques s'en rendent compte.

Soudain, partout à la surface de l'eau, des têtes sont apparues et se sont mises à chanter pour elle.

Arooo.

Un opéra de phoques.

Ce n'était peut-être qu'une superstition un peu bête, mais je m'en moquais. J'ai considéré que c'était un bon présage. Je me suis déshabillé et j'ai plongé vers eux.

Par la suite, le chef de cabinet de Papa, un Australien, était horrifié. Il nous a dit que c'était une idée éminemment mauvaise, encore moins avisée que se jeter sans réfléchir dans les eaux sombres de l'Okavango. D'après lui, cette partie de la côte écossaise était infestée d'orques, et chanter pour les phoques, c'était comme battre le rappel pour un futur bain de sang.

J'ai secoué la tête.

C'était pourtant un bien joli conte de fées, me suis-je dit.
Comment était-il devenu si sombre, si vite ?

54.

Meg avait du retard. Pour être tout à fait sûrs, on avait rapporté à Nott Cott deux tests de grossesse avec lesquels elle s'est enfermée dans la salle de bains.

Je m'étais allongé sur notre lit, et tandis que j'attendais qu'elle ressorte... je me suis endormi.

Quand je me suis réveillé, elle était à côté de moi.

Que s'est-il passé ? Est-ce que... ?

Elle m'a répondu qu'elle n'avait pas regardé. Elle m'avait attendu.

Les bâtonnets étaient sur la table de nuit. Je n'y range que quelques objets, parmi lesquels la boîte bleue qui contient la mèche de cheveux de ma mère. Bien, me suis-je dit. Bon... Voyons ce que Maman peut faire de cette situation.

J'ai tendu la main vers les tests et scruté leur petite lucarne.

Bleu.

Ils étaient bleu vif. Tous les deux.

Bleu, ça signifiait... bébé.

Oh, waouh !

Eh bien...

Eh bien alors...

On s'est jetés dans les bras l'un de l'autre. On s'est embrassés.

J'ai reposé les tests sur la table de nuit.

J'ai pensé *: Merci, les selkies.*

J'ai pensé : *Merci, Maman.*

55.

Euge allait se marier, avec Jack, et on était fous de joie pour elle – et pour nous, égoïstement – parce que Jack était une de nos personnes préférées. Meg et moi étions censés entamer notre premier voyage officiel à l'étranger en tant que mari et femme, mais nous avons retardé le départ de plusieurs jours pour pouvoir assister à leur mariage.

En outre, les diverses réunions en rapport avec la cérémonie nous donneraient l'occasion de prendre à part les membres de la famille, un par un, et de leur annoncer la bonne nouvelle.

À Windsor, juste avant un cocktail en l'honneur des futurs époux, on a coincé Papa dans son bureau. Il était assis à sa grande table, d'où il pouvait admirer sa vue favorite, droit sur la Long Walk. Les fenêtres étaient ouvertes pour rafraîchir la pièce, et une légère brise faisait voleter ses documents rangés en petites piles lestées d'un presse-papiers. Il était enchanté de devenir grand-père pour la quatrième fois ; son sourire radieux m'a réchauffé le cœur.

Après le cocktail, à St. George's Hall, on a pris Willy à part. On se trouvait dans une grande salle, des armures étaient alignées le long des murs. Étrange pièce, étrange moment. On lui a annoncé la nouvelle en chuchotant. Willy a souri et nous a répondu qu'il fallait le dire à Kate, laquelle discutait avec Pippa de l'autre côté de la pièce. J'ai suggéré qu'on pourrait le faire plus tard, mais il a insisté. Alors on est allés la trouver, et elle aussi nous a gratifiés d'un grand sourire et nous a chaleureusement félicités.

Ils avaient tous deux réagi exactement comme je l'espérais – comme je le souhaitais.

56.

Q<small>UELQUES JOURS PLUS TARD</small>, la nouvelle de la grossesse a été rendue publique. Les journaux ont rapporté que Meg était épuisée, qu'elle avait des vertiges et qu'elle ne pouvait rien avaler, spécialement le matin, même si tout cela était faux. Elle était fatiguée, mais sinon c'était une pile électrique. En réalité, elle trouvait qu'elle avait de la chance de ne pas souffrir de nausées matinales, étant donné qu'on s'embarquait pour une tournée éreintante.

Partout où on allait, d'immenses foules se rassemblaient, et elle ne les décevait pas. À travers l'Australie, les îles Tonga, les Fidji, la Nouvelle-Zélande, elle a été éblouissante. À la fin d'un discours particulièrement inspirant, les gens se sont levés pour l'applaudir.

Elle était si brillante qu'au milieu de notre parcours, je me suis senti obligé... de la mettre en garde.

Tu t'en sors trop bien, mon amour. Beaucoup trop bien. Tu fais paraître ça trop facile. C'est ainsi que tout a commencé... avec ma mère.

Ça me donnait peut-être l'air fou ou paranoïaque... Mais tout le monde savait que la situation de Maman était allée de mal en pis quand elle avait montré à la terre entière et à la famille qu'elle était plus douée en tournée, plus douée pour établir des liens avec les gens, plus douée pour être « royale » qu'elle n'avait le droit de l'être.

C'est vraiment à ce moment-là que les choses ont basculé.

En rentrant en Grande-Bretagne, on a été accueillis dans la liesse générale, tandis que les journaux publiaient des unes triomphales. Meg, la future mère, l'impeccable représentante de la Couronne, était acclamée.

Pas un seul mot négatif n'a été écrit à son propos.

Ça a changé, nous sommes-nous exclamés. Ça a enfin changé.

Mais ensuite, c'est reparti dans l'autre sens. Oh, et comment !

Les articles se succédaient comme des rouleaux sur une plage. Pour commencer, un papier ordurier par un plumitif biographe de Papa qui a prétendu que j'avais piqué une crise avant le mariage. Puis une fiction selon laquelle Meg rendait ses collaborateurs malheureux et les menait à la baguette, commettant un péché impardonnable : leur envoyer un courriel tôt le matin. (Il se trouvait simplement qu'elle était réveillée à cette heure-là pour essayer de rester en contact avec les oiseaux de nuit qu'elle avait pour amis aux États-Unis – elle n'attendait pas de ses collaborateurs une réponse immédiate.) On a prétendu qu'elle avait forcé une assistante à démissionner, alors qu'en réalité, c'était le département des ressources humaines qui nous avait conseillé de demander à cette femme de le faire après qu'on avait découvert qu'elle se faisait passer pour Meg afin d'obtenir des cadeaux gratuits. Mais comme nous ne pouvions pas parler ouvertement des raisons de son départ, les rumeurs ont amplifié. En vérité, cela a été le début des ennuis. Peu après, l'histoire de la « duchesse difficile » a fait le tour des journaux.

Puis un des tabloïds a publié un roman à propos du diadème. L'article prétendait que Meg avait exigé de porter un diadème appartenant à Maman, et que devant le refus de la reine, j'avais piqué une crise : *ce que Meg veut, Meg l'obtient !*

Le coup de grâce est arrivé quelques jours plus tard : sous la plume d'une correspondante de la Couronne, une affabulation digne de la science-fiction décrivait la « froideur croissante » (Seigneur !) entre Kate et Meg et affirmait que, d'après « deux sources », Meg avait fait fondre en larmes Kate à propos des robes des demoiselles d'honneur.

Cette correspondante-là m'avait toujours rendu malade. Elle comprenait systématiquement tout de travers. Mais là, c'était pire.

Quand j'ai lu l'article, je n'en croyais pas mes yeux. Meg ne l'a pas lu. Elle continuait de ne rien lire. Mais elle en a entendu parler, étant donné que c'était devenu le seul et unique sujet de conversation en Grande-Bretagne pendant les vingt-quatre heures qui ont suivi, et tant que je vivrai, je n'oublierai jamais le ton de sa voix lorsqu'elle m'a regardé dans les yeux :

Haz, je l'ai fait fondre en larmes ? J'ai fait fondre KATE en larmes ?

57.

ON A ORGANISÉ UN SECOND SOMMET AVEC WILLY ET KATE. Sur notre terrain, cette fois-ci.

10 décembre 2018. Début de soirée.

On s'est réunis dans notre petite annexe et, ce jour-là, on n'a pas pris le temps de bavarder de choses et d'autres. Kate est immédiatement entrée dans le vif du sujet en reconnaissant que les articles qui prétendaient que Meg l'avait fait pleurer étaient totalement faux. *Je sais bien, Meghan, que c'est moi qui t'ai fait fondre en larmes.*

J'ai poussé un soupir. Excellent départ, ai-je pensé.

Meg a apprécié les excuses de Kate, mais elle voulait savoir pourquoi les journaux avaient affirmé ça, et ce qui était fait pour les arrêter. En d'autres termes : *Pourquoi votre bureau ne prend-il pas ma défense ? Pourquoi n'avez-vous pas appelé l'exécrable femme qui a pondu ce papier et exigé qu'elle se rétracte ?*

Kate, troublée, n'a rien répondu, et Willy est intervenu avec quelques propos évasifs de soutien, mais je connaissais déjà la vérité.

Kate ne pouvait pas téléphoner à la correspondante, et personne au Palais ne le pouvait, parce que cela aurait aussitôt entraîné une autre question : eh bien, si l'article est erroné, que s'est-il vraiment passé ? Que s'est-il passé entre les deux duchesses ? Et cette porte-là ne devait jamais être ouverte, parce que ça serait embarrassant pour la future reine.

La monarchie devait toujours être protégée, à tout prix.

Après avoir, en vain, réfléchi aux réponses à donner à l'article, on s'est intéressés à sa source. Qui avait donc pu inventer une telle chose ? Qui avait pu la faire fuiter à la presse ? Qui ?

On a tout examiné. La liste des suspects rétrécissait à vue d'œil.

Finalement, *finalement*, Willy s'est enfoncé dans son fauteuil et a admis que, hmm, pendant notre tournée en Australie, Kate et lui étaient allés dîner avec Papa et Camilla... et, hélas, a-t-il ajouté d'un ton hésitant, il avait *peut-être* laissé échapper que nos deux couples s'étaient querellés...

J'ai pris ma tête entre mes mains. Meg s'est figée. Un silence pesant est tombé.

Voilà, maintenant, on savait.

J'ai interpellé Willy : *Toi... plus que tout autre... tu aurais dû savoir...*

Il a acquiescé. Il savait.

Encore un silence.

L'heure était venue pour eux de s'en aller.

58.

Ça NE CESSAIT JAMAIS. Un article après l'autre. Parfois, ça me rappelait M. Marston qui secouait sans cesse sa cloche comme un dingue.

Qui pourra jamais oublier la série de unes qui rendaient Meg directement responsable de la fin des temps ? En l'espèce, on l'avait « surprise » en train de manger un toast à l'avocat, et de nombreux articles expliquaient à longueur de paragraphe que la culture d'avocats accélérait la destruction de la forêt vierge, qu'elle déstabilisait les pays émergents et contribuait à financer le terrorisme d'État. Bien sûr, les mêmes médias s'étaient encore récemment pâmés devant l'amour de Kate pour les avocats. (*Oh, ils lui confèrent un teint si éclatant !*)

C'est environ à cette époque que l'arc narratif porté par ces articles s'est mis à évoluer. Ce n'était plus deux femmes qui se battaient, deux duchesses ou même deux maisons en conflit. À présent, il s'agissait d'une sorcière qui faisait fuir tout le monde, et cette sorcière était ma femme. La presse avait reçu le concours d'une ou de plusieurs personnes au sein du Palais pour la construction de cet arc narratif.

Quelqu'un qui en voulait à Meg.

Un jour, c'était : beurk – le soutien-gorge de Meg est visible. (Meghan n'a aucune classe.)

Le lendemain : Houla – elle a mis cette robe ? (Meghan est vulgaire.)

Le lendemain : Que Dieu nous vienne en aide, elle a peint ses ongles en noir ! (Meghan la gothique !)

Le lendemain : Mon Dieu – elle ne sait toujours pas faire correctement la révérence. (Meghan l'Américaine.)

Le lendemain : Mince alors ! Elle a encore une fois refermé sa portière toute seule ! (Meghan la prétentieuse.)

59.

ON AVAIT LOUÉ UNE MAISON DANS L'OXFORDSHIRE. Juste un endroit où aller de temps à autre pour s'éloigner du maelström, mais aussi de Nott Cott, qu'on trouvait charmant mais trop petit. Et qui menaçait de s'effondrer sur nos têtes.

C'était tellement délabré qu'un jour, j'ai dû appeler Grand-mère. Je lui ai dit qu'il nous fallait un nouveau logement, en expliquant que Willy et Kate ne s'étaient pas simplement trouvés à l'étroit entre ces murs, mais qu'ils s'étaient enfuis à cause de toutes les rénovations nécessaires et du manque de place, et qu'à présent, Meg et moi étions dans le même cas. Avec nos chiens remuants… et un bébé en chemin…

J'ai ajouté qu'on avait discuté de notre hébergement avec le Palais, et qu'ils nous avaient proposé plusieurs propriétés, mais toutes trop grandioses, selon nous. Trop luxueuses. Et trop chères à rénover. On n'avait pas besoin de grand-chose.

Grand-mère a réfléchi, et nous avons repris contact quelques jours plus tard.

Frogmore, a-t-elle déclaré.

Frogmore, Grand-mère ?

Oui. Frogmore.

Frogmore House ?

Je la connaissais bien. C'était là qu'on avait pris nos photos de fiançailles.

Non, non – Frogmore Cottage. À côté de Frogmore House.

C'était assez discret, m'a-t-elle expliqué. Retiré. À l'origine, c'était la résidence de la reine Charlotte et de ses filles, puis l'un des assistants de la reine Victoria y avait habité, et par la suite, on avait divisé le bâtiment en plusieurs unités. Mais on pouvait les réunir si on voulait. Un endroit charmant, a-t-elle précisé. Chargé d'histoire, en outre. Il faisait partie des propriétés de la Couronne. Absolument délicieux.

Je lui ai répondu que Meg et moi adorions les jardins de Frogmore, qu'on allait souvent s'y promener. Si le cottage se trouvait non loin de là, que pouvait-on rêver de mieux ?

Elle m'a prévenu : *C'est un peu en chantier. Un peu délabré. Mais va y faire un tour et dis-moi si cela vous convient.*

On s'y est rendus le jour même, et Grand-mère avait raison. La maison nous a tout de suite plu. Charmante, pleine de potentiel. Juste à côté du cimetière royal, certes... et alors ? Ça ne nous gênait ni l'un ni l'autre. On n'allait pas déranger les morts s'ils promettaient de ne pas nous déranger.

J'ai rappelé Grand-mère pour lui dire que Frogmore Cottage serait un rêve devenu réalité. Je l'ai remerciée avec profusion. Avec sa permission, on a commencé à consulter des artisans pour organiser un minimum de rénovations afin de rendre l'endroit habitable – canalisations, chauffage, eau.

Pendant les travaux, on a songé à emménager à plein temps dans l'Oxfordshire. On adorait la région. L'air frais, les terrains immaculés – et en plus, l'absence de paparazzis. En outre, on bénéficierait des talents de Kevin, le majordome de toujours de mon père. Il connaissait la maison dans l'Oxfordshire de fond en comble, et il saurait comment en faire un foyer en un tournemain. Mieux encore, il me connaissait, il m'avait tenu dans ses bras lorsque j'étais bébé, il avait sympathisé avec ma mère quand elle errait dans les couloirs du château de Windsor en quête d'un visage sympathique. Il m'avait dit que Maman était la seule dans la famille à s'être jamais aventurée « en bas » pour bavarder avec le personnel. En fait, elle se glissait souvent en douce dans la cuisine et s'asseyait avec lui pour regarder la télé devant un verre ou un encas. C'était à lui qu'avait échu la tâche de nous accueillir, Willy et moi, quand nous sommes rentrés de Highgrove le jour des funérailles de Maman. Il attendait sur le perron que notre voiture arrive, m'a-t-il confié, en répétant ce qu'il nous dirait. Mais lorsqu'on s'est garés et qu'il a ouvert la portière, j'ai lancé :

Comment tenez-vous le coup, Kevin ?

Tellement poli, m'a-t-il dit.

Tellement refoulé, ai-je pensé.

Meg adorait Kevin, et vice-versa. J'ai alors songé que ce pouvait être le début de quelque chose de bien. Un changement de décor plus que nécessaire, et un allié qui l'était tout autant. Puis, un jour, j'ai regardé mon téléphone : un texto de notre bureau qui nous prévenait que le *Sun* et le *Daily Mail* allaient publier des articles racoleurs avec des photos aériennes de l'Oxfordshire.

Un hélicoptère tournait au-dessus de la propriété, avec un paparazzi penché à la portière armé d'un téléobjectif qu'il pointait sur la moindre fenêtre, y compris celle de notre chambre.

C'est ainsi qu'a pris fin notre rêve d'Oxfordshire.

60.

UN JOUR, EN RENTRANT DU BUREAU, j'ai trouvé Meg assise dans l'escalier.

Elle pleurait. Sans parvenir à se contrôler.

Meg ? Meg ? Que s'est-il passé ?

J'ai pensé qu'elle avait perdu le bébé.

Je me suis agenouillé devant elle. Entre deux sanglots, elle m'a dit qu'elle ne voulait plus continuer de faire ça.

De faire quoi ?

Vivre.

Au début, je n'ai pas saisi ce qu'elle voulait dire. Je ne comprenais pas, peut-être que je ne voulais pas comprendre. Mon cerveau refusait d'enregistrer ces mots.

Ça fait tellement mal, disait-elle.

Qu'est-ce qui fait mal ?

D'être haïe comme ça – et pour quoi ?

Elle m'a demandé ce qu'elle avait *fait*. Elle aurait vraiment aimé le savoir. Quel péché avait-elle commis pour mériter un pareil traitement ?

Elle souhaitait simplement faire cesser la douleur, a-t-elle ajouté. Pas seulement pour elle, mais pour tout le monde. Pour moi, pour sa mère. Mais elle n'était pas en mesure de le faire, alors elle avait décidé de disparaître.

Disparaître ?

Une fois qu'elle serait partie, la presse s'en irait, m'a-t-elle déclaré, et je n'aurais plus à vivre ainsi. Notre enfant encore à naître n'aurait jamais à vivre ainsi.

C'est tellement clair, répétait-elle sans cesse, *c'est tellement clair. Il suffit d'arrêter de respirer. D'arrêter d'être. Tout ceci n'existe que parce que j'existe.*

Je l'ai suppliée de ne pas dire ça. Je lui ai promis qu'on y arriverait, qu'on s'en sortirait. Et qu'entretemps, on trouverait l'aide dont elle avait besoin.

Je lui ai demandé d'être forte, de s'accrocher.

C'était incroyable, mais alors même que je la rassurais, que je la prenais dans mes bras, je ne pouvais pas totalement cesser de penser comme *un putain de membre de la famille royale*. On avait un engagement avec l'ONG Sentebale ce soir-là, au Royal Albert Hall, et je n'arrêtais pas de me dire : on ne peut pas être en retard. On *ne peut pas* être en retard. Ils vont nous écorcher vifs ! Et ils rejetteront la faute sur elle.

Lentement – trop lentement – je me suis rendu compte que le manque de ponctualité était le cadet de nos soucis.

Je lui ai dit qu'elle pouvait ne pas y aller, bien sûr. Il fallait que je fasse acte de présence, mais ce serait bref, et je serais vite de retour.

Non, a-t-elle insisté. Elle a ajouté qu'elle ne voulait pas rester toute seule à la maison, même l'espace d'une heure, avec des pensées aussi sombres.

Alors on a enfilé nos plus beaux vêtements, elle a appliqué un rouge à lèvres très, très sombre afin de détourner l'attention de ses yeux injectés de sang, et on est sortis.

La voiture nous a déposés devant le Royal Albert Hall, et quand on a surgi sous les lumières bleutées des gyrophares de notre escorte et les flashs blancs des photographes, elle a tendu sa main pour prendre la mienne. Elle l'a serrée très fort. Lorsqu'on est entrés, elle l'a serrée encore plus fort. Je me suis senti soutenu par la force de sa poigne. Elle s'accroche, ai-je pensé. C'est mieux que laisser tomber.

Mais quand on s'est assis dans la loge royale et que les lumières se sont éteintes, elle a ouvert les vannes de ses émotions. Elle ne pouvait plus retenir ses larmes. Elle a pleuré en silence.

La musique a commencé, on s'est tourné vers la scène. On a passé toute la durée du spectacle (le Cirque du Soleil) à se serrer très fort la main, tandis que je lui promettais dans un murmure :

Fais-moi confiance. Je saurai te protéger.

61.

À MON RÉVEIL, J'AI REÇU UN TEXTO DE JASON.
Mauvaises nouvelles.
C'est quoi ce coup-ci ?

Le *Mail on Sunday* avait publié la lettre que Meg avait écrite à son père. Celle que Grand-mère et Papa lui avaient conseillé de rédiger.

Février 2019.

J'étais dans notre lit. Meg, allongée à côté de moi, dormait encore. J'ai attendu un peu, puis je lui ai annoncé la nouvelle doucement.

Ton père a donné ta lettre au Mail.
Non.
Meg, je ne sais pas quoi dire, il leur a donné ta lettre.

Pour moi, ce moment-là a été décisif. En ce qui concernait M. Markle, mais aussi en ce qui concernait la presse. Il avait été précédé de tant d'autres, mais pour moi, celui-là a été LE moment.

Je ne voulais plus entendre parler de protocole, de tradition, de stratégie. Assez ! me suis-je dit.

Assez !

Le journal savait qu'il était illégal de publier cette lettre, il le savait fort bien, mais il l'a quand même fait. Pourquoi ? Parce qu'il savait aussi que Meg était sans défense. Il savait qu'elle ne bénéficiait pas du soutien *ferme* de ma famille, et comment avait-il pu savoir ça, si ce n'était par l'intermédiaire de personnes proches de la famille ? Ou au sein même de la famille ? Les journaux avaient conscience que le seul recours de Meg était de leur faire un procès, ce qui était impossible parce qu'un seul avocat travaillait pour la famille, que celui-ci était aux ordres du Palais et que le Palais ne l'autoriserait jamais à agir pour le compte de Meg.

Cette lettre ne contenait rien dont elle puisse avoir honte. Une fille qui supplie son père de se comporter décemment ? Meg ne retirait pas un mot de ce qu'elle avait écrit. Elle avait toujours eu conscience que sa lettre pouvait être interceptée, qu'un des voisins de son père ou l'un des paparazzis qui campaient devant chez lui pouvait lui voler son courrier. Tout était possible. Mais elle n'avait jamais imaginé que son père la donnerait, ni qu'un journal la prendrait – et l'imprimerait.

Et l'éditerait. C'était probablement l'aspect le plus rageant de l'affaire. Ils avaient coupé-collé les mots de Meg pour donner l'impression qu'elle était moins aimante.

Voir quelque chose d'aussi personnel étalé sur toutes les unes, savoir que les Britanniques allaient avaler ça de bon matin avec leurs toasts et leur confiture, c'était déjà très intrusif. Mais cette souffrance a été décuplée par toutes les interviews avec ces prétendus experts graphologues qui ont analysé l'écriture de Meg et déduit de la façon dont elle plaçait les barres sur ses T ou les boucles sur ses R qu'elle était une personne horrible.

Ça penche vers la droite ? Trop émotive.

Très stylisé ? Actrice consommée.

Les lignes ne sont pas tout à fait droites ? Ne contrôle pas ses pulsions.

L'expression de Meg face à ce flot de calomnies... Je la connaissais, et il n'y avait aucun doute possible – c'était celle du deuil pur et simple. Elle pleurait la perte de son père, mais aussi celle de sa propre innocence. Dans un murmure, comme si quelqu'un était susceptible de nous écouter, elle m'a rappelé qu'elle avait suivi des cours d'écriture manuscrite, et qu'elle avait toujours eu une excellente graphie. Les gens lui adressaient des compliments à ce sujet. À l'université, elle avait même mis ce talent à profit pour gagner un peu d'argent. La nuit ou le week-end, elle rédigeait des invitations à des mariages ou à des anniversaires afin de payer son loyer. Et à présent, ces gens prétendaient que c'était une sorte de fenêtre sur son âme ? Une fenêtre aux vitres sales ?

« Tourmenter Meg Markle est devenu un sport national qui nous couvre de honte » a proclamé le *Guardian* en une.

Tellement vrai. Mais personne n'avait honte, c'était ça le problème. Personne ne ressentait le moindre cas de conscience. Fallait-il pour cela qu'ils provoquent un divorce ? Ou fallait-il un nouveau décès ?

Qu'était donc devenue toute la honte qu'ils avaient éprouvée à la fin des années 1990 ?

Meg voulait leur faire un procès. Moi aussi. Ou plutôt, on sentait qu'on n'avait pas le choix. Si on ne les traînait pas devant la justice pour *ça*, quel genre de message cela allait-il envoyer ? À la presse ? Au monde ? Alors, on s'est de nouveau entretenus avec l'avocat du Palais.

On nous a baladés.

J'ai contacté Papa et Willy. Tous deux avaient déjà poursuivi la presse en justice sur des affaires de violation de la vie privée ou de diffamation. Papa les avait attaqués suite à l'affaire des « Black Spider Letters », des mémos qu'il avait envoyés à des officiels du gouvernement. Willy leur avait fait un procès à propos des photos de Kate seins nus.

Mais tous deux se sont opposés avec véhémence à l'idée que Meg et moi intentions la moindre action en justice.

Pourquoi ? leur ai-je demandé.

Ils m'ont balancé une série de « hmm » et de « euh ». La seule réponse concrète que j'ai pu tirer d'eux, c'est que ce n'était pas avisé, tout simplement. Ça ne se fait pas, etc.

J'ai dit à Meg : *On croirait qu'on fait un procès à un de leurs amis les plus chers.*

62.

WILLY A DEMANDÉ QU'ON SE RENCONTRE. Il voulait qu'on discute de tout, du fiasco dans son ensemble.

Juste lui et moi, m'avait-il précisé.

Il se trouvait que Meg n'était pas à Londres – elle était allée rendre visite à des amies –, alors le moment était parfait. Je l'ai invité à passer chez moi.

Une heure plus tard, il est arrivé à Nott Cott. Il avait l'air de bouillir.

C'était en début de soirée. Je lui ai proposé un verre, et je me suis enquis de sa famille.

Tout le monde allait bien.

Il ne s'est pas enquis de la mienne. Il a directement mis tous ses jetons sur la table. *All in*, comme au poker.

Meg est difficile, a-t-il dit.

Oh, vraiment ?

Elle est malpolie. Elle est agressive. Elle s'est aliéné la moitié de nos collaborateurs.

Ce n'était pas la première fois qu'il répétait comme un perroquet les récits de la presse. La duchesse difficile, toutes ces conneries. Les rumeurs, les mensonges de ses collaborateurs, les ordures publiées par les tabloïds. C'est ce que je lui ai dit – à nouveau. Je lui ai dit que je m'attendais à mieux de la part de mon grand frère. J'étais choqué de constater que ça le mettait en colère. En venant me voir, espérait-il autre chose ? Pensait-il que je tomberais d'accord avec lui sur le fait que ma femme était un monstre ?

Je lui ai demandé de faire une pause, de respirer un grand coup et de se poser la question : Meg n'était-elle pas sa belle-sœur ? Cette institution ne serait-elle pas toxique pour tout nouveau venu ? Dans le pire des cas, si sa belle-sœur rencontrait des problèmes pour s'adapter à un nouveau métier, une nouvelle famille, un nouveau pays, une nouvelle culture, n'avait-il pas envie de montrer un peu d'indulgence ? *Tu ne pourrais pas la soutenir ? L'aider ?*

Ce débat ne l'intéressait pas. Il était venu fixer les règles. Il voulait me faire admettre que Meg avait tort, et m'enjoindre d'accepter d'agir en conséquence.

Quel genre d'action ? La gronder ? La virer ? Divorcer ? Quoi ? Je n'en savais rien. Mais Willy non plus. Il n'était pas rationnel. Chaque fois que je tentais de le calmer un peu, de pointer l'absence de logique dans ses propos, il haussait le ton. On s'est bientôt retrouvés à se couper la parole en criant tous les deux.

Parmi toute la variété d'émotions débridées qui agitaient mon frère ce jour-là, il y en avait une qui m'a sauté aux yeux. Il avait l'air d'être *offensé*. Il semblait vexé de constater que je ne lui obéissais pas docilement, que j'avais l'impertinence de le contredire ou de le défier, de récuser son savoir, qu'il tenait de collaborateurs en qui il avait toute confiance. Il y avait un script, et j'avais l'audace de ne pas m'y plier. Il était à fond en mode Héritier, et il ne pouvait pas concevoir que je ne joue pas scrupuleusement mon rôle de Suppléant.

J'étais assis sur le canapé, il était debout devant moi. Je me rappelle lui avoir dit : *Il faut que tu m'écoutes, Willy.*

Il refusait. Il refusait tout simplement de m'écouter.

Pour être franc, il en pensait autant à mon égard.

Il m'a traité de tous les noms. Il a affirmé que je refusais d'endosser la responsabilité de ce qui se passait. Il a affirmé que je me moquais de mon bureau et des personnes qui travaillaient pour moi.

Willy, donne-moi un seul exemple de...

Il m'a coupé la parole pour dire qu'il essayait de m'aider.

T'es sérieux ? M'aider ? Désolé... Mais c'est ainsi que tu appelles ça ? M'aider ?

Pour une raison ou pour une autre, je l'avais vraiment mis en colère. Il s'est avancé vers moi en jurant.

Jusque-là, j'avais été mal à l'aise, mais à présent, il commençait à me faire un peu peur. Je me suis levé, je suis passé devant lui pour gagner la cuisine, et il m'a emboîté le pas en continuant de hurler ses critiques.

Je me suis servi un verre d'eau. J'en ai rempli un autre pour lui et je le lui ai tendu. Je ne pense pas qu'il en ait bu une seule gorgée.

Willy, je ne peux pas discuter avec toi quand tu es dans cet état.

Il a reposé son verre, m'a de nouveau balancé une insulte, puis s'est jeté sur moi. Tout s'est passé si vite. Tellement vite. Il m'a pris par le col, cassant au passage le collier que je portais, et m'a projeté au sol. Je suis tombé sur la gamelle des chiens, qui s'est brisée sous mon poids et dont les morceaux m'ont entaillé le dos.

Je suis resté là un instant, abasourdi, puis je me suis relevé et je lui ai demandé de partir.

Vas-y, frappe-moi ! Tu te sentiras mieux si tu me frappes !

Si je quoi ?

Allez ! Avant, on se battait tout le temps. Tu te sentiras mieux si tu me frappes.

Non, tu seras le seul à te sentir mieux si je te frappe. S'il te plaît... va-t'en, c'est tout.

Il est ressorti, mais il n'est pas parti. Je l'entendais, dans le salon. Je suis resté dans la cuisine. Deux minutes se sont écoulées, deux longues minutes. Il est revenu, la mine contrite, et s'est excusé.

Il s'est dirigé vers la porte d'entrée. Cette fois-ci, je l'ai suivi. Avant de partir, il s'est retourné : *Ne parle pas de tout ceci à Meg.*

De quoi ? Du fait que tu m'as sauté dessus ?

Je ne t'ai pas sauté dessus, Harold.

Très bien. Je ne lui dirai rien.

Bien, merci.

Il est parti.

J'ai regardé mon téléphone. Une promesse est une promesse, me suis-je dit, alors malgré l'envie que j'avais de le faire, je ne pouvais pas appeler ma femme.

Mais il fallait que je parle à quelqu'un. Alors, j'ai appelé ma thérapeute.

Dieu merci, elle a décroché.

Je l'ai priée de m'excuser pour le dérangement, mais je ne voyais pas qui d'autre contacter. Je lui ai raconté que je venais d'avoir une dispute avec Willy, qu'il m'avait fait tomber par terre. J'ai baissé les yeux et lui ai confié que ma chemise était déchirée, que mon collier était cassé.

Au cours de notre vie, on s'était bagarrés un million de fois, lui ai-je avoué. Quand on était gamins, on ne faisait que ça. Mais là, j'avais le sentiment que c'était différent.

La thérapeute m'a demandé d'inspirer plusieurs fois, profondément. Elle m'a prié de lui décrire la scène à plusieurs reprises. Chaque fois, ça ressemblait un peu moins à un cauchemar.

Et ça m'a un peu calmé.

Je suis fier de moi, lui ai-je dit.
Fier, Harry ? Pourquoi ?
Je n'ai pas répliqué quand il m'a frappé.
J'ai respecté ma parole, je n'en ai pas parlé à Meg.
Mais peu après son retour, elle m'a vu sortir de la douche et elle est restée bouche bée.
Haz, c'est quoi les égratignures et les bleus que tu as dans le dos ?
Je ne pouvais pas lui mentir.
Ça ne l'a pas vraiment surprise, et elle n'était pas du tout en colère.
Elle était terriblement triste.

63.

PEU APRÈS, IL A ÉTÉ ANNONCÉ que les deux maisons royales, Cambridge et Sussex, ne partageraient plus leurs bureaux. Nous n'allions plus travailler ensemble dans quelque domaine que ce soit. Les Fab Four... *finis**.

Comme on pouvait s'y attendre, il y a eu des réactions. Le public a grogné, les journalistes se sont mis à braire. L'attitude la plus démoralisante a été celle de ma famille. Le silence. Ils n'ont jamais fait le moindre commentaire en public, ne m'ont jamais adressé la moindre remarque en privé. Je n'ai eu aucun écho de la part de Papa, rien de la part de Grand-mère. Ça m'a fait réfléchir, vraiment réfléchir, sur le silence qui avait entouré tout ce qui nous était arrivé, à Meg et à moi. Je m'étais toujours dit que ce n'était pas parce que personne dans ma famille ne condamnait publiquement les attaques que nous subissions dans la presse que ça signifiait qu'ils les *cautionnaient*. Mais à présent, je me posais la question. Était-ce vrai ? Comment le savoir ? S'ils ne disaient jamais rien, qu'est-ce qui me permettait de supposer que je savais ce qu'ils ressentaient ?

Et qu'ils étaient résolument dans notre camp ?

Tout ce qu'on m'avait enseigné, tout ce que j'avais cru depuis l'enfance à propos de ma famille, de la monarchie, de son sens fondamental de la justice, de son devoir d'unir plutôt que de diviser, était sapé, remis en question. Tout cela était-il faux ? Une simple façade ? Parce que si nous ne pouvions pas nous soutenir les uns les autres, nous rassembler autour du membre le plus récent, du premier membre métis parmi nous, alors qu'étions-nous vraiment ? Cela était-il une véritable monarchie constitutionnelle ? Une véritable famille ?

« Se défendre les uns les autres », n'est-ce pas la première règle de toute famille ?

64.

MEG ET MOI AVONS DÉMÉNAGÉ nos bureaux au palais de Buckingham. On a aussi emménagé dans notre nouvelle maison.

Frogmore Cottage était prêt.

On adorait cet endroit. On l'a aimé dès la première minute. On avait l'impression qu'on était destinés à y vivre. Le matin, on avait hâte de se lever pour aller faire une longue promenade dans les jardins, dire bonjour aux cygnes. Spécialement à Steve le grincheux.

On avait fait la connaissance des jardiniers de la reine, on les appelait par leur nom et ils nous avaient enseigné celui de toutes les fleurs. Ils étaient enthousiastes de constater à quel point on appréciait et louait leur talent artistique.

Au milieu de tous ces changements, on a fait le point avec notre nouvelle directrice de la communication, Sara. On a établi une nouvelle stratégie avec elle, dont l'élément central était de ne plus avoir aucun contact avec le pool royal, et on espérait pouvoir bientôt prendre un nouveau départ.

Vers la fin avril 2019, quelques jours avant que Meg accouche, Willy a téléphoné.

J'ai pris l'appel dans notre nouveau jardin.

Quelque chose s'était produit entre lui, Papa et Camilla. Je n'ai pas compris toute l'histoire, il parlait trop vite et il était trop en colère. Il fulminait, en fait. Apparemment, Papa et Camilla avaient fabriqué de toutes pièces une ou plusieurs histoires à propos de lui, de Kate et des enfants, et il ne pouvait plus le supporter. Tu leur donnes un doigt et ils t'arrachent le bras, disait-il.

C'est la dernière fois qu'ils me font ça.

J'ai compati. Ils avaient fait de même avec Meg et moi.

Bien sûr, techniquement, ce n'étaient pas eux, mais la plus fanatique des membres du service de communication de Papa, une fervente adepte qui avait imaginé et lancé cette campagne, l'idée étant que Papa et Camilla aient bonne presse aux dépens de Meg et de moi. Pendant un bon bout de temps, cette personne avait colporté des histoires peu flatteuses, et fausses, à propos de l'Héritier et de son Suppléant. Je soupçonnais cette personne d'être l'unique source des articles à propos d'une partie de chasse que j'avais faite en Allemagne, lesquels donnaient de moi l'image d'un baron du xviie siècle qui ne bougeait son gros cul que pour aller satisfaire sa soif de sang et de trophées, alors qu'en réalité, je travaillais avec des fermiers allemands à l'abattage de sangliers sauvages pour sauver leurs récoltes. J'étais convaincu que l'article avait fait l'objet d'un marché, en échange d'une facilité d'accès à Papa, mais aussi en récompense pour la suppression d'une série de papiers à propos du fils de Camilla, lequel traînait à Londres et était à l'origine de rumeurs sordides. J'étais mécontent que l'on se serve ainsi de moi, et furieux de voir Meg subir le même sort, mais je devais bien admettre que ces derniers temps, cela arrivait beaucoup plus souvent à Willy. Et il avait toutes les raisons d'être fou de rage.

En une occasion, il avait tenu tête à Papa à propos de cette femme. Je l'avais accompagné pour le soutenir. La scène avait eu lieu à Clarence House, dans le bureau de Papa. Je me souviens des fenêtres grandes ouvertes et des rideaux qui voletaient, la nuit devait être chaude. Willy a posé les choses en ces termes : *Comment pouvez-vous laisser une étrangère faire cela à vos fils ?*

Papa s'est aussitôt emporté. Il s'est mis à crier que Willy était paranoïaque. Que nous l'étions tous les deux. Le fait que nous ayons mauvaise presse et que la sienne soit bonne n'impliquait pas que ses collaborateurs étaient derrière tout ça.

Mais on avait des preuves. Des journalistes nous avaient assuré que cette femme était en train de nous saborder.

Papa a refusé d'écouter. Sa réponse a été aussi fruste que pathétique. *Grand-mère a sa personne, pourquoi ne pourrais-je pas avoir la mienne ?*

La personne de Grand-mère à qui il faisait référence, c'était Angela. Parmi toutes les tâches qu'elle effectuait pour Grand-mère, il se murmurait qu'elle était douée pour fabriquer des histoires de toutes pièces.

C'est une comparaison stupide, a répondu Willy. Pourquoi un homme sain d'esprit, et plus encore un adulte, voudrait-il sa propre Angela ?

Mais Papa se contentait de répéter : Grand-mère a sa personne, Grand-mère a sa personne. Il était grand temps qu'il ait aussi la sienne.

J'étais content que Willy sente qu'il pouvait encore me consulter à propos de Papa et de Camilla, même après ce que nous venions de vivre. Y voyant l'occasion d'apaiser nos tensions récentes, j'ai tenté de faire le lien en arguant que Papa et Camilla l'avaient traité comme la presse traitait Meg.

Willy m'a aboyé dessus : *J'ai d'autres problèmes avec vous deux !*

En un clin d'œil, il a reporté toute sa rage sur moi. Je ne me rappelle pas ses mots exacts, parce que j'étais épuisé par toutes nos querelles, sans parler de notre emménagement à Frogmore et dans nos nouveaux bureaux – et j'étais focalisé sur la naissance imminente de notre premier enfant. Mais je me souviens du moindre détail matériel de la scène. Les jonquilles en fleur, l'herbe fraîche, un jet qui décollait d'Heathrow vers l'est à une altitude inhabituellement basse, le bruit de ses moteurs faisant vibrer ma poitrine. Je me souviens avoir pensé qu'il était étonnant que je puisse entendre Willy par-dessus ce vacarme. Je n'arrivais pas à m'expliquer comment il pouvait encore entretenir une telle colère après notre confrontation à Nott Cott.

Il continuait de vitupérer, et j'ai perdu le fil. Je n'y comprenais rien et j'ai cessé d'essayer. Je me suis tu, attendant qu'il se calme.

Puis j'ai regardé par-dessus mon épaule. Meg sortait de la maison, elle marchait droit sur moi. Aussitôt, j'ai coupé le haut-parleur, mais il était trop tard. Et Willy criait tellement fort que même sans haut-parleur, elle était encore en mesure de l'entendre.

Les larmes qui perlaient à ses yeux scintillaient dans le soleil printanier. J'ai voulu dire quelque chose, mais elle s'est figée, elle a secoué la tête.

Puis elle a fait demi-tour en se tenant le ventre et est rentrée dans la maison.

65.

Doria était chez nous, dans l'attente de la naissance du bébé. Ni elle ni Meg ne s'éloignaient jamais beaucoup. Aucun de nous ne le faisait. On se contentait de patienter, en allant de temps à autre nous promener et admirer les vaches.

Lorsque Meg a dépassé d'une semaine la date prévue, les services de communication du Palais ont commencé à faire pression sur moi. Il est pour quand, le bébé ? La presse ne peut pas attendre indéfiniment, vous savez !

Oh ! La presse est contrariée ? Que Dieu les en préserve !

Les médecins de Meg avaient essayé plusieurs remèdes homéopathiques pour déclencher le processus, mais notre petit visiteur semblait décidé à rester où il était. (Je ne me souviens pas que nous ayons jamais testé la suggestion de Grand-mère de faire un tour en voiture sur une route cahoteuse.) Finalement, on s'est dit : Allons à l'hôpital, histoire de s'assurer que tout est en ordre. Et soyons prêts au cas où le médecin décide qu'il est temps.

On a grimpé dans une fourgonnette banalisée et on est partis en douce de Frogmore sans qu'aucun des journalistes postés devant les grilles ne nous voie. C'était la dernière sorte de véhicule dans lequel ils s'attendaient à nous trouver. Peu après, on est arrivés à l'hôpital Portland, où on s'est infiltrés par un ascenseur secret, pour être ensuite guidés vers une pièce privée. Notre obstétricienne est entrée, a jeté un bref coup d'œil à Meg et décrété qu'il fallait déclencher l'accouchement.

Meg était si calme. Je l'étais aussi. Mais je voyais deux façons de *renforcer* mon calme. Un : le poulet de chez Nando's. (Acheté par nos gardes du corps.) Deux : la bonbonne de gaz hilarant qui jouxtait le lit de Meg. J'en ai lentement pris quelques bouffées. Meg, qui faisait des bonds sur un gros ballon mauve, un moyen éprouvé de donner un petit coup de pouce à la nature, a ri en levant les yeux au ciel.

J'ai inhalé quelques bouffées supplémentaires et à présent, je faisais des bonds, moi aussi.

Quand les contractions ont commencé à se faire plus fréquentes et plus fortes, une infirmière est venue et a tenté de donner un peu de gaz hilarant à Meg. Il n'en restait plus. L'infirmière a posé les yeux sur la bonbonne, puis sur moi, et j'ai vu une pensée se frayer un chemin dans sa tête : bon Dieu, le mari avait tout pris.

Désolé, ai-je timidement soufflé.

Meg s'est esclaffée, l'infirmière a fait de même, puis elle est rapidement allée chercher une bonbonne de rechange.

Meg est entrée dans une baignoire tandis que je mettais une musique apaisante. Deva Premal – elle remixe des mantras en sanskrit en hymnes très expressifs. (Premal affirme qu'elle a entendu son premier mantra dans le ventre de sa mère, chanté par son père, et lorsque ce dernier était à l'agonie, elle lui a chanté ce même mantra.) Un truc puissant.

Dans le sac de maternité qu'on avait apporté, j'avais glissé les petites loupiotes que j'avais disposées dans le jardin le soir de ma demande en mariage, et je les ai accrochées tout autour de la salle d'accouchement. J'ai également placé une photo de Maman sur une petite table. Une idée de Meg.

Le temps a passé. Les heures s'enchaînaient. L'ouverture du col restait minime.

Meg faisait des exercices respiratoires pour calmer la douleur. Mais au bout d'un moment, ça n'a plus eu aucun effet. Elle souffrait tellement qu'elle avait besoin d'une péridurale.

L'anesthésiste est entré en toute hâte. Fini la musique. Fini les loupiotes.

Waouh. Changement d'ambiance.

Il lui a fait une injection à la base de la colonne vertébrale.

Mais la douleur a persisté. Apparemment, le produit n'était pas allé au bon endroit.

L'homme a réapparu et il a recommencé.

Les choses se sont alors à la fois calmées et précipitées.

Deux heures plus tard, la médecin est revenue et a enfilé une paire de gants en latex. *On y est*, a-t-elle lancé. Je me suis posté à la tête du lit, j'ai pressé la main de Meg et je l'ai encouragée. *Pousse, mon amour. Respire.* L'obstétricienne lui a donné un petit miroir à main. En y jetant un coup d'œil, j'ai vu s'y refléter le crâne du bébé. Sa tête était coincée. Prise dans le cordon. *Oh, non ! Par pitié, non !* La médecin a levé les yeux, un pli particulier sur les lèvres. Les choses devenaient sérieuses.

J'ai dit à Meg : *Mon amour, il faut que tu pousses.*

Je ne lui ai pas avoué pourquoi. Je ne lui ai pas parlé du cordon ombilical, je n'ai pas mentionné l'éventualité d'une césarienne pratiquée en urgence. J'ai simplement soufflé : *Donne tout ce que tu as.*

Et c'est ce qu'elle a fait.

J'ai tenté de ne pas regarder, mais je n'ai pas pu m'en empêcher. J'ai vu son petit visage, son cou minuscule, sa poitrine et ses bras qui gigotaient et se tortillaient. La vie, la vie – c'est stupéfiant ! ai-je pensé. Waouh, tout commence donc vraiment par un combat pour la liberté !

Une infirmière a glissé le bébé dans une serviette et l'a posé sur la poitrine de Meg… et nous avons tous deux pleuré en le voyant, en faisant sa connaissance. C'était lui, un petit garçon en bonne santé, et il était *là*.

Notre médecin ayurvédique nous avait dit que pendant les premières minutes de sa vie, un bébé absorbe tout ce qu'on lui dit. *Alors, murmurez-lui des choses, ce que vous souhaitez pour lui, dites-lui que vous l'aimez. Parlez-lui.*

On lui a parlé.

Je ne me rappelle pas avoir téléphoné à quiconque ni envoyé de texto. Dans mon souvenir, je vois les infirmières faire passer des examens à notre fils âgé d'une heure, et ensuite, on est partis. Retour dans l'ascenseur, le parking souterrain, la fourgonnette et au revoir. Deux heures après la naissance de notre fils, nous étions rentrés à Frogmore. Le soleil s'était levé, et nous étions à l'abri chez nous quand l'annonce officielle a été publiée…

Elle proclamait que Meg avait commencé le travail !

Je me suis pris le bec avec Sara à ce propos. Tu sais bien qu'elle n'est plus en travail, ai-je dit.

Elle m'a expliqué qu'il fallait donner à la presse l'histoire dramatique et pleine de suspense qu'elle exigeait.

Mais ce n'est pas vrai, ai-je rétorqué.

Ah, la vérité n'avait aucune importance. Garder les gens en haleine, c'était tout ce qui comptait.

Quelques heures plus tard, je me suis retrouvé devant les écuries de Windsor pour annoncer au monde : c'est un garçon. Et quelques jours plus tard, on a dévoilé son nom : Archie.

Les journaux étaient furieux. Ils ont déclaré qu'on leur avait joué un tour.

Ce n'était pas faux.

Ils avaient le sentiment que, ce faisant, on n'avait pas joué... en équipe !

Stupéfiant. Ils nous voyaient encore comme des partenaires. S'attendaient-ils à de la considération ou à un traitement préférentiel – étant donné la façon dont ils nous avaient traités au cours des trois dernières années ?

Puis ils ont montré au monde entier le genre de « partenaires » qu'ils étaient en réalité. Un présentateur radio de la BBC a posté une photo sur ses réseaux sociaux : un homme et une femme qui donnaient la main à un chimpanzé.

La légende proclamait : « Le bébé de la famille royale quitte l'hôpital. »

66.

JE SUIS PASSÉ PRENDRE LE THÉ AVEC GRAND-MÈRE juste avant qu'elle parte à Balmoral, et nous avons discuté un long moment. Je lui ai résumé les derniers événements. Elle était un peu au courant, mais j'ai comblé de nombreuses zones d'ombre.

Elle a paru choquée.

Consternant, a-t-elle affirmé.

Elle a promis d'envoyer l'Abeille nous parler.

J'avais passé toute ma vie à fréquenter des officiels de la Cour, par dizaines, mais à présent, je n'interagissais plus qu'avec trois d'entre eux, tous des hommes blancs entre deux âges qui étaient parvenus à consolider leur pouvoir par une série de manœuvres aussi audacieuses que machiavéliques. Ils avaient des noms normaux, excessivement britanniques, mais il était plus facile de les classer dans des catégories zoologiques. L'Abeille. La Mouche. Et la Guêpe.

L'Abeille avait un visage ovale, fuyant, et il avait tendance à glisser d'un endroit à l'autre avec beaucoup de componction et de solennité, comme si sa présence était une aubaine pour le reste du monde. Il était si flegmatique que les gens ne le craignaient pas. Grosse erreur. C'était parfois leur dernière.

La Mouche avait passé la plus grande partie de sa carrière à côtoyer de près la merde, comme si elle l'attirait. Les déchets du gouvernement et des médias, les entrailles grouillantes de vers, il adorait ça, il s'en repaissait, il se frottait les mains dedans avec délice, même s'il prétendait le contraire. Il faisait tout pour avoir l'air désinvolte, au-dessus de la mêlée, et afficher une efficacité tranquille ainsi qu'une envie permanente d'aider les gens.

La Guêpe était dégingandé, charmant, arrogant, une boule d'énergie tapageuse. Il était doué pour faire semblant d'être poli, voire servile. Si vous affirmiez quelque chose devant lui, un fait apparemment irréfutable – *je crois que le soleil se lève le matin* –, il balbutiait que vous pourriez peut-être envisager l'espace d'un instant la possibilité qu'on vous ait mal informé : *Eh bien, hé hé, je n'en suis pas sûr, votre Altesse Royale, voyez-vous, tout dépend de ce que vous entendez par* matin, *monsieur.*

Il avait l'air tellement frêle, si effacé, qu'on pouvait être tenté d'insister, de défendre sa position, et c'était alors qu'il vous mettait sur sa liste noire. Peu après, sans avertissement, il vous plantait son dard démesuré avec une telle force que vous en hurliez de douleur, dans la plus grande confusion. *Mais d'où ce coup est-il venu, putain ?*

Je n'aimais pas ces hommes, et je ne leur étais d'aucune utilité. Au mieux, ils me trouvaient hors sujet, et au pire, stupide. Mais surtout, ils savaient l'image que j'avais d'eux : des usurpateurs. Chacun d'eux, profondément convaincu d'être le Véritable Monarque, profitait du fait que la reine était nonagénaire pour étendre son influence tout en prétendant se mettre au service de la Couronne.

J'en étais venu à cette conclusion à travers la dure et froide réalité de mon expérience personnelle. Par exemple, quand Meg et moi avions consulté la Guêpe à propos de la presse, il avait admis que la situation était abominable et qu'il fallait y mettre un terme avant que quelqu'un n'en subisse les dégâts. *Oui ! Nous ne vous contredirons pas là-dessus !* Il avait suggéré que Buckingham organise un sommet avec tous les grands rédacteurs afin qu'on leur présente nos doléances.

Enfin ! avais-je dit à Meg. Quelqu'un comprend le problème !

On n'en a plus jamais entendu parler.

Voilà pourquoi j'étais sceptique lorsque Grand-mère a proposé de nous envoyer l'Abeille. Mais je me suis dit qu'il fallait garder l'esprit ouvert, que cette fois-ci, ce serait peut-être différent, étant donné que Grand-mère lui avait personnellement demandé de venir.

Quelques jours plus tard, Meg et moi l'avons accueilli à Frogmore. On l'a confortablement installé dans notre nouveau salon, on lui a offert un verre de rosé et on lui a tout expliqué en détail. Il prenait méticuleusement des notes et portait souvent sa main à sa bouche en secouant la tête. Il avait vu les unes, affirmait-il, mais n'avait pas saisi tout l'impact qu'elles pouvaient avoir sur un jeune couple.

Ce déluge de haine et de mensonges était inégalé dans l'histoire britannique, avait-il ajouté.

Merci, avons-nous répondu. Merci de le comprendre.

Il nous a promis de discuter de la chose avec toutes les parties concernées et de revenir vers nous au plus vite avec un plan d'action, une série de propositions concrètes.

On n'en a plus jamais entendu parler.

67.

AU COURS D'UNE CONVERSATION TÉLÉPHONIQUE avec Elton John et son mari David, Meg et moi avons avoué qu'on avait besoin d'aide.

On est en train de perdre les pédales, les gars.

Venez nous voir, a répondu Elton.

Il voulait dire chez eux, dans leur maison en France.

Été 2019.

Alors, c'est ce qu'on a fait. On a passé quelques jours à lézarder au soleil sur leur terrasse, de longs moments à contempler l'azur de la mer avec un sentiment de décadence qui n'était pas uniquement dû au décor luxueux. Le moindre espace de liberté, si petit soit-il, nous semblait à présent d'un luxe scandaleux. Sortir du bocal, même pour quelques heures, c'était comme une levée d'écrou.

Un après-midi, on est partis en scooter avec David sur une route côtière le long de la baie. Je conduisais, Meg était derrière moi, et elle levait les bras en criant de bonheur tandis qu'on traversait les petits villages. On humait les odeurs des dîners par les fenêtres ouvertes, on faisait coucou aux enfants qui jouaient dans les jardins. Ils nous répondaient tous en agitant les mains. Ils ne nous connaissaient pas.

Le plus agréable au cours de ce séjour, c'était d'observer à quel point Elton, David et leurs deux garçons étaient tombés amoureux d'Archie. Souvent, je surprenais Elton à contempler son visage et je savais à qu'il pensait : Maman. Je le savais parce que ça m'arrivait tout le temps, à moi aussi. Fréquemment, je voyais une expression traverser le visage d'Archie qui me laissait médusé. J'ai failli en parler à Elton, lui dire à quel point j'aurais aimé que ma mère connaisse son petit-fils, et combien de fois j'avais senti – ou du moins avais-je voulu sentir – sa présence en serrant Archie dans mes bras. Chaque câlin était teinté de nostalgie ; et l'heure du coucher d'un soupçon de chagrin.

Quoi de mieux que la parentalité pour vous mettre face à votre passé ?

Le dernier soir, on éprouvait tous ce malaise familier de fin de vacances : *Pourquoi la vie ne serait-elle pas comme ça pour toujours ?* On passait de la terrasse à la piscine, puis on revenait, Elton proposait des cocktails tandis que David et moi discutions des nouvelles. Et de l'état lamentable de la presse. Et de ce que cela disait de la condition de la Grande-Bretagne.

On s'est mis à parler livres. David a mentionné les mémoires d'Elton, sur lesquels ce dernier avait passé des années. Ils étaient enfin terminés, et Elton était très fier du résultat. La date de publication approchait.

Bravo, Elton !

Ce dernier a indiqué que des extraits allaient être publiés en avant-première.

Ah bon ?

Oui. Dans le Daily Mail.

Quand il a vu la tête que je faisais, il a détourné les yeux.

Elton, comment as-tu... ?

J'ai envie que les gens le lisent !

Mais Elton... ? Ces types sont ceux qui ont fait de ta vie un enfer !

Précisément. Qui serait mieux placé qu'eux pour en publier des extraits ? Qui de mieux que le journal qui m'a empoisonné la vie depuis toujours ?

Qui de mieux ? Je... je ne comprends vraiment pas.

La nuit était chaude, et j'étais déjà en sueur. Mais à présent, des gouttes coulaient sur mon front. Je lui ai rappelé les mensonges, désormais célèbres, que le *Mail* avait publiés sur lui. Nom de Dieu ! Il les avait poursuivis en justice, un peu plus de dix ans auparavant, quand ils avaient affirmé qu'il avait interdit aux gens de lui parler lors d'une manifestation pour une œuvre caritative.

En fin de compte, le journal avait dû lui faire un chèque de cent mille livres.

Je lui ai rappelé ce qu'il avait déclaré pendant une interview : « Ils peuvent dire que je suis un vieux c** trop gros. Ils peuvent dire que je suis un salaud sans talent. Ils peuvent me traiter de folle. Mais ils n'ont pas le droit de mentir à mon propos. »

Elton n'avait rien à me répondre.

Mais je n'ai pas insisté.

Je l'aimais. Je l'aimerai toujours.

Et je n'avais pas envie de gâcher les vacances.

68.

C'ÉTAIT MAGNIFIQUE de voir tout un pays tomber amoureux de ma femme.

Je parle de l'Afrique du Sud.

Septembre 2019.

Une autre tournée à l'étranger pour y représenter la reine, et un nouveau triomphe. De Cape Town à Johannesburg, les gens ne se lassaient pas de voir Meg.

Quelques jours avant de rentrer au pays, on se sentait un peu plus en confiance, un peu plus courageux, alors on a décidé de revêtir notre armure de bataille et d'annoncer qu'on attaquait en justice trois des quatre tabloïds britanniques (dont celui qui avait imprimé la lettre de Meg à son père) en raison de leur conduite abjecte et de l'habitude qu'ils avaient prise depuis longtemps de pirater les téléphones des gens.

C'était en partie grâce à Elton et David. À la fin de notre séjour, ils nous avaient présentés à un avocat, une de leurs relations, un type charmant qui en savait davantage que quiconque sur le scandale du piratage des téléphones. Il m'a fait part de son expertise, me fournissant également des tonnes de preuves issues des tribunaux, et lorsque je lui ai avoué que j'aimerais pouvoir agir et que je me suis plaint des bâtons que le Palais me mettait dans les roues, il m'a suggéré un moyen d'une stupéfiante élégance pour contourner l'obstacle.

Pourquoi n'embauchez-vous pas votre propre avocat ?

J'ai bafouillé : *Vous voulez dire… Vous êtes en train de me dire qu'on pourrait simplement… ?*

Quelle idée ! Elle ne m'avait jamais traversé l'esprit.

J'avais tellement été conditionné à faire ce qu'on me disait.

69.

J'AI APPELÉ GRAND-MÈRE POUR LA PRÉVENIR avant la publication. Ainsi que Papa. Et j'ai envoyé un texto à Willy.

J'en ai aussi informé l'Abeille, en lui précisant que notre déclaration était prête à partir et en le priant de rediriger vers nous les demandes de la presse qu'elle allait inévitablement déclencher. Il nous a souhaité bonne chance ! Ce qui m'a d'autant plus fait rire lorsque j'ai entendu dire qu'il affirmait avec la Guêpe n'en avoir jamais rien su.

À l'annonce du procès, j'ai expliqué au monde les raisons qui le motivaient :

Ma femme est l'une des dernières victimes en date des tabloïds britanniques, une presse qui mène campagne contre des individus sans se soucier des conséquences – une campagne sans pitié qui s'est développée au cours de l'année qui vient de s'écouler, pendant sa grossesse et les premiers mois de notre fils nouveau-né… Je ne peux même pas tenter de décrire à quel point cela a été douloureux… Cette démarche n'est peut-être pas la plus sûre, mais c'est la meilleure chose à faire. Parce que ma plus grande peur, c'est que l'his-

toire se répète... J'ai perdu ma mère et à présent, je vois ma femme être victime de ces mêmes forces si puissantes.

Le procès n'a pas reçu une couverture médiatique aussi large que, disons, le fait que Meg ait osé fermer elle-même la portière de sa voiture. En fait, la presse n'en a quasiment pas parlé. Néanmoins, certains amis l'ont remarqué. Beaucoup m'ont envoyé des textos : *Pourquoi maintenant ?*

C'était simple. Quelques jours plus tard, les lois sur la vie privée en Grande-Bretagne allaient être modifiées en faveur des tabloïds. On voulait que notre affaire soit jugée avant que les dés soient pipés.

Nos amis nous demandaient aussi : *Pourquoi intenter un procès au moment où la presse vous est si favorable ? La tournée en Afrique du Sud était un triomphe, avec une couverture très positive.*

Justement, ai-je souvent expliqué. *La question n'est pas de savoir si nous avons envie ou besoin d'avoir bonne ou mauvaise presse. Il s'agit d'empêcher les gens de commettre des abus en toute impunité et de les empêcher de mentir. Particulièrement lorsque leurs mensonges détruisent des innocents.*

J'avais peut-être l'air un peu sentencieux, un peu grandiloquent, mais juste après l'annonce de notre procès, l'*Express* a publié un article atroce qui m'a conforté dans mes choix.

« Comment les fleurs de Meghan Markle ont fait courir un danger de mort à la princesse Charlotte. »

Ce dernier « scandale » concernait les couronnes de fleurs des demoiselles d'honneur lors de notre mariage, plus d'un an auparavant. Lesdites couronnes contenaient quelques brins de muguet, une plante qui peut se révéler toxique pour les enfants. À condition qu'ils le *mangent* !

Et même dans ce cas, l'ingestion peut provoquer des désagréments inquiétants pour des parents, mais l'issue n'est que très rarement fatale.

Peu importait qu'un fleuriste officiel avait fabriqué ces couronnes. Peu importait que Meg n'avait pris aucune part dans cette « décision dangereuse ». Peu importait que les demoiselles d'honneur des précédents mariages royaux, dont ceux de Kate et de ma mère, avaient aussi porté des couronnes contenant du muguet.

Peu importait tout ça. L'histoire de Meghan la meurtrière était bien trop juteuse.

Sur la photo illustrant l'article, on voyait ma pauvre petite nièce coiffée de sa couronne, le visage grimaçant, comme si elle était au paroxysme de l'agonie ou sur le point d'éternuer. Juste à côté, un portrait de Meg où celle-ci affichait une indifférence totale devant la mort imminente de cette angélique enfant.

70.

Le Palais de Buckingham m'a convoqué. Un déjeuner avec Grand-mère et Papa. L'invitation était arrivée par l'intermédiaire d'un courriel laconique de l'Abeille, dont le ton n'était pas : Cela vous dérangerait-il de passer nous saluer ?

C'était plutôt : Ramenez votre cul vite fait.

J'ai enfilé un costume et j'ai sauté dans la voiture.

Les deux premiers visages que j'ai vus en entrant étaient ceux de l'Abeille et de la Guêpe. Une embuscade. J'avais cru me rendre à un repas de famille. Apparemment non.

J'étais donc seul, sans mes collaborateurs, sans Meg, et on m'a directement jeté à la figure ma démarche judiciaire. Mon père a déclaré qu'elle causait des dommages énormes à la réputation de la famille.

Comment ça ?

Cela rend notre relation avec les médias plus compliquée.

Compliquée. C'est le terme.

Tout ce que tu fais affecte l'ensemble de la famille.

On pourrait dire la même chose à propos de vos actes ou de vos décisions. Ils nous affectent aussi. Par exemple lorsque vous invitez à dîner les éditeurs et les journalistes mêmes qui nous diffament, ma femme et moi...

L'Abeille ou la Guêpe, je ne sais plus, est intervenu pour me rappeler à l'ordre :

Les relations avec la presse sont nécessaires... Monsieur, nous en avons déjà parlé !

Une relation, oui. Pas une passion sordide.

J'ai tenté une autre approche. *Dans cette famille, tout le monde a traîné la presse en justice, y compris Grand-mère. En quoi mon cas est-il différent ?*

Un ange est passé. Silence.

La querelle a duré encore quelques instants, puis j'ai dit :
Écoutez. On n'avait pas le choix. On n'aurait jamais fait cela si vous nous aviez protégés. Et protégé la monarchie au passage. Vous ne vous rendez pas service en refusant de protéger ma femme.

J'ai balayé du regard les visages autour de la table. Ils étaient impassibles. Était-ce de l'incompréhension ? Une dissonance cognitive ? L'existence d'enjeux plus importants ? Ou… n'étaient-ils vraiment pas au courant ? La bulle au sein de la bulle dans laquelle ils étaient enfermés leur masquait-elle la gravité de la situation ?

Comme quand le *Tatler*, par exemple, avait cité un ancien élève d'Eton qui affirmait que j'avais épousé Meg parce que les « étrangères » comme elle sont plus « faciles » que les filles « issues d'un bon milieu ».

Ou quand *Daily Mail* avait écrit que Meg montrait une « mobilité ascendante » parce qu'elle était passée « d'esclave à princesse » en tout juste cent cinquante ans.

Ou quand des messages sur les réseaux sociaux la traitaient de « prostituée de luxe », d'« escort », de « croqueuse de diamants », de « putain », de « salope », de « garce » et de « n***esse » – à de nombreuses reprises. Certains de ces messages avaient été publiés en commentaire sur les pages web des trois palais – et ils y étaient toujours.

Ou quand un tweet proclamait : « Chère Duchesse, je ne dis pas que je vous hais, mais j'espère que vous aurez vos prochaines règles dans un bassin rempli de requins. »

Ou quand étaient révélés des écrits racistes de Jo Marney, la petite amie du chef de l'UKIP[1], dont un qui affirmait que ma fiancée « Noire Américaine » allait « teinter » la famille royale et préparer le terrain pour « un roi noir », et un autre qui spécifiait que Mme Marney n'aurait jamais de relations sexuelles avec « un nègre ».

« Ici, c'est la Grande-Bretagne, pas l'Afrique. »

Ou le *Mail* qui se plaignait de ce que Meg avait en permanence les mains posées sur son ventre, qu'elle le frottait et le frottait encore comme si elle était un succube.

---

1. *UK Independence Party* : Parti pour l'indépendance du Royaume-Uni ; parti d'inspiration nationaliste.

Les choses avaient tellement dérapé que soixante-douze députées de tous bords politiques ont condamné les « sous-entendus colonialistes » dont la presse se rendait coupable dans sa couverture de la duchesse de Sussex.

Rien de tout ceci n'avait été jugé digne du moindre commentaire, en public ou en privé, de la part de ma famille.

Je savais comment ils rationalisaient la question, en prétendant que ce n'était guère différent du traitement qu'on avait infligé à Camilla. Ou à Kate. Mais c'était différent ! Une étude s'est penchée sur quatre cents tweets ignobles à propos de Meg. L'équipe de spécialistes des datas et d'analystes en informatique a conclu que cette avalanche de haine était fortement atypique, à des années-lumière de ce qu'avaient subi Kate ou Camilla. Le tweet qui avait surnommé Meg « la reine de l'île aux singes[1] » n'avait aucun précédent ou équivalent historique.

Et ce n'était pas une question de sentiments blessés ou d'ego meurtris. La haine a des effets physiques. Une tonne d'études démontre que les moqueries et la haine publiques sont très mauvaises pour la santé. Par ailleurs, les conséquences d'un point de vue sociétal étaient encore plus effrayantes. Certains sont plus sensibles que d'autres à cette haine, ce qui les pousse à passer à l'acte. C'est ainsi que nos bureaux ont reçu un colis contenant une suspicieuse poudre blanche, accompagnée d'un message raciste dégoûtant.

J'ai regardé Grand-mère, puis les autres personnes dans la pièce, et je leur ai rappelé que Meg et moi avions dû affronter une situation tout à fait unique, et que nous étions livrés à nous-mêmes. Notre équipe était trop petite, trop jeune, et cruellement sous-financée.

L'Abeille et la Guêpe ont marmonné quelque chose et déclaré qu'on aurait dû leur faire savoir qu'on était sous-équipés.

Leur faire savoir ? J'ai répliqué que je les avais suppliés à plusieurs reprises de m'aider, l'un comme l'autre, et que l'un de nos principaux collaborateurs avait envoyé des requêtes dans ce sens – à de multiples reprises.

Grand-mère s'est tournée vers l'Abeille : *Est-ce vrai ?*

Il l'a regardée droit dans les yeux.

---

1. *Monkey Island*, l'île aux singes, est un jeu vidéo dont l'un des personnages, une reine pirate, est métissée.

Votre Majesté, nous n'avons jamais reçu la moindre demande de soutien.

71.

MEG ET MOI ASSISTIONS AUX WELLCHILD AWARDS, une manifestation annuelle en l'honneur des enfants qui souffrent de maladies graves. Octobre 2019.

J'y étais allé de nombreuses fois au fil des ans, car je suis parrain de cette association depuis 2007, et c'est toujours un événement bouleversant. Les enfants sont si courageux, leurs parents si fiers – et torturés. Divers prix étaient décernés ce soir-là pour récompenser l'inspiration et la force de caractère, et je devais remettre une récompense à un jeune enfant particulièrement résilient.

Je suis monté sur scène, j'ai commencé ma brève intervention et j'ai aperçu le visage de Meg. Je me suis souvenu qu'un an plus tôt, nous avions assisté ensemble à cette même cérémonie, à peine quelques jours après le test de grossesse. On était alors remplis d'espoir et d'inquiétude, comme tous les futurs parents, mais aujourd'hui, on avait un petit garçon en bonne santé à la maison. En revanche, les parents et les enfants qui se trouvaient devant moi n'avaient pas eu cette chance. La gratitude et la compassion se sont mêlées dans mon cœur, et j'avais la gorge serrée. Incapable de prononcer le moindre mot, j'ai agrippé le pupitre et je me suis penché en avant. Le présentateur, qui avait été un ami de ma mère, s'est approché et m'a posé la main sur l'épaule. Ça m'a aidé, de même que la salve d'applaudissements qui m'a donné le temps de me débloquer les cordes vocales. Peu après, j'ai reçu un texto de Willy. Il était en tournée au Pakistan. Il m'a dit que de toute évidence, j'étais surmené, et qu'il s'inquiétait pour moi.

Je l'ai remercié de se soucier de moi, en lui assurant que j'allais très bien. J'avais simplement été submergé par l'émotion devant cette salle pleine d'enfants malades et de leurs proches juste après être moi-même devenu père – rien d'anormal là-dedans.

Il m'a répondu que je n'allais pas bien. Il a répété que j'avais besoin d'aide.

Je lui ai rappelé que je suivais déjà une thérapie. En fait, peu de temps auparavant, il avait demandé à m'accompagner chez ma thérapeute parce qu'il la soupçonnait de me faire un « lavage de cerveau ».

J'ai inspiré profondément. *Alors viens*, avais-je lâché. *Ça sera bon pour toi. Bon pour nous.*

Il n'est jamais venu.

Sa stratégie était flagrante : je n'allais pas bien, raison pour laquelle je faisais n'importe quoi. Comme si tout mon comportement devait être remis en question.

J'ai fait de gros efforts pour que mes textos restent corrects. Néanmoins, l'échange a viré à la dispute, une querelle qui s'est étalée sur soixante-douze heures. On s'est envoyé des messages toute la journée, jusque tard dans la nuit – on ne s'était jamais disputés ainsi. On était en colère, mais aussi à des kilomètres de distance, comme si on parlait deux langues différentes. De temps à autre, je me rendais compte que ma pire crainte se matérialisait : après des mois de thérapie, après avoir travaillé dur pour devenir plus conscient et plus indépendant, j'étais un inconnu pour mon grand frère. Il ne se sentait plus proche de moi – il ne pouvait plus me tolérer.

Ou alors, c'était peut-être simplement le stress des dernières années, des dernières décennies qui finissait par ressortir.

J'ai sauvegardé les textos. Je les ai encore. Je les lis parfois, avec tristesse, dans la confusion, en songeant : comment avons-nous pu en arriver là ?

Dans son dernier texto, Willy a écrit qu'il m'aimait. Qu'il était profondément attaché à moi. Qu'il ferait tout ce qui était en son pouvoir pour m'aider.

Et que je pouvais être convaincu qu'il n'en serait jamais autrement.

72.

Avec Meg, on a parlé de s'éloigner, mais, cette fois-ci, il ne s'agissait pas d'une journée à Wimbledon ou d'un week-end avec Elton.

On parlait d'évasion.

Un ami connaissait quelqu'un qui avait une maison à louer sur l'île de Vancouver. Calme, au vert – apparemment isolée. D'après lui, on ne pouvait y accéder que par ferry ou par avion.

Novembre 2019.

On est arrivés sous le couvert de l'obscurité par une nuit romantiquement orageuse, avec Archie, Guy, Pula et la nounou, et on a passé les quelques jours suivants à essayer de se détendre. Ce n'était pas difficile. Du matin au soir, on n'avait plus besoin de penser au prochain piège qu'on allait nous tendre. La maison se trouvait en lisière d'une forêt d'un vert étincelant et disposait de grands jardins où Archie et les chiens pouvaient s'amuser, et elle était pratiquement entourée par les eaux propres et froides de l'océan. Je prenais un bain tonifiant tous les matins. Mais le comble du bonheur, c'est que personne ne savait qu'on était là. On a fait des randonnées, du kayak, et on a joué – en paix.

Au bout de quelques jours, on a eu besoin de se ravitailler, alors on s'est timidement risqués dehors, on a pris le volant pour descendre jusqu'au village le plus proche et on a arpenté les trottoirs comme des personnages dans un film d'horreur. D'où l'agression allait-elle venir ? De quel côté ?

Mais rien ne s'est produit. Les gens ne se sont pas transformés. Ils ne nous fixaient pas. Ils ne se jetaient pas sur leur iPhone. Tout le monde savait, ou ressentait qu'on traversait une épreuve. Ils nous ont laissé de l'espace tout en se débrouillant pour nous mettre à l'aise avec un sourire amical ou un signe de la main. Ils nous ont donné l'impression qu'on appartenait à une communauté. Ils nous ont fait nous sentir normaux.

Pendant six semaines.

Jusqu'à ce que le *Daily Mail* publie notre adresse.

En quelques heures à peine, la maison était entourée de bateaux. Une invasion à grande échelle par la mer. Chaque embarcation était hérissée de téléobjectifs alignés comme des canons sur les ponts, tous pointés vers nos fenêtres. Vers notre fils.

Au temps pour les jeux dans le jardin.

On a attrapé Archie et on l'a mis à l'abri à l'intérieur.

Ils mitraillaient à travers les vitres de la cuisine pendant qu'on lui donnait à manger.

On a tiré les stores.

Lorsque nous sommes retournés en ville, il y avait quarante paparazzis le long de la route. Quarante. On les a comptés. Certains nous ont pris en chasse. Notre petit bazar préféré avait accroché une pancarte à sa porte : « Pas de médias ».

On est rentrés en toute hâte, on a tiré les stores encore plus hermétiquement et on a recommencé à vivre dans une sorte de pénombre permanente.

Meg a dit que la boucle était bouclée. De retour au Canada, effrayée à l'idée d'ouvrir les stores.

Mais les stores étaient loin de suffire. Peu après, les caméras de surveillance ont repéré un jeune homme squelettique qui rôdait le long de la grille à l'arrière de la maison, en jetant des coups d'œil suspicieux, l'air de chercher un moyen d'entrer. Il prenait des photos de la clôture. Il portait une doudoune sans manches et un pantalon crasseux qui tombait sur ses chaussures miteuses, et rien ne semblait être trop abject pour lui. Rien. Son nom : Steve Dennett. Ce paparazzi freelance nous avait déjà espionnés, pour le compte de *Splash* !

C'était un fléau. Mais le suivant serait peut-être pire.

On ne pouvait pas rester ici.

Et pourtant... ?

Pour brèves qu'elles aient été, ces quelques semaines de liberté nous ont donné matière à réfléchir. Et si notre existence pouvait ressembler à ça... tout le temps ? Et si on était en mesure de passer au moins une partie de l'année dans un coin reculé, toujours au service de la reine, mais hors de portée de la presse ?

Libres. Affranchis de l'emprise des médias, du psychodrame permanent, des mensonges. Mais aussi à l'abri du prétendu « intérêt du public », concept qui servait à justifier la couverture frénétique dont on faisait l'objet, et le chaos qui accompagnait le fait d'être membre d'une institution financée par l'argent du contribuable.

La question était... où ?

On a parlé de la Nouvelle-Zélande. On a parlé de l'Afrique du Sud. Six mois par an à Cape Town, peut-être ? Ça pourrait fonctionner. À l'écart de toute cette comédie, mais plus proche de mon travail pour la préservation de la nature – et de dix-huit autres pays du Commonwealth.

J'avais déjà évoqué cette idée avec Grand-mère en une occasion. Elle avait même donné son aval. J'en avais également parlé à Papa, à Clarence House, en présence de l'Abeille. Il m'avait répondu de mettre ça par écrit, ce que j'avais aussitôt fait. Quelques jours plus tard, ça s'est retrouvé dans les journaux, ce qui a causé un vrai raffut. Alors, fin décembre 2019, quand j'ai téléphoné à Papa afin de l'informer qu'on était plus décidés que jamais à passer une partie de l'année loin de la Grande-Bretagne, je n'ai pas apprécié qu'il me rétorque que je devais mettre ça par écrit.

Oui, euh... J'ai déjà fait ça une fois, Papa. Et notre plan a fuité sur-le-champ. Il a été sabordé.

Je ne peux pas t'aider si tu ne mets pas cela par écrit, mon cher enfant. Ces choses-là doivent passer par le gouvernement.

Pour l'amour de...

Début janvier 2020, je lui ai envoyé une lettre sur papier filigrané où je lui présentais de façon générale l'idée, en plusieurs points, avec beaucoup de détails. Au cours des échanges qui ont suivi, tous estampillés PRIVÉ ET CONFIDENTIEL, j'ai matraqué le thème essentiel : nous étions prêts à faire tous les sacrifices nécessaires pour trouver un peu de paix et de sécurité, y compris renoncer à nos titres de Sussex.

Je lui ai passé un coup de fil pour qu'il me fasse part de son avis sur la question.

Il a refusé de prendre mon appel.

Peu après, j'ai reçu un long mail où il m'invitait à discuter de tout cela de vive voix. Il souhaitait nous voir rentrer le plus tôt possible.

Vous avez de la chance, Papa ! Nous revenons en Grande-Bretagne dans quelques jours – pour voir Grand-mère. Alors... quand pouvons-nous nous retrouver ?

Pas avant fin janvier.

Quoi ? Mais c'est dans presque un mois ?

Je suis en Écosse. Je ne peux pas descendre avant.

J'espère et j'ai confiance dans le fait que nous pourrons en parler sans que le sujet devienne public et que ça fasse tout un cirque.

Il a conclu la conversation par une menace : *Tu vas te rendre coupable de désobéissance au monarque et à moi-même si tu persistes dans tes démarches avant qu'on ait eu l'occasion d'en discuter.*

73.

J'AI APPELÉ GRAND-MÈRE LE 3 JANVIER.
On rentre en Grande-Bretagne, lui ai-je annoncé. *On aimerait beaucoup passer vous voir.*

Je lui ai dit explicitement qu'on espérait pouvoir discuter avec elle de notre idée d'organiser différemment notre travail.

Elle n'était pas enchantée. Elle n'était pas non plus choquée. Elle savait à quel point nous étions malheureux, et elle avait vu ce jour poindre à l'horizon.

Mais j'avais l'impression qu'une bonne conversation avec ma grand-mère mettrait un terme à cette épreuve.

Grand-mère, vous êtes libre ?

Oui, bien sûr ! Je n'ai rien de toute la semaine. Mon calendrier est vierge.

C'est génial. Meg et moi pourrions passer prendre le thé, puis retourner à Londres. Nous avons un engagement à la Maison du Canada le lendemain.

Vous serez certainement épuisés par le voyage. Vous voulez dormir ici ?

Par « ici », elle entendait à Sandringham. Oui, ce serait plus simple, ai-je admis.

Eh bien... Oui. Cela serait très agréable, merci.

Tu comptes aussi parler à ton père ?

Je lui ai posé la question, mais il m'a répondu que c'était impossible. Il est en Écosse et il ne peut pas se déplacer avant la fin du mois.

Elle a émis un petit son. Un soupir, ou un grommellement entendu. Je n'ai pas pu m'empêcher de rire.

Je n'ai qu'une chose à dire là-dessus, a-t-elle poursuivi.

Oui ?

Ton père fait toujours ce qu'il veut.

Quelques jours plus tard, le 5 janvier, alors que Meg et moi embarquions dans un avion à Vancouver, j'ai reçu un message frénétique de notre équipe, laquelle venait d'en recevoir un tout aussi frénétique de l'Abeille. Grand-mère n'allait pas être en mesure de me voir. *Initialement, Sa Majesté avait pensé que cela serait possible, mais ce n'est pas le cas... Le duc de Sussex ne peut pas venir* à *Norfolk demain. Sa Majesté sera en mesure de lui proposer un nouveau rdv ce mois-ci. Aucune annonce de quelque nature que ce soit ne pourra être faite avant la tenue de cette réunion.*

Ils m'empêchent de voir ma propre grand-mère ! ai-je lancé à Meg.

Quand on a atterri, j'ai envisagé de prendre le volant et d'aller malgré tout à Sandringham. Que l'Abeille aille brûler en enfer. Pour qui se prenait-il à essayer de me bloquer ? J'ai imaginé notre voiture arrêtée à la grille par la police du Palais. Je me suis vu passer en force le barrage de sécurité en fonçant sur la barrière. Un fantasme divertissant, et un bon moyen de tuer le temps pendant le trajet depuis l'aéroport, mais non. Il valait mieux que j'attende le moment propice.

En arrivant à Frogmore, j'ai de nouveau appelé Grand-mère. J'ai visualisé l'appareil en train de sonner sur son bureau. Je l'entendais vraiment dans ma tête, *driiiiing*, comme le téléphone rouge dans la tente de VHR.

Troupes au contact !

J'ai entendu sa voix.

Allô ?

Bonjour, Grand-mère, c'est Harry. Je suis désolé, j'ai dû mal vous comprendre l'autre jour quand vous m'avez dit que vous étiez libre aujourd'hui.

Quelque chose s'est présenté, je n'étais pas au courant.

Sa voix était étrange.

Puis-je passer demain, alors, Grand-mère ?

Hmm. Bien. Je suis occupée toute la semaine.

D'après l'Abeille, du moins…, a-t-elle ajouté.

Il est dans la pièce avec vous, Grand-mère ?

Pas de réponse.

74.

Sara nous a prévenus que le *Sun* était sur le point de publier un article affirmant que le duc et la duchesse de Sussex se mettaient en retrait de leurs devoirs royaux pour passer davantage de temps au Canada. Le chroniqueur showbiz de ce journal, un petit homme triste, était qualifié d'enquêteur principal du reportage.

Pourquoi lui ? Pourquoi, entre tous, le type du showbiz ?

Parce que ces derniers temps, il s'était mué en une sorte de correspondant royal autoproclamé, principalement grâce à la force de la relation qu'il entretenait secrètement avec un ami proche du secrétaire de la communication de Willy – lequel l'alimentait en informations triviales (et le plus souvent fausses).

Vous pouviez être sûrs qu'il comprendrait tout de travers, comme lors de son dernier grand reportage « exclusif », le « Tiaragate », comme on en était venu à appeler l'histoire du diadème que Grand-mère avait prêté à Meg. Il était non moins certain qu'il pondrait son papier aussi vite que possible, parce qu'il travaillait vraisemblablement de concert avec le Palais, dont les officiels étaient déterminés à prendre un coup d'avance et à tourner l'histoire en leur faveur. On ne voulait pas de ça. On ne voulait pas que quelqu'un d'autre annonce notre info, qu'on *déforme* notre info.

Il fallait qu'on publie une déclaration de toute urgence.

J'ai de nouveau appelé Grand-mère, je lui ai parlé du *Sun* en lui expliquant que le temps pressait. Elle a très bien compris. Elle était prête à me donner son autorisation, à condition que ça ne vienne pas « alimenter la spéculation ».

Je ne lui ai pas détaillé précisément le contenu de notre communiqué. Elle ne me l'a pas demandé, et de toute façon, je ne le connaissais pas encore moi-même. Néanmoins, je lui en ai exposé l'idée générale ainsi que quelques détails qui figuraient déjà dans le mémo que Papa avait exigé.

La formulation devait être précise. Et le ton posé – calme. On ne souhaitait blâmer personne, on ne voulait pas jeter de l'huile sur le feu. Pour ne pas alimenter la spéculation.

Un redoutable défi littéraire.

Rapidement, on s'est rendu compte que c'était impossible ; on n'avait pas le temps de publier notre déclaration avant la leur.

On a ouvert une bouteille de vin. Vas-y, petit homme triste, vas-y.

C'est ce qu'il a fait. Le *Sun* a publié l'article sur son site tard dans la soirée, puis de nouveau en première page de son numéro du lendemain.

La une : « ON SE CÂSSE ! »

Comme on pouvait s'y attendre, l'article présentait notre départ comme une démission hédoniste, joyeuse et insouciante plutôt que comme une retraite en bon ordre par instinct de conservation. Il mentionnait aussi un détail révélateur : nous avions proposé de renoncer à nos titres. Et il n'y avait qu'un document sur terre où ce détail figurait : la lettre estampillée PRIVÉ ET CONFIDENTIEL que Papa avait exigée. On n'en avait même pas parlé à nos plus proches amis.

Une lettre à laquelle un nombre ridiculement petit de personnes avait eu accès.

Le 7 janvier, on a retravaillé notre brouillon, puis, après une brève apparition publique, on a rencontré nos collaborateurs. Finalement, le 8, on s'est cloîtrés avec les deux collaboratrices les plus expérimentées de notre équipe dans l'un des salons d'État au fin fond du palais de Buckingham.

J'avais toujours aimé ce salon. Ses murs pâles, son lustre de cristal scintillant... Mais ce jour-là, il m'a semblé encore plus charmant que d'habitude et je me suis demandé s'il avait toujours été ainsi. S'il avait toujours eu l'air aussi... *royal* ?

Un grand bureau de bois se trouvait dans un coin. C'est devenu notre espace de travail. On s'y installait à tour de rôle devant l'ordinateur portable. On essayait différentes tournures, on modifiait des phrases afin de tenter d'expliquer qu'on voulait réduire l'importance de notre rôle et prendre du recul, non pas tourner les talons. C'était difficile de trouver la formulation exacte, le ton adéquat. Sérieux, mais respectueux.

De temps à autre, l'un de nous allait se détendre dans l'un des fauteuils ou se reposer les yeux en contemplant le jardin derrière les grandes fenêtres. Quand j'avais besoin d'une pause un peu plus longue, j'allais randonner sur le tapis vaste comme un océan. À l'autre bout du salon, dans le coin sur la gauche, une petite porte donnait sur la suite belge où Meg et moi avions une fois passé la nuit. Dans l'angle opposé, il y avait deux grandes portes, du genre de celles que les gens imaginent quand ils entendent le mot « palais ». Elles menaient vers une pièce dans laquelle j'avais assisté à d'innombrables cocktails. J'ai repensé à tous les bons moments que j'y avais vécus.

Un souvenir m'est revenu : c'était dans la salle voisine que la famille se retrouvait toujours pour boire un verre avant le déjeuner de Noël.

Je suis sorti dans le hall. Le grand sapin de Noël s'y trouvait, encore illuminé. Je me suis posté devant, perdu dans mes réminiscences. J'ai décroché deux petites décorations, deux corgis miniatures que j'ai rapportés à nos collaboratrices. Un pour chacune, leur ai-je dit. En souvenir de cette étrange mission.

Ça les a touchées. Mais elles se sentaient un peu coupables.

Je les ai rassurées : *Ils ne manqueront à personne.*

Ces mots semblaient lestés d'un double sens.

Plus tard dans la journée, tandis qu'on peaufinait péniblement notre version finale, elles ont commencé à s'angoisser. Elles s'inquiétaient à voix haute de ce que quelqu'un découvre qu'elles étaient impliquées dans tout ça. Si c'était le cas, quelles en seraient les conséquences pour leur emploi ? Mais surtout, elles étaient excitées. Elles sentaient qu'elles se trouvaient dans le camp du bon droit, et toutes deux avaient eu connaissance de chaque abus publié dans la presse ou posté sur les réseaux sociaux depuis des mois.

À dix-huit heures, c'était fini. On s'est rassemblés autour de l'ordinateur pour relire une dernière fois le communiqué à voix haute. Puis on l'a envoyé aux secrétaires particuliers de Grand-mère, Papa et Willy pour les aviser de ce qui allait se passer. Le collaborateur de Willy a répondu tout de suite : *Ça va déclencher une guerre nucléaire.*

Bien sûr, je savais que de nombreux Britanniques seraient choqués et attristés, et ça me nouait les tripes. Mais j'avais confiance dans le fait que le temps aidant, quand ils sauraient la vérité, ils comprendraient.

Je ne me souviens plus laquelle de nos collaboratrices a lancé : *On le fait ?*

Meg et moi avons répondu ensemble.

Oui. On n'a pas le choix.

On a envoyé la déclaration à notre responsable des médias. Une minute plus tard, le post est apparu sur notre page Instagram, la seule plateforme à laquelle nous avions encore accès. On s'est tous embrassés, on s'est essuyé les yeux et on a rapidement rassemblé nos affaires.

Meg et moi sommes sortis du palais à pied. On a sauté dans la voiture, et tandis qu'on roulait vers Frogmore, la nouvelle passait déjà à la radio. Sur toutes les stations. On en a choisi une, Magic FM, la préférée de Meg. Le présentateur s'est lancé dans une diatribe avec une forme d'indignation toute britannique. On s'est donné la main et on a échangé un sourire avec nos gardes du corps sur le siège avant. Puis on a tous regardé par la vitre en silence.

75.

UNE RÉUNION A ÉTÉ ORGANISÉE quelques jours plus tard à Sandringham. Je ne me rappelle plus qui avait surnommé ça le Sommet de Sandringham. Un journaliste, j'imagine.

En chemin, j'ai reçu un texto de Marko à propos d'un article dans le *Times*.

Willy y déclarait que lui et moi étions désormais des « entités distinctes ».

« J'ai tenu mon frère par l'épaule pendant toute notre vie, mais je ne peux plus continuer de le faire. »

Comme Meg était partie rejoindre Archie au Canada, j'étais tout seul. Je suis arrivé en avance, dans l'espoir de pouvoir échanger quelques mots rapides avec Grand-mère. Elle était sur un banc devant la cheminée, et je me suis installé à côté d'elle. L'Abeille s'est aussitôt alarmé. Il s'est éloigné en bourdonnant et, quelques instants plus tard, il était de retour avec Papa, lequel s'est assis à côté de moi. Juste après, Willy est entré et m'a regardé comme s'il avait envie de m'assassiner. *Bonjour Harold.* Il s'est installé en face de moi. Des entités distinctes, en effet.

Une fois tous les participants arrivés, on s'est installés autour d'une longue table de réunion, avec Grand-mère à sa tête. Un calepin royal et un crayon étaient posés devant chaque chaise.

L'Abeille et la Guêpe ont fait un bref résumé de la situation. La question de la presse est vite venue sur le tapis. J'ai mentionné pour mémoire le comportement cruel et criminel des médias, mais j'ai précisé que ces derniers avaient été bien aidés. Cette famille leur avait laissé les coudées franches en regardant ailleurs, ou en les sollicitant de façon active. D'ailleurs, certains de ses collaborateurs étaient en cheville avec les journaux, ils leur fournissaient des informations et faisaient circuler des histoires – les récompensaient ou les félicitaient de temps à autre pour un service rendu. Les médias étaient l'une des causes principales de cette crise – leur modèle économique exigeait qu'on soit en conflit permanent –, mais ils n'étaient pas les seuls coupables.

J'ai regardé Willy. C'était le moment pour lui d'intervenir, de faire écho à mes propos, de parler de ses expériences traumatisantes avec Papa et Camilla. Mais à la place, il a commencé à se plaindre d'un article paru dans la matinée qui suggérait qu'il était la cause de notre départ.

Maintenant, on m'accuse de vous mettre à la porte de la famille, Meg et toi !

J'avais envie de dire : Nous n'avons rien à voir avec la publication de ce papier... mais imagine ta réaction si tu savais qu'on était à l'origine cette rumeur. Tu comprendrais alors ce que Meg et moi avons éprouvés au cours de ces trois dernières années.

Les secrétaires particuliers ont commencé à évoquer devant Grand-mère les Cinq Options.

Votre Majesté, vous avez consulté les Cinq Options.

Oui, a-t-elle répondu.

On les avait tous lues quand on les avait reçues par mail. Cinq façons de procéder. Option 1, le *statu quo*, Meg et moi ne partons pas et tout le monde essaie de revenir à la normale. Option 5, on coupe tous les ponts, aucun rôle dans la famille royale, aucune mission pour Grand-mère et une perte totale de protection.

L'option 3 était quelque part entre les deux. Un compromis. C'était la plus proche de notre proposition originale.

J'ai déclaré à toutes les personnes présentes que ma préoccupation majeure était la sécurité de ma famille. Je tenais désespérément à ce qu'ils soient à l'abri de toute agression physique. Je voulais éviter que l'histoire se répète et qu'on ait une nouvelle fois à déplorer une mort trop précoce, comme celle qui avait secoué cette famille jusque dans ses fondations et dont on essayait encore de se remettre vingt-trois ans après.

Je m'étais renseigné auprès de plusieurs vétérans du Palais, des personnes qui connaissaient les rouages internes de la monarchie ainsi que ses traditions, et tous m'avaient affirmé que l'Option 3 était la meilleure pour toutes les parties. Meg et moi passions quelques mois par an à l'étranger, on continuait de travailler et de rentrer en Grande-Bretagne pour des manifestations caritatives, des cérémonies ou d'autres événements. D'après eux, c'était une solution intelligente. Et éminemment faisable.

Mais la famille, bien sûr, m'a poussé à choisir l'option 1. À défaut, ils n'accepteraient que l'option 5.

On a discuté de ces cinq options pendant presque une heure. Finalement, l'Abeille s'est levé et il a fait le tour de la table en distribuant le premier jet d'un communiqué que le Palais allait bientôt publier. Il annonçait l'implémentation de l'option 5.

Attendez. Je suis perplexe. Vous aviez déjà rédigé une déclaration ? Avant toute discussion ? Vous annoncez l'option 5 ? En d'autres termes, c'était couru d'avance pendant tout ce temps ? Ce sommet, ce n'était que pour la galerie ?

Pas de réponse.

J'ai demandé s'il y avait des brouillons de déclarations annonçant les autres options.

Oh, oui, bien sûr ! a assuré l'Abeille.

Je peux les voir ?

Hélas... Son imprimante avait rendu l'âme. Quel manque de chance ! Juste au moment où il allait les imprimer !

J'ai éclaté de rire. *C'est une blague ?*

Tout le monde regardait ses chaussures.

Je me suis tourné vers Grand-mère : *Cela vous dérange si je vais prendre l'air un instant ?*

Bien sûr que non !

Je suis sorti. En entrant dans un grand hall, je suis tombé sur Lady Susan, qui avait travaillé pour Grand-mère pendant de nombreuses années, et sur M. R., mon ancien voisin du dessus dans le terrier de blaireau. Constatant que j'étais irrité, ils m'ont demandé s'ils pouvaient quelque chose pour moi. J'ai souri. Non, merci, ai-je répondu avant de retourner dans la pièce.

La discussion tournait autour de l'option 3. Ou peut-être la 2 ? Tout ça commençait à me donner mal au crâne. Ils étaient en train de m'avoir à l'usure, et finalement, je me foutais de l'option retenue à condition que la sécurité reste en place. J'ai plaidé en faveur du maintien de la protection policière dont j'avais bénéficié – et dont j'avais eu besoin – depuis ma naissance. Je n'avais jamais été autorisé à aller où que ce soit sans la présence de trois gardes du corps, même quand j'étais le membre le plus populaire de la famille, et aujourd'hui, comme ma femme et mon fils, j'étais la cible d'un torrent de haine sans précédent. Or la proposition en passe d'être retenue prévoyait un abandon total de cette protection.

C'était de la folie.

J'ai proposé de financer le coût de mon service de sécurité de ma poche. Je ne savais pas trop comment j'allais m'y prendre, mais je trouverais bien un moyen.

J'ai fait une dernière tentative : *Écoutez, s'il vous plaît. Meg et moi, on se moque des avantages, ce qui nous importe, c'est de travailler, de faire notre devoir... et de rester en vie.*

Ça semblait simple et persuasif. Autour de la table, tout le monde a hoché la tête.

À la fin de la réunion, on était arrivé à un accord général de principe. Les nombreux petits détails de ce compromis seraient réglés pendant la période de transition, durant laquelle on continuerait de bénéficier d'une protection policière.

Grand-mère s'est levée. On a tous fait de même. Elle est sortie.

Mais il me restait encore une affaire à régler. Je suis parti à la recherche du bureau de l'Abeille. Par chance, je suis tombé sur le page de la reine le plus amical, un homme qui m'avait toujours bien aimé. Quand je lui ai demandé mon chemin, il m'a proposé de m'y conduire lui-même. Je lui ai emboîté le pas tandis qu'il me guidait à travers la cuisine vers un escalier dérobé et un petit couloir.

C'est juste là, m'a-t-il dit en me désignant l'endroit.

Un peu plus loin, je suis tombé sur une énorme imprimante qui crachait des documents en rafale. L'assistant de l'Abeille est apparu.

Bonjour !

J'ai pointé l'appareil du doigt : *Elle semble fonctionner à merveille.*

Oui, Votre Altesse Royale !

Elle n'est pas cassée ?

Cette machine ? Elle est indestructible, monsieur !

Je me suis enquis de celle qui se trouvait dans le bureau de l'Abeille. *Elle marche aussi ?*

Oh, oui, monsieur ! Avez-vous besoin d'imprimer quelque chose ?
Non, merci.
J'ai avancé un peu plus loin dans le couloir et franchi une porte. Soudain, tout m'a paru familier. Et je me suis souvenu. C'était le couloir où j'avais dormi à Noël en rentrant du pôle Sud. Alors, l'Abeille est arrivé. Bille en tête. Quand il m'a aperçu, il a pris un air plutôt penaud... pour une abeille. Il voyait bien pourquoi j'étais ici. Il avait entendu le ronronnement de l'imprimante. Il savait que je l'avais grillé. *Oh, monsieur, s'il vous plaît, ne vous inquiétez pas de ça, ce n'est pas important.*
Ah bon ?
Je l'ai planté là et j'ai descendu les escaliers. Quelqu'un a suggéré que je prenne un moment pour discuter dehors avec Willy avant de partir. Pour calmer le jeu.
Très bien.
On a fait quelques allers-retours le long des ifs qui bordaient le terrain. C'était une journée glaciale. Je ne portais qu'une veste légère, et Willy était en pull, on grelottait tous les deux.
Une fois de plus, la beauté de tout ceci m'a stupéfié. Comme dans le salon d'État, j'avais l'impression de n'avoir encore jamais vu un palais. Ces jardins, c'est le paradis, me suis-je dit. Pourquoi ne nous contentons-nous pas d'en jouir ?
Je m'étais préparé à un sermon. Il n'est pas venu. Willy était sombre. Il voulait écouter. Pour la première fois depuis longtemps, mon frère m'a écouté jusqu'au bout, et je lui en étais tellement reconnaissant.
Je lui ai parlé de l'ex-collaborateur qui avait sabordé Meg. Qui avait comploté contre elle. Je lui ai parlé du collaborateur encore en activité dont un ami proche vendait à la presse des informations sur Meg et moi. Mes sources sur le sujet étaient au-dessus de tout soupçon, et il y avait parmi elles plusieurs journalistes et avocats. En outre, j'avais fait une petite visite à Scotland Yard.
Willy a froncé les sourcils. Kate et lui avaient des soupçons. Il allait vérifier tout ça.
On s'est mis d'accord pour continuer de se parler.

76.

J'AI SAUTÉ DANS LA VOITURE, et on m'a aussitôt annoncé qu'une déclaration conjointe venait d'être publiée en mon nom et en celui de Willy, sans que j'en sois informé, et qu'elle réfutait l'histoire de l'intimidation de ce matin même.

Je suis rentré à Frogmore et de là, dans les jours qui ont suivi, j'ai collaboré à la rédaction de notre déclaration finale, que nous avons rendue publique le 18 janvier 2020.

La Palais a annoncé que le duc et la duchesse de Sussex avaient accepté de « se mettre en retrait », que désormais ils ne représentaient plus « formellement » la Reine, que leurs titres d'Altesses Royales seraient « mis en suspens » pendant cette année de transition – et que nous avions proposé de rembourser l'allocation royale qui nous avait été accordée pour rénover Frogmore Cottage.

Le statut de notre protection a été évacué d'un « aucun commentaire » très ferme.

J'ai repris un vol pour Vancouver. C'était délicieux de retrouver Meg, Archie et les chiens. Pourtant, pendant quelques jours, je ne me suis pas senti totalement là. Une partie de moi était encore en Grande-Bretagne. À Sandringham. J'ai passé des heures scotché au téléphone ou sur Internet à suivre les retombées de l'affaire. La colère que les journaux canalisaient vers nous et la quantité de trolls sur la toile étaient alarmantes.

« Ne vous y trompez pas, c'est une insulte », vociférait le *Daily Mail*, qui avait d'ailleurs convoqué un « jury de la presse » pour qu'il se penche sur nos « crimes ». Parmi ses membres, on trouvait l'ex-attaché de presse de la Reine, lequel avait conclu avec ses collègues jurés qu'à partir de maintenant, nous devions nous attendre à ce qu'il n'y ait « pas de quartier ».

J'ai secoué la tête. Pas de quartier. Le vocabulaire de la guerre ?

C'était de toute évidence plus qu'une simple colère. Ces hommes et ces femmes voyaient en moi une menace existentielle. Si notre départ faisait courir un danger à la monarchie, comme certains le prétendaient, alors tous ceux qui gagnaient leur vie en couvrant la famille royale étaient également en danger.

Il fallait donc nous détruire.

Dans le lot, il y avait une femme qui avait écrit un bouquin sur moi et qui dépendait donc probablement de ma personne pour payer son loyer. Elle s'est présentée sur un plateau télé pour expliquer d'un ton péremptoire que Meg et moi avions quitté la Grande-Bretagne sans même demander la permission à Grand-mère. On n'en avait parlé à personne, affirmait-elle, pas même à Papa. Elle balançait ces mensonges avec un tel aplomb que j'étais moi-même tenté de la croire et, dans de nombreux cercles, sa version des faits est rapidement devenue « la vérité ». « Harry a pris la reine en traître ! » C'est le récit qui a prévalu. Je le sentais presque imbiber les livres d'histoire, et j'imaginais les élèves de Ludgrove à qui l'on ferait ingurgiter ces bêtises dans quelques décennies.

J'ai veillé jusque tard dans la nuit, je ressassais tout ça, je passais en revue le déroulé des événements et je me demandais : qu'est-ce qu'ils ont, tous ces gens ? Qu'est-ce qui les rend ainsi ?

Est-ce simplement une question d'argent ?

Mais c'est toujours le cas, non ? Toute ma vie, j'ai entendu dire que la monarchie était chère, anachronique, et à présent, Meg et moi en fournissions la preuve. Notre mariage était l'élément à charge numéro un. Il avait coûté des millions de livres, et ensuite, on s'était levés et on était partis. Comme des ingrats.

Mais la famille a réglé les frais du mariage proprement dit, et une énorme proportion des coûts supplémentaires a été investie dans la sécurité, une protection rendue nécessaire par le racisme et les rancœurs de classe que la presse entretenait à dessein. D'ailleurs, les experts en sûreté nous avaient affirmé que les snipers et les chiens renifleurs n'étaient pas là uniquement pour nous : ils devaient aussi empêcher qu'un tireur mitraille la foule sur le Long Walk ou que quelqu'un fasse sauter sa ceinture d'explosifs au milieu du public lors de la parade.

L'argent est peut-être au cœur de chaque controverse qui touche la monarchie. Cela fait longtemps que la Grande-Bretagne a du mal à se décider. La grande majorité soutient la reine, mais beaucoup s'inquiètent du coût de l'institution. Cette inquiétude est renforcée par le fait que le montant de ces subventions est inconnu. Il dépend de celui qui effectue le calcul. La Couronne coûte-t-elle de l'argent au contribuable ? Oui. Rapporte-t-elle une fortune dans les coffres du gouvernement ? Oui, aussi. La Couronne génère-t-elle des revenus touristiques qui profitent à tout le monde ? Bien sûr. Le système repose-t-il sur des terres obtenues et sécurisées à une époque où il était injuste et où la richesse provenait de l'exploitation des ouvriers, de violences, d'annexions et de l'esclavage ?

Qui pourrait le nier ?

D'après la dernière étude que j'ai lue, la monarchie coûte annuellement au contribuable moyen le prix d'une pinte. Au regard de tout le bon travail qu'elle fait, cela me paraît un investissement sain. Mais personne n'a envie d'entendre les arguments d'un prince à propos de l'existence de la monarchie, qu'il soit pour ou contre, d'ailleurs. Je laisserai donc à d'autres le débat sur le ratio coût/ bénéfice.

Mes sentiments sur le sujet sont complexes, naturellement, mais à la base, ma position est simple. Je soutiendrai toujours ma reine, ma commandante, ma Grand-mère. Je n'ai jamais eu aucun problème avec la monarchie, ni avec le concept de la monarchie, mais avec la presse et la relation malsaine qui s'est développée entre celle-ci et le Palais. J'aime mon pays natal, j'aime ma famille, et je les aimerai toujours. Je souhaitais simplement, à l'occasion du second moment le plus sombre de mon existence, qu'ils m'aient un peu mieux traité.

Et je pense qu'un jour, rétrospectivement, ils le souhaiteront aussi.

77.

LA QUESTION ÉTAIT : OÙ S'INSTALLER ?
On a envisagé le Canada. Ce pays avait été très bon pour nous, et on s'y sentait déjà comme à la maison. On s'imaginait bien pouvoir y passer le restant de nos jours. Si on pouvait trouver un endroit ignoré de la presse, le Canada était peut-être la bonne réponse.

Meg a contacté un ami de Vancouver qui nous a présenté un agent immobilier, et on s'est mis à chercher une maison. C'étaient nos premiers pas, on essayait de rester positifs. Le lieu où l'on habitera n'a pas vraiment d'importance, nous disions-nous, tant que le Palais remplit son engagement – et la promesse d'après moi implicite – d'assurer notre sécurité.

Un soir, Meg m'a demandé : *Tu ne crois pas qu'ils vont nous retirer nos gardes du corps, non ?*
Jamais. Pas dans ce climat de haine. Et pas après ce qui est arrivé à ma mère.

Et aussi à la suite des problèmes de mon oncle Andrew, empêtré dans un scandale honteux – on l'accusait d'avoir agressé sexuellement une jeune femme –, mais personne n'avait ne serait-ce que suggéré qu'il perde sa protection rapprochée. Les gens nous reprochaient beaucoup de choses, à Meg et moi, mais les crimes sexuels n'étaient pas dans la liste.

Février 2020.

Après sa sieste, j'ai pris Archie dans mes bras et je l'ai emmené dans le jardin. Il faisait beau et froid. On a contemplé l'océan, les feuilles mortes, on a ramassé des galets et des petites branches. J'embrassais son petit visage joufflu, je le chatouillais. J'ai jeté un coup d'œil à mon téléphone, qui me notifiait un texto de Lloyde, le chef de notre équipe de sécurité.

Il avait besoin de me voir.

J'ai traversé le jardin avec Archie pour le confier à Meg, puis je suis reparti dans l'herbe détrempée jusqu'au cottage où Lloyde logeait avec les autres gardes du corps. On s'est assis sur un banc, tous deux en doudoune sans manches. Les vagues roulaient doucement à l'arrière-plan. Lloyde m'a annoncé qu'on nous retirait notre sécurité. On leur avait donné l'ordre d'évacuer, lui et toute son équipe.

Mais ils ne peuvent pas faire ça.

J'aurais tendance à être d'accord avec vous. Mais c'est ce qu'ils ont fait.

Au temps pour la période de transition.

D'après lui, le niveau d'alerte face aux menaces dirigées contre nous était supérieur à celui de tout autre membre de la famille royale, et égal à celui retenu pour la reine. Cependant, l'ordre était arrivé, et toute discussion était inutile.

Alors, voilà où on en était. Le cauchemar ultime. Le pire des scénarios. N'importe quelle personne mal intentionnée pourrait désormais nous tomber dessus partout dans le monde, et il n'y aurait que moi avec mon pistolet pour l'arrêter.

Oh, attendez. Pas d'arme. Je suis au Canada.

J'ai téléphoné à Papa. Il a refusé de prendre mes appels.
Juste après, j'ai reçu un texto de Willy. *Tu peux parler ?*
Génial. J'étais certain que mon grand frère, après notre récente promenade dans les jardins de Sandringham, montrerait de la compassion. Qu'il interviendrait.
Il m'a dit que c'était une décision du gouvernement. Qu'on n'y pouvait rien.

78.

LLOYDE PLAIDAIT NOTRE CAUSE auprès de ses supérieurs au pays, en essayant au moins de les convaincre de différer la date de départ de son équipe. Il m'a montré les mails. *On ne peut pas simplement… les laisser là !* avait-il écrit.
La personne à l'autre bout avait répondu : *La décision a été prise. À partir du 31 mars, ils sont livrés à eux-mêmes.*
J'ai bataillé pour trouver de nouveaux gardes du corps. J'ai discuté avec des consultants et rassemblé différentes estimations, j'ai rempli un carnet entier de notes avec mes recherches. Le Palais m'a indiqué une société, laquelle m'a fourni un devis. Six millions par an.
J'ai raccroché lentement.
Au milieu de toute cette noirceur, la terrible nouvelle du suicide de ma vieille amie Caroline Flack est tombée. Apparemment, elle ne supportait plus les abus incessants de la presse qui, année après année, l'avaient brisée. Je me suis senti très mal pour sa famille. Je me souviens quel prix ils avaient dû payer parce qu'elle avait commis le péché mortel de sortir avec moi.
Elle était si légère et si drôle le soir où on s'était rencontrés. La définition même de l'insouciance.
À l'époque, un tel dénouement était inimaginable.
Je me suis dit que c'était une piqûre de rappel importante. Je n'étais pas mélodramatique, je ne m'inquiétais pas de choses qui pourraient ne jamais se produire. Le problème que Meg et moi devions affronter était effectivement une question de vie ou de mort.
Et le temps pressait.

En mars 2020, l'Organisation mondiale de la santé a déclaré une pandémie, et le Canada a commencé à évoquer la possibilité de fermer ses frontières.

Mais Meg n'avait aucun doute là-dessus. *Ils vont les fermer, c'est sûr, alors il faut qu'on trouve un endroit où aller... et qu'on y aille.*

79.

On chattait avec Tyler Perry, l'acteur, auteur et réalisateur. Il avait envoyé un mot à Meg avant le mariage pour lui dire qu'elle n'était pas seule et qu'il voyait bien ce qui se passait. Ça surgissait un peu de nulle part, mais ce message a donné suite à plusieurs conversations téléphoniques qui nous ont remonté le moral. Et ce jour-là, alors qu'on discutait sur FaceTime, Meg et moi essayions de faire bonne figure, mais on était tous les deux en vrac.

Tyler l'a remarqué. Il nous a demandé ce qui se passait.

On lui a résumé la situation dans les grandes lignes, la perte de notre protection policière, les frontières sur le point de fermer. Nulle part où aller.

Waouh. D'accord, ça fait beaucoup. Mais... respirez. Respirez, c'est tout.

C'était bien le problème. On n'arrivait plus à respirer.

Écoutez... installez-vous chez moi.

Quoi ?

Ma maison à Los Angeles. Elle est entourée d'une enceinte, elle est sécurisée – vous n'aurez rien à craindre, là-bas. Je vais vous mettre à l'abri.

Il était en voyage, nous a-t-il expliqué, il travaillait sur un projet, alors sa maison était vide et n'attendait plus que nous.

C'était trop. Bien trop généreux.

Mais nous avons accepté. Avec enthousiasme.

Je lui ai demandé pourquoi il faisait ça.

Ma mère.

Ta... ?

Ma mère adorait ta mère.

Ça m'a pris totalement par surprise. *Après la visite de ta mère à Harlem, c'était fini. Ta mère ne pouvait plus rien faire de mal dans le monde de Maxine Perry*, m'a-t-il confié.

Il a ajouté que sa mère était morte dix ans auparavant et qu'il en souffrait encore.

J'aurais aimé lui dire que ça devenait plus facile avec le temps.

Je ne l'ai pas fait.

80.

CETTE MAISON ÉTAIT XANADU, la résidence imaginaire. Des hauts plafonds, des œuvres d'art, une magnifique piscine. C'était un palais, certes, mais surtout, elle était archisécurisée. Et elle était fournie avec des gardes du corps, payés par Tyler.

On a passé les derniers jours de mars 2020 à déballer nos affaires et à explorer l'endroit. On essayait de se repérer dans ces couloirs, ces dressings, ces chambres : il semblait y avoir un espace infini à découvrir, et plein de cachettes pour Archie.

Meg a fait le tour pour tout lui montrer. Regarde cette statue ! Regarde cette fontaine ! Regarde ces colibris dans le jardin !

Dans l'entrée, il y avait un tableau qui intéressait beaucoup notre fils. Tous les matins, il se plantait devant pendant un long moment. C'était une scène de la Grèce antique. Meg et moi, on s'est demandé pourquoi.

Aucune idée.

Au bout d'une semaine, on se sentait comme chez nous dans la maison de Tyler. C'est dans son jardin que Archie a fait ses premiers pas un ou deux mois plus tard, au plus fort du confinement. L'espace d'un moment, je me suis dit que ce serait agréable de pouvoir partager la nouvelle avec son grand-père ou son oncle Willy.

Peu après, Archie se dirigeait tout seul vers son tableau préféré dans l'entrée. Il le fixait et gazouillait en le reconnaissant.

Meg s'est penchée pour l'examiner de plus près.

Elle a remarqué une plaque sur le cadre, qu'elle n'avait pas vue jusque-là.

Déesse de la chasse – *Diana*.

Lorsqu'on en a parlé à Tyler, il nous a répondu qu'il n'était pas au courant. Il avait même oublié que ce tableau se trouvait là.
Ça me donne des frissons, a-t-il déclaré.
Nous aussi.

81.

Tard le soir, quand tout le monde dormait, je faisais le tour de la maison pour vérifier les portes et les fenêtres. Puis je m'asseyais sur le balcon ou au bord du jardin et je me roulais un joint.

La maison se trouvait en surplomb d'une vallée, derrière laquelle un flanc de colline résonnait du chant des grenouilles. Je les écoutais en humant l'air embaumé. Les grenouilles, le parfum des fleurs, les arbres, la voûte étoilée, tout me ramenait au Botswana.

Mais ce n'était peut-être pas seulement à cause de la faune et de la flore.

C'était peut-être plutôt le sentiment d'être en sécurité. Le sentiment de vivre.

Pendant cette période, on a réussi à abattre beaucoup de travail. Et on en avait beaucoup. On a lancé une fondation, et j'ai renoué avec mes contacts dans le monde de la préservation de la nature. On maîtrisait à nouveau la situation... quand la presse a appris qu'on habitait chez Tyler. Ça avait duré exactement six semaines, comme au Canada. Soudain, on a entendu des drones, des paparazzis dans la rue. Des paparazzis dans la vallée.

Ils ont coupé la clôture.

On a réparé la clôture.

On a cessé de s'aventurer dehors. Le jardin était parfaitement visible des paparazzis.

Ensuite, les hélicoptères sont arrivés.

Malheureusement, on allait être obligés de fuir. Il fallait qu'on se trouve un nouveau point de chute, et rapidement, ce qui signifiait qu'il nous faudrait aussi financer notre sécurité. Je suis allé chercher le carnet où j'avais pris des notes et j'ai commencé à recontacter les entreprises de sécurité. Avec Meg, on s'est posé pour déterminer exactement combien d'argent on pouvait investir dans notre protection, et combien dans le loyer. C'est à ce moment-là, juste lorsque nous étions en train de réviser notre budget, que la nouvelle est tombée : Papa me coupait les vivres.

Je reconnais l'absurdité de la situation, un homme dans sa trentaine à qui son père coupe les vivres. Mais Papa n'était pas simplement mon père, il était mon patron, mon banquier, mon contrôleur des finances, celui qui avait détenu les cordons de la bourse pendant toute ma vie adulte. Me couper les vivres, c'était me virer sans indemnités de licenciement et me balancer dans le néant après une vie entière de bons et loyaux services. Plus encore, après une vie entière à m'avoir empêché d'occuper tout autre emploi.

J'avais l'impression d'avoir été engraissé pour l'abattoir. Allaité comme un veau. Je n'avais jamais demandé à être financièrement dépendant de Papa. On m'a forcé à me placer dans cette situation surréaliste, ce *Truman Show* sans fin dans lequel je n'avais presque jamais d'argent sur moi, je n'ai jamais possédé de voiture, je n'ai jamais eu les clés d'une maison dans ma poche, je n'ai jamais rien commandé en ligne, je n'ai jamais reçu le moindre colis d'Amazon, je n'ai *presque* jamais pris le métro. (Une seule fois, à Eton, lors d'une sortie au théâtre.) Les journaux m'ont surnommé le parasite. Mais il y a une énorme différence entre être un parasite et se voir dénier le droit d'apprendre à être autonome. Après des décennies pendant lesquelles on m'a méticuleusement et systématiquement infantilisé, on me livrait à moi-même, de but en blanc, et on se moquait de mon immaturité ? Parce que je n'étais pas indépendant ?

La question de comment financer notre sécurité nous empêchait de dormir, Meg et moi. J'ai avancé qu'on pourrait toujours investir une partie de l'héritage que m'avait légué Maman, mais on ne voulait recourir à ça qu'en dernier ressort. Pour nous, cet argent appartenait à Archie. Et à ses futurs frères et sœurs.

On venait d'apprendre que Meg était de nouveau enceinte.

82.

O<small>N A TROUVÉ UNE MAISON.</small> Mise en vente avec une grosse décote. Sur la côte, au nord de Santa Barbara. Beaucoup de place,

de grands jardins, une cage à poule pour que les enfants puissent s'amuser – même une mare avec des carpes koïs.
   D'après l'agent immobilier, elles étaient stressées.
   Nous aussi. On risquait donc de magnifiquement s'entendre.
   Non, a précisé l'agent, les koïs ont vraiment besoin de soins particuliers. Il faudrait qu'on embauche un type pour s'en occuper.
   Euh... Et on le trouve où ?
   L'agent ne savait pas trop.
   On a éclaté de rire. Les problèmes des pays privilégiés.
   On a visité. C'était une maison de rêve. On a demandé à Tyler de passer jeter un coup d'œil, et il nous a dit : achetez-la. Alors on a réuni un acompte, négocié un prêt et on a emménagé en juillet 2020.
   Il ne nous a fallu que deux heures pour le faire. Tout ce que nous possédions rentrait dans treize valises. Le premier soir, on a tranquillement bu un verre pour fêter ça, on s'est fait du poulet rôti avant d'aller se coucher tôt.
   Tout va bien, nous disions-nous.
   Et pourtant, Meg subissait un gros stress.
   Le problème le plus urgent, c'était son procès avec les tabloïds. Le *Mail* tentait ses coups fourrés habituels. Leur première ligne de défense était ridiculement pathétique, alors ils en essayaient une autre, encore plus risible. D'après eux, ils avaient publié la lettre de Meg à son père à cause d'un article du magazine *People*, qui citait une poignée d'amis de Meg – de façon anonyme. Les tabloïds prétendaient que Meg avait organisé ces témoignages et qu'elle se servait de ses amis comme de porte-parole, et que le *Mail* avait donc le droit de publier sa lettre.
   En outre, ils demandaient que les noms des amis de Meg jusque-là anonymes figurent dans le rapport officiel – pour les détruire. Meg était déterminée à faire tout son possible pour que ça ne se produise pas. Elle veillait tard, soir après soir, en essayant de trouver le moyen de sauver ces gens. Lors de notre premier matin dans la nouvelle maison, elle s'est plainte de douleurs abdominales.
   Et de saignements. Puis elle s'est effondrée par terre.
   On a foncé à l'hôpital. Quand l'obstétricienne est entrée, je n'ai pas entendu un seul mot de ce qu'elle nous a dit, je me suis contenté de fixer son visage et d'observer son langage corporel. Je savais déjà. On avait compris tous les deux. Il y avait tellement de sang.

Pourtant, ces mots étaient un choc.

Meg s'est accrochée à moi, je l'ai prise dans mes bras et nous avons tous deux pleuré.

Au cours de ma vie, je ne me suis senti totalement impuissant qu'en quatre occasions.

À l'arrière de la voiture avec Maman et Willy quand on était pourchassés par des paparazzis.

Dans l'hélicoptère Apache au-dessus de l'Afghanistan, quand je n'obtenais pas le feu vert pour faire mon devoir.

À Nott Cott, lorsque ma femme enceinte me parlait de suicide.

Et en cet instant.

On a quitté l'hôpital avec notre enfant. Un petit paquet. On est allés dans un endroit secret connu de nous seuls.

J'ai creusé la terre de mes mains sous les branches d'un banian tandis que Meg pleurait, puis j'ai doucement déposé le minuscule paquet dans le trou.

83.

Cinq mois plus tard. Noël 2020.

On est partis chercher un sapin avec Archie. Dans un point de vente éphémère, à Santa Barbara.

On a acheté l'un des plus grands épicéas qu'ils avaient.

On l'a rapporté chez nous et on l'a installé dans le salon. Il était magnifique. On s'est reculés pour l'admirer en se disant qu'on avait de la chance. Une nouvelle maison. Un garçon en bonne santé. Et on venait de signer plusieurs contrats de partenariat qui allaient nous donner la possibilité de reprendre notre travail de mise en lumière des causes qui nous sont chères et des histoires qui, d'après nous, sont vitales. Et de payer un service de sécurité.

C'était la veille de Noël. On a passé des appels FaceTime avec des amis, dont certains en Grande-Bretagne, tandis que Archie cavalait autour du sapin.

Et on a ouvert nos cadeaux. Fidèles à la tradition de la famille Windsor.

Un des paquets contenait une petite décoration de Noël à l'effigie de... la reine !

J'ai éclaté de rire. *Comment diable... ?*

Meg l'avait repérée dans une boutique du coin, et elle avait pensé qu'elle pourrait me plaire.

Je l'ai approchée d'une lampe. C'était le visage de Grand-mère tout craché. Je l'ai accrochée à l'une des branches du sapin, à hauteur des yeux. Ça me faisait plaisir de la voir parmi nous. Meg et moi avons souri. Mais un peu plus tard, Archie a fait vaciller le tronc en jouant autour, et Grand-mère est tombée.

En entendant le bruit, je me suis retourné.

La figurine était en miettes, il y en avait partout.

Archie a couru prendre un vaporisateur. Pour une raison mystérieuse, il a pensé que vaporiser de l'eau sur les morceaux allait réparer les dégâts.

Non, Archie ! s'est exclamée Meg. *Non ! Ne mouille pas Gan-Gan !*

J'ai saisi une pelle et une balayette pour ramasser les débris en songeant que tout ceci était bien étrange.

84.

LE PALAIS A ANNONCÉ qu'une révision de notre statut et de l'accord auquel nous étions parvenus à Sandringham avait eu lieu.

En conséquence, nous étions dépouillés de tout excepté de quelques parrainages.

Février 2021.

Ils ont tout pris, ai-je pensé. Même mes distinctions militaires. Je ne serai plus capitaine général des Royal Marines, titre qui m'avait été conféré par mon grand-père. Je n'aurai plus le droit de porter mon uniforme militaire de cérémonie.

Je me suis dit qu'ils ne pourraient jamais m'enlever mon uniforme de service ni mon statut de soldat. Mais quand même.

En outre, indiquait le communiqué, nous n'allions plus assurer la moindre fonction au service de la Reine.

À les lire, on avait l'impression que cela avait été décidé d'un commun accord. Mais ce n'était absolument pas le cas.

On a sorti notre propre déclaration, le même jour, en affirmant que nous ne renoncerions jamais à consacrer nos existences à servir le bien commun.

Cette nouvelle rebuffade du Palais a fait l'effet d'un bidon d'essence sur un feu de camp. On était déjà la cible incessante des médias depuis notre départ, mais la coupure officielle de tout lien a déclenché un nouvel assaut, d'un autre genre. Jour après jour et à toute heure, on était calomniés sur les réseaux sociaux tandis que les journaux publiaient des articles ignobles totalement mensongers à partir d'informations qu'ils attribuaient toujours à des assistants ou des collaborateurs des membres de la famille royale, mais que les équipes du Palais avaient de toute évidence fournies – et probablement avec l'aval de ma famille.

Je ne lisais rien de tout ça, et j'en entendais même rarement parler. À présent, j'évitais Internet comme j'avais autrefois évité le centre-ville de Garmsir. J'avais mis mon téléphone sur silencieux. Même pas en mode vibreur. Parfois, un ami bien intentionné m'envoyait un texto : *Bon sang, désolé pour tel et tel truc.* On a dû demander à ces amis, à tous nos amis, de cesser de nous informer de ce qu'ils avaient lu.

Pour être vraiment honnête, je n'ai pas été totalement surpris quand le Palais a coupé les ponts. J'avais déjà eu un aperçu de la chose quelques mois auparavant. Juste avant le jour de l'Armistice, j'avais demandé au Palais si quelqu'un pouvait déposer pour moi une couronne de fleurs au Cénotaphe à Londres, étant donné que de toute évidence je ne pourrais pas m'y rendre.

Demande refusée.

Dans ce cas, avais-je insisté, cette couronne pourrait-elle être déposée n'importe où en Grande-Bretagne, en mon nom ?

Demande refusée.

Dans ce cas, avais-je insisté, on pourrait peut-être déposer cette couronne dans n'importe quel coin du Commonwealth, absolument n'importe où, en mon nom ?

Demande refusée.

On m'a répondu que nulle part dans le monde, on ne permettrait à quiconque de déposer officiellement une gerbe de fleurs sur la tombe d'un militaire au nom du prince Harry.

J'ai plaidé ma cause en arguant que ce serait la première fois de ma vie que je ne rendrais pas hommage aux soldats morts au front, dont certains avaient été des amis qui m'étaient chers.

Demande refusée.

Pour finir, j'ai appelé un de mes anciens instructeurs à Sandhurst et je l'ai prié de déposer une couronne pour moi. Il m'a suggéré le Mémorial pour l'Irak et l'Afghanistan, à Londres, qui avait été inauguré quelques années auparavant.

Par Grand-mère.

Oui. C'est parfait. Merci.

Il m'a répondu que ce serait un honneur.

Puis il a ajouté : *Soit dit en passant, capitaine Wales. Qu'ils aillent se faire foutre. C'est carrément dégueulasse.*

85.

JE N'ÉTAIS PAS TRÈS SÛR de comment il fallait l'appeler ni de ce qu'elle faisait exactement. Je savais simplement qu'elle prétendait avoir des « pouvoirs ».

J'étais conscient qu'il y avait de fortes chances pour que cette femme soit un charlatan, mais comme elle m'avait été recommandée par des amis proches, je me suis dit : où est le mal ?

Dès qu'on s'est assis l'un en face de l'autre, j'ai senti l'énergie qui l'entourait.

Oh, waouh, ai-je pensé. Il y a quelque chose, là.

Elle m'a confié qu'elle percevait de l'énergie autour de moi, elle aussi. *Votre mère est avec vous.*

Je sais. Je l'ai ressenti ces derniers temps.

Non. Elle est avec vous. Maintenant.

Les larmes me sont venues aux yeux, et j'ai subitement eu chaud.

Votre mère sait que vous cherchez de la clarté. Elle sent votre confusion. Elle sait que vous vous posez beaucoup de questions.

C'est vrai.

Les réponses arriveront en leur temps. Un jour prochain. Soyez patient.

Patient ? Le mot est resté coincé dans ma gorge.

Entre-temps, la femme m'a affirmé que ma mère était très fière de moi. Et qu'elle me soutenait à fond. Elle savait que ce n'était pas facile.

Qu'est-ce qu'il l'était?

Votre mère dit que vous vivez la vie qu'elle-même n'a pas pu vivre. Vous vivez la vie qu'elle souhaitait pour vous.

J'ai dégluti. J'avais envie de la croire. Je voulais que chaque mot prononcé par cette femme soit vrai. Mais j'avais besoin d'une preuve. D'un signe. N'importe quoi.

Votre mère dit... la décoration ?

La décoration ?

Elle était là.

Où ça ?

Votre mère dit... quelque chose à propos d'une décoration de Noël ? D'une mère ? Ou d'une grand-mère ? Elle est tombée ? Elle s'est cassée ?

Archie a essayé de la réparer.

Votre mère dit que ça l'a bien fait rire.

86.

Les jardins de Frogmore.

Quelques heures après les funérailles de Grand-père.

J'avais seulement marché pendant une demi-heure avec Willy et Papa, mais j'avais la sensation de revivre une de ces journées de marches forcées que l'armée nous imposait quand j'étais une jeune recrue. J'étais rincé.

On était dans l'impasse. Devant la Ruine gothique. Après un long périple, on était de retour à la case départ.

Papa et Willy prétendaient encore ne pas comprendre pourquoi j'avais fui la Grande-Bretagne, ils affirmaient n'être au courant de rien, et moi, je m'apprêtais à m'en aller.

Puis l'un d'eux a amené sur le tapis le sujet de la presse. *Quid du procès que j'avais intenté ?*

Ils ne m'avaient toujours pas demandé comment Meg se portait, mais ils avaient hâte de savoir où en était la procédure parce que ça, ça les touchait directement.

Elle suit son cours.
C'est une mission suicide, a marmonné Papa.
Peut-être, mais ça vaut le coup.
J'allais bientôt démontrer que les médias étaient non seulement des menteurs, mais qu'ils enfreignaient la loi. J'allais faire jeter en prison certains d'entre eux. Voilà pourquoi ils m'attaquaient avec une telle hargne : ils savaient que j'avais des preuves irréfutables.
Ce n'était pas une affaire personnelle, c'était une question d'intérêt public.
En secouant la tête, Papa a admis que les journalistes étaient *la lie de la terre*. C'est l'expression qu'il a employée. *Mais...*
J'ai soufflé. Avec lui, il y avait toujours un mais quand on parlait de la presse, parce qu'il détestait qu'elle le haïsse, mais qu'est-ce qu'il aimait qu'elle l'aime ! On pourrait même arguer que c'est le cœur du problème, voire de tous les problèmes, depuis des décennies. Comme il a été privé d'amour et tyrannisé par ses camarades de classe lorsqu'il était enfant, l'élixir proposé par les médias l'a attiré aussi dangereusement que compulsivement.
Il a cité Grand-père en tant qu'exemple du fait qu'il ne fallait pas se vexer devant les menées de la presse. Le pauvre homme avait subi leurs abus pendant la plus grande partie de sa vie, mais regardez maintenant ! Il était devenu un trésor national ! Les journaux ne cessaient de l'encenser.
Alors, c'était ça la solution ? Quand on sera mort, tout va s'arranger ?
Si tu pouvais simplement l'endurer un moment, mon cher enfant, bizarrement, cela te vaudrait leur respect.
Je me suis esclaffé.
Je dis juste que tu ne dois pas le prendre personnellement.
En parlant de prendre les choses personnellement, je lui ai rétorqué que je parviendrais peut-être à supporter la presse, et même à lui pardonner ses abus – *peut-être* –, mais pour la complicité de ma propre famille, il allait me falloir beaucoup plus de temps. Que dire du bureau de Papa et celui de Willy, qui ont laissé faire ces monstres quand ils n'ont pas directement collaboré avec eux ?
Meg était un tyran – c'était la dernière campagne de calomnies qu'ils avaient contribué à orchestrer. C'était si choquant, si odieux que même après que Meg et moi avions démonté leur mensonge

en présentant un rapport de vingt-cinq pages du service des ressources humaines, j'allais avoir du mal à balayer ça d'un haussement d'épaules.

Papa a fait un pas en arrière. Willy a secoué la tête. Ils se sont mis à parler en même temps. On a déjà eu cette conversation des milliers de fois, ont-ils déclaré. Tu te fais des idées, Harry.

Mais c'étaient eux qui se faisaient des idées.

Même si, pour les besoins de la discussion, j'acceptais de croire que Papa, Willy et leurs collaborateurs n'avaient jamais rien entrepris contre ma femme et moi, leur silence était un fait indéniable. Et ce silence était accablant. Persistant. Et déchirant.

Mon cher enfant, tu dois comprendre que l'Institution ne peut tout simplement pas dicter leurs actions aux médias !

J'ai de nouveau éclaté de rire. C'était comme si Papa affirmait qu'il ne pouvait pas dicter ses actions à son valet.

Willy a déclaré que j'étais mal placé pour critiquer les gens qui coopèrent avec la presse. Et ma petite conversation avec Oprah ?

Le mois précédent, Meg et moi avions donné une interview avec Oprah Winfrey. Depuis notre départ de Grande-Bretagne, les attaques contre nous avaient augmenté de façon exponentielle. Il fallait qu'on tente quelque chose pour y mettre un terme. Garder le silence ne fonctionnait pas. Ça ne faisait qu'aggraver le problème. On sentait qu'on n'avait pas le choix.

Plusieurs amis proches et personnes que j'aime dans mon entourage, dont Hugh et les fils d'Emilie, Emilie elle-même et jusqu'à Tiggy m'ont tancé à propos d'Oprah. Comment pouvais-je révéler de telles choses ? Sur les miens ? J'ai répondu que je ne voyais pas en quoi parler avec Oprah était différent de ce que ma famille ou leurs assistants avaient fait pendant des décennies – informer discrètement la presse, faire fuiter des histoires. Et que dire de tous les livres auxquels ils avaient coopéré, à commencer par la biographie de Papa, non pas écrite par mais avec Jonathan Dimbleby, en 1994 ? Ou des collaborations de Camilla avec l'éditeur Geordie Greig ? L'unique différence, c'est que Meg et moi l'avons fait en toute franchise. On a choisi une journaliste au-dessus de tout soupçon, et on ne s'est pas caché une seule fois derrière des phrases comme « des sources au Palais ». On a laissé les gens voir les mots sortir de nos propres bouches.

J'ai posé les yeux sur la Ruine gothique. À quoi bon ? ai-je songé. Papa et Willy ne m'entendaient pas et moi, je ne les entendais pas non plus. Ils n'avaient jamais pu expliquer de façon satisfaisante leurs actes ni leur inaction, et ils ne le pourraient jamais, parce qu'il n'y avait pas d'explication. J'ai commencé à leur dire au revoir, bonne chance, prenez soin de vous, mais Willy fulminait, il s'est mis à crier que si les choses étaient aussi noires que je le prétendais, c'était de ma faute, car je n'aurais eu qu'à demander de l'aide.

Tu n'es jamais venu nous voir ! Tu n'es jamais venu me voir !

Depuis l'enfance, c'était la position de Willy sur n'importe quel sujet. Il fallait que j'aille le voir. Ostensiblement, directement, formellement – avec une génuflexion. Sinon, aucune aide à attendre de l'Héritier. Mais pourquoi avais-je besoin de demander de l'aide à mon frère quand ma femme et moi étions en danger ?

Si on était attaqués par un ours et qu'il assistait à la scène, attendrait-il qu'on lui demande de l'aide pour bouger ?

J'ai évoqué l'accord de Sandringham. Je lui avais demandé de l'aide quand cet accord avait été violé, déchiré, et qu'on nous avait totalement dépouillés, mais il n'avait pas levé le petit doigt.

Ça, c'était Grand-mère ! Vois ça avec Grand-mère !

J'ai fait au revoir de la main, dégoûté, mais il m'a sauté dessus et m'a attrapé par le col. *Écoute-moi, Harold.*

Je me suis écarté en refusant de croiser son regard. Il m'a forcé à le fixer droit dans les yeux.

Écoute-moi, Harold. Écoute ! Je t'aime, Harold ! Je veux que tu sois heureux.

Les mots ont jailli de ma bouche : *Je t'aime aussi... mais tu es... extraordinairement têtu !*

Et pas toi ?

Je me suis de nouveau écarté.

Il m'a de nouveau saisi, me faisant pivoter pour accrocher mon regard.

Harold, il faut que tu m'écoutes ! Je veux simplement que tu sois heureux, Harold. Je le jure... Je le jure sur la vie de Maman.

Il s'est figé. Je me suis figé. Papa s'est figé.

Il avait franchi le pas.

Il avait employé le code secret, le mot de passe universel. Depuis qu'on était petits, ces cinq mots ne devaient être prononcés qu'en cas de crise majeure. *Sur la vie de Maman.* Pendant presque vingt-cinq ans, on avait réservé ce serment déchirant aux occasions où l'un de nous devait être entendu, être cru dans l'instant. Pour des moments où rien d'autre ne pouvait fonctionner.

Ça m'a stoppé net, comme c'était censé le faire. Pas parce que Willy avait utilisé le code, mais simplement parce que ça n'avait pas marché. Je ne le croyais pas, je n'avais plus totalement confiance en lui. Et inversement. Il s'en est aussi rendu compte. Il a vu qu'on avait atteint un point de non-retour où la souffrance et le doute étaient tels que même ces mots sacrés ne pouvaient nous en libérer.

On s'était vraiment perdus. On était si loin l'un de l'autre. Combien de dégâts avait subis notre amour, notre lien ! Et pourquoi ? Tout ça à cause d'une ignoble bande de pauvres types, de vieilles biques, de criminels de bas étage et de sadiques au sens psychiatrique du terme qui ressentaient le besoin de passer du bon temps et de gonfler leurs profits – ainsi que de régler leurs problèmes personnels – en torturant une famille très grande, très ancienne et très dysfonctionnelle.

Willy n'était pas encore prêt à s'avouer vaincu. *Tout ce qui s'est produit me donne la nausée, j'en suis malade, et... et je te jure sur la vie de Maman que je veux simplement que tu sois heureux.*

Ma voix s'est brisée quand je lui ai répondu. *Je ne pense vraiment pas que ce soit vrai.*

Soudain, un flot de souvenirs nous concernant a déferlé dans ma tête. L'un d'eux en particulier était cristallin. Willy et moi, des années auparavant, en Espagne. Une magnifique vallée, l'air vibrant de cette clarté méditerranéenne si étrangement lumineuse, tous deux agenouillés derrière une toile verte tandis que les premiers cors de chasse résonnaient. On a enfoncé nos casquettes plates dès que les premières perdrix ont jailli dans notre direction, *bang*, quelques-unes sont tombées, on a tendu nos fusils aux aides, qui nous en ont donné deux autres, *bang*, quelques chutes de plus, on leur passait nos armes, nos chemises se teignaient de sueur, à nos pieds le sol était jonché d'oiseaux qui finiraient sur les tables des villages voisins pendant les semaines à venir, *bang*, un dernier tir, aucun de nous n'a raté, puis on s'est enfin levés, trempés, affamés, heureux, parce qu'on était jeunes et ensemble et que cet endroit était à nous, notre seul véritable espace, loin d'Eux et proches de la nature. C'était un moment si transcendant qu'on s'est tourné l'un vers l'autre et qu'on a fait une chose des plus inhabituelles – on s'est serrés dans nos bras.

Mais à présent, je voyais que même nos meilleurs moments et mes plus beaux souvenirs impliquaient d'une manière ou d'une autre la mort. Nos existences étaient construites sur la mort, elle étendait son voile sombre sur nos jours les plus brillants. Rétrospectivement, je ne visualisais pas des instants dans le temps, mais des danses avec la mort. Je découvrais à quel point nous avions baigné dedans. On se baptisait, on se couronnait, on se diplômait, on se mariait et on mourait en se promenant sur les os de nos bien-aimés aïeux. Le château de Windsor lui-même était un tombeau dont les murs étaient remplis de nos ancêtres. La Tour de Londres tenait debout grâce à du sang d'animaux, que ses bâtisseurs avaient employé mille ans auparavant pour tremper le mortier entre les briques. Les gens étrangers à notre famille nous comparent à un culte, mais nous sommes peut-être un culte de la mort, ce qui est un peu plus dépravé, non ? Même après avoir inhumé Grand-père, on n'était pas encore rassasiés ? Que faisions-nous donc ici, à rôder le long des bords de cette « terre inexplorée d'où aucun voyageur ne revient jamais[1] » ?

Cela dit, cette description conviendrait sûrement mieux à l'Amérique.

Willy continuait de parler. Papa lui coupait la parole, mais je n'entendais plus un mot de ce qu'ils disaient. J'étais déjà parti, déjà en chemin vers la Californie, tandis qu'une voix dans ma tête s'exclamait : *Assez de morts – assez !*

Quand donc un membre de cette famille va-t-il se libérer et vivre ?

87.

CETTE FOIS-CI, C'ÉTAIT LÉGÈREMENT PLUS FACILE. Peut-être parce qu'il y avait un océan entre nous et l'ancien chaos, l'ancien stress.

Quand le grand jour est arrivé, on était tous les deux plus calmes et plus sûrs de nous – plus posés. Quelle bénédiction de ne pas

---

1. *Hamlet*, Acte III, scène 1.

avoir à se soucier d'un calendrier, d'un protocole, des journalistes devant la grille.

On est tranquillement partis en voiture vers l'hôpital où, une fois encore, nos gardes du corps nous ont nourris. Ce jour-là, ils avaient acheté des burgers et des frites à l'In-N-Out. Et des fajitas dans un restaurant mexicain pour Meg. On a bâfré, puis on a exécuté la Baby Mama Dance autour de la chambre.

Il n'y avait que de la joie et de l'amour dans cette pièce.

Néanmoins, la naissance est un moment douloureux, toutes le sont, et au bout de nombreuses heures, Meg a demandé au médecin : *Quand ?*

Bientôt. On n'est plus très loin.

Cette fois-ci, je n'ai pas touché au gaz hilarant. (Parce qu'il n'y en avait pas.) J'étais totalement présent. J'étais avec Meg tout du long.

Lorsque le médecin a annoncé que c'était une question de minutes, j'ai dit à Meg que je voulais que le premier visage que verrait notre fille soit le mien.

On savait qu'on allait avoir une fille.

Meg a acquiescé et m'a pressé la main.

Je suis allé me poster à côté du médecin. On s'est accroupi tous les deux. Comme pour une prière.

La tête ! La tête ! s'est-il exclamé.

Où donc avais-je déjà entendu ça ?

La tête est apparue !

Sa peau était bleue. J'ai eu peur que le bébé n'ait pas assez d'air. Était-elle en train de s'étouffer ? J'ai regardé Meg. *Pousse une dernière fois, mon amour ! On y est presque.*

Voilà, voilà, voilà, a murmuré le médecin en me guidant les mains. *C'est là.*

Un cri, puis un moment de pur silence a imprégné la pièce. Ce n'était pas, comme cela arrive parfois, le passé et l'avenir qui se télescopaient. Le passé n'avait plus d'importance et l'avenir n'existait pas. Il n'y avait qu'un intense présent. Puis le médecin s'est tourné vers moi et a crié : *Maintenant !*

J'ai glissé mes mains sous la petite tête et le cou minuscule. Doucement, mais fermement, comme je l'avais vu faire dans des vidéos, j'ai tiré notre précieuse fille de son monde dans le nôtre, et je l'ai bercée un bref moment en essayant de lui sourire, de la regarder, mais pour être honnête, je ne voyais plus rien. J'avais envie de dire : Salut ! J'avais envie de dire : D'où viens-tu ? J'avais envie de dire : C'est mieux là-bas ? C'est paisible ? Tu as peur ?

N'aie pas peur, n'aie pas peur, tout ira bien.
Je saurai te protéger.
Je l'ai remise à Meg. Peau contre peau, a indiqué l'infirmière.

Plus tard, une fois rentrés à la maison, une fois installés dans les nouveaux rythmes d'une famille de quatre, Meg et moi étions peau contre peau lorsqu'elle m'a dit : *Je n'ai jamais été aussi amoureuse de toi qu'en ce moment.*

Vraiment ?
Vraiment.
Elle avait noté quelques pensées dans son journal. Elle m'en a fait part.

Je les ai lues comme un poème d'amour.

Je les ai lues comme un témoignage, un renouvellement de nos vœux.

Je les ai lues comme une citation, une commémoration, une proclamation.

Je les ai lues comme un décret.

Elle avait écrit : *C'était ça, l'important.*

Elle avait écrit : *C'est ça, un homme.*

Mon amour. Elle avait écrit : *Ça, ce n'est pas un Suppléant.*

ÉPILOGUE

J'ai aidé Meg à monter dans la barque, qui s'est mise à tanguer, mais d'une vive enjambée, je me suis placé au centre et je l'ai redressée à temps.

Meg s'est assise à la poupe, et j'ai saisi les rames. Elles ne bougeaient pas.

On est coincés.

La boue épaisse des hauts fonds nous avait agrippés.

Oncle Charles est descendu vers la berge pour nous pousser un peu. On lui a fait signe de la main, ainsi qu'à mes deux tantes. *Salut. On se revoit tout à l'heure.*

Tandis qu'on glissait sur l'étang, j'ai promené mon regard sur le paysage vallonné, les champs, les arbres ancestraux, les milliers d'hectares verts où ma mère avait grandi et où, même si tout n'était pas parfait, elle avait connu une certaine paix.

Quelques minutes plus tard, on a atteint l'île et on a débarqué avec précaution. J'ai remonté le sentier en guidant Meg autour d'une haie, puis à travers le labyrinthe. Là, imposante : la stèle ovale d'un blanc grisâtre.

Venir ici n'était jamais facile, mais aujourd'hui…

Vingt-cinquième anniversaire.

Et pour Meg, la première fois.

J'amenais enfin la femme de mes rêves à la maison pour qu'elle fasse la connaissance de Maman.

On a hésité, on s'est serrés dans les bras, et j'y suis allé en premier. J'ai déposé des fleurs sur la tombe. Meg m'a laissé un moment, j'ai parlé à ma mère dans ma tête, je lui ai dit qu'elle me manquait, je lui ai demandé de me guider et de m'éclairer.

J'ai senti que Meg avait également besoin de se recueillir, alors je suis passé de l'autre côté de la haie pour contempler l'étang. Quand je suis revenu, elle était à genoux, les yeux fermés, les paumes sur la pierre tombale.

En retournant vers notre barque, je lui ai demandé ce pour quoi elle avait prié.

Pour qu'elle m'éclaire, m'a-t-elle répondu. Pour qu'elle me guide.

* * *

Les quelques journées suivantes étaient dévolues à un déplacement professionnel éclair. Manchester, Dusseldorf, puis retour à Londres pour les WellChild Awards. Mais ce jour-là – le 8 septembre 2022 –, j'ai reçu un coup de fil vers l'heure du déjeuner.

Numéro inconnu.

Allô ?

C'était Papa. La santé de Grand-mère venait de se détériorer.

Elle était montée à Balmoral, bien sûr. Ces magnifiques après-midi d'été, pleins de mélancolie. Il a raccroché – il avait beaucoup d'autres appels à passer – et j'ai aussitôt envoyé un texto à Willy pour lui demander si Kate et lui comptaient prendre un vol pour s'y rendre. Et si oui, quand ? Et comment ?

Aucune réponse. Avec Meg, on s'est renseignés sur les vols disponibles.

La presse a commencé à téléphoner ; on ne pouvait plus retarder davantage notre décision, alors on a demandé à notre équipe de confirmer qu'on n'allait pas assister aux WellChild Awards et qu'on se rendait de toute urgence en Écosse.

Papa nous a appelés une seconde fois.

Il m'a dit que j'étais le bienvenu à Balmoral, mais qu'il ne voulait pas... d'elle. Il a commencé à m'exposer ses raisons, qui n'avaient aucun sens et manquaient de respect, et j'ai refusé d'accepter ça. *Ne parlez plus jamais ainsi de ma femme.*

Il a bégayé, sur un ton d'excuses, en indiquant qu'il souhaitait simplement que peu de personnes soient présentes. Les autres épouses ne viendraient pas, Kate ne serait pas là, et Meg ne devait donc pas y être.

Il suffisait de le dire.

À présent, c'était déjà le milieu de l'après-midi ; il n'y avait plus de vols vers Aberdeen. Et je n'avais toujours aucune réponse de Willy. Mon unique option était donc de prendre un vol privé à Luton.

Deux heures plus tard, j'étais à bord.

J'ai passé la plus grande partie du trajet à contempler les nuages en me remémorant la dernière fois que j'avais parlé avec Grand-mère. Quatre jours auparavant, une longue conversation au téléphone. On avait abordé beaucoup de sujets. Sa santé, bien sûr. Le chaos au 10, Downing Street. Les Braemar Games[1] – elle était désolée de ne pas être assez en forme pour y assister. Nous avons aussi parlé de la phénoménale sécheresse. La pelouse de Frogmore, où Meg et moi logions, était dans un état terrible. *Elle ressemble au sommet de mon crâne, Grand-mère ! Une calvitie croissante et des zones brunes par endroit.*

Elle avait ri.

Je lui ai dit de prendre soin d'elle, et que j'avais hâte de la revoir.

Quand l'avion a entamé sa descente, mon téléphone s'est allumé. Un texto de Meg. *Appelle-moi dès que tu auras ce message.*

J'ai consulté le site de la BBC.

Grand-mère était partie.

Papa était roi.

J'ai mis ma cravate noire, je suis sorti de l'avion dans un brouillard épais et j'ai foncé vers Balmoral dans une voiture de location. Quand j'ai franchi le portail principal, l'air était plus humide, et la nuit d'un noir d'encre, ce qui rendait encore plus aveuglants les flashs blancs des dizaines d'appareils photo.

Je me suis hâté d'entrer, en courbant les épaules pour me protéger du froid. Tante Anne m'a accueilli dans le vestibule.

Je l'ai serrée dans mes bras. *Où sont Papa et Willy ? Et Camilla ?*

---

1. Le plus célèbre rassemblement des Highland Games, les fameux jeux écossais traditionnels.

Partis à Birkhall, m'a-t-elle répondu.
Elle m'a demandé si je voulais voir Grand-mère.
Oui... Je veux bien.
Elle m'a conduit à l'étage, jusqu'à la chambre de Grand-mère. Je me suis préparé... et j'ai passé la porte. La pièce, faiblement éclairée, m'était peu familière – je n'y étais entré qu'une seule fois dans ma vie. Je me suis avancé d'un pas hésitant, puis je l'ai aperçue. Je me suis figé, les yeux rivés sur elle. Je suis resté longtemps à la regarder fixement. C'était difficile, mais j'ai persisté en songeant à quel point j'avais regretté de ne pas avoir vu ma mère à la fin. Des années à déplorer cette absence d'élément tangible, à reporter mon chagrin par manque de preuves. Maintenant, je me disais : Des preuves ! C'est avec soin qu'il faut choisir ses souhaits.

Je lui ai murmuré que j'espérais qu'elle était heureuse, que j'espérais qu'elle était avec Grand-père. Je lui ai confié que j'étais en admiration devant le fait qu'elle avait accompli son devoir jusqu'au bout. Le Jubilé, l'accueil d'une nouvelle Première ministre. Le jour de son quatre-vingt-dixième anniversaire, mon père lui avait rendu un hommage touchant, en citant Shakespeare qui parlait d'Elizabeth Ire :

... pas un de ses jours qui ne soit couronné d'un grand acte[1].

Vrai à jamais.

Je suis ressorti, j'ai remonté le couloir, j'ai traversé le tapis écossais et je suis passé devant la statue de la reine Victoria. Votre Majesté. J'ai appelé Meg, je lui ai dit que j'y étais arrivé, que ça allait. Ensuite, je suis entré dans la salle à manger où j'ai dîné avec la plupart des membres de ma famille, mais toujours aucun signe de Papa, Willy ou Camilla.

Vers la fin du repas, je me suis préparé à entendre les cornemuses. Mais en marque de respect envers Grand-mère, il n'y a rien eu. Un silence inquiétant.

Comme il se faisait tard, tout le monde a rejoint sa chambre, excepté moi. Je me suis mis à déambuler le long des couloirs, à monter et descendre des escaliers, et j'ai fini dans la chambre d'enfants. Les lavabos démodés, la baignoire, rien n'avait changé depuis

---

1. *Henri VIII*, Acte V, Scène 5.

vingt-cinq ans. J'ai passé la plus grande partie de la nuit à voyager dans le temps par la pensée tout en essayant d'organiser mon voyage de retour sur mon téléphone.

Le plus rapide aurait été que Papa ou Willy me déposent... Sinon, c'était British Airways, départ de Balmoral à l'aube. J'ai pris un billet. J'étais parmi les premiers à monter à bord.

Peu après m'être assis dans l'un des sièges à l'avant, j'ai senti une présence sur ma droite. Mes sincères condoléances, m'a dit un voyageur avant de remonter la travée pour rejoindre sa place. *Merci.*

Quelques instants plus tard, une autre présence.

Condoléances, Harry.

Merci... Merci beaucoup.

La plupart des passagers se sont arrêtés pour me dire un mot gentil, et j'ai ressenti un lien de parenté profond avec chacun d'eux.

Notre pays, ai-je pensé.

Notre reine.

Meg m'a accueilli à la porte de Frogmore avec une longue étreinte, ce dont j'avais désespérément besoin. On s'est assis devant un verre d'eau et un calendrier. Notre aller-retour rapide allait se transformer en odyssée. Dix jours de plus, au minimum. Des journées difficiles, par ailleurs. En outre, cela nous obligeait à être séparés des enfants plus longtemps que prévu, plus longtemps que nous ne l'avions jamais été.

Quand les funérailles ont enfin eu lieu, Willy et moi, qui avions à peine échangé quelques mots, avons repris une place qui nous était familière pour effectuer un trajet qui l'était tout autant, à nouveau derrière un cercueil drapé dans l'Étendard royal et posé sur un affût de canon tiré par un attelage. Le même trajet, les mêmes images – mais cette fois-ci, contrairement à ce qui s'était passé lors des précédentes obsèques, nous étions côte à côte. Et il y avait de la musique.

Nous sommes arrivés à la chapelle Saint-George dans un rugissement de dizaines de cornemuses, et j'ai repensé à tous les grands événements que j'avais vécus sous ce toit. Les adieux à Grand-père, mon mariage. Même les occasions ordinaires, comme un simple dimanche de Pâques, se révélaient particulièrement poignantes, quand toute la famille était vivante et réunie. Subitement, je me suis surpris à m'essuyer les yeux.

Pourquoi maintenant ? me suis-je demandé. Pourquoi ?

Le lendemain dans l'après-midi, Meg et moi sommes repartis aux États-Unis.

Des jours durant, on ne pouvait s'empêcher de serrer les enfants dans nos bras, et on ne les quittait pas des yeux – mais je n'arrêtais pas de les revoir en compagnie de Grand-mère. Lors de notre dernière visite, Archie lui avait fait de profondes révérences très chevaleresques tandis que sa petite sœur Lilibet caressait le menton de la monarque. Des enfants délicieux, avait dit Grand-mère d'un ton perplexe. Elle s'attendait à ce qu'ils soient légèrement plus... américains, je crois ? Ce qui, dans son esprit, signifiait plus remuants.

À présent, j'avais beau exulter à l'idée d'être rentré à la maison, d'aller déposer les enfants à leurs activités, de leur relire *Les Girafes ne savent pas danser,* je ne pouvais cesser de... me souvenir. Jour et nuit, des images virevoltaient dans ma tête.

Face à elle pendant mon défilé de promotion, les épaules bien droites, je vois son sourire en coin. Posté à côté d'elle sur le balcon, je lui dis quelque chose qui la prend de court et qui, malgré la solennité de l'instant, la fait éclater de rire. Toutes les fois où, penché à son oreille, je hume son parfum en lui murmurant une blague. Tout récemment encore, je l'embrasse sur les deux joues lors d'une manifestation publique et, en posant légèrement la main sur son épaule, je remarque à quel point elle est devenue frêle. Je tourne une vidéo un peu bête pour les premiers Invictus Games et je découvre qu'elle a un talent inné pour la comédie. Le monde entier a hurlé de rire, les gens ont déclaré qu'ils n'auraient jamais cru qu'elle avait un tel sens de l'humour – mais c'était le cas, elle l'avait toujours eu ! C'était l'un de nos petits secrets. En fait, sur chaque photo de nous deux, chaque fois que nos regards se croisent ou qu'on se fixe droit dans les yeux, c'est clair : On avait des secrets.

Une relation spéciale, c'est ce qu'on disait toujours de nous, et à présent, je ne pouvais m'empêcher de penser à ce privilège que je ne connaîtrais plus. Aux visites qui n'auraient plus lieu.

Ah, bien, ai-je songé. C'est ainsi, tout simplement, non ? C'est la vie.

Pourtant, comme c'est souvent le cas avec les disparitions, j'aurais aimé bénéficier... d'un au revoir de plus.

Peu après notre retour, un colibri est entré dans la maison. J'ai eu un mal de chien à le faire sortir et je me suis dit qu'il faudrait peut-être envisager de fermer les portes, malgré les brises divines qui nous venaient de l'océan.

« C'est peut-être un signe, tu sais ? » a lancé un de mes potes.

D'après lui, certaines cultures considèrent que les colibris sont des esprits. Des visiteurs, en fait. Les Aztèques pensaient qu'ils étaient des guerriers réincarnés. Les explorateurs espagnols les appelaient les « oiseaux de résurrection ». Tu m'en diras tant !

Quelques lectures supplémentaires m'ont appris que les colibris sont non seulement des visiteurs, mais aussi des voyageurs. C'est l'oiseau le plus léger de la planète, et le plus rapide. Il se déplace sur de très longues distances – de leurs résidences d'hiver au Mexique jusqu'aux terres où ils nidifient en Alaska. Chaque fois que vous voyez un colibri, vous contemplez un minuscule Ulysse étincelant.

Alors, tout naturellement, quand un autre colibri est arrivé, qu'il a fondu en piqué dans notre cuisine et qu'il s'est mis à voleter dans l'espace aérien sacré du pays que nous appelons Lili Land, j'ai eu une pensée pleine d'espoir et d'envie, et peut-être stupide :

Notre maison était-elle une étape – ou une destination ?

L'espace d'une seconde, j'ai été tenté de laisser ce colibri tranquille. De le laisser rester.

Mais non.

À l'aide de l'épuisette de Archie, j'ai doucement attrapé l'oiseau au plafond et je l'ai emporté dehors dans le creux de mes mains.

Ses pattes semblaient des cils, et ses ailes des pétales de fleurs.

Je l'ai délicatement déposé sur un muret au soleil.

Au revoir, mon ami.

Mais il est resté couché là.

Immobile.

Non ! me suis-je dit. Non, pas ça !

Allez ! Allez !

Tu es libre.

Envole-toi.

Alors, inopinément, contre toute attente, cette merveilleuse petite créature magique s'est ébrouée, et s'est envolée.

REMERCIEMENTS

La longueur de cette liste m'inspire à elle seule la plus grande humilité.

Côté éditorial, je tiens à remercier toutes les équipes de Penguin Random House, aux États-Unis et en Grande-Bretagne, à commencer, bien évidemment, par Gina Centrello, dont la sagesse n'a d'égal que la patience, ainsi que le fabuleux éditeur (et type formidable de manière générale) Ben Greenberg. Merci à Markus Dohle et Madeline McIntosh pour leur bienveillance lorsque le calendrier a été bousculé non pas une mais deux fois. Merci à Bill Scott-Kerr, Tom Weldon, Andy Ward, David Drake, Madison Jacobs, Larry Finlay, Theresa Zoro, Bill Takes, Lisa Feuer, Katrina Whone, Benjamin Dreyer, Sally Franklin, Catriona Hillerton, Linnea Knollmueller, Mark Birkey, Kelley Chian, Derek Bracken, Kate Samano, Simon Sullivan, Chris Brand, Jenny Pouech, Susan Corcoran, Maria Braeckel, Leigh Marchant, Windy Dorresteyn, Leslie Prives, Aparna Rishi, Ty Nowicki, Matthew Martin, Anke Steinecke, Sinead Martin, Vanessa Milton, Martin Soames, Kaeli Subberwal, Denise Cronin, Sarah Lehman, Jaci Updike, Cynthia Lasky, Allyson Pearl, Skip Dye, Stephen Shodin, Sue Malone-Barber, Sue Driskill, Michael DeFazio, Annette Danek, Valerie VanDelft, Stacey Witcraft, Nihar Malaviya, Kirk Bleemer, Matthew Schwartz, Lisa Gonzalez, Susan Seeman, Frank Guichay, Gina Wachtel, Daniel Christensen, Jess Wells, Thea James, Holly Smith, Patsy Irwin, Nicola Bevin, Robert Waddington, Thomas Chicken, Chris Turner, Stuart Anderson, Ian Sheppard, Vicky Palmer et Laura Ricchetti.

Côté audio, merci également à Kelly Gildea, Dan Zitt, Scott Sherratt, Noah Bruskin, Alan Parsons, Ok Hee Kolwitz, Tim Bader, Amanda D'Acierno, Lance Fitzgerald, Donna Passannante, Katie Punia, Ellen Folan et Nicole McArdle.

Mes remerciements tout particuliers à Ramona Rosales pour sa sensibilité, son humour et son talent artistique, Hazel Orme pour ses corrections avisées, Hilary McClellen pour son admirable travail de vérification des faits, Tricia Wygal pour sa relecture et son œil de lynx – sans oublier, au même titre, Elizabeth Carbonell, Tory Klose, Janet Renard et Megha Jain. Merci pour votre travail d'équipe colossal.

À mes copains au Royaume-Uni, qui sont restés à mes côtés, qui n'ont peut-être pas vu complètement tout ce qui se passait au moment où cela se passait, mais qui m'ont toujours vu moi, m'ont toujours connu, m'ont toujours soutenu – même dans le brouillard : merci pour tout. Et merci pour les fous rires. La prochaine tournée est pour moi.

J'adresse mes remerciements et ma profonde affection aux amis et aux collègues qui m'ont aidé à raviver mes souvenirs, notamment Tania Jenkins et Mike Holding, Mark Dyer, Thomas, Charlie, Bill et Kevin. Merci à toute ma famille militaire pour m'avoir mis au défi, poussé en avant, encouragé – et pour votre soutien. Vous aurez toujours le mien. Un merci tout spécialement aussi à Glenn Haughton et Spencer Wright, mes deux sergents-chefs à Sandhurst. Ma gratitude et ma tendresse vont également à Jennifer Rudolph Walsh, pour son énergie positive et ses conseils inspirés, ainsi qu'à Oprah Winfrey, Tyler Perry, Chris Martin, Nacho Figueras, Delphi Blaquier et James Corden pour leur amitié et leur soutien indéfectibles.

Merci à tous les professionnels de santé et coachs qui m'ont aidé à préserver ma santé mentale et physique d'année en année : au Dr Lesley Parkinson, au Dr Ben Carraway et à Kevin Lidlow, ainsi qu'à Ross Barr, Jessie Blum, Dr Kevin English, Winston Squire, Esther Lee, John Amaral et Peter Charles. Merci aussi à Kasey, Eric Goodman et aux deux Pete. Un merci particulier à ma psychanalyste au Royaume-Uni pour m'avoir aidé à dénouer des années de traumatisme refoulé.

Merci du fond du cœur à l'équipe en première ligne sur le front domestique, sans oublier la merveilleuse petite bande d'Archewell. À Rick, Andrew, les deux Tim, Matt, Jenny & Co., David, un immense merci pour votre sagesse et vos conseils. Vous êtes toujours là – en permanence, d'une manière ou d'une autre.

Merci à mon collaborateur et ami, à mon confesseur et parfois contradicteur, J. R. Moehringer, qui m'a si souvent parlé avec grande conviction de la beauté (et du devoir sacré) des Mémoires ; merci aussi à tous les professeurs et étudiants de la Moehringer-Welch Memoir Academy, notamment Shannon Welch, Gracie Moehringer, Augie Moehringer, Kit Rachlis, Amy Albert. Mes remerciements tout particuliers à Shannon pour ses innombrables relectures et ses notes aussi brillantes qu'incisives.

Un immense merci aux frères et sœurs de ma mère pour leur amour, leur soutien, leur temps et leur regard.

J'adresse par-dessus tout ma gratitude la plus profonde et débordante d'amour à Archie et Lili, qui ont bien voulu laisser Papa s'éclipser de temps à autre pour lire, réfléchir et se souvenir, à ma belle-mère (alias Mamie), ainsi qu'à mon incroyable épouse, pour sa générosité et la myriade de sacrifices consentis, petits et grands, si nombreux que je ne saurais les énumérer. Amour de ma vie, merci, merci, merci. Ce livre aurait été impossible (d'un point de vue tant logistique que physique, émotionnel et spirituel) sans toi. Tout serait impossible sans toi.

Et merci à toi, lecteur : merci d'avoir voulu connaître mon histoire racontée avec mes propres mots. Jusqu'à maintenant, je suis infiniment reconnaissant de pouvoir la partager.

Composition et mise en pages
Nord Compo à Villeneuve-d'Ascq

Impression réalisée par MARQUIS IMPRIMEUR
En décembre 2022 pour la Librairie Arthème Fayard

Imprimé au Canada